현대목회상담학자연구

한국목회상담학회 편

도서출판 희망나눔

인사말

　지난 20-30여 년 동안 우리나라에서 목회돌봄과 목회상담학은 어느 학문분야보다 눈부시게 발전했다. 국내외에서 목회돌봄과 목회상담학을 전공한 학자들이 많아졌으며, 거의 모든 신학대학교와 일반대학교의 기독교학과에는 목회돌봄과 목회상담학 전임교수들이 있으며, 전공생들의 숫자도 급격하게 증가했다. 목회돌봄과 목회상담학과 관련된 서적들이 많이 출판되었고 수준 높은 연구 논문들이 매년 발표되고 있다. 그뿐만 아니라 자격증을 받은 목회상담 전문가들의 증가와 함께 그들이 교회와 일반 상담실에서 양질의 서비스를 제공하고 있다.

　목회돌봄과 목회상담학에 대한 관심의 증대는 축복인 동시에 과제다. 그 과제는 곧 목회돌봄과 목회상담학의 학문적 수월성을 높이고, 상담 전문가들의 전문성을 향상시키고, 한국교회와 사회에 상담을 통한 봉사를 제공하는 것 등이다. 이런 과제들을 수행하기 위해서는 먼저 목회돌봄과 목회상담학에 대한 이론적 토대가 튼튼하게 만들어져야 한다. 이를 위해 그동안 한국목회상담학회는『목회상담이론입문』과『목회상담실천입문』, 두 권의 책을 발간했다. 그리고 이번에 세 번째 책,『현대목회상담학자연구』를 발간하게 되었다. 이 책은 목회상담학 학자들의 사상을 소개한 것으로 현대 목회돌봄과 목회상담학을 이해하는데 매우 유용할 것으로 기대된다.

귀한 글을 써 주신 교수님들에게 깊은 감사를 드린다. 편집위원으로 수고해 주신 교수님들(가요한, 김 경, 손운산, 정연득)께 진심으로 감사드린다. 이 분들의 노고가 없었으면 이 책이 출판되지 못했을 것이다. 특히 이 책의 발간을 위해 재정지원을 해 준 한국목회상담협회에 깊이 감사드린다. 『현대목회상담학자연구』는 한국목회상담학회 부설로 설립된 출판사(도서출판 돌봄)를 통해 출판되는 첫 번째 책이라 의미가 있다. 아쉽게도 이 책은 우리나라의 목회돌봄과 목회상담학에 대한 내용을 담고 있지 않다. 학회는 머지않아 우리나라 사람들의 경험, 우리의 문화, 그리고 신학을 반영한 몇 권을 더 출판할 예정이다. 이미 출판된 두 권의 책들과 함께 『현대목회상담학자연구』가 널리 읽혀 목회돌봄과 목회상담학에 대한 이해의 지평이 확대되길 기대한다.

2011년 8월
한국목회상담학회 회장 **손운산**

편집 서문

『현대목회상담학자연구』는 2009년 가을 한국목회상담학회의 새로운 임원단이 구성되면서 기획한 출판 프로젝트의 첫 번째 결과물이다. 이미 한국목회상담학회에서는 2005년에 매달 '목회신학자 연구 모임'을 진행해서 주요 목회상담학자들을 소개하는 글들이 발표된 적이 있었다. 출판위원회에서는 그때 발표된 글들을 기초로 하여, 어떤 현대목회상담학자를 연구할지에 대해 몇 차례의 논의를 거쳤다. 선정 기준은 현대목회상담학의 발전에 중요한 공헌을 했거나 지금도 하고 있으며, 한국 목회상담학의 발전에 도움을 줄 수 있는지 여부였다. 오랜 작업 끝에 출판위원회에서는 총 18명의 현대목회상담학자를 선정하였는데, 우선 목회상담 운동 초창기의 주요학자로 안톤 보이슨, 시워드 힐트너, 웨인 오우츠, 목회상담운동의 전성기를 이끌었던 주요 인물로 하워드 클라인벨, 찰스 거킨, 단 브라우닝, 존 패튼, 도날드 캡스를 포함시켰다. 이어서 현대 목회상담학의 발전에 기여한 인물로 래리 그래함, 제임스 폴링, 멀 조단, 아치 스미스, 에드워드 윔벌리, 임마누엘 라티를 선정하였으며, 여성주의 목회상담학자로 크리스티 누거, 바니 밀러—맥리모어를 소개하기로 했다. 마지막으로 유럽의 목회상담을 소개하기 위해 영국의 로버트 램본과 독일의 헬무트 타케를 선정했다.

이렇게 선정된 18명의 학자 중 8명은 이미 2005년 '목회신학자 연구 모임'을 통해 발표된 원고가 있어 발표 원고를 수정·보완하도록 했고, 나머지 10명을 소개하는 글은 새로운 저자를 찾아서 원고 집필을 의뢰했다. 대부분의 저자들이 자신들이 연구한 현대목회상담학자에게 직접 사사했거나, 그 학자의 전통이 살아 있는 학교에서 공부했다는 점은 상당히 고무적이다. 이 정도의 전문성을 가지고 다양한 현대목회상담학자들의 목회상담이론과 실제를 소개하는 책을 쓰는 것은 편집자들의 판단으로는 세계 어느 곳에서도 시도되지 않은 작업이다.

책의 편집과정에서 통일성을 유지하는 것이 큰 과제였다. 편집부에서는 책의 통일성을 위해 편집부 작업을 허용하는 편집 동의서를 받았다. 일 년 여의 기다림 끝에 원고 집필 과정이 끝나고 편집을 시작하고 보니, 책의 통일성을 유지하는 일이 더욱 큰 과제로 다가왔다. 각 저자의 개성과 상이한 번역, 신학적 관점의 차이까지 존재하는 18편의 글을 한 권으로 묶어 내는 과정은 쉽지 않았다. 이를 위해 편집위원들이 여러 차례 편집회의를 거치며 수정 작업을 해야 했다. 마지막으로 한글 표현을 부드럽게 하기 위해서 이화여대 박사과정 정진 선생님의 도움을 받아 한글 교정 작업을 진행했다. 약 1년 6개월의 방대한 작업 끝에 2011년 가을을 맞아 드디어 『현대목회상담학자연구』를 학계에 내놓을 수 있게 되었다. 이 책을 계기로 시대에 응답하는 한국적 목회신학을 정립해 나가기 위한 학문적 논의가 더욱 풍성해지기를 기대한다.

마지막으로 한국목회상담학의 발전을 위해 소중한 원고를 기쁜 마음으로 제공해 주신 이희철, 손운산, 양병모, 가요한, 안석모, 권수영, 이인숙, 이상억, 김병훈, 김경, 양유성, 유영권, 김진영, 정보라, 정희성, 하재성, 홍영택, 신명숙, 정연득 교수님께 진심어린 감사의 인사를 드린다.

『현대목회상담학자연구』 편집위원
가요한, 김경, 손운산, 정연득

목차

♠ PART 1.
▌목회상담운동의 초기 학자들

♠ PART 2.
▌목회상담운동의 전성기를 이끈 학자들

PART 3.

현대목회상담학의 다양한 발전 – 관점의 확대

 PART 4.

여성주의 목회상담학의 대두

 PART 5.

유럽의 목회상담학자들

현대목회상담학자연구

Chapter 1

서론:
현대목회상담학의 흐름

정 연 득

(서울여자대학교 교수)

'구원에서 자아실현으로.' 이것은 미국 에모리대학교의 교회사가 E. 브룩스 홀리필드(E. Brooks Holifield)가 자신의 책 *A History of Pastoral Care in America*의 부제로 사용한 문구이다. 홀리필드는 이 책에서 20세기 이후 급속도로 성장한 현대 목회돌봄 및 목회상담운동이 동시대인들을 이해하고 돕는 도구로 심리학을 적극적으로 사용하면서 신학 전반에 중요한 변화를 가져왔다고 주장한다. 하지만 홀리필드는 이러한 변화의 물결과 함께 자아실현이라는 심리학의 언어가 구원이라는 신학의 언어를 대신하는 결과를 낳고 있다는 점을 지적한다.[1]

홀리필드의 주장은 상당히 일리 있는 것이었지만, 다양한 위기를 경험하고 있는 사람들에게 전인적인 성장을 가져다주고자 진지하게 노력했던 목회상담학자들의 노력을 진정으로 이해하지 못하는, 이론 신학자의 한계도 내포하고 있다. 사역의 특성상 신학과 심리학의 언어를 밀접하게 상호 연결시킬(correlate) 수밖에 없었던 목회상담자들은 신학과 심리학의 언어의 차이점을 간과 했다기보다는 이 두 가지 다른 언어 모두에서 사람들을 적절하게 도울 수 있는 지혜를 찾고자 노력했던 사람들이었다. 전통적인 신학자의 눈에는 이들이 자유롭게 사용하는 심리학의 언어가 신학을 대체하고 있는 것처럼 보일 수 있을 것이다. 하지만 목회상담학자들은 자신들의 정체성이 흔들리고 위협받는 상황을 무릅쓰고 위험한 자리로 스스로 나아간 사람들이다. 교회사가의 눈에는 구원이라는 기독교의 교리를 자아실현이라는 심리학적 용어로 퇴색시켜 놓은 것처럼 보일 것이다. 하지만 상담사역의 현장에서는 자아실현이라는 심리학적 용어가 자신들이 경험한 아픔과 그로 인한 상처로 인해서 하나님의 사랑과 은혜로 임하는 구원마저 진정으로 누리지 못하는 사람들에게 그 구원이 그들의 삶과 결코 멀리 떨어져 있는 것이 아니라는 사실을 깨닫도록 돕는 좋은 도구로 사용될 수도 있다.

이 책은 평생을 목회돌봄과 목회상담이라고 하는 불확실한 영토를 개척자의 심정으로 용기 있게 탐험한 학자들의 자취를 추적해 보고자 하는 시도이다. 이 책의 저자들은 다양한 목회상담학자들을 소개하면서 그들이 때론 직접적으로 때론 간접적으로 밝혀 나갔던 목회상담이라는 분야의 모습을 보여주고자 한다. 이 책은 목회상담에 대한 객관적으로 공유된 그림을 제공하지는 않는다. 오히려 이러한 시도는 현대목회상담학자들이 추구했던 것에 반하는 것이 될 수도 있다. 여러 학자들이 목회상담이라는 학문을 어떻게 탐구해 왔는지 살펴봄으로써 독자 자신만의 목회상담의 그림을 그릴 수 있는 공간을 마련해 주고자 한다.

이 책에서 소개하는 학자들은 학문적으로 매우 중요한 업적을 남겼지만, 아무도 20세기 혹은 21세기를 대표하는 신학자로 추앙받지는 못했다. 소속된 학교에서 지도력을 발휘했을지언정, 그 학교를 대표하는 신학자로 여겨지는 경우는 거의 없었다. 그 이유는 아마도 이들이 추구했던 신학의 방법론이 전통적인 주류 신학자들의 방법론과는 매우 달랐으며, 때로는 그들의 신학적 정체성이 의심받을 만큼 매우 혁신적이고 도전적이었기 때문일 것이다. 그러나 그들이 있음으로 인해 각 학교는 커리큘럼의 의미 있는 변화를 경험했고, 동시대인들의 생생한 경험에 더 가까이에 다가가는 신학 교육을 제공할 수 있었다. 따라서 이 책의 저자들은 이 책에서 다루는 목회상담학자들이야말로 사람들의 삶과 가장 가까운 곳에서 가장 영향력 있는 신학을 펼쳤던, 20세기와 21세기를 대표하는 신학자들이라고 믿는다.

독자들은 이 책을 통해 다양한 목회상담학자들이 어떤 신학을 추구하고 사람들의 삶을 어떻게 변화시켰는지 생생하게 살펴볼 수 있을 것이다. 본 장에서는 그 항해를 위한 길잡이를 제공하고자 한다. 먼저 현대목회상담학을 이해하는 데 필요한 핵심 개념들을 소개하고자 한다. 다음으로 현대목회상담운동의 역사를 간략하게 조망해 봄으로써 다양한 학자들을 보다 통전적으로 이해할 수 있도록 돕고자 한다.

I. 목회상담 관련 주요 개념

이 책에는 우리가 통상 목회상담이라고 부르는 분야를 지칭하는 다양한 용어들이 등장한다. '임상목회교육(clinical pastoral education)', '목회돌봄(pastoral care)', '목회상담(pastoral counseling)', '목회신학(pastoral theology)' 등이 그것이다. 이 용어들에 대한 기본적인 이해가 있어야 앞으로 펼쳐지는 다양한 학자들의 이론을 이해하는 데 어려움이 없을 것이다.

먼저 **'임상목회교육'**은 목회상담운동의 모태가 된 임상목회훈련과정으로, 임상감독의 지도 아래 신학생, 안수 받은 목회자, 종단의 회원, 교회의 인정을 받은 평신도들에게 '살아있는 인간문서'와의 만남을 통해 배움의 기회를 제공하는 교육의 과정을 말한다. '살아있는 인간문서'는 안톤 보이슨(Anton Boisen)에 의해 제안된 용어로, 책이나 이론을 통한 간접적인 만남이 아니라, 인간의 경험 세계와의 직접적인 조우를 통해 영적·종교적 의미를 발견해 나가는 과정을 말한다. 참가자들은 임상감독의 지도 아래에서 도움이 필요한 사람들에게 돌봄을 제공하면서 살아있는 인간문서를 만나게 된다. 이러한 만남과 연구의 과정을 통해 참가자들은 자신들의 목회적 정체성, 대인관계 능력, 영성을 계발한다. 나아가 목회적 진단, 다른 분야의 전문가와의 협력, 집단 지도력, 목회돌봄과 목회상담, 신학적 성찰의 기술을 발전시켜 나간다. 초창기 임상목회교육은 주로 병원에서 이루어졌으나, 이후에는 교구, 사회사업 기관, 교도소, 학교 등으로 확대되었다.[2]

다음으로 '**목회돌봄**'은 'pastoral care'를 번역한 것으로 현재 한국에서는 목회적 돌봄, 상담목회, 돌봄목회, 목회양호 등 다양한 용어로 사용되고 있다. 이 책에서는 'pastoral care'의 가장 적절한 번역어를 찾기 위해 오랜 고심의 과정을 거친 결과, '목회돌봄'이라는 용어를 선택하였다.

목회돌봄이란 도움이 필요한 개인이나 집단을 위해 목회자와 신앙공동체가 제공하는 치유(healing), 지지(sustaining), 안내(guiding), 화해(reconciling)를 포함하는 다양한 돌봄의 사역을 가리킨다. 목회돌봄은 기독교 전통과 다양한 종류의 사회과학으로부터 돌봄을 제공하기 위한 자원을 공급받는다. 전통적인 목회돌봄의 주요 관심이 회복과 성장에 있었다면, 최근 목회돌봄의 주요 관심은 보다 넓은 사회 구조적 측면으로 확대되고 있다. 그 결과, 오늘날의 목회돌봄은 개인에 대한 돌봄뿐만 아니라 사회구조와 생태계에 대한 돌봄까지 포함하고 있다.[3]

한편 '**목회상담**'은 보다 특화된 형태의 목회돌봄으로, 현재의 삶 속에서 겪고 있는 고통을 해결하기 위해 목회적 도움을 요청하는 개인, 커플, 가족 등의 요구에 응답하는 사역을 가리킨다. 목회상담사는 교육과 훈련을 거쳐 사역의 능력을 가지고, 종교 공동체를 위한 책임과 헌신의 자세를 가진 사람이다.[4] 최근 목회상담에 일어나고 있는 주요한 변화 중 하나는 목회상담의 관심이 개인과 가족의 위기를 극복하고 성장하도록 돕는 차원을 넘어서, 그들을 둘러싼 다양한 관계와 사회구조적 환경을 보다 정의롭게 만드는 것으로 확장되고 있다는 점이다.[5]

목회상담은 목회돌봄에 비해, 보다 구조화되어 있으며 구체적이고 명료한 필요에 집중한다. 그래서 목회상담은 분명하고 공식적으로 도움이 요청되며 시간과 장소 등에 대한 사전 동의 등 '계약'을 항상 포함하고 있다. 또한 보다 장기화된 상담에서는 상담이 이루어지는 기관이나 내담자의 정황 등을 고려하여 상담료가 책정될 수도 있다.[6]

그런데 이러한 구분이 현대 목회상담운동 초창기부터 있었던 것은 아니다. 1940년대까지만 해도 목회돌봄과 목회상담은 동의어로 사용되는 경우가 많았다. 임상목회교육에 뿌리를 두고 있던 목회상담이 제2차 세계대전 이후 특화된 사역으로 차별화되기 시작하면서 목회돌봄과 구분되기 시작했다. 이러한 구분의 사회적 배경에는, 다양하고 새로운 심리치료 기술의 등장과 여러 참만남 집단(encounter group)의 활성화가 있었다. 이와 동시에 목회상담운동 내부에서는 임상목회교육에서 훈련받은 목회돌봄 전문가들이 심층심리학과 심리치료 이론을 신학교에 소개하면서 분위기를 이끌어 나갔다.[7] 특히 1963년 미국목회상담협회가 결성되고, 목회상담 사역의 전문성에 대한 강조가 높아지면서 목회돌봄과 목회상담의 구분은 더욱 분명해져 갔다. 하지만 넓은 의미에서 목회상담은 여전히 목회돌봄의 한 부분이며, 목회상담의 지혜는 목회돌봄을 더욱 풍성하게 하는데 도움을 주어야 한다는 주장이 끊임없이 제기되고 있다. 최근에는 목회상담이 자신의 특화된 사역을 지나치게 강조한 나머지, 원래 가지고 있던 교회 공동체를 위한 책임감(accountability)을 잃어버린 것이 아닌가 하는 비판이 제기되면서 목회돌봄과 목회상담을 구분하는 경향도 점차 약화되고 있다.

마지막으로 '**목회신학**'은 매우 다양한 의미로 사용되는 용어이다. 어떤 이들은 '목회신학'을 교육, 예배, 교회정치, 설교, 돌봄 등 목회실천의 전(全) 분야를 가리키는 용어로 사용한다. 어떤 프로테스탄트 전통에서는 '목회신학'이 공동체의 대리인 혹은 안수 받은 목회자에 의해서 제공되는 돌봄의 사역으로부터 형성되며, 나아가 그 사역을 안내하는 신학적 지식을 가리키는 독특한 용어로 사용된다. 이런 관점에서는 목회신학을 실천신학의 세부 분야의 하나로 이해한다. 가톨릭 전통에서는 평신도 사역을 포함한 교회의 목회 사역 전반을 이루는 활동들의 기초를 제공하고 그것을 해석하며 인도하기 위한 신학적인 자원의 활용을 가리키는 용어로 '목회신학'을 사용한다.

이렇게 목회신학은 다양한 의미를 가지고 있지만, 이 책의 대부분의 학자들이 이해하는 목회신학은 목회돌봄과 목회상담을 안내하는 이론과 실천과 방법론에 초점을 두는 신학 분야를 가리킨다. 시워드 힐트너의 영향을 받은 이 정의는, 목회신학을 목회돌봄과 목회상담의 실천에 비판적으로 참여하고 성찰하는 과정을 통해 신학적 지식을 도출해 내는 하나의 맥락 혹은 상황적(contextual) 신학으로 이해한다. 이러한 목회신학은 인간을 이해하고 인간의 성장을 돕기 위해 인간과학 및 행동과학의 다양한 지식을 사용한다. 이 과정에서 다양한 대화 상대자들과 신학적 전통을 어떻게 연관시킬 것인가 하는 방법론이 요구된다. 이 책에서 독자들은 각 학자들이 추구한 신학과 심리학을 연관시키는 다양한 방법론을 만나게 될 것이다.

최근 목회신학의 흐름에서 발견하게 되는 중요한 변화는 목회신학자들이 사람들의 치유와 변화를 돕기 위해 사용하는 대화의 상대자가 더욱 다양해지고 있다는 사실이다. 과거에는 상담과 심리치료 이론들이 주요 대화 상대자였다면, 최근 목회돌봄과 목회상담을 바라보는 관점이 점차 확대됨에 따라 대화 상대자도 비판적 젠더 이론, 인종 이론, 경제학, 이야기 이론, 외상 이론, 해석학, 비판적 포스트모던 이론 등으로 확대되고 있다.[8]

II. 현대목회상담학의 흐름

목회상담이라는 분야가 오늘의 모습을 갖추기까지는 많은 변화의 과정을 거쳤다. 우리는 앞으로 펼쳐질 여러 학자들에 대한 소개를 통해 이 분야가 어떻게 발전되어 왔는지 맛볼 수 있을 것이다. 여기서는 현대목회상담학의 발전을 이해하는 하나의 관점을 제공함으로써, 앞으로 제시될 다양한 학자들을 이해하는 데 도움을 주고자 한다. 필자는 현대목회상담학의 다양한 흐름을 다음과 같이 크게 세 가지로 구분해서 살펴보고자 한다. 첫째, 살아있는 인간문서의 시대, 둘째, 살아 있는 인간관계망의 시대, 셋째, 다양성과 혼돈의 시대이다.

이러한 시대 구분에서 주의할 것은 새로운 시대의 도래가 이전 시대의 완전한 종결을 의미하지 않는다는 사실이다. 다음에서 살펴볼 세 가지 흐름의 출현은 어느 정도의 연대기적 순서를 따르고 있지만, 이미 출현한 흐름은 사라지지 않고 새롭게 등장한 흐름과 공존한다. 즉 오늘날 대부분의 목회상담 학자들의 연구 초점은 이전의 학자들의 그것과 달라졌지만, 이 세 가지의 흐름을 어느 정도 내포하고 있다는 것이다. 그러므로 다음의 시대 구분은 목회상담의 관점이 확대되고 다양화 되어 온 과정으로 이해하는 것이 바람직할 것이다.

1. '살아있는 인간문서'의 시대 - 개인을 향한 헌신으로서의 목회상담

'살아있는 인간문서' 연구는 목회돌봄과 목회상담운동의 아버지라고 할 수 있는 보이슨의 유명한 제안이자, 현대목회상담운동을 이끌어 온 중요한 슬로건이 되어 왔다. 보이슨은 그의 책 *The Exploration of the Inner World*에서 신학생들이 반드시 직접적인 경험을 통해 인간에 대한 이해를 넓힐 필요가 있다고 역설한다. 따라서 그는 신학생들이 책뿐 아니라 인간문서를 읽는 방법을 배우기를 원했다. 살아있는 인간문서를 연구해야 한다는 그의 주장은 자신의 경험에서 얻은 살아있는 지식에서 비롯된 것이다. 위의 책에서 그는 자신이 긴장형 조발성 치매(catatonic dementia praecox/DSM-IV의 진단명은 '긴장형 정신분열증')로 정신병원에 입원했었고 의사들은 회복이 불가능하다고 판단했었다고 고백한다. 그러나 의사들의 예상과는 달리 그는 짧은 시간 내에 회복될 수 있었다. 보이슨은 자신이 회복의 과정을 거치면서 그리고 주변에 있던 동료 환자들을 관찰하면서 많은 종류의 정신병이 의학적이라기보다는 종교적인 원인과 의미를 가지고 있다는 것을 발견했다. 이러한 이유로 보이슨은 의학적 요인 외에도 정신병을 둘러싼 다양한 요인 즉 심리적, 종교적, 철학적 요소들이 제대로 다뤄지기 전까지는 병이 성공적으로 치료되기 어렵다고 확신했다.[9]

생생한 경험을 통해 확신을 얻은 보이슨은 병으로 고통당하는 사람들의 분투 속에서 종교적 의미를 발견하고자 노력하는, 그때까지는 '다소 낯선 영토'(some little known territory)를 탐험하는 데 자신의 삶을 던졌다. 그 결과, 의학기술을 다루는 병원에서 환자의 전인적 회복을 위해 종교적 측면을 다루는 전문가의 도움이 필요하다는 공감대를 얻어 내고, 병원 의료 서비스의 구성원이 될 수 있었다. 그는 1925년 여름 신학생들을 Worcester State Hospital로 데리고 들어가 그들도 함께 이 '낯선 영토'를 탐험하게 하였다. 보이슨이 밝히는 것처럼 이 실험은 매우 성공적이었으며, 병원도 이 훈련이 계속되는 것을 지지하였다.

이렇게 보이슨이 새로운 시작을 할 수 있었던 것은, 리차드 캐봇(Richard Cabot), 엘우드 우스터(Elwood Worcester), 윌리엄 브라이언(William A. Bryan)

등 인간의 종교적 측면에 대한 돌봄이 의학적 돌봄에서 반드시 필요하다고 인정한 의사들의 도움이 있었기 때문이다. 특히 당시 영향력 있는 의사였던 캐봇은 1925년 신학교 교육에서 임상교육의 중요성을 강조하는 "Plea for a Clinical Year in the Course of Theological Study"를 발표해서 보이슨의 개척이 가능하도록 환경을 조성하는 데 기여하였다. 이외에도 보이슨과 비슷한 시기에 임상목회훈련을 시작했던 많은 선구자들이 있었음을 잊어서는 안 된다.[10]

보이슨이 '새로운 시작(a new start)'이라고 불렀던 임상목회훈련은 급속도로 번져 보스턴과 뉴욕일대를 거쳐서 미 남부에까지 확대되었다. 보이슨 이후 목회돌봄 및 목회상담 운동은 기록된 문서의 연구에 묶여 있던 신학교육의 시선을 '살아있는 인간문서의 연구'로 확장시키는 데 지대한 영향을 미쳤다. 신학교 밖에서 시작된 목회상담운동이 신학교 내 신학교육에도 변화를 가져오기 시작한 것이다. 예일대학교의 신학자 리차드 니버(H. Richard Niebuhr)가 1955년 발표한 연구에서 목회상담운동을 신학 교육에서 가장 중요한 변화라고 지적하고 있는 것처럼, 1925년 한 병원에서 시작된 운동이 신학교육 전반에 중요한 변화의 물결을 일으키고 있었다.[11] 1930년대 말만 해도 소수 학교에서 상담을 가르치던 것이, 1950년대에 이르러 거의 대부분의 신학교에서 상담과목을 가르쳤고, 80% 이상의 학교가 심화과정의 심리학 과목을 개설하고 있었으며, 역시 80% 이상의 학교에서 상담을 가르치는 심리학 교수가 재직하고 있었다. 아울러 목회상담관련 분야의 대학원 과정을 개설한 학교의 숫자가 1954년에 7개였던 것이 1965년에는 42개로 보고될 정도로 이 운동은 빠르게 팽창하고 있었다.[12]

보이슨 이후 초창기 목회상담운동을 발전시키는 데 중요한 공헌을 한 핵심 인물로는 프린스턴신학대학원의 시워드 힐트너(Seward Hiltner), 보스턴대학교의 폴 존슨(Paul Johnson), 개렛복음주의신학대학원의 캐롤 와이즈(Carroll Wise), 남침례교신학대학원의 웨인 오우츠(Wayne Oates) 등을 들 수 있다. 이들은 각기 다른 지역에서 다른 교단과 신학적 배경을 가지고 연구하면서 뛰어난 지도력을 발휘하여 목회상담운동의 발전에 크게 기여하였다. 이 책에서는 지면의 한계로 힐트너(3장)와 오우츠(4장)만 다루도록 하겠다.

초창기 목회상담운동을 이끈 네 학자 모두 직 · 간접적으로 보이슨의 영향을 받았다. 특히 보이슨의 제자였던 힐트너는 목회상담운동이 목회신학이라는 신학의 한 분야로 정립되는 데 가장 크게 기여했다고 말할 수 있다. 프로테스탄트 전통에서 목회신학이라는 용어는 이미 18세기 무렵부터 사용되고 있었다. 하지만 힐트너는 목회신학을 고유한 방법론과 조직적 체계를 가진 신학의 주요 연구 분야로 정착시키는 데 기여하였다. 힐트너의 *Preface to Pastoral Theology*는 이러한 그의 노력의 결과가 결집된 역작이다.

힐트너는 보이슨의 영향을 받아 목회신학을 목양적 관점(shepherding perspective)이 이끌어가는 신학으로 이해한다. 힐트너에 따르면 살아있는 인간문서의 연구는 결국 도움을 호소하는 개인을 향해 자신의 모든 것을 집중하는 목자의 간절한(solicitous) 관심과 돌봄이 이끌어가는 것이다. 목회자와 신앙 공동체가 제공하는 기독교 목양(Christian shepherding)을 성찰하고 연구함으로 발전되는 것이 목회신학이다.[13] 3장에서 보다 자세히 논의되겠지만, 목회신학의 재정립은 힐트너의 가장 중요한 공헌이었다. 그리고 힐트너와 다양한 학자들의 노력으로 목회신학은 이제 거의 대부분의 신학교에서 목회신학 교수를 두고 있을 정도로 중요한 분야로 자리 잡았다.

살아있는 인간문서의 연구가 활발히 진행되면서 인간 내면과 외부 환경의 연관성을 깊이 이해할 수 있는 도구가 필요하게 되었다. 그리고 목회돌봄과 목회상담 전문가들은 그 도구를 상담 및 심리치료이론에서 찾을 수 있었다. 초창기 목회상담학자들은 칼 로저스와 지그문트 프로이트로부터 도구를 발견했으며, 이후의 목회상담학자들은 보다 다양한 심리치료와 가족치료 기법들을 사람들의 성장과 회복을 돕는 사역에 적극적으로 적용해 나갔다. 이러한 이유로 현대 목회돌봄과 목회상담은 기독교 전통을 통해 내려오던 목회돌봄과 목회상담과는 내용과 실제에서 차이를 보이기 시작했다.

이처럼 목회상담운동이 심리치료와 밀접하게 연관성을 가지게 된 데에는 사회적인 배경이 있었다. 미국은 제2차 세계대전, 한국전쟁 등을 경험하면서 군인과 그 가족들이 겪는 심리적 어려움을 해결하고자 국가 차원의 노력을 기울였다. 군인과 그 가족들의 심리적 불안과 외상(trauma)을 다룰 수 있는 많은 전문가가 필요했고, 정신건강 분야에 수많은 공적자금이 투입되었으며, 그 결과 뛰어난 심리학 전문가들이 양성될 수 있었다. 이러한 흐름이 전쟁 이후 개인의 자아실현에 대한 열망이 높아지는 사회적 분위기와 맞물리면서, 1957년 「라이프」라는 잡지에 묘사된 대로 바야흐로 '심리학의 시대'가 도래한 것이다. 이 시대의 특징을 설명하기 위해 홀리필드는 미국인들이 "모든 문제를 심리학적 문제로 여기는 경향에 빠져들고 있음"을 지적한 알프레드 카진(Alfred Kazin)의 비평을 인용하고 있다.[14] 이처럼 개인의 심리적 상태에 대한 관심이 그 어느 때보다 높아지고 있었던 사회적 분위기는 살아있는 인간 문서를 다루는 목회상담운동이 급속하게 성장할 수 있는 좋은 토양이 되었다.

이러한 사회 분위기를 배경으로 1950년대와 60년대에 이르러 목회상담운동은 완전히 꽃 필 수 있었다. 그 결과 1963년에는 미국목회상담협회(American Association for Pastoral Counselors)가 결성되었고, 1967년에는 임상목회교육기관들을 연합하여 미국임상목회교육협회(Association for Clinical Pastoral Education)를 결성하기에 이른다. 이 두 기관은 현재까지 미국목회상담운동을 이끄는 두 축의 역할을 하고 있다.

그런데 여기에서 목회상담운동의 외연적 확대에만 시선을 집중해서는 안 된다. 목회상담 분야가 큰 발전을 이룰 수 있었던 것은 고유의 독특한 정체성을 구축해 왔기 때문이다. 목회상담의 정체성은 심리학이라는 현대사회의 지혜를 교회의 전통 및 신학과 대화하며 적절하게 사용함으로써 미국목회상담협회의 슬로건인 '영성과 심리치료의 통합'을 추구해 왔다는 점에 있다. 따라서 살아있는 인간문서의 시대를 통해 발전되어 온 목회상담운동의 역사는 바로 신학과 심리학의 대화와 통합의 과정이었다고 할 수 있겠다. 같은 맥락에서 교회사가 홀리필드는 미국 목회돌봄의 역사의 다른 측면은 바로 "신학과 심리학과 변모하는 사회·경제적 패턴 사이의 관계의 역사"[15]라고 지적한 바 있다.

이처럼 새로운 형태의 신학 분야인 목회상담과 목회신학이 자리매김해 나가는 과정에서, 목회상담운동 내부와 외부 모두에서 강력하게 대두된 질문이 바로 '정

체성'이었다. 예일의 신학자 리차드 니버가 목회상담운동의 중요성을 높이 평가
하면서도 이 운동이 기존의 신학적 전통과는 완전히 분리된 목회자 훈련으로 가
고 있다고 경고한 것이 한 예이다. 목회상담자와 목회신학자들은 그들이 하고 있
는 일이 과연 기독교 신학의 전통 속에 있는 것인가 하는 질문에 끊임없이 답해야
했다. 정체성 문제는 목회상담운동 내부에서도 대두되었다. 대표적인 예는 1963
년 미국목회상담협회(AAPC) 설립 당시 있었던 목회상담의 맥락(context)에 대한
논쟁이다. 하워드 클라인벨을 중심으로 한 목회상담가들은 목회상담운동이 보다
다양한 분야로 확장되어 사람들의 성장을 돕는 역할을 해야 한다고 주장한 반면,
힐트너와 오우츠 등을 중심으로 한 다른 편에서는 교회 사역의 한 부분으로서 목
회상담의 전문성과 독특성이 지켜져야 한다고 주장하면서 첨예한 논쟁이 일어났
다.[16] 이 두 주장은 모두 현대목회상담운동의 발전과정에 중요한 공헌을 했다고
볼 수 있으며, 이후 두 주장 사이의 간격은 어느 정도 좁아졌다.

목회상담운동이 절정에 다다른 이 시기에 기독교 교회의 전통과 신앙 공동체라
는 맥락을 유지하지 않고 일반 정신건강 전문가와 경쟁하면서 자신의 영역을 넓
혀 나가는 것이 과연 목회상담이 될 수 있는가 하는 질문 역시 대두되었다. 기독
교 전통에도 사람들을 돌볼 다양한 자원이 있고, 그 자원들은 기독교 역사에서 잘
활용되고 있었는데, 심리학에 영감을 받은 현대 목회상담운동이 대두되면서 현대
심리학에만 의지하는 것이 아닌가 하는 지적도 제기되었다. 이에 목회상담의 정
체성을 회복하자는 논의가 활발히 일어났고, 목회상담이 오랫동안 가지고 있었던
영성과 신학의 언어의 회복을 촉구하는 글들이 쏟아져 나오면서, 목회상담의 독
특성과 정체성은 이 시기 가장 중요한 논제가 되었다.

이 시기의 다양한 논쟁을 종합해 볼 때, 현대목회상담운동은 전통적 의미의 목
회돌봄 및 목회상담과 연속성과 불연속성을 동시에 가진다고 볼 수 있다. 과거 전
문적인 준비의 여부에 상관없이 모든 목회자들이 당연히 수행해야 하는 사역으로
여겨졌던 목회상담은 현대목회상담운동을 거치며 살아있는 인간문서를 제대로
연구하기 위해서 전문적인 훈련이 요청되는 중요한 사역으로 달리 인식되었다.
이렇게 새롭게 대두된 전문성은 전통과 불연속 선상에 있기 보다는 기독교 역사

를 통해서 지속적으로 수행되어 오던 사역을 현대사회가 제공하는 지식과 기술을 활용하여 더욱 정교하게 수행하는 방향으로 발전시킨 것이라고 이해할 수 있을 것이다. 하지만 '덜 알려진 영토'를 탐구하기 위해 자신의 일생을 바쳤던 보이슨 이후 이 노력은 리차드 니버가 그랬던 것처럼 다른 사람들에게는 중요하기는 하지만 여전히 낯선 영역으로 보였던 것이다.

앞으로 살펴볼 대부분의 학자들은 모두 이 문제를 가지고 고민했으며 자신만의 방법으로 현대의 지혜를 수용하면서도 기독교 전통과의 연결성을 유지하려고 노력했다. 이들은 살아있는 인간문서를 연구하기 위해 신학과 심리학과 사회과학 등의 다양한 분야의 경계(border)로 자신들을 몰고 간 사람들이었다. 이 책은 그들이 어떤 방법으로 그 경계에 서 있었는지 다양한 방법론을 소개한다. 하지만 대부분의 학자들에게서 일치되는 것은 그들은 자신들에게 흔들리지 않는 정체성을 제공해 줄 어느 한 자리에 서 있기를 거부하고 끊임없이 자신들을 경계에 위치시켰다는 사실이다. 하지만 경계에 서 있는 것은 어느 정도 자신들의 정체성의 혼란을 경험할 수밖에 없는 과업이었다. 프린스턴신학대학원의 목회신학자 로버트 다익스트라(Robert Dykstra)는 이러한 불명확한 정체성의 문제를 다음과 같이 묘사한다.

> 목회신학자뿐만 아니라 그들이 영향을 미치는 많은 목회자들은 자신의 정체성이 무엇이며, 자신이 정확히 무엇을 하고 있는지 확신하는 경우가 거의 없었다. … 한편에서, 목회신학자들은 신학적 엄격성과 철학적 논리가 부족하다는 신학교와 교회의 비판을 이겨내야만 했다. 다른 한편에서, 목회신학자들은 자신들이 교회나 신학교 밖에서 활용하기 위해 노력하는 심리학, 문화이론, 젠더연구 등의 전문가들로부터도 인정받지 못했다.[17]

무엇이 그들을 '자리'(position)와 정체성의 불안정에도 불구하고 경계에 서도록 했을까? 그것은 '살아있는 인간문서'에 대한 헌신이 아니었을까? 그들이 추구한 학문은 헌신을 통하지 않고는 불가능한 것이었기 때문이다. 살아있는 인간문서를 향한 헌신이 위험해 보이지만 그렇기 때문에 더욱 창조적인 학문과 실천의 세계로 이끌었을 것이다. 이렇게 시작된 살아있는 인간문서의 시대는 여전히 계속되고 있다.

그런데 목회상담 분야가 발전하면서 그 문서를 바라보는 관점에는 큰 변화가 있어 왔다. 앞에서 살펴본 힐트너, 오우츠, 와이즈, 존슨 등 초창기 학자들에게도 이미 인간문서를 바라보는 관점의 변화가 시작되고 있었다. 하지만 이들의 연구를 기반으로 살아있는 인간문서를 연구하는 관점을 더욱 다양하게 발전시킨 인물들이 등장했다. 이들은 주로 목회상담운동의 전성기에 주요 신학대학원의 교수로 재직하면서 초창기 학자들과 임상가들의 선구자적 노력을 기반으로 나름대로의 학문적 기여를 했던 사람들이다. 이 책에서 다루는 주요 인물들로는 클레어몬트 신학대학원의 하워드 클라인벨(5장, Howard Clinebell), 에모리대학교의 찰스 거킨(6장, Charles Gerkin), 시카고대학교의 단 브라우닝(7장, Don Browning), 프린스턴신학대학원의 도날드 캡스(9장, Donald Capps), 콜롬비아신학대학원의 존 패튼(8장, John Patton) 등이 있다. 특히 하워드 클라인벨은 미국목회상담협회의 초대회장을 맡으며 목회상담운동의 발전에 크게 기여했다. 지면의 한계로 이외의 많은 학자들을 다루지 못하는 것을 아쉽게 생각한다.

목회상담운동의 2세대라고 할 수 있는 이들에 의해서 목회상담운동의 다변화에 기여한 3세대 목회상담학자들이 양성되기도 하였다. 이들은 초창기 목회상담학자들과 달리 '살아있는 인간문서'를 연구하는 보다 다양하고 폭넓으며 혁신적인 관점들을 제시했다. 이들이 어떻게 목회상담의 관점을 확대시키고 다변화시켰는지 이 책을 통해 발견하게 될 것이다. 이들의 공헌은 한마디로, 다음 장에서 다룰 '살아있는 인간관계망(the living human web)의 연구'로 목회상담학의 관심 영역을 확대시키는 기초가 되었다는 것이다.

2. '살아있는 인간관계망'(the living human web)의 시대 – 세상을 향한 헌신으로서의 목회상담

'살아있는 인간관계망'이라는 용어는 밴더빌트대학교의 바니 밀러-맥리모어에 의해서 제안된 이후 널리 사용되고 있다. 밀러-맥리모어는 목회상담의 주요 관심사가 '살아있는 인간문서의 연구'에서 '살아있는 인간관계망의 연구'로 확대되어야 한다고 주장했다.[18] 밀러-맥리모어의 주장은 17장에서 자세히 다뤄질 것이다. 밀러-맥리모어의 살아있는 인간관계망의 관점은 인간을 복잡하게 얽힌 사회구조 속에 상호 연결된(interconnected) 존재로 본다. 따라서 개인을 연구한다는 것은 그 개인이 연결된 사회구조를 이해하지 않고는 불가능하다. 살아있는 인간관계망의 시대에는 개인이 속해 있는 사회구조를 돌보는 방향으로 자연스럽게 돌봄의 관점이 확대되어 나간다.

그런데 앞에서 언급한 바와 같이, 살아있는 인간문서 연구의 관점은 이미 다방면으로 확대되고 있었다. 특히 콜롬비아신학대학원의 존 패튼은 관점의 확대를 이끈 주요한 인물인데, 그는 *Pastoral Care in Context*에서 목회돌봄에 중요한 변화가 일어나고 있음을 역설하고 있다.[19] 패튼은 목회돌봄의 패러다임이 이전과는 달리 공동체(community)와 맥락(context)을 중요시하는 것으로 변하고 있다고 지적하였다. 그는 신학자 피터 하지슨(Peter Hodgson)이 기독교신학의 흐름을 세 가지 패러다임, 즉 고전(the classical), 현대(the modern), 포스트모던(the postmodern)으로 이해하는 것에 착안하여 목회돌봄의 세 가지 패러다임의 변화를 제시한다. 곧 고전적(classical) 패러다임, 임상·목회적(clinical pastoral) 패러다임, 공동체·맥락적(communal contextual) 패러다임이다. 고전적 목회돌봄이 '메시지'에 집중했다면, 역동심리학의 영향을 받은 임상적 목회적 목회돌봄은 '개인'에 집중하며, 20세기 중반부터 목회돌봄의 주류를 형성해 왔다. 패튼이 제안하는 새로운 패러다임인 공동체적 맥락적 목회돌봄은 제2차 바티칸 공의회 이후 가톨릭 전통과 프로테스탄트 교회의 교회연합운동과 다양한 해방운동에 영향을 받았다. 그 결과 목회돌봄의 대상을 '개인'에서 '공동체'와 그를 둘러싼 다양한 '맥락'으로 확대한다. 그리고 패튼은 패러다임의 변화가 이전 패러다임의 부정을 의미하지 않는다는 점을 강조하였다. 새로운 패러다임은 이전의 패러다임을 보전하는(preserving) 동시에 필요에 따라서는 무효화시키는(annulling) 이중의 작업을 동시에 수행해야 한다.[20]

패튼이 지적한 패러다임의 변화는 살아있는 인간문서를 연구하는 방법에도 중요한 변화를 가져오고 있었다. 과거 '개인'에 집중하던 목회돌봄에서 목회상담학자들은 주로 개인 내면의 역동을 이해하는 심리학을 그들의 주요한 대화 상대자로 삼았다. 하지만 '공동체'와 '맥락'을 연구하는 목회상담학자들에게는 개인의 심층적인 내면을 탐구하는 심리학으로는 제대로 된 목회돌봄을 제공하는 데 한계를 느끼기 시작했다. 그래서 그들은 해석학(거킨, 캡스), 생태이론(클라인벨), 체계이론(래리 그래함, 멀 조단), 사회학 및 비판이론(제임스 폴링, 아치 스미스, 에드워드 웜벌리), 문화이론(임마누엘 라티), 여성주의이론 및 젠더이론(크리스티 누거, 바니 밀러–맥리모어) 등을 그들의 대화 상대자로 확대시켜 나갔다. 이러한 확대된 관점은 목회돌봄과 목회상담을 한 개인을 향한 헌신에서 보다 넓은 세상을 향한 헌신으로 확대시켜 나갔다. 이러한 확대된 관점에서 목회돌봄과 목회상담은 이제 힘의 불균형의 문제, 성차별의 문제, 정의롭지 못한 사회구조와 제도의 문제를 다루는 공적인(public) 사역에 관심을 가지기 시작했다. 물론 패튼의 지적대로 심리학과 정신분석이론은 여전히 중요한 대화 상대자로 보존될 필요가 있다. 하지만 동시에 공동체와 맥락을 돌보는 데 한계를 가진 이론은 비판되고 수정되어야 하며, 때론 포기될 필요도 있다. 여기에서 필자는 대화 상대자라는 용어를 사용하고 있다. 이들 이론이 대화 상대자인 이유는 목회상담은 이들 이론을 끊임없이 신학 및 기독교 전통과의 대화의 장으로 끌어 들이기 때문이다. 살아있는 인간관계망의 시대는 이처럼 목회상담의 관점이 확대되고 있으며, 목회상담을 위한 대화의 상대자들도 날로 다변화되고 있다.

최근 살아있는 인간관계망의 연구를 활발하게 주도하고 있는 것은 여성주의 목회상담학자들이다. 이 책에서는 바니 밀러–맥리모어와 크리스티 누거라는 두 명의 대표적인 여성주의 목회상담학자를 소개하고 있고, 이 외에도 다양한 분야에서 학문적·임상적 지도력을 발휘하고 있는 여성 목회상담학자들이 많다.[21] 밀러–맥리모어는 *Pastoral Care and Counseling Redefining the Paradigms*에 기고한 글에서 자신이 '인간관계망'이라는 용어를 사용한 것은 목회돌봄 분야에 일어나고 있는 근본적인 변화를 묘사하기 위해서라고 말한다.[22] 이 변화는 목회상담자의 존재 혹은 목회상담의 기술을 논하는 차원을 넘어선다. 모든 인간의 문제는 사회적으로 구성된 의미에 의해 움직이는 공적인 관계망에 뿌리내리고 있다는 사실을 인식하지 않고는 제대로 된 돌봄을 제공하는 것이 어렵다. 돌보는 자의 기능과 존재의 문제에 집중하던 시대에서 돌봄이 일어나는 현상에 대한 깊은 통찰을 요하는 시대로 변화한 것이다.

밀러-맥리모어는 살아있는 인간관계망의 시대는 목회돌봄의 기능에도 중요한 변화를 가져왔다고 주장한다. 전통적으로 목회볼돔은 치유(healing), 지지(sustaining), 안내(guiding), 화해(reconciling)를 핵심 기능으로 여겨 왔다.[23] 하지만 여성주의의 등장과 함께 이러한 전통적인 기능은 개인을 돌보는 데 중요함에도 불구하고 사회구조적인 문제에 민감한 돌봄과 상담을 제공하는 데에는 한계가 있다는 것을 인식하기 시작했다.

이 한계를 극복하기 위해 밀러-맥리모어는 치유, 지지, 안내, 화해라는 전통적 기능들을 확대하여 저항(resistence), 힘 북돋아 주기(empowering), 양육(nurturing), 해방(liberating)의 네 기능을 제안한다.[24] '저항'은 특정 집단의 희생을 반복적으로 재생산하는 잘못된 사회구조에 도전하고 저항하는 사역을 말한다. '힘 북돋아 주기'는 정의롭지 못한 사회구조 속에서 존엄성과 목소리와 힘을 빼앗겨 버린 소외된 이들과 상처받기 쉬운 이들을 변호하고 돌보며, 그들에게 성장의 수단과 자원을 제공하는 사역을 말한다. '양육'은 상처받기 쉬운 사람들과의 연대를 통해 변화를 위한 공간을 만들어가는 사역을 말한다. 마지막으로 '해방'은 정의롭지 않으며, 원하는 않는 고통을 안겨 주는 현실로부터 벗어나서 하나님이 창조하시고 구원하시고 사랑하신 백성으로서 자신의 온전성을 회복하도록 돕는 사역을 말한다.

지금까지 살펴 본 것처럼 살아있는 인간문서의 시대에서 살아있는 인간관계망의 시대로의 전환은 목회돌봄과 목회상담의 근본 구조의 변화를 가져오게 되었다. 필자가 여기서 '전환'이라는 용어를 사용했지만 그 전환은 과거를 무효화시키고 새로운 시대를 건설하는 것이 아니었다. 여전히 살아있는 인간문서의 전통은 이어지고 있다. 여전히 심리학은 목회상담을 배우는 과정에서 중요하게 다뤄지는 과목이다. 하지만 관점의 확대는 대화 상대자의 확대를 가져왔고, 대화 상대자의 확대는 목회상담학자들로 하여금 더욱 폭넓고 지혜로운 관점을 가지고 그들의 돌봐야 할 대상을 바라볼 수 있게 되었다. 그 관점의 확대는 한 개인을 향한 헌신에서 세상을 향한 헌신으로 헌신의 대상을 변화시켰다. 관점의 확대에도 불구하고 여전히 목회상담운동을 이끄는 가장 핵심적인 힘은 '헌신'이다. 그 헌신이 있기에 목회상담학자들은 지금도 정체성의 위기에도 불구하고 경계를 향해 나아간다.

3. 다양성과 혼돈의 시대 – 포스트모던 시대의 목회상담

2004년 출판된 *Pastoral Care and Counseling Redefining the Paradigms*는 목회상담운동의 나아가고 있는 방향을 잘 보여주고 있는 의미 있는 책이다. 이 책의 편집자 낸시 램지(Nancy J. Ramsay)는 서론에서 1990년 출판된 *Dictionary of Pastoral Care and Counseling*가 임상적 목회적 패러다임을 주로 반영하고 있다면, *Dictionary*의 출판 이후 목회상담운동의 변화는 공동체적 맥락적 패러다임과 상호문화적(intercultural) 패러다임을 반영하고 있다고 말한다. 이 두 패러다임은 현재 목회상담운동을 이끌고 있는 두 축이라고 할 수 있다. 공동체적 맥락적 패러다임은 살아있는 인간관계망의 시대와 관련하여 충분히 소개했다. 오늘날 목회상담운동을 이끄는 또 하나의 흐름인 상호문화적 패러다임은 가나 출신의 목회신학자 임마누엘 라티에 의해 주장된 것이다.[25] 필자는 이 상호문화적 패러다임을 포스트모던적 상황과 연결시키고자 한다. 물론 살아있는 인간관계망의 관점도 어떤 고정된 중심을 허용하지 않고 복잡하게 상호 연결되어 있는 포스트모던 사회의 단면을 잘 반영해 준다. 하지만 상호문화적 패러다임은 날로 다양화되고 있으며, 혼돈스럽기까지 한 오늘날의 사회 현상을 보다 잘 반영해 주는 패러다임으로 보인다. 라티는 상호문화적 패러다임은 문화적 다양성을 이해할 때 타인과 우리를 구분하는 것을 허용하지 않는다고 말한다. 그것은 "살아있는 다채로운 사람들의 보편적인 것, 문화적인 것, 개별적인 것의 교차점의 중심에"서 있다. 이 교차점에는 "다양한 사람들, 집단들, 관점들 사이의" 끊임없는 상호작용이 존재한다.[26] 이것이 바로 오늘 우리가 살고 있는 세계의 모습이다.

상호문화적 패러다임은 현재 목회상담운동의 흐름을 잘 보여 준다. 1925년 미국의 한 병원에서 시작된 목회상담운동은 20세기 후반과 21세기를 거치면서 전 세계로 번져나가고 있다. 『상호문화 목회상담』에서 라티는 가나의 문화 전통에서 자라고 영국에서 교육을 받고 가르치고 임상을 한 경험을 잘 반영하고 있다. 그는 분명 살아있는 인간문서의 연구라는 목회돌봄과 목회상담의 전통을 따르고 있지만, 그것을 자신의 문화적 배경 속에 녹여 내면서 또 다른 색깔의 목회상담을 선보이고 있다.

초창기부터 끊임없이 경계에 서기를 원했던 목회상담운동은 언제나 전통의 혁신자의 위치에 서 있었다. 그러므로 이 운동을 잇는 후학들도 목회상담운동을 혁신하는 것이 이 전통을 제대로 계승하는 일이 될 것이다. 풍부한 다양성을 가진 목회상담운동이 더욱 다양한 모습으로 혹은 때론 혼란스러운 모습으로 상호작용할 때 목회상담 운동은 보다 더 발전할 수 있을 것이다.

포스트모던이 목회돌봄과 목회상담에 미치는 영향은 탈 중심화된 자기(the de-centered self), 거대 담론의 해체, 구성된 현실로서의 세계에 대한 인식, 지식과 권력의 분리 불가능성, 가치의 상대성 등으로 요약할 수 있다.[27] 이러한 요소들은 돌봄에 대한 기본적인 관점에 영향을 미칠 수 있다. 예를 들어, 여성 목회신학자 파멜라 쿠퍼 화이트는 자신의 책 『나눔의 지혜』(*Shared Wisdom*)[28]에서 관계중심의 목회상담모델을 제시하면서, 상호주체성(inter-subjectivity)을 강조한다. 이런 관점에서 목회상담은 전통적인 주체와 타자의 구분을 넘어선 상호주체성을 통해 '공유된 지혜'를 발견하는 과정으로 이해된다.

이와 유사하게 다익스트라 역시 *Images of Pastoral Care*에서 개인 간 차이에 대한 존중이 목회신학자들의 주목을 받았음을 강조한다.[29] 목회신학자들은 미세한 차이에 집중하면서 그 속에서 중요한 의미를 발견해 나가는 사람들이다. 이 책은 각 학자들이 추구했던 이미지를 보여줌으로써 목회돌봄의 역사를 소개하는데, 여기에는 분명한 방법론적 제안도, 올바른 목회돌봄에 대한 주장도 없다. 단지 다양한 이미지들을 소개하면서 독자가 그 이미지들과 상호작용하면서 자신만의 이미지를 찾아가도록 유도한다. 다익스트라는 목회돌봄의 다양한 이미지가 독자의 마음속에 여러 생각과 비평과 이미지를 불러일으키는 환기적 예술(evocative art)

의 기능을 한다고 말한다.[30]

현재 세계 곳곳에서는 지금까지의 목회상담운동이 만들어 낸 것보다 훨씬 더 복잡하고 다양한 새로운 목회돌봄과 목회상담의 이미지들이 창조되고 있다. 지나치게 다양화된 이미지들은 혼돈을 초래할 수도 있을 것이다. 하지만 상호문화적 패러다임의 목회상담은 이 혼돈을 무질서와 파괴의 신호가 아닌, 다양한 상호교류와 상호작용의 과정으로 이해한다. 많은 한국 목회상담학자들도 자신의 목소리를 가지고 전 세계적으로 펼쳐지는 이 상호작용의 과정에 뛰어들고 있다. 나아가 급속하게 다문화 사회로 변해가고 있는 한국 사회에서 목회상담을 발전시켜 나가는 데 있어서도 상호문화적 패러다임은 중요한 시사점을 제공해 줄 것이다.

이상에서 현대목회상담학의 흐름을 살아있는 인간문서의 시대, 살아있는 인간관계망의 시대, 다양성과 혼돈의 시대로 나눠서 살펴보았다. 이 책에서 독자들은 이 세 가지의 관점이 어떻게 발전되어 왔는지 보다 자세히 발견하게 될 것이다. 이미 앞에서도 지적했듯이, 이 세 가지의 관점을 어느 하나의 관점이 다른 것을 완전히 대체하는 것으로 이해해서는 안 된다. 관점의 확대는 이전 관점을 풍성하게 것이지 포기하는 것을 의미하지 않는다. 그 결과 우리는 과거보다 훨씬 지혜로운 관점을 가질 수 있게 되었다. 살아있는 인간문서에 대한 진지한 관심과 헌신에서 시작된 여정은 보다 좋은 세상을 만드는 일에 대한 헌신으로 우리를 이끌었으며, 나아가서 상호 문화적 상황에 대한 헌신으로까지 우리의 관심을 확대시켰다. 하지만 우리는 이 책을 읽어나가며 이러한 관점의 변화에도 불구하고 여전히 지속되고 있는 목회상담자의 자세를 발견하게 될 것이다. 그것은 도움이 필요한 대상을 향한 돌봄과 헌신의 자세이다. 아마도 이것은 목회돌봄과 목회상담이 더욱 다양한 모습으로 발전될 다음 세대에도 여전히 지속될 자세가 아닐까 생각한다. 독자들은 이제 다양한 학자들이 그들의 삶과 학문을 통해 보여준 이 돌봄과 헌신을 만나게 될 것이다. 이 만남이 자신의 독특한 삶의 정황 속에서 다양한 대상들에게 상황에 적절한 목회돌봄과 목회상담을 제공하고 그것을 자신의 이론으로 정립해 가는 과정에 도움이 되기를 기대하며 길잡이를 마무리하고자 한다.

주(註)

1) E. Brooks Holifield, *A History of Pastoral Care in America* (Nashville: Abingdon Press, 1983), 355-356.

2) E. E. Thornton, "Clinical Pastoral Education," in *Dictionary of Pastoral Care and Counseling.*

3) E. B. Holifield, "Pastoral Care Movement," in *Dictionary of Pastoral Care and Counseling*; Nancy Ramsay ed., *Pastoral Care and Counseling Redefining the Paradigms* (Nashville: Abingdon Press, 2004), 3 참조.

4) J. Patton, "Pastoral Counseling," in *Dictionary of Pastoral Care and Counseling.*

5) Ramsay ed., *Pastoral Care and Counseling Redefining the Paradigms*, 4 참조.

6) R. J. Hunter, "Pastoral Care and Counseling(Comparative Terminology)," in *Dictionary of Pastoral Care and Counseling.*

7) H. Clinebell, "Pastoral Counseling Movement," in *Dictionary of Pastoral Care and Counseling.*

8) Ramsay ed., *Pastoral Care and Counseling Redefining the Paradigms*, 4-5.

9) 앞의 책, 7.

10) 이 당시 임상목회교육의 확산에 기여했던 인물들에 대해 보다 자세히 보려면 Holifield, *A History of Pastoral Care in America* (Nashville: Abingdon Press, 1983), 231-249을 참조하라.

11) L. O. Mills, "Pastoral Care(History, Traditions, and Definitions)," in *Dictionary of Pastoral Care and Counseling.*

12) L. O. Mills, "Pastoral Theology, Graduate Education in," in *Dictionary of Pastoral Care and Counseling.*

13) Seward Hiltner, *Preface to Pastoral Theology* (Nashville: Abingdon Press, 1958), 15-29 참조.

14) Holifield, *A History of Pastoral Care in America*, 261-269 참조.

15) 앞의 책, 11.

16) 앞의 책, 342-348 참조.

17) Robert C. Dykstra, ed., *Images of Pastoral Care* (St. Louis: Chalice Press, 2005), 2.

18) Bonnie Miller-McLemore, "The Human Web: Reflection on the State of Pastoral

Theology," *Christian Century* 110(1993), 366–369; Bonnie Miller-McLemore, "The Living Human Web," in *Through the Eyes of Women: Insights for Pastoral Care*, ed. Jeanne Stevenson Moessner (Minneapolis: Fortress Press, 1996), 9–26 참조.

19) John Patton, *Pastoral Care in Context* (Louisville: Westminster/John Knox Press, 1993), 1.

20) 앞의 책, 5.

21) 보다 다양한 여성주의 목회상담학자들의 논의를 살펴보기 위해서는 정희성, 『여성과 목회상담』(서울 : 이화여자대학교 출판부, 2011)을 참조하라.

22) Bonnie J. Miller-McLemore, Pastoral Theology as Public Theology: Revoloutions in the "Fourth Area," in Nancy Ramsay ed., *Pastoral Care and Counseling Redefining the Paradigms* (Nashville: Abingdon Press, 2004), 51.

23) William A. Clebsch & Charles R. Jaekle, *Pastoral Care in Historical Perspective* (Englewood Cliffs : Prentice-Hall, 1964); Seward Hiltner, *Preface to Pastoral Theology* (Nashville: Abingdon Press, 1958) 참조.

24) Bonnie J. Miller-McLemore, *Feminist Theory in Pastoral Theology*, in Bonnie J. Miller-McLemore and Brita L. Gill-Austern, eds., *Feminist and Womanist Pastoral Theology* (Nashville : Abingdon Press, 1999), 80.

25) 임마누엘 라티, 「상호문화 목회상담」, 문희경 역, (서울: 도서출판 대서, 2011) 참조.

26) 앞의 책, 40.

27) Ramsay ed., *Pastoral Care and Counseling Redefining the Paradigms*, 6 참조.

28) 파멜라 쿠퍼 화이트, 『나눔의 지혜』, 문희경 역, (서울: 솔로몬, 2009).

29) Dykstra, ed., *Images of Pastoral Care*, 8–9.

30) 앞의 책, 12.

PART 1

목회상담운동의 초기 학자들

Chapter 2

안톤 보이슨
(Anton T. Boisen)

이 희 철

(서울기독대학교 교수)

I. 들어가는 글

　안톤 보이슨(Anton Theophilus Boisen, 1876–1965)은 목회상담학에서 어떻게 기억되고 있는가? 그는 목회상담학자보다는 미국의 정신병원에서 처음 일을 시작한 목사로서 기억되고 있다. 한국목회상담학의 역사가 짧지 않지만 목회상담학자로서 또한 신학자로서도 별로 기억되고 있지 않다. 개신교 신학에서 그리고 목회상담학에서 그는 병원의 원목 그 이상도 이하도 아니었다. 그는 미국임상목회교육협회(Association of Clinical Pastoral Education)의 원조가 되는 프로그램을 처음 시작한 자로서 기억되고 있다. 1970년대까지만 하더라도 그의 저서는 많은 독자들이 있었다. 예를 들어 그의 처녀작인 *Exploration of the Inner World*은 1936년에 출판된 후 1952년과 1971년에 더 인쇄되면서 많은 독자들이 있었다. 안톤 보이슨에 대한 많은 연구가 있었지만 그의 일대기를 기록한 전기는 두 권 출간되어 있다. 보이슨이 직접 쓴 자서전인 Out of the Depths와 Robert David Leas가 2009년에 출간한 안톤 보이슨의 전기 *Anton Theophilus Boisen: His life, Work, Impact, and Theological Legacy*가 있다. 그 외에는 보이슨의 논문들을 편집하고 여러 학자들이 보이슨을 기념하여 쓴 논문들을 수집하여 출판된 책들이 몇 권 있다.

안톤 보이슨은 미국 목회상담학의 개척자들의 스승이었다. 그럼에도 불구하고 한국에 그는 거의 소개되지 않았다. 『목회임상교육: 원리와 실제』[1]에 간략하게 소개되고 있고 안석모교수가 번역한 찰스 거킨의 『살아있는 인간문서』[2]에도 소개되고 있지만 보이슨의 생애와 철학 그리고 목회상담학적 공헌 등이 좀 더 자세하게 설명된 적은 없다. 그래서 본 장에서는 '보이슨의 생애, 목회신학방법론, 주요연구주제, 목회상담학에 미친 영향과 한계, 한국에 적용하기' 등의 소제목으로 보이슨을 소개하고자 한다.

II. 보이슨의 생애

1. 삶과 경력, 학문적 배경

안톤 보이슨은 1876년 10월 29일에 허만 보이슨(Hermann Balthazar Boisen)과 루이스 보이슨(Louise Wylie Boisen)의 아들로 태어났다. 아버지 허만은 독일에서 자라면서 교육을 받았고 인디아나대학교에서 현대언어학과 식물학을 가르치는 교수였다. 어머니는 인디아나대학교가 처음으로 여성을 학생으로 입학시켰을 당시의 학생이었다. 인디아나대학교는 1867년에 처음으로 여성을 대학생으로 입학시켜서 미국 최초의 남녀공학주립대학교가 되었다. 어머니는 또한 인디아나대학교 총장의 사촌이었고 부총장의 딸이었다. 그녀의 아버지는 부총장이었을 당시에 개혁장로교 목사이기도 하였다. 보이슨은 성과 이름 사이에 있는 가운데 이름인 Theophilus 를 좋아했다. 하나님의 연인이라는 뜻의 이름이다. 외조부의 이름을 따라서 이름이 만들어졌다. 아버지는 38세의 젊은 나이에 심장마비로 세상을 떠났기에 보이슨은 외가식구들과 더 오랫동안 깊은 관계를 맺게 되었다. 보이슨의 여동생이 태어난 지 얼마 되지 않아서 아버지는 돌아가셨다. 보이슨이 나중에 알게 되었지만 아버지는 1879-80년에 대학 강단에서 내려왔는데 그 이유는 동료 교수가 부당하게 해임을 당해서였다고 한다. 보이슨은 아버지가 돌아가셨을 때를 다음과 같이 회상한다.

> 1884년 1월 16일 그는 38세의 나이에 심장마비로 죽었다⋯⋯. 나의 7번째 생일이 3개월 지났을 때 나의 아버지는 죽었다. 어머니의 회상과 아버지를 아는 다른 사람들의 회상 때문에 아버지에 대한 기억이 남아 있다. 아버지에 대한 기억은 나의 삶에 보이지 않는 힘이 되었다. 그 기억은 하나님에 대한 나의 생각과 연계되어 왔다.[3]

위에서 회상하듯이 보이슨의 생애에서 아버지는 큰 역할을 하였다. 중년이 되어서 정신질환을 앓게 될 때에 경험한 죄책감의 문제도 아버지와 깊은 연관이 있다.

보이슨은 1893년에 브루밍튼고등학교를 졸업했다. 고등학교 시절에 그는 소외감으로 어려움을 겪었다. 친구들과의 관계 속에 자신에 대한 정체성이 분명하지 않았다. 인디아나대학교에서 수학한 시절에 보이슨은 친구들과 어울리느라고 바빴던 여동생과 대조적으로 어울리는 친구들이 많지 않았다. 보이슨은 여동생의 사교성을 부러워했다. 여동생의 왕성한 사교성이 자신에게는 너무 부족하다고 생각했다. 그래서 사람들과 어울려야 한다는 의무감으로 사람들을 만나려고 했다.

1897년 6월 9일, 보이슨은 인디아나대학교에서 독일어로 학위를 취득했다. 졸업 후에 바로 직장을 얻지 못하여서 인디아나대학교에서 언어와 심리학을 공부하면서 자신이 좋아하는 교수이며 장로교 목사인 윌리암 로우 브라이언(William Lowe Bryan) 박사의 성경 공부에 참석하기도 하였다. 자신이 졸업한 고등학교와 대학교에서 보이슨은 프랑스어와 독일어를 2년 정도 가르쳤다. 이때 브라이언 박사에게서 윌리암 제임스의 책 *Principles of Psychology*를 소개받았다. 그는 윌리암 제임스의 책에서 '습관'과 '의지'에 대하여 설명하는 부분을 읽으면서 위로보다는 죄책감이 깊어가고 있었다. 그리고 아버지를 잘 아는 분들을 통해서 아버지가 훌륭하신 분이었다는 회상을 들을 때는 자신의 부족함을 깨닫게 되었다.[4] 보이슨은 엄습하는 죄책감으로 힘들어했고 낮은 자존감과 심한 좌절감으로 괴로워하고 있었다. 그러던 중에 두 가지 경험을 하게 된다. 하나는 정신분열증적 증세였고 다른 하나는 종교적 체험이었다. 보이슨은 다음과 같이 그의 정신분열적 증세를 기록하고 있다.

> 다음날 밤 천사가 아니라 여러 명의 마녀들이 나를 찾아왔다. 병실에는 침대만 있었다. 병실의 벽은 매우 독특하게 만들어진 이중벽이었다……. 나는 중생의 과정을 경험하였고 아마도 다른 사람들을 구원하는 일을 하기 위한 체험 같았다. 의학과 종교를 나누었던 벽을 무너트리는 경험을 하였다. 나는 등 뒤로 무엇인가를 느꼈고 나의 새로운 사역의 길이 열리는 기분이 들었다.[5]

　이러한 경험은 보이슨이 종교성과 정신건강에 관심을 가지게 하는 계기가 되었다. 보이슨은 인디아나대학교(Indiana University), 예일산림학교(Yale Forestry School), 유니온신학대학원을 졸업했다. 그리고 하버드대학교에서 석사학위를 받았다. 보스턴정신병원 맥파이 캠벨(Mcfie Campbell)에게서 배웠다. 장로교 지역교회사업부(the Presbyterian Department of County Church Work)의 사회학 연구원으로 활동하였다. 교회에서 5년을 목회하기도 했다. Interchurch World Movement라는 단체를 위해 사회학적 통계조사도 하였는데, 이 단체가 없어짐으로 일을 그만두게 되었고 결국에 보이슨은 신경쇠약에 걸리게 되었다. 정신질환으로 몇 차례 병원에 입원하는 경험을 한 보이슨은 정신질환과 종교성에 깊은 관심을 가지게 되었고 결국에는 메사추세츠주에 소재한 우스터주립병원(Worcester State Hospital)에서 원목이 되어 환자들을 돌보기 시작하였다. 1923년부터 1931년까지 이 병원에서 일하다가 1932년 엘진주립병원(Elgin State Hospital)으로 옮겨서 생애를 마칠 때까지 그 곳에서 일했다. 병원에서 임상훈련을 진행하면서 보이슨은 '살아있는 인간문서'로서 인간경험의 중요성을 강조하게 되었다. 보이슨은 수많은 사례를 수집하고 분석하고 이해하려고 노력하면서 병원에서 생애를 보냈다. 그러면서 또한 보이슨은 보스톤대학교에서 2년을 가르쳤고 15년동안 시카고신학대학원(Chicago Theological Seminary)에서 가르쳤다. 또한 Pacific School of Religion에서 개최되는 권위 있는 학술대회인 Earl Lecture의 주강사로 초대되어 연설하기도 하였다. 그의 공로를 인정하여 시카고신학대학원은 1957년 6월에 명예박사학위를 보이슨에게 수여하였다.[6]

유니온신학대학원 수학 당시에 조지 코우(George Albert Coe)에게서 배운 보이슨은 종교심리학에 관심이 있었고 정신병원이 인간의 죄와 구원의 문제를 연구할 수 있는 최적의 장소라고 여겼다. 인간의 내면에서 생기는 허무함과 동요에 대한 관심 때문에 그는 현재의 미국임상목회교육을 설립하게 하는 철학과 방법론을 개발하게 되었다. 코우의 가르침 때문에 보이슨은 결국 조시아 로이스(Joshia Loyce)의 '충성'(loyalty)에 대한 생각을 수용하게 되고 조지 허버트 미드(George Herbert Mead)의 사회적 규범과 양심의 관계에 대한 생각을 수용하게 된다. 결국에 보이슨은 정신질환과 종교적 체험의 문제를 '충성' 다시 말하면 어디로 방향을 정하고 어디에 헌신하느냐의 문제로 연결시켰다.

2. 보이슨과 사람들

보이슨은 사랑하였던 여인이 있었다. 앨리스 바첼더(Alice L. Batchelder)라는 여인이었는데 그녀가 처음 인디아나대학교에 YWCA를 대표해서 방문하였던 1902년, 보이슨은 그녀를 짝사랑하게 되었다. 그들의 관계는 그녀가 암으로 죽을 때까지 33년 동안 지속되었지만 결혼하지는 않았다. 보이슨은 독신으로 평생을 살았다. 그들의 관계에서 고비가 있을 때마다 보이슨은 정신질환적 증세를 경험하였다. 그만큼 그녀는 보이슨에게 중요한 사람이었고 보이슨이 사역을 시작하고 임상훈련운동에 박차를 가하게 되는데도 보이지 않는 힘이 되어 주었다. 보이슨은 1936년에 출간된 *The Exploration of the Inner World*에서 그녀를 기념하기까지 했다.

보이슨에게 막역한 친구였던 프레드 이스트만(Fred Eastman)은 보이슨이 입원

중에 있을 때도 편지를 서로 주고받으면서 보이슨을 돕던 친구였다. 보이슨에게 처음으로 지그문트 프로이트의 정신분석학 책을 소개하기도 하였고, 시카고신학대학원에서 가르칠 수 있도록 초대하기도 하였다. 그 이후로 1930년까지 보이슨은 시카고신학대학원에서 매년 가을학기를 가르치게 되었고 1938부터 1942년까지는 전임교수로서 가르쳤다.

리차드 캐봇(Richard C. Cabot)은 보이슨이 하버드대학교에서 석사 과정을 하면서 만난 의학부 교수이다. 보이슨이 정신병원에서 원목으로 일을 시작하도록 돕기도 하였고 미국임상목회교육협회(ACPE)가 처음 설립될 때 적극적으로 지원한 사람이기도 하다.

윌리암 브라이언(William A. Bryan)은 우스터주립병원(Worcester State Hospital)의 원장으로서 보이슨을 그 병원의 원목으로 채용한 사람이다. 브라이언도 보이슨의 임상훈련을 적극적으로 지원하였고 임상목회교육이 병원에서 정착하는 데 보이지 않는 역할을 하였다.

시워드 힐트너(Seward Hiltner)는 보이슨이 시카고에서 임상훈련을 시작할 때 처음 훈련을 받던 훈련생이었다. 그 당시에 힐트너는 시카고신학대학원 학생이었고 나중에 임상목회교육이 발전하는 데 참여하고 프린스턴신학대학원(Princeton Theological Seminary) 교수로서 은퇴하였다.

이외에도 목회상담학의 발전에 주도적인 역할을 하였던 웨인 오우츠(Wayne Oates)와 캐롤 와이즈(Caroll Wise)도 보이슨의 임상목회교육에 참여하였던 훈련생이었다. 캐롤 와이즈는 목회임상교육협회의 서기를 맡으면서 적극적으로 참여하였고 나중에 게렛신학대학원의 교수가 되었다. 웨인 오우츠는 남침례교신학대학원(Southen Baptist Seminary)에서 수학하는 중에 처음 보이슨을 만났다. 오우츠의 스승인 Gaines Dobbins 교수는 콜롬비아대학교에서 조지 알버트 코우와 존 듀이(John Dewey)에게서 수학하였기에 보이슨을 학교로 초청하였다. 그때 임상목회교육이 프로이트에 매료되어 있었고 보이슨의 인간존재에 대한 신학적 이슈에 관심이 감소된 상태였기에 보이슨은 많이 아쉬워하고 있었다. 이때 시카고 인근에 위치한 엘진주립병원(Elgin State Hospital)에 가서 보이슨에게 임상훈련을 받았다.[7] 해리 설리반(Harry Stack Sullivan)은 정신과 의사로서 보이슨과 임상사례를 공유하였고 정신분열증과 관련된 보이슨의 생각을 학술논문에도 인용하기도 하였다.

III. 목회신학 방법론

보이슨에게 '신학'은 무엇인가? 보이슨은 신학을 어떻게 정의하는가? 보이슨은 신학과 과학을 구별하지 않았다. 오히려 보이슨은 신학을 '과학의 여왕'으로 여겼다. 보이슨이 신학과 과학을 구분하지 않게 된 여러 가지 이유가 있겠지만 우선적으로 그는 과학에서 종교성이 간과되는 그 당시 현실을 목도하였기 때문이라고 볼 수 있다. 보이슨은 인간에 대한 과학적 연구를 한다는 전문인들이 인간의 종교적인 면을 간과하는 현실에 대하여 안타까워했다. 한 인간이 보여줄 수 있는 자신의 삶에 대한 철학에 전혀 관심 없으면서 환자를 만나는 사회복지사를 안타까워했다. 정신병환자의 차트에는 단지 개신교인지 천주교인지만 구별할 뿐 더 이상 종교와 관련된 기록이 없음을 보이슨은 안타까워했다. 인간에 대한 과학적 접근을 한다는 전문인들이 한 인간이 지니고 있는 삶에 대한 철학 그리고 그 종교성을 무시하면서 과학이라고 할 수 없다고 그는 분명하게 주장한다.[8] 보이슨은 존 듀이(John Dewey)를 인용하면서 '과학'은 변화가 일어날 때 변화 속에 존재하는 관계들을 발견하고 관계 속에 일어나는 인간 경험을 실험하고 구성하려는 협조적 시도(cooperative attempt)라고 했다. 보이슨은 신학을 개념화할 때도 마찬가지로 '시도'라는 단어를 사용한다. 보이슨에게 신학은 '시도'이다. '시도'는 실험적이고 경험적이다. 조직신학을 비롯한 이론신학같이 이미 정론화된 교리나 신앙자체의 연구가 아니다. 산림청에서 일할 때 경험과 병원에서 일하면서 얻은 경험 때문에 보이슨은 '신학'을 실험하고 탐험하는 '시도'로서 이해했다.

보이슨에게 인간은 아직 정돈되지 않은 문서이다. 아직 구성되지 않았고, 합의된 것이 없는 처음 발견한 '고대문서'와 비슷하다. 그래서 아마도 보이슨에게는 프로이트와 융의 심층심리학의 중요성은 인정되지만 단지 이차 자료로서 여겨진 듯하다. 보이슨은 인간을 해석이 필요한 '살아있는 문서'로서 이해하였기에 사람을 만날 때 정해진 이론과 원리에 의해서 판단하기를 금하였다. 아직 정론화되지 않았고, 구성되지 않았고, 그래서 합의된 것이 없는 것에 대한 실험적 시도이다. 그래서 보이슨에게 신학은 '살아있는 문서' 즉 누구도 아직 탐험하지 않은 처녀숲과 같은 인간의 삶을 연구하는 시도이다. 한 인간의 삶과 관련된 신념체계를 구성하고 면밀히 살펴보려는 시도이다. 보이슨이 말하는 신념은 삶의 의미와 목적과 관련되는 신념이다. 하나님이라고 이름을 부르지는 않지만 하나님같이 절대적이고 막강한 힘을 가진 존재(사람이든 사물이든)에 대한 신념과 관련하여 우리의 내면에 그리고 우리의 관계 속에 작용하고 있는 영적인 힘과 관련된 신념을 구성하고 세심히 살펴보려는 시도이다.[9]

보이슨에게 신학은 살아있는 인간문서를 실험하고 연구하는 시도였다. 그래서 그의 목회신학 방법론은 '사례연구방법'(case-method)이라고 말할 수 있다. 보이슨은 자신의 연구방법론을 '공동 연구'(cooperative inquiry)라고 불렀다. '공동연구'는 혼자서 하는 연구가 아니다. '공동연구'는 다양한 전문적 지식인들과 제휴하는 연구이다. 살아있는 인간문서를 이해하고 해석하기위해 신학뿐 아니라 심리학, 사회학, 인류학 등의 전문지식의 협조를 받으며 하는 연구이다. 이 '공동연구'가 결국에는 그의 경험주의 신학의 토대가 되었다. 살아있는 인간문서 즉 인간의 삶 자체가 담겨있는 사례(case)에 보이슨이 적극적으로 관심을 가지게 된 동기는 당연히 리차드 캐봇이다. 캐봇은 그의 책 *Differential Diagnosis*에서 다음과 같이 사례의 중요성을 강조하고 있다.

> 흔히 사례는 의학서적에 잘 설명된 장티푸스같이 조직적으로 배열되어 있지 않다. 일반적으로 사례는 일방적인 각도에서 특정의 시스템으로 우리에게 다가오기 때문에 우리는 자주 사례를 오도하기 쉽다. 왜 많은 의사들이 단지 증세만 치료하려고 하는가? 왜 그들의 진단과 처방은 막연하고 손으로 더듬듯이 암중모색하기만 하는가? 그들은 드러난 증세 이상으로 어떻게 가야할

지를 모르고 있다. 그들은 드러난 증세를 어떻게 이해해야 할지 방법을 배우지 못했다. 증세를 일으키는 가능한 원인은 무엇이고 그 증세와 연결된 것들은 무엇인가? 이들 중에 어느 것이 가장 그럴듯한가? 실제 원인은 어떠한 질문방법이나 실험에 의해서 발견될 수 있는가? 이 책은 의사에게 이러한 질문들에 답할 수 있는 방법을 제공하려고 한다.[10]

환자로서 병원에 15개월을 입원하여 있다가 나온 후 보이슨은 이 책을 읽고서 공감하지 않을 수 없었다. 병원에 입원하였을 때 보이슨은 드러나는 증세만 다루고 있는 의사들을 경험했다. 보이슨은 친구 프레드 이스트만에게 편지하면서 다음과 같이 썼다. "나타나는 증세를 제거한다고 치료가 이루어지는 것이 아니라 갈등이 해결될 때 가능하다." 보이슨은 의사가 성적충동을 억압하지 말라고 충고하였을 때 실망하였다.[11] 보이슨에게 근본적 원인은 성적충동이 아니라 정신장애와 연결된 종교성의 문제였다. 그래서 보이슨은 정신장애를 일으킬 수 있는 숨겨진 종교적 요인들을 연구하기도 하였다.

보이슨은 어떻게 사례연구라는 방법론을 사용하게 되었는가? 보이슨은 산림청에서 일하면서 통계학을 접하게 되었다. 또한 그가 유니온신학원에서 수학할 때 만난 죠지 알버트 코우(George Albert Coe) 교수에게서 도전을 받았다. 코우 교수는 종교적 체험을 연구하는 신학생들이 인간 자체보다는 교과서에 더 의존하는 사실에 안타까워했다. 그래서 그는 "사실이 관찰되는 곳, 특히 인간의 삶과 관련된 사실이 관찰되는 곳에서는 과학적 방법이 절대적으로 사용되어야 한다."고 생각했다.[12]

보이슨의 목회신학방법론은 임상사례에서 시작하는 과학적 방법이라고 말할 수 있다. 다시 말하면 '살아있는 인간문서'에서 시작하는 '과학적 접근'이다. 보이슨은 신학교에 호소하는 글에서 고통 받는 사람들을 돕기 위한 목회자들의 접근방법이 무척 비과학적임을 말하고 있다. 물론 이는 신학교 안에서 신학생을 위한 임상훈련과정을 개설하기를 호소하기 위한 것이었다. 보이슨이 보기에 정신질환을 일으키는 원인을 접근하는 교회의 방법이 무척 비과학적이었다. 물론 보수적인 교회는 상한 심령의 갈등과 문제에 관심을 기울이고 있었다. 보수적인 교회는 상한 심령의 문제를 구원과 연결시켜서 이해했다. 보수적인 교회에서 정신질환을 앓고 있는 자를 돌보는 목회자의 역할은 "그 영혼을 구원하는 일"이었다. 보이슨은 그들의 노력을 소중히 여겼다. 기도와 축사의 중요성을 간과하지 않았다. 그러나 보이슨은 보수적인 교회에서 흔하게 일어나는 '진단 없는 처방'을 지적하고 있다. 보수적인 목회자는 진단의 과정을 거치지 않고 쉽게 처방을 내리는 무모한 행동을 한다고 지적하고 있다. 구원이란 무엇인지, 어디로부터(무엇으로부터) 구원을 받아야하는지 분명하게 알지 못하는 목회자들을 보이슨은 안타까워했다. 반면에 진보적인 교회에 대하여 보이슨은 보다 심한 비평을 하고 있다. 보이슨이 보기에 진보적인 교회에는 "진단도 없고 처방도 없었다." 상한 심령을 위한 구원의 복음도 없었다. 그래서 진보적인 목회자는 고통 받는 사람을 너무 쉽고 빠르게 의사들에게 넘겨버리고 기억에서 잊어버리는 경향이 있다고 보이슨은 신랄하게 지적한다.[13]

보이슨은 자신의 저서 *The Exploration of the Inner World*가 병원에서 경험한 173개 사례에 근거하고 있다고 말한다. 보이슨이 즐겨 했던 중요한 작업은 사례 수집이었다. 그는 환자를 면담하고 사례연구를 위해 필요한 데이터를 수집하는데 많은 시간을 보냈다. 보이슨이 나중에 시카고신학대학원에 기증한 파일을 살펴보면 자신의 이러한 원리에 무척 철저하였다고 한다. 그럼에도 불구하고 그는 그 많은 사례들 중에서 매우 극소수만 출판에 사용하였다.[14]

보이슨은 목회자들이 고통 받는 사람을 돌보기 위해 지녀야 할 목회신학적 원리를 말하고 있다. 경험주의, 객관성, 지속성, 독특성, 보편성, 경제성, 청렴성, 이 7가지를 목회신학적 원리로서 말하고 있다. 그 원리를 다음 〈표1〉에서 설명하겠다.

목회신학적 원리	
경험주의 (Empiricism)	인간 경험이라는 '일차자료'에서 돌봄목회는 시작한다. 목회자를 비롯한 전문가들은 보편적이고 일반화된 상식에서 시작하지 않는다. 인간 경험이라는 구체적인 사실에서 시작하여 보편적 이론으로 간다. 특정 개인에서 시작하여 그 사람이 속한 공동체로 간다. 특정 공동체에서 시작하여 그 공동체가 속한 사회전체로 간다. 귀납적이다.
객관성 (Objectivity)	개인적 경험의 사실과 조건이 잘 설명되고 다른 사람들도 같은 경험을 반복할 수 있거나 관찰할 수 있다.
지속성 (Continuity)	새롭게 일어나는 현상은 이전에 행해진 관찰에 근거하여 설명될 수 도 있고 일반화된 이론에 의해서 설명될 수 있다. '알려지지 않은 사실'은 '이미 알려진 사실'과 틀림없이 연관이 있다.
독특성 (Particularity)	연구범위는 제한적이어야 하고 문제는 분명하게 규정되어야 한다. 우주의 아주 작은 세계에 집중하면서 나머지에는 관심을 두지 말아야 한다.
보편성 (Universality)	독특성은 보편성과 연관되어야만 이해될 수 있다. 모든 과학적 노력의 목적은 보편적으로 가치가 있는 관계를 발견하는데 있다.
경제성 (Economy)	현상을 설명하는데 도움이 되지 않는 원인이나 검증도구에는 관심을 버려야 한다. 예를 들어 상반되는 두 가지 이론 중에 현상을 더 적절하게 설명하고 그 현상과 관련된 다른 범주와도 통일성이 있는 이론을 선택해야 한다. 검증도구의 정확성은 검증과정 중에 있는 대상의 성격과 검증의 목적과 정확하게 어울리는지에 의해 판단되어야 한다.
청렴성 (Disinterestedness)	진리를 추구하는 열정은 매우 중요하다. 이 열정을 실행하는 과정 중에 바른 양심과 정직성은 더욱 중요하다. 자신의 선입견을 이해하고 그 선입견을 자제할 수 있는 능력은 필수적이다.

위의 표에서 설명한 원리는 매우 과학적인 원리인 듯하다. 과학적 실험을 할 때 지켜야 할 원칙인 듯싶다. 그러면 목회신학적 원리라고 어떻게 말할 수 있는가? 보이슨은 이 원리를 설명할 때 과학과 신학을 구별하지 않고 오히려 인간을 돌본다는 차원에서 서로 공통된 원리를 공유해야 한다고 생각했다. 그래서 이 원리는

무척 신학적이고 특히 목회신학적이라고 할 수 있다. 예를 들어 과학자나 목회자가 '숨겨진 사실' (또는 알려지지 않은 사실)을 찾아내려고 할 때 '지속성'의 원리를 기억해야 한다. 성경에는 숨겨진 사실이 많이 있다. 하나님을 알기 위해 사람들은 무단한 노력을 한다. 그러나 성경 안에도 하나님이 그대로 드러나 있지 않다. 하나님은 모세에게도 직접 보이지 않고 불타는 떨기나무를 통해 나타나셨다 (출 3:2-3). 하나님은 직접 나타나지 않고 말씀으로 오신 예수님을 통해 하나님을 알 수 있게 했다. 예수님이 하나님이기 때문이다 (요1:1). 그렇지만 현대인들은 예수님조차도 만나본 적이 없다. 그러면 하나님을 어떻게 알 수 있는가? 알려진 사실을 통해 하나님을 찾아가는 것이다. 알려진 사실 자체가 하나님은 아니다. 성경 자체가 하나님은 아니다. 그렇지만 알려진 사실, 즉 계시된 성경자체가 하나님과 연관되어 있다. '알려지지 않은 사실'은 '알려진 사실'과 연관이 있다는 '지속성'의 원리에 의해서 과학자나 목회자는 현재 '경험되는 사실'을 연구하여 '드러나지 않은 사실'을 발견할 수 있다.

　한 여인이 괴롭고 슬프다. 그래서 상담사에게 고백한다. "참으로 마음이 무겁습니다." 이 표현을 듣고서 상담사는 마음의 무게를 실제로 재어 보려고 한다면 참으로 어리석은 일이다. 오히려 상담사는 이러한 고백을 듣고 숨겨진 사실과 연관될 수 있음을 짐작해야 한다. 연관된 숨겨진 사실이 '하나님'일 수도 있고, '감정'일 수도 있고, '선입견'일 수도 있고, '의미'일 수도 있고, 아니면 '해석'일 수도 있다. 이러한 숨겨진 실체를 여인은 의식하지 못할 수도 있다. 상담사는 여인의 고백이라는 '알려진 사실'에 만족한다면 어리석은 상담을 진행하게 될 수도 있다. 그러나 "참으로 마음이 무겁습니다"라는 여인의 고백에서 숨겨진 실체를 찾아보려고 노력하는 이유는 기독교상담사가 '지속성'의 원리에 근거하기 때문이다.

　'청렴성'의 원리를 예를 들어도 과학자나 목회자나 상관없이 이 원리에 의해서 자신의 전문성을 유지해야 한다. 과학자는 자신이 얻은 데이터에 대하여 선입견을 가지고 대하여서는 안 된다. 대기업들이 과학자들을 이용하여 자신들에게 이익이 되는 '과학적 발표'를 하게하려는 시도들이 있다. 이런 경우에 과학자는 데이터를 조작하게 된다. 이것은 '청렴성'의 원리에 위배된다. 목회자도 마찬가지이다. 교회의 부흥을 위해 신앙적 자원인 '기도' 또는 '예배'를 이용하여서는 안 된다. 신약성경을 읽을 때도 마찬가지이다. 신약시대 배경을 충분히 이해하지 못하고서 신약성경을 읽을 때 독자의 상황에 의해서 신약성경을 해석하기 쉽다. 신약성경이라는 데이터가 조작되기 쉽다. 이것이 성서해석의 오류이다. 목회자는 성서를 해석할 때 자신의 선입견을 파악할 수 있고 배제할 수 있어야 한다. 기독교상담사도 마찬가지이다. 내담자는 데이터이다. 보이슨에 의하면 내담자는 '살아있는 문서자료'이다. 이 자료를 해석하는 과정에서 기독교상담사는 자신의 선입견을 충분히 파악하고 배제할 수 있어야 한다.

목회신학방법론과 목회상담학은 어떻게 연관될 수 있는가? 보이슨이 살던 20세기 초에 '상담'(counseling)은 의학교육을 받지 않은 전문인들이 하는 심리치료로서 이해되기 시작되었다. 상담은 정신질환을 다루는 의학적인 심리치료와는 구별되었다. 보이슨은 이러한 구분에 동의하면서 훌륭한 상담의 원리에 있어서는 의학적 심리치료나 비의학적 심리치료나 동등하다고 하였다. 다시 말하면 상담사례가 병리적이든 병리적이지 않던 상관없이 훌륭한 상담을 하기 위한 기본 원리는 동일하다는 말이다. 기본 원리는 살아있는 인간문서에서 시작하는 방법론이다. 심리치료를 하던, 상담을 하던지 상관없이 이론이나 지침서가 일차 자료가 아니고 인간의 경험 자체가 일차 자료가 되어야 한다. 인간경험에 대할 때 위의 7가지 목회신학적 원리를 지니고 있어야 훌륭한 상담과 목회돌봄을 할 수 있다.

목회자를 비롯한 기독교적 배경을 가지고 상담을 하는 기독교상담가는 경제적 문제, 질환의 문제, 가정문제, 사별의 문제 등을 비롯하여 다양한 문제들을 다루게 된다. 그러나 자신이 전문적으로 상담할 수 있는 대상은 자신의 기술과 통찰력 그리고 그 분야에 대한 자신감에 의해서 결정될 수 있다. 보이슨은 그 당시에 지배적인 상담 방법을 두 가지로 구분한다. 하나는 '신앙치유'(faith healing)라고 부르는데 지시적이고 치료사의 권위가 무척 중요하다. 치료사가 직접 지적하고 지시하여 준다. 치료사의 결정을 내담자는 적극적으로 의존한다. 반면에 다른 하나의 상담 방법은 정신분석학파에서 사용하는 심리치료이다. 이 상담방법은 조화된 판단력과 통찰력 그리고 내담자의 자신감이 중요하다. 목적은 내담자가 자신의 문제를 발견하고 해결할 수 있도록 돕는 데 있다. 교회에서 행하는 심리치료는 주로 '신앙치유' 로서 진단이 없는 처방이었다고 보이슨은 말한다. 보이슨은 교회의 심리치료에서 '진단 없는 처방' 이 절제되고 분별과 해석이 더 개발되기를 바라고 있었다.[16]

보이슨은 기독교상담사의 상담능력을 향상시키고 유지시키기 위해서 다음 〈표 2〉에 기록된 질문목록을 만들었다.

〈표 2〉[17]

I. 기초 질문들

1. 지난 12개월동안 얼마나 많은 사람들과 그들의 개인문제와 관련하여 대화하였는가? 이들 중에 얼마나 많은 사람들이 먼저 당신을 찾았는가? 이들 중에 얼마나 자주 당신이 먼저 찾아갔는가?
2. 사례들을 다음의 제목에 어울리게 배열하여라.
   a) 경제적 스트레스
   b) 직업갈등
   c) 애정문제
   d) 결혼생활
   e) 자녀문제
   f) 병과 사별
   g) 신학적 갈등
   h) 양심적 갈등
   I) 신앙생활에 대한 헌신
   j) 기타
3. 어느 정도까지 당신이 하는 설교나 성경공부가 당신이 돌보는 사람들의 문제들과 연관되어 있는가?
4. 당신에게 상담을 받으러 오는 사람들을 어떻게 시간을 배정하는가?
5. 상담을 어떻게 진행하는가?
6. 상담 중에 어떤 부분을 기록하는가?

II. 고려할 사항

1. 바른 마음가짐과 태도로 내담자를 만나야 한다.
2. 효과적인 도움을 주기 위해서 상담사의 절대적 조건은 내담자와의 '공감' 이다. 내담자와 논쟁하거나 판단하려고 할 때 상담사는 내담자를 비평하거나 반대하는 사람으로 보이기 쉽다.
3. 개인은 자기 자신을 어느 누구보다도 잘 알 수 있기 때문에 자신의 삶에 대한 책임을 질 수 있어야 한다. 그래서 상담사는 자신의 생각을 삼가고 경청하는 자세를 먼저 취해야 한다. 경청은 내담자를 이해하고 해석하기 위한 과정이다.

4. 표면적으로 드러난 모습보다는 내담자의 감정과 행동에 항상 민감해야 한다.
5. 상담사는 내담자의 전인적 상태를 정확하게 판단할 수 있어야 한다. 자기기만 때문에 성장이 없는 내담자를 파악할 수 있고, 숨겨진 욕망 때문에 성장이 없는 내담자를 볼 수 있어야 한다. 겉으로 보기에 내담자의 절망적인 모습이지만 그 안에서 작은 가능성도 볼 수 있어야 한다. 상담사는 내담자가 자신감을 얻어 자신의 부정적인 면에도 불구하고 더 나은 삶을 만들도록 도와야한다.
6. 기독교상담사는 하나님을 대변하는 역할을 한다. 내담자를 위로하고 돌봄을 베푸는 관계속에 하나님의 성품이 드러나야 한다.
7. 기독교상담사는 수세기동안 행해진 돌봄의 전통들에게서 얻을 수 있는 자원들에 열려 있어야 한다.
   a) 더 멀리 보기: 현대 정신분석가들은 본능적 욕구와 생리적 원인에 관심을 가지는 경향이 있지만 기독교상담사는 목적에 관심을 두어야 한다. 인간이 어디에서 왔느냐보다는 어디로 가고 있느냐에 관심을 가져야 한다. 과거는 현재와 미래에 영향을 끼치면서 결정적인 경우에만 관심을 가져야 한다. 기독교상담사는 또한 개인 뿐만아니라 공동체의 건강에도 관심을 가져야 한다.
   b) 검증된 지식: 정신병리학자들은 정신질환이 본질적으로 대인관계의 장애이기에 심리치료는 정신과 의사와 환자사이에 대인관계에 절대적으로 의존하고 있다고 보고 있다. 마찬가지로 기독교상담사에게도 우주의 보편적 진리인 사랑에 대한 신념으로 상담을 행해야 한다. 기독교전통에서 기독교상담사가 의존해야할 자원들은 무궁하다. 그 중에 '양심,' '도덕적 규범,' '종교성,' '죄 또는 죄책감,' '회개,' '구원(치료, 정신건강),' '하나님의 주권,' 등을 들 수 있다.

IV. 주요 연구 주제들

1. 종교적 체험과 정신질환

보이슨은 정신분열증을 앓고 병원에 입원을 한 후 여생을 자신의 경험을 이해하고 의미를 찾고 가치를 부여하려고 노력하였다. 그래서 자신이 경험한 정신질환은 문제를 해결하고 치료하도록 돕는 역할을 하였기에 오히려 종교적 경험 자체였다고 확신하고 있다. 보이슨에게는 정신질환이 종교적 체험이었다. 보이슨이 보기에 정신질환이 중요한 이유는 정신질환으로 고통 받는 환자와 가족이 많기 때문만은 아니었다. 정신질환이라는 병(病)에 내포된 철학적이고 심리학적이고 또한 종교적인 의미가 많기 때문이었다. 더 나아가서 정신질환과 종교성의 깊은 연관성을 간과하는 현실을 보이슨은 질타하였다. 그래서 보이슨은 대부분의 정신 이상이 의학적 문제이기보다는 종교적 문제이기에 종교성과 연관시키지 않으면 성공적으로 치료될 수 없다고 믿었다.[18]

정신증(psychosis)을 앓기 전에 보이슨은 그의 절친한 친구인 노르만 내쉬(the Reverend Dr. Norman Nash)에게 많은 생각을 나누었다. 노르만 내쉬는 메사추세추 지역의 캠브릿지에 있는 성공회신학대학원(Episcopal Theological Seminary)에서 가르치고 있었다. 교회사역을 다시 시작하기보다는 자신의 문제를 먼저 해결하기로 결심하였다고 보이슨은 내쉬에게 편지를 보냈다.[19] 정신증을 앓고 나서는 보이슨은 자신의 문제에 대하여 더 명확해져서 내쉬에게 보낸 두 번째 편지에서 다음과 같이 말했다. "종교적 체험과 정신이상 증세 사이에 구분이 없다. 구분할 수 있는 특성이라고 한다면 이상적 증세가 있느냐 없느냐가 아니고 변화의 방향이다."[20] "일반적으로 정신과 의사가 관심을 갖는 사례는 환자가 건강을 잃어버리는 경우이다. 그러나 종교적 체험이 일어나는 사례는 통합이 일어나는 경우이다."[21]

보이슨에게 종교적 체험과 정신질환은 동전의 양면과 같았다. 그에게 정신질환은 인간의 삶 자체이고 자신의 삶을 재구성하려는 시도이다. 정신질환은 직면한 어려움을 극복하기 위한 개인의 필사적인 노력이다. 정신질환은 자신의 존재적 고통을 대면하는 순간에 대처하는 필사적인 노력일 수 있는데 이러한 순간에 종교적인 관심이 더불어서 일어난다고 보이슨은 믿고 있다.[22]

보이슨이 보기에 종교는 현실을 도피하기 위한 방법이 아니었다. 그에게는 종교적 행위가 현실도피의 행각이 아니었다. 현실을 극복하지 못해서 종교적 힘에 의지하여보려는 의도가 아니었다. 사회에서 실패한 사람들이 모이는 곳이 교회가 아니라는 뜻이다. 그래서 종교적 삶은 현실과 동떨어진 환상의 세계가 아니다. 종교는 오히려 자신들이 소중히 여기는 '가치관' 그리고 자신의 삶을 헌신할 정도로 '소중한 대상들'과 관계하기 위한 시도이다. 종교적 체험과 정신질환 사이의 밀접한 관계에 관심이 많았던 보이슨은 종교를 다음과 같이 정의한다.

> 종교는 형이상학적 수준까지 자신의 가치를 높이려는 시도이고, 대답을 듣
> 고 인정을 받았으면 하는 대상 즉 하나님으로 표현될 수 있는 대상들과 올바
> 른 관계를 세우고 유지하고자 하는 시도이다.[23]

그러므로 종교는 도피적 행각보다는 하나님을 비롯한 중요한 타인들과 올바른 관계를 형성하고 유지하기 위한 지속적 노력이다. 정신질환이 현실에서 당면한 존재적 어려움을 극복하려는 시도이듯이 종교도 현실적으로 중요한 타인들과 관계를 갖기 위한 노력이다.

2. 살아있는 인간문서와 경험적 연구

안톤 보이슨이 목회상담학에 끼친 영향 중에 경험적 연구(empirical study)를 말하지 않을 수 없다. 안톤 보이슨의 저서를 읽어보면 대부분이 자서전적이다. 그만큼 보이슨은 자신이 경험한 사례에 근거하여 이론을 만들어 갔다.

일반적으로 목회를 하는 목회자는 신학교 다니던 시절에 수업 중에 사용한 목회학교과서에서 배운 대로 사역하도록 권고 받는다. 상담사는 상담 매뉴얼에 나와 있는 상담절차를 지키도록 교육받는다. 정신의학에 종사하는 전문인은 『정신질환진단 및 통계편람』(DSM-IV)에 근거하여 환자를 진단하기를 권고 받고 있다. 목회자는 고통에 처한 사람을 돕기 위해서 먼저 성경을 읽고 익숙해야 한다. 병상에 있는 성도를 위해 기도하기 위해 대표적 기도문을 몇 가지 외워두거나 유명한 목회자가 하는 기도를 연습하였다가 그대로 기도하기도 한다. 죽음을 앞에 둔 성도를 위해 성만찬이나 세례를 베풀 때에 목회자는 성례전 매뉴얼을 먼저 참고하려고 한다. 그래서 전통적으로 목회자는 고통 속에 있는 사람을 돌보려고 할 때 '설교'를 하게 된다. 성경에 근거한 '교육'을 하려고 한다. 신학교에서 배운 교과서나 강의에 근거하여 사람을 이해하고 기도하거나 설교를 하려고 한다. 상담사

나 정신의학자도 마찬가지이다. 전문적인 지침서에 근거하여 사람을 이해하려고 하는 경우가 많다. 환자의 상태를 진단하고 처방하기 위해서 환자를 해석하고 이해하려는 기준을 사람 그 자체보다는 전문 지침서에 의존하는 경우가 많다. 물론 지침서의 중요성을 무시하거나 거부하려는 뜻은 아니다.

그러나 경험주의자 보이슨은 목회돌봄을 베푸는 기준을 이론에 기초하기보다는 관찰과 실험에 기초하고 있다. 면밀한 관찰과 실험을 위해 연역적이기보다는 귀납적인 방법을 강조하였다. 경험주의의 기본전제는 지식은 조심스러운 관찰에서 얻어질 수 있다는데 있다. 관찰을 통해 경험되는 현상을 구조화하고 새로운 원리를 구성할 때 지식이 창출될 수 있다고 전제하고 있다. 안톤 보이슨은 '살아있는 인간문서'인 인간의 경험자체에서 이론이나 지식이 만들어져야 한다고 믿고 있다. 인간의 '살아있는 경험'을 관찰하고 연구하고 그리고 해석하여서 이론이 만들어질 수 있다. '살아있는 인간문서'로서 한 인간의 경험은 독특하다. 그 경험을 직접 만나보고 해석하고 이해할 때 성경을 어떻게 적용할지가 더욱 분명하여진다. 독특한 인간경험에서 시작할 때 섣부른 진단을 하지 않는다. 인간경험에서 시작할 때 '진단 없는 처방'을 내리는 오류를 범하지 않을 수 있다.

3. 치료와 구원

보이슨에게 '구원'은 무엇이었는가? 그의 생애는 정신질환으로부터 자신을 '구원'하는 여정이었다. 보이슨은 정신질환과 싸우기보다는 그 병을 이해하려고 노력하였다. 그래서 그는 정신질환을 앓고 있던 시절과 입원했던 병원을 '미지의 도시'(a little-known country)라고 했다. 결국, 보이슨에게 구원은 정신건강과 연관하여 이해하려고 노력했던 주제이다.

보이슨은 정신건강이 개인적인 문제가 아니라고 보았다. 정신건강은 우리가 사랑하고 존경하는 대상들과의 관계에 대한 인식과 관련되어 있다. 인간의 깊은 욕망은 사랑을 얻고 싶어 하는 마음이다. 인간은 홀로 살 수 없다. 그래서 인간은 자신이 속한 공동체의 사람들 때문에 살고 또한 그들을 위해서 살게 된다. 하나님에 대한 개념은 인종을 초월하여 존재하는데 바로 인간이 의존하는 공동체를 상징할 수 있다. 그래서 하나님 또는 공동체의 눈으로 자신이 비난받는 느낌이 들 때에 그 사람은 '죄책감'을 느끼게 된다. 그러므로 자기로부터 소외는 공동체 또는 하나님으로부터 소외이다. 자기로부터 소외된 기분이 들 때가 바로 영적 죽음을 말한다. [24] 그래서 사회적 접근이 없이 정신건강의 문제를 이해할 수 없다고 보이슨은 생각한다.

보이슨은 구원을 소속감 즉 멤버십의 문제로 보았다. 구원이란 새로운 공동체에 속하는 과정으로 새 하늘과 새 땅, 즉 새로운 세상에 소속되는 과정을 말한다. 그런 의미에서 보이슨에게 개인구원과 사회구원은 구별될 수 없었다. 사회구원이 없는 개인구원이 없고, 개인구원이 없는 사회구원도 없다. 특히 이러한 보이슨의 사상은 죠지 허버트 미드(George Herbert Mead)의 사회심리학에서 영향을 받았다. 개인은 사회적 자아(social self)이기에 태어나면서부터 타인과 공동체의 행동을 해석하고, 반응할 수 있는 능력이 있다. 그래서 개인은 타인과 공동체의 습관과 성격을 내재화하여 자신의 모습을 형성한다. 이것이 미드가 말하는 자아의 사회과정이다. [25] 보이슨은 이 사상을 수용하여 정신건강이 개인적인 문제가 아니라 사회적 문제라고 주장하게 된다. 정신질환은 대인관계에서 오는 장애이지 개인의 내면적 현상이 아니라고 보이슨은 결론을 내리게 된다. 그래서 보이슨에게는 치료와 구원, 즉 정신건강과 종교적 체험은 소속감(멤버십)의 문제이고 관계적 문제이다.

4. 임상목회교육(clinical pastoral education)

1922년 1월에 안톤 보이슨은 웨스트보로(Westboro)를 떠나 앤도버신학대학원에 입학하고 하버드대학교에서 강의를 듣기 시작한다. 여기서 보이슨은 리차드 캐봇을 만난다. 보이슨과 캐봇의 만남은 임상훈련운동의 시작이었고 살아있는 인간문서를 통한 신학적 방법론의 시초가 되었다. 보이슨은 신학생들을 위한 임상훈련 Clinical training이라는 아이디어를 캐봇이 처음 제공해 주었다고 말한다.

1923년 여름에 오하이오주의 신시내티에 있는 성공회신학교인 Bexley Hall의 학생들이 윌리암 캘러(William S. Keller)와 함께 임상훈련을 처음 시작하였다고 주장하기도 한다.[26] 그렇지만 1925년 6월에 우스터주립병원(Worcester State Hospital)에서 임상목회교육의 전신인 '신학생을 위한 임상훈련'(The clinical training of theological students)은 시작되었다고 일반적으로 알고 있다.[27]

'신학생을 위한 임상훈련'이 시작될 때 다음과 같은 목적이 있었다. 첫째, 인간의 진정한 문제에 눈을 뜨게 하고 관찰의 방법을 개발하게 한다. 둘째, 어려움에 처한 사람을 돕는 능력을 향상시키고 영적건강을 얻을 수 있게 한다. 셋째, 어려움에 처한 자들을 돕는 전문가들 간에 상호이해를 향상시키게 한다. 이러한 목적들의 뒤에는 보이슨의 철학이 스며들어 있었다. 보이슨의 대표적 철학으로서 첫째, 살아있는 인간문서는 전문가들이 인간을 이해하기 위한 일차자료이다. 둘째, 말기단계에 있는 인간질병의 연구는 초기단계의 질병을 이해하는데 가장 중요한 자료이다. 셋째, 진정한 이해 없이는 효과적인 처방이 불가능하다.[28]

보이슨은 '살아있는 인간문서'를 해석하는 경험을 신학교 강의실에 제공하려는 열의를 가지고 있었다. 그래서 결국에 1925년 여름 우스터주립병원에 임상훈련과정에 신학생 4명을 처음으로 모집하여 훈련하였다. 중요한 사실은 보이슨이 단순하게 새로운 형태의 신학교육을 제공하고자 이 훈련을 계획하지는 않았다. 보이슨은 '살아있는 인간문서'에 대한 관심을 가지고 해석하고 연구하려는 목회자를 찾고 있었다.[29] 1926년에는 네 명의 훈련생이 여전히 있었고, 1927년에는 7명, 1928년에는 11명, 1929년에는 15명으로 불어났다. 이 당시에 보이슨의 훈련생으로는 헬렌 던바(Helen Flanders Dunbar), 시워드 힐트너(Seward Hiltner), 캐롤 와이즈(Caroll Wise)이었다. 웨인 오우츠(Wayne Oates)는 나중에 1945년에 엘진주립병원(Elgin State Hospital)에서 보이슨이 일할 때 훈련생이었다.[30] 이들은 모두 목회상담학과 종교와 정신건강분야에서 주도적인 역할을 하였다.

캐봇이 신학생들을 위한 임상훈련을 시작할 수 있는 아이디어를 처음 제공하여 주었지만 신학생이 임상훈련을 받는 목적에서는 보이슨과 의견 차이가 많이 있었다. 보이슨은 회고하기를 캐봇은 목회자들이 할 수 있는 역할은 위로와 조력뿐이라고 생각하고 있었다. 31) 캐봇은 보이슨을 적극적으로 지지하였지만 정신질환과 관련된 보이슨의 심인성(心因性)적 접근에 대하여는 반대하였다. 보이슨은 정신질환을 정신(mind)과 연결시키려고 할 때 캐봇은 정신질환의 원인을 몸에서 일어나는 화학작용에서 찾고 있었다. 보이슨은 두 사람사이의 갈등의 예를 그의 회고록에 기록하고 있다. 1929년 웰스대학(Wells College)에서 개최된 고등종교교육 공의회 연차대회(annual conference of the national council for religion in higher education)에서 보이슨의 그룹이 발표를 하였다. 그 발표내용에는 보이슨의 사상이 스며들어 있었다. 그 사상은 "죄책감이 정신질환의 주요 원인이고 사회적 판단을 개인이 시인하고 자신의 잘못으로 받아들일 때 죄책감이 생긴다." 캐봇은 이 발표를 듣고 바로 일어서서 분명하게 반대하는 의견을 냈다고 한다.32) 두 사람 모두 신학생들이 정신질환 환자들을 돌보기 위한 훈련의 중요성에는 이견이 없었다.

그러나 보이슨은 정신질환을 종교성과 연결시키는 반면에 캐봇은 정신질환은 몸에서 일어나는 신체적 화학작용의 결과라고 믿고 있었다. 캐봇과 보이슨의 의견 차이는 자신들이 발표한 논문들에서 더 분명하여졌다. 1925년 9월에 캐봇은 "A Plea for a Clinical Year in the Course of Theological Study"라는 논문을 출판하였다. 이 논문 때문에 현재의 목회임상교육협회(ACPE)가 창립되고 발전될 수 있었다. 캐봇의 호소는 신학생들이 정신질환을 앓는 자들과 같이 고통 받는 사람들을 돕는 기술과 능력을 연마할 필요가 있음을 전국적으로 알리게 하였다. 그러나 그의 비전은 여전히 한계가 있었다. 캐봇이 생각하는 신학생의 임무는 고통 받는 사람들에게 "용기를 주고, 위로해주고, 그리고 마음을 안정시키는 일"이었다. 캐봇은 의사와 목회자 사이의 임무가 분명히 구별된다고 생각했다. 정신질환 자체는 의사의 몫이고 정신질환을 앓는 사람과 가족을 위로하고 용기를 주는 일은 목회자의 몫이라는 것이다. 캐봇의 논문이 발표된 지 4개월 만에 보이슨은 매우 대조적인 논문을 출판하였다. 그 논문은 "The Challenge to Our Seminaries"이다. 이 논문에서 보이슨은 "정신질환에서 우리가 다루는 문제는 본질적으로 매우 영적인 문제이다"라고 말하면서 이러한 중요한 문제를 간과하는 캐봇을 안타까워했다.[33] 보이슨은 1919년 통계의 예를 들면서 미국에 있는 381개 병원이 개신교에 속한 교회들에게서 후원을 받고 있는데도 불구하고 오직 3개 교회만이 정신질환에 관심을 가지고 있다고 말한다. 그러면서 어디까지가 의료진이 해야 할 일이고 어디부터가 교회가 해야 할 일인지 분명하지 않은 "애매모호하지만 매우 중요한 상황"에 교회와 목회자는 관심을 가져야 한다고 호소한다.[34]

보이슨과 캐봇은 서로 간에 의견 차이에도 불구하고 임상목회교육이 신학교 안에 커리큘럼으로 정착되게 하기 위해서 함께 노력하였다. 보이슨의 제자인 필립 가일즈(Philip Guiles)가 임상목회교육에 재정지원을 구해 냈고 1930년 1월 21일에 신학생을 위한 임상훈련 협의회(The Council for Clinical Training of Theological Students)가 캐봇의 자택에서 시작되었다. 필립 가일즈가 총무가 되고 헬렌 던바가 의학 분야 디렉터가 되었다. 이 협의회가 창립된 지 얼마 되지 않아서 1932년에 던바와 가일즈 사이에 갈등이 생겨서 '뉴욕그룹'과 '보스톤그룹'으로 두 동강이 났다. 뉴욕그룹에는 던바와 보이슨 그리고 힐트너를 중심으로 모이게 되었다. 그러나 보이슨이 89세로서 생애를 마친 후 2년 뒤인 1967년에 두 그룹은 임상목회교육협회(Association for Clinical Pastoral Education)라는 명칭 아래 다시 합치게 되었다. 1975년 임상목회교육협회가 창립50주년을 기념할 때 4799명이 훈련생으로 등록한 상태였다.[35] 현재 임상목회교육협회는 훈련생의 숫자는 줄었지만 여전히 병원과 상담센터를 제외하고 100여개가 넘는 신학교와 20여개가 넘는 종교단체에서 이 훈련과정에 참여하고 있고 미국뿐 아니라 전 세계적으로 교육프로그램을 참여하는 나라들이 있다. 한국에도 임상목회교육협회가 2001년 창립되어 운영되고 있다.

V. 목회상담학 발전에 미친 영향과 한계

보이슨이 목회상담학에 미친 영향과 한계가 있다. 먼저 그가 끼친 영향에 대하여 살펴보자. 보이슨은 임상목회교육 교과과정에 영향을 주었다. 훈련생을 교육하는 과정에서 주요관심사는 기술 또는 방법보다는 통찰과 마음가짐이라는 분명하지 않고 끊임없는 훈련이 필요한 목회돌봄 자원에 있었다. 그래서 임상목회교육은 훈련생들을 애매모호한 상황(liminal space)에 관심을 가지게 하였다. 사람은 애매모호한 상황에 처하기를 좋아하지 않는다. 분명하고 확실한 것이 안정을 보장한다고 생각한다. 누구든지 안전한 바위 위에 서기를 원하지, 불안을 초래하는 모래 위에 서기를 원하지 않는다. 원인을 분명하게 분석할 수 있고 정확한 처방을 할 수 있기를 기대하는 현대목회상담학에 보이슨은 애매모호함에 대한 관심을 지속적으로 가지도록 도전하고 있다. 상담기술을 중요시하는 상담훈련생들에게 상담기술보다는 통찰력과 마음가짐이 더욱 중요하다고 호소하고 있다. 살아있는 인간문서로서 한 인간의 삶은 매우 독특하기에 특정의 상담기술로 해결될 수 없다. 그러므로 인간문제를 해결하려고 하기보다는 독특한 인간의 삶과 경험을 이해하고 통찰하려고 하는 노력이 우선되어야 한다고 알려주고 있다.

목회심리학에서는 인간심리를 연구하고 심리적 관점에서 인간의 삶을 연구하여 통찰을 얻어내려고 시도한다. 이러한 시도에서 얻어낸 통찰을 목회에 적용하려고 실험하는 학문이 목회심리학이다. 목회심리학은 이러한 통찰을 신학적 관점 안에 설정하는 학문이다. 보이슨은 이 중에서도 첫째와 셋째 부분에서 크게 공헌하였다. 보이슨은 목회자들이 연구하고 사람들을 이해하려는 시도를 하는 과정 속에 통찰의 능력을 향상시켜야 할 책임이 있다고 생각했다. 또한 보이슨은 이러한 통찰의 능력이 신학적으로 중요한 위치에 있어야 한다고 강조하기도 했다. 통찰은 숨겨진 사실과 드러난 사실을 연결시키면서, 인간내면세계와 외부세계를 연결시키면서, 현실과 비현실을 연결시키면서, 인간을 전체적으로 이해하는 능력이라고 할 수 있다. 이러한 통찰의 능력을 보이슨은 목회심리학의 핵심으로 강조하면서 목회자의 능력이어야 하고 지속된 '신학실천' 그 자체라고 생각했다. 물론 보이슨은 목회심리학의 두 번째 부분인 '목회에 통찰을 적용하려는 실험적 시도'에도 관심을 가지고 있었다. 설교, 전도, 행정, 사회적 돌봄과 같은 목회현장과 상담에 심리적 통찰을 어떻게 실천적으로 적용할지에 대한 관심이 있었다. 그렇지만 보이슨은 '목회심리학'이 지나치게 실용중심이 되어서 학문적 깊이가 사라지고 신학적 관점과 통찰로 연결시키지 못할 것이라는 우려를 했다.

보이슨이 강조한 '통찰'이 목회상담학에 영향을 끼쳤다고 한다면 사람을 돌보는 전문직에 종사하는 자는 '통찰'에 열린 자세를 가져야 한다는 점이다. 그래서 보이슨이 우리에게 주는 교훈은 바로 이것이다. "심리적 통찰이 어디에서 오든지 간에 우리는 주의를 기울여야 한다." 만일에 프로이트가 주는 정신분석적 통찰이 있다고 하자. 단지 프로이트가 신의 존재를 부정하였다고 하여서 그의 통찰을 거부하는 태도를 취하여서는 안 된다. 나의 신앙노선과 상반된다고 하여서 프로이트가 줄 수 있는 정신분석적 통찰을 간과하여서는 안 된다. 이념이 다르다고 상대방이 주는 통찰을 무시하여서는 안 된다. 어떤 훈련생은 슈퍼바이저와 맞지 않는다고 중간에 훈련을 그만두는 경우가 있다. 슈퍼바이저와 맞지 않는다고 하면서 슈퍼바이저의 신앙이 진보적이고 자신의 신앙에 도움이 되지 않는다고 한다. 여기에는 타인의 통찰에 열린 자세가 없다. 이 훈련생은 아마도 자신의 안전망을 도전할 수 있는 통찰을 주는 누구하고도 깊은 관계를 하려고 하지 않을 수도 있다.

'심리적 통찰'이 어디에서 오든지 간에 우리는 열려 있어야 하지만 보이슨은 병원에서 실습을 하는 신학생의 주요 임무가 신학적 통찰임을 강조하였다. 신학생들은 정신병원에서 실습을 하면서 정신의학적 통찰을 배울 수 있어야 하겠다. 사회복지관에서 실습을 할 경우 신학생은 사회복지적 통찰에 열려 있어야 하겠다. 그러나 신학생의 주요 임무는 '살아있는 인간문서'를 통해서 죄와 구원의 문제를 연구하고 신학적 통찰의 능력을 향상시키는 일이다. 이러한 점에서 보이슨은 '살아있는 인간문서'를 다루는 다양한 전문인들과의 대화에 열려 있으면서도 자신의 주요 역할을 간과하지 않도록 강조하고 있다. 목회상담학을 공부한 사람이 자신의 정체성을 던져버리고 의사의 옷을 입든지, 임상심리사의 옷을 입든지 하는 경우에 대한 조심스런 도전이라고 볼 수 있다.

보이슨의 "살아있는 인간문서"에 대한 강조는 고통 받는 사람을 돌보는 데 과학적인 접근이 필요하다는 호소이다. 신학적 통찰은 '번득이는 아이디어'가 아니다. 잠자다가 일어나서 얻는 '깨달음'이 아니다. 신학적 통찰은 '계시'도 물론 아니다. 고통 받는 사람에 애정을 가지고 연구하고 고민하는 과정에서 오는 과학적이며 목회적인 경험이다. 목회자를 비롯한 기독교배경을 지닌 기독교상담사가 범하기 쉬운 일이 '진단이 없는 처방'이다. 통찰의 과정을 통해 진단을 하지 않고 성급하게 의사나 사회복지사 같은 다른 전문가에게 인도하거나 아니면 성급하게 기도하여 주고 보내거나 성경말씀으로 처방하는 경우가 비일비재하다. 이러한 위험성을 보이슨은 지적하면서 '살아있는 인간문서'를 이해하기 위해서 좀 더 적극적이고 조직적으로 과학적인 접근을 시도하기를 당부한다.

보이슨의 '살아있는 인간문서'가 외부세계와 구별된 개인의 내면세계만을 관찰하려는 시도였다는 점에서 한계가 있다고 보는 경우도 있다. 그래서 여성주의적 접근의 영향을 받은 현대목회상담학은 '살아있는 인간문서'(living human document)에서 '살아있는 인간관계망'(living human web)으로 전환되고 있다고 주장하기도 한다.[36] 독립된 개인에게만 아니라 관계 속에 있는 개인에 대한 관심을 목회상담학은 가지게 되었다는 말이다. 개인의 심층내면에만 관심을 가지고 있던 목회상담학이 사회를 떠나서, 타인과의 관계를 떠나서, 개인을 설명할 수 없다고 시인하고 관계 속에 있는 개인에 대한 관심을 가지게 되었다는 뜻이다.

그러나 살아있는 인간관계망에 대한 관심을 가지게 된 사실은 시대적 요청에 부흥하였을 뿐이지 그 전에는 전혀 사회와 개인의 깊은 연관성에 대한 관심이 목회상담학 분야 속에 전혀 없었다는 뜻이 아니다. 오히려 '살아있는 인간관계망'에 대한 강조가 독립된 개인의 내면 속에 존재하는 '사회적 구조'를 간과하고 인간은 사회적 영향을 받는 실체라는 매우 단순한 사실만을 강조하게 될까 우려가 된다.

보이슨의 '살아있는 인간문서'는 오히려 인간을 해석의 대상으로 폄하할 수 있는 가능성을 줄 수 있다는 점에서 한계가 있을 수 있다. 인간의 복잡성을 인정하면서도 모든 인간의 삶은 해석될 수 있다는 지나치게 긍정적인 생각을 품게 할 수 있다. 그럼에도 불구하고 보이슨의 '살아있는 인간문서'는 인간을 사회와 타인으로부터 독립된 개인으로 보기보다는 사회와 타인과의 관계 속에 있는 '사회적 자아'로서 인정하고 연구하고자 노력하였다.

Ⅵ. 나가는 글: 한국적 적용의 가능성과 한계

1. 목회심방: 살아있는 인간문서를 만나는 좋은 기회

보이슨은 '살아있는 문서'로서 인간을 이해하기 위해서 그가 살고 있는 사회적 환경이 매우 중요하다고 생각했다. 사회적 환경에서 동떨어진 인간 연구는 불가능하다. 그래서 보이슨은 다음과 같이 기록하고 있다.

> 1923년과 1924년 두 해에 걸쳐서 나는 보스톤정신병원으로 옮겨서 일하게 되었다. 1923년 6월 나는 심리측정학과(Psychometrics)에서 프레드릭 린만 웰스박사 밑에서 일하게 되었다. 그러나 나는 인간지성을 측정하는 우리의 노력 속에는 수박겉핥기 같은 일만 하고 있다는 생각이 들었다. 그래서 나는 수지 리온스가 수장인 사회복지과로 옮겼다. 거기서 나는 내가 원하는 것을 찾았다. 나는 사회적 환경 속에 살고 있는 인간을 전체적으로 연구할 수 있었다. 사회통계를 내는 일을 하던 때에는 나이, 성별, 인종, 학력, 종교 등과 같은 사실들을 얻기는 쉬웠다. 그러나 좀 더 중요한 요인인 동기, 가치관, 종교적 체험 등에 대하여는 더 탐색할 수 없었다. 그렇지만 사회복지사로서 가정을 방문할 때 그들이 살아가는 사회적 현실이 그대로 개방되는데 단순히 통계조사나 심리측정을 할 때에는 불가능한 일이었다.[37]

위에서 보이슨이 지적하였듯이 인간을 연구하기 위해서는 단순히 심리검사 또는 통계는 한계가 있다. 사람을 돌보기 위해서 심리검사는 중요하다. 그러나 사람을 전인적으로 돌보기 위해서는 그 사람이 속한 사회적 정황을 직접 관찰할 수 있는 기회가 있어야 한다. 목회자의 심방은 그런 의미에서 매우 중요하다. 목회자는 성도의 가정을 심방하기도 하고, 일터를 방문하거나, 때로는 그 사람의 집에서 가까운 남이 모르는 그 사람만이 잘 가는 커피숍을 방문할 수 도 있다. 목회자에게 심방은 그 사람의 사회적 정황을 이해할 수 있는 기회가 된다. 그러므로 목회심방은 좀 더 조직적이고 과학적인 교육이 필요하다. 한국교회는 심방이 활성화되어 있다. 목회자가 가정을 심방하기도 하고, 성도가 성도를 심방하기도 한다. 심방 중에는 주로 예배와 기도가 이루어진다. 그렇지만 이러한 목회적 자원을 어떻게 적절하게 사용하여야 할지를 연습하여야 하고, 더불어서 심방 중에 사회적 정황을 읽고 해석할 수 있는 능력과 도구의 개발도 필요하다.

2. 임상목회교육: 교회현장에서 신학작업

보이슨이 시작한 임상목회교육은 미국임상목회교육협회(ACPE)라는 큰 단체로 발전하였고 현재 한국에도 임상목회교육협회가 병원과 상담센터 중심으로 활동하고 있다. 임상목회교육에서 기술보다는 '통찰' 을 강조한다. 또한 '살아있는 인간문서' 로서 사람을 해석하고 이해하기 위해 '축어록' (verbatim) 작성과 그룹 슈퍼비전을 훈련한다. 이러한 '축어록' 작성은 보이슨이 스스로 병원에서 사례연구를 위해 쉬지 않고 성실하게 하던 훈련이다. 이 훈련은 심방기록카드를 보다 과학적이고 실용적으로 사용할 필요를 느끼게 한다. 목회자가 성도를 심방하거나 면담하였을 때 대화내용을 기록하는 일은 중요하다. 기록하는 과정이 통찰의 과정이다. 대화를 나눈 내담자(또는 교인)의 가정환경, 사회적 정황, 심리적 상태, 주요호소문제, 등을 서술하고 심리학적인 분석, 신학적 분석, 사회학적 분석 등을 연습하는 '통찰의 과정' 이다. 이 과정을 좀 더 객관적이고 조직적인 돌봄이 되게 하기 위해서 그룹 슈퍼비전의 과정이 있다. 그룹 슈퍼비전 중에 축어록을 발표하는 사람은 그룹구성원들의 도움을 받아 자신이 보지 못하는 부분을 볼 수 있는 경험을 하게 되고 '살아있는 인간문서' 에 대한 좀 더 전인적인 이해가 가능하게 된다. 이러한 임상목회교육과정을 교회현장에서 목회자들이 네트워킹하면서 효과적인 목회를 하는데 도움이 될 수 있다.

부 록

보이슨의 대표저서

1. *Lift Up Your Hearts: A Service-book for Use in Hospitals,* Boston: Pilgrim Press, 1926.
2. *Hymns of Hope and Courage* (*Lift Up Your Hearts*의 개정판), Boston: Pilgrim Press, 1932.
3. *The Exploration of the Inner World,* New York: Harper & Brothers, 1936.
4. *Problems in Religion and Life,* New York: Abingdon-Cokesbury Press, 1946.
5. *Religion in Crisis and Custom: A Sociological and Psychological Study,* New York: Abingdon-Cokesbury Press, 1955.
6. *Out of the Depths; An Autobiographical Study of Mental Disorder and Religious Experience,* New York: Harper & Brothers, 1960.

보이슨 연구를 위한 도서목록

1. 찰스 V. 거킨 저 안석모 역 『살아있는 인간문서』 서울: 한국심리치료연구소, 1998.
2. 마이클 오오린. 『그의 삶 그의 꿈 헨리 나우웬』. 마영례 옮김. 서울: 가치창조, 2008.
3. 안석모 외. 『목회상담 이론입문』. 서울: 학지사, 2009.
4. Leroy Aden and J. Harold Ellens, eds. *Turning Points in Pastoral Care,* Grand Rapids, MI: Baker Book House, 1990.
5. Glenn H. Asquith, Jr., ed. *Vision from a Little Known Country: A Boisen Reader,* Journal of Pastoral Care Publications, 1992.
6. Robert D. Dykstra, ed. *Images of Pastoral Care: Classic Readings,* St. Louis, MS: Chalice Press, 2005.
7. Charles E. Hall, *Head and Heart: The Story of the Clinical Pastoral Education Movement,* Journal of Pastoral Care Publications, 1992.
8. Michael O'Laughlin, *Henri Nouwen: His Life and Vision,* Maryknoll, New York: Orbis Books, 2005.
9. Robert David Leas, *Anton Theophilus Boisen: His Life, Work, Impact, and Theological Legacy,* Journal of Pastoral Care Publications, 2009.
10. Allison Stokes, *Ministry after Freud,* New York: Pilgrim Press, 1985.

참고문헌

뉴거, 크리스티 코자드. 『여성들을 위한 목회상담』. 정석환 역. 서울 : 한들출판사, 2002.

이기춘 외. 『목회임상교육: 원리와 실제』. 서울: 감리교목회상담센터 출판부, 1998.

정연득. "산모를 위한 목회상담: 여성주의 목회상담의 관점에서." 「여성논총」 26(2010): 1–21.

정희성. 『여성과 목회상담』. 서울: 이화여자대학교 출판부, 2011.

찰스 V. 거킨. 『살아있는 인간문서』, 안석모 역. 서울: 한국심리치료연구소, 1998.

Boisen, Anton T. *The Exploration of the Inner World*. New York: Harper & Brothers, 1936.

_____. Problems in Religion and Life. Nashville, TN: Abingdon–Cokesbury Press, 1946.

_____. "Challenges to Seminaries." *Journal of Pastoral Care* (Spring, 1951): 8–12.

_____. *Out of the Depths*. New York: Harper & Brothers, 1960.

Cabot, Richard C. *Differential Diagnosis*. Philadelphia, PA: W. B. Saunders, 1911.

Coe, George A. "My Own Little Theatre." In *Relgion in Transition* edited by Vergillius Ferm, New York: Macmillan, 1937.

Eastman, Fred. "Father of the Clinical Pastoral Movement." *Journal of Pastoral Care* (Spring 1951): 3-7.

Leas, Robert David. *Anton Theophilus Boisen: His Life, Work, Impact, and Theological Legacy*. La Vergne, TN: Journal of Pastoral Care Publications, 2009.

Mead, George Herbert. *Mind, Self, and Society*. Chicago: University of Chicago Press, 1935.

Miller-McLemore, Bonnie J. "The living Human Web : Pastoral Theology at the Turn of the Century." In *Through the Eyes of Women*. Edited by Jeanne Stevenson Moessner, Minneapolis: Fortress Press, 1996.

Nouwen, Henri J. M. "Boisen and the Case Method." *Register* (Winter, 1977): 12–32.

Stokes, Allison. *Ministry after Freud*. New York: The Pilgrim Press, 1985.

Thornton, Edward E. *Professional Education for Ministry: A History of Clinical Pastoral Education*. Nashville, TN : Abingdon Press, 1970.

F o o t n o t e

주(註)

1) 이기춘 외, 『목회임상교육: 원리와 실제』 (감리교목회상담센터 출판부, 1998).

2) 챨스 V. 거킨, 『살아있는 인간문서』, 안석모 옮김 (서울: 한국심리치료연구소, 1998).

3) Anton T. Boisen, *Out of the Depths* (New York: Harper & Brothers, 1960), 27.

4) 앞의 책. 46.

5) 앞의 책 91.

6) Robert David Leas, *Anton Theophilus Boisen: His Life, Work, Impact, and Theological Legacy* (La Vergne, TN: Journal of Pastoral Care Publications, 2009), 1.

7) Allison Stokes, *Ministry after Freud* (New York: The Pilgrim Press, 1985), 176.

8) Anton T. Boisen, *The Exploration of the Inner World* (New York: Harper & Brothers, 1936), 181.

9) 앞의 책. 306.

10) Richard C. Cabot, *Differential Diagnosis* (Philadelphia, PA: W. B. Saunders, 1911), 19.

11) Boisen, *Out of the Depths,* 103.

12) George A. Coe, "My Own Little Theatre," in *Relgion in Transition* edited by Vergillius Ferm (New York: Macmillan, 1937), 101.

13) Anton T. Boisen, "Challenges to Seminaries," *Journal of Pastoral Care* (Spring, 1951), 9-10.

14) Henri J. M. Nouwen, "Boisen and the Case Method," *Register* (Winter, 1977), 25.

15) Boisen, *The Exploration of the Inner World,* 183-184.

16) Anton T. Boisen, *Problems in Religion and Life* (Nashville, TN: Abingdon-Cokesbury Press, 1946), 96.

17) 앞의 책. 97-102.

18) Boisen, *Out of the Depths,* 113.

19) 앞의 책.

20) 앞의 책. 135.

21) 앞의 책. 138.

22) Boisen, *The Exploration of the Inner World,* 51.

23) 앞의 책. 53.

24) 앞의 책. 290.

25) George Herbert Mead, *Mind, Self, and Society* (Chicago: University of Chicago Press, 1935) 참조.

26) Edward E. Thornton, *Professional Education for Ministry: A History of Clinical Pastoral Education* (Nashville, TN : Abingdon Press, 1970), 41–46.

27) Fred Eastman, "Father of the Clinical Pastoral Movement," *Journal of Pastoral Care* (Spring 1951), 4.

28) 앞의 논문. 5.

29) Thornton, *Professional Education for Ministry,* 56, 58.

30) Stokes, *Ministry after Freud,* 176.

31) Boisen, *Out of the Depths,* 149.

32) 앞의 책. 167.

33) Boisen, "The Challenges to Our Seminaries," 8.

34) 앞의 논문. 9.

35) Stokes, *Ministry after Freud,* 66.

36) 다음 글들을 참조하라. 정연득, "산모를 위한 목회상담: 여성주의 목회상담의 관점에서," 「여성논총」 26(2010), 1–21. 정희성, 『여성과 목회상담』, 서울 : 이화여자대학교 출판부, 2011. Bonnie J. Miller-McLemore, "The Living Human Web : Pastoral Theology at the Turn of the Century," *Through the Eyes of Women,* edited by Jeanne Stevenson Moessner, Minneapolis: Fortress Press, 1996. 크리스티 코자드 뉴거, 『여성들을 위한 목회상담』, 정석환 역, 서울 : 한들출판사, 2002.

37) Boisen, *Out of the Depths,* 148–149.

Chapter 3

시워드 힐트너
(Seward Hiltner)

손 운 산
[이화여자대학교 교수]

I. 들어가는 글

　시워드 힐트너(Seward Hiltner)는 목회상담학이란 학문 분야를 앞장서서 발전시킨 사람이다. 물론 힐트너 이전에도 목회자가 고통당하는 교인들을 돌보고 상담했으며 그것에 대한 이론과 실제도 있었다. 그러나 현대적 의미의 이론과 실제를 갖춘 목회상담학은 힐트너를 중심으로 캐롤 와이즈(Carroll Wise), 폴 존슨(Paul Johnson), 그리고 웨인 오우츠(Wayne Oates) 등의 개척자들에 의해 발전되었다. 현대적 의미의 목회상담학이 출현하게 되는 배경에는 몇 가지의 시대적 요구가 있었다.

　첫째, 1920년대에 시작된 임상목회교육(Clinical Pastoral Education) 운동은 현대목회상담학의 출현을 예고했다. 임상목회교육은, 목회자나 신학자가 아닌 정신건강 전문가가 교회가 아닌 병원에서 전통적 신학이 아닌 심리학을 포함한 다학문적 방법을 사용하여 신학생들을 훈련하는 새로운 교육 방법이었다. 임상목회교육을 받은 훈련생들은 심리치료 기술을 사용하여 고통을 치료하고, 심리학 이론을 사용하여 인간의 삶을 이해하는 능력을 얻었다. 임상목회교육은 신학교육에 새로운 방법을 제시하였을 뿐만 아니라 현대목회상담학의 탄생에 크게 기여하였다.

둘째, 당시에 유행했던 심리학 특히 칼 로저스(Carl Rogers)의 심리학과 지그문트 프로이트(Sigmund Freud)의 정신분석학은 목회상담의 방법론을 발전시키는데 많은 영향을 주었다. 전통적 목회돌봄 혹은 목회상담의 방법은 주로 충고나 교육이었다. 힐트너와 목회상담학의 개척자들은 당시의 심리학과 정신분석학의 이론과 실제에서 얻은 지혜를 사용하여 상담하였다. 그들은 목회자 혹은 상담자의 지시나 충고보다 교우들 혹은 내담자들에 대한 이해와 그들과의 관계를 상담의 핵심으로 보았다.

셋째, 제2차 세계대전이 끝난 후에 많은 부상병들, 전쟁참여자들, 그리고 그들의 가족들의 고통은 사회적으로 큰 이슈였다. 그러나 전통적 돌봄의 형태인 설교, 지시, 위로 등의 방법은 그들을 돌보고 상담하는 데 크게 도움이 되지 못했다. 다른 방식의 돌봄과 상담에 대한 요구는 목회상담학의 발전의 계기가 되었다.

힐트너는 이런 시대적 요구와 계기를 적극 수용하여 목회상담학을 발전시켰을 뿐만 아니라 목회상담이 교회의 중요한 목회의 일부가 되게 하는 데 크게 기여했으며 신학교에 목회상담과목들이 개설되고 전임교수를 채용하게 하는데 큰 역할을 했다. 현대목회상담 운동에서 힐트너의 기여는 목회상담학을 발전시키는 것으로 끝나지 않았다. 그는 목회상담을 포함한 목회 실천에 대한 신학적 성찰을 통하여 목회신학을 발전시켰으며 인간의 문제와 상황을 역동적으로 이해할 수 있는 신학 방법을 제안했다.[1]

II. 힐트너의 생애와 학문적 배경

1. 생애와 활동

힐트너는 1909년 미국 팬실베니아 주의 중하위층 근로자 가정에서 두 형제 중

장남으로 태어났다. 라파예트(Lafayette)대학에서 심리학을 전공했으며, 1952년에 시카고대학교 신학부에서 신학적 윤리학 전공으로 박사 학위(Ph.D)를 받았다. 1935년 장로교 목사로 안수를 받고 1935-1938년에는 신학생 임상훈련협회 총무 (Executive Secretary of the Council for Clinical Training of Theological Students)로 일했다. 1938년-1950년에는 시카고와 뉴욕지역에서 목회하면서 교회연합회 교역부 총무(Executive Secretary of Pastoral Services for the Federal Council of Churches)로 일하고, 학술지 *Pastoral Psychology*와 *Theology Today*의 편집 고문으로 활동하기도 했다. 1945년-1950년에 유니온신학대학원과 예일대학교 신학부의 강사였고, 1950년-1961년에는 시카고대학교 신학부 교수로 가르쳤으며, 1961년 이후부터 1980년 은퇴할 때까지는 프린스턴신학대학원에서 가르쳤다. 힐트너는 정신병원에서 임상목회교육을 받았고, 메닝거 재단 (Menninger Foundation)의 특별 자문을 맡았고, 대학교의 교목이었으며, 병원과 교도소의 원목훈련 프로그램 수퍼바이저로도 일했다. 그는 1984년 11월 19일 74세로 뉴저지 주 프린스턴에서 별세했다.

2. 저서와 학문적 배경

힐트너는 *Preface to Pastoral Theology*를 비롯하여 10권 이상의 저서와 500편 이상의 논문을 남겼다.[2] 그의 저서들은 목회돌봄(pastoral care), 목회상담, 목회신학의 전 분야를 망라한다. 힐트너의 저서에는 수많은 신학자, 심리학자, 사회과학자가 등장한다. 그만큼 그의 학문적 배경은 다양하다. 그의 학문에 영향을 준 이론들은 그의 주저인 *Pastoral Counseling, Preface to Pastoral Theology*, 그리고 *Theological Dynamics*를 중심으로 논의할 수 있다.[3]

힐트너의 최초의 주저는 *Pastoral Counseling*이다. 1949년에 출판된 이 책은 그가 받은 신학교육, 임상훈련, 목회, 신학교수로서의 초기 경험, 당시의 심리학연구들, 전후 사회적 상황을 종합적으로 반영하고 있다. 1920년대에 시작된 임상목회교육 운동은 신학교육에 많은 변화를 주었으며 목회상담학이란 새로운 학문의 발전에 기초가 되었다. 이 운동을 시작한 사람은 안톤 보이슨(Anton Boisen)이다. 그의 살아있는 인간 문서(living human documents) 개념이 보여 주듯이, 그는 인간의 경험에 대한 성찰을 통해 죄와 구원과 같은 전통적 기독교 신앙을 이해하는 새로운 방법론을 제시했다. 힐트너는 또한 러셀 딕스(Russell Dicks)에 의해 고안된 축어록 혹은 대화록(verbatim)을 가지고 목회대화를 연구했다. 즉 힐트너는 보이슨의 살아있는 인간 문서 연구를 통해 인간의 경험의 입장에서 신학적 주제들을 성찰하는 방법을 배우고, 딕스의 대화록을 통해 목회자와 교인들의 대화를 연구하는 방법을 배웠다고 할 수 있다. 힐트너는 유니온신학대학원과 예일대학교 신학부에서 이 두 가지 방법을 통합하여 가르쳤으며, 이는 그의 책 *Pastoral Counseling*에 반영되어 있다.

힐트너는 로저스, 프로이트, 그리고 자아 심리학자들의 영향을 많이 받았다. 로저스는 힐트너에게 가장 큰 영향을 준 심리학자다. 힐트너 목회상담의 유도적(eductive) 방법은 로저스의 내담자 중심의 상담이론에 기초하면서도 독자적으로 발전시킨 방법이다. 또한 힐트너는 프로이트의 인간에 대한 역동적 이해와, 자아 심리학자들의 성격에 대한 사회적 이해를 바탕으로 목회상담의 이론과 실제를 발전시켰다.

힐트너가 가장 심혈을 기울인 책은 1958년에 출판된 *Preface to Pastoral Theology*이다. 이 책은 목회돌봄을 신학적으로 체계화한 책이다. 이 책이 출판되기 전 1950년대는 심리학과 신학과의 대화가 활발하게 시작되었던 때였다. 1950년대 초기에 활동한 데이빗 로버츠(David Roberts), 알버트 아우틀러(Albert Outler), 그리고 폴 틸리히(Paul Tillich)는 신학과 심리학을 관련시킨 최초의 신학자들이다. 로버츠는 기독교 신학을 심리치료와 관련시켜 저술한 최초의 조직신학자로 그의 *Psychotherapy and a Christian View of Man*에서 심리치료 이론이 기독교 교리를 깊게 이해하는 데 도움이 된다고 주장했다.[4] 예를 들어 그는 신앙 혹은 불신의 내적 역동성을 이해하는 데 감정과 무의식적 동기가 필요하다고 보았다. 아우틀러는 로버츠와 반대로 신학이 심리치료에 대한 이해를 심오하게 만든다고 주장했다. 그의 *Psychotherapy and the Christian Message*는 기독교적 세계관은 어떤 다른 학문보다 심리치료가 갖고 있는 한계를 보완해 주고 그것의 효과를 높여 준다는 것을 강조했다.[5]

한편 틸리히는 힐트너와 자주 만나 신학과 심리학에 대한 관심을 나눴는데, 1940년대 말부터 1950년대 초기에 발표된 틸리히의 *The Shaking of the Foundations, Systematic Theology* I, *The Courage to Be* 그리고 *The New Being*은 그를 가장 영향력 있고 인기 있는 신학자로 만들었다.[6] 이것은 목회상담에 대한 관심이 고조되던 시대적 배경과 일치한다. 그는 당시 인간 실존의 문제즉 심리학적 주제들을 신학적 개념과 관련시켜 설득력 있게 설명했다. 예를 들면 소외와 죄, 심리학적 수용과 은총, 치료와 구원, 실존의 불안과 인간의 유한성 등이 바로 그것이다. 틸리히의 상관의 방법(method of correlation)은 힐트너에게 심리학적 주제와 신학적 주제를 연관시키는 좋은 방법이 되었다.

힐트너에게 큰 영향을 준 또 다른 신학은 시카고학파라고 불렸던 경험신학(empirical theology)이다. 경험신학은 윌리엄 제임스(William James)로부터 시작된 경험적 원칙을 신학 전통을 이해하는데 적용할 수 있는 방법을 모색하고자 했던 시카고대학교의 헨리 위만(Henry Nelsen Wieman), 버나드 루머(Bernard Loomer), 버나드 멜란드(Bernard Meland) 등에 의해 주도되었다. 이들은 하나님은 추상적 개념이 아니라고 주장하면서 인간의 경험을 가지고 하나님을 설명하고자 시도하고, 하나님을 인간과의 상호 관계적으로 설명하였다. 이들의 영향을 받은 힐트너는 목회 현장에서 얻은 구체적인 사례 혹은 경험을 가지고 신학적 탐구를 했다.

힐트너의 마지막 책은 *Theological Dynamics*이다. 1972년에 출판된 이 책은 1960년대 이후의 시대적 및 심리학적 결과를 반영했으며 신학과 심리학을 상호 비판적으로 관련시켰다. 틸리히의 상관의 방법은 신학적 입장에서 심리학을 이해하는 방법이지만, 힐트너의 방법은 인간의 실존을 이해하기 위해 심리학과 신학을 상호 비판적으로 사용한다는 점에서 수정된 상관관계방법(revised method of correlation)에 가깝다. 힐트너는 개인이나 집단 안에는 갈등과 긴장, 그리고 균형을 유지하려는 힘이 작동하고 있다고 보는 당시의 심리학적 이해를 가지고 신학적 교리들을 재해석하고 재구성하고자 하였고, 갈등과 긴장의 역동성 안에 창조와 변화의 힘이 존재한다고 보았다.

III. 힐트너의 목회상담학

1950년대 힐트너의 주요 관심은 목회상담이었다. *Pastoral Counseling*이 출판된 1949년은 제2차 세계대전 직후여서 종군 목회자들은 목회상담의 중요성을 인식하고 있었다. 그들은 목회자의 권위에 대하여 불만족스러워 했으며, 충고나 교훈과 같은 방식은 적절한 돌봄의 방법이 아니라고 보았다. 당시에는 로저스의 비지시적(non-directive) 혹은 내담자 중심적(client-centered) 상담이 목회자들과 일반 상담자들에게 많은 영향을 주고 있었다. 당시 신학교에서 목회상담 과목들은 초빙교수나 목회자들이 가르쳤는데 주로 실천적 기술에 관한 것이었다. 힐트너는 신학적 및 심리학적 이론에 근거한 목회상담의 이론과 실제를 발전시키려고 노력했다.

1. 목회상담의 목적과 전제

힐트너는 목회상담을 목회의 일부로 보았기 때문에 넓은 의미에서 목회상담의 목적은 교회의 일반적 목적과 같다. 그러나 목회상담은 특별한 목적을 갖고 있다. 그것은 *Pastoral Counseling*의 부제, "어떻게 모든 목회자들이 사람들이 자신을 스스로 도울 수 있게 할 수 있을까?"에 잘 반영되어 있다. 첫째, 목회상담은 목회자에 의해 이루어지는 목회의 일부며 교회는 목회상담의 콘텍스트다. 목회상담의 콘텍스트로서의 교회는 목회상담의 독특성을 형성해 준다. 둘째, 목회상담은 전통적으로 목회자가 교인들을 돌볼 때 행해 온 충고 혹은 교훈과 달리, 도움을 필요로 하는 사람들의 잠재 능력을 인정하고 그들 스스로 자신들의 문제들을 해결해 갈 수 있도록 도와주는 것이다. 셋째, 목회상담의 주제는 주로 개인의 내적 갈등에 관한 것이다. 요컨대 목회상담의 목적은 목회자가 교인들이 자신들의 내적 갈등을 이해하는 과정을 통해 스스로 문제를 해결하도록 도와주는 것이다. 이것은 힐트너가 활동할 당시의 심리학적 이해를 반영한 것이다. 힐트너는 목회상담의 목적이 제대로 이루어지기 위해서는 다음과 같은 몇 가지 전제들이 나타나야 한다고 주장하였다.[7]

- 상담을 하러 온 교인은 자신에게 무엇인가 잘못되어 있다는 인식이 있어야 한다.
- 상담은 옳고 그름에 대한 판단이나 분석에 의해 이뤄지는 것이 아니라 이해가 앞서야 한다.
- 상담은 교인이 스스로 해결하도록 도와주는 것이지 목회자가 그를 위해 무엇을 해주는 것이 아니다.
- 상담은 윤리적인 문제를 명확하게 하지만 강요하지는 않는다.
- 교인을 진심으로 존중하는 것이 중요하다. 상담은 속임수로 이루어지지 않는다.
- 상담은 곤란을 해결할 뿐만 아니라 성장과 발전을 위한 기회가 되어야 한다.

힐트너의 목회상담의 방법은 유도적(eductive)이다. 유도적이라는 말은 라틴어 educare에서 나온 말이다. 이것은 '이끌어내다'라는 뜻이다. 유도적 방법은 도움을 청하는 사람의 내적 자원들을 이끌어 내는 것을 가장 중요하게 여기는 상담 방법이다. 목회상담은 목회 상담자가 이해하고 수용하고 명료화하고 통합하는 방법을 통하여 내담자의 내적 자원들을 이끌어 내는 것이기 때문에 강요하고 도덕화하고 일반화하는 상담 방법과 차이가 있다.

힐트너는 프로이트, 칼 융(Carl Jung)을 비롯한 다른 심리치료자들의 도움을 받았지만 그의 유도적 방법은 로저스의 방법에 근접해 있다. 로저스와 힐트너는 함께 시카고대학교에서 가르쳤다. 힐트너의 학생들은 로저스가 소장으로 있던 상담소에서 인턴으로 일하면서 그 상담소의 상담자들에게 수퍼비전을 받았다. 로저스는 가끔 힐트너의 수업에 참관했다. 로저스의 내담자 중심의 상담 방법은 힐트너에게 많은 영향을 주었지만, 두 사람의 기본적 가치관은 다르다. 로저스는 인간에 대한 낙관적 견해를 가지고 있었다. 인간은 선한 존재이기 때문에 좋은 여건이 주어지면 바람직한 방향으로 성장한다고 보았다. 문제가 있는 사람에게 좋은 여건은 상담자의 내담자에 대한 무조건적 존중과 공감이다. 그러나 힐트너는 인간에 대한 전통적 칼빈주의적 견해를 가지고 있었다. 그의 인간에 대한 이해는 프로이트의 견해에 가깝다. 힐트너는 내담자의 내적 자원들이 치료와 성장에 가장 중요하지만 그의 내적 자원들이 흠이 없다고 보지는 않았다. 즉 내적 갈등의 부재를 성장으로 보기보다는 내적 갈등에 적극적으로 대처하는 것을 성장으로 보았다.

2. 목회상담의 콘텍스트로서의 교회

힐트너는 목회상담이 교회 목회의 일부며 교회가 목회상담의 독특성을 만들어 준다는 점을 늘 강조했다. 상담은 다양한 전문가들에 의해 실시된다. 그들 가운데는 목회자를 비롯하여, 심리학자, 정신과 의사, 사회사업가 등이 있다. 각기 다른 분야의 전문 상담은 그 분야에 대한 오리엔테이션을 가진 상담자와 그 오리엔테이션을 기대하고 오는 내담자들로 구성된다. 힐트너는 다양한 상담들의 기본적 차이는 그 상담이 이루어지는 콘텍스트에서 온다고 보았다. 힐트너는 목회상담의 콘텍스트로서의 교회의 네 가지 특성을 지적하였다.[8]

첫째는 세팅이다. 다른 상담의 세팅과 달리 교회는 다양한 이미지와 상징을 갖고 있다. 그것이 교인들에게 긍정적 혹은 부정적인 무엇을 상징하든지 목회상담은 그 안에서 이루어진다. 따라서 상담을 요청하는 사람의 교회에 대한 이해는 상담에도 영향을 준다.

둘째는 기대다. 목회자와 상담을 원하는 교인들은 목회자에 대한 어떤 기대를 갖고 온다. 상담을 원하는 사람은 이미 목회자에 대한 어떤 이해와 관계를 갖고 있기 때문에 이는 내담자가 상담자에 대한 어떤 이해나 관계가 거의 없는 상태에서 이뤄지는 일반 상담과 다르다.

셋째는 관계의 전환이다. 목회상담은 목회자와 교인의 관계에서 상담자와 내담자의 관계로의 전환을 필요로 한다. 상담 관계는 일시적으로 특수한 관계로의 전환이며, 상담이 종료되면 다시 목회자와 교인의 관계가 되돌아가야 한다.

넷째는 목적과 한계의 문제다. 목회상담은 상담을 요청한 사람의 전인적 구원이라는 교회의 큰 목적 안에서 이루어지지만 기술과 시간의 제한을 받는다. 목회자가 충분한 상담 훈련을 받았다고 해도 모든 사람들을 다 상담할 수는 없다. 이때문에 목회상담은 주로 단기상담으로 이루어진다. 단기상담에서 가장 중요한 방법은 지지상담이다. 예를 들어 사별이나 사업의 실패를 겪은 사람에게 가장 필요한 것은 지지다. 장기상담은 시간이 지남에 따라 더 복잡한 문제가 드러나고 목회자가 장기 상담을 할 수 있는 훈련을 받은 경우에 진행되어야 하지만 목회에 지장을 주어서는 안 된다.

3. 목회상담과 사전 상담

힐트너가 로웰 콜스톤(Lowell Colston)과 함께 출판한 *The Context of Pastoral Counseling*은 교회와 일반 상담소에서 실시한 상담을 비교 대조하여 목회상담의 콘텍스트로서의 교회에 대한 실험연구다. 힐트너와 콜스톤은 일반 상담소보다 교회에서 상담이 빨리 진행되는 것을 발견했다. 그것은 교회 안에서 목회자는 이미 교인들과의 관계가 형성되어 있기 때문이다. 목회자는 교인의 개인 및 가정생활에 대하여 이미 많이 알고 있기 때문에 교인이 상담을 요청하기 전에 그를 상담에 초대할 수 있다. 힐트너는 비록 교인이 상담을 요청하지 않았지만 목회자가 먼저 목양적 관심과 태도로 교인을 만나는 것을 사전 상담(precounseling)이라고 하였다.

힐트너는 그의 *Pastoral Counseling*에서 많은 부분을 사전 상담에 대하여 할애했다.[9] 사전 상담이 교회 안에서만 가능할 뿐만 아니라 목회상담과 다른 상담을 특징짓는 하나의 요소이기 때문이다. 내담자가 자신의 문제를 충분히 이해하지 않았고, 이해가 되었다고 해도 아직 목회상담을 하고 싶지 않을 수 있는 상황에서 목회자가 제공하는 돌봄이 바로 사전 상담이다. 교인들의 상황을 살펴서 필요한 경우에 그들이 요청하기 전에 돌봄을 제공하는 것은 목회자의 책임이다. 이것은 공식적 상담으로 이어질 수도 있고 아니면 일회적 만남으로 끝날 수도 있다. 일반 상담에서는 내담자가 상담자를 찾아와야 상담이 시작되지만 교회에서는 사전 상담이 이미 일어나고 있다. 이런 점에서 모든 목회활동은 사전 상담이 될 수 있다. 사전 상담은 교우들로 하여금 자신의 문제에 빨리 직면할 수 있도록 도와주고, 성장과 삶에 대한 깊은 이해를 갖게 해 준다.

4. 목회상담의 자원들

교회는 목회상담에 효과적인 많은 자원들을 가지고 있다. 이 자원들은 교인들이 자신의 문제를 폭넓게 이해하고 해결하는 데 많은 도움을 준다. 목회상담에 오는 내담자들은 목회상담자가 상담에서 기도, 성경, 신앙문헌, 성례전, 그리고 다른 종교적 자원들을 사용하리라고 기대한다. 그러나 중요한 것은 이런 종교적 자원들을 사용하느냐 마느냐의 문제가 아니라 언제 어떤 상황에서 어떤 목적을 위해 어떤 방식으로 사용할 것인가다.

기도는 목회상담의 중요한 자원이다. 교인들은 기도를 통해 자신들의 문제를 더욱 명확히 알고, 그 문제를 대면하는 능력을 얻는다. 힐트너는 목회상담에서 기도가 효율적으로 사용될 수 있는 몇 가지의 조건들을 제시했다.[10]

- 다른 모든 기도와 마찬가지로, 목회상담에서의 기도는 하나님께 드리는 기도가 되어야 한다. 기도가 어려운 상황을 빠져 나가는 수단이 되거나 목회자가 목회상담에서 실수한 것을 덮으려는 권위의 표현이 되어서는 안 된다.
- 기도는 교인들의 중요한 영적 욕구들을 담아야 한다. 이 영적 욕구들은 교인들이 이해하고 인정한 것들로 구체적이어야 한다.
- 상담하는 교인에게 스트레스와 긴장이 존재할 때 기도는 먼저 평화, 힘, 고요함, 친교를 선물로 주시는 하나님과 만나는 경험이 되어야 한다.

- 교인들은 기도를 통해 고난과 고통에 대한 기독교적 태도를 깨달을 수 있도록 도움 받아야 한다. 기도가 모든 고난과 고통이 순식간에 사라지게 하는 마술과 같은 것이 되어서는 안 된다.
- 기도의 내용과 형태는 역경 가운데 있는 교인들의 전통과 경험에 일치해야 한다.

성경이 목회상담의 중요한 자원이 될 수 있다.[11] 그러나 성구나 성경의 이야기를 가지고 상황을 도덕화하거나 일반화하고, 고통당하는 사람을 강제로 설복하려고 하면 성경을 가장 잘못 사용하는 것이 된다. 성경이 목회상담에 도움이 되려면 몇 가지 유의해야 할 사항이 있다. 첫째, 성경은 교인들의 문제와 고난을 더 깊고 넓게 이해할 수 있도록 사용되어야 한다. 둘째, 성경은 교인들에게 익숙한 내용이어야 한다. 때론 익숙하지 않은 성경 구절을 통해 전에 알지 못했던 내용에 관심을 가지면서 자신들의 문제를 다르게 보는 관점을 가질 수도 있다. 그러나 성경 내용을 이해하는 데 신경을 쓰다 보면 자신의 문제를 이해하는데 방해가 될 수 있다. 셋째, 성경구절은 너무 추상적인 내용보다는 간단하고 구체적인 내용이 좋다. 고통당하는 상황에서 많은 생각을 필요로 하는 내용은 적절하지 않다. 힐트너는 성경은 어떤 경우에서든지 강제적 혹은 도덕적 방법이 아닌 유도적 방법으로 사용되어야 한다고 강조한다. 힐트너는 종교서적, 기독교 교리, 그리고 성례전이 적절히 사용되면 효과적일 수 있다고 보았다.[12]

IV. 힐트너의 목회신학

힐트너가 심혈을 기울였던 두 번째 분야는 목회신학이다. 그는 목회자와 교회의 활동을 신학의 중요한 자료로 보고 그에 대한 신학적 탐구를 통하여 목회신학을 발전시켰다. 그의 *Preface to Pastoral Theology*는 가장 창의적이고 중요한 책으로 신학과 목회실천과의 관계를 서술했으며 목회신학이라는 신학의 한 분야를 개척했다. 힐트너는 고통, 혼돈, 타락, 절망과 같은 인간의 경험, 그리고 그런 상황에 있는 사람들을 위한 목회실천들에 대한 신학적 탐구를 통해 목회신학이라는 학문 분야를 발전시키고자 노력했다. *Preface to Pastoral Theology*는 목회신학이라는 새로운 신학의 분야를 어떻게 구성할지에 대한 방법론적 원칙들을 제시한다. 힐트너 이전에 목회를 위한 책은 목회를 위한 실천적 매뉴얼을 모아 놓은 것이거나 이론을 어떻게 적용할까에 대한 것이었다. 그러나 힐트너는 목회실천의 경험을 신학에 어떻게 반영할까에 관심을 두었다. 즉 목회 경험이 신학 형성의 자원이 되게 했다.

1. 목회신학의 정의와 전제

힐트너는 목회신학은 목양(shepherding)의 관점에서 행해진 교회와 목회자들의 모든 활동들에 대한 신학적 탐구에서 비롯되는 신학이라고 정의했다. 이 정의는 목회신학의 의미를 담고 있다.[13] 첫째, 목회신학은 목양 관점에 대한 연구에서 나온다. 둘째, 목회신학은 다른 신학 즉 성서신학, 교의신학, 역사신학, 윤리신학 등과 같이 신학의 한 분야다. 셋째, 목회신학은 논리-중심적(logic-centered) 신학이라기보다 작용-중심적(operation-centered) 신학이다. 작용-중심적 신학의 특징은 신학적 결론, 이론 혹은 기본 원리가 주로 특별한 관점에서 이루어지는 행동, 사건, 기능에 대한 성찰에서 나온다. 넷째, 목회신학은 다른 신학과 마찬가지로 체계적이다. 그러나 체계를 구성하는 원리들은 목양 관점의 본질에서 나온다, 다섯째, 목회신학도 다른 신학과 마찬가지로 비판적 신학 방법을 사용한다.

힐트너는 이와 같은 목회신학의 의미를 기초로 목회신학에 대한 잘못된 이해들을 지적한다.[14] 첫째, 목회신학은 단지 실천이 아니다. 목회신학은 실천에 대한 성찰을 통하여 만들어진 이론이다. 둘째, 목회신학은 응용신학(applied theology)이 아니다. 목회신학은 성서나 기독교 교리에서 얻어진 원리들을 적용하는 신학이 아니다. 목회신학은 쌍방적이다. 목회신학은 한편으로는 원리들을 적용하고, 다른 한편으로는 어떤 의미 있는 관점에서 이루어진 실천들에 대한 비판적 연구를 통하여 신학적 이해에 도움을 줄 수 있다. 셋째, 목회신학은 단지 목회심리학 혹은 목회사회학이 아니다. 목회신학은 목양 관점에 대한 신학적 이론이다. 넷째, 목회신학은 목회자와 교회의 모든 기능과 실천에 대한 이론이 아니다. 다섯째, 목회신학은 모든 체계화된 신학과 교회 혹은 목회자의 활동과 기능을 연결하는 신학이 아니다. 이것은 실천들에 대한 성찰이 신학을 형성한다고 보지 않는 동시에 모든 신학을 논리-중심적 관점에서 보려는 태도이다.

2. 작용-중심적 신학으로서의 목회신학

힐트너는 신학을 논리-중심적 신학과 작용-중심적 신학으로 분류한다. 논리-중심적 신학에는 성서신학, 역사신학, 교의신학, 도덕신학, 심리학적 신학, 심미적 신학, 비교신학이 포함된다. 힐트너는 작용-중심적 신학 영역을 목양, 소통, 조직으로 구분하고 각각의 영역에서의 실천에 대한 탐구를 통하여 목회신학, 교육과 전도신학, 교회신학이 발전되는 것으로 보았다. 성서가 성서신학을 구성하는 자원이듯 목회신학은 실천, 즉 실제적이고 구체적인 목회실천에서 얻어진 주제나 이슈들에 대한 신학적 성찰을 통해서 구성된다. 힐트너는 목회신학이 다른 신학과 마찬가지로 중요하다고 주장함으로써 목회신학을 단순한 응용(돌봄, 설교, 행정)이나 다른 신학보다 열등한 위치에 놓고 보는 당시의 견해에 정면으로 반대했다. 그는 목회 실천에 대한 연구인 목회신학은 단지 이론을 구체화하는 것이 아니라 일반적 신학적 탐구에도 큰 공헌을 할 수 있다고 보았다. 힐트너의 신학의 분류에 의하면 논리-중심적 분야의 신학과 작용-중심적 영역의 신학은 쌍방적이어서 상호 영향을 주고 영향을 준다.

3. 목양 관점에 기반한 목회신학

힐트너는 목회가 설교, 예배, 상담, 혹은 행정 등과 같이 기능을 따라 이해되면 충분하지 않다고 본다. 그는 목회는 목회자의 신앙, 의도, 동기, 목회의 방향과 목적 등의 주체적 성향과 목회가 실천되는 장(場)의 요구가 한데 묶여 실천된다고 보았다. 목회는 세상을 위해 봉사하라는 하나님의 부르심에 대한 목회자의 응답에서 이루어지는 것이지 단지 어떤 기능이 아니라는 것이다. 힐트너는 목회 실천의 기본적 구조를 설명하기 위해 관점이라는 말을 사용한다. 그는 목회자와 교회의 실천은 어떤 관점을 갖느냐가 중요하지, 어떤 기능을 행하느냐가 중요하지 않다고 보았다.

1) 관점의 의미와 종류

힐트너는 작용–중심적 신학을 주창하면서 '관점'을 강조했다. 관점은 관찰하거나 느낄 때 갖는 어떤 견해를 의미한다. 어떤 사람이 그의 견해에만 사로잡히고 다른 견해를 모른다면 그는 관점을 가진 사람이 아니다. 목회자가 어떤 관점을 갖고 있다는 것은 그는 어떤 태도나 견해 혹은 느낌을 갖고 있으며 그는 그것의 입장에서 행동한다는 것을 의미한다. 물론 목회자는 단지 한 관점에 고정되지 않고 다른 관점도 가지고 있다. 관점은 관계적이기 때문에 상황에 따라 보는 관점이 달라질 수도 있다.

힐트너는 모든 목회활동이 세 가지의 관점으로 구분될 수 있으며 이 관점에서 나온 실천에 대한 신학적 탐구가 작용–중심적 신학의 영역이 된다고 보았다.[15] 첫째는 개인이나 그룹의 안녕을 위해 목양하는(shepherding) 관점이고, 둘째는 그리스도의 몸으로서의 진정한 기구가 되도록 교회를 조직하는(organizing) 관점이며, 셋째는 복음을 소통하는(communicating) 관점이다. 이 세 관점은 상호 연관되어 있다. 작용–중심의 신학 영역은 이 세 관점에서 실천된 내용에 대한 신학적 탐구이다. 교육과 전도신학은 복음을 소통하는(communicating the Gospel) 관점에서, 교회신학은 친교를 조직하는(organizing the fellowship) 관점에서, 그리고 목회신학은 사람들을 목양하는(shepherding persons) 관점에서 나온다.

2) 목양 관점의 의미와 구조

성경에 나오는 목자에 대한 비유에서 보면 목양은 양들의 안녕을 위한 "부드럽고 염려하는 관심(tender and solicitous concern)"[16]이다. 목자는 양들이 평안히 지낼 수 있도록 부드럽고 세심하게 배려하면서 동시에 양들을 위협으로부터 보호하고 지킨다. 목자의 역할은 기능적인 것과 태도적인 것을 포함한다. 기능은 양들을 보호하고 지키는 것이며 태도는 양들에 대한 부드럽고 세심한 배려다.

교회의 전통에서 목양은 두 가지 의미로 사용되어 왔다. 첫째, 종교 개혁 시대부터 '목회적'(pastoral)이란 말은 목회자가 하는 모든 것을 의미했다. 이것은 목회자의 기능이 아니라 태도를 의미한다. 즉 목회자는 그가 무엇을 하던지 사람에 대한 부드럽고 염려하는 태도를 가지고 행한다. 이것은 목회자의 동기이며 성품이며 준비성이다. 둘째, 18세기와 19세기에 목회자의 기능들이 다양화되면서 목양이 목회자의 여러 기능들 중의 하나로 구분되었다. 종교적 교훈을 가르치는 catechetics, 설교와 커뮤니케이션을 연구하는 homiletics, 그리고 교인들을 돌보는 poimenics가 있었다. 이때 '목회적'이란 말은 목회자의 다양한 기능들 가운데 교인들을 돌보는 기능에 대하여 말할 때 사용되었다. poimenics라는 말은 목자에 해당하는 poimen에서 유래된 말이다. 목회는 경우에 따라 집중적 돌봄을 필요로 하는 경우가 있다. 예를 들어 어떤 가정에서 상을 당하게 되면 모든 목회의 기능들 중에서 돌봄의 기능이 가장 요구된다.[17]

힐트너는 돌봄에 대한 이 두 가지 의미, 즉 목회자가 하는 모든 일들이라고 보는 견해나 특별한 경우에만 해당하는 기능으로 보는 견해는 목회신학을 형성하는 데 충분하지 않다고 본다. 돌봄에 대한 전통적 의미가 지금도 살아 있고 그것의 중요성도 존재하지만 돌봄이 단지 목회자의 태도와 기능만을 의미한다면 목회에 대한 종합적 신학이 형성되지 않는다는 것이다. 따라서 힐트너는 목회신학을 형성하기 위해 목양을 관점으로 볼 것을 제안했다. 목양을 관점으로 보면 목양에 대한 전통적 의미가 갖고 있는 제한점이 해결된다. 목회자는 모든 활동을 목양 관점, 즉 부드럽고 염려하는 관심을 가지고 할 수 있다. 설교나 심방, 혹은 성경공부와 회의도 목양 관점에서 할 수 있다. 그러나 목양은 어떤 경우에 특별히 요청될 수도 있다. 만일 양 한 마리가 없어졌다면 목자는 우선 그 한 마리를 찾는 데 모든 관심을 집중하게 된다. 이 경우에 그 한 마리를 찾는 목양 관점은 다른 어느 기능이나 관점보다 우선적이다. 그 한 마리를 찾게 되면 다른 관점들이 다시 작동하게 된다. 다른 아흔 아홉 마리들이 당시에는 특별한 배려가 필요 없다고 해도 그 한 마리를 찾는 목자의 관점은 언제든지 남은 양들이 필요로 할 때 특별한 배려를 위해 준비되어 있다는 것을 의미한다.

힐트너는 *The Christian Shepherd*에서 목양의 두 가지 원리를 제시했다.[18] 이 원리들은 심리치료, 임상심리학, 혹은 사회사업학에서 얻은 지혜들에서 나온 것이다. 첫 번째 원리는 사람에 대한 진정한 관심(concern)과 부정적 감정을 포함하여 그 사람을 있는 그대로 수용(acceptance)하는 것이다. 이것은 사람을 사랑하고 이해하는 것과 같다. 목양의 두 번째 원리는 명료화(clarification)와 판단(judgement)이다. 교인들이 표현한 감정을 목회자가 수용하고, 그것이 명확하게 이해하게 되면, 교인들은 해방을 얻게 된다. 성서에서 판단은 심판과 구원을 의미한다. 목양의 현장에서 교인들은 자신들의 문제가 이해되고 수용되면 그들은 심판이 아니라 해방과 자유를 경험한다.

전통적 목양의 형태는 훈련(discipline), 위로(comfort), 교화(edification)다. 그러나 힐트너는 이런 형태들은 현대적 목양의 의미에 적절하지 않다고 보고 새로운 세 가지의 특별한 형태로 구분했다. 즉 치유(healing), 지지(sustaining), 그리고 인도(guiding)다.[19] 치유는 손상된 것을 온전하게 회복하는 것이며, 지지는 온전한 회복이 불가능한 상태에 있는 사람 곁에 서서 후원하고 용기를 주는 목회다. 인도는 자신의 내적 자원을 이끌어 내어 스스로 길을 찾도록 도와주는 유도적 과정(eductive process)이다. 이제까지의 논의를 중심으로 종합하여 힐트너의 목회신학을 정의하면 목회신학은 치유와 지지와 인도의 기독교적 목양의 관점에서 이루어지는 목회자의 교회의 모든 활동과 실천들을 신학적 질문으로 시작하여 신학적 대답으로 결론을 맺는 탐구를 통해 구성되는 작용-중심적 신학이다.

V. 힐트너의 역동적 신학

　힐트너의 신학은 두 가지로 나타난다. 하나는 목회실천에 대한 신학적 접근이고 다른 하나는 신학에 대한 역동적 접근이다. 전자는 목회현장에서 돌봄의 입장에서 신학을 발전시킨 것이고, 후자는 심리학과 심리치료의 입장에서 전통적 신학적 주제와 대화를 시도한 것이다. 힐트너가 심리학적 관점들을 목회와 교회현장에 적용시킨 저서들이 많다. *Religion and Health, Self-Understanding through Psychology and Religion, Sex Ethics and Kinsey Reports, Constructive Aspects of Anxiety, Theological Dynamics* 등이 그 예다.[20]

　힐트너는 *Preface to Pastoral Theology*를 쓴 다음 15년 후에 마지막 책인 *Theological Dynamics*를 통하여 전통적 신학 주제들 혹은 교리들을 관념적이거나 사변적으로 다루지 않고 역동적으로 이해하려 했다. 그는 이 책을 통해 인간 실존을 신학과 심리학의 차원에서 함께 이해한다는 것이 왜 중요하고 또 어떻게 이해해야 하는지를 논의하였다. 그는 기독교 교리들이 인간의 삶에 어떤 의미를 주는지, 경험적 심리학적 이해들이 그런 교리들을 이해하는 데 어떻게 도움이 되는지, 그리고 경험적 자료들이 신학적 이해의 수정을 요구하는지에 대하여 고찰했다. 또한 그는 교리들이 인간의 삶의 깊은 영역을 이해하는 데 도움이 되게 하려면 어떻게 해야 하는지에 대하여 질문했다. 이런 질문들에 대한 대답의 한 방법으로 그는 '신학적 역동성(theological dynamics)'이라는 말을 사용했다. 역동성은 힘이나 에너지를 의미하는 그리스 말이다. 서로 다른 힘들 사이에는 언제나 긴장이 있고 균형을 유지하려는 과정이 있다. 힐트너는 프로이트의 이론, 자아 심리학 및 사회학의 영향을 받아 심리내적 및 대인 관계적 과정에서 생기는 갈등, 긴장 그리고 균형유지의 역동적 관점에서 신앙생활의 핵심적 주제들을 이해하고자 하였다.

　*Theological Dynamics*는 신학자뿐만 아니라 정신과 의사 및 정신건강에 종사하는 사람들을 대상으로 메닝거 재단에서 강연한 내용이다. 힐트너는 역동성의 이론을 신학에 적용하여 신학적 교리도 본래 역동적이라고 주장했다. 신학적 주

제들이나 개념들은 다른 에너지 체계와 마찬가지로 역동적이어서 갈등과 긴장이 있다고 보았다. 이 책은 역동적으로 이해한 신학으로 심리학을 고찰하고, 또 역동 심리학으로 신학을 고찰함으로 상호 풍성한 이해를 얻으려는 목적으로 쓰였다. 힐트너는 여덟 가지의 핵심 교리들과 그와 관련된 인간의 관심사를 선정하여 역동 성의 관점에서 설명했다. 곧 자유와 운명(freedom and destiny), 은총과 감사(grace and gratitude), 섭리와 신뢰(providence and trust), 죄와 질병(sin and sickness), 교회와 공동체(church and community), 성과 사랑(sexuality and love), 죽음과 용 기(death and courage), 그리고 말씀과 성례전(word and sacraments)이다.

힐트너는 짝으로 엮어진 두 가지 개념을 논의할 때 선택한 신앙적 교리를 전통 적 신학 관점에서 이해하고 이어서 상관된 주제를 심리학 입장에서 설명한 다음 에 두 개념을 상호 관련시켜 이해한다. 예를 들어보면, 힐트너는 섭리와 신뢰에 대한 주제를 칼 바르트(Karl Barth)와 존 칼빈(John Calvin)의 신학과 에릭 에릭슨 (Erik H. Erikson)의 심리학의 입장에서 설명한다.[21] 힐트너는 먼저 섭리에 대한 이해를 위해 바르트의 롯과 그의 가족에 대한 이해를 중심으로 논의한다. 롯은 필 요할 때 인도하시는 하나님의 섭리를 신뢰했기 때문에 소돔으로부터 구출되었다. 즉 하나님의 섭리에 대한 신뢰가 뒤를 돌아보지 않게 했다는 것이다. 힐트너는 칼 빈의 섭리로서의 예정론에 대해 논의한 다음에, 어떤 사람이 천국에 가고 지옥에 가느냐는 하나님께서 미리 결정해 놓았느냐의 문제가 아니라 우리가 스스로 해결 할 수 없는 문제에 대하여 하나님께서 도우실 준비, 즉 섭리가 중요하다고 지적하 였다. 힐트너는 에릭슨의 신뢰감에 대한 이론을 사용하여 섭리자에 대한 신뢰감 을 갖는 것이 섭리를 이해하는 데 중요하다고 보았다. 에릭슨에 의하면 신뢰감은 돌보는 사람에 대한 믿음에서 형성된다. 아기는 모유, 따뜻한 관계, 신체적 필요 의 충족을 통해 엄마에 대한 믿음이 생기고 여기서 삶의 기초가 되는 기본적 신뢰 가 형성된다. 믿음이 없을 때 아기는 자기 방어를 위해 의심, 회피, 공격적 행동을 한다. 이것은 치료에서 마찬가지다. 환자 혹은 내담자에게 치료자 혹은 치료적 환 경이 믿음직한가는 치료에 많은 영향을 준다. 하나님의 섭리는 하나님의 믿음직 하심에서 나온다. 인간에 꼭 필요한 것을 제공해 주는 하나님의 믿음직하심에 대한 신뢰가 곧 하나님의 섭리에 대한 신앙의 기초가 된다.

또 다른 예를 들면, 힐트너는 죄와 질병에 대한 논의에서 먼저 죄에 대한 유대-기독교의 이해를 고찰한다.[22] 죄는 인간의 자유로부터 시작되는데 죄는 하나님의 뜻에 대한 반역이면서 동시에 자신과 타인에 대한 반역이 된다. 즉 죄는 하나님의 뜻인 인간의 완성을 거역하는 것이 된다. 하나님의 뜻, 혹은 하나님의 은총은 죄인이 회개하고 다시 하나님의 뜻인 자신의 완성을 위해 자유를 사용하게 한다. 힐트너는 죄를 잘못이라고 진단하고 회개를 치료라고 단순화하는 것에 반대한다. 죄를 단순히 악, 범죄, 파괴로만 볼 수 없는 것은 하나님의 은총이 언제나 변화를 위해 현존하기 때문이다. 죄를 인식하고 그것에 대해 회개하는 죄책감은 하나님의 은총을 받아들여 변화를 가져오게 한다.

그러나 심리학의 입장에서 보면 지나친 죄책감이 고통의 원인이 되기도 한다. 이것은 강박증의 형태로 표현된다. 이 경우에 죄책감은 하나님의 은총을 받아들이는 기초가 되지 못하고 제어할 수 없는 힘이 되어 사람을 괴롭게 만든다. 죄를 저질렀음에도 불구하고 죄책감을 갖지 않는 사람들도 있다. 건전한 의미의 죄책감, 병적인 죄책감, 그리고 죄책감의 부재는 그 의미가 다르다. 이런 점에서 죄책감의 제거가 좋은 것만은 아니다.

힐트너는 역동심리학의 도움을 받아 죄에 대한 몇 가지 은유를 다르게 해석한다. 죄에 대한 전통적인 은유들 가운데 하나는 반역으로 주로 사회나 가족의 규율을 어기는 행위다. 이것은 종교적인 의미로 하나님에 대한 교만을 의미한다. 반역이나 교만은 공격성의 의미를 내포한다. 공격성은 꼭 비행 행동을 의미하지는 않는다. 정신 역동적으로 보면 공격성은 자신의 약함을 감추기 위한 행동일 수 있고, 자신을 지키기 하기 위한 강한 적극적 행동표현이 될 수 있다. 청소년들의 공격적 행위가 교만의 표현은 아니다. 그러므로 죄로서의 교만과 공격성을 일치시키는 것은 적절하지 않다. 힐트너는 죄는 인간의 삶의 한 부분이기 때문에 죄 혹은 죄책감이 나쁜 것인가 좋은 것인가가 문제가 아니라 그것의 의미를 알고 죄를 뉘우쳐 앞으로 나아가게 하는 것이 무엇인지를 아는 것이 더 중요하다고 본다.

이와 같이 힐트너는 신학적 주제들을 관념적이거나 사변적으로 논의하지 않고 역동적으로 논의했다. 이것은 틸리히의 방식과 다르다. 틸리히도 *Dynamics of Faith*를 통해 추상적 신앙이 아니라 신앙의 역동성을 묘사하려고 했다.[23) 틸리히는 역동성을 구조 혹은 형태에 반대되는 개념으로 이해했다. 그러나 힐트너는 틸리히의 방법은 여전히 존재론적이고 철학적이라고 비판하고 자신의 역동적 방법과 구분했다.

그는 *Theological Dynamics*의 마지막 장에서 역동성의 입장에서 신학의 기능을 세 가지로 설명한다.[24) 신학은 첫째로 신앙의 내용을 올바르게 표현해야 하며, 둘째로 비판적으로 탐구되어야 하며, 그리고 셋째로 삶을 해석하고 인도해야 한다. 힐트너는 신학을 역동적으로 이해함으로 신학이 인간의 삶의 현장에서 구체적이고 살아 있는 신학이 되게 하려고 노력했다.

힐트너는 최초로 목회상담학의 이론과 실제를 발전시킨 사람이다. 미국의 모든 신학교에 목회상담학 과목들이 개설되고 전임 교수들이 채용된 것은 힐트너의 공헌이라고 할 수 있다. 이 책에서 다루는 목회상담학자들 가운데 많은 사람들이 힐트너의 제자들이다. 그들은 힐트너의 목회상담학 혹은 목회신학에 대한 비전을 시대와 상황에 따라 발전시켰다.

그런데 힐트너의 목회상담학과 목회신학에 대한 비전은 과연 얼마나 실현되었을까? *Pastoral Counseling*이 나온 지 50년이 더 지났는데도 목회상담학의 교재로 사용될 만한 책들이 많지 않은 이유는 무엇일까? 그가 그토록 강조했던 목회신학이라는 말은 사용되고 있지 않거나 그가 사용했던 의미와 다르게 사용되고 있는 이유는 무엇일까? 힐트너의 신학적 역동성이 여전히 역동적이지 않게 느껴지는 이유는 무엇일까? 이런 질문들에 대하여 대답하는 것이 힐트너가 남겨 준 과제들이다. 다시 말해 목회상담학, 목회신학, 그리고 역동적 신학을 재해석하고 재구성하라는 요청이다. 이것은 한국에서 목회상담학을 공부하고 가르치는 사람들에게도 마찬가지다.

VI. 힐트너가 제안하는 한국 목회상담의 과제들

한국에서 목회상담학이 신학교육에 포함된 지는 꽤 오래되었지만 체계적으로 교육되고 연구된 지는 그리 오래되지 않았다. 거의 모든 신학대학원과 일반대학의 기독교학부에 목회상담학교수가 전임으로 채용되고, 학회가 조직되고, 학술지가 발간되고, 목회상담에 대한 연구와 저서들이 출판되고, 훈련받은 목회상담전문가들이 쏟아져 나오기 시작한 것이 30년이 채 되지 않는다. 그러나 이 짧은 기간 동안 목회상담학은 눈부신 발전을 이룩하였다. 이제 한국적 상황을 고려한 목회상담학을 발전시켜야 할 때가 되었다. 힐트너가 살아있다면 한국 목회상담학계에 다음과 같은 몇 가지의 제안을 할 수 있을 것이다.

첫째, 힐트너는 한국교회가 목회돌봄의 장이 되어야 한다고 주장한다. 지난 세기 동안 한국 교회의 목회는 영혼구원의 목회였다. 영혼구원은 전도하여 교인수를 증대시키는 것이 주요 목표였다. 그 결과 한국교회는 놀랄만한 양적 성장을 이루었으나 영혼돌봄과 영혼치료는 등한시하였다. 영혼구원 목회의 주제가 죄와 회개라면, 영혼돌봄과 영혼치료 목회의 주제는 아픔과 치료이다. 힐트너는 교회가 상처 입은 영혼을 돌보고 치료하는 장이 되어야 한다고 주장한다. 한국교회는 상처 입은 영혼을 돌보고 치료하는 목회를 해야 한다. 상처 입은 영혼은 교인들, 지역 사회 사람들, 나아가서 상처 입은 사회까지 포함된다. 한국교회는 개인, 가정, 사회의 아픔을 치료하는 데 유용한 치료적 자원들을 많이 가지고 있다. 좋은 공간, 헌신적인 평신도들, 소그룹 모임, 시대적 아픔과 함께 해온 교회의 역사 등은 한국 교회가 상처 입은 영혼들을 돌보고 치료할 수 있는 유용한 자원들이다. 한국교회는 영혼구원에서 영혼돌봄 혹은 돌봄목회로 전환해야 한다.

둘째, 힐트너는 한국적 상황에서 목회상담학의 이론과 실제 그리고 목회신학의 구성은 한국인의 경험과 문화를 고려해야 한다고 제안한다. 목회상담은 미국인의 경험과 문화에서 발전된 학문이다. 한국에서의 목회돌봄과 목회상담의 발전을 위해 한국인의 심성, 한국인의 경험, 그리고 한국인의 문화에 대한 신학적 성찰이 필요하다. 예를 들어 한국인의 개인적 혹은 집단적 경험을 표현하는 한(恨), 정

(情), 경(敬) 그리고 흥(興) 등에 대한 이해와 신학적 성찰이 필요하다. 한은 한국인의 아픔을, 정은 한국인의 인간관계를, 경은 한국인의 영성을, 흥은 한국인의 기쁨을 표현하는 중요한 주제다. 한국적 문화와 심성에 대한 성찰은 몇몇의 한국 목회상담학자들에 의해 시도되었지만 한국적 목회상담학 혹은 목회신학이라고 할 정도로 발전되고 있지는 않다.

셋째, 힐트너는 목회돌봄과 목회상담의 한국적 콘텍스트에 대한 이해를 촉구한다. 목회돌봄과 목회상담은 미국에서 교회 내의 고통당하는 사람들, 병원의 환자들, 전쟁 후유증으로 고통당하는 부상자들과 그의 가족들, 전통적 신학 교육 방법에 실망한 신학생들 등등의 사람들에 대한 배려에서 발전한 학문이다. 돌봄과 상담의 한국적 콘텍스트에 대한 이해에서 한국적 목회상담학이 발전할 수 있다. 다문화 가정과 그 자녀들, 가난하고 소외된 아동과 청소년, 늘어나는 노인층, 전쟁 이야기에 망가져 가는 우리 사회, 2만 명이 넘는 탈북자들, 여전히 성장논리에서 벗어나지 못하는 교회에서 피폐된 영혼들 등은 새로운 혹은 그동안 우리가 무시 혹은 무심했던 돌봄의 콘텍스트들이다. 이런 돌봄의 콘텍스트에 대한 이해와 접근은 한국적 목회상담학을 발전시키는 데 긍정적으로 기여할 것이다.

참·고·문·헌

Aden, LeRoy and J. Harold Ellens, ed. *Turning Points in Pastoral Care: The Legacy of Anton Boisen and Seward Hiltner.* Grand Rapids, MI: Baker Book House, 1990.

Hiltner, Seward. *Religion and Health.* New York: The Macmillan Company, 1943.

_____. *Pastoral Counseling.* Nashville: Abingdon Press, 1949.

_____. *The Counselor in Counseling.* Nashville and New York: Abingdon Press, 1950.

_____. *Self-Understanding through Psychology and Religion.* New York: Charles Scribner's Sons, 1951.

_____. *Sex Ethics and Kinsey Reports.* New York: Associations, 1953.

_____. *Preface to Pastoral Theology.* Nashville: Abingdon Press, 1958.

_____. *The Christian Shepherd.* Nashville and New York: Abingdon Press, 1959.

_____. *Ferment in Ministry.* Nashville: Abingdon Press, 1969.

_____. *Theological Dynamics.* Nashville: Abingdon Press, 1972.

Hiltner, Seward and Lowell G. Colston. *The Context of Pastoral Counseling.* Nashville: Abingdon Press, 1961.

Hiltner, Seward and Karl Menninger, ed. *Constructive Aspects of Anxiety.* Nashville: Abingdon Press, 1963.

Oglesby, William B., ed. *The New Shape of Pastoral Theology: Essays in Honor of Seward Hiltner.* Nashville: Abingdon Press, 1969.

Outler, Albert. *Psychotherapy and the Christian Message.* New York: Harper & Brothers, 1954.

Roberts, David. *Psychotherapy and a Christian View of Man.* New York: Charles Scribner's Sons, 1950.

Tillich, Paul. *The Shaking of the Foundations.* New York: Charles Scribner's Sons, 1948.

_____. *Systematic Theology* I. Chicago: University of Chicago Press, 1951.

_____. *The Courage to Be.* New Haven, CT: Yale University Press 1952.

_____. *The New Being.* New York: Charles Scribner's Sons, 1955.

"Bibliography of Seward Hiltner." *Pastoral Psychology* 19(1968), 6–22.

1) 힐트너의 업적에 대한 평가는 계속되고 있다. 힐트너의 학문적 성과에 대한 논의에 대하여는 William B. Oglesby, ed., *The New Shape of Pastoral Theology: Essays in Honor of Seward Hiltner* (Nashville: Abingdon Press, 1969), LeRoy Aden and J. Harold Ellens, ed., *Turning Points in Pastoral Care: The Legacy of Anton Boisen and Seward Hiltner* (Grand Rapids, MI: Baker Book House, 1990), 그를 특집으로 다룬 *Pastoral Psychology* 29(1980)와 *Journal of Pastoral Care* 4(1985) 참고.

2) 1968년까지의 힐트너의 저서 목록은 "Bibliography of Seward Hiltner," *Pastoral Psychology* 19:1(1968), 6-22에 수록되어 있다.

3) Seward Hiltner, *Pastoral Counseling* (Nashville: Abingdon Press, 1949); Seward Hiltner, *Preface to Pastoral Theology* (New York and Nashville: Abingdon Press, 1958); Seward Hiltner, *Theological Dynamics* (Nashville: Abingdon Press, 1972). *Pastoral Counseling*은 마경일 옮김, 『목회카운셀링』(서울: 대한기독교서회, 1976)으로 *Preface to Pastoral Theology*는 민경배 옮김, 『목회신학원론』(서울: 대한기독교서회, 1968)으로 번역되었다.

4) David Roberts, *Psychotherapy and a Christian View of Man* (New York: Charles Scribner's Sons, 1950).

5) Albert Outler, *Psychotherapy and the Christian Message* (New York: Harper & Brothers, 1954).

6) Paul Tillich, *The Shaking of the Foundations* (New York: Charles Scribner's Sons, 1948); Paul Tillich, *Systematic Theology* I (Chicago: University of Chicago Press, 1951); Paul Tillich, *The Courage to Be* (New Haven, CT: Yale University Press, 1952), Paul Tillich, *The New Being* (New York: Charles Scribner's Sons, 1955).

7) Hiltner, *Pastoral Counseling*, 20-25 참고.

8) Seward Hiltner and Lowell G. Colston, *The Context of Pastoral Counseling* (New York and Nashville: Abingdon Press, 1961), 31-42.

9) Hiltner는 *Pastoral Counseling* 3부에서 사전상담에 대하여 설명한다.

10) 앞의 책, 193-194.

11) 상담에서 성경 사용에 대한 논의는 앞의 책, 202-216 참고.

12) 다른 종교적 자원에 대한 논의는 앞의 책, 216-226 참고.

13) Hiltner, *Preface to Pastoral Theology*, 20–21.

14) 앞의 책, 22–24.

15) 앞의 책, 55–69.

16) 앞의 책, 16.

17) 앞의 책, 15.

18) Seward Hiltner, *The Christian Shepherd* (New York and Nashville: Abingdon Press, 1959), 28–40.

19) 돌봄목회의 세 가지 형태 혹은 기능에 대한 논의는 Hiltner, *Preface to Pastoral Theology*, 89–171 참고.

20) Seward Hiltner, *Religion and Health* (New York: The Macmillan Company, 1943); Seward Hiltner, *Self-Understanding through Psychology and Religion* (New York: Charles Scribner's Sons, 1951); Seward Hiltner, *Sex Ethics and Kinsey Reports* (New York: Associations, 1953); Seward Hiltner and Karl Menninger(eds.), *Constructive Aspects of Anxiety* (Nashville: Abingdon Press, 1963).

21) 섭리와 신뢰에 대한 논의는 Hiltner, *Theological Dynamics*, 55–80 참고.

22) 죄와 질병에 대한 논의는 앞의 책, 81–106 참고.

23) Paul Tillich, *Dynamics of Faith* 참고.

24) Hiltner, *Theological Dynamics*, 182–201 참고.

Chapter 4

웨인 오우츠
(Wayne Edward Oates)[1]

양 병 모
(침례신학대학교 교수)

웨인 에드워드 오우츠는 미국 남침례교 출신의 목회상담학자이다. 목회상담과 종교심리, 그리고 기독교 정신의학 등의 영역에 걸친 그의 광범위하고도 깊은 연구와 가르침은 현대 목회상담학의 성립과 발전에 커다란 공헌을 하였다. 그는 현대목회상담학의 선구자 중의 한 사람으로서 깊은 신학적 통찰과 다양한 임상 현장의 경험을 바탕으로 자신만의 독특한 목회상담학적 접근을 통하여 현대 목회상담학의 신학적 정체성 확립과 발전에 커다란 공헌을 한 목회자이자, 상담자이며, 학자인 동시에 교육자였다.

목회자로서의 오우츠는 평생을 교회 공동체를 주요한 목회돌봄의 장으로 보고 교회와 개인 영혼에 대한 깊은 관심과 애정을 지녔던 목사였다. 그는 평생 자신의 제자들을 포함한 사람들의 영혼과 삶에 대한 관심을 놓지 않았고 친구들과 동료들을 향한 사랑과 관심을 소홀히 하지 않았다. 학자로서의 오우츠는 57여 권에 이르는 저술과 수백 편의 논문과 에세이를 통하여 목회상담학의 학문적 발전에 공헌하였다. 80여 년의 삶과 50여 년의 가르침과 연구의 공통적 지향점은 '자유와 교회 사랑'이었다. 교육자로서의 오우츠는 평생을 강의실 안의 규격화된 신학교

chapter 4 • 웨인 오우츠(Wayne Oates)

89

육이 아닌 임상현장을 통하여 학생들의 영혼과 인격의 성장과 성숙이 가능한 실천적 교육을 위해 노력하였다. 한 인간으로서의 오우츠는 평생을 '자유하기 위해' 동시에 '자유를 실천하기 위해' 애썼다. 자신의 65세 되는 생일을 맞아 저술한 자서전적인 저서 *The Struggle to Be Free: My Story and Your Story*에서 그는 자신의 인생을 "일찍부터 자신을 제한하고 구속하고 있는 것으로부터 '벗어나는 자유'(freedom from)와 좀 더 나은 하나님께서 예비한 것들로 '향하여 갈 수 있는 자유'(freedom to)를 얻기 위해 애쓰는 삶이었다"[2]는 말로 요약하고 있다

한 개인의 삶과 성취는 그/그녀가 살아온 삶의 경험들이 (긍정적 혹은 부정적으로) 반영된 결과란 사실은 웨인 오우츠의 경우에도 예외가 아니다. 그렇기에 목회상담학자 웨인 오우츠의 연구는 먼저 오우츠의 개인적 삶을 간략하게 살펴봄으로 시작한다. 그리고 그의 신학과 목회상담학적 특성, 공헌과 평가 및 적용점 등에 대하여 알아보고자 한다.

I. 생애[3]

1. 출생과 유소년기의 빈곤, 그리고 신앙적 기초

오우츠는 미국 남부 사우스 캐롤라이나 주, 직물산업으로 유명한 그린빌(Greenville)에서, 소작농 출신으로 도시로 이주하여 면방직공장에 일하는 부모의 슬하에서 1917년 6월 24일 터울이 많이 나는 3남 1녀 중의 막내로 태어났다. 태어난 지 몇 주 되지 않아서 그의 아버지는 다른 여인과 함께 집을 나갔다. 이후 4살과 10살 때 잠시 본 것이 그에게 남아 있는 아버지에 대한 기억의 전부였다.[4] 이러한 아버지의 부재는 이후 오우츠로 하여금 성장하면서 아버지 역할을 대신한 많은 인생의 멘토들에 관심을 갖게 하였고 이들 멘토들과의 교제를 통하여 긍정적 사회적 역할들을 배웠다. 또한 아버지의 부재는 신앙적으로는 하나님을 아버지의 부재를 대신한 인격적인 아버지로 인식하는 데 영향을 미쳤다.[5]

가족을 부양하기 위해 오우츠의 어머니는 하루 11시간을 방직공장에서 일하였지만 가난과 고리대금으로 인한 빈곤의 악순환은 오우츠의 가정을 끊임없이 괴롭혔고 가족들은 생존을 위해 계속적으로 더 싼 집으로 이사해야만 하였다. 오우츠는 실제적인 어머니 역할을 담당한 할머니에게 양육되었고, 가난으로 인하여 교회를 정기적으로 출석하지 않았다. 하지만 신앙심이 깊었던 할머니와 누나의 신앙은 오우츠의 초기 신앙에 깊은 영향을 미쳤고 예수를 잘 알지 못한 가운데서도 이러한 초기 신앙은 오우츠로 하여금 인격적인 하나님과 교제하는 경험을 하게 만들었다.[6] 이 시기에 경험한 두 사건은 오우츠에게 매우 중요한 영향을 주었다. 첫 번째는 전차를 능숙하게 조정하고 운전하며 자신에게 친근하였던 전차 운전수와의 만남이었다. 전차를 능숙하게 운전하는 그의 모습에서 세상을 원하시는 대로 운행하시지만 오우츠 자신을 좋아하며 친근하게 대해 주는 하나님의 모습을 깨달은 경험이다. 두 번째 사건은 어느 날 이웃에 살던 잉글 부인(Mrs. Ingle)이 오우츠에게 "너는 우리와 같은 삶을 살아서는 안 돼. 하나님은 너를 향한 목적이 있을 거야. 그러니 그것을 찾아야만 해"라고 말한 것이다.[7] 잉글 부인의 말은 오우츠로 하여금 자신이 처한 현실의 어려움 가운데서 그에게 소망과 용기를 주었다.

2. 청소년기의 전환점과 청년기의 회심과 헌신

중학교를 마치는 8학년이 되던 13세 때, 졸업 후 방직공장에 일하는 것이 예정된 진로였던 오우츠에게 있어서 (오우츠 자신의 표현을 빌리자면) '하나님께서 섭리하신' 인생의 전환점이 찾아왔다. 1930년 추수감사절 전 화요일 교장이었던 캐슬 선생(Mr. Castle)이 수업 시간에 오우츠를 불러 선생님들의 회의 장소로 데리고 갔다. 거기서 오우츠는 자신의 일생에서 가장 중요한 선택을 할 기회를 갖게 되었다. 노스캐롤라이나 주 상원의원인 엘리슨 스미스(Ellison D. Smith)의원이 면방직공장지역 출신의 한 학생을 사환으로 쓰게끔 추천해 달라는 요청을 학교에 해왔고, 선생님들은 오우츠를 추천하였다. 오우츠는 계속하여 학업을 할 수 있는 기회이기에 어머니의 허락을 얻어 상원의원의 사환으로 워싱턴 D.C.에서 일과 학업을 병행하게 되었다.

상원의원 사무실에서 일하는 20명의 사환 대부분은 가난한 남부의 공장지역 출신의 오우츠와는 달리 좋은 집안 출신의 아이들이었다. 사회경제적으로뿐만 아니라 문화적으로 차이가 나는 다른 사환들과의 생활 속에서 오우츠는 열등감과 외로움을 느꼈으나, 이 기회가 '하나님께서 자신에게 주신 가난의 굴레에서 벗어나는 자유의 길'이란 사실을 확신하였기에 그러한 어려움을 극복하기 위해 혼신의 힘을 다했다.[8] 의원 사무실 내 자신의 상사인 비플씨(Mr. Biffle)로부터 사회예절과 개인위생, 작문법과 언어구사 등을 배웠고, 그의 도움과 자신의 각고의 노력으로 조금씩 자존감을 키웠다. 수도 워싱턴 D.C.에서의 상원의원 사환시절의 경험들은 오우츠로 하여금 일찍부터 사회정의를 포함한 사회문제에 대한 의식과 소명을 갖게 만들었다. 이러한 경험은 오우츠로 하여금 매우 일찍부터 목회상담에서의 사회적 이슈들에 관심을 갖게 하는 데 영향을 미쳤다.[9]

사환생활이 16세까지만 허용되었기에, 1933년 사환 생활을 마치고 고향에 돌아온 오우츠는 16세가 되던 시기에 고향의 한 교회에서 침례를 받았다. 스미스 상원의원의 소개로 고향에서 비상구호국의 서기로 일하면서 시험으로 고등학교 남은 과정을 통과하여 1934년 고등학교 학업을 마쳤지만 미국을 휩쓴 대공황으로 인한 파업과 해고의 여파로 결국 캐나폴리스(Kannapolis)의 누나 집으로 가서 직물공장의 직조공으로 약 19개월 동안 일하였다. 이 시기에 비로소 오우츠는 열심 있는 신자인 누나와 함께 캐나폴리스 제일침례교회에 규칙적으로 출석하기 시작했고 성경공부와 서적을 통하여 신앙의 기초를 다지게 되었다. 열악한 직조공의 생활 속에서 오우츠는 대학 진학의 꿈을 갖고 기도하였다. 이후 교회학교 교사인 월터스(Zetti Walters)의 격려와 초등학교 교장이자 그 지역 YMCA 지도자였던 헨리(B. G. Henry)의 적극적인 소개로 1936년 가을 학기부터 노스 캐롤라이나 애쉬빌 부근에 위치한 마스힐대학(Mars Hill College)에서 일하면서 공부할 수 있게 되었다.

대학에 진학하여 변호사가 되기 위한 준비를 하던 오우츠는 2학년의 어느 날 자신의 기숙사 방에서 예수의 가르침에 나타난 아버지 되신 하나님에 관한 글들을 읽는 도중 진정한 회심을 경험하게 되고 육신의 아버지 부재에서 오는 결핍을 하늘의 아버지로 대신 채웠다. 이 시기의 이러한 체험은 그의 삶과 신앙생활에 대한 이해를 정립하는 계기가 되었다.[10] 회심의 체험 이후, 오우츠는 자신의 장래에 관한 내적 갈등을 겪으면서 마침내 BSU(Baptist Student Union)회장이 되어 봉사하던 1937년 여름, 자신의 인생을 깊이 성찰한 후 20살의 나이에 목회자로의 부르심에 응답한다.[11]

1938년 마스힐대학을 졸업한 후 오우츠는 Wake Forest 대학으로 진학한다. 마스힐대학이 오우츠에게 있어서 신앙과 영적 훈련의 요람이었다면, Wake Forest 대학은 목회자로 준비되기 위한 학문과 사고의 훈련 요람이었다. 이곳에서 오우츠는 목회자로서의 자신의 학문적 기초를 닦는데 도움을 주었을 뿐만 아니라 미래의 사역에 영향을 준 중요한 사람들을 만나게 된다. 오우츠가 자신의 멘토이자 스승이며 형님이라고까지 칭한 빙클리(Olin Binkley)는 오우츠에게 심리학과 철학을 공부할 것을 권한 사람이자, 이후 남침례신학원의 윤리학 교수로 오우츠의 박사학위 심사위원이 되었다.[12] 그리고 철학과 심리학의 주요 이론 및 인식론을 통하여 오우츠에게 사유와 행동에서의 자유와 독립의 중요성을 일깨워 주었던 레이드(A. C. Reid) 교수와 급우이자 평생의 지기였으며 나중에 남침례교의 대표적 윤리학자 중의 한 사람이 된 바네트(Henlee Barnette) 등이 바로 이들이다.

3. 목회사역과 결혼, 그리고 남침례신학원에서의 임상목회훈련

1940년, Wake Forest 대학을 졸업한 오우츠는 그곳에서 시간강사로 철학과 심리학을 가르치면서 인근의 작은 교회 두 곳에서 2년 동안 목회를 하였다. 이 기간 동안 오우츠는 교회공동체를 자신의 가족으로 느꼈고 인생에서 처음으로 외로움을 느끼지 않고 지낼 정도로 사람들을 돌보는 일을 좋아했다.[13] 이 목회기간의 경험을 통하여 오우츠는 돌봄 목회의 중요성을 확신하였고 교인 중 의사인 치브스(Cheeves)와의 만남을 통하여 육체와 정서적 건강에 영향을 미치는 건강한 종교의 가치에 대하여 깨닫는다. 이 만남을 가리켜 오우츠는 목회사역 중에 일어난

'가장 극적인 일' 이었다고 회상한다.[14] 치브스의 조언을 받으며 함께 병든 교인을 돌보는 경험을 통하여 목회사역과 의학의 관계에 관한 분야에 관심을 갖게 되었다. 미 목회사역의 경험은 이후 남침례신학대학원에서 임상목회훈련(Clinical Pastoral Training)에 대한 관심에 영향을 주어 오우츠의 목회자로서의 인생에 매우 중요한 영향을 미쳤다.[15] 이후 Durham 지역의 Grace 침례교회의 부목사로 사역지를 옮긴 오우츠는 1942년 이전 목회사역에서 만나 교제하였던 교우였던 아내 폴린(Pauline)과 결혼하고 인근의 듀크대학신학부에서 1년을 공부한 후, 1943년 루이빌 소재 남침례신학대학원(Southern Baptist Theological Seminary)으로 학교를 옮겼다.

오우츠의 남침례신학대학원에서의 '규격화된 교육'(factory education) 경험은 이후 오우츠가 교수가 된 이후 평생에 걸쳐 계속하여 애썼던 신학교육현장에서의 인격적 만남과 실제적 적용의 과제의 중요성을 인식하는 계기가 되었다.[16] 남침례신학대학원에서 오우츠는 종교심리학 및 교회행정 교수였던 도빈스(Gaines Dobbins)의 지도 하에 자신의 목회경험에서 그 중요성을 인식한 종교심리학과 임상목회훈련 교육을 받았다. Norton 기념병원에서 성공회 출신 보내커(Ralph Bonacker)의 수퍼비전과 도빈스의 지도 아래에서 두 쿼터의 임상목회훈련을 이수하였다. 보이슨(Anton Boisen)의 친구였던 도빈슨과 루이빌 의과대학의 정신과 의사 애컬리(Spafford Ackerly)의 소개로 보이슨을 만났으나 엘진 주립병원의 내부문제로 인해 보이슨은 감독자격을 갖지 못했기에 그의 아래에서 수련받는 기회를 갖지 못하였다. 대신 다른 감독의 지도 하에 세 번째 쿼터 임상목회훈련을 수련하였으나 정신분석에 치우친 감독방식에 실망하고는 그곳을 떠났다.[17] 엘진 병원에서의 임상감독과의 좋지 못한 관계는 임상훈련협의회(Council for Clinical Training)로 하여금 오우츠의 감독 자격에 제동을 걸게 만들었다. 이로 인해 오우츠는 박사과정에서 종교심리학 강사로 일하면서 켄터키 침례병원과 연계하여 독자적인 임상목회교육 프로그램을 출범시키게 된다.[18] 이 경험은 오우츠로 하여금 협회나 조직의 중앙통제적인 자격부여체계에 부정적인 인식을 갖게 만들었으며, 신학교육현장에서의 목회상담 자격증과 상담의 유료화 제도에도 부정적인 입장을 취하게 만들었다.[19) 이후 1947년 오우츠는 당시 임상현장에서 프로이드에 대한 정확한 이해 없이 프로이드 이론이 사용되고 있음을 보고 프로이드의 일차 자료를 중심으로 신약성서의 가르침과의 접목을 시도한 논문 "*The Significance of Sigmund Freud for the Christian Faith*"로 박사학위를 받고 이듬해 1948년 모교인 남침례신학대학원의 교수가 되었다.

4. 임상목회교육의 정착에 헌신했던 가르침과 저술의 시기

1948년 오우츠는 남침례신학대학원에서 종교심리학 조교수로 학자의 삶을 시작했다. 박사과정에서부터 가르치기 시작했던 그는 학교 안팎의 어려움에도 불구하고 열정적으로 신학교 정규 과목에 임상목회교육과목이 포함되게 하였다. 그의 노력으로 말미암아 남침례신학대학원에는 미국 내에서 최초로 신학석사과정에 1년 과정의 맞춤형 교육인 이론과 실습을 조화시킨 임상목회교육과목이 개설되어 학생들의 호응과 함께 당시 신학교육계의 주목을 받았다. 이러한 오우츠의 노력은 이후 남침례교 신학교육기관들이 임상목회교육을 정규과목으로 포함시키는데 초석이 되었다. 당시 신학교육에서 임상목회교육을 정착시키기 위한 오우츠의 이러한 노력은 다음의 말에서 잘 나타나 있다: "나는 27년간 밤낮으로 목회상담과 심리학, 정신의학의 지혜와 기법으로 목회사역자를 준비시키는 것이 필요하고도 적합하다는 사실을 설득하고 인정받기위해 힘을 쏟았다."[20) 하지만 이러한 오우츠의 열정적인 노력은 그 자신에게는 어려움을 가져다 주었다. 1946년 맹장수술을 받을 때 잘못 시술된 척추 마취주사의 후유증으로 인한 척추 통증을 악화시켰고, 그의 허리통증은 남은 생애 내내 그를 괴롭혔다.

1948년에 시작한 오우츠의 남침례신학대학원에서의 가르침은 57세가 되던 1974년에 끝이 난다. 신학대학원의 상급과정 학생들에 대한 지도와 교육에 전념하고자 하는 마음과 저술에 대한 계획으로 오우츠는 학교 당국에 연구교수로 임명해 주기를 요청하였고 내부적으로 이것은 허락되었다. 하지만 학교가 처한 상황과 다른 교수들과의 형평성과 위화감의 문제로 인해 오우츠는 스스로 이를 포기하고 저술을 위한 시간이 주어지는 가까운 Southeastern 침례신학대학원으로 옮기기 위해 사직서를 제출하였다. 그러나 그 학교의 총장이었던, 오랜 스승이자 동역자인 빙클리(Olin Binkley)의 갑작스러운 사임으로 인해 그 일이 무산되고 오우츠는 갈 곳이 없게 되었다. 그러나 이를 알게 된 루이빌 의과대학 지인들의 도움으로 그 해 오우츠는 루이빌 의과대학으로 자리를 옮겨 1991년 은퇴할 때까지 목회상담 및 종교와 정신의학에 관하여 학생들을 가르치는 한편, 1983년부터 1992년까지 시간제로 남침례신학대학원에서 학생들을 지도하였다.

오우츠는 박사학위를 받는 즉시 임상목회현장에 도움이 되고자 자신의 논문을 출판하려고 하였다. 하지만 당시 Abingdon 출판사 편집인이었던 하몬(Nolan Harmon)을 만나고 그로부터 한 개인의 첫 번째 저술은 그 저자가 어떤 사람인지를 사람들에게 말해 주는 것이란 조언을 듣고는 출판을 포기한다. "환자와의 대화에서 목회상담의 지혜가 유용하나, 하나님의 사람으로서의 나의 정체성을 대신할 수는 없다"는 오우츠의 생각에서 볼 수 있듯이 오우츠는 자신이 무엇보다도 한 사람의 목사로 인정받기를 원했기에 1957년 *The Christian Pastor*를 자신의 첫 번째 책으로 출판하였다. 57권에 달하는 오우츠의 저술들은 대부분 끊임없는 목회 사역과 임상현장의 필요에 대한 관심의 결과들이며 기타 소논문과 에세이는 수백 편이 넘는다.

이후 오우츠는 1999년 10월 21일 세상을 떠나기까지 루이빌의과대학의 은퇴교수로 지냈으며 이러한 오우츠의 삶과 학문은 1993년에 그의 이름을 따라 설립된 Wayne E. Oates Institutes를 통하여 계승, 발전되고 있다.

II. 목회신학방법론과 주요 연구 주제

목회상담자의 목회신학은 상담자 자신의 정체성의 기초가 되는 동시에 목회상담의 기능 및 접근방법에 직접적인 영향을 미친다. 따라서 오우츠의 목회신학의 특징과 방법론 및 주요 연구 주제를 살펴보는 일은 그의 목회상담학을 이해하는

데 도움이 된다.

1. 오우츠의 목회신학의 특징

1) 신학에 기초한 목회신학

오우츠 목회신학의 특징은 성서와 자유교회 전통에 입각한 신학이다. 오우츠의 초기 저술과 연구부터 시작하여 말년의 저술과 연구에 이르기까지 인간에 대한 이해와 목회돌봄을 제공함에 있어서 오우츠의 입장은 일관되고 분명하게 신학적이었다. 이러한 오우츠의 성서와 자유교회전통에 기초한 신학적 특성에 관하여 남침례신학대학원의 목회학 교수였던 월터 잭슨(Walter Jackson)은 다음의 다섯가지를 들고 있다.[21)]

첫째, 오우츠는 하나님의 계시를 믿는 계시주의자(revelationist)였다. 성서에 나타난 하나님의 자기 계시, 성서에 나타난 신학적이고도 실천적인 지혜, 인간과 역사, 인격, 그리고 존재의미에 대한 성서적 관점 등은 그의 이론과 방법에서의 가르침의 근본 바탕이었다.[22)] 둘째, 오우츠는 정통 삼위일체를 신봉한 기독교인이었다. 오우츠의 저술들에는 삼위 하나님의 각각의 인격과 하는 일에 대하여 개인적이고도 영적인 기록들이 종종 언급되어 있다. 논리적으로 설명되지 않거나 이해되지 않는 신앙의 신비에도 불구하고 오우츠에 있어서 삼위일체 하나님은 유년시절부터 매일의 경험을 통하여 확인되는 존재였다.[23)] 셋째, 오우츠는 존재하는 가장 중요한 가치를 관계로 보았다.[24)] 유신론적 인격주의자로서 오우츠는 하나님의 말씀인 성서가 하나님을 찾는 사람이 인격적 하나님을 만날 수 있도록 초대하는 귀중한 가치를 지닌 것이라고 여겼으며, 목회현장의 여러 형태의 돌봄으로 인해 생겨난 관계형성은 궁극적으로 하나님과 올바른 관계를 맺도록 돕는 일이라고 보았다. 넷째, 오우츠는 기독교적 인간론이 목회돌봄에서 결정적이라고 보았다.[25)] 오우츠의 인간이해는 기본적으로 성서적이다. 즉 인간은 피조되었지만 자율적인 존재이기에 선택에 의해 죄 가운데 살 수도, 소망가운데 살 수도 있다. 이러한 갈등 가운데서 최선의 선택은 하나님께 대한 지속적 헌신을 통해 그리스도를 향한 삶을 사는 것이라고 보고 있다.[26] 다섯째, 오우츠는 하나님께서는 예수 그리스도를 통하여 모든 사람을 자신과의 개인적이고도 영적인 관계로 부르신다고 보았다. 하나님의 부르심에 응답함으로 사람들은 용서를 경험하고 그리스도 안에서 새로운 자아를 발견하게 된다. 나아가서 새로운 정체성을 바탕으로 소명을 발견하게 된다.

2) 신학과 심리학의 학제 간 연구

오우츠는 학제 간 연구에 매우 적극적이었다. 오우츠는 기본적으로 매우 신학적인 인식의 틀을 지니고 있었지만 동시에 다른 인본주의적 사회과학 저서들에 대해서도 진지한 열정을 지녔다. 대학에서 고전을 비롯한 여러 인문학과 사회과학에 대하여 광범위하고도 진지하게 공부했던 오우츠는 이들 인본주의적 사회과학 저서들이 기존의 성서적 진리들을 더욱 깊이 이해하는 통찰을 제공하기 때문에 가치가 있다고 보았다. 그리고 이러한 인본주의적 저서들에서 사용되는 언어들과 사회적 변화에 따라 지속적으로 변화하는 모습들은 성서의 영원한 진리를 현대적 방법으로 소통하는 훌륭한 수단이 되지만 동시에 이러한 사회과학적 지식들은 기독교 전통의 지혜에 비추어 비교 수정되어야 할 필요가 있다고 여겼다. 즉 목회상담에서의 인본주의적 사회과학의 통찰의 유용성과 가치를 인정하였지만, 기독교 가치관의 입장에 비추어서 인본주의적 통찰들은 수정되어 활용되어야 한다는 입장을 지녔다. 그리고 목회상담학자들은 대화를 통하여 비기독교 학자들에게 있어서 부족한 기독교적인 접근과 통찰을 제공하는 기회를 가지기 위해 노력하여야 한다고 주장하였다.

오우츠가 남침례신학대학원에서 교수를 시작했을 1940년대는 종교심리학에 대한 관심이 높은 시기였다. 학자로서 초창기부터 오우츠는 종교심리학과 이에 관련된 주제들에 대하여 꾸준한 관심을 가져왔다. 초기의 *Anxiety and Christian Experience*(1955)와 *Religious Dimensions of Personality*(1957)부터 *When Religion Gets Sick*(1970), *The Psychology of Religion*(1973), *The Religious Care of the Psychiatric Patient*(1978) 등을 거쳐 *Behind the Masks*(1987)에 이

르기까지 목회학 및 목회상담 관련 저술 다음으로 심리학과 정신분석학, 그리고 종교심리학과 관련된 분야의 저술이 많다. 오우츠는 심리학과 사회학 등의 사회과학의 이론들이 그리스도 안에서 신자들의 교제에서의 책임의식을 높이는 데 도움이 된다고 확신하였다. 따라서 정신분석학, 가족체계이론, 성격이론, 발달이론 등을 자신의 신학적 입장과 접목시켜 목회자들의 자기 이해와 교인 돌봄을 위한 적용에 애썼다.

예를 들면, 오우츠는 자신의 박사학위논문의 연구대상이었던 프로이트가 지난 세기 동안 목회자의 영역으로 보았던 인간의 자신과의 화해와 다른 사람과의 화해의 사역을 세속화하는데 공헌하였다고 평가한다.[27] 또한 유대인 전통의 영향을 받은 프로이트가 언급한 가족 내에서의 종교의 긍정적 기능을 올바른 분석으로 받아들이고 있다. 첫째, 종교는 개인의 핵가족에 대한 우상적일 정도의 중요성을 감소시킨다. 둘째, 종교는 인간의 성적 충동을 승화시키고 안전하게 윤리적으로 억제하는 기능을 한다. 셋째, 종교를 통하여 인간은 교회나 학교 공동체 등의 좀 더 큰 인류라는 가족에 동참할 수 있다.[28]

또한 오우츠는 고든 올포트(Gordon Allport)의 심리학에 깊이 영향을 받았으며 특히 개인의 인격 성장과 성숙의 발달 단계의 독특성에 관한 올포트의 이론에 깊은 관심을 가졌다. 인간의 발달과 관련하여, 6단계 인간 발달 단계 이론으로 유명한 하비거스트(Robert J. Havighurst)의 인간 성장에 대한 이론 및 에릭슨(Erik Erikson), 피아제(Jean Piaget), 자아일관성이론(self-consistency theory)의 렉키(Prescott Lecky)의 저술 등에 관심을 가졌다. 특히 정신의학자 설리반(Harry Stack Sullivan)의 대인 관계 의사소통을 통한 인격의 발달과 의미있는 공동체를 찾기 위한 개인의 노력에 관한 통찰은 오우츠로 하여금 개인과 집단을 위한 목회 돌봄의 전략 수립에 매우 유용하였다. 이 외에도 설리반의 내담자에 대한 인격적 자세와 4단계 상담과정 등에 깊은 관심을 가졌다.[29]

요컨대, 오우츠의 학제 간 목회신학적 방법론의 특성은 신학적 기초위에 사회과학적 접근들을 통합시키는 것이다. 오우츠는 자신의 박사학위 논문이 자신을 프로이드의 이론을 지지하는 것으로 여겨질 위험 때문에 출판하지 않을 정도로 목회상담에서 심리학의 가능성은 열린 자세로 수용하지만 목회상담에서의 심리학이 미칠 위험에 대해서는 경계를 늦추지 않았다.[30]

3) 삶의 현장을 바탕으로 한 이론과 실천

목회신학 방법론에서 오우츠는 전통적인 '삶의 현장을 바탕으로 한 이론과 그 이론의 현장 적용'이라는 실천신학방법론 모델을 따르고 있다. 오우츠는 자신의 여러 가지 역할에 따라 다양한 분야에서 연구와 저술을 해 왔다. 때로는 동료 목회자로서 자신의 경험을 다른 목회자와 나누었고, 학자로서 자신이 연구한 다양한 이론과 접근들에 관하여 발표하고 나누었고, 스승으로서 교육에서의 '제도화'(institutionalize)를 경계하면서도 헌신을 요구하며 권위 있게 학생들을 가르쳤으며, 목회자로서는 사석에서 친구로서의 자신의 생각을 나누기도 하였다. 하지만 이러한 여러 역할과 일을 함에 있어서 오우츠가 취했던 일관된 학문적 접근 방법의 특징은 다음과 같다. 즉 여러 분야의 일을 하며 자신이 직접 관찰하고 경험한 일련의 사건과 만남들이 지닌 신학적 의미를 성서와 기독교 신학을 바탕으로 한 신학적 숙고를 통하여 연구와 저술로 이론화하였으며, 이렇게 이론화된 연구와 저술은 다시 돌봄의 현장에서 돌봄의 구체적인 접근방법을 모색하는 일에 바탕이 되는 전통적인 실천신학방법론을 취하고 있다.

오우츠는 사람들의 실제 삶과 성서로부터 이야기들을 가져와 자신의 글에 사용하기를 즐겨하였다. 심지어 가난과 열등감, 무력감 등의 자기 개인의 인생 이야기를 사례연구의 대상으로 삼아 공통된 경험을 연결 지어 다른 사람들에게 회복과 재창조의 길을 제시하기도 하였다.[31] 그는 또한 정신과 환자의 임상적 실례들을 사용하여 신자들이 자신을 비추는 거울과 같은 역할을 하는 성서를 상담에서의 진단적 도구의 하나로 사용하는 실제적 접근방법을 제시하기도 하였다.[32] 오우츠는 종종 자신의 저술에서 현장이나 임상에서의 설문조사나 도표, 통계자료 등을 자신이 성서에서 발견한 통찰을 뒷받침하는데 사용하였으며, 그러한 사회현상과 특징들에서 발견되는 인간 자아의 모습을 기독론적이며 삼위일체적 신학을 바탕으로 해석하여 상담적 접근에 적용하고 있다. 이런 면에서 오우츠의 목회신학방법론의 또 하나의 특징을 그 실천신학방법론적 모델에서 찾아볼 수 있다.

2. 오우츠 목회신학의 연구 주제

1) 교회와 목회현장의 필요

초기 오우츠는 목회상담자의 역할과 기능에 대하여 관심을 기울였다. 그러다 후기에 이르러 목회상담현장에서 나타나는 신학적 주제들에 관하여 관심을 옮겨 갔다. 하지만 이러한 변화에도 불구하고 오우츠에게서 발견되는 목회상담의 주요 주제는 교회와 목회사역에서의 목회상담의 적용이다. 따라서 오우츠의 목회돌봄과 목회상담에 관한 저술들은 대부분 목회자를 돕기 위한 자료들이나 목회자의 돌봄에 관한 내용들이다. 이러한 교회와 목회현장의 필요에 대한 관심은 오우츠로 하여금 목회상담에서의 성서의 사용과 함께 중요한 신앙적 자원인 기도와 이와 관련된 성령에 대한 연구로 이어졌다. 오우츠에게 있어서 기도는 목회상담에서 가장 중요한 방법 중의 하나이다. 그에게 기도란 하나님과의 독특한 관계를 발전시켜나가기 위한 하나님과의 대화이며 이 대화는 개인의 정체성 형성을 위한 완전히 새로운 중심을 이룬다. 그리스도께서는 사람의 중심에서 그 사람을 만나신다.[33] 그러므로 기도란 단순히 목적을 달성하기 위한 수단이 아니라 인격의 변화를 꾀하는 상담 과정의 중요한 측면이다. 기도는 성령께서 내담자를 강화시키시는 길을 열어준다. 목회자는 어려운 상황에 직면할 때 어려움의 해결을 위하여 기도를 통하여 성령의 능력에 더욱 의지할 필요가 있다.

오우츠의 또 하나의 관심은 어려서부터 경험한 고통과 어려움을 인하여 생겨난 사람들의 고통과 어려움에 대한 깊은 민감성과 연민에 기초한 돌봄이다. 이러한 관심은 오우츠로 하여금 건강한 신앙에 필요한 연구와 위기에 빠진 사람들을 돕는데 필요한 목회돌봄에서의 중요한 신학적 주제들인 하나님의 임재와 계시에 관한 여러 저술들을 하게 하였다. 이러한 오우츠의 목회상담에 있어서의 목회적 상황 및 성서적이고도 신학적인 특징의 강조는 젊은 시절부터 깊이 참여한 침례교회의 자유교회 전통에 입각한 교회 중심적 신학의 영향 때문이라 할 수 있다.

2) 심리학을 비롯한 사회과학과 신학의 학제 간 연구의 강조 및 적용

교회와 목회현장에서의 목회상담의 적용에 대한 오우츠의 관심은 자연스럽게 심리학을 비롯한 사회과학의 신학과의 접목으로 이어진다. 오우츠는 "기독교 목회자들이 지닌 상담과 심리학, 그리고 종교심리학은 설교자로서 그들이 하는 사역과 분리될 수 없다"[34]고 목회현장에서의 심리학을 포함한 사회과학적 통찰의 중요성을 강조하였다. 그는 자신의 임상목회교육의 훈련과 심리학과 종교심리학에 대한 연구들이 목회자들에게 도움을 줄 수 있다고 확신하였다. 그렇기에 그는 목회돌봄과 상담에서 성서와 심리학적인 접근들을 통합하는 일의 중요성을 강조하였고 그 일을 위하여 평생을 노력해 왔다. 즉 자신의 목회자/목회상담자로서 할 일은 기독교 가치체계 밖에 있는 사회과학적 통찰들을 번역하여 예수 그리스도 안에 있는 하나님의 복음의 능력과 지혜와 말씀 안으로 끌어들이는 일이라고 보았다.[35] 이러한 맥락에서 오우츠는 *Religious Factors in Mental Illness*(1955), *The Religious Dimensions of Personality*(1957), *Christ and Selfhood: Clues and Approaches to Understanding Personality*(1961), *When Religion Gets Sick*(1970), *Convictions That Give You Confidence*(1984), *Behind the Masks: Personality Disorders in Religious Behavior*(1987) 등의 개인의 인격발달과 건강한 신앙적 삶을 위한 다수의 저술들을 계속하여 집필하였다.

III. 오우츠의 목회상담학이 현대목회상담학 발전에 미친 영향

오우츠가 현대목회상담학의 발전에 미친 영향을 살펴보기 위해서는 먼저 오우츠 목회상담학의 특성을 파악하는 일이 필요하다. 왜냐하면 오우츠가 현대목회상담학 발전에 미친 영향은 오우츠 목회상담이 지닌 특성에서 비롯되었기 때문이다.

1. 오우츠 목회상담학의 특성

오우츠는 목회상담의 탈신학화를 단호히 반대하였으며 지속적으로 목회상담의 탈신학화 경향을 경계하였다. 이러한 오우츠의 목회상담적 특성을 다음과 같이 요약할 수 있다.

1) 복음사역으로서의 목회상담

오우츠의 목회상담은 인본적인 사랑이나 박애가 아닌 예수 그리스도의 복음사역에서 출발한다. 예수께서는 자신의 공생애를 시작하시는 설교에서 이사야 61:1-3을 인용한 누가복음 4:18-9절에서 자신이 해야 할 사역의 방향을 제시하셨다: "성령이 내게 임하셨으니 이는 가난한 자에게 복음을 전하게 하시려고 내게 기름을 부으시고 나를 보내사 포로 된 자에게 자유를, 눈 먼 자에게 다시 보게 함을 전파하며 눌린 자를 자유롭게 하고 주의 은혜의 해를 전파하게 하려 하심이라 하였더라." '치유'와 '해방'과 '위로'는 예수 그리스도께서 전파하시는 복음의 주요 목표들임을 볼 수 있다. 그리고 목회상담은 바로 이러한 치유와 해방과 위로의 복음사역을 수행하는데 있어서 매우 중요한 신학의 영역으로서 자리매김을 하고 있다.[36]

이와 관련하여 오우츠는 일찍부터 치유사역으로서의 목회상담에서 제기되는 두 가지 이슈를 목회상담이 다루어야 할 핵심과제로 보았다.[37] 첫째는 치유사역에서 목회자가 담당하는 역할과 관련한 정체성의 이슈이다. 목회상담자는 하나님의 대리인 역할이며 갖추어야 할 자질로는 성서에 나타나 있는 내용이 필요하다(딤전 3:2-7; 딛 1:7-11; 벧전 5:1-4). 이러한 자질들이 다른 치유자들과 차별된 특성을 보여 준다. 일반 치유자들이 자신의 훈련과 경험과 지식에 근거하여 인본적 자원을 사용하여 상담하는 것과 달리, 목회상담자는 그리스도의 마음을 지니고 자신의 뜻이나 의지가 아닌 성령께서 인도하는 대로 순종하며 행하는 자세가 요구된다. 나아가서 목회상담자는 예수께서 '자신을 비우신 본'(빌 2:6-8)을 따라 자신의 입장이 아닌 내담자의 마음과 시각과 감정을 지니는 태도가 필요

하다.[38]

둘째는 목회자가 치유사역을 수행하기 위한 자신만의 고유한 자원의 이슈이다. 오우츠는 성서와 기독교 신학, 그리고 신앙공동체가 목회자 고유의 치유사역을 위한 자원이라고 보았다. 성서와 기독교 신학에 대하여는 이미 앞에서 언급하였기에 더 이상의 설명이 필요하지 않다고 생각된다. 목회상담의 고유 자원으로서의 신앙공동체와 관련하여 오우츠는 자신이 제안한 4단계 목회상담의 마지막 단계를 내담자와 공동체의 상호관계로 제시하고 있으며, 문제해결의지를 지닌 내담자에게 있어서 그/그녀가 속한 신앙공동체는 내담자가 자신의 결정을 검증하고 지지하며 확신하게끔 돕기에 매우 중요하다고 보았다. 이러한 과정을 통하여 내담자는 지속적인 성장과 성화가 가능하게 된다.[39]

2) 신학의 우선성에 기초한 목회상담

1999년 10월 26일자 *New York Times*는 오우츠의 사망 소식을 다루면서 그가 종교와 정신적 질병의 관계에 관한 연구에서 선구적인 역할을 한 사람이자 '일중독'(workaholic)이란 용어를 최초로 만들어 사용한 사람으로 옥스퍼드 영어사전에 기록된 사실을 소개하고 있다. 이 밖에도 오우츠의 학문적 관심과 연구들은 종교와 정신건강, 개인의 영적 안녕 등 매우 다양하다. 하지만 무엇보다 오우츠의 저술에서 찾아볼 수 있는 가장 큰 특징은 목회상담에서의 신학적 우선성을 강조한 것이다. 그는 자신의 저서에서 목회상담이 비록 행동과학이나 심리치료, 정신의학, 정신분석 등과 같은 학문들과 독립적일 수는 없으나 목회상담은 그 자체의 독특한 특성을 지니고 있다는 점을 강조한다. 일반상담과는 달리 목회상담은 내담자 자신의 변화 의지와 함께 예수 그리스도를 믿는 믿음이 개신교 목회상담의 중요한 독특성이라고 설명한다.[40] 이러한 맥락에서 오우츠는 신학적 주제들에 깊은 관심을 가졌다. 자신의 저술 *Protestant Pastoral Counseling*에서 목회상담에서 궁극적 상담자로서의 성령의 역할에 대하여 논하고 있으며, 나아가서 목회상담의 종말론적 성격에 대하여도 다루고 있다. *Christ and Selfhood*에서는 인간의 자아와 기독론과의 관계는 물론이고 삼위일체론, 성령론, 죄와 부활과의 관계 등과 같은 일련의 신학적 주제를 조직신학적 접근과 인간의 자아에 관한 사회과학적 이해를 통합시켜 설명하고 있다. 그는 목회상담학에서 심리학이 지배적인 영향을 미칠 위험에 대하여 주의하면서 신학과 심리학의 양방향적인 대화의 균형이 중요하다고 보았다.

3) 교회 사역으로서의 목회상담

오우츠의 평생에 걸친 다양한 사역은 자신이 목회자라는 정체성에 기초해 있다.[41] 그는 자신이 목회자이며 자신의 가장 중요한 관심이 목회 현장임을 자신의 첫 번째 저서 *The Christian Pastor*(1951)를 통하여 표현하였다. 그리고 그의 다음 저술은 목회자들의 가장 익숙한 자원인 성서를 목회상담에 적용하는 방법과 예들을 제시한 *The Bible in Pastoral Care*(1953)이었다. 이와 같이 목회상담자의 교회사역과 관련된 오우츠의 저서는 그의 전체 저술 중 상당부분을 차지하고 있다.

오우츠는 목회상담의 학문적 정체성에 대하여, 목회상담이란 신학의 한 영역으로서 예수 그리스도의 복음사역의 주요 영역이며, 유료화나 자격증화 하여 개인 전문가에 의해 독점될 수 있는 영역이 아니라 교회의 사역이자 교인 상호간의 돌봄이어야 한다고 주장한다. 목회상담이 전문가 집단에 의해 독점적으로 변해가는 움직임에 대하여 경계하면서 교회 현장과 목회적 상황이 목회상담의 주요 장(場)이 되어야 한다는 입장을 견지하였다.

2. 오우츠의 현대목회상담 발전에 미친 영향

1) 목회상담학의 신학적 정체성의 강조

목회상담학은 그 학문적 태동기부터 심리학적으로 치우치는 경향에 대한 우려의 소리가 있어 왔다. 현대임상목회교육운동이 시작된 1920년대 이후 목회상담은 고유한 신학적 정체성의 기초인 성서와 교회의 신학적 전통에서 멀어지면서 점차 현대 심리학 이론들을 수용하는 방향으로 선회하여 1960년대에 이르기까지 이러한 경향은 심화되어 왔다.[42] 초기 CPE의 Boston 학파를 중심으로 내려온 전통이라 할 수 있는 목회상담의 신학적 전통을 강조하는 입장은 목회상담의 전문화 및 자격증, 그리고 이에 따라 자연적으로 수반되는 상담의 유료화 등에 대해 비교적 부정적인 입장을 견지해 왔으며, 임상목회교육에 필요한 목회상담 현장에서 목회상담의 신학적 정체성에 더 큰 관심을 가진 목회상담학자들은 이후 목회돌봄과 목회상담의 엄격한 분리에 대해 부정적 입장을 취하고 목회상담의 방법 역시도 신학적인 접근을 시도하려는 입장을 취해왔다.

심리치료 영역을 강조하는 입장은 초기 CPE 전통에서 볼 때 New York 학파를 중심으로 내려온 전통으로 목회상담의 전문화, 자격증의 발급 및 유지 여부, 유료화 등에 대해 비교적 긍정적인 입장을 가지고 있다. 이러한 입장을 선호하는 목회상담학자들은 대체로 목회돌봄과 목회상담을 분명하게 구별하려는 입장에 서 있다. 또한 이들은 일반적 심리학의 이론적 접근 수용을 넘어서 심리치료의 이론들까지 수용하는 적극적인 심리학 통합의 입장에 서 있으며 목회심리치료의 영역에까지 목회상담가들이 그 기능을 담당해야 한다고 주장하였다.[43]

힐트너와 오우츠로 대표되는 신학의 우선성과 교회의 신학적 전통 위에서 목회상담의 학문적 정체성을 유지하려고 노력한 초기 목회상담학자들은 목회상담의 신학적 전통을 지키려고 애썼다. 하지만 초기 목회상담학의 태동에 결정적 영향을 미쳤던 심리학은 목회상담학에서 지속적으로 그 역할을 확대해 오면서 계속적으로 목회상담의 학문적 정체성에 대한 혼란을 야기시켰다. 여러 심리학 이론의 발전과 더불어 목회상담학은 그 신학적 전통에서 멀어지는 반면, 좀 더 심리학에 밀접하게 접근하며 발전해 온 것이다.

오늘날 목회상담학자들의 공통된 우려 역시 목회상담이 역사적 전통과 고유한 목회적 자원을 포함한 신학적 전통과 회중적·교회적 전통에서 유리되어 심리학적 혹은 심리분석적이며 개인적인 경향으로 흘러가고 있다는 사실이다. 임상목회교육의 선구자인 보이슨 역시 자신의 임상목회교육이 신학적이고도 공동체적인 특성에서 벗어나 정신분석학적이며 상담심리학적인 기법들에 관심이 치우치는 문제를 염려하였다.[44]

이러한 태동적 특성에서부터 잠재되어 온 신학과 심리학의 두 가지 영역에 대한 강조의 차이는 마침내 1963년 목회심리치료전문인의 양성과 훈련에 초점을 맞추고 생겨난 미국목회상담협회(American Association of Pastoral Counselors)가 발족되면서 역사적으로 목회상담과 교회의 전통적 목회 기능 중의 하나인 목회돌봄이 분리되어 인식되는 계기가 되었다.[45] 오우츠는 힐트너와 더불어 목회상담자를 위한 분리된 협회를 만드는 움직임에 반대하였다. 오우츠와 힐트너는 목회상담자협회가 상담의 유료화나 자격증 제한 등을 통하여 교회 사역과 독립된 입장을 취할 경우 목회상담의 신학적 정체성이 위협받을 것이며 교회사역과 유리되는 경향이 나타날 것을 염려하였던 것이다.[46]

2) 목회상담의 회중적 특성의 강조

2001년 목회상담학의 대표적 학회지인 *Journal of Pastoral Care* 여름 호에서 텍사스기독대학교(Texas Christian University)의 목회상담학자인 하워드 스톤(Howard Stone)은 목회상담의 태동 이후 진행되어온 두 가지 경향을 지적하고 있다. 하나는 목회상담이 회중돌봄에는 적용하기 쉽지 않은 장기상담·치유를 지향해오고 있다는 점이며, 또 다른 하나는 목회상담이 신학적 뿌리인 회중적 특성을 상실해 왔다는 사실이다.[47] 이 두 가지 경향은 목회상담학의 정체성에 대한 문제, 즉 '신앙공동체와의 유리'와 '신학적 전통으로부터의 이탈'과 무관하지 않은 것으로 심리학에 치우친 목회상담의 전문화 흐름으로부터 기인한 바가 크다고 할 수 있다. 이처럼 목회상담은 현대 심리치료이론들에 치우쳐 그 신학적 전통, 신앙 공동체적인 특성을 간과해온 경향이 있었다. 목회상담학자 에드워드 웜벌리(Edward Wimberly) 역시 목회상담이 그 태동 이후 점진적으로 지역교회와 유리된 형태로 발전해 왔다고 지적하고 있다.[48]

하지만 오우츠는 목회상담에서의 이러한 전문가 자격화 내지는 목회자만의 전유물로서의 목회상담을 경계하였다. 오우츠는 교회현장에서의 목회자가 훈련받은 상담자로서의 역할을 하는 것이 목회상담의 정체성에 적합하다고 보았다. 나아가서 이러한 목회상담을 안수 받은 목회자에게만 국한시키는 것이 아니라 회중

전체의 책임 있는 성도의 할 일로 보았다. 그렇기에 오우츠는 어떠한 종류의 사람을 돕는 직업에 속한 사람이건 상담에서 상담자나 내담자가 하나님과의 관계를 자신들의 삶의 과정과의 관계에 초점을 맞출 때 '목회적'(pastoral)이 된다고 주장하였다.[49]

3) 목회상담의 사회적 역할에 대한 관심

사회적으로 어려운 상황에서 성장하고 일찍부터 수도 워싱턴 D.C.의 상원의원 사환으로 일한 경험은 오우츠로 하여금 사회적 약자와 억압에 대하여 일찍부터 눈을 뜨게 하였다. 이러한 배경은 오우츠로 하여금 목회상담학자로서는 비교적 일찍부터 목회자의 사회적 역할을 강조하게끔 만들었고 사회적 문제에 관하여 교회와 목회자가 관심을 가져야 한다고 주장하였다. 1949년에 벌써 그는 교회와 목회자가 사회적 약자들이 소외되는 원인들을 파악하여야 하며 공동체 안에서 '가진 자들'(haves)과 '가지지 못한 자들'(have-nots) 사이의 격차를 줄이기 위한 일을 하여야 한다고 주장하였다.[50] 이러한 오우츠의 사회적 문제에 대한 관심은 1966년에 출간된 *Pastoral Counseling in Social Problems: Extremism, Race, Sex, Divorce*에 잘 나타나 있다.

오늘날 목회상담이 전문화되면서 개인적 차원의 돌봄과 상담은 활발히 진행되어 왔지만, 상대적으로 교회공동체 및 지역사회 공동체를 돌봄에는 소홀했던 것이 사실이다. 하지만 개인과 공동체의 불가분의 관계를 고려할 때 일찍부터 오우츠가 지적하고 환기시킨 목회상담에서의 공동체의 사회적 이슈들에 대한 돌봄은 오늘날 목회상담이 되짚어봐야 할 부분이다. 이러한 사회공동체에 대한 돌봄은 목회상담에서의 예언적 혹은 예방적 차원을 넘어서 궁극적으로 하나님의 뜻이 '이 땅에서 이루어지는' 하나님 왕국의 임재를 실현하는 사역이기도 하다.

IV. 오우츠의 목회상담학의 한국적 적용의 가능성과 한계

한 사람의 이론이나 주장은 그/그녀가 속한 문화나 당시의 사회적 상황에서 생겨난 결과라 할 수 있다. 이러한 한 개인의 이론이나 주장을 다른 문화와 다른 사회적 상황에 적용하는 데는 정도의 차이는 있지만 어려움이 없을 수 없다. 특히 오우츠가 속했던 당시 미국사회의 상황이나 목회상담학의 학문적 배경은 오늘날 한국사회 상황이나 한국목회상담이 처해있는 상황과는 매우 다르기에 오우츠 목회상담학의 한국적 적용에는 문화적, 사회상황적, 그리고 시대적 차이로 인한 한계는 분명히 존재한다고 할 수 있다. 하지만 이러한 한계들에도 불구하고 시대와 문화를 초월하여 오우츠의 목회상담학에서 한국목회상담현실에 적용할 수 있는 부분을 찾아보면 다음과 같다.

1. 목회상담학 신학적 정체성의 확립에 대한 통찰

기독교의 목회돌봄 전통에서 출발한 목회상담학은 현대 심리학을 비롯한 사회과학에 깊은 영향을 받았다. 이러한 태생적 배경과 함께 여러 인본주의적 심리치료 이론들을 기독교 신학의 필터로 여과하지 않고 수용하고 적용하면서 목회상담학의 신학적 학문적 정체성은 도전을 받아왔다. 이러한 목회상담학의 신학적 정체성은 오우츠가 주장한 바대로 '목회상담자의 정체성의 이슈'와 '목회상담자가 사용하는 상담에서의 고유한 자원의 이슈'와 관련된 문제이다.[51] 사회의 전문화 추세에 힘입어 교회의 목회도 어느새 목회자를 '목회전문가'로 부르는 일이 생기고 있다. 목회자도 그냥 목회자이어서는 전문화 사회에서 인정받기 힘들기에 목회자도 전문가의 행렬에 동참하는 듯하다. 목회상담 역시 전문화의 방향으로 가고 있고 이러한 움직임은 협회나 학회들의 여러 가지 연수 과정이나 자격증 발급 등으로 나타나고 있다. 하지만 이러한 전문화의 조건은 그 영역이 지니는 고유한 역할과 그 역할을 수행하는데 필요한 고유한 자원들이 전제되어야 한다. 즉 다른 직업이나 역할과 중복되지 않는 고유의 역할영역이 있어야 하며 동시에 이를 뒷받침할 수 있는 사용가능한 자원의 독특성 역시 전문화의 필요조건인 것이다. 이러한 관점에서 한국목회상담학이 전문화의 길을 모색한다면 우선적으로 그 신학적 정체성을 유지하는 일이 필요하다.

목회상담자가 일반 정신과 의사나 심리치료사나 일반상담자와 구별된 역할을 찾아볼 수 있는 곳은 바로 목회상담자의 신학적 정체성이다. 목회상담자는 하나님의 대리인이며, 예수 그리스도를 생각나게 하는 사람이며, 성령의 인도함을 따르는 사람이다.[52] 즉 오우츠가 평생 자신의 정체성에서 가장 우선적으로 '안수 받은 목사'를 꼽은 것은 자신이 여러 전문가 집단들과 함께 일하면서 깊이 깨달은 사실이다. 오우츠는 루이빌 의과대학에서 초빙 받아 교수로 일하면서 그는 그곳의 유일한 목사로서 해야 할 역할과 차별된 자원들을 알았기에 전문가로 인정받고 존경받았다.[53]

오늘날 목회상담영역에서 전문화는 수련 과정이나 시험 등의 방법적인 영역도 필요하지만 더욱 중요한 전문화의 출발은 목회상담자의 신학적 정체성의 확립이라 할 수 있다. 목회상담이 하나님의 사람에 의해 신앙적 자원들을 통하여 이루어지는 치유와 돌봄일 때 전문가로서의 입지를 다질 수 있을 것이다. 나아가서 사람들의 치유와 돌봄에 목회상담만이 지니고 있는 고유한 자원들을 개발하고 확장하는 일련의 노력이 필요하다 하겠다.

2. 교회 사역으로서의 목회상담의 활성화

목회상담을 예수 그리스도의 복음사역의 일환으로 보았던 오우츠는 "목회자에게 있어서 상담은 '할 것인가, 하지 않을 것인가'의 문제가 아니라 준비되고 훈련된 상담을 할 것인가, 아니면 그냥 할 것인가의 문제이다"라고 말함으로서 교회사역에서의 목회상담의 필수 불가결함을 역설하였다.[54] 그렇기에 오우츠는 목회상담이 교회사역에서 벗어나 개인 상담실이나 일부 전문가의 손에만 맡겨지는 것을 반대하였다. 물론 오우츠가 모든 사람이 목회상담에서 심층적인 심리치료를 해야 한다고 주장한 것은 아니다. 단지 돌봄의 단계에 따라 정규적인 목회상담이나 심리치료가 필요한 경우를 제외한 대부분의 경우는 훈련받은 일반 목회자나 이를

위임받은 평신도 상담자들이 목회상담을 하여야 한다고 보았다.[55]

사실 목회상담은 교회사역의 전통에서 매우 오래된 역사를 가지고 있다. 이러한 목회상담이 교회사역의 현장에서 벗어나 특수 기관들이나 한정된 상담실에만 국한될 경우, 목회상담은 그 신학적 정체성을 잃어버릴 위험에 직면할 뿐만 아니라 나아가서 학문 영역의 존속 이유까지도 위협받을 수 있다. 목회상담의 전문화는 그 고유의 영역을 충실하게 유지 발전시키는데서 시작된다. 목회상담이 교회사역의 영역을 간과할 경우 다른 분야들이 목회상담의 영역을 대신하기 위해 들어서게 될 것이다. 또한 자칫 목회상담이 전문가집단들에 의해서만 가능한 사역이라 여겨질 경우, 목회상담은 교회사역의 현장으로부터 유리되며 나아가서 신학교육현장에서도 외면당할 수 있다. 이러한 점에서 오늘날 한국의 목회현장에서 목회상담이 교회사역의 본질인 영혼의 돌봄과 치유의 영역에서 때때로 결과가 구체적으로 드러나지 않는 다양한 돌봄의 사역보다는 쉽게 그 결과를 직접 확인할 수 있는 치유의 영역에 치우쳐있지 않은가를 돌아보아야 한다. 목회상담학이 교회사역의 중심영역으로 확고히 자리 잡기 위해서는 문제해결이나 치유 사역의 범위를 넘어서 다양한 돌봄의 영역에 관심을 기울여야 하겠다.

3. 임상교육의 활성화를 통한 실제적 신학교육의 실현

오우츠는 평생을 신학생들과 목회자들의 임상교육에 헌신하였다. 이는 오우츠의 영혼사랑과 교회 사랑이 결합된 결과라 할 수 있다. 이러한 오우츠의 헌신에 힘입어 이후 미국남침례교 산하 신학대학원들은 예비목회자들의 임상목회교육을 정규과정에 포함시켰다. 사실 오우츠는 교육에 몸담은 이후 거의 평생을 목회자들이나 신학생들이 하나님의 사람으로서 삶의 현장에서 유능하고도 적절한 돌봄을 행할 수 있는 준비를 갖추게끔 하는 일에 혼신의 힘을 쏟았다.[56] 이러한 오우츠의 실제적인 신학교육에 대한 관심은 오늘날 한국신학교육에서 눈여겨 보아야 할 부분이다. 다행스러운 일은 대부분 한국의 대표적인 신학교육기관들이 정도의 차이는 있지만 모두 목회상담학 및 관련 강좌를 개설하여 학생들을 준비시키고 있다는 점이다.

하지만 교실에서의 강의와 설명만으로는 예비목회자들을 목회현장에 적합한 사역자로 준비시키기는 부족하다. 물론 일부 신학교육기관들이 실습이란 이름으로 목회실습이나 현장실습을 시행하고 있지만 대단위 집단교육의 현실에서 실습의 본래 목적을 효과적으로 달성하기란 쉽지 않다. 이런 점에서 오우츠가 평생을 노력한 신학교육에서의 임상교육을 통한 예비목회자의 훈련은 어렵지만 한국의 신학교육기관들이 나아가야 할 방향을 보여준다 할 수 있다. 이미 외국의 신학교육기관들 예를 들면 미국의 가톨릭 신학교나 루터교 신학교 등에서는 1년간의 임상목회교육을 의무적으로 받도록 규정하고 있다. 이런 점에서 국내 신학교육기관들이 좀 더 적극적으로 임상현장을 통한 예비목회자 훈련에 관심을 가져야 한다. 이러한 임상훈련을 통한 목회자 훈련이 오늘날 사회적 문제가 되고 있는 한국교회 목회자의 자질이나 준비 부족의 문제를 해결할 수 있는 좋은 대안이 될 수 있다. 임상훈련의 확대와 효율성을 위해 국내의 기독교 단체들이 설립한 의료재단이나 복지재단 및 신학교육기관이 상호 협력할 수 있는 방안을 찾아보고 이를 통하여 좀 더 학생들의 임상훈련을 쉽게 접할 수 있도록 하여야 한다.

4. 찾아가는 목회상담을 통한 사회적 관심과 참여의 필요

오우츠의 목회상담학의 사회적 책임이나 역할에 대한 관심과 저술은 오늘날 개인 치유적 접근에 치중하고 있는 한국 목회상담학이 간과해 왔던 돌봄의 영역을 상기시켜 준다. 오우츠는 한국목회상담이 목회돌봄의 '치유적 기능'(therapeutic function)과 함께 취약하다고 여겨졌던 '선지적 기능'(prophetic function)도 관심을 기울여야 할 필요를 보여주고 있다. 개인의 삶이 그 개인이 속한 사회와 불가분의 관계에 놓여 있음은 주지의 사실이다. 개인 상담을 통하여 내담자가 문제 해결에 이르렀더라도 그 내담자가 속해있는 집단이나 공동체가 문제를 재발하게 만드는 건강하지 않은 구조일 경우, 목회상담자는 개인적 접근과 함께 그 개인이 속한 공동체나 집단의 개선과 변화를 시도하여야 할 필요가 있다. 이러한 공동체나 집단의 개선과 변화에는 구조적인 문제유발의 악순환 고리를 끊는 환경이나 제도의 개선이 포함된다. 나아가서 21세기에는 수동적으로 '찾아오는 목회상담'이 아니라 소외된 계층이나 사회적 약자들을 위해 능동적으로 '찾아가는 목회상담'이 요구된다 하겠다.

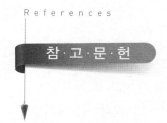

단행본

Boisen, Anton T. *Out of the Depths: An Autobiographical Study of Mental Disorder and Religious Experience.* New York: Harper & Brothers, 1960.

Chapman, Thomas W. ed., *A Practical Handbook for Ministry: From the Writings of Wayne E. Oates.* Louisville, KY: Westminster/John Knox Press, 1992.

Locker, Frances Carol, ed., *Contemporary Author.* Detroit: Gale Research Company, 1980.

Oates, Wayne Edward. *The Struggle To Be Free: My Story and Your Story,* 2nd ed. Louisville, KY: Wayne E. Oates Institute, 1999.

_____. *The Revelation of God in Human Suffering.* Philadelphia: The Westminster Press, 1984.

_____. *The Christian Pastor.* 3r. ed. and rev. Philadelphia: The Westminster, 1982.

_____. *Pastoral Counseling.* Philadelphia: The Westminster Press, 1974.

_____. *Pastoral Counseling in Social Problems: Extremism, Race, Sex, Divorce.* Philadelphia: The Westminster Press, 1966.

_____. *Protestant Pastoral Counseling.* Philadelphia: The Westminster, 1962.

_____. *Christ and Selfhood.* New York: Association Press, 1961.

_____. *An Introduction to Pastoral Counseling.* Nashville, TN: Broadman, 1959.

_____. *Religious Dimensions of Personality.* New York: Association Press, 1957.

_____. *The Bible in Pastoral Care.* Philadelphia: The Westminster Press, 1953.

Oden, Thomas C. *Care of Souls in the Classic Tradition.* Philadelphia: Fortress Press, 1984.

Wimberly, Edward *Prayer in Pastoral Counseling: Suffering, Healing, and Discernment.* Louisville, KY: Westminster/John Knox Press, 1990.

에세이 및 정기간행물

Oates, Wayne E. "The Theological Context of Pastoral Counseling." *Review & Expositor* 94(1997), 521–530.

_____. "Henlee Barnette: An Odyssey of a Friendship." *Perspectives in Religious Studies* (Winter 1991), 5–15.

_____. "The Power of Spiritual Language in Self-understanding." In *Spiritual Dimensions of Pastoral Care: Witness to the Ministry of Wayne E. Oates*, Gerald L. Borchert and Andrew D. Lester eds., 56–71. Philadelphia: The Westminster Press, 1985.

_____. "The Gospel and Modern Psychology." *Review & Expositor* 46(1949), 181–198.

_____. "The Role of Religion in Psychoses." *The Journal of Pastoral Care* 3(Spring, 1949), 21–30.

Jackson III, Walter C. "The Oates Agenda for Pastoral Care." In *Spiritual Dimensions of Pastoral Care: Witness to the Ministry of Wayne E. Oates*, Gerald L. Borchert and Andrew D. Lester eds., 119–151. Philadelphia: The Westminster Press, 1985.

Oden, Thomas C. "Recovering Lost Identity." *The Journal of Pastoral Care* 34(1980), 4–19.

Thornton, Edward E. "Clinical Pastoral Eduction." In Rodney Hunter, ed., *Dictionary of Pastoral Care and Counseling*, 177–182. Nashville, TN: Abingdon Press, 1990.

Patton, John. "Pastoral Counseling." In Rodney Hunter, ed., *Dictionary of Pastoral Care and Counseling*, 849–854. Nashville, TN: Abingdon Press, 1990.

Stone, Howard W. "The Congregational Setting of Pastoral Counseling: A Study of Pastoral Counseling Theorists from 1949–1999." *The Journal of Pastoral Care* 55(2001), 181–196.

기타 자료들

http://oates.org/cos/oateslibrary/books/stbf/ebook-stbf.swf

http://www.nytimes.com/1999/10/26/us/wayne-e-oates-82-is-dead-coined-the-term-workaholic.html

http://www.oates.org/learn-more/wayne-oates-legacy

1) 본고는 양병모, "웨인 에드워드 오오츠(Wayne Edward Oates, 1917–1999)의 목회신학과 목회상담학 연구," 「생명과 말씀」 3(2011년)의 내용을 수정·보완한 것임.

2) Wayne Edward Oates, *The Struggle To Be Free: My Story and Your Story*, 2nd ed. (Louisville, KY: Wayne E. Oates Institute, 1999), 13. 이 책의 원문은 다음의 온라인 주소에서 읽어 볼 수 있다:

   http://oates.org/cos/oateslibrary/books/stbf/ebook-stbf.swf

3) *The Struggle To Be Free* 외 오우츠의 개인적 배경에 관한 자료들은, Wayne E. Oates, "Henlee Barnette: An Odyssey of a Friendship," *Perspectives in Religious Studies* (Winter 1991): 5–15; Walter C. Jackson III, "The Oates Agenda for Pastoral Care" in *Spiritual Dimensions of Pastoral Care: Witness to the Ministry of Wayne E. Oates*, Gerald L. Borchert and Andrew D. Lester eds., (Philadelphia: The Westminster Press, 1985), 119–151; Frances Carol Locker, ed., *Contemporary Author* (Detroit: Gale Research Company, 1980), 437 참조.

4) Oates, *The Struggle To Be Free*, 14.

5) 앞의 책, 53. 오우츠는 아버지의 부재가 자신의 삶에서 그렇게 크게 영향을 미쳤다고 생각하지 않았다. 왜냐하면 그에게 있어서 아버지는 처음부터 자신의 인생에 존재하지 않았기 때문이었다. 오우츠는 대학 2학년 때의 자신의 진정한 회심 후부터 마 23:9의 "땅에 있는 자를 아버지라 하지 말라 너희의 아버지는 한 분이시니 곧 하늘에 계신 이시니라"의 말씀을 깊이 새기고 적용했다.

6) 앞의 책, 44. 오우츠는 기독교 신앙을 체계적으로 알지 못했지만 자신이 4살 때부터 하나님의 임재를 느끼며 기도해왔다고 말한다.

7) 앞의 책, 26.

8) 앞의 책, 28.

9) 오우츠는 1966년에 이미 목회상담학에서 사회문제를 다룬 저술 *Pastoral Counseling in Social Problems: Extremism, Race, Sex, Divorce* (Philadelphia: The Westminster Press, 1966)를 출판하였다.

10) 앞의 책, 51; Jackson, "The Oates Agenda for Pastoral Care," 121.

11) Oates, "Henlee Barnett: An Odyssey of a Friendship," 7.

12) 이후 Dr. Binkley는 Southeastern 침례신학대학원의 총장이 되어 오우츠를 그곳의 교

수로 부르려고 하였다.

13) *The Struggle To Be Free*, 88, 97. 이러한 교회공동체의 가족 같은 사랑의 체험이 이후 오우츠로 하여금 목회상담에서 교회의 중요성을 더욱 깊이 인식하게 만들었으며, 항상 자신의 많은 공식직함 중 목사직을 가장 우선적으로 여기게끔 만드는 계기가 되었을 것이라 여겨진다.

14) 앞의 책, 70.

15) 앞의 책, 70-71.

16) 앞의 책, 114-116.

17) 앞의 책, 120.

18) 이때부터 1967년 ACPE(Association for Clinical Pastoral Education)로 통합되기까지 남침례교는 독자적으로 Southern Baptist Association of Pastoral Care를 조직하여 임상훈련을 운영하였다.

19) 앞의 책, 123.

20) 앞의 책, 169.

21) Jackson, "The Oates Agenda for Pastoral Care," 123-124.

22) Wayne E. Oates, *The Bible in Pastoral Care* (Philadelphia: Westminster Press, 1953), 15-27.

23) Wayne E. Oates, *Christ and Selfhood* (New York: Association Press, 1961), 234-237.

24) Wayne E. Oates, *Religious Dimensions of Personality* (New York: Association Press, 1957), 270-273.

25) 앞의 책, 297-304.

26) 앞의 책, 292-297.

27) Jackson, 125.

28) Wayne E. Oates, *Pastoral Counseling* (Philadelphia: The Westminster Press, 1974), 198-199.

29) Oates, *Religious Dimensions of Personality*, 43-44, Jackson, 126 재인용.

30) http://www.nytimes.com/1999/10/26/us/wayne-e-oates-82-is-dead-coined-the-term-workaholic.html.

31) Wayne E. Oates, *The Struggle to Be Free* (Philadelphia: The Westminster Press, 1983), 13-16.

32) 이에 대한 자세한 자료는 Wayne E. Oates, "The Diagnostic Use of the Bible," *Pastoral Psychology* 1(December 1950), 44-45; Oates, *The Bible in Pastoral Care*

참조.

33) Oates, *Christ and Selfhood,* 35–36.

34) Wayne E. Oates, *The Revelation of God in Human Suffering* (Philadelphia: The Westminster Press, 1984), 9.

35) Wayne E. Oates, "The Power of Spiritual Language in Self–understanding," in *Spiritual Dimensions of Pastoral Care: Witness to the Ministry of Wayne E. Oates,* Gerald L. Borchert and Andrew D. Lester eds., (Philadelphia: The Westminster Press, 1985), 58.

36) Wayne E. Oates, "The Gospel and Modern Psychology," *Review & Expositor* 46(1949), 181; Wayne E. Oates, "The Theological Context of Pastoral Counseling," *Review & Expositor* 94(1997), 521.

37) Oates, "The Gospel and Modern Psychology," 185.

38) Oates, "The Theological Context of Pastoral Counseling," 521.

39) Wayne E. Oates, *Protestant Pastoral Counseling* (Philadelphia: The Westminster Press, 1962), 187–188.

40) 앞의 책, 183. 성령께서는 내담자 내면에서 내담자 자신의 의지와 함께 하나님을 기쁘게 하고자하는 내담자의 믿음을 사용하신다.

41) http://www.oates.org/learn-more/wayne-oates-legacy

42) Thomas C. Oden, *Care of Souls in the Classic Tradition* (Philadelphia: Fortress Press, 1984), 32; Thomas C. Oden, "Recovering Lost Identity," *The Journal of Pastoral Care* (March 1980), 13.

43) Edward E. Thornton, "Clinical Pastoral Eduction," in Rodney Hunter, ed., *Dictionary of Pastoral Care and Counseling* (Nashville, TN: Abingdon Press, 1990), 177–182.

44) Anton T. Boisen, *Out of the Depths: An Autobiographical Study of Mental Disorder and Religious Experience* (New York: Harper & Brothers, 1960), 185–186.

45) 1963년에 창립된 AAPC는 Howard Clinebell이 초대회장으로 선출되었다. 이 때 목회상담의 신학적 전통에 대하여 상대적으로 더 깊은 관심을 가지고 있었던 Seward Hiltner와 Wayne Oates는 목회상담의 유료화 및 전문화에 대하여 부정적인 입장을 취하여서 AAPC에 참여하지 않았다.

46) John Patton, "Pastoral Counseling," in Rodney Hunter, ed., *Dictionary of Pastoral Care and Counseling* (Nashville, TN: Abingdon Press, 1990), 849–854.

47) Howard W. Stone, "The Congregational Setting of Pastoral Counseling: A Study of Pastoral Counseling Theorists from 1949–1999," *The Journal of Pastoral Care* 55(2001), 184.

48) Edward Wimberly, *Prayer in Pastoral Counseling: Suffering, Healing, and Discernment* (Louisville, KY: Westminster/John Knox Press, 1990), 15–16.

49) Thomas W. Chapman ed., *A Practical Handbook for Ministry: From the Writings of Wayne E. Oates* (Louisville, KY: Westminster/John Knox Press, 1992), 292.

50) Wayne E. Oates, "The Role of Religion in Psychoses," *The Journal of Pastoral Care* 3(1949), 21–30.

51) Oates, "The Gospel and Modern Psychology," 185.

52) Jackson, "The Oates Agenda for Pastoral Care," 128–129.

53) Oates, *The Struggle To Be Free*, 223.

54) Wayne Oates, *An Introduction to Pastoral Counseling* (Nashville, TN: Broadman, 1959), vi.

55) Wayne E. Oates, *The Christian Pastor*, 3r. ed. and rev. (Philadelphia: The Westminster, 1982), 6장과 7장, Jackson, "The Oates Agenda for Pastoral Care," 131–132에서 재인용.

56) Oates, *The Struggle to Be Free*, 169.

PART 2

목회상담운동의 전성기를 이끈 학자들

Chapter 5

하워드 클라인벨
(Howard J. Clinebell Jr.)

가 요 한
(한동대학교 교수)

I. 삶과 경력, 학문적 배경

한 인물에 대한 공정한 평가는 그가 떠난 자리를 보면 알 수 있다. 말년에 파킨슨병으로 투병하던 하워드 클라인벨(1922–2005)은 2005년 4월 13일 캘리포니아 산타바바라의 은퇴자 공동체에서 83세를 일기로 평화롭게 눈을 감았다. 그로부터 한달 후인 5월 14일 클라인벨을 추모하기 위한 추도회에 즈음하여 *LA Times*에 나온 부고에는, 클라인벨을 알코올 중독, 이혼, 다양한 상담학 주제들에 관해서 심리치료와 종교를 결합한 접근법의 개척자로 평가했다. 같은 날 나온 클레어몬트신학대학원의 회고에는 클라인벨을 사랑받던 교수, 목회상담의 개척자, 미국과 전 세계에 퍼진 제자들의 대부로 평가하며, 일생 동안 세 가지 중요한 주제인 평화, 정의, 환경보호의 주창자로 묘사했다. 그는 20세기 목회상담의 출발점과 중흥기를 관통하며 살아왔고, 목회상담학 운동의 한 축인 클레어몬트신학대학원의 교수로 1959년부터 30년 이상 재직하면서 현대목회상담운동을 세계에 보급하는 데 중요한 역할을 했다.

그의 삶은 미국 중서부의 작은 도시 일리노이주 스프링필드에서 시작되었다.

그는 어린 시절 자신을 성장시키는 데 중요한 역할을 한 인물로 부모님과 조부모님을 언급했다. 농부로서 흙에 뿌리를 두고 자란 자신의 부모님은 자녀들에게 농부로서의 경험을 전해 주었다. 부모님은 작은 농장에서 자녀들에게 직접 채소, 과일 등을 경작하게 했고, 그 일을 통해서 그의 형제자매들은 자연의 중요성을 배우게 되었다. 역시 농부였던 조부모님은 그에게 농부로서의 삶, 기독교 신앙, 사랑을 물려주었다. 열정적 신앙을 가지고 있던 할아버지는 그에게 큰 영향을 주었다. 그가 기억하는 할아버지의 모습은 등잔불 아래서 밤새워 성경을 읽던 모습과 마루위에서 무릎을 꿇고 끊임없이 간절한 기도를 올리던 모습이다. 클라인벨은 말년에 자신의 어린 시절을 회상하며 할아버지의 신앙이 자신의 인생에 큰 선물이었다고 평가했다. 할머니 또한 매년 여름마다 농장에서 클라인벨을 돌보며 깊은 사랑의 돌봄을 주었다.

성장기의 그의 삶과 학문에 깊은 영향을 준 두 가지 사건이 있다. 하나는 사춘기 시절 경험한 끔찍했던 대공황의 기억이다. 그의 가족 역시 큰 경제적 어려움과 고통을 당하게 되었다. 그는 일자리를 찾으려고 노력했지만, 단 한 가지 일도 찾을 수 없었다. 어쩔 수 없이 옥수수를 재배했지만 태풍에 의해서 물거품이 되기도 했다. 또 다른 하나는 대자연 속에서 지내며 동물과 식물과 함께 살아온 경험이다. 그러한 경험이 성인기에 자녀들과 자연 속에서 캠핑하며 지낸 일로 연결이 되었고, 어린 시절 자연과의 교감이 평생 동안 지구와 환경보전에 대한 열정을 갖게 된 계기가 되었다. 특히, 그가 경험한 자연의 이미지는 대학원 학업기간과 심리치료사로 일하던 기간 동안 성장이 막힌 내담자들을 치료하면서 자신의 마음속에 늘 무의식적으로 다가왔다. 결국 자신이 개발한 목회상담의 모델에 성장상담이라는 타이틀을 부여한 것이 우연이 아니었다고 언급했다.

클라인벨은 인디애나의 드포(DePauw)대학교를 졸업하고, 게렛신학대학원에서 신학을 공부했다. 이후 그는 뉴욕 콜럼비아(Columbia)대학교에서 알코올 중독에 관한 연구로 박사학위를 받았다. 학문적 훈련과 더불어서 인디애나, 일리노이, 뉴욕주에서 13년간 감리교 목사로 목회를 했고, 뉴욕 윌리암 화이트 정신분석연구소에서 정신분석 임상훈련을 받았다.

그의 심리학적 배경은 정신분석이었다. 초기 임상훈련은 심리역동의 전통인 신 프로이드학파의 이론, 즉 인간의 내면심리와 병리를 중점적으로 다루는 심리치료 모델에 기초했다. 특히, 해리 설리반(Harry Stack Sullivan)의 대인관계심리학 이 론에 영향을 받았는데, 그 이론은 당시 많은 영향력을 끼치던 칼 로저스(Carl Rogers)의 상담과는 다른 방법을 주장했다. 로저스는 내담자의 적극적 역할을 이 끌 수 있는, 상담자의 조력을 강조한 반면, 설리반은 심리치료사를 참가인-목격 자로 정의하고, 심리치료사와 환자와의 일대일의 만남 그 자체를 매우 중요한 대 인관계로 보았다. 상담의 중심은 현재와 과거의 관계와 대인적 위기에 대한 직접 적이고 적극적인 탐구이며, 심리치료사가 내담자의 문제를 탐구하는 데 있어서 더 많은 자유를 가지고 적극적으로 질문하고, 조사하고, 판단하고, 표현할 수 있 다고 주장했다. 클라인벨은 정신분석적 훈련이 심층적으로 방해받고 있는 성장의 역동성을 높이고, 많은 통찰을 주며, 사람들이 성장을 경험하는데 큰 도움을 주었 다고 평가했다.

하지만 그는 후에 두 가지 중요한 이유로 심리학적 배경으로부터 조금씩 멀어 지게 되었다. 첫 번째 이유는, 정신분석적 심리치료요법이 목회상담의 현장에서 사용하기에는 장기간의 전문교육을 필요로 하고, 상담과정이 너무 오래 걸리기 때문이었다. 두 번째 이유는, 그의 학문적 관심이 좀 더 행동 지향적이며 관계적 인 접근모델로 옮겨갔기 때문이다. 그는 성장을 위한 가능성을 강조하기 시작했 고, 그가 선호했던 관계 중심적 상담은 다른 사람들과 만족스러운 관계를 형성하 고 경험하고 성장하기 위해서는 한 개인의 대인관계 능력을 강화시키는 것을 상 담의 주목적으로 강조했다. 그는 이러한 관계 중심적 상담이, 내면적인 갈등에 집 중하는 전통적 정신분석학적 관점이나 감정의 성찰에 집중하는 로저스의 관점을 대신해야 한다고 생각했다.

II. 목회신학 방법론 및 신학과 심리학의 관계

클라인벨의 목회신학 방법론, 신학적 심리학적 배경, 신학과 심리학의 관계를 보기 위해서는 먼저 그가 교육받고 학자로 활동을 시작하던 당시 심리학과 목회상담학의 정황을 보아야만 한다. 그가 신학대학원 교육과 대학원 교육을 받던 1940년대, 1950년대 미국 심리학은 크게 세 가지 심리학 즉 정신분석, 행동주의, 인본주의 심리학의 주요한 흐름의 영향 아래 있었다. 특히, 인본주의 심리학은 정신분석과 행동주의가 지배하던 심리학 분야의 제3의 힘(the third force)으로 불리며 영역을 확장해 나가고 있었다. 이런 상황에서 목회상담은 점점 더 심리학과 심리치료 이론에 의존하게 되었다.

목회상담학자들은 1960년대에 자기실현이나 성장과 같은 당시 사회의 인기 있던 주제들에 많은 관심을 가지고 있었다. 한편으로는, 인본주의 심리학자들이 말하는 자기실현과 성장이라는 용어를 기독교적인 메시지와 동일시하기도 했고, 신학적인 검증이나 대화 없이 사용하기도 했다. 또 다른 한편으로는, 무분별한 적용에 대해서 경계하고, 우려했으며, 시워드 힐트너(Seward Hiltner)와 같은 목회신학자는 이 상황에 대해서 두려움을 가지고 바라보기도 했다. 특히, 신학적 정체성을 강조하던 목회신학자들은 처음부터 자기실현의 분명한 한계에 대해서 인식하고 있었다.

클라인벨은 이러한 심리학과 목회상담학의 정황의 한복판에서 과도기적인 인물, 중도적인 인물로 매우 비중 있는 역할을 하게 되었다. 그는 목회상담이 중흥기에 접어들던 1959년에 클레어몬트신학대학원에 목회상담학 교수로 부임하면서, 당시 목회상담의 전통의 한 축을 감당하게 된다. 그를 과도기적인 인물로 평가하는 이유는, 그가 초기 목회상담운동에서 다음세대로 넘어가는 과정에서 중요한 역할을 했기 때문이다. 그를 중도적인 인물로 평가하는 이유는, 1963년 결성되었던 상담센터와 상담사 중심의 미국목회상담협회(AAPC)의 창립멤버이자 초대회장으로 활동했으면서도 동시에 목회상담의 장으로서의 교회와 목회신학의 정체성을 완전히 잃지는 않았기 때문이다.

1963년에 미국목회상담협회가 결성되고 목회상담사가 심리치료 전문가로 미국 사회에 등장을 하게 되면서, 교회 내의 목회상담과 목회상담사의 정체성에 대한 논쟁이 벌어지게 되었다. 논쟁의 질문은 목회상담이 교회와 관련이 없이 독자적으로 활동을 할 수 있는가의 문제였다. 클라인벨은 목회상담사는 교구 목사의 역할을 보완하는 것으로 주장하면서 동시에, 목회상담의 고유성이 교회적 배경에서만 존재한다는 주장에 대해서도 완전히 동의하지는 않는 다소 중립적, 중도적 입장을 취했다. 이 협회는 처음 결성시에 전문상담사들만 회원으로 가입했지만, 이듬해 상담전문가가 아닌 교구목사들도 회원으로 가입하게 되고, 교회와 연관이 없는 개인적 치료에는 반대하는 입장을 취하게 되었다.

클라인벨은 1965년에 로저스 방식의 "내담자 중심 접근방법은 목회상담 문헌을 너무 오래 지배해왔다"고 선언했다.[1] 이러한 선언이 로저스 이론 이전의 지시적이고 훈계적인 학대의 시대로 돌아가려는 의도가 아니라, 관계 중심적 상담을 통해서 한 개인의 잠재된 대인관계의 능력을 강화시키는 것을 목적으로 한다고 주장하였다. 그로부터 1년 후, 주요 저서인 『현대목회상담: 카운셀링의 기본유형 (*Basic Types of Pastoral Counseling*)』(1966)을 저술했고, 이후에 성장상담 (growth counseling)이라는 명칭으로 목회상담의 수정된 모델(revised model)을 제시했다. 그는 자신이 제안하는 수정된 모델은, 그동안의 모델과 방법론을 완전히 거부하기 보다는 범위를 수정하고 확장시키기 위한 것이라고 설명했다. 다시 말하면, 로저스식 모델의 중요한 가치를 인정하고 사용하는 동시에 로저스 이전 시대의 잃어버린 기독교의 목회돌봄의 중요한 요소를 재발견하고 다시 사용하는 의미를 가지고 있다.

그는 자신의 새 모델을 보다 폭넓은 이론적인 근거와 다양한 방법론을 포함하는 모델로 생각했으며, 로저스를 포함한 이전 모델의 대안모델(alternative model) 혹은 수정모델(revised model)로 제안했다. 더 나아가, 자신의 모델이 심리학의 제3의 힘인 인본주의 심리학의 성장욕구, 인간잠재력, 가능성의 실현과 같은 기본적인 주제와 이론을 바탕으로, 성장상담이라는 심리학의 제4의 힘을 이루게 될 것으로 기대했다. 이 모델이 부부 및 결혼 상담을 포함한 관계형성방법, 집단상담과 지원그룹을 포함하여 모든 사람이 그룹이나 조직 안에서 지속적으로 성장하는 것을 보다 자유롭게 해 줄 것으로 기대했다.

그의 목회신학방법론은 신학과 심리학을 목회상담에 없어서는 안 될 두개의 근본적인 자원으로 사용하는 것이었다. 이 두 자료를 중요하게 사용하는 이유는, 13년 간의 전임목회 경험과 장기간의 심리학 학문훈련과 정신분석 임상훈련의 영향이 있었던 것으로 보인다. 이 두 자원을 사용하면서 둘 사이의 다리를 놓고 대화를 하는 방법을 사용했다.

자신의 학문여정에서 그는 성장상담의 모델을 개발하고 그 모델을 사용하는 데 있어서 먼저 신학적 자원과 성서적 자원의 중요성을 강조했다. 그의 목회상담학 접근법은 심리학적 배경이 강했던 것으로 많이 알려져 왔다. 하지만, 그의 저술을 주의 깊게 읽어보면, 20세기 초의 신학적 자유주의 사상과 그 사상이 가졌던 세계와 인간에 대한 낙관주의와 진보주의가 포함되어 있다. 또한, 그의 후기 저술들에는 신학적 색채가 강하게 있는데, 특히 해방신학, 여성신학과의 연결을 추구하고 있음을 볼 수 있다. 그의 학문 여정동안 사상에 많은 영향을 준 신학자는 폴 틸리히(Paul Tillich)를 비롯한 실존주의 신학자들, 클레어몬트신학대학원의 동료였던 존 캅(John B. Cobb), 데이빗 그리핀(David Griffin) 등의 과정신학자들, 샐리 맥훼이그(Sallie McFague), 로즈매리 래드포드 류터(Rosemary Radford Reuter) 등의 여성 생태신학자들 등이다. 또한, 그의 성장상담 이론과 모델에는 존 웨슬리(John Wesley) 신학의 영향으로 지속적인 영적성장과 발달의 과정을 중시한 성화 사상이 녹아 있다.

클라인벨은 성장상담 모델을 제시하면서, 이 모델이 성서적 전통에 깊이 뿌리를 내리고 있음을 강조했다. 인간의 존재는 하나님의 자녀들이고(롬 8:16), 인간의 영은 하나님의 형상대로 지어졌다(창 1:27). 그렇기 때문에 인간은 엄청난 가능성과 잠재력을 가지고 있다(롬 8:19). 이러한 인간의 존재와 가능성에 대한 이해를 기초로, 신약성서의 네 복음서에 수많은 성장비유들이 기록되어 있음을 강조했다. 그가 제시한 주요한 성장비유들은 누룩(마 13:33, 눅 13:21), 겨자씨(마태 13:31, 막 4:31, 눅 13:19), 씨뿌리는 자(마 13:3, 막 4:3, 눅 8:5), 달란트(마 25:14-

15) 비유 등이다.

　그는 인간존재와 성장의 잠재력에 대한 낙관적이고 긍정적인 이해를 가지고 있었지만, 또 다른 한편으로는 인간의 한계를 분명하게 인식하는 매우 균형 잡힌 시각을 가지고 있었다. 그는 인간들이 가진 자신들에 대한 지나치게 낙관적인 이해는 인간의 삶의 상황에 위험을 가져다 줄 수 있다고 생각했다. 그렇기 때문에 인간에 대한 긍정적 이해와 인간의 한계에 대한 이해 사이에 긴장감 가운데 균형을 맞추어야 함을 강조했다.

　이러한 인간에 대한 균형 잡힌 이해를 바탕으로 성서적 의미의 구원과 성장상담을 연결하였다. 성서적 의미의 구원은 치유하여 온전하게 만드는 것이며, 구원은 은혜에 의해서, 믿음을 통해서 이루어진다고 강조했다(롬 3:21). 이러한 신약성서의 메시지는 성장상담과 심리치료에서도 경험되고 확인될 수 있는 통찰이라고 설명했다. 자신의 임상경험에 의하면, 많은 사람들이 행위를 통해서 의로움을 인정받고 구원을 받으려는 다람쥐 쳇바퀴와 같은 노력을 하면서 결국 깊은 절망에 빠지게 되는데, 이는 완벽주의를 낳고 심리학적으로는 죄책감, 분노, 우울증을 야기한다는 것이다. 대부분의 내담자들은 이런 절망스러운 상황에서 도움을 요청하게 된다.

　결국 성장상담은 기독교신학과 성서의 메시지에 언급된 구원의 과정과 같은 과정을 거쳐야 한다고 설명했다. 그 구원의 과정의 첫 번째 단계는, 애써 구하지 않아도, 받을만한 가치가 없어도 노력 없이 주어지는, 하나님의 수용적인 은혜를 체험하기 위해 자기 자신을 여는 것이다. 두 번째 단계는, 그 은혜를 깊이 체험하면서 긍정적이고 자발적인 응답을 하는 것이다. 이런 응답을 통해서 내적인 변화, 행동의 변화, 관계의 변화가 생기게 된다. 성장상담의 기본적인 철학은 모든 치유와 성장은 하나님께 속한 것이고, 상담사의 역할은 하나님의 은혜의 촉진자(facilitator)이며, 중재자(mediator)이다. 성장상담의 수단, 본질적인 변화의 힘은 하나님의 은혜에 대한 인간의 수용, 믿음, 응답이며, 자원은 유대-기독교 전통에 내려오는 풍부한 지혜, 권위, 기도, 성서, 성례전, 예배, 교회훈련 등이다. 결국 성장상담의 효과는 심리학적인 인식과 변화의 결과라기보다는 하나님을 통해서 일어나는 치유와 성장을 인식하는 것이며, 하나님과 타인과의 관계를 신뢰적이고 창조적이며 사랑으로 할 수 있는 능력을 성장시키는 것이다.

신학적 자원들과 더불어서 심리학적 자원들도 클라인벨에게는 매우 소중한 자원들이었다. 그가 심리학적 자료를 사용하는 방법에는 40년이 넘는 그의 학문 활동 동안 일관적으로 사용된 상호 연관된 원칙들이 있다. 우선, 목회상담학자들이 여러 가지 심리치료법이나 이론 중 어느 하나에 지나치게 의존하거나 한 이론과 모델만을 강조하는 것을 경계한다. 그동안 목회상담학의 선구자들이 프로이드 혹은 로저스의 치료법에 너무 크게 의존해 왔던 사실을 비판하면서, 프로이트와 로저스의 이론과 모델이 목회상담학의 큰 개념적 틀이 되기에는 충분하지 않다고 지적했다. 그렇기 때문에, 그는 다양한 심리학적 자료를 활용하는 방법을 선호했다. 주요 저서들을 보면 그의 방법론은 다양한 자료들을 한 데 모아서 제시함으로써 현장 목회자들이나 상담사들이 손쉽게 활용할 수 있는 방법들을 선호한다. 그래서 그의 방법론을 작업도구(working tool) 방법론이라고 부르기도 한다.

하지만 그는 다양한 현대 심리치료이론의 잡탕식 절충 또한 경계한다. 통합적인 체계나 일관된 논리가 없이 이 부분에서는 이론을 사용하고 저 부분에서는 테크닉을 사용하는 식으로 혼합하는 것은 오히려 상담이나 치료효과를 감소시킬 위험성이 있음을 지적했다. 그렇게 되면 부지불식간에 서로 상충되는 개념과 방법들을 함께 사용하는 문제점이 있기 때문이다. 그래서 그는 다양한 치료요법들이 지닌 통찰과 방법을 하나의 큰 틀 안에서 효과적으로 절충한 방법을 사용했다. 결국 다양한 심리치료법들이 지닌 자료들을 목회상담의 이론과 모델로 통합하는데 가장 효과적인 개념적 골격은 '성장' 혹은 '성장 지향성'이라고 결론을 지었다. 그는 성장상담에 유용한 다양한 현대 심리치료 요법들을 사용했는데, 각 이론의 내용과 통찰을 그냥 사용한 것이 아니고, 기독교 신학적 관점과 성서적 관점을 가지고, 객관적으로 비평적으로 검증하고 적용하는 방법을 사용했다.

그는 자신이 사용하는 심리학적 자료들을 프로이드의 정신분석 치료법, 행동주의 치료법, 잠재력개발 치료법, 관계/구조 치료법, 영성성장 치료법 등 크게 다섯 가지로 분류했다. 그는 각 치료법들을 두 가지 중요한 질문을 가지고 검증하고 평가했다. 첫째, 각 치료법이 인간의 온전성과 성장을 이루는 과정에 대해 줄 수 있는 깊은 통찰은 무엇인가? 그는 각 치료법이 인간의 성장에 도움 혹은 방해가 되는 요인을 인식하는 것이 중요하다는 점을 강조했다. 둘째, 각 치료법이 자신 혹은 타인의 성장을 위해서 활용할 수 있는 구체적은 방법, 모델, 테크닉은 어떤 것인가? 그는 두 가지 기준을 가지고, 정신분석과 행동주의 치료법이 성장장애의 원인을 규명하는 데는 결정적인 통찰들을 제공하지만, 잠재력개발, 관계/구조, 영성성장 치료법이 성장상담에 훨씬 더 활용도가 높다고 평가했다.

1980년대에 이르러서 클라인벨은 신학과 심리학의 관계에 대한 두 가지 강조를 했다. 첫째, 목회상담사는 기본적으로 신학을 알고, 자신의 신학적인 입장을 가지고 상담하는 사람이어야 한다는 것이다. 둘째, 목회상담은 인간상황을 이해하고, 인간의 치유와 성장을 돕기 위해서 신학적, 심리학적 통찰력을 함께 사용해야 하며, 이 둘의 통합을 시도해야 한다고 주장했다. 다시 말하면, 한편으로는 자신의 신학적 유산으로부터 모든 자원을 활용하고, 심리치료와 심리사회과학의 모든 자원을 지속적으로 통합시켜 나가는 것을 필요로 한다는 것이다. 결국, 그의 목회신학방법론은 신학과 심리학의 대화를 초월해서 통합을 추구하는 것이다.

III. 주요 연구주제

1. 목회상담과 목회신학의 신학적 근거와 정체성

클라인벨의 평생 동안의 연구주제 가운데 가장 먼저 언급해야 하는 부분은 목회상담과 목회신학의 정체성, 임무, 신학적 근거에 대한 부분이다. 이 주제는 주요 저서인 *Basic Types of Pastoral Counseling*(1966)과 수정증보판인 *Basic Types of Pastoral Care and Counseling*(1984)에 상세하게 서술되어 있다. 원서의 책명을 보면 초판은 목회상담(pastoral counseling), 수정증보판은 목회돌봄과 상담(pastoral care and counseling)으로, 전자는 상담에 초점을 두고 후자는 목회돌봄과 상담을 통전적으로 조화를 이룬 것처럼 보인다. 실제로 저서의 제목과 내용의 첨가와 수정은 저자의 관심의 변화와 목회상담학의 변화를 반영한 것이기도 하다. 하지만 그는 초판에서도 목회신학, 교구목회, 교회의 임무와 과제 등에 대해서 깊은 이해를 보여 주고 있다.

1966년 초판에서는, 목회상담과 교회의 목적과 역할에 대해서 목회돌봄의 전통과 신학의 틀을 가지고 설명했다. 그는 목회상담의 수정모델은 기독교의 2000년 목회전통의 네 가지 요소들—1) 치유(*healing*): 상담과 심층정신치료, 2) 지탱(*sustaining*): 위기상담 및 지원상담, 3) 인도(*guiding*): 교육상담, 4) 화해(*reconciling*): 결혼상담, 실존적 상담, 및 초자아상담—의 균형을 맞추어서 모두 이용하는 것을 목표로 했다. 또한 교회의 세 가지 전통적 과제를 1) 케리그마: 복음을 전하고 가르치는 것, 2) 코이노니아: 수직적, 수평적 친교, 3) 디아코니아: 사랑의 봉사의 균형으로 볼 때, 목회돌봄과 상담은 주로 봉사의 사명인 디아코니아의 역할이지만, 동시에 케리그마와 코이노니아의 수단이 된다고 역설했다. 그리고 그 모든 역할의 중심에는 은혜의 화육이 중심이 된다고 설명했다.

클라인벨이 설명하는 교회의 목적과 사명은 사람들 사이에 하나님 사랑과 이웃 사랑을 증진시키는 것이고, 목회상담의 목표 역시 사람들을 도와서 자기, 이웃, 하나님을 더 충분히 사랑할 수 있도록 잠재력을 일깨워주고 능력을 증진시키는 것이다. 그렇기 때문에 그가 정의하는 능력 있는 상담자는 사랑할 수 있는 능력이 좌절된 사람에게 하나님의 치유와 성장을 경험할 수 있는 통로로서 유용한 도구가 되는 것이다. 결국 목회상담은 궁극적으로 죄의 본질인 자신, 이웃, 하나님으로부터의 소외를 극복하도록 도움을 주는 역할을 한다.

이러한 기본적 이해에 연결해서, 목회상담사들의 범위와 고유한 정체성 및 역할에 대해서 명확하게 설명을 했다. 앞서 언급한 것처럼 그는 교구목사의 목회상담사로서의 역할을 분명하게 인정하면서, 동시에 목회상담사의 전문화를 향한 움직임을 승인하고 격려하는 입장을 취했었다. 그렇기 때문에 그가 신학적·심리학적 자료들을 이용해서 작업도구(working tools) 방법론을 사용한 이유도, 다양한 훈련과 배경을 가진 목회상담사들—상담전문가든 혹은 교구목사든—이 다양한 도구들을 개발하고 사용해서 내담자들의 가능성을 촉진시키고 성장하도록 돕는 일에 공헌하도록 하기 위해서였다. 다양한 방법론과 도구들을 사용하지만, 그가 생각하는 목회상담사들의 고유성과 정체성은 크게 두 가지 이유 때문이었다. 하나는, 목회상담사들은 신학적 훈련을 받고 종교적 권위를 가진 공공의 역할을 하는 인물들로서 종교적 상징, 의식, 실천을 하기 때문이다. 둘째는, 그들이 가진 영적 성장(spiritual growth)이라는 명백한 목표 때문이다.

그는 교구목사, 목회상담사가 하는 목회상담에 있어서 몇 가지 개선점을 설명했다. 우선 목회상담은 임상상담과 심리치료에서 하는 것처럼 일대일의 공식적 상담을 사용할 수도 있지만, 목회의 상황에서 생길 수 있는 갑자기 찾아온 사람을 위한 비공식상담도 필요함을 강조했다. 이 원칙은 최대한 많은 사람에게 의미 있는 도움을 주기 위해서이다. 둘째, 교구목사가 하는 목회상담은 로저스 방식의 비지시적 접근보다는, 목사의 권위를 적절하게 사용해서 내담자를 지지하고, 안내하고, 영감을 주고, 때로는 지시하는 것이 필요하다. 목사의 권위는 남용하지 않고 적절하게 사용하면 상담의 무한한 자산이 될 수 있고, 목사의 성품과 인격도 관계에서 중요한 역할을 할 수 있다. 셋째, 목회상담의 방법론은 일대일 방법도 있지만, 관계중심의 소그룹 상담이 효과적일 수도 있다. 넷째, 교구목사가 다양한 정신치료 상담기법들을 목회상담의 풍부한 자료와 도구로 적절하게 사용할 수 있는 능력이 필요하다. 그가 설명한 네 가지 개선점을 보면, 그가 목회상담의 신학적 정체성, 전통적 교구목사의 역할, 전통적 목회돌봄의 중요성을 놓치지 않고 있었음을 알 수 있다.

2. 성장상담

클라인벨의 가장 중요하고 잘 알려진 연구 주제는 성장이다. 그는 1960년대 후반부터 1970년대 전체를 자신의 성장상담(growth counseling)이론과 모델을 발달시키고 확장시키는 일에 집중을 했다. 성장상담 이론과 모델을 개발하게 된 중요한 이유가 있다. 그동안 목회상담학을 지배해온 정신분석 모델과 병리중심적인 모델이 과도하게 과거와 무의식만을 초점으로 삼았다고 반성하면서, 현재, 의식, 인간관계를 우선적 초점으로 삼아서 성장을 도모하는 것이 중요하다는 생각 때문이다. 즉 과거 지향적이 아닌 현재, 미래지향적인 초점을 가지는 것이었다. 이런 관점에서, 목회상담의 목표는 내적장애를 줄임으로써 문제를 해결하는 심리치료를 뛰어넘어서, 잠재능력을 개발할 수 있도록 돕고 궁극적으로 그들의 성장을 목표로 해야 하는 점이다. 결국 목회상담의 목표는 치료, 치유 뿐만 아니라 문제의 예방과 성장을 포함하고 있다.

성장상담은 인생의 각 단계에서 경험할 수 있는 일생동안의 지속적인 발달모델이다. 그가 성장이라고 표현하는 단어의 의미는 개인이 가진 잠재력을 활성화 시켜서, 인간의 온전성(wholeness)이 이루어지는 방향으로 나아가는 모든 변화의 과정을 의미한다. 그가 성장이라는 단어를 사용할 때는, 어떤 고정된 목표의 도달이라기보다는, 지속적인 성장의 여정을 의미했다. 그런 이유 때문에, 개인이 성장해 나가는 과정을 잠재력개발(potentializing)이라고 표현했다. 인간의 잠재력이 지속적으로 활동함으로 끊임없이 앞으로 나아가는 과정을 설명하는 것이다. 다시 말하면, 성장은 항상 진행형을 의미한다.

이러한 지속적인 성장의 과정을 위한 성장상담의 목적은, 자신의 잠재력을 발견하지 못하고 능력을 허비하는 사람들에게 변화하고 성장할 수 있는 잠재력을 가지고 있다는 희망을 일깨워 주고, 그 희망을 실현하도록 돕는데 있다. 성장상담은 각 개인이 삶의 속박에서 뛰쳐나와서 삶의 해방을 성취하도록 돕는 일이고, 개인에게 자유를 불어 넣어서 삶을 더욱 의미 있고 완전하게 살도록 돕는 일이다. 클라인벨은 상담과 심리치료를 사람들이 잠재력을 충분히 활용하지 못하게 막는 것들로부터 자신을 해방할 수 있도록 하는 과정으로 설명했다.

성장상담의 의미를 보면, 성장상담의 이론과 모델이 여전히 1960년대, 1970년대의 인간의 성장, 실현, 잠재력 등을 강조했던 인본주의 심리학과 인간가능성운동의 영향아래 있음을 알 수 있다. 당시 소그룹 운동을 하던 임상가들은 자신들의 상담의 이론과 모델이 정상인들을 위한 심리치료(psychotherapy for the normals)라고 표현을 했었는데, 클라인벨도 자신의 성장상담의 이론과 모델이 비교적 건강한 사람들의 삶을 향상시키기 위한 초점을 가지고 있음을 명확하게 했다.

클라인벨은 성장상담의 기본공식을 신학적 개념과 심리학적 개념을 비교해서 설명을 했다. 신학적으로 표현하면 '성장 = 은혜(grace) + 심판(judgment)'이고, 심리학적으로 표현하면 '성장 = 돌봄/수용(care/regard) + 직면(confrontation)'이다. 사랑으로 수용하는 것과 직면을 통해서 사실을 인지하게 도와주고 노력할 수 있도록 해 주는 것의 균형이 필요하다는 것이다. 그는 성서의 구절을 인용해서 "사랑 안에서 진실"(엡 4:15)을 말할 수 있을 때 상담자와 내담자의 관계가 성장에 도움이 된다고 설명했다.

그의 성장상담의 작업원리에는 성장을 필요로 하는 사람, 성장촉진자, 성령 세 주체가 등장을 하는 삼각형의 역동구조를 가진다. 이 역동구조에는 웨슬리 신학의 구원론과 성화의 과정이 녹아있다. 웨슬리신학에서 구원은 하나님의 은혜에 대한 인간의 응답이고, 구원의 과정은 성화를 촉진시켜 주는 지속인 하나님의 은혜(sanctifying grace)에 힘입은 평생 동안의 성장의 여정이다. 그가 성장상담의 원리에서 가장 근본적으로 강조한 부분은 모든 성장은 모든 생명의 근원인 성령의 선물이며, 단지 인간은 그 선물을 받아 발전시킬 따름이라는 주장이다.

클라인벨은 인간의 본성과 능력에 대해서 과도하게 긍정적으로 생각하는 경향을 가지고 있다. 그는 이미 모든 사람들에게는 성장을 위한 힘, 자질, 재능 등의 잠재력과 끈질긴 충동, 즉 성장의 기세(elan)가 있다고 믿었다. 단지 정서의 결핍, 힘든 인간관계, 경제적 어려움, 사회적인 억압, 자신의 성장에 대한 두려움과 저항 등으로 약화되어 있을 뿐이다. 이러한 상황이 장기간 위축되고 왜곡되고 억압되면 정신질환을 겪는 상태가 되고, 자신만이 아니라 타인과 사회에까지 해를 끼칠 수 있다. 그렇기 때문에 이렇게 억압된 성장의 기세를 활성화시키는 일이 바로 상담의 핵심이 되고, 상담자가 의도적으로 도움이 필요한 사람 자신이 성장목표를 행해 나아갈 수 있도록 촉진해서 성장을 돕는 것이 중요한 방법이 된다.

그런 의미에서 상담자 혹은 심리치료사 라는 용어대신에 성장촉진자라는 표현을 사용했다. 성장촉진자의 역할을 하는 사람들은 먼저 자신이 지속적으로 성장해 나가야 하고, 성장촉진자의 성장과 그들의 도움을 받는 사람들의 성장이 불가분의 관계에 있음을 강조했다. 성장촉진자가 사람들이 가진 잠재된 힘과 재능을 먼저 알아보고 확인해 주면, 사람들은 자신의 잠재력을 깨닫고 발전시키게 된다고 설명했다. 사람들이 경험할 수 있는 성장이라는 선물은 자신이 의도적으로 노력할 때만 주어지고, 그 과정에는 기쁨과 충만감 뿐 만 아니라 몸부림과 고통도 따른다. 그리고 그 온전함을 향한 성장은 평생에 걸쳐서 이루어진다.

클라인벨은 성장상담의 두 가지 본질로 해방과 성장을 꼽았다. 성장촉진자는 자신과 내담자에게 원래는 존재하지만 현재는 약화되고 억눌린 힘과 재능을 억압된 상태에서 해방시키는 역할을 한다. 지적, 영적, 관계적, 창조적 능력, 성장을 원하는 내적 욕구, 자원 등을 해방시키는 것이 성장상담의 첫 번째 단계이다. 해방을 경험한 후에는 해방된 능력과 욕구가 많이 사용되도록 도울 수 있는 다양한 성장 자극방법들을 촉진시킨다. 그 방법은 자신, 타인, 자연, 하나님과의 본질적인 관계를 회복하기 위한 소통의 통로를 만들고, 그 관계를 발전시키고 성숙시키기 위한 새로운 기술들을 개발하는 것이다. 또한, 성숙한 행동을 지원하고, 위기를 성장의 기회로 이용하는 방법을 알려주며, 성장의 가장 깊은 차원인 영성적 성장에까지 이르는 도움을 주는 것이다.

그가 지향하는 성장은 성장의 여섯 가지 차원이 균형 있게 골고루 성장하는 것이다. 마치 인간의 신체, 정신, 마음이 고른 영양을 공급받아서 함께 전인적으로 성장해야 하는 것처럼, 성장상담의 목표 역시 여섯 가지 차원의 균형 잡힌 성장이다. 그는 자기 혼자만의 고립된 자기실현이나 자기완성은 없다는 사실을 강조했고, 진정한 자기성장은 자기-타인, 자기-사회, 자기-환경간의 유기적, 역동적 완성과정에 참여할 때 이루어짐을 중요시했다. 성장상담은 자기실현, 성장, 잠재력과 같은 주제에서는 인본주의 심리학자들 혹은 인간가능성운동 등과 유사한 점을 가지고 있지만, 바로 이 점 때문에 그들의 상담과는 구별되는 독특성을 가지고 있다.

성장상담은 여섯 가지 차원에서 어느 하나라도 성장이 감소되면, 다른 차원의 성장도 지연된다는 원칙을 강조했다. 성장의 여섯 가지 차원은 1) 내적 성장(마음의 활기 되찾기-타인들에 대한 원만한 수용), 2)외적 성장(신체의 활기 되찾기-신체를 기계처럼 혹사시키지 않고 휴식과 기쁨을 주기), 3) 대인관계 갱신(사랑의 관계, 한 몸의 지체의 관계), 4) 생명계와의 관계 갱신(자연환경, 공기, 흙, 식물, 동물을 개발과 이용의 대상이 아닌 동반자로 관계), 5) 조직체와 사회제도 개선(성장을 감소시키는 것에 대한 거부, 정치적, 경제적 해방), 6) 영성적 성장이다. 이 중에서 영성적 성장이 모든 성장의 열쇠이자 핵심이고, 나머지 다섯 가지 차원을 하나로 묶는 끈이며, 전인적 성장의 조화를 이끄는 필수적인 역할을 한다.

클라인벨은 영성적 성장의 근원, 에너지원은 성령임을 분명히 했고, 성령을 통해서 관계를 회복하고, 인간이 동물과 구별되는 존재적인 깨달음을 얻게 되고, 하나님과의 깊은 관계를 경험하게 됨을 강조했다. 이렇게 영성적 성장을 강조한 이유는, 인간은 선천적으로 하나님과의 관계를 통한 힘의 공급이 없이는 자기 자신을 실현할 방법이 없다고 보았기 때문이다. 1979년에 지은 저서에서 그는 미국사회가 비종교화 되어 감에 따라 앞으로 점점 더 많은 사람들이 교회 밖에서 영성적 성장을 추구하게 될 것이라는 점과, 교회공동체가 효과적인 영성적 성장의 중심지 역할을 못한다면 더욱 더 사람들로부터 소외되어 갈 것임을 경고했다. 특히 영성적 성장을 강조하면서, 일반 상담과 심리치료가 존재적 불안문제는 해결하지 못함을 분명히 했다. 이 점에서 그는 실존주의 심리치료의 관점과도 맥락을 같이 한다.

3. 결혼과 이혼을 통한 성장모델

클라인벨은 성장상담의 이론과 모델에 기초해서 결혼이전과 신혼부부의 성장, 중년부부의 성장, 소그룹을 통한 성장 등의 세부 주제들을 지속적으로 발전시켰다. 그의 성장의 정의와 성장상담의 방법론을 보면, 그가 생각하는 성장의 중심에는 역동적 인간관계가 있고, 그 인간관계 가운데 가장 중심이 되는 관계는 결국 부부관계이다.

1970년대 저술한 성장상담 저서들은, 처음에는 성직자와 평신도들을 위한 새로운 도구로서 성장상담을 소개(1973)하는 것으로 시작이 되었다. 곧 이어, 결혼 이전과 신혼부부를 위한 부부성장 과정(1975)과, 중년부부를 위한 성장상담 (1977)으로 더 구체화 되었고, 인간의 온전성을 실현하기 위한 희망-중심의 방법 으로의 성장상담(1979)으로 집대성되었다. 그는 연속선상에 있는 이러한 학문적 작업들이 성장상담을 하는 상담사들에게 도움이 되고, 풍요로운 결혼생활을 돕기 위한 인간관계의 기술들을 증진시키기를 위한 목적을 가진다고 설명했다.

부부성장상담이라는 주제를 가지고 다룬 중요한 내용들은 1) 풍요롭고 정상적 인 결혼생활에 이르는 방법, 2) 결혼의 위기를 성장의 기회로 사용하는 방법, 3) 이혼을 통한 성장, 4) 중년부부의 성장, 계획, 생산성을 높이는 방법 등이다. 이 주 제들을 보면 그의 성장상담은 부부관계의 위기, 갈등, 헤어짐을 예방하고 성장시 키고 풍요롭게 하는 측면과, 동시에 관계가 심하게 깨어진 경우 이혼을 통한 성장 을 추구해야 함을 강조하는 균형 잡힌 시각을 보여주고 있다. 이혼에 대해서 현재 보다 훨씬 보수적인 견해를 가지고 있던 1970년대 미국사회의 개신교 상황에서 이 혼을 통한 성장을 주장한 클라인벨의 이론은 매우 놀라우며, 역시 비슷한 상황에 처한 21세기 한국사회, 교회, 가정에서 활용될 수 있는 좋은 자료가 될 수 있다.

부부성장상담의 가장 중요한 특징은 1) 목회(돌봄)와 상담, 2) 고통과 희망, 3) 개인과 집단, 4) 영성적성장과 심리적 성장, 5) 결혼과 이혼의 균형 잡힌 모델이라 는 점이다. 첫째, 그는 교회와 관계를 가진 상담사들이 부부 성장상담에서 많은 역할을 할 것으로 예상했고, 성장상담의 모델로 개인상담, 집단상담 (소그룹), 교 회공동체를 통한 관계증진을 균형 있게 강조했다. 특히 교회공동체를 개인과 부 부의 성장을 위한 주요한 장으로 평가하고 교회내의 평신도를 목회 돌봄과 부부 성장상담을 위한 성장촉진자, 동료로서 훈련을 강조한 부분은 그의 모델이 목회 와 상담의 두 가지 측면을 동시에 중요시하고 있음을 볼 수 있는 부분이다.

둘째, 부부성장상담은 희망 지향적 · 성장 지향적 방법을 추구하지만 동시에 어 느 누구의 결혼생활에도 있을 수 있는 고통스럽고 부정적인 면 또한 무시하지 않 는다. 성장을 추구하는 다른 이론과 모델들이 늘 인간잠재력의 긍정적 부분을 주 로 강조하는 반면에, 클라인벨의 성장상담은 희망과 성장을 북돋워주는 동시에 고통, 갈등, 심각한 문제들을 다룸으로 인간의 갈등으로 인한 상처가 치유될 수 있는 부분 또한 포함하고 있다.

이 두 가지의 균형을 이루는 구체적인 상담사의 태도에 대해서도 상세하게 설명했다. 우선, 전체적으로 큰 틀은 상담사가 상담의 전(全)과정에 성장과 희망의 관점을 가지고 부부의 삶을 보고 그들과 상담의 관계를 맺는 것을 제안했다. 관계를 맺는 과정에서 상담사는 잠재력과 성장의 가능성에 대해서 확신을 주고 배려하고 격려하는 태도로 하는 것이 중요하다. 동시에 상담사는 확신을 주는 일이 부부에게 기만적으로 사용될 수 있는 위험을 인지하는 것이 중요하다. 상담사는 부부관계에서 갈등과 분노가 나타나는 것이 보편적이고 정상적인 요소임을 알려주고, 이러한 강한 감정이 나타나는 부분이 바로 성장의 가능성이 큰 문제 주위에 있다는 점을 알려주는 것이 필요하다. 상담사의 역할은 돌봄과 확신을 주는 일과 동시에 돌보면서 직면하는 것이 균형 있게 통합적으로 나타나도록 하는 일이다. 전반적으로 상담사는, 고통과 갈등의 관계를 충분히 다루어 주면서 동시에 삶의 기쁨과 즐거움, 희망을 지속적으로 인지시켜 주고 계발해 내도록 돕는 일을 해야만 한다.

셋째, 그의 부부성장상담은 개인모델과 집단모델의 균형을 가지고 있다. 성장상담에서는 개인상담을 통한 내면의 갈등도 다루지만, 또한 소그룹 집단 혹은 전체 교회공동체를 통한 인간관계의 성장도 중요시 한다. 성장상담은 교회공동체가 영적인 친교 공동체이고, 그 속에 속한 개인, 그룹, 가족들의 조직이라는 점에 주목한다. 그래서 부부성장상담은 공동체에 있는 많은 인간관계의 기회들을 충분히 사용해서 관계를 통한 성장을 경험할 수 있도록 돕는다. 교회공동체의 관계는 성장이 일어나는 장소와 힘의 역할을 한다.

넷째, 성장상담은 영성적 성장과 심리적 성장의 불가분의 관계를 중요시한다. 교회공동체에서 초월적인 경험과 하나님과의 관계에서 영성적 친밀감을 느낌으로 신앙이 지속적으로 성장하게 되면, 결혼상담과 결혼생활도 풍요로워진다고 본다. 결국 풍부한 영성은 풍요로운 결혼 생활을 위한 중심점이 된다. 이 주제는 1990년대, 2000년대 목회상담에서 영성에 대한 주제를 다루는 데도 중요한 영향을 주었다.

다섯째, 부부성장상담은 결혼을 통한 성장과 이혼을 통한 성장의 균형 잡힌 시각을 가지고 있다. 클라인벨은 갈등과 문제가운데 있는 모든 부부관계가 회복되어질 수 있고 회복 되어져야만 하는 것은 아니라고 주장했다. 부부관계는 남편과 아내가 같이 회복되고 성장되어야 하기 때문에, 부부가운데 한 명이 상담 후에도 변화하지 못하고 변화되기를 거부한다면, 오히려 별거나 이혼이 더 효과적인 개인성장을 촉진한다고 생각했다. 그 구체적인 경우는 부부 가운데 한 명이 성장에 대한 흥미와 열의를 가지지 못하는 경우, 한 명은 성장을 경험하고 다른 한 명은 성장하지 못한 경우, 둘 다 성장을 했지만 그 방향이 다른 경우 등이다.

이런 경우에 이혼이 성장을 향한 필수적인 발걸음 이라고 강조했다. 결혼생활을 유지하는 것이 오히려 개인이 더 억압되고 상처를 입게 된다면, 그 관계로부터 자유로워지는 것이 고통을 극복하고 개인적인 성장을 경험하는 시작 또는 비결이 될 수 있다는 의미이다. 이혼을 하게 되는 경우에 성장상담의 한 방법으로서 개인상담도 있지만, 이혼성장 집단을 경험하는 것이다. 이 집단에 속하게 되면 이혼을 경험한 사람들이 모여서 자신들의 감정을 나누고, 부부중심 사회에서 겪는 많은 문제들에 대해서 서로 조언하고 돕는 역할을 할 수 있다.

성장상담은 앞서 언급한 것처럼, 일생동안의 지속적인 성장의 과정을 추구하는 모델이다. 부부성장도 결혼 이전과 결혼초기의 관계개선만이 아니라, 중년부부 시기에 경험하는 성장과 잠재력 발견도 매우 중요하다. 클라인벨은 중년기에 찾아올 수 있는 결혼의 위기를 매우 심각하게 인식했고, 그런 위기를 성장의 기회로 바꾸는 것이 중요함을 역설했다. 그 구체적인 방법은 부부가 가진 잠재력을 활성화시키고, 적절한 기대를 하게 돕고, 서로가 요구하는 부분에 대한 만족도를 증가시키는 행동을 하도록 격려하는 방법이다. 그는 중년기를 겪고 있는 부부들도 자신들이 가진 잠재력을 발견하고 사용할 수 있다고 선언했고, 그 구체적인 방법으로 몇 가지 열쇠가 있다고 주장했다.

클라인벨이 강조하는 중년기의 창조성을 위한 세 가지 열쇠는 성장(growth), 계획성(intentionality), 생산성(generativity)이다. 성장은 자신이 성장하면서 동시에 배우자가 성장할 수 있도록 격려자의 역할을 하는 것이다. 계획성은 자기의 삶의 목표를 정하고, 배우자와도 부부생활과 성장의 목표를 정한 후에, 목표를 향해서 함께 노력하고 달려 나가는 것을 의미한다. 생산성은 에릭 에릭슨(Erik Erikson)의 생산성 개념을 이용한 것인데, 자기의 인생을 다른 사람 혹은 다음 세대에게 줌으로써 자신의 삶과 의미를 찾는 것을 의미한다. 생산성은 범위가 매우 넓다. 자기 자신의 아이들뿐만이 아니라 타인의 아이들, 세계, 제도, 문화, 예술, 그 이외에 필요한 것들을 돌보는 생산적이고 양육적인 삶 전체를 포함한다. 자신의 삶의 일부를 투자해서 미래를 위해서 돌보는 역할을 하는 것, 후대를 위해서 미래의 지구를 위해서 걱정하는 돌보는 역할 전체를 의미한다.

4. 전인건강

클라인벨은 1980년대에 들어서면서 전인건강 또는 전인적 해방-성장모델(holistic liberation-growth model)을 제시했다. 이것은 자신이 1966년에 제안한 목회상담의 수정모델의 재수정모델로, 수정증보판인 *Basic Types of Pastoral Care and Counseling*에서 자세히 설명했다. 이 저서에서 모든 목회의 목표는 전인건강(요 10:10)이고, 목회상담의 주요한 장은 목회이며, 목회와 관련하여 해방신학과 사회변화를 반영시켰다. 또한 목회에서 신앙공동체, 회중의 역할의 중요성을 강조하면서, 예배, 설교, 공동체가 함께하는 사회봉사 등을 통한 돌봄의 중요성을 언급했다.

전인적 해방-성장 모델은 2천년 기독교의 목회전통과 목회에 한 발자국 가까이 접근시키면서, 목회상담의 개인과 인간관계의 초점이 교회공동체로 움직이고 있음을 보여준다. 즉, 개인중심의 병리학적 접근과 인간관계의 갈등해소와 성장을 추구하는 접근이 이제는 개인과 관계를 포괄적으로 다루면서, 몸, 정신, 영혼의 전인건강을 강화하는 것을 목회상담으로 정의했다.

클라인벨은 목회와 상담의 일관된 목표를 "영(spirit) 안에서 중심점을 찾을 수 있는 전인건강(wholeness)을 활성화하고 능력을 부여하며, 양육하는 것"이며 "영성적이고 윤리적인 건강(wholeness) 은 모든 인간적 건강의 핵심"이라고 제시했다.[2] 또한, 교회는 이러한 전인건강을 개발해 주고 도와주어야 할 사명과 책임이 있다. 전인건강에는 서로 연관된 여섯 가지 차원이 있는데, 1) 마음격려, 2) 몸의 생기회복, 3) 타인과 친밀한 관계심화, 4) 자연과 생물과의 관계심화, 5) 조직사회에서 관계성장, 6) 하나님과 영적인 관계심화 이다. 여섯 가지 연관된 차원을 통해서 전인건강 모델이 추구하는 것은 사람들의 감정, 생각, 태도, 가치관, 행동 등 개인의 삶의 모든 면에서 온전함을 이룰 수 있도록 돕는 것이다.

전인건강 모델의 기본적 골격은 교회의 상황 속에서, 신앙공동체의 구성원들이 역동적인 관계를 통해서 서로 보살핌으로 치유와 성장을 경험하게 되는 모델이다. 결국 교회는 목회상담 사역의 가장 중요한 정황이고 기반이 되며, 목회는 전체 교인과 목사의 공동사역이 된다. 하지만, 클라인벨은 안수 받은 목사의 고유한 역할에 대해서도 강조했다. 목사는 운동경기의 코치처럼, 공동체의 구성원들이 서로 도울 수 있는 가능성을 촉진시키고 격려할 책임을 가지고 있다. 또한, 목사로서만 감당할 수 있는 부분, 예를 들면 교역자의 권위와 인정을 가지고 조언하는 것 등은 감당을 해야 함을 강조했다.

전인건강 모델의 또 다른 특징은, 모든 면에 있어서 평등한 인간관계를 강조하고, 해방적인 관점, 신학적 기초로 해방신학의 중요성을 강조한 점이다. 클라인벨은 목사, 남성, 백인, 중산층 중심의 교회공동체와 목회상담의 틀을 깨야 함을 강조했고, 남성과 여성, 백인과 소수인종, 부유층과 빈민층 등의 관계에서 대등한 인간관계를 추구해야 함을 강조했다. 개인 간의 대등한 관계 뿐 만 아니라, 서구문화와 비서구문화 사이의 관계도 평등한 관계가 되어야 함을 제안하면서 비서구문화에서 사용되는 공동체 중심의 목회 돌봄의 방법을 배울 필요성에 대해서도 언급을 했다. 이러한 특징들은 1990년대와 2000년대에 들어서면서 페미니스트와 우머니스트 목회신학, 아시아 문화권 목회상담 등 다양한 문화의 목회상담과 목회신학이 연구되는 데 큰 역할을 했다.

5. 생태적 심리치료

클라인벨은 1990년대에 접어들면서 관계를 통한 성장을 강조하면서 그 관계의 영역을 인간과의 관계 뿐 만 아니라, 자연, 환경, 지구와의 상생의 관계로 넓혔다. 본인의 평가에 의하면, 자신이 1996년에 출판한 책인 『생태요법: 인간치유와 지구치유』(1996)를 그동안 저술한 15권의 책 가운데 가장 혁신적인 책이라고 평가했다. 말년에 이 책을 저술하면서 독자들에게 '우리들이 지구를 떠난 후에 자녀와 후손들이 건강한 삶을 살아갈 수 있는 건강한 사회, 환경을 가지는 것보다 더 중요한 것이 있는가?' 라는 도전을 주었다. 그의 학문 활동 후반부의 가장 중요한 연구주제였던 생태적 심리치료는 심리학적 자료들과 다양한 과학적 연구조사의 자료들을 많이 사용해서 매우 심도 깊게 논의했다. 이 연구에서 그는 지구를 건강하게 보존하도록 도울 수 있는 아이디어, 통찰력, 실제적 방법을 포함해서 환경파괴의 문제를 실제적으로 접근할 수 있도록 했다.

그는 자신이 제시하는 생태치유(ecotherapy)의 의미를, 인간이 살아가는 환경인 지구와의 건강한 상호작용에 의해서 양육되어지는 치유와 성장 두 가지를 모두 포함하는 개념으로 설명했고, 그러한 성장을 격려하고 촉진하는 과정을 생태교육(ecoeducation)으로 명명했다. 생태교육은 내담자들이 자연의 양육을 받는 데에 더 열린 마음을 가지게 하고 환경을 돌보고 보호하는 일에 관심을 가지도록 하려는 목적을 가지고 있다. 그가 목표로 하는 치유와 성장은 단순히 인간의 심리만이 아니라, 인간의 영·혼·육 전체의 관계를 아우르는 전인적·유기체적 치유와 성장을 의미한다.

생태치료에 대한 이론과 모델을 제시하면서 클라인벨은 인간의 본성에 대한 두 가지 중요한 주장을 했다. 그는 칼 융(Carl Gustav Jung)의 집단무의식의 개념을 언급하면서 인간의 무의식에는 조상으로부터 물려받은 내면의 야성이 있음을 언급했다. 야생지에서 살아남으려는 인류 역사의 오랜 기간 동안의 인간경험이 잔재로 남아 있고 억압되어 무의식에 있다는 것이다. 융 역시 시골환경에서 자라났기 때문에 소년 시절에 자연에서 경험함 경이감과 자연과의 친밀한 관계성이 그의 이론에 포함되어 있음을 언급했다. 그런 이유 때문에 융 학파의 심리치료사들은 야생자연의 치료의 힘을 강조하고 권고한다는 것이다.

또한 인간의 본성 가운데에는 안전한 환경에 대한 욕구가 있는데 초기 아동기의 경험 중에는 긍정적, 부정적 인간환경뿐만 아니라 자연환경까지 내면화한다는 점을 강조했다. 아동이 자신에게 최초의 돌봄을 주었던 어머니, 아버지와의 관계를 내면화하는 것처럼, 어린 시절 자신의 주변에 있었던 식물, 동물, 땅과의 관계도 내면화한다. 그는 대상관계이론의 범위를 사람에서 자연까지 확장시키면서 도날드 위니컷(D. W. Winnicott)이 강조했던 이행대상(transitional object)에도 동물, 식물이 중요한 역할을 함을 강조했다. 사람들이 아동기뿐만 아니라 성인기에도 애완동물, 애완식물을 아끼고 가꾸며 엄청난 에너지를 쏟아 붓는 것이 좋은 예이다.

인간의 야생자연에 대한 집단무의식과 내면화된 자연환경을 가지고 있기 때문에, 인간의 치유와 성장도 인간관계의 성장을 가지고만 경험할 수 있는 것은 아니다. 반드시 자연을 통한 치유와 성장이 동반되어야 한다. 그런데, 문제는 사람들이 태어나고 어린 시절에 경험한 자연과의 결속이 내면적으로 소외되고 끊어졌기 때문에 환경파괴로 인해서 고통 받는 자연의 부르짖음을 들을 수 없고 이해할 수 없게 되었다. 그렇기 때문에 인간치유의 성장의 첫 번째 단계는 사람들의 자연에 대한 경청의 능력을 다시 재생시키는 것이다. 지구와 자연환경이 겪는 고통과 부르짖음의 소리를 사랑으로 경청하도록 돕는 것이다. 결국 생태치료와 생태교육은 자연환경으로부터 소외된 사람에게 경청의 방법을 가르치고, 대지에서 들려오는 음성을 조금씩 희미하게나마 들을 수 있고, 관계를 회복할 수 있도록 돕는 지속적인 과정이다.

클라인벨은 이러한 자신의 생태적, 전인적, 유기적 심리치료의 신학적, 심리학적 근거가 있음을 언급했다. 우선 신학적인 근거로는 동료였던 캅과 그리핀의 과정신학과 맥훼이그와 류터의 생태적 여성신학의 역할과 공헌을 매우 높이 평가했다. 특히 캅은 현대의 신학 패러다임들은 모두 인간중심적이고 지구에 대해서 여전히 경제와 지배논리를 펴고 있기 때문에 교회가 아직도 문제점과 해결책을 알지 못하고 있음을 지적했다. 또한 교회가 정기 예배와 교육 프로그램의 기본적인 커리큘럼으로 피조물을 위하여 돌봄을 제공해야 함을 강조하고 실천하도록 하는 것이 출발점이 될 수 있음을 강조했다. 클라인벨은 또 다른 신학적 작업으로 목회 신학자 래리 켄트 그래함(Larry Kent Graham)의 신학을 강조했다. 그래함의 학문적 공헌은 자연 돌봄이 곧 인간 돌봄이라는 명제이고, 이상적인 돌봄의 목회는 개인, 가족, 사회, 문화, 자연, 하나님의 여섯 가지 요소들 가운데 상호접촉점을 찾고 촉진시키는 것이다.

심리학적 근거로는 다양한 현대 심리치료 요법에서 제공하는 통찰과 방법가운데 생태치료의 아이디어들이 포함되어져 있기 때문에, 그 이론과 모델을 받아들이고 생태적 시각과 방법을 추가해야 함을 강조했다. 예를 들면, 정신분석 이론에서 내담자가 무의식적으로 생태계로부터의 소외를 경험하고 있음을 인식시켜 주고 해소를 촉진시키고 생태계와의 연대경험을 재확인시켜 주는 방법이 있고, 인생초기의 대인관계뿐만 아니라 자연환경과의 관계를 기억하게 하고 다시 관계를 맺도록 도와주는 방법 등이 있다. 또한 클라인벨은 성장지향적 치료법과 인지-행동, 관계적 치료, 사회체계치료, 사회환경적 치료 등의 이론과 모델가운데에도 생태요법의 자원들이 포함되어져 있다고 설명했다.

그는 생태치료를 위해서 상담자가 해야 하는 세 가지 중요한 원리에 대해서 구체적으로 설명했다. 첫째, 내담자가 자신을 개방해서 자연과 상호 존중하는 태도를 가지도록 촉진시키는 것, 둘째, 내담자가 자연을 경험함에 있어서 자기 초월 또는 영적인 차원을 더 깊이 느끼고 깨달을 수 있도록 능력을 향상시키는 것, 셋째, 내담자가 자연계를 보존하고 살리는데 도움이 되는 삶의 스타일과 행동을 갖게 하는 것이다.

더 구체적인 과정으로, 1단계는 상담 중에 자연과 야외생활에 대한 내담자의 생각을 이야기하고 기록해 보도록 권하는 것이다. 2단계는 내담자가 자연환경에 대해 가지고 있는 긍정적, 부정적 감정들을 표현하고 더 깊이 자각할 수 있도록 돕는 것이고, 3단계는 자연과 더 자주 유기적 유대감을 느끼고, 자연에 의해서 양육될 수 있도록 격려하는 것이다. 그리고 나면 4단계로 내담자가 자신을 돌보고 양육하는 자연환경, 지구에게 감사를 표현하게 하고 지속적으로 상호 돌봄을 할 수 있도록 격려하게 된다. 마지막 5단계로 자연환경과 지구를 돌보는 일을 포함해서 내담자가 자신의 건강계획을 개발하도록 돕는 것이다.

IV. 목회상담학 발전에 미친 영향과 한계

클라인벨이 목회상담학 발전에 미친 첫 번째 영향은 그가 목회상담학의 새로운 세대를 여는 선구자의 역할을 했다는 점이다. 1세대 현대목회상담학 개척자들의 활발한 학문 활동이 서서히 정체되어 가던 1950년대 말과 1960년대 초반, 목회상담의 학문적 논의와 정체성에 대한 논의가 한동안 괄목할만한 진전을 보지 못하던 상황에서 클라인벨의 목회상담의 수정모델은 새로운 출발을 알리게 되었다.

현대목회상담학의 역사에서 1965년은 매우 중요한 전환점으로서 상징적인 의미를 가진다. 앞서 언급한 것처럼, 클라인벨은 그 해에 당시로는 매우 충격적인 선언을 하게 되는데, 내용은 로저스의 내담자 중심 접근방법이 목회상담 문헌을 너무 오래 지배해왔다는 것이었다. 이 선언이 충격적으로 받아들여진 이유는, 로저스 방식이 목회상담 뿐만 아니라 사회적으로 큰 영향을 주던 상황에서 나왔기 때문이다. 이 선언을 시작으로 목회상담학 교수들과 상담사들은 당시 심리치료 마켓에 나와 있는 다양한 상담의 방법들을 받아들이는 것을 적극적으로 추구하게 되었다.

그는 기독교 목회전통 안에 현대 인접학문인 심리학, 상담학의 새로운 자원들을 받아들이고 교구목사들, 전문목회상담사들이 그 자료들을 사용할 수 있도록 비판적으로 통합하고 정리한 리더의 역할을 했다. 그의 이런 공헌이 있게 된 배경에는 그 당시 결혼과 이혼의 문제, 젊은 세대를 중심으로 가치관의 변화와 부재현상 등 미국사회의 급격한 사회적, 문화적 변화가 원인이 되었다. 그는 로저스의 방법은 너무 수동적으로 머물러 있어서 목회자들이 목회현장에서 만나는 사람들의 다양한 문제와 필요를 채우기에는 역부족이라고 평가했다. 그래서 목회자들이 다양한 이론과 방법을 습득해서 더 다재다능한 기능을 할 수 있도록 배우는 것이 필요하다고 생각했다. 그는 성장이라는 주제아래 목사들이 교인들의 개인적, 관계적, 영적 성장을 위해서 돕는 노력을 할 수 있도록 했다.

그의 방식은 교구목사, 상담사들로 하여금 자신들의 손에 주어진 특수한 인간 문제에 가장 잘 맞는 적절한 타입을 선택할 수 있도록 정보를 제공하는 것이었다. 그가 제시하는 방식 아래서 목회 돌봄과 상담에 유능하도록 배우는 것은 결국 주의 깊은 진단을 내리고, 문제의 타입에 가장 잘 맞는 테크닉을 활용하도록 배우는 것이었다. 하지만 목회임상 진단을 내리는 데 있어서 진단에만 집중되지 않도록 주의를 해야 하는 점과, 그가 제안하는 이론과 테크닉은 거의 전부가 당시 세속적인 심리치료의 표준 방법들이라는 점을 간과해서는 안 된다.

클라인벨이 목회상담학 발전에 미친 두 번째 중요한 영향은 1984년에 개정한 새로운 목회상담 방법론이다. 그가 1965년에 로저스 시대의 종말을 고하는 충격적 선언을 한지 20년 뒤의 일이다. 사실 학자가 자신의 학문 활동 기간 동안 기존 학자들의 이론과 모델을 수정하고 자신의 모델을 제시하는 일이 쉽지 않은데, 그는 그 일을 두 번이나 했다. 자신이 제안한 수정모델이 제시된 이후로 새로운 모델이 눈에 띄게 제시되지 않던 상황에서 스스로 다시 한 번 침묵을 깨고, 수정모델로 제시했던 모델을 재수정해서 통전적 해방−성장모델(holistic liberation−growth model)이라는 이름으로 제시했다. 새로 수정된 모델은 목회와 상담을 기독교의 2천년 목회전통에 한 발짝 더 접근시키는 동시에 인접학문인 심리학, 상담학의 활용에 있어서도 깊이와 폭을 더욱 심화시키고 넓힌 모델이었다.

재수정모델은 목회상담이 가지고 있던 개인과 인간관계의 초점에서 서서히 교회공동체로 관심의 변화를 보여주는 모델이었다. 목회자 중심에서 교회공동체중심으로 모델을 재조정했고, 목회와 상담의 목표를 영성을 중심으로 한 몸·정신·영혼의 통전적인 전인건강을 강화하는 것으로 제시했다. 이 모델은 이론적으로 실제적으로 교회공동체와 교회의 목회전통에 한 발자국 더 다가간 모델로 평가되어진다.

교회공동체 중심의 재수정모델은 그 이후 1980년대와 1990년대에 일어났던 목회상담이 목회신학으로서 정체성을 찾는 새로운 전환점을 만드는 데도 공헌을 했다. 다른 각도에서 보면, 클라인벨이 상담과 심리치료의 중심의 모델을 계속 발달시키고 있을 때, 단 브라우닝(Don Browning)이나, 토머스 오든(Thomas Oden)과 같은 학자들은 목회상담의 유대-기독교적 전통을 되살리고, 신학적 성찰의 뿌리를 되찾고, 목회상담의 잃어버린 신학적 정체성과 교회적 전통을 찾으려고 노력했다. 그렇게 보면 클라인벨의 재수정모델인 통전적 해방-성장 모델은 그동안 목회신학의 전통을 되찾으려고 노력했던 목회신학자들의 노력에 뒤늦게 동참하게 된 것이다.

목회상담운동에서 첫 번째 전환점으로 1965년이 중요했다면, 두 번째 전환점은 1985년이라고 볼 수 있다. 클라인벨의 1984년도 재수정모델이 직접적인 영향을 주었다고 볼 수는 없지만, 목회상담을 가르치는 학자들 가운데 신학적 정체성과 방법론의 재건을 중요시하는 학자들이 목회신학(pastoral theology)이라는 이름 아래 새로운 연구학회를 시작하게 되었다. 그들은 1985년에 미국목회신학학회(Society for Pastoral Theology)라는 이름으로 새로운 운동을 시작되게 되었다. 이 운동은 심리학에 정체성을 빼앗긴 목회상담의 신학적 언어와 성찰을 재건하는 목적을 가지고 있고, 꾸준히 그 역할을 감당하면서 지금 현재에는 미국 목회상담학계의 주도적인 역할을 하는 학자들이 이 학회의 구성원으로 활동을 하고 있다.

클라인벨이 목회상담학 발전에 미친 세 번째 중요한 영향은, 그의 학문활동 후반부의 전인건강 모델과 생태치유 모델이 1990년대, 2000년대 목회상담의 새로운 흐름의 출발점이 된 점이다. 전인건강 모델에서 그는 해방적인 관점에서 목사, 남성, 백인, 중산층 중심의 목회상담 모델을 극복해야 함을 지적했다. 동시에 여성, 유색인종 여성, 소수인종, 사회적 약자들의 경험과 그들에 대한 돌봄의 중요성, 비서구문화의 공동체 중심의 목회돌봄 모델의 중요성과 타 문화에 대한 존경, 동식물과 생태계에 대한 사랑과 보존을 강조했다. 또한 성장에 있어서 영성의 중요성을 강조했다.

이러한 강조점들은 1990년대 후반, 2000년대를 거치면서 목회상담의 주요한 흐름으로 나타나게 되었다. 특히 1990년 *Dictionary of Pastoral Care and Counseling*의 출판 이후 목회상담의 새로운 흐름을 담은 2005년에 출판된 수정증보판에 추가된 내용을 보면, 클라인벨이 학문 활동 후반부에 제시했던 내용들이 대부분 포함되어 있음을 볼 수 있다. 예를 들면, 다양한 문화, 민족적 전통에서 목회돌봄을 제공할 수 있는 다문화상담, 교차문화상담, 선교지의 문화와 전통을 중시하는 목회돌봄, 페미니스트와 우머니스트(womanist) 여성주의 상담, 영성수련의 전통을 상담에 활용하는 방안으로 영적지도(spiritual direction)와 목회상담을 통합적으로 대화시키려는 시도 등이다.

그러나 클라인벨이 목회상담에 끼친 긍정적인 영향과 더불어서 그의 목회상담 모델에 대한 한계도 생각해 보아야 한다. 그는 상담센터를 중심으로 상담전문가 중심 모델로 나가려는 목회상담을 교회 안으로 들여온 공헌이 있다. 하지만 반대로 그는 교구목사의 기독교 전통적 목회 돌봄을 상담과 심리치료로 물들인 부분도 있다. 앞서 언급한 것처럼 그는 1966년 저서에서 수정모델을 제시할 때, 치유, 지탱, 인도, 화해의 목회 돌봄의 전통과 신학의 틀을 가지고 설명을 했다. 또한 목회돌봄과 상담이 디아코니아의 역할뿐만 아니라, 케리그마와 코이노니아의 수단이 된다고 강조했다. 이러한 클라인벨의 노력을 높이 평가할 수 있지만, 더 자세히 보면 그는 좁은 의미의 목회상담이 목회의 전반을 다루는 목회 혹은 목회 돌봄의 종합적인 역할을 대신하는 것으로 생각을 했다. 목회자의 성품과 인격, 리더로서의 역할 등 목회전반에 대한 역할보다는 목회자들이 다양한 심리학, 심리치료의 이론에 만능이 되어서 내담자로 찾아온 교인들에 대한 주의 깊은 진단을 내리고, 그 문제와 상황에 잘 맞는 상담과 심리치료의 테크닉을 구사할 수 있도록 다양한 방법을 제공했다.

클라인벨의 두 번째 한계는, 그가 1960년대, 1970년대 제3의 심리학으로 불리며 영향을 끼치던 인본주의 심리학의 주제와 방법을 극복하려고 노력은 했지만, 완전히 뛰어넘지 못했다는 점이다. 그는 특히 상담의 방법에서 교구목사 혹은 목회상담사가 권위를 적절하게 사용하는 지시적인 부분과 지지, 안내, 영감을 주는 역할을 해야 함을 강조했다. 하지만, 그가 강조하는 상담의 과정은 내담자가 이미 가진 성장 가능성들을 촉진해 주는 방식으로 발전시켜 나가는 과정이다. 결국 그의 모델은 당시 인본주의 심리학이 강조하던 인간의 기본적 성장욕구, 인간잠재력, 가능성에 대한 자기실현의 범위 내에 머물렀음을 볼 수 있다.

그는 당시 인본주의 심리학자들이 가지고 있던 인간의 본성에 대한 나이브한 관점을 가지고 있었다. 물론, 인간의 성장과 발달에 있어서 하나님의 은혜의 중요성과 은혜의 통로, 촉진자로서 상담자와 목회자의 역할을 강조했다. 하지만 그의 이론과 모델을 전반적으로 살펴보면 여전히 인간의 본성과 성장가능성에 대해서 지나치게 긍정적·낙관적 견해를 가지고 있음을 볼 수 있다. 사실 목회자들과 목회상담사들이 실제 목회와 상담의 현장에서 만나는 사람들을 보면 아무리 상담자가 격려하고 촉진한다고 해도, 성장과정에 동참할 최소한의 에너지, 능력, 의지, 기운조차 남아있지 않은 사람들이 굉장히 많음을 알 수 있다.

클라인벨의 목회상담 모델의 세 번째 한계는, 그의 수정된 모델이 일부 목회자들에 의해 여전히 오용될 가능성을 가지고 있다는 점이다. 그가 로저스의 비지시적 상담의 단점을 지적하면서, 오히려 영적인 권위와 소명을 받은 목회자들이 권위를 적절하게 사용하면 지지, 안내, 지시의 역할을 할 수 있다고 했다. 이 관점의 긍정적인 부분이 분명히 존재한다. 하지만, 미국 사회 뿐만 아니라 한국사회에서도 성직자의 권위와 힘이 오용되고 성도들에 대한 학대로 사용되는 문제들을 본다면, 분명한 경계가 규정지어지지 않고는 이 모델이 잘못 사용될 위험 요소를 여전히 가지고 있다.

클라인벨 모델의 또 다른 한계는, 그가 제공하는 작업도구 스타일의 다원적 방법이 상당히 복잡하게 나열되어서, 목사나 목회상담사가 현장에서 적용하고 내담자들이 삶의 변화를 주기위한 노력을 하는 데 있어서 집중력을 발휘하기 힘든 어려움을 줄 수 있다. 예를 들면, 중년부부의 성장을 위한 12가지 방법을 제시하면서 어떤 것들을 하라는 전략적인 측면을 제시한다. 마치 일반 서점에 많이 출판되어 있는 인간성장과 행복을 위한 자기도움(self-help) 방법론 혹은 'how to' 방법론에 대한 책을 대하는 느낌이 들고, 이 모든 내용을 내담자가 상담자가 다 기억해서 활용하거나 실천하는 일은 실제적으로 매우 어렵다.

클라인벨 모델의 마지막 한계는, 그의 성장상담 모델에는 제임스 파울러(James W. Fowler)나 도날스 캡스(Donald Capps)의 이론에서 보이는 구체적인 성장과정과 단계가 제시되지 않는다는 점이다. 물론, 모든 성장상담 모델이 그런 발달단계에 대한 이론을 제시할 필요는 없다. 하지만, 그의 비전이 평생 동안의 꾸준한 성장을 촉진하고 돕는 것이라고 볼 때, 성장의 구체적인 과정에 대한 좀 더 체계적인 이론과 모델이 뒷받침 되었다면 더 좋은 모델이 되었을 것이다.

V. 한국적 적용의 가능성, 한계, 추후 연구를 위한 제언

클라인벨의 목회상담의 수정모델, 재수정모델은 한국교회의 목회와 상담의 상황에도 도움을 줄 수 있다. 수정모델은 한국교회의 상황에 적용될 수 있는 세 가지 영역이 있다: 1) 일대일 공식상담과 비공식 상담의 중요성, 2) 비지시적 접근과 지시적 접근의 조화, 3) 관계역동중심의 소그룹 상담이다. 우선 클라인벨이 제시한 비지시적 방법과 목사의 권위를 적절하게 이용한 지시적 방법의 균형은 한국교회의 목회와 상담에서 매우 중요하다. 현재 한국교회의 목회자에 의해서 행해지는 심방이나 상담, 목회상담사에 의해 이루어지는 상담사례를 보면, 수평적인 관계보다는 수직적인 관계에서 목회자나 상담자가 지시하는 경우가 매우 많다. 이런 상황에서, 내담자를 존중하고 내담자 스스로의 능력과 역할을 인정하면서 동시에 목회자와 상담자의 권위를 남용하지 않고 적절하게 사용할 수 있는 구체적이고 균형 잡힌 방법을 제공하는 것은 꼭 필요하다.

또한, 한국교회의 상황에서 아직까지도 공식적인 상담과 상담관계를 어려워하고 비밀보장의 문제 때문에 상담을 주저하는 많은 사람들에게 최대한으로 의미 있는 도움을 줄 수 있는 비공식 상담의 사용도 좋은 방법이 될 수 있다. 한국 사람들의 경우, 친숙한 인간관계만 조성되면 자기 생각과 감정을 쉽게 털어놓는 습성이 있다. 이 점을 잘 활용하면 교회공동체 전체가 엄청난 치유와 성장의 장으로 활용될 가능성이 있다. 요즘은 목회 돌봄이나 상담이라는 용어 대신에 목회대화(pastoral conversation)라는 용어도 많이 사용되고 있다. 이 용어는 특히 상담 혹은 심리치료라는 용어에 거부감을 가진 한국 사람들에게 긍정적인 용어로 사용될

수 있다. 목회자가 목회현장에서 교인들과의 비공식적 목회대화를 통해서 진지한
영혼의 돌봄이 잘 제공된다면, 세속적 상담, 심리치료와는 다른 독특한 목회의 정
체성과 자원을 가지게 될 것이다. 한 가지 선행되어야 할 부분은 목회자들이 비공
식 상담에서 자신의 정체성을 가지고 건강한 대화관계를 제공하고 유지할 수 있
도록 목회자 자신이 건강한 인격을 가지고 대화훈련을 해야 하는 점이다.

관계중심의 소그룹상담모델도 한국교회에서 이미 하고 있으면서도, 더 강화해
야 하는 중요한 요소이다. 구역예배, 속회, 셀, 목장 등 여러 가지 이름으로 불리
는 교회의 소그룹모임들이 요즘 많이 활성화되어 있다. 많은 교회들이 친밀한 인
간관계가 어려운 대형 교회로 성장하면서 소그룹 목회에 교회의 미래를 걸고 있
는 경우가 많다. 문제는 소그룹 모임의 내용과 역동에 관한 부분인데, 성경공부를
위주로 하는 것도 중요하지만, 인간관계 역동과 회복, 개인의 내면의 생각과 감정
을 나누고 성장할 수 있는 안전한 장을 제공하는 것이 중요하다. 소그룹 모델이
상담과 영성 발달 두 가지 목표를 동시에 이룰 수 있는 이론, 모델, 전략 등을 더
연구해서 구체적으로 제시하고 보급하는 것이 앞으로 목회상담학자들에게 주어
진 중요한 과제이다.

현대 목회상담은 소그룹과 신앙공동체를 통한 돌봄과, 공동체 구성원 간의 역
동적 관계를 통한 치유와 성장을 강조하고 있다. 안수를 받은 목회자의 돌봄의 고
유한 역할을 강조하면서 동시에, 만인제사장직에 근거해서 전체 교인이 서로에게
보살핌과 지원을 제공하는 역할을 강조한 클라인벨의 모델은 한국교회의 상황에
서 이미 적용하고 있고, 앞으로도 더 활성화되어야 할 부분이다. 그동안 꾸준히
평신도를 깨우는 운동, 제자훈련의 모델이 한국교회의 중요한 성장모델로 사용되
어 왔고, 목회도 목사와 전체 교인의 공동사역으로 많이 인지되어 왔다. 그런 상
황에서 공동체의 평신도 지도자들과 구성원들의 역동적인 관계를 통한 상호 보살
핌과 격려의 역할을 사용하면 치유와 성장을 자연스럽게 경험할 수 있다. 동시에
운동팀의 코치처럼 안수 받은 목사의 고유한 역할과 재능을 활용한 목회 돌봄과
상담도 지속적으로 사용되어야 한다.

한국교회는 선교 2세기에 접어든 1990년대 이후부터 전도, 선교, 회심의 강조로

부터 성장, 성숙, 영성, 성화 등의 발달적 영성성장 단계를 강조하고 있다. 클라인벨이 제시하는 성장상담의 모델도 일반 상담과 심리치료에서 내적장애를 줄임으로써 문제를 해결하는 치료와 치유의 목표를 뛰어넘어서 문제의 예방과 비교적 건강한 사람들을 위한 삶과 영성의 꾸준한 성장을 강조하고 있다. 그런 면에서 성장상담은 상담과 영성의 다리를 놓는 역할을 하고 있다. 특히 그가 제안하는 성장의 의미는 항상 진행형인 지속적인 성장의 여정이고, 무엇보다도 하나님과의 친밀한 관계와 성령의 힘의 공급을 통해서 경험하는 성장을 의미하기 때문에, 한국교회의 최근의 화두인 영성발달을 위한 중요한 방향과 자료를 제공하고 있음을 알 수 있다.

하나님과의 관계, 인간관계를 통한 성장이 성장의 중요한 통로임을 생각할 때, 하나님과의 영적인 관계를 향상시키는 영성의 이슈와 더불어서, 인간관계 특히 부부관계의 치유와 회복을 통한 성장도 한국교회의 상황에서 꼭 필요한 부분이다. 클라인벨이 매우 강조했던 부부성장의 주제도 21세기 들어서며 이혼율 세계 1위인 한국사회와 한국교회에서 중요한 이슈이다. 이혼을 경험한 신도들이 교회 안에 많이 존재하지만, 이혼에 대해서 부정적인 시각이 더 강한 보수적인 한국교회의 상황에서 클라인벨의 균형 잡힌 부부성장의 시각은 많은 교훈을 주고 있다.

그는 결혼의 위기, 갈등, 이별을 예방해야 할 뿐 아니라 관계가 정상적으로 회복되기 매우 어려운 경우에 해결방법으로 이혼을 통한 성장을 격려해야 함을 강조했다. 그 이유는 부부관계는 한 배우자가 회복되고 성장하려는 노력이 있어도, 다른 배우자가 성장에 대한 열의를 가지지 못하는 경우 관계가 회복되고 성장하기 어려운 구조이기 때문이다. 부부관계를 유지하는 것이 개인이 더 억압되고 상처를 받는 상황이라면, 자유를 통해서 고통을 극복하고 성장을 경험할 수 있도록 개인상담 혹은 소그룹을 통한 지지와 격려가 필요함을 강조했다.

클라인벨은 인간의 성장과 건강의 핵심을 영성적이고 윤리적인 온전함(wholeness)이라고 강조했다. 21세기에 들어서면서 한국교회와 성도들이 많이 비판을 받는 이유가 물질주의적인 삶과 비윤리적인 삶이 주요한 원인임을 볼 때, 그가 강조한 영성적, 윤리적 온전함은 한국교회와 성도들의 삶을 돌아보는 지표가 될 수 있고, 한국교회의 목회와 상담의 중요한 주제가 되어야 함을 알 수 있다.

특히 하나님과의 관계와 더불어서 우리들이 살아가는 조직사회에서 인간관계 및 자연과 생물과의 관계성장을 중요시하면서, 최종목표로 사람들의 감정, 생각, 가치관의 변화뿐만이 아니라 태도와 행동의 변화까지 강조했다. 영성적, 윤리적인 온전함이 내면의 영성의 성장만이 아닌, 행동과 삶의 변화까지를 일깨워 준 것임을 생각해 볼 때, 한국교회에 그가 주는 메시지는 매우 강렬하다.

클라인벨이 말년에 강조한 생태치유의 개념도 한국교회와 성도들을 향한 귀중한 메시지를 제공하고 있다. 그는 관계를 통한 성장의 범위를 하나님과의 관계와 인간간의 관계에 한정시키지 않고, 자연, 환경, 지구와의 상생의 관계로 넓혔다. 그 이유는 인간은 하나님으로부터 창조될 때부터, 자연과 더불어 살아가며 자연의 양육을 통한 치유와 성장을 경험하도록 창조되었기 때문이다. 그런데, 인간이 자연과의 결속으로부터 격리되고 소외됐기 때문에 많은 아픔과 상처를 경험하게 된 것이다. 그렇기 때문에, 치유와 성장의 출발점은 파괴된 자연의 울부짖음의 음성을 듣고, 자연을 보호하고, 자연과의 관계를 회복하는 것이고, 그럼으로써 전인적, 유기적 회복과 성장을 경험하게 되는 것이다.

하지만, 클라인벨이 지적하는 20세기말 교회의 현실은 여전히 인간중심적이고, 자연과 지구에 대해서 경제와 지배논리를 펴고 있기 때문에, 교회가 아직도 문제점과 해결책을 알지 못하고 있다. 이 지적은 21세기 한국교회의 신학과 메시지에서도 찾아 볼 수 있다. 한국사회에서 기독교 NGO 단체들에 속한 소수의 기독교인들이 자연을 보호하고, 경제와 지배논리를 벗어나려는 노력을 하고 있지만, 아직도 대다수의 교회에서는 이 부분을 간과하고 있다. 그는 교회가 예배와 정기교육을 통해서 이 문제를 인식시키고, 더 열린 마음을 가지게 하며, 실제로 생태계를 돌보고 보호하는 일에 동참하도록 권하는 것 또한 목회 돌봄과 상담의 한 가지 중요한 목표임을 강조했다.

클라인벨의 목회상담 모델이 한국교회에 적용될 수 있는 수많은 장점에도 불구하고, 적용하는데 있어서 몇 가지 주의해야 할 부분도 있다. 우선 목회 돌봄을 제공하는 목회자들이 유연하게 대처하고 상담 능력을 키워주기 위해 기본적이고 다양한 상담유형들을 제공한 것과 같은 작업도구가, 한국교회 현장에서도 필요하다는 점은 분명하다. 목회상담의 이론과 모델이 많이 연구되고 발표되고 있는 현재 상황을 볼 때, 이 부분의 필요는 이미 많이 충족되어졌다고 본다. 중요한 점은, 클라인벨이 중요한 상담의 자료를 공급하는 과정에서 당시 일반 상담심리학 분야의 중요한 이론들을 그대로 적용한 것과 같은 상황, 그리고 교구목회 돌봄의 많은 부분을 상담으로 연결시킨 것과 같은 상황이 한국교회에 생길 가능성에 대해서는 경계해야 한다는 것이다. 또한, 그가 제시하는 심리학 자료들을 통해서 상담에서 임상적 진단을 내리고 심리치료의 테크닉을 사용하는 부분에 대해서도 신학적인 렌즈를 가지고 비평적 평가를 반드시 내려야만 한다.

그런 면에서 볼 때, 클라인벨이 활동하던 당시 다른 한편에서 신학적 사유와 뿌리를 찾으려는 노력을 하던 브라우닝과 오든과 같은 목회신학자들이 있었던 점을 기억하고, 그들이 했던 목회신학적 작업이 한국교회의 목회상담에서도 반드시 병행되어야만 한다. 브라우닝은 각 심리학의 이론과 모델에 내재되어 있는 유대-기독교적 메시지를 찾아내고, 각 심리학이 가진 인간의 본성이해, 인간발달에 대한 이해를 신학적으로 검증함으로써, 어떤 이론이 기독교적 전통에 더 맞는지를 찾아내는 작업을 했다. 오든은 당시 목회상담의 이론가들과 임상가들의 책에 기독교 전통에 입각한 사유와 경험들이 반영되지 않았음을 문헌연구를 통해서 실증하면서, 잃어버린 기독교적 정체성과 기독교 전통의 자원을 회복해야 함을 강조했다. 이런 비평적이고 건설적인 작업이 병행되어야만 한국교회를 목회신학과 목회상담학이 바로 서게 될 것이다.

클라인벨의 목회상담 모델을 적용하는 데 있어서 또 다른 주의점은 그가 여전히 가지고 있던 인본주의 심리학의 색채이다. 그는 성장상담을 제시하면서, 하나님과의 관계, 성령의 역사를 주요한 성장의 동력원으로 강조했다. 하지만 인간가능성 운동이라고 불리던 당시 사회적 분위기의 영향 아래 인간의 가능성, 창조성, 자기실현, 성장에 대한 지나치게 낙관적 관점을 가졌던 것도 사실이다. 목회상담학에서 성장과 발달을 목표로 할 때, 신학적 관점에서 인간의 본성과 능력에 대한 개념을 정리하고, 성장과 발달의 의미가 무엇인지를 분명하게 정의하는 것이 필요하다.

사실 그동안 한국교회의 목회구조는 설교위주의 목회이지 종합적인 예술로서의 목회위주의 구조가 아니었다. 지금 현재도 여전히 담임목사의 설교가 목회에서 차지하는 비중과 역할이 막강하다고 볼 수 있다. 그런 상황에서 이제는 교회공동체가 효과적으로 돌봄과 지원의 역할을 할 수 있도록 공동체의 체질을 바꾸는 것이 중요하다. 목회자 혼자서 돌봄의 역할을 다 할 수 있는 상황이 아니기 때문에, 교회 전체의 목회체질을 바꾸어 나가면서, 평신도들의 목회자원화가 중요한 해결책이 될 수 있다.

클라인벨이 제시한 교회공동체를 통한 성도들의 역동적인 상호돌봄, 치유, 성장의 모델, 안수받은 목회자와 평신도들의 고유의 영역을 인정하면서도 균형잡힌 동역의 모델이 대안이 될 수 있다. 하지만 그의 공동체중심 모델이 미국문화에서 만들어진 모델이기 때문에, 목회자의 위치와 역할이 특수하고, 공동체 구성원의 심리와 공동체의 역동이 다른 한국문화에서 클라인벨의 모델을 어떻게 수정해서 사용할 수 있을지, 더 나아가서 한국문화에 맞는 교회공동체를 통한 목회돌봄의 모델이 어떤 모습을 가질 수 있을지에 대한 더 심도 깊은 연구가 필요하다고 본다.

특히, 최근에 한국의 많은 교회공동체들이 재정, 목회자의 성적인 탈선, 세습 문제 등에 대한 공동체 구성원간의 이견과 갈등의 문제 때문에, 교회공동체가 치유와 성장의 장보다는 상처와 고통의 장이 되고 있다. 앞으로 교회공동체 중심의 상호적 목회 돌봄이 실현되기 위해서는, 그 이전에 한국교회, 사회, 문화, 인간관계의 독특성에 대한 연구가 선행되어서 갈등의 원인, 한국문화 고유의 공동체 내의 힘겨루기의 역동과 인간관계의 경계 문제 등을 먼저 해소하는 것이 중요하다. 한국교회의 독특성을 이해하면서 종합적으로 공동체 중심의 목회신학과 목회상담 모델을 제시하는 과제는 목회상담을 공부하는 우리에게 주어졌다고 생각해야 한다.

또 다른 추후 연구과제는, 한국적 심리영성발달의 이론과 모델을 제시하는 것이다. 클라인벨은 전인건강을 영성적이고 윤리적인 건강으로 정의했다. 영성적, 윤리적 성장은 21세기 한국교회가 지향하고 있는 목표이기도 하다. 하지만 영성적 성장, 윤리적 성장은 한국문화와 교회의 독특한 토양 아래서 정의되어야만 한다. 이러한 한국문화적 정의 아래, 한국적 심리영성의 구체적인 성장과정과 발달단계에 대한 이론적이고 실제적인 연구가 필요할 것이다.

하워드 클라인벨. 박근원 역. 『현대목회상담: 카운슬링의 기본유형』 대한기독교출판사, 1979.

_____. 박근원 역. 『목회상담신론』. 대한예수교장로회 총회출판국, 1987.

_____. 이종헌 역. 『성장상담: 온전한 인간 실현을 위한 희망중심적 방법들』. 한국신학연구소, 1988.

_____. 이종헌 역. 『성장상담을 통한 부부성장과정』. 대한기독교서회, 1990.

_____. 이종헌 역. 『중년부부를 위한 성장상담』. 대한기독교서회, 1990.

_____. 이종헌 역. 『현대성장상담요법』. 한국장로교출판사, 1990.

_____. 오성춘 · 김의식 역, 『생태요법: 인간치유와 지구치유』. 한국장로교출판사, 1998.

안석모 외. 『목회상담 이론입문』. 학지사, 2009.

Clinebell, Howard. *Basic Types of Pastoral Care and Counseling: Resources for The Ministry of Healing and Growth Completely Revised and Enlarged*. Nashville: Abingdon Press, 1984.

Gerkin, Charles V. *An Introduction to Pastoral Care*. Nashville: Abingdon Press, 1997.

Holifield, E. Brooks. *A History of Pastoral Care in America: From Salvation to Self-Realization*. Nashville: Abingdon Press, 1983.

Footnote

주(註)

1) Brooks E. Holifield, *A History of Pastoral Care in America: From Salvation to Self-Realization* (Nashville: Abingdon Press, 1983), 320.

2) 하워드 클라인벨/박근원 옮김, 『목회상담신론』 (서울: 대한예수교장로회 총회출판국, 1987), 48.

Chapter 6

찰스 거킨
(Charles V. Gerkin)[1]

안 석 모
[감리교신학대학교 교수]

I. 생애와 경력

　미국 조지아 주 아틀란타 소재의 에모리대학교 캔들러신학대학원 목회상담교수로 활동하였던 찰스 거킨(Charles Vincent Gerkin)은 1922년 7월 30일 캔자스주 개리슨(Garrison)에서 감리교 목사의 아들로 태어났다. 1941년부터 1942년까지 캔사주 주 볼드윈 소재의 베이커대학교(Baker University)에서 공부하다가, 1945년 토페카 시의 와시번 대학교(Washburn University)에서 학사 학위(B.A.)를 받았다. 그 후 일리노이 주 에반스턴 소재 게렛신학대학원(Garret Theological Seminary)에 입학, 1947년에 학사 학위(B.D.)를 받았다. 이때 동급생 중의 하나가 하워드 클라인벨 박사이다. 거킨은 동시에 인접한 노스웨스턴대학교의 교육대학원에서 대학원 과정을 이수하기도 하였다. 게렛신학대학원 재학 시절, 거킨은 임상목회교육의 창시자 앤튼 보이슨(Anton Boisen)을 처음으로 만나 임상목회와 상담목회에 관심을 갖게 되었다. 그리하여 1946년부터 47년에 걸쳐 시카고 시내의 일리노이 아동병원 겸 학교에서 파트타임으로 원목 경험을 쌓기도 하였다.

　졸업 후 그는 감리교 목회자로 1947년부터 1949년에 걸쳐 목회하고, 1949년에 미국 감리교회 캔사스 연회 정회원 목사로 안수를 받았다. 안수를 받은 뒤, 그는 자신의 관심사를 따라 토페카 시 소재 윈터 보훈 병원 (Winter Veteran's Administration Hospital)에서 원목으로 일하였다(1949-50). 이때의 훌륭한 원목 활동은 전국에 알려지게 되었고, 이어서 같은 도시의 청소년 교화원(Boy's Industrial School)의 원목이 되었다. 바로 이 시설에서 1951년 임상목회교육 감독자로 인증(Certified Chaplain Supervisor)을 받았고, 이 활동은 1956년까지 지속되었다. 청소년 교화원 원목 시절 그는 토페카에 소재하고 있던 메닝거 병원과 연계하여 파일럿 프로그램을 실행하였다. 그것은 메닝거 병원의 정신분석전문가 오토 플라이쉬만(Otto Fleischmann)의 감독 아래, 일탈 청소년을 돌보는 그룹상담 치료방식을 개발하는 것이었다. 이때부터 거킨은 이후 자신의 목회상담 및 목회신학 방법론이 되는 내용을 연구하고 실행에 옮겼다. 이때의 경험과 사색이 그가 목회상담 및 목회신학 교수가 되었을 때 저술의 주요 내용으로 등장하게 된다. 이 프로젝트가 끝난 후, 거킨은 1년간(1956-57) 캔사스 주 레브워드 소재 제일감리교회에서 담임목회를 하였다.

이 당시 미국 남동부 지역의 병원에는 원목들이 일하고는 있었으나, 전국적인 임상목회교육 단체에 등록을 하여 인증된 교육을 제공할 수 있는 환경이 전무했고, 특히 신학교의 학생들을 지도할 수 있도록 인증된 교육자도 없었다. 1957년 당시 교구목회를 하던 거킨은 조지아 주 아틀란타 소재의 1,100개 병상을 가진 거대한 공립병원인 그레이디 메모리얼 병원(Grady W. Memorial Hospital)의 원목으로 초대받았다. 거킨은 미 남동부 지역 중심의 병원의 원목이라는 역할 뿐 아니라, 임상목회교육의 확장이라는 사명을 받고 초빙된 것이다. 더욱이 이 지역에는 에모리대학교의 캔들러신학대학원, 장로교 계통의 컬럼비아신학대학원, 그리고 초교파적 연합신학대학원(Interdenominational Theological Center)이 미 남동부 신학교육의 중심을 이루고 있었다.

거킨은 그레이디 병원에서 1970년까지 13년 간 원목으로 일하면서 미 남동부 지역에 임상목회교육을 널리 퍼뜨리는 업적을 쌓았다. 또한 위의 세 신학대학원, 메트로 아틀란타 범교회 연합회, 그리고 자신의 노력으로 미 남동부 여러 곳에 세워진 목회임상교육 센터들을 규합하여 일종의 범교회, 초교파 목회돌봄 및 상담 기관인 'Georgia Association of Pastoral Care'를 1962년에 설립하고, 그 초대 소장으로 1970년 에모리 캔들러 신학대학원 교수초빙을 받을 때까지 봉직하였다. 이 상담소는 미국 임상목회협회의 한 기관이자 동시에 미남침례교 임상목회교육 협회에도 가입한 기관이 되었다.

이렇게 보면, 제2차 세계대전 이후 미국교회와 신학교에서 현대 목회돌봄²⁾ 및 목회상담 운동이 빠른 속도로 번져 1960년대에는 그 절정 및 황금기를 맞고 있었는데, 거킨은 미국의 남동부에서 이 운동의 선구자 및 지도자로 많은 공을 세운 셈이다. 이런 다양한 임상활동과 함께 거킨은 컬럼비아신학대학원에서 임상목회교육의 초빙교수로(1959-1970), 캔들러신학대학원에서 목회돌봄 임상강사로(1961-1970), 그리고 1962년 이후 계속하여 에모리대학교 의과대학의 예방의학 및 공중보건(목회상담)을 가르치는 조교수로 활약하였다.

1970년 거킨은 에모리대학교의 캔들러신학대학원의 목회심리 교수로 부임하였다. 당시 48세로 그는 신학교와 목회현장을 접목하는 일종의 '현장실습목회교육'(supervised ministry)을 창안, 신학교육의 현장화를 꾀하였다. 그것은 신학생으로 하여금 교실에서 신학을 공부하는 것만이 아니라 병원이나 거리에서, 그리고 물론 교회에서, '살아있는 인간문헌'을 만나게 한 후 그것에 대하여 '반추'를 하도록 하는 것이었는데, 신학교 교수와 현장의 임상목회자가 한 팀이 되어 감독하고 또한 지도하는 방식으로 진행되었다. 기존의 특수한 세팅에서만 이뤄지던 임상목회교육을 신학교의 일반 커리큘럼으로까지 확대한 것이었다.

이러한 그의 활약으로 거킨은 1965년에 *Pastoral Psychology*의 '이 달의 인물'로 뽑히기도 하였고, 1970-71년에는 미국임상목회교육협회(ACPE)의 회장으로 선출되어 활약하기도 하였다. 1973년에는 그가 다녔던 베이커대학교로부터 명예신학박사를 수여받았으며 1986년에는 미국임상목회협회의 남동부 지역 특별공로상을 수상하기도 하였다. 그리고 1987년에는 *Pastoral Psychology*의 '올해의 인물'로 뽑혔다.

1992년 그는 약 22년 동안의 교수직에서 은퇴하였다. 교수직 말년에 그는

'*Franklin N. Parker Professor of Pastoral Theology*' 라는 석좌교수에 취임하는 영예로움을 맛보았다. 그러나 은퇴 이후 그는 급속한 신체적 건강의 쇠태로 대외 활동을 거의 하지 못하였다. 그러는 중에도 목회돌봄에 관한 개론적 저술을 펴내었다. 주로 집과 병원 및 요양시설에서 만년을 보내다가 2004년 2월 20일 81세로 세상을 떠났다.

II. 거킨의 학문적 여로: 임상목회교육자로서의 출발

거킨의 학문적 업적은 임상목회교육자 시절의 거킨과 신학대학원 교수로서의 거킨으로 크게 나눌 수 있다. 기초적인 임상목회교육을 경험하고, 파트 타임 원목 및 전임 원목을 거쳐, 일탈 청소년들과 5년 여에 걸친 임상목회를 한 거킨은 이미 자신의 경험을 학술지에 발표했다.[3] 그런데 이때의 글들을 읽어보면, 거킨의 주저라 할 수 있는, 1984년에 출간된 『살아있는 인간문서』(*The Living Human Document: Revisioning Pastoral Counseling in a Hermeneutical Mode*; 이하 Human Document라 함)의 방법론들이 이미 30대 원목의 글로 많이 나타나고 있음을 보게 된다. 그것은 바로 거킨의 학문적 근간을 구성하는 이야기 방법론이다.

원목이자 임상목회교육자로서 활약하던 시절의 글에는, 이후 교수가 되어서도 계속하여 사고와 저술의 근본적인 주제를 이루는, 목회상담 및 상담자로서의 정체성의 문제가 자주 등장한다. 그가 흔히 말하곤 하였던 '경계선 상의 목회상담자'(pastoral counselor at boundary situation)가 줄곧 이때부터 거킨을 따라다니고 있었다. 이런 정체성의 문제는 이후 교수로서의 저술 속에서도 여기저기에 언급되고 있고, 특히 *Human Document*에서는 이를 학문적으로 보다 깊고도 조직적이며 체계적으로 다루려는 시도가 펼쳐진다.

그리고 이 기간 중의 거킨의 글에 주로 배경으로만 나타나면서 아직 명확한 학문적 혹은 방법론상으로 주목을 받지 아니한 주제가 있으니, 그것은 목회 및 상담에서 '사회와 문화'라고 하는 거시적인 측면이다. 이것은 거킨이 임상목회의 지도자로서 활발하게 활동하던 때가 1960년대, 즉 미국사회와 문화가 반문화운동이나 민권운동 등을 통해 급격한 변화를 겪던 때임을 기억하면 쉽게 이해된다. 특히 거킨의 활동무대가 민권운동이 매우 강력하게 추진되던 동남부의 중심지 아틀란타였음이 주목된다.

임상가로서의 거킨은 1950년대 초부터 1970년 그가 신학대학원으로 부름 받고, 미국임상목회교육협회회장으로서 취임하여 취임 강연을 하던 때까지로 생각해 볼 수 있다. 그의 신학방법론의 싹은 바로 이때의 글에서도 이미 나타난다.

1. 이야기 진단법

30대 초반의 일탈 청소년 교화원 원목이자 임상목회교육자인 거킨은 일탈 청소년들을 목회하고 상담하면서, 그들을 이해하고 돌보는 일에 여러 가지의 노력을 기울였다. 일탈 청소년들은 발달상의 연령적 측면 및 일반 환경의 질이라는 면에서만이 아니라, 그들의 내면세계가 혼란되어 있다는 그 자체만으로도 보통의 어른과 의사소통에 어려움을 겪고 있었다. 원목 거킨은 이런 청소년들을 이해하고 공감하는 일에 '이야기'가 매우 효과적임을 알고 있었다. 그리하여 소위 '투사적인 성격검사법'의 하나인 '이야기하기' 방식을 통해 청소년을 이해하려는 시도를 하였다.

> 그림을 보고 이야기를 하는 검사방식은 최근 몇 년 간 우리가 점점 더 자주 사용하기 시작한, 몇몇 투사적 성격검사 유형 중의 하나이다. 이 유형의 성격검사 방법은 피험자가 정해지지 않은 어떤 막연한 상황에 노출되면, 자신의 내면 속에 자리하고 있는 사고나 감정들을 흔히 노출하는 식으로 행동할 것이라는 원리에 근거한 것이다. 그리고 이 사고나 감정들은 당사자의 성품에 매우 중요한 것인데, 그러면서도 본인은 이를 표현할 수 없거나, 표현하고 싶지 않았던 경우가 잦았다.[4]

거킨은 막연한 상황을 표현하는 다섯 개의 그림을 시설 내의 청소년에게 보여 준다. 그림은 침대 옆에서 무릎 꿇고 기도하는 소년, 언덕에서 십자가가 우뚝 솟은 마을을 굽어보는 소년, 교회인 듯이 보이는 건물 앞 보도를 걸어가는 소년, 책상 앞에 한 소년이 앉아 있고 그 옆에서 어른이 성경책인 듯 보이는 책을 읽어 주는 장면, 예배당 안에서 제단을 향하여 앉아 그곳의 십자가, 촛대, 큰 성경책을 바라보는 소년에 관한 것이다. 거킨은 세 소년의 사례를 기술하고 다음과 같은 해석과 결론을 내린다. 이들이 그 그림을 보고 즉석에서 상상하여 들려준 이야기들은 단순히 이들이 경험한 종교적 교육의 내용이나 그것을 실행한 사람들에 대해서 알려줄 뿐 아니라, "그 교사들(부모나 교회의 사람들)과 이 소년들이 형성한 신에 관한 개념들 사이의 있을 법한 관계성까지도 많은 점을 시사해준다."[5] 그리고 이런 종교적인 측면을 통하여 그들의 과거 생활이나 내외적인 문제점들을 알아가게 됨은 두 말할 나위가 없다.

2년 후, 원목 거킨은 *Journal of Pastoral Care*에 이번에는 종교적인 이야기를 동원하여 청소년들의 종교적인 발달을 평가해보는 방식을 시도하여 그 결과를 발표하였다.[6] 지역교회의 도움을 받아 교화원 내의 청소년들에게 종교교육을 실행하고, 그들의 이야기 속에 등장하는 종교적 상징, 즉 교회, 신, 기도, 윤리, 인간관계 등을 교화원 밖의 청소년들과 비교 분석한 것이다. 이 또한 이야기가 지닌 심층적인 부분에 대한 개시적인 면을 이용한 것이다.

여기서 거킨이 이야기라는 중요한 상담 및 교육의 도구를 활용하는 측면이 확실히 부각되고 있다. 이는 후에 그가 교수가 되었을 때 보다 체계적이며 학문적으로 천착되었다.

2. 경계선 상의 목회자

1966년 미국임상목회교육협회(ACPE) 전국대회에서 거킨은 "임상목회감독자의 정체성"이란 제목의 강연을 하였다. 여기서 거킨은 자신의 정체성을 '경계선 상의 존재'라는 이미지를 가지고 설파하였다. 고등학생 아들이 아버지 거킨을 가리켜, 병원에서 목회하는 목사이기는 한데, 때로는 가르치고 때로는 상담도 하고, 그 밖의 여러 가지 일을 하니, 도대체 무엇을 하는 사람이냐고 물은 이야기를 예로 들어, 그는 자신이 네 가지 면의 경계선에 위치한 사람임을 말하고 있다.

그는 먼저 오늘날의 목회자─즉 거킨의 경우 목회상담자 그리고 임상목회를 훈련시키는 지도자─가 사람을 돕는 여러 가지 직종 가운데의 하나로 꼽히고 있음을 언급하고 있다. 그렇다면 그런 부류의 사람 중에 목회자는 어떤 독자적 정체성을 갖는 것인가? 물론 그것은 감독자와 목회수련자 사이의 관계를 통하여 목회의 정체성을 찾는 것이 핵심적인 것임을 주지시킨다. 그러나 거킨은 근본적으로 현대목회─특히 현대목회상담과 목회돌봄─는 그 특성상, 폴 틸리히가 인간실존의 근본 양태를 '경계선' 상에 있는 것과 마찬가지로, 여러 개의 다중 경계선 상에 있음을 설파하고 있다.

목회상담자 혹은 임상목회자는 '교회와 세상 사이의 경계선' 위에 위치한다. 그것은 단순히 교회의 일만도 아니고, 그렇다고 세상의 일만도 아니다. 오히려 "이 둘 사이의 경계를 잘 유지하는 것이 목회자로서의 순전성을 유지하는 것에 필수적이다."[7] 또한 그는 '신학과 행동과학' 사이의 경계선 위에 서있기도 하다. 이 점에서 거킨은 현대목회상담이나 임상목회가 얼마나 행동과학에 영향을 많이 받았는지 솔직히 시인하고 있다. 또한 임상목회감독자는 '한편으로는 교육자요 다른 한편으로는 치료자, 교사, 목회상담자라는 역할을 하고 있음'을 지적한다. 나아가 임상목회감독자는 '인간에 대하여 잘 안다고 생각되는 권위 있는 사람인 동시에, 그 자신 고통을 당하고 또한 구도의 길을 함께 가는 형제 같은 사람이라는 경계선' 위에 서있음을 그는 고백한다.[8]

3. 사회와 문화의 힘

현대목회상담 및 임상목회가 현대심리학의 발흥과 때를 같이 한다는 것은 상식이다. 그런 의미에서 거킨도 개인 내면의 심리적 역동이 지닌 중요성과 영향력에 대하여 깊은 주의를 기울였다. 그러나 그는 임상목회를 소위 '일탈 청소년들'과 시작하였기에, 사회나 문화 같은 환경적 힘이 얼마나 중요한지를 초기부터 분명하게 알 수 있었다. 그가 일탈 청소년들을 목회하는 목회자들과 그들의 부모들을 위해 쓴 1955년의 글을 보면 이런 생각이 잘 나타난다.

> 일탈이 심리 및 정서상의 문제를 드러내는 것이라고 흔히 알려져 있지만, 그에 못지않게 또한 중요한 것은 일탈이 사회적 환경의 반영이라는 점이다. 문제적 정황에 빠지는 많은 어린이들을 보면, 그들이 자신들의 가정이나, 이웃, 혹은 그들이 속한 공동체에서 배운 가치관들을 그대로 반영하고 있음을 알게 된다.[9]

거킨이 사회와 문화라는 요소를 어떻게 목회상담 및 목회신학에 끌어들이는지는 교수로서의 거킨의 글에 보다 자세히 나타난다. 그런데, 이런 '사회와 문화'의 측면에 대하여 말하고자 할 때, 거킨의 원목활동 중의 한 일화가 매우 의미심장하다. 1960년대 거킨이 아틀란타의 그레이디 병원에서 원목을 할 때, 병원장이 사망한 일이 있었다. 당시 이 병원은 흑백분리정책을 고수하고 있어서, 이 병원장의 장례예배를 흑백 분리로 두 번 집례할 것이 요구되었다. 그러나 거킨 원목실장은 이를 거부하고, 예배의식을 매우 유연하게 집례함으로 결국은 흑백통합의 한 예배로 드렸다.[10] 거킨은 이런 점에서 목회나 상담의 사회 및 문화적 측면의 함축의미를 깊이 느끼고 있었고, 또한 이를 현실에서 실제로 실행하는 실천력을 중요시하고 있었다.

1970년 11월 15일, 거킨은 미국임상목회교육협회의 회장으로 선출되어 취임연설을 하였다. 그 제목은 바로 "임상목회교육과 사회적 변화"(Clinical Pastoral Education and Social Change)였다.[11] 미국 내 임상목회교육이 여타의 사람을 돕는 정신건강적 활동들과 어깨를 나누면서 발달하여 온 이력을 되짚으며, 거킨은 임상목회교육이 '기술통치의 시대' 속에 살아가는 현대인들을 돌볼 젊은 교역예비생들에게 '목회의 의미'만 새롭게 형성토록 돕는 것이 아니라, 삶의 심원한 의미를 새롭게 생각하도록 이끌어주는 기관이어야 한다는 것이 요지였다.

이런 메시지의 배경은 바로 신학 자체에도 위기의 시대가 도래하였고, 급격한 사회 변동, 사회의 중심적 가치체계에 대한 근본적인 회의, 인구 폭발 등으로 비견되는 '문화충격' (거킨은 실제로 알빈 토플러를 언급하였다)이 현대인들을 휘둘리게 하고 있다는 거킨의 인식이었다. 따라서 임상목회교육자로서 거킨은 이런 결론을 내리고 있다.

> 전통적으로 [임상목회교육에] 허용되는 데이터는 수련생들의 대화록과 개인적 평가서들이었다. 이제 우리는 다음과 같은 면에 대한 수련생들의 보고를 청하기도 하고 허용하기도 해야 할 필요가 있다. 과학기술이 모든 것을 지배하는 이 시대 속에서 인간의 정황을 규정해버리는 데에 힘을 발하고 있는 사회 구조, 착취적 기술 시스템, 의사결정 절차로부터 소외시키는 것들, 그리고 그 밖의 다른 모든 사회/심리적 힘들 말이다.[12]

III. 거킨의 목회신학 방법론: 이야기 해석학

1970년 에모리대학교 캔들러신학대학원 임상목회교육 교수가 된 거킨은 오랜 임상경험과 그 속에 녹아있는 많은 사례들을 이제 학문의 장에서 명제적인 실천적 지혜로 옮겨야 하는 과제를 안게 되었다. 약 20여 년이 넘는 교수 생활과 은퇴 이후의 몇 년 동안에 그는 5권의 저작을 출판하였다. 1979년의 *Crisis Experience in Modern Life: Theory and Theology for Pastoral Care*; 1984년의 *The Living Human Document: Revisioning Pastoral Counseling in a Hermeneutic Mode*[13]; 1986년의 *Widening the Horizons: Pastoral Responses to a Fragmented Society*; 1991년에 출간된 *Prophetic Pastoral Practice: A Christian Vision of Life Together*; 그리고 은퇴 후인 1997년에 출간된 *Introduction to Pastoral Care*[14]가 마지막 책이다.

1. 해석학과 인간

임상목회의 현장을 벗어나 신학대학원 강단에 서게 된 거킨은 자신의 학문적 방법론으로 해석에 대한 체계적인 연구를 하는 해석학을 택하였다. 1970년 당시 미국의 대학에서 해석학 그 자체를 연구하는 것은 철학이나 사회과학 분야에서는 흔한 일이요, 또한 신학계에서도 성서학이나 이론신학 분야에서는 일반적인 일이었으나, 목회실천 분야에서 이를 본격적으로 다루는 경우는 많지 않았다. 거킨은 우울증 환자를 상담하면서 해석의 문제에 관심을 가지게 되었고, 이에 대한 학문적 호기심을 갖게 되었다고 말한 적이 있다.[15] 따라서 그의 첫 저서 *Crisis Experience*를 보면 이 해석의 문제가 여러 각도에서 논의되고 있다. 그러나 이 당시의 거킨의 해석학에 대한 이해는 흔히 이야기되는 '의미찾기'(interpretation)의 수준을 크게 넘어서지 않고 있다. 예를 들어 사람은 글자의 뜻을 알려 하고, 상징의 의미를 알기 위하여 노력하는데, 이런 의미론적 작업을 보다 전문적인 용어로 '해석학'으로 부르고 있다는 정도의 상식적 언급 수준이었다.

그러나, 목회상담의 현장에서 해석이 지니는 구조적인 어려움을 거킨은 확실히 자각하고 있었고, 따라서 해석의 문제를 깊이 다룰 때에 비로소 자신이 만나고 있는 실제적이면서도 학문적인 문제를 해결할 수 있다고 판단했던 것 같다. 그런데 이때 거킨이 당면하는 해석의 문제는 난해한 텍스트나 수수께끼가 아니라, 목회 현장에서 만나는 사람들의 삶의 위기였다. 이를테면 "왜 내가 암에 걸려야 하는가?", "왜 어린아이가 죽어가야 하는가?", "왜 이 부부는 이혼을 하려하는가?" 등이다. 이때 거킨은 어떤 '사건'(event)이 위기를 만드는 것도 사실이지만, 더욱 더 중요한 것은 그 사건을 바라보는 당사자의 '시각' 즉 해석의 각도임을 주지한다. 그리하여 그는 '위기 체험'을 이렇게 정의한다.

> 사람이 살아가면서 만나는 일 가운데에, 그 개인과 가족 및 공동체 내외에서, 일련의 역동적인 힘과 과정을 일으킬 수 있는 것이면 거의 무엇이든지 이 '위기 사건'이 될 수 있다고 우리는 본다. 사실 '위기 사건'이란 흔히 유

한한 인생살이 속에 일어나는 이런 저런 보통의 일이 당사자에게 위기를 촉발함으로 이뤄진다. 그러나 꼭 그런 것만은 아니다. 왜냐하면 위기라는 것이 대부분의 사람들에게는 일상적이고 하찮은 일일지도 모르지만, 어떤 개인이나 가족 또는 공동체에게는 매우 급박한 위기 사건이 될 수도 있기 때문이다. 따라서 나는 '위기 체험'(crisis experience)이라는 용어를 통하여, [이 당사자를 위기에 빠뜨리는] 의미, 관념, 감정, 의식적/무의식적 정신과정, 그리고 인간관계의 총합의 장(nexus)을 가리키려 한다. 이 모든 것이 하나로 합쳐 위기라 하는 하나의 형체(gestalt)를 갖추기 때문이다.[16]

그렇기 때문에 거킨의 학문적 입장은 처음부터 한 '사건'을 여러 각도에서 보려는 의지를 지녔다. 그것은 위기에 처한 개인의 내면심리만 보지 않고, 사회적 힘, 문화적 영향력 등에 주목하는 것이었다. 그러나 가장 중요한 것은 '해당 당사자의 체험을 형성하게 만드는, 의미들의 체계 및 역동적 힘들로 만들어지는 일종의 순환적 구조'이다. 여기서의 순환은 개인과 공동체 사이의 순환이요, 의미와 힘들과의 순환이다.

위기란 단순히 한 사건으로 만들어지는 것이 아니다. 위기란 힘(forces), 의미(meanings), 역동적인 요인들(dynamic influences)로 복합적 장을 형성한 가운데 그 한 복판에 위치한 개인, 가족, 공동체에 의해서 만들어진다.[17]

그런데 여기서 계속하여 거킨이 지적하는 '의미'와 '힘'은 약간 모호한 말인데, 바로 이것이 후에 거킨의 핵심적 이론으로 등장하는, 그리고 그가 프랑스의 철학자 폴 리쾨르로부터 차용한 '욕구의 의미론'(semantics of desire)이다. 이 점에서 거킨은 '사건'이 '체험'화하는 데에 일종의 '해석적 작용'이 내재하여 있고, 그것에는 당사자가 수동적인 피해자이기만 한 것이 아니라 해석자로서의 역할이 끼어들어가 있다는 점을 내포하고 있었다.

위에서 인용하며 살펴본 대로, 거킨의 해석적 접근은 한 개인의 심리 내면에 집착하면서 이뤄지는 심리내적 해석 작용만을 보는 것이 아니다. 분명 그의 방법론은 다중적이다. 즉 개인, 사회, 문화, 공동체 등을 아우르는 복합적 관점의 해석이 그가 주장하는 것이다. 이것은 그가 원목시절부터, 목회상담자는 신학과 심리학, 교회와 사회, 일상과 위기, 교회와 병원이라는 서로 다른 영역의 경계선 상에 위치하면서 신앙의 언어와 세상의 언어를 동시에 사용하여야 한다는 체험과 자각에 근거한 것이었다.

그러나 *Crisis Experience*를 출간할 때까지도 거킨의 해석학에 대한 입장은 단순한 '이해' 혹은 '보는 시각'을 뜻하는 'interpretation'에 머물러 있는 것이 사실이다. 이 책에서 계속하여 나오는 'hermeneutic of despair' 혹은 'altered hermeneutic' 등의 단어가 이를 입증해 준다.

해석학 그 자체가 상담을 이해하는 방법론으로 채택되고, 현대적 의미의 해석학적 이론이 곧 상담의 방법론으로 채택된 것은 *Human Document*부터이다. 실제로 이 책은 해석학을 목회상담에 적용한 최초의 책 중의 하나로, 거킨의 방법론이 가장 체계적으로 드러나고 있다. 거킨은 이 책의 '참고도서 목록'에서 실제로 그가 읽고 참고했으며 또 앞으로 공부할 사람을 위해서도 기본적인 교본들을 언급해 놓았다. 그러나 해석학 자체를 거킨이 어디선가 설명하는 것은 아니다. 그는 다만 해석학과 목회상담의 접점을 찾아 목회상담이 지닌 난점들을 해석학의 도움으로 설명을 시도하는 방식으로 출발한다.

이렇게 목회상담이 해석학과 만나는데, 이것의 구체적인 모습은 다음의 두 가지로 압축될 수 있다. 하나는 목회상담 자체를 해석학적으로 구조화하고 설명하는 점이다. 다른 하나는 목회상담의 상담자와 내담자를 해석학적으로 이해하고 구조화하는 것이다. 물론 이 둘은 서로 밀접하게 연결되어 있다. 그러나 엄밀하게 보면 약간 다른 측면을 지닌다. 거킨은 후자를 가지고 먼저 자신의 견해를 밝히기 시작한다.

2. 해석할 텍스트로서의 인간

해석학은 근본적으로 텍스트를 해석하고자 할 때 드러나는 현상들을 조직적으로 그리고 체계적으로 설명하는 학문이다. 따라서 해석학에는 텍스트와 이를 해석하는 해석자 그리고 해석에 수반되는 상황 혹은 해석을 가능케 하는 어떤 의미창출의 과정이 구조적 요소로 등장한다. 그런데 거킨은 무엇보다도 목회상담에 나타나는 텍스트에 먼저 주의를 기울이는 동시에 해석학을 자신의 이론으로 불러들이기 시작하였다. 이 목회상담적 텍스트란 바로 앤튼 보이슨이 만든 용어인 "살아있는 인간문서"이다. 1930년 *Religious Education*에 보이슨이 처음 썼고, 1950년 미국임상목회교육협회 25주년 기념집회에서 자세히 언급한 후, 1951년 *Journal of Pastoral Care* (vol. 5, no. 1)에 실린 글에 보다 상세히 쓰여 있는 이 문구를 가지고, 거킨은 목회상담의 텍스트를 지칭하였다.

그러면 과연 어떻게 인간의 삶이 혹은 살아서 움직이는 사람이, '고정된' 텍스트가 될 수 있는가? 이미 사람의 성격이나 행동을 하나의 텍스트로 보는 방법론은 사회과학이나 철학에서 시작되었다. 거킨이 제일 많이 참고하는 폴 리쾨르는 이미 '텍스트로서의 인간행동'을 언급했었다. 그러나 거킨은 텍스트의 고정성 여부에 대한 관심보다는 오히려 텍스트가 이뤄지는 언어에 대하여 먼저 시선을 기울이고 있다.

> 사람이 하나의 살아 움직이는 인간 문서라 함은 삶과 언어의 연계성을 인정하는 것이다. 보이슨이 말하는바 한 사람의 '내면세계'(inner world)를 이해하기 위해서는, 체험상의 내면세계가 외부사건과 연계되도록 만들어 주는 언어를 이해해야만 한다는, 이 사실을 인정할 수밖에 없다.[18]

이 점은 두 개의 해석학적 과제를 제시한다. 우선 상담자는 내담자의 텍스트가 내담자 자신이 자신의 해석을 통하여-즉 그가 자신의 체험을 해석하여 거기에 언어를 붙임으로써-만들었다는 것을 인정해야 한다. 그러면서 동시에 상담자는 바로 이렇게 이미 일차적으로 해석되어 만들어진 결과물로서의 내담자의 이야기를 텍스트 삼아 또다시 해석을 덧붙일 수밖에 없다. 그렇다면 그는 이중의 해석과정을 거칠 수밖에 없다.

사실 이것은 어느 텍스트를 해석하는 사람이라도 만나게 되는 구조이다. 그러나 목회상담자의 텍스트는 글자나 그림으로 혹은 어떤 형상물로 고정된 텍스트가 아니라, 무시로 바뀌고 또 언제나 움직이는 '살아있는' 텍스트라는 점에서 현대해석학의 시조로 불리는 쉴라이에르마허가 말한, '점치듯 잡아내는 해석'(divinatory interpretation)과 매우 흡사한 모양새를 지닌다고 거킨은 지적한다.[19)]

거킨이 보이슨의 '인간문서'라는 이미지를 목회상담의 패러다임으로 제시하면서 이 문서를 '체험에 언어를 붙임'으로 설명하였을 때, 그는 오랫동안 고민하여 왔던 '신학과 심리학'의 경계, '신앙과 심리'의 경계, '교회와 세상'의 경계를 어느 한쪽에서 다른 쪽을 향하여 보지 않고, 이 두 영역을 언어라는 차원에서 공통으로 혹은 공평하게 보는 지점을 확보할 수 있었다. 그는 해석학을, 해석자나 텍스트가 사용하는 언어를 한 차원 높은 영역에서 훑어보는 메타언어로 사용하고 있었던 셈이다. 이런 거점이 확보되었을 때, 거킨은 비로소 오랫 동안 상담자로서 사용하여 왔던 심리학적 언어와 자신의 정체성의 근거가 되는 신학적 언어를 제3의 입장에서 함께 아우를 수 있게 되었다.

그런데 거킨이 말하는 언어란 무엇인가? 물론 그것은 일상적인 언어를 가리킨다. 그러나 그의 마음속에는 보다 독특한 언어 체계, 바로 비유, 이미지, 심볼, 메타포, 내러티브 등이 있었다. 이것은 앞으로 나타날 저술에서도 거킨이 계속하여 사용할 중요한 방법적 언어 체계들이기도 하다. 특히 그의 내러티브 이해는 이미지와 더불어 그 양벽을 이룬다.

이렇게 본다면 거킨의 텍스트 이해는 매우 간단해진다. 신학적 텍스트란 신앙과 신학의 전통적 텍스트들이 제시하는 바, 기독교의 패러다임으로 여겨져 오는 이미지, 메타포, 내러티브들에 의하여 형성되고 또 그것들을 사용하는 언어에 영향을 받은 텍스트를 의미한다. 같은 관점에서 보면, 심리학적 텍스트란 심리학이 제시하는 '조형적 개념들이나 이미지들'에 의하여 형성되고 또 그것들에 의하여 영향을 받은 사물들을 의미한다. 물론 거킨은 단순하게 심리학적 텍스트라는 말을 사용하지는 않는다. 그렇지만 그가 이런 언어체계들을 가지고 무엇을 하려는 지는 비교적 명확하다.

chapter 6 · 찰스 거킨(Charles Gerkin)

거킨은 *Human Document*에서 패러다임들을 사용하여 집중적인 설명을 가하였다. 그는 전반적으로 리쾨르의 '힘의 언어', 틸리히의 '유한성 혹은 한계성', 또는 몰트만의 '희망' 같은 매우 철학적인–따라서 특별히 기독교적이라 하기 어려운–개념들을 주로 사용하였다. 그러나 다른 한편 그는 인간이 한계 상황 속에서 고생하면서 살더라도, 궁극적으로는 하나님 나라를 향하여 종말론적인 희망을 가지고 영원의 시간 아래에서 순례의 삶을 살아간다는 것을, 인생 전체의 밑그림을 그리게 해주는 '기준 지평'(controling horizon)[20]으로 생각하였다. 그리하여 목회상담의 상식적인 기본적 이해에 대하여 동감하면서 그는 이렇게 고백한다.

> 예수 그리스도 안에 하나님이 육신을 입고 오셨다는 유비(analogy)는 목회상담이 체현해야 할 그런 은혜와 수용의 밑바탕이요 패러다임을 제공하는 이미지가 되었다.[21]

3. 해석하는 인간

내담자 혹은 교인이란 결국 해석되어야 할 텍스트라고 보는 것이 '문서 패러다임'의 핵심이었다면, 결국 인간은 그 스스로 근원적으로 해석함으로써 자신이 이미 해석자가 되고 있다는 것이 거킨이 보고자 하는 또 하나의 중요한 해석학적 상담의 풀이이다. 다시 말해서 인간이란 기본적으로 해석하는 인간(hermeneutic person)이며, 즉 의미를 만들어가는 사람 (meaning maker)라는 것이다.

여기서 재미있는 점은 그가 신학적 언어의 틀을 가지고서는 인간이 어떻게 자기의 체험에 의미를 부여하는지 설명하였다면, 심리학적 언어의 틀을 가지고서는 그는 인간이 어떻게 자신의 체험에 의미를 부여하는지를 보기보다는 인간자신이 근본적으로 해석학적 존재임을 논증하는 태도를 보였다는 것이다. 이것은 *Human Document*에서는 잘 드러나지 않는다. 거킨은 신학적 언어와 심리학적 언어를 같은 평면 혹은 같은 지평 위에 놓지 않고, 하나는 의미를 부여하는 의미의 언어적 측면에, 다른 하나는 어떤 '힘의 언어'의 측면에 놓고 보았다는 인상을 갖게 한다. 따라서 사실은 거킨은 이 두 언어를 같은 정도의 '메타' 레블에서 보고 있지 않는 듯하다.[22]

거킨은 *Human Document*의 4장 "자아심리학, 대상관계이론 및 자기의 해석학"에서 '자기'라는 존재가 해석적 노력을 통하여 비로소 구성되는 심리적 실제적 존재임을 에고 심리학 및 대상관계이론의 여러 저술가들의 이론을 빌려 증명하고 있다. 그리하여 '자신의 체험을 해석하는 해석자로서의 자기'[23]를 그는 직시하고 있다. 그러나 그는 위니컷이나, 코헛, 컨버그의 이론들을 동원하여, 아기가 자기의 체험들을 대상관계의 맥락에서 해석하면서 어떻게 '자기'라는 존재의 힘과 의미를 연속적으로 이어가고 나아가 자기를 확립하는가 하는 면을 집중적으로 설명하고 있지, 어떤 '심리학적 언어체계'가 한 사람의 의미화 작업에 영향을 미쳐 그의 언어적 세계를 구성하고 있는지에 대해서는 별로 관심을 기울이고 있지 않다.

이 점에서 거킨은 위니컷의 '존재의 연속성'(continuity of existence; 위니컷 원래의 용어로는 'continuity on being'이 더 유명하다)이나 'story-line' 같은 개념을 차용하고, 컨버그의 'good self and good object'와 'bad self and bad object'의 통합 하에 이뤄지는 '자기 및 대상에 대한 내러티브를 통한 통합' 같은 개념에만 관심을 가진다. 코헛의 경우도 마찬가지이다. 거킨은 한 생명이 자기 및 자기 주위의 환경 사이에 벌어지는 수많은 관계 양상 속에서 일종의 일관성과 연속선을 찾아 핵심적 자기를 발견하고 그것이 응집된 자기상을 찾아가는 과정에 주목한다. 즉 심리학적인 언어체계를 정신분석가들에게서 찾는 것이 아니라, 인간이 하나의 정합성을 이룬 존재이기 위해서는 해석적인 측면이 얼마나 중요한지를 이들로부터 추론해 내고 있다.

4. 자기의 해석과 영혼의 삶

거킨의 이론적, 학문적 방법론이 녹아 있는, 그리고 그의 저술 중 가장 중요한 틀과 내용들이 한꺼번에 녹아 있는 곳이 *Human Document*의 5장 "자기의 해석학과 영혼의 삶"이다. 해석적 인간, 신학적 패러다임, 심리학적 설명을 한꺼번에 모아서 하나의 세계로 통합하고자 하는 시도가 여기에서 전개되고 있다.

> 나의 목적은 위의 언어 체계들 중 하나나 둘을 허물어뜨리고자 함이 아니요, 어느 언어체계든 그것이 제시하는 관점을 무시코자 함이 아니다. 각각의 언어 체계로부터 출현하는 그 각각의 보전성(integrity)은 존중받아야 마땅하다. 그러나 '자기 생에 대한 해석학적 이론' 이야말로 신학적 언어와 심리학적 언어 사이를 연결 해 주는 다리 즉 중재 언어로서의 역할을 할 수 있다는 것이 나의 제안이다.[24]

이때, 거킨은 '자기'라는 용어와 '영혼' 이라는 용어를 전략적으로 채택하였다. 에고, 아이덴티티 등 여러 가지 심리학적 용어들이 있지만(사실 이들 말고도 존재, 실존, 주체 등 철학적 용어들도 사용될 수 있었을 것이다), 거킨은 '자기'라고 하는 상식적 용어를 가지고(물론 코헛의 자기심리학에서는 이 용어가 전문적인 용어로 쓰여지기는 했지만) 보다 중립적인 면을 취하면서, 언제나 하나님과의 관계에서 논의되는 '영혼' 이란 것과 자기를 연관시킴으로 자신의 방법론을 절묘하게 제시하고 있다.

> '영혼' 이란 생명의 숨과 함께 개개인에게 수여된 하나님의 은총이다. 따라서 그것은, 에고의 갈등까지를 포함하는 바, '자기'를 하나의 궁극적 관점에서 본 것이다. 여기서 그 궁극적 관심이란 자기를 하나님의 현존 속에서 양육되고 지탱되는 식으로 보는 관점이다.[25]

이렇게 보면, '영혼' 과 '자기' 는 사실상 같은 실체를 관점에 따라서 다르게 본 것이다. '영혼' 이란 신학적 언어로 본 인간의 생이며, '자기' 란 심리학적 및 해석학적 주체로서 인간의 생을 본 것이다. 그렇다면, '영혼' 과 '자기' 가 진실로 관점만 달리하여 바라본 동일한 주체임을 어떻게 확증할 수 있는 것인가? 거킨은 이렇게 설명한다.

영혼의 생이란 ... 주로 자기가 역사·사회적인 장 안에서 자신에게 부여된 정체성을 가지고 살아가고자 애쓰는 것, 그리고 다가오는 하나님 나라에 참여하려고 힘씀을 통하여 그 부여받은 정체성을 주장하고 확립하는 것으로 이뤄진다.[26]

　위 문장만을 떼어 놓고 생각한다면, 결국 '자기'와 '영혼'은 거킨의 해석학적 전략상 채용된 것이다. '자기'란 결국 상식적이며 일상적인 용어요, 또한 심리학적 여과를 거친 것이라 하지만 결국은 누구에게나 통할 수 있는 개념이다. 그러나 '영혼'은 다르다. 이것은 신앙과 신학적 언명이요 믿는 이로서의 결심과 고백이 선행되는 것이다. 그렇다면 어떻게 거킨은 '자기의 삶'으로부터 '영혼의 삶'에로의 이행 내지는 고백을 성취하는가?

　거킨은 이 질문을 세 가지의 면에서 해결하고자 시도하였다.[27] 그리고 이 모든 시도의 밑바탕에는 '자기'란 해석에 의하여 구성되는 어떤 존재적 양태이고, '영혼'이란 그 자기의 해석적 범위를 영원이나 궁극에까지 확대시켜 나갈 때 개시되는 존재적 양태의 확장 내지는 궁극적 지평임이 함축되어 있다. 첫 번째 시도는 영혼의 삶이 펼쳐지는 세 가지의 중요한 영역(nexus)-자기/에고의 영역, 사회적 상황의 영역, 신앙 및 문화의 영역-에서 어떻게 힘의 언어와 의미의 언어가 서로 겹쳐 영향력을 행사하는지를 살펴보는 것이다. 두 번째 시도는 한 개인이 자신의 체험을 해석할 때, 그것을 이해하는 시간이란 수준이 생물학적/개인적 시간만이 아니라, 사회적 수준의 시간과 나아가 영원의 시간 즉 종말론적 시간의 수준에로까지 확대되어야 한다는 주장이다. 세 번째 시도는 '자기'의 해석이 결국은 어떤 이야기로 나타나는데, 그 이야기 즉 내러티브의 '질'(quality of narrative)[28]에서 바로 이런 이행을 볼 수 있다는 것이다.

　그러나 이 세 가지 접근 방식 모두에서 거킨은 결국 '영혼의 삶'은 어떤 궁극적 존재나 궁극적 시간 그리고 궁극적 의미를 '가정'(assume)[29]하는 데에 기초하고 있는 것처럼 설명하지, 그것을 적극적으로 설명하는 것처럼 보이지는 않는다. 바로 이 점 때문에 거킨이 상담을 해석학적으로 어떻게 보고 있는지가 중요해진다.

chapter 6 · 찰스 거킨(Charles Gerkin)

실질적으로 거킨은 '자기의 해석'과 '영혼의 삶'을 통하여 심리학과 신학, 세상의 영역과 궁극 즉 종말의 영역, 힘의 언어와 의미의 언어를 연합시키고자 하였지만, 지금까지 본대로는 '하나님'을 가정하고, 그것을 요청하는 것으로 평면적인 설명만을 한 것처럼 보인다.

5. 해석: 의미작용의 탁월성

그러나 거킨의 진정한 상담의 의미 및 인간의 변화 가능성은 내담자의 고민이나 증상 같은 것이 사실은 이 두 언어가 같이 섞여있는 즉 '혼합된 담론'(mixed discourse)이라는 점에 있다. 이 혼합된 담론은 거킨이 학문적 배경으로 사용한 리쾨르의 언어로서 거킨은 사실상 이것을 상담을 해석학적으로 보는 뼈대로 이용하고 있다.

리쾨르는 1961년 예일대학교의 테리강좌(Terry Lectures)에서 강의한 *Freud and Philosophy: An Essay on Interpretation*에서 이 혼합 담론의 문제를 자세히 다뤘다. 그는 기본적으로 환자의 꿈이나 증상, 기타 정신분석적 의제들이 한편으로는 그런 증상을 만들어내게 한 욕동을 가리키기도 함을 지적하였다. 즉 증상은 그것의 원인 또는 원천이 되는 무의식적 수력학적 에너지를 지시하는 '힘의 언어'(force language)의 측면을 지닌다는 것이다. 다른 한편으로는 표상으로 나타난 이 꿈이나 증상은 어쩔 수 없이 그 자체가 표상일 수밖에 없는데, 그 표상은 이미 어떤 문화나 언어 혹은 본인의 의식의 문맥 속에서 뽑혀 채택된 것이다. 즉 그 자체가 욕구적 에너지와는 별개의 어떤 의미 시스템 속에 있다. 다시 말해서 증상이나 꿈은 언어화될 때, 표상 자체가 지니는 문화적 언어적 상징적 의미를 지시하는 '의미의 언어'(meaning language)의 측면을 지닌다는 것이다.[30]

예를 들어, 끊임없이 손을 닦는 강박행위자에게는, 어떤 무엇인가가 그의 마음을 계속하여 손을 닦게 만들고 있다. 그것은 금기된 욕망일 수 있고, 이렇게 닦음으로 그 욕망은 비로소 원인으로서의 꼬리를 드러내게 된다. 따라서 그것은 숨겨진 욕구의 왜곡된 만족 또는 그 표상일 수 있다. 그러나 '물로 닦는다'는 것은 또한 그 자체로 한 문화의 맥락에서 어떤 독특한 의미 구조 속에 위치한다. 이 환자가 물로 닦는 대신 혹시 불로 태우는 쪽의 표상을 택하였다면 그것은 또 다른 파생작용을 낳았을 수 있다(예를 들어 방화범이 될 수도 있다는 식으로). 그가 불로 태우거나 갈기갈기 찢거나 하는 대신에 물로 닦는다는 표상을 택한 것은 사실은 그 자체로 무엇인가를 능동적으로 '함'(action)이라 할 수 있다. 이렇게 본다면, 앓는다는 것, 신경증적 증상을 보인다는 것은 최소한의 능동적 행위의 표현일 수도 있고, 가능한 최소한의 주체적 의미화 작용일 수도 있는 것이다.

이런 왜곡 혹은 억압된 상태에서 파생되는 증상이나 표상을 리쾨르는 "원래의 의미(욕구)에 대한 폭거"(the violence done to the meaning)[31] 라고 말하였다. 그러나 거킨은 이런 폭거의 가능성이야말로 인간에게 주어진 해석의 자유 혹은 해석의 능력을 말하는 것이라고 본 듯하다. 사실 이 점을 거킨은 명확히 말하지는 않았다. 그는 다만 이 '힘의 언어' 측면과 '의미의 언어' 측면이 단지 해석자(상담자와 내담자 모두)의 해석적 지평을 구성하는 것이라고만 설명하고 있다.[32]

엄밀하게 말해서 인간을 '의미의 창출자'라고 말할 때, 그리고 이것이 체험에 언어를 부여하면서 이뤄진다고 말할 때, 그것이 지닌 가장 중요한 의미는 인간이 바로 어떤 힘에 의해 강제를 당한다 하더라도 거기에 언어를 부여할 수 있는 능력을 통하여, 의미의 창출을 꾀할 수 있다는 것을 의미한다. 즉 힘에 대한 의미의 탁월성(primacy of making meaning over being forced) 또는 그렇게 탁월할 수 있는 가능성, 주어진 것을 넘어설 수 있는 힘—실제가 아니더라도 즉 상상과 태도를 통해서만이라도—이라 할 수 있는 것이다.

거킨에게 내담자의 고뇌와 아픔, 그 아픈 이야기는 바로 리쾨르의 '혼합 담론' 과 마찬가지로 힘의 언어와 의미의 언어가 중첩된 것이다. 그는 '매 맞는 아이'의 이야기를 통하여 이를 설명하곤 하였다. 매 맞는 아이이게 왜 매를 맞느냐고 물으면, 그 아이는 자기가 맞을 짓을 하여 맞는 것이라고 말하곤 한다. 어떤 의미에서 그 아이가 자기를 때리는 부모를 비난하는 것은 매 맞는 것 이상의 무서운 일일지도 모른다. 그것보다는 차라리 자기가 매 맞을 짓을 하여서 맞는다는 것이 훨씬 더 나은 것일 수도 있다. 그런데 무관심보다는 매가 오히려 더 깊은 접촉이요, 사랑의 표현이라는 의미의 구조가 존재한다면, 이 아이에게 있어서 '매 맞는 짓'이란 벌로서의 '힘의 언어'와 사랑 또는 관심으로서의 '의미의 언어'가 혼재하고 있는 담론이 된다.

이런 점은 병원에 입원한 환자들로부터, '내가 하나님을 제대로 섬기지 않았더니, 하나님께서 사랑의 매를 들으셔서 나를 치셨다'고 고백하는 한국기독교 신자들의 잦은 고백에서도 찾아 볼 수 있다. 죄에 대한 벌과 응보로서의 힘의 언어와, 사랑하기 때문에 때린다는 묘한 문화적 의미 언어가 이 담론 속에 같이 병존하고 있는 것이다.

여기서 우리가 특기할 점은 리쾨르는 정신분석이라는 틀 안에서, 이 힘의 언어의 영역을 프로이드의 성적 욕구라는 측면만을 고려하여 설명을 하였다면, 거킨은 이것을 매우 넓게 확대시켰다는 점이다. 거킨은 '영혼의 삶의 변증 삼각 도표' (the dialectics of the life of the soul)[33]에서 프로이드의 심층심리적인 면을 자기/자아의 축에 위치시키고, 사회적 상황의 축과 문화/신앙적 축을 다른 두 개의 축으로 하여 삼각형을 완성시켰다. 그렇다면 '힘의 언어'적 측면을 심리적 영역에서만이 아니라, 사회 및 문화(종교적 신앙까지 포함하여)의 영역에서도 찾아본 것이다.

이것은 동시에 의미 언어의 탁월성 또한 이런 사회 및 문화의 영역에서도 찾아볼 수 있고 바로 거기에서도 해석학적 변화의 가능성이 존재한다는 것이다. 예를 들어, 학대받는 아동의 경우, 그의 심리내면적 의미언어를 통한 변화의 가능성도 중요하지만 우선 그를 안전한 환경으로 구출해 내는 사회적 영역속의 의미 언어적 측면의 돌봄이 중요한 것을 들 수 있다.

결론적으로 보면, 거킨의 해석학적 상담의 요체는 인간의 언어적 측면에 존재한다. 언어는 인간의 한 가능성이다. 그가 언어를 활용할 수 있을 때, 자유와 초극과 창조의 가능성이 비로소 실제화된다.

IV. 이야기와 상담

이야기란 바로 인간의 언어가 실제화된 모습중의 가장 뚜렷한 사건이다. 그것은 일어난 일들이 앞뒤가 있게 배열된 담화의 형태이다. 즉 줄거리를 지닌 말이다. 상담은 모두 이야기를 주고받음으로 이뤄진다. 이 점은 거킨이 원목시절부터 주목하여 왔던 바이고, 또한 이야기가 그 자체로 중요한 상담의 도구요, 상담의 장임을 그는 주장하여 왔다.

그러나 해석학적으로 상담을 조명하는 입장에서 거킨은 이야기에 보다 전문적인 면으로 접근한다. 이야기란 상담에서나 혹은 그 어디에서나 근본적으로 의사전달 도구이다. 즉 이야기란 사물에 대한 언어적 모사이다. 나아가 그것은 단순한 모사가 아니라, 사물과 사건 사이의 인연과 결과를 담고 있는 모사이다. 그런데 놀랍게도 사물과 인연의 모사인 이야기가 더 나아가 그 의사전달자를 형성하고 변혁시키는 인간형성 도구이기도 하다. 바로 이것이 거킨이 주목하는 이야기의 특성이다.

1. 이야기: 상담의 도구

이야기가 상담의 도구라는 점은 더 말할 나위 없다. 그러나 해석학적 이론으로 상담을 살피는 거킨에게 이 도구는 단순한 중립적 도구만이 아니다. 거킨은 내담자의 이야기만이 상담의 구성요소가 아니라, 상담자가 상담실에 안고 오는 자신의 이야기도 못지않게 중요한 요소임을 말하고 있다. 그것은 해석상 전(前)이해 혹은 편견 등으로 해석적 지평을 구성하기 때문이다.

뿐만 아니라 그 이야기가 어떤 언어세계로 이뤄져 있는지는 곧 상담의 '기준 지평'(controlling horizon)이 되기도 한다. 즉 상담자는 앞으로 해석될 내담자의 이야기를 해석할 어떤 모체적인 지평을 이루는 이야기를 담지하고 있는 것이다. 이것은 상담자가 의식적으로 구비하는 것일 수도 있지만, 내담자가 이미 예상하고 있거나 기대하고 있는 지평적 이야기이기도 하다.

이렇게 상담의 구조가 이야기라는 매체를 통해서 설명된다면, 이야기가 가지고 있는 여러 가지 이론적 내용들이 상담의 도구로 쓰여질 것임은 자명한 일이다. 거킨은 크게 보아서 웨슬리 코트(Wesley Kort)라고 하는 듀크대학교 문예비평 교수의 '이야기 요소'들과, 저명한 성서학자 존 도미닉 크로산(John Dominic Crossan)의 이야기 이론을 그 구체적 예로 들고 있다. 같은 이야기 방법론을 통해서 회중연구를 하는 제임스 호프웰(James Hopewell)의 *Congregation: Stories and Structures*[34]가 노드롭 프라이(Northrop Frye)의 신화비평방법론을 사용하고 있는 것과 비교하면 재미있다.

거킨은 웨슬리 코트의 이야기의 구성 요소 네 가지–배경, 구성, 인물, 색조(톤)–을 가지고 내담자 이야기를 마치 문예비평적인 면으로 보고자 한다.[35] 이것이 주로 진단의 도구처럼 쓰여지는 것이라면, 크로산의 이론은 내담자의 변화(혹은 무변화)를 설명하는 도구로 거킨에 의해서 쓰여지고 있다. 신화와 비유(parable)라는 성서 및 기존의 이야기 이론은 크로산 자신이 전문가이다. 여기에 셸든 색스(Sheldon Sacks) 교수의 *Fiction and the Shape of Belief*에서 인용된 '아폴로그' '액션' '새타이어' 등을 더하여 거킨은 한 사람의 이야기가 어떻게 변화하는지를 그리고 이야기의 힘을 통하여 어떻게 그 변화를 촉진시킬 수 있는지를 보고자 하였다.[36]

Human Document 이후에 거킨은 이런 이야기 이론을 더욱 넓혀, *Widening the Horizons*에서는 스티븐 크라잇스(Stephen Crites)와 마이클 골드버그(Michael Goldberg)의 것까지 포함시키고 있다. 이것은 이야기를 개인의 해석적 지평을 너머 사회적 지평에로 확대시키면서 필요한 이론적 배경들이다.

그러나 거킨이 이런 이야기 이론을 가지고 실제로 어떻게 구체적으로 도구화하고 있는지 *Human Document*는 일화적으로만 설명하고 있지, 상세한 연구를 전해 주고 있지는 못하다. 이 분야는 후학들이 해야 할 중요한 연구과제이다. 거킨이 이야기를 단순히 상담의 도구로만 쓰는 것이 아니라, 그것이 곧 삶의 기반이요, 신앙의 보루이며 어쩌면 하나님의 역사와 이야기가 너무나 떼려야 뗄 수 없이 연결되어 있다고 본다는 점은 특기할 만하다.

2. 이야기: 상담의 기반

인간의 삶이 이야기식으로 구성되고 영위된다는 지적은 이제 상식처럼 여겨진다. 이에 대한 학자들의 자세한 연구는 수많은 책으로 발표되고 있다. 특히 시간과 이야기의 관계, 의식과 이야기의 관계 등은 폴 뢰쾨르 같은 철학자들에 의해 자세히 논의된 바이다. 거킨은 리쾨르를 연구하면서 자연스레 이런 지식들을 자신의 이론으로 삼았다.

그러나 자신의 전문 분야인 심리학을 보다 깊이 살펴보면서 대상관계이론 등으로 인간의 삶이 이야기를 찾아나가는 쪽으로 구성·통합된다는 측면을 살핀 것은 거킨의 중요한 공로이다. 이런 점에서 상담에서의 변화를 이야기의 변화로 본 것은 단순히 이야기를 도구적인 측면으로 본 것이 아니라, 이야기가 지닌 보다 본질적인 내용을 지적한 것이라 말할 수 있다.

삶의 문제는 이야기의 문제이다. 인간은 자신의 체험에 언어를 부과하면서 그 의미를 새기고, 그 의미가 담겨진 체험들은 이야기의 형태로 표상된다. 그렇다면 문제적 상황을 맞아 상담을 구한다는 것은 무엇인가? 그것은 이야기가 막혔다는 것이다. 즉 이야기가 만들어내는 의미가 너무 아프거나 아니면 무의미에 빠지고 있음을 말한다. 따라서 거킨은 상담이란 이야기 나눔이요, 이야기 해석임을 지적하면서 다음과 같은 이야기의 변화를 상정한다.

> [이] 대화의 결과로 나타나는 해석은, 도움을 청하는 이가 자신의 체험을 재구성할 수 있도록 가능케 해 주는 방식으로 반드시 이뤄져야 한다. 즉 새로운 이미지 세트들이 등장하고, 이를 통해 새롭고, 보다 덜 아프며, 보다 큰 희망을 자아내는 그런 이야기들이 구조화된다. 과거의 생경한 경험들이, 이제는 새로운 이미지로 감싸인 의미의 그릇에 담겨지고, 상담관계 속에서 제공되는 새로운 체험들과 통합되면서, 새 의미를 갖게 된다. 그러면서 앞으로 나아갈 길이 열리게 된다(a way ahead is opened).[37]

그렇기 때문에 이야기가 변할 때 사람이 변하고, 사람이 변할 때 이야기가 변하는 것이다. 그러나 이런 변화가 어떻게 가능하게 되는가? 즉 앞으로 나아갈 길이 어떻게 이야기를 통해서 드러나게 되는가?

그것이 상담의 과정이요, 상담의 전모이다. 따라서 이야기를 통해서 모사되는 삶의 문제가, 이야기를 통해서 새롭게 형성되고 변화되며, 다르게 이야기를 하는 혹은 다른 이야기를 살아가게 됨을 통해서 상담을 통한 변화는 일어난다.

3. 상담: 이야기의 합류

그렇다면 어떻게 지나온 삶의 이야기가 새롭게 혹은 다르게 말해질 수 있는가? 이 점에서 거킨의 목회상담은 다시금 구조상으로 해석학인 조명을 받게 된다. 그리고 상담 즉 목회상담의 희망을 거킨은 해석학적 '지평 융합'(fusion of horizons)에 두게 된다.

형식상으로 목회상담은 문제적 상황의 내담자가 상담자를 만나 대화하는 것으로 보이지만, 내용상으로 그것은 내담자의 이야기와 목회자의 이야기가 만나는 것이다. 그리고 목회상담자는 내담자가 자신의 이야기를 다르게 해석하고 새롭게 구성하도록 인도하고 도와주는 해석의 가이드 역할을 한다. 이것도 사실은 표면적인 관찰에 불과하다. 내면 깊은 곳에서 이 둘의 대화는 내담자가 가진 해석의 지평과 상담자가 안내하는 해석의 지평이 서로 만나고 관계하면서 일종의 지평상의 융합이 일어나고 지금까지의 내담자의 아프고 막힌 이야기가 새로운 지평선 상에 위치하면서 그 이야기의 모습과 방향과 의미가 달라지게 됨을 말한다.

> 상담자와 내담자는 상호주관적으로 경험하는 그 풍성하고, 미묘하면서도 상호존중을 하는 관계성 속에서 어떤 '새로운 것'이 침투해 들어오는 것(the intrusion of the new)에 개방적이 된다. 바로 여기에서 한 사람이 다름 사람에게 관계하는 방식에 신선한 변화의 가능성이 시작되며 결국 이것은 그 사람이 모든 다른 이들과 관계를 맺는 면에서도 그런 변화가 올 수 있는 가능성이 열리게 되는 것이다.[38]

'새로운 것'의 침투, 그것을 거킨은 기회가 있을 때마다 성령의 역사라고 신학적으로 해석하지만, 해석학적으로는 가다머의 '게임' 혹은 '놀이'의 결과와 견줄 수 있다. 그것은 말하자면 예술작품을 앞에 두고 그것과 대화를 통하여 그 작품 세계 속에서 새로운 세계를 맛보고 그 세계에 감동을 받아 관람자가 변화를 하는 것과 이 상담이 구조상으로나 과정상으로 같다는 것이다.

이것을 이야기와 이야기가 만나는 쪽으로 구상화할 때, 이런 상담의 변화나 결과는 곧 '이야기의 합류'로 나타나게 된다. *Human Document*에서는 이것이 어슴푸레하게 나타나지만, *Widening the Horizons*에서는 매우 분명하게 나타난다. 즉 내담자의 이야기가 상담자가 표상하고 있는 기독교적 이야기와 합류하여 새로운 지평융합이 일어날 때, 거기에 목회상담과 목회돌봄의 온전한 뜻이 드러나는 것이다.

> 내러티브 실천신학(narrative practical theology)은... 이야기로 구성된 목회의 직접적 현장에서 계속하여 일어나는 해석의 과정이다. 이 과정의 의도는 사람들의 이야기를 – 개인적인 것이든 집단적인 것이든–미래의 창조적 가능성으로 개방시켜 주는 방식으로 변모시켜주는 것이다. 이것을 신앙에 의거하여 말하면, 개인 혹은 집단의 이야기를 궁극적으로는 성서에 바탕한 하나님의 이야기–인간의 이야기 저 편에 위치하시기도 하고(하나님의 '타자성') 동시에 인간들의 이야기 속에서 계속 활동하시기도 하는(하나님의 고난, 은혜, 구속, '현존')–안에 포함시키는(nesting) 것이다.[39]

V. 목회해석학

거킨에게 목회상담이란 이처럼 이야기를 통하여 이뤄지는 프락시스, 즉 이야기에 나타나는 해석적 과정과 해석의 내용을 통한 해석의 변화를 꾀하는 것이다. 해석과 이야기는 같은 것의 양면에 불과한 것이다. 그리고 이런 전체의 내용을 통틀어 거킨은 학과목의 하나로 '목회해석학'(pastoral hermeneutic)이란 이름을 붙

이곤 하였다. 그러면 여기서 '목회(적)'란 용어를 통하여 거킨은 무엇을 의미하였는가?

이 문제는 목회돌봄과 목회상담의 정체성이 심각하게 대두된, 1970년대 중반 이후 미국 목회상담학계의 큰 화두 중의 하나였다. 거킨은 이 '목회'의 의미를 여러 가지 측면에서 관찰하곤 하였다. 그것은 한 마디로 '기독교적 해석'을 의미한다.

> 목회상담이란... 인간의 체험을, 기독교적 해석 모드에 기본적 방향성을 둔 규준틀 안에서, 오늘날의 심리학적 해석 모드와 대화를 나누면서, 해석 및 재해석하는 과정을 말한다.[40)]

그러나 이 정의는 아직 추상적이고 형식적이다. 기독교적 해석 모드란 무엇이며, 심리학적 해석 모드란 또 무엇인가? 무엇보다도 기독교적 해석 모드란 구체적으로 어디에 어떻게 나타나는가? 거킨은 이것을 여러 가지 모습으로 표현하였다. 초기 *Crisis Experience*에서 그는 주로 목회자의 성육신적 돌봄(incarnational care), 은총과 은혜에 대한 희망과 기대, 그리고 다가오는 하나님 나라를 대망하는 해석적 자세 등으로 표현하고자 하였다. 그러나 이때만 해도 그의 개념들은 당시의 목회상담학계의 일반적인 신학의 분위기 속에 있다.

이것이 *Human Document*에 와서는 보다 구체적인 모습을 띤다. 무엇보다도 이제 '목회적'은 목회상담자의 해석적 '편견'과 '선입견'을 구성하는 지평이다. 따라서 목회자는 목회적 해석의 지평을 지닌 사람이다. 이 목회적 지평은 무엇보다도 기독교적 순례의 삶을 살아가는 말하자면 '종말론적' 지평에 서서 자신의 삶을 구성하는 사람이다. 그런 의미에서 거킨은 이때 '기준 지평'이라는 말을 여러 번 사용하였었다. 동시에 그는 '기독교적 미토스'[41)]에 따라 그 빛 아래에서 해석한다는 어구도 사용하였다. 또한 그는 '종말론적 정체성'이라는 어구도 사용하였다.[42)]

1. 기독교적 언어체계

　그러나 가장 중요한 '목회적 정체성'은 무엇보다도 기독교적, 신앙적, 신학적 언어체계 즉 기독교적 이미지, 메타포, 이야기 등으로 보아야 할 것이다. 그가 은퇴하기 전에 남긴 책 *Prophetic Pastoral Practice*에서 그는 이런 기독교적 언어체계들이 '규범적'(normative)임을 숨기지 않았다. 즉 '목회적'인 것은 '기독교 내러티브 전통을 보존하고 있는 원자료들 속에 담겨진 핵심적 가치와 의미'로 몸을 두르고 있다는 것이다.[43]

> 해석학적 견지에서 볼 때, 목회사역의 중심이 되는 목적은 개인, 가족, 공동체가 자기네들의 핵심적 이야기들을 해석하고 또 재해석함으로써 변화하도록 돕는다는 데에 있다. 이런 변화는... [앞의] 이야기들이-창조주 하나님과 그리고 그 하나님의 가족으로서의 인간들 즉 하나님의 백성들에 관한-성서 및 기독교적 이야기가 보여주는 원초적 이미지들 및 테마들과 대화적 관계를 맺을 때에서라야 마땅히 제대로 일어날 수 있다.[44]

　따라서 기독교성 혹은 목회성은 철저히 기독교적 언어체계 즉 기독교적 메타포나 이미지 및 상징 체계 아래에서 그것들의 인도 아래에서 해석함에 존재한다.
　이 점이 *Widening the Horizons*에서는 보다 더 강력하게 표현되고 있는데, 그것은 그가 성서가 제공해 주는 이야기를 모든 이야기를 덮어 싸는 '덮개 이야기'(overarching narrative)[45] 혹은 모든 이야기의 기반을 제공해 주는 '기반 이야기'(grounding narrative)[46]라고 명명하는 데서 잘 드러난다. 이 성서적 이야기는 인간과 그들이 사는 세상의 이야기를 항상 '하나님의 플롯' 즉 하나님의 목적과 방향에 따른 구도 속에서 보도록 이끌어준다.[47]

2. 이야기 공동체

　이런 이야기적 구조에 못지않게 거킨의 '목회적'인 것의 내용을 구성하는 것이

chapter 6 • 찰스 거킨(Charles Gerkin)

185

공동체 곧 상담과 돌봄이 일어나는 현장이다. 거킨에게 있어서 목회와 상담이란 언제나 교회의 일이었다. 그가 원목을 '경계선 상에 서 있는 사람'으로 규정했을 때에 그 한 중심축은 언제나 교회와 신앙공동체였다. 그는 *Human Document*에서 개인 대 개인의 해석적 상담 구조를 논하고서도 결국에는 공동체의 일로서의 상담으로 자신의 논의를 귀결시켰다.

> 이상적으로 말해서, 교회란 기독교적인 삶의 내러티브 구조가 정기적으로 그리고 상상력을 가미하여 의례화되고 예배로 드려지는 하나의 공동체일 뿐만 아니라, 또한 개인적일 수준에서든 집단적인 수준에서든 의미와 목표의 구조로서의 내러티브가 가진 한계를 초극하고자 하는 방식으로 그것이 탐구되고 재해석되는 공동체이기도 해야 한다.[48]

그리고 그가 공동체를 정의할 때에도 역시 이야기식 정의는 두드러진다. 공동체란 그저 사람들이 모인 집합체가 아니다. 그것은 이야기를 공유하는 인간집단이다. 또한 '상식'을 함께 소유하는 공동체이기도 하다. 여기에서 '상식'이란 가다머의 『진리와 방법』에서 제시된 용어로서, 해석적 지평을 공유하여 하나의 의미체계를 함께 나누는 그런 의미의 인간집단을 말한다. 그러므로 한 사람이 상식이나 건전한 판단이나 건강한 취향 등을 가지고 있다는 것은 한 공동체의 구성원들이 함께 공유하는 이야기나 어떤 복합적 사상들이 표방하는 이미지, 테마, 평가기준들에 의거하여 그가 행동하고 사고하고 느낀다는 것을 말한다.

> [한] 공동체 내에서 건전한 취향을 지닌 사람이라는 것은 자신의 삶과 행동을 통해서 그 공동체의 이야기가 지닌 심원한 이미지와 메타포에 포함되어 있는 미적 감각을 표현한다는 것을 의미한다.

그렇다면 결국 목회상담이란 기독교공동체와 그 공동체가 구현하는 이야기를 자원으로 한 사람의 이야기를 새롭게 보고, 새롭게 이야기하며, 그 이야기의 변화를 통해 그 사람의 삶의 형성과 변혁을 도와주는 것을 의미한다. 그리고 그 사람이 공동체 속에서 한 구성원으로 자신의 삶을 실현하여 나가고, 그 공동체에 이바지하면서 자신을 실현하듯, 그 개인의 이야기가 전체 공동체의 이야기의 살이 되고 잎이 되면서 전체적으로 보다 큰 하나님 나라의 한 생명나무를 이룩하여 가는 것이다.

3. 하나님 나라: 가능성의 세계

거킨의 목회해석학은 *Crisis Experience* 시절부터 시공간상에서 종말, 영원, 그리고 희망을 향하고 있었다. 그리고 이것은 언제나 '하나님의 나라'라는 기독교적 세계로 그려지고 있었다. 그가 몰트만으로 대변되는 십자가의 수난과 하나님 나라에 대한 희망이라는 구도에 천착한 것에 일차적인 이유가 있겠다. 따라서 그는 '주어진 조건'(the given) 즉 심리적, 사회적, 나아가 신학적인 힘의 언어 측면의 삶의 정황에 대해 예민한 감수성을 보이고 있었지만, 언제나 해석적 혹은 의미와 소망 출현의 가능성(the possibility of emergence of meaning and hope)에 대해서 끈을 놓지 않고 있었다.

거킨이 하나님의 나라에 대해서 해석학상으로 무엇인지를 명기한 적은 없다. 그것은 언제나 'not yet'으로 희망의 끈을 당기는 시간상의 미래이며, 종말이나 궁극의 차원으로 나타나는 지울 수 없는 해석적 지평이었다.

그러나 하나의 상징으로서의 '하나님 나라'는 이야기 해석학이나 일반 해석학에서 중요한 의미를 지닐 수 있는데, 그것은 바로 텍스트가 열어놓는 세계 즉 리쾨르가 말하는 '텍스트가 개시하는 세계(the world before the text)'이다. 텍스트 이론에서 하나의 텍스트는 만들어지고, 자율성을 가지며, 나아가 그만의 어떤 세계를 개시한다. 이렇게 개시된 세계를 독자가 '자기 것으로 만들 때(轉有; appropriation)' 그로부터 독자의 세계와 그 이야기는 변화의 가능성을 가지게 된다.[49]

거킨은 상담을 가다머의 언어를 통해 '놀이' 혹은 '게임'으로 보곤 하였고, 또한 지평의 융합을 통해 새로운 것의 출현이라고 해석하곤 하였다. 특히 그는 상담적인 대화와 관계를 통하여 풍자적 이야기와 풍자적 존재양식을 제공함으로써 내담자의 기존의 신화적 모습과 사상들을 내면으로부터 뒤집어 놓고, 나아가 상담을 새롭게 재건하는 것으로 보곤 하였다.[50) 그렇다면 상담의 이야기들이 텍스트로 설정되고 그것들이 열어놓는 '가능한 세계'(possible world)는 기독교적 언어구조 속에서 '하나님 나라'로 표상될 수 있다. 그 '하나님 나라'는 기존의 세계에 대하여 대안적 세계로서 텍스트 해석을 통하여 출현하는 일종의 '가능한 세계'이다.

그러나 이 세계는 언제나 텍스트 속에 감추어져 있고, 해석을 통해서만 그 모습을 드러내는 의미의 세계요 가능성의 세계이다. 이런 점에서 거킨의 목회해석학은 말하자면 가능성의 해석학 혹은 희망의 해석학이라 부를 수 있을 것이다.

VI. 한국목회상담과 거킨의 목회해석학

거킨의 목회해석학은 신학적 내러티브와 심리학적 내러티브를 자기 즉 영혼의 내러티브 속에서 통합하려는 매우 난해한 시도였다. 그는 대상관계이론을 본격적으로 목회상담 담론의 세계로 끌어들였고, 내러티브라고 하는 문학이론을 또한 자신의 상담 이론으로 불러들였다. 그리고 이를 해석학이라는 제3의 도구로 통합하면서, 신학적 혹은 성서적 내러티브와 합류를 시도하였던 것이다.

동시에 그가 활약한 1980-90년대는 미국상담학계에서 기독교적 전통의 재활용과 목회상담의 교회 및 기독교적 정체성 회복이라고 하는 큰 주제가 논의되던 때였다. 내러티브라고 하는 새로운 학문적 방법론을 차용하여 이 어려운 주제를 해석학적으로 풀어나가려 했던 거킨의 방법론은 "이야기의 합류"라는 매우 설득력 있는 용어의 선택으로 이후 많은 학자들에게 큰 자극과 지표를 주었다. 이는 표면적으로는 쉬운 듯 보였으나 실제로 그 전개 과정에서는 "힘의 언어"와 "의미의 언어"라고 하는 매우 어려운 구조를 보였다. 리쾨르의 이 어려운 해석학적 구조를 실제로 적용하여 분석한 글들은 찾아보기 어려웠다. 사실 '힘'의 구조를 개조하여 '의미'의 구조를 확립하는 것은 해석학적 힘이 필요하다. 그리고 이 해석학적 힘은 가다머와 그를 활용한 거킨의 '해석학적 놀이'가 필요하다. 이 놀이를 가능케 하는 것은 다름 아닌 상담자와 내담자의 '협력적 노력'이다. 이 협력적 놀이를 가능케 하는 것은 단순히 상담자의 지혜도 내담자의 노력만도 아니다. 여기에는 거킨이 지적한 세 가지의 넥서스 즉 개인, 사회, 문화/전통이라는 합류점 모두에서의 힘과 의미 상의 분석 및 해석적 놀이가 필요하다.

바로 이런 의미에서 거킨의 목회해석학은 한국목회상담학계에 매우 큰 시사점을 주고 있다. 한국사회와 한국전통 그리고 한국문화라고 하는 거대한 넥서스가 존재하고 있기 때문이다. 지금까지 한국목회상담학에는 서구의 심리학 이론을 원용한 한국인의 개인적 심리와 개인심리상의 '힘'과 '의미'의 언어 분석을 많이 시도되었다. 그러나 한국사회 및 한국문화전통의 '힘'과 '의미' 분석은 보다 많은 연구를 필요로 한다. 한국인의 '한'과 '정'에 대한 연구는 그동안 많은 논문을 통해 시도되었다. 그러나 이런 문화적 거대 흐름이 실제로 상담 현장에서 어떻게 적용되는지, 그리고 무엇보다도 이런 문화적 요소들이 어떻게 '해석적 놀이'의 과정으로 이입되어 변용 내지는 전용될 수 있을지에 대한 구체적 논의들이 필요하다.

거킨의 목회해석학은 최근의 상담학계의 '교차문화적 목회상담'을 위해서 일종의 메타 이론의 구실을 할 수 있는 것이었다. 따라서 이 목회해석학을 통하여 동서양의 비교상담학적 연구나 아니면 통시대적 상담연구 같은 등 매우 좋은 바탕이 된다. 보다 많은 비교 및 통시대 목회상담연구를 기대한다.

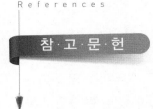

참·고·문·헌

거킨의 주요저서

Crisis Experience in Modern Life: Theory and Theology for Pastoral Care. Nashville: Abingdon Press, 1979.

The Living Human Document: Revisioning Pastroal Counseling in a Hermeneutical Mode. Nashville: Abingdon Press, 1984;『살아있는 인간문서』, 안석모 역. 서울: 한국심리치료연구소, 1998.

Widening the Horizons: Pastoral Responses to a Fragmented Society. Philadelphia: Westminster Press, 1986.

Prophetic Pastoral Practice: A Christian Vision of Life Together. Abingdon Press, 1991.

An Introduction to Pastoral Care. Abingdon Press, 1997;『목회적 돌봄의 개론』, 유영권 역. 서울: 은성출판사, 1999.

책 속에 포함된 거킨의 논문들

"A Theologian's View of Cardiac Resuscitation. in Hurst, Willis M., Editor, *Cardiac Resuscitation.* Charles Thomas Publishers, 1960.

"Healing as Transformation." In Barbara Brown Taylor, Editor, *Ministry and Mission*, The Post Horn Press, 1985.

"Stages in Ministerial Burnout." In Barbara Brown Taylor, Editor, *Ministry and Mission*, The Post Horn Press, 1985.

"Pastoral Care and Models of Aging." In Barbara Payne and Earl D. C. Brewer, Editors, *Gerontology in Theological Education: Local Program Development.* New York: The Haworth Press, 1989.

"Hermeneutics and Pastoral Care." In *Dictionary of Pastoral Care and Counseling.* Edited by Rodney Hunter. Nashville: Abingdon Press, 1991.

"Psychoanalysis and Pastoral Care." In *Dictionary of Pastoral Care and Counseling.* Abingdon Press, 1991.

"Crisis Experience and Pastoral Care." In *Dictionary of Pastoral Care and Counseling.* Abingdon Press, 1991.

학술잡지를 통해 출판된 거킨의 논문들

"A Religious Story Test: Some Findings with Delinquent Boys." *Journal of Pastoral Care* 7 (1953).

"Helping Parents Whose Children Are in Trouble." *The Christian Advocate* (October 7, 1954).

"The Pastor and Parents of Delinquent Children." *Pastoral Psychology* 6(1955).

"The Religious Story Test as a Tool for Evaluating Religious Growth." *Journal of Pastoral Care* 9(1955).

"Objectives of Clinical Pastoral Education." *Trends in Clinical Pastoral Education*, Proceedings of Seventh National Conference on Clinical Pastoral Education, (1960).

"On Becoming a Pastor." *Pastoral Psychology* 16 (1965).

"On the Boundary: The Minister as Catalyst." *Bulletin*, Columbia Theological Seminary LIX (1966).

"The Identity of the Pastoral Supervisor." *The Pastoral Supervisor and His Identity*, Proceedings of National Conference on Clinical Pastoral Education, (1966).

"Changing Dilemmas of a Maturing Pastor." *The Christian Advocate* (October 2, 1969).

"Interprofessional Healing and Pastoral Identity." *The St. Luke's Journal of Theology*, The School of Theology, University of the South, Vol. XI (1969).

"Clinical Pastoral Education and Social Change." *The Journal of Pastoral Care* (September, 1971).

"Is Pastoral Counseling a Credible Alternative in the Ministry?" *The Journal of Pastoral Care* (December, 1972).

"On the Renewal of Ministry as Pastoral Guidance." *The Candler Review* (January, 1974).

""Scapegoat," Review Article on Eric Bermann's Scapegoat: The Impact of Death−fear On an American Family." *Pastoral Psychology* (Summer, 1976).

"Pastoral Ministry Between the Times." *Journal of Pastoral Care* (Fall 1976).

"Power and Powerlessness in Clinical Pastoral Education." *Journal of Pastoral Care* (Summer, 1980).

"Faith and Praxis: Pastoral Counseling's Hermeneutical Problem." *Pastoral Psychology* 35(Fall, 1986).

"Implicit and Explicit Faith: Practical Theology in Dialogue with Object Relations Theory." *The Journal of Pastoral Sciences: Interdisciplinary Issues in Psychology, Sociology and Theology, a Canadian Journal of Pastoral*

Studies (Fall, 1988).

"Response to James Poling, 'A Critical Appraisal of Charles V. Gerkin's Pastoral Theology.'" *Pastoral Psychology* 37(1988).

"Responding to Living Human Experience at the Point of Need: Remembering Carroll Wise." a Book Review Essay on James B. Ashbrook and John E. Hinkle, Jr., Editors, *At the Point of Need: Living Human Experience: Essays in Honor of Carroll A. Wise*. Lanham, Maryland: University Press of America, 1988; *The Journal of Pastoral Care* XLII (Winter, 1988).

거킨에 대한 저서들

Couture, Pamela and Rodney Hunter, eds. *Pastoral Care and Social Conflict*. Nashville: Abingdon Press, 1995.

O'Connor, Thomas St. *Clinical Pastoral Supervision and the Theology of Charles Gerkin*. Waterloo, Ont.: The Canadian Corporation for Studies in Religion, 1998.

1) 이 글은 2005년 목회상담학회의 '목회신학자연구' 모임에서 발표되었고, 2005년 12월 「신학과 세계」에 실린 것을 재편집한 것이다.

2) 필자는 그동안 pastoral care를 번역하는 전문용어로 '목회양호'를 써 왔다. 필자의 생각에는 pastoral care를 '목회돌봄'이라 할 때 뜻은 통하나 용어로서는 어색한 면이 있기 때문이다. '양호'는 우리 교육현장에서 '양호교사' 혹은 '양호실'의 경우처럼 돌본다는 의미를 지닌 용어로 자연스레 쓰이고 있다. 하지만 본고에서는 편집진의 방침에 따라 책 전체의 통일된 표현을 위해서 '목회돌봄'으로 한다.

3) Charles Gerkin, "A Religious Story Test: Some Findings with Delinquent Boys," *Journal of Pastoral Care* 7(1953), 77–90; "Helping Parents Whose Children Are in Trouble," *The Christian Advocate* (October 7, 1954), 13–20; "The Religious Story Test as a Tool for Evaluating Religious Growth," *Journal of Pastoral Care* 9(1955), 8–13.

4) Gerkin, "A Religious Story Test," 78.

5) 앞의 논문, 90.

6) Gerkin, "The Religious Story Test as a Tool for Evaluating Religious Growth,"

7) Charles Gerkin, "The Identity of the Pastoral Supervisor," *The Pastoral Supervisor and His Identity* (Proceedings of National Conference on Clinical Pastoral Education, 1966), 87.

8) 앞의 책, 86–96.

9) Charles Gerkin, "The Pastor and Parents of Delinquent Children," *Pastoral Psychology* 6(1955), 10.

10) Pamela Couture and Rodney Hunter, eds., *Pastoral Care and Social Conflict* (Nashville : Abingdon Press, 1995), 8.

11) Charles Gerkin, "Clinical Pastoral Education and Social Change," *The Journal of Pastoral Care* (September, 1971).

12) 앞의 논문, 180.

13) 찰스 거킨, 『살아있는 인간문서』, 안석모 역 (한국심리치료연구소, 1998) 이 있다. 그러나 이 글에서는 원서에 의거하여 보다 자유로운 의역을 사용하였다.

14) 찰스 거킨, 『목회적 돌봄의 개론』, 유영권 역 (은성출판사, 1999)으로 번역 출간되었다.

15) 개인적 대화 중에서. 실제 사례는 Charles Gerkin, *Crisis Experience in Modern Life: Theory and Theology for Pastoral Care* (Abingdon Press, 1979)의 Mrs. Reed의 사례에서 찾아볼 수 있다(189 ff).

16) Charles Gerkin, *Crisis Experience in Modern Life: Theory and Theology for Pastoral Care* (Abingdon Press, 1979), 41.

17) 앞의 책, 42.

18) Charles Gerkin, *The Living Human Document*, 40.

19) 앞의 책, 41.

20) 앞의 책, 62.

21) 앞의 책, 70.

22) 사실 '힘의 언어'와 '의미의 언어'는 하나의 언어나 증상을 보는 두 개의 다른 측면을 말하지, 이 둘이 다른 언어나 증상 즉 다른 두 개의 현상을 말하는 것은 아니다. 사실 신학적 언어도 어떤 증상이나 상황에 관하여 '힘의 언어'로 볼 수 있는 경우가 많이 있고 또 늘 그런 가능성을 안고 있다. 또 그럴 때 그 반대편에는 반드시 '의미의 언어'가 같이 공존하고 있다고 보아야 한다.

23) 앞의 책, 80.

24) 앞의 책, 97.

25) 앞의 책, 98.

26) 앞의 책, 100.

27) 앞의 책, 101 이하.

28) 앞의 책, 112.

29) 앞의 책, 105.

30) Paul Ricoeur, *Freud & Philosophy: An Essay on Interpretation*, trans. Denis Savage (New Haven: Yale University Press, 1970), 91 이하.

31) 앞의 책, 91.

32) Gerkin, *The Living Human Document*(1984), 50-51.

33) 앞의 책, 102.

34) James Hopewell, *Congregation: Stories and Structures* (Nashville: Abingdon, 1987).

35) Gerkin, *The Living Human Document*,112-117.

36) 앞의 책, 161-176.

37) 앞의 책, 28.

38) 앞의 책, 46.

39) Charles Gerkin, *Widening the Horizons: Pastoral Responses to a Fragmented Society* (Philadelphia: Westminster Press, 1986), 54.

40) Gerkin, *The Living Human Document*, 20.

41) 'Christian myth' 라고 거킨은 표현하지만, 이것을 그냥 우리말로 '기독교적 신화' 라 번역하면 뜻이 잘못전달 될 가능성이 있기에 '기독교적 미토스' 라고 번역한다.

42) 앞의 책, 188.

43) Charles Gerkin, *Prophetic Pastoral Practice: A Christian Vision of Life Together* (Nashville: Abingdon Press, 1991), 15.

44) 앞의 책, 59.

45) Gerkin, *Widening the Horizons*(1986), 48.

46) 앞의 책, 51.

47) 앞의 책, 49.

48) Gerkin, *The Living Human Document*(1984), 179.

49) Paul Ricoeur, "Appropriation," in *Hermeneutics and Human Sciences* (Cambridge, UK: Cambridge University Press, 1981), 182 이하.

50) Gerkin, *The Living Human Document*, 8장.

단 브라우닝
(Don S. Browning)[1]

권 수 영
[연세대학교 교수]

I. 들어가는 글

신학이란 학문은 어떻게 연구하고 어떻게 교육하며 어떻게 실천하여야 하는 가? 이는 수많은 신학자들이 오랫동안 물어 온 쉽지 않은 질문이자, 이 시대에도 절실하게 필요한 질문이다. 일반적으로 신학의 분류법은 이론신학과 실천신학으로 분류된다. 어쩌면 이러한 신학의 분류는 암암리에 실천이 부실한 이론신학이나 이론이 전혀 없는 실천신학도 가능하리라는 이분법적인 단절을 의미할 수도 있는 위험성을 가진다. 이러한 이론과 실천의 괴리는 신학교육현장은 물론 일선 목회자들에까지 연결된다. 신학(이론)은 신학대학원에서 하고, 목회(실천)는 졸업 후 현장에서 하는 것이라는 선형적 사고가 그것이다. 목회자들에게 신학은 신학대학원 시절에 이미 끝내 이제는 불필요한 과정으로 치부된다. 이러한 연유에서 목회자들은 졸업하면 다시 신학대학원이나 교육기관을 찾을 이유가 거의 없었다.

그러나 최근에는 사정이 조금 달라지기 시작했다. 이론을 배우기 위해서가 아니라, 실제적인 도움을 주는 목회의 기술을 배울 필요가 생겨난 것이다. 목회상담이 목회적 기술의 한 예일 수 있다. 목회현장에서 다양한 사람들과 만나고 그들의 위기와 고통을 위로하고 상담할 필요가 생겼는데, 이 때 목회상담이라는 도구는 실로 적절한 해결점을 제시하는 듯 보인다. 그래서 목회상담을 배우기 위해 정신분석에 입문하고, 가족치료나 인지치료 등을 배워서 목회현장으로 돌아간다. 이때 목회상담은 자칫하면 신학(이론)과는 전혀 상관없이 소개되고, 단순히 임상적인 심리학 체계를 교회라는 목회현장으로 옮겨놓는 꼴이 된다. 한국에서 목회상담학 분야는 1997년 실천신학회에서 분리하여 독립적인 학문적인 전개를 시도하고 있다. 그런데 간혹 목회상담이나 기독교상담을 표방한 기관이 아예 신학의 분야에서 떨어져 나와, '목회적' 혹은 '기독적' 실천이 아닌 일반심리에 기초로 한 기타 치료적 학문의 무분별한 접목일 때가 있다. 목회자에게 정신분석 방법론과 가족치료를 소개하는 일이 목회상담이라면 신학교에서 교육할 필요가 없다. 최근 목회상담이 교육 현장이나 목회현장에서 공히 여러 가지 관심을 끄는 현상은 그간 이론과 실천이 분리되어 왔던 목회 현장으로부터 생겨난 새로운 자각과 필요에 의한 자생적인 운동처럼 보인다. 하지만 목회상담이 신학과 아무런 상관없는 실천방안으로만 제공된다면, 머지않아 목회자들은 목회상담보다 가족치료센터나 심리치료연구원에서의 임상적인 도움을 더 필요로 하게 될 것이다.

과연 차세대에 필요한 신학은 무엇일까? 이론과 실천을 묶어내는 신학의 방법론을 어떻게 소개하고 목회현장 뿐 아니라 사회나 문화 전반에 적용하여 실천할 수 있을까? 이러한 관심에서 이론과 실천의 선형적 인과관계를 넘어서 보다 해석학적인 순환에 관심을 가지면서 목회 및 실천신학방법론을 전개한 단 브라우닝(Don S. Browning)의 방법론을 소개하고, 그의 연구주제들을 비판적으로 고찰하면서 목회상담학 발전에 미친 영향과 한계, 그리고 한국적인 적용을 위한 가능성과 한계 등을 살펴보고자 한다.

II. 브라우닝의 생애와 학문적 배경

브라우닝은 1934년 미국 중부 미주리(Missouri) 주 트렌톤(Trenton)에서 태어났다. 같은 주에 있는 감리교대학(Central Methodist College)에서 학사학위를 받고, 시카고대학교(University of Chicago)의 신학부에서 학사(B.D.) 및 석사(M.A.) 학위를 받고, 1964년에 박사학위(Ph.D.)를 취득하였다. 이 후 스코틀랜드의 글래스고우 대학교(University of Glasgow)를 비롯한 세 학교로부터 명예박사학위를 받기도 하였다. 그는 2010년 6월 3일 76세를 일기로 소천하였다.

브라우닝은 시워드 힐트너(Seward Hiltner)가 시카고대학교에서 11년 간 (1950–1961) 가르치는 동안 그에게 사사하였다. 비록 힐트너가 프린스턴신학대학원으로 옮긴 이후에 학위를 마쳤지만, 1966년에 출판된 그의 박사학위 논문인 *Atonement and Psychotherapy*를 보면 힐트너의 전통적인 목회신학 방법론이 가감없이 적용되고 있음을 확인할 수 있다. 이 책에서 브라우닝은 심리치료적 심리학으로부터 오는 통찰력이 예수 그리스도의 속죄에 대한 이해를 명료하게 하는 데 상관적으로 사용될 수 있음을 밝히고 있다.[2] 학위과정 중에 미주리 주와 일리노이 주에서 목회와 필립스대학교 신학대학원 등에서 강의하였고, 학위를 마친 후에는 모교인 시카고대학교 신학대학원에서 목회신학 강사(instructor in pastoral theology)라는 직함으로 목회신학자의 길을 걷는다.

시카고대학교에서 재직하면서 몇 번에 걸친 교수 직함의 변화는 그의 방법론적인 변천사를 암묵적으로 드러낸다. 그는 초기 '목회신학'(Pastoral Theology) 교수에서 70년대 말부터는 '종교와 심리학 연구'(Religion and Psychological Studies) 교수로, 93년부터는 '종교윤리와 사회과학'(Religious Ethics and the Social Sciences)의 석좌교수로 있다가 2002년 은퇴하였다. 2001년부터는 에모리대학교에서 '학제간 연구'(Interdisciplinary Studies) 초빙 석좌교수로 연구를 진행하였다.

10여 권의 저서를 비롯하여 수많은 학제간 연구 공저 및 출판기획의 편집책임자 역할을 하는 연구의 흐름을 살펴보는 것도 그의 방법론적 변화를 공고히 드러내는 일일 것이다. 그의 초기 저작들에서는 목회신학의 윤리적 강조점이 드러난다.[3] 이어서 다양한 심리학과 신학의 비판적 대화를 추구하면서 전통적인 목회신학 방법론에 비하여 보다 공적인 의미(public meaning)를 만들어내는 실천신학적 방법론에 대한 연구를 진행하였고[4], 보다 구체적인 실천의 일환으로 1991년부터 1997년까지는 '종교, 문화와 가족'(Religion, Culture, and Family)이라는 백만 불이 넘는 예산 규모의 실천신학 연구 프로젝트를 책임지고 기획하면서 10권의 책들을 편집하여 미국의 인문·사회학계의 주목을 받았다.[5] 이후에도 그의 가족연구(Family Project)는 비디오 다큐멘터리로 제작되어 2002년에 미국 전역과 캐나다의 공영방송(PBS)에 방영되기도 하였다. 유럽의 학자들과 교류하면서 "실천신학: 국제 시리즈"(Practical Theology: An International Series)의 공동편집자로도 공헌하였다. 그가 말년에 집중한 가족연구는 2001년부터 시작한 에모리대학교의 법률과 종교연구센터(Center for the Study of Law and Religion)와의 인연이 큰 역할을 하였다. 브라우닝은 센터의 첫 번째 학제간 연구 석좌교수로 초빙되어 결혼 및 가족법과 종교에 관련된 방대한 연구를 진행하였다.[6] 2010년 에모리대학교 법률과 종교연구센터의 디렉터인 법학자 존 위트(John Witte Jr.)와 함께 저술하여 소천하기 2주전에 완성한 결혼법에 관련된 책, *Private Order to Public Covenant: Christian Marriage and Modern Marriage Law*은 그의 마지막 저서가 되었다.

2003년 미국 아틀란타에서 열린 미국종교학회(American Academy of Religion)에서는 브라우닝의 은퇴를 기념하는 심포지움을 개최한 바 있다. 5명의 학자들이 그의 방법론과 연구 과제를 비판적으로 성찰하고 브라우닝이 논찬하는 순서로 진행되었다. 필자는 준비위원회로부터 5명의 발제자 가운데 하나로 초청되어 심포지움 기획에 참여하였다. 필자는 개인적인 사정으로 논문을 서면으로만 제출하고 심포지움에 직접 참여하지 못하였으나, 본고에서 심포지움을 위한 필자의 비판적 고찰과 다른 발제자의 고찰과 함께 당시 브라우닝의 의견도 담고자 한다.

III. 방법론과 주요 연구주제들

1. 수정된 상관관계방법: 힐트너의 목회신학방법론을 넘어서

1980년 교수직을 은퇴하는 시워드 힐트너를 기념하기 위해서 같은 해 3월 20일부터 23일까지 프린스턴 신학대학원에서 그에게 학문적 영향을 받은 24명의 목회신학자들의 작은 연구모임이 개최되었다. 모임은 힐트너를 기념하는 목회신학연구회(Colloquy in Pastoral Theology in Honor of Seward Hiltner)였다. 이곳에서 논의된 대표 학자들의 논문은 힐트너가 주축이 되어 1950년에 만들어진 학술지인 *Pastoral Psychology*의 1980년 가을호에 실려 있다. 이 특집호에 "Pastoral Theology in a Pluralistic Age"라는 브라우닝의 논문이 게재되었는데, 이 논문은 자신의 스승인 힐트너의 방법론에 대한 조용한 개정을 시도하는 첫 시도로 여겨진다.[7] 이때 이미 브라우닝은 시카고대학교에서 목회신학이 아닌 "종교와 심리학 연구"라는 분야의 교수로 목회신학의 새로운 학문적인 재편성을 진행하고 있었다.

1980년에 제시된 브라우닝의 목회신학관은 먼저 다양한 종교적·문화적인 가설들이 난무하는 다원화된 환경 안에서 목회신학의 과제는 신학적 윤리와 사회과학을 한데 묶어 인간적인 삶의 주기에 규범적 비전(normative vision)을 제시하는 일이라고 역설하였다. 즉, 목회신학이 인간의 삶의 주기에 나타나는 주제들(예를 들어 사춘기, 성, 결혼, 가족, 노인 문제, 죽음 등)에 개입하는 기술적인 측면에는 큰 발전을 도모하여 왔으나, 주기적 삶의 이정표에 보다 규범적이고 신학적인 비전을 제시하는 일은 도외시해 왔다고 지적한 것이다.

구체적인 목회신학방법론의 개정을 위하여 그는 네 가지 원칙을 제시한다. 첫 번째로 목회신학은 유대 기독교 전통의 주요 주제의 철학적 성찰로 이해되어야 하고, 이 주제는 인간적 삶의 주기의 규범적인 비전을 위한 암시점에 초점이 맞추어져야 한다. 이에 브라우닝은 틸리히가 제시하는 상관관계방법(correlational method)의 제한점을 지적한다.

틸리히의 방법론은 삼위일체나 기독론 등과 같이 신학적인 질문에 신학적인 응답을 추구하는 전통적인 구조를 넘어서 그가 거의 동일시하였던 조직신학과 문화신학을 연결하려는 시도에서 기초되었다. 신학적인 문제가 아닌, 인간의 다양한 문화적 경험에서 오는 실존의 문제들을 기독교적 계시에서 해답을 찾고자 하는 상관관계적인 구조를 가지고 있기에 정신분석과 같은 다른 인간이해와도 폭넓게 대화하게 된다. 예를 들어, 서구 문화적 부산물인 정신분석학은 인간 실존의 죄의 상태, 혹은 타락된 상태를 보여 주는 좋은 증거가 된다는 것이다. 그러나 틸리히의 방법론에 있어서 정신분석학의 인간 이해가 인간의 실존적 '물음'에 대한 보조적 자료는 될 수 있을지 몰라도 인간 본성의 핵심적인 본질을 전체적으로 조망하는 '해답'의 측면에는 어떠한 기능도 할 수 없게 된다.

틸리히의 뒤를 이어 시카고대학교의 조직신학 교수가 된 데이비드 트레이시(David Tracy)는 인간의 문화적인 접근이 실존에 대한 질문을 제공할 뿐 아니라 해답을 제시하는 데에도 방법적인 도움을 줄 수 있어야 하지 않을까 하는 의문을 가지고 틸리히의 방법론을 개정한 '수정된 상관관계방법'(revised correlational method)을 제시하기에 이른다. 신학은 '다른 모든 대답들'(all other answers)과도 비판적으로 대화할 수 있어야 한다는 것이다. 브라우닝은 트레이시의 수정된 상관관계방법을 목회신학에 차용할 것을 제안한다. 다시 말해 동일한 인간경험에 대하여 기독교 신앙에 등장하는 신학적인 해답을 다양한 학문적 관점, 즉 인간과학과 사회과학이 제시하는 대답과 비판적 연관을 시도하는 방법론이 필요하다는 것이다.

두 번째로 강조하는 것은 목회신학의 공적인(public) 성격이다. 목회신학은 역사적 유대 기독교 전통의 명시적인 신앙 주제뿐 아니라 동일한 경험의 종교적 차원의 돌봄의 연관성을 식별하고 공고히 하는 데 노력해야 한다. 예를 들어, 병원에서 원목은 직업적 차원에서의 '돌봄'을 추구한다는 점에서 일반치료사와 다르다고 할 때, 원목의 돌봄은 어떠한 공적인 의미를 가질 수 있을 것인가 하는 문제이다. 단순히 기독교 신앙을 가진 원목의 돌봄이 신앙을 가진 사람들에게만 유효한 것이 아니라, 종교적인 돌봄은 일반적인 돌봄이 가질 수 없는 부가적인 자원을 더 가지고 있어야 한다. 인간의 한계경험(limit experiences)은 한계언어(limit language)를 필요로 하는 데, 종교적 언어야말로 인간의 한계를 위해 봉사할 수 있는 도구이기 때문에 기독교적 규범의 가치는 기독교인들만이 아닌 누구에게나 일반적인 공적인 의미를 지니고 있느냐의 문제로 전환된다. 결국 브라우닝의 방법론적 변천사에 면면히 흐르는 기본 정신은 다원화된 사회에서의 목회신학은 반드시 공적이고 철학적인 성격을 가져야 한다는 것이다. 이러한 사상적 토대는 그의 목회신학이 '실천신학'(practical theology)으로 자리매김하는 계기가 되었다. 그리고 이것은 단순히 학문의 명칭만 변경된 것이 아니라 방법론을 구성하는 뼈대와 실천의 범위를 지정하는 의미 있는 변환이다.

세 번째로 강조하는 것은 목회신학은 종교 윤리적 규범과 근본적으로 관련된 신학적 윤리의 한 표현으로서 이해해야 한다는 점이다. 이러한 관점 역시 그의 지속적인 연구관심과 저술에 잘 드러난다. 예를 들어 *Moral Context of Pastoral Care* (1976), *Religious Ethics and Pastoral Care* (1983) 등과 같은 초기 저작뿐 아니라, 그가 가장 최근에 편집한 *Marriage: Just a Piece of Paper* (2002) 등에도 그의 사상은 잘 드러난다. 그는 목회돌봄이 늘 '종교적'일 뿐 아니라 하나의 '윤리적 과제'라는 점이 가장 쉽게 잊히기 때문에 오히려 가장 중요하다는 관점을 견지한다.

마지막으로 브라우닝에게 목회신학은 내담자나 교인을 향한 조급한 충고나 단순한 해결책이 아니다. 목회신학은 인간 행위에 관한 신학 윤리적인 관점과 심리역동적 관점을 연결시키는 실제적인 전략을 마련하고, 구체화하며, 어떠한 시점에 실행할지 등에 깊이 관심을 가져야 한다는 것이다. 그의 방법론은 수정된 상관관계방법에서 신학적인 해답과 다양한 문화적 접근이 제시하는 해답들을 어떻게 연관시키는가의 문제에 대한 윤리적 접근을 추구하는 방향으로 자리매김한다. 구체적인 방법론적인 방안으로 실천적 도덕적 사고(practical moral thinking)의 다섯 단계를 만들어 낸다. *Religious Ethics and Pastoral Care*에서 제시된 이 성찰의 단계들은 후에 여러 저작에서 그의 방법론적인 틀로서 다양한 타학문과의 대화에서 사용된다.

그런데 1980년 힐트너의 은퇴를 기념하여 제시된 브라우닝의 목회신학관은 힐트너의 여러 방법론을 충실하게 발전시키려는 학자들에게는 의문점을 던져 주었다. 예를 들어, 로드니 헌터(Rodney Hunter)는 하나의 학문으로서의 목회신학에 대한 질문들을 학문의 사회적 기관적 정의(social and institutional definition)와 이론적 방법론적 정의(theoretical and methodological definition)로 나누어 보면서, 브라우닝의 새로운 정의는 사회적·기관적 정의의 측면에서 신학대학원과 교회에서 통용될 만한 정의를 넘어서 세속적인 대학을 아우르는 보다 큰 범위를 가진 정의를 택함으로써 목회신학의 위치를 보다 넓은 '공적 담론'(public discourse)의 영역으로 확대하였다고 평가했다. 그러나 이론적·방법론적 정의에 있어서 헌터는 브라우닝의 윤리적 관심이 목회신학의 전면에 나서야 할 것인가 아니면 배경(background)이 되어야 할 것인가 하는 문제를 제기하였다. 힐트너의 관점에서 목회신학은 신학의 기본 주제에 대한 다양한 비판적 대화, 수정, 보완, 재해석을 추구하는 신학적 성찰이라는 점에서 윤리는 전면에 나설 수는 없다는 것이다. 헌터는 목회신학의 신학적 성찰방법론에 있어서 어떻게 목회실천이 신학적인 무엇인가를 담보할 수 있는지 명확하지 않다고 지적한다. 실천이 어떻게 학문적인 방법론, 즉 이론화될 수 있겠는가의 문제이다. 헌터는 브라우닝의 새로운 방법론적인 개정을 겨냥하여 목회신학이란 규범적 지식(normative knowledge)이 아니라 실천적 지식(practical knowledge)의 한 형태라고 주장한다. 목회신학이 전통적 신학에서와 같이 설명적 지식(descriptive knowledge)이나 규범적 지식을 추구하는 것이 아니라, 인간을 어떻게 돌볼 것인가 하는 실천적이고 신학적인 지식(practical theological knowledge)을 개발하는 학문이라는 것이다. 그에게 목회신학이 추구하는 실제적 지식은 '경험적 지혜'(wisdom of experience)의 문제이지 간단한 습득을 위한 기법의 문제가 아니다. 실제적 지식은 '빵을 만들려면 어떤 과정을 거쳐야 하는가' 하는 간단한 논리의 문제가 아니라 '어떻게 환자를 돌볼 것인가?' 혹은 '어떻게 심리치료를 잘 감당할 것인가?' 와 같이 매우 복잡한 문제이다. 실제적 지식은 '경험을 통하여'(through experience) 얻어지는 것이고, 목회신학은 학문적인 실제에 자신을 투신하는 경험을 통하여 획득되는 것이므로 목회신학은 늘 사례와 함께 발전한다고 지적한다. 헌터는 제대로 된 실제적 지식의 추구는 설명적 지식과 규범적 지식의 밀접한 연관을 가져온다고 보고, 브라우닝의 목회신학의 전면에 나서는 규범적 접근을 경계하고자 하였다.[8] 그러나 아이러니하게도 누구보다도 이러한 실천적 지식에 대한 방법론적인 토대를 공고히 한 학자는 브라우닝이었다.

2. 새롭게 신학하기: 실천철학적(해석학적) 접근

브라우닝의 목회신학 방법론은 보다 다양한 학문들과 학제적 접근을 시도하면서, 신학 전반에 대한 새로운 통찰을 갖도록 진행되었다. 그가 1991년 *A Fundamental Practical Theology*를 출판할 즈음에는 실천에 중심을 두는 신학 방법론에 대한 성찰과 함께 신학 전반의 재구성을 제시한다. 브라우닝은 실천철학(practical philosophies)의 전통에 뿌리를 두고 있는 해석학적 틀에서 신학의 지평이 확장되기를 제안하면서, 모든 신학은 근본적으로 실천신학적 성격을 갖는다는 사실을 주장한 것이다. 이 실천신학에 대한 새로운 전망은 그의 방법론이 보다 공적인 담론을 만들어내는 기초가 된다. 이는 그가 책의 초두에 밝힌 저작의 이유에서 분명히 드러난다. 브라우닝은 자신의 책이 종교적 공동체가 어떻게 이해될 수 있는지(in what way do religious communities make sense?)를 묻는 모두를 위한 것이라고 밝힌다. 그는 그의 실천신학이 신앙인과 신학자들만을 위한 것이 아님을 드러내고 있다. 그는 "비종교인들과 철학자들이 이 책을 진지하게 읽기를 원한다."[9] 그의 새로운 방법론적 제안은 종교적 공동체가 합리적이 되는 (make sense) 문제가 그저 인간의 합리적 이성을 넘어서 '실천이성'(practical reason)이 되는 과정이라고 보고 이를 탐구하고자 하는 것이다.

브라우닝의 실천신학 방법론에 있어서 주도적인 상호 학문적 대화 파트너는 다름 아닌 실천철학(practical philosophies)이다. 실천철학이란 '실천적 지혜' (practical wisdom), 즉 아리스토텔레스의 실천지(實踐知; phronesis)와 '실천이성' (practical reason)의 전통을 잇는 철학들을 통칭하는 것이다. 실천철학의 전통은 아리스토텔레스, 어거스틴, 아퀴나스, 흄, 칸트로부터 윌리암 제임스와 존 듀이 등과 같은 미국 실용주의 철학자, 리차드 로티, 리차드 번스타인과 같은 신실용주의 철학자(neopragmatists), 그리고 가다머와 하버마스와 같은 해석학자들에까지 연결된다.

브라우닝이 대화하고자 하는 실천철학(practical philosophies)을 면밀히 고찰하기 위해서는 아리스토텔레스의 행복론에 나타나는 실천지(實踐知; phronesis)에 대한 이해가 선행되어야 한다. 아리스토텔레스가 묻는 행복이란 일시적이거나 육체적인 상태로서의 행복보다는 인간의 궁극적인 선(the ultimate good)을 이루어가는 과정의 의미가 더욱 강하다. 인간의 행복이란 과연 무엇인가의 문제는 무엇이 궁극적 선을 이루기 위한 인간의 기능인가의 문제이다. 아리스토텔레스는 행복을 구성하는 가장 중요한 요소는 덕(virtue)스러운, 이성적 원칙(rational principle)을 따르는 영혼(spirit)의 행위라고 본다. 사실 아리스토텔레스의 행복론은 그의 도덕론이다. 그리고 실천지(phronesis)는 그의 도덕론에 등장하는 주요 개념이다.

아리스토텔레스가 나눈 인간의 두 가지 덕목은 지성적 덕(intellectual virtue)과 도덕적 덕(moral virtue)이다. 지성적 덕은 유전적인 요소와 교육의 수행을 통하여 취득된다고 보고, 도덕적 덕은 모방과 실습을 거쳐 습관을 이룰 때 지니게 되는 것으로 본다. 이러한 도덕적 덕의 형성과정에서 인간의 인격이 만들어지는데, 인격의 상태는 형성과정에서 나타나는 지나침, 부족, 그리고 중용의 세 가지 경향성과 관련이 있다. 아리스토텔레스가 보는 가장 덕스러운 인격은 중용의 도를 이루는 것이다. 위험에 처했을 때에 두려움이란 감정을 지나치게 나타내면 겁쟁이가 되고, 모자라면 멍청이가 되며, 적당한 양의 두려움을 갖고 행동해야 용기 있는 자가 된다. 문제는 어느 만큼이 적당한 중용인가인데 이는 결코 수학적으로 평가할 수 있는 문제가 아니다. 결국 중용을 위한 선택은 늘 '상황 중심적'(context-bound)이고, 시행착오를 통해서만 접근할 수 있는 것이라는 점에서 실천적 지혜(practical wisdom), 즉 실천지(phronesis)라는 개념이 등장한다. '시행착오'를 통한 실천적 지혜는 '순수이성'과 관련된 철학적 지혜와는 다르다. 타고난 것도 아니고, 교육을 통해 성취되는 것도 아니다. 주어진 상황에서 시행착오를 거쳐 얻어지는 실천적 지식의 차원이다. 희랍철학의 세계와 같이 우리는 수많은 결정과 행위를 선택해야 하는 실제적인 세계와의 연관 가운데 산다. 아리스토텔레스는 인간의 궁극적인 행복은 실천적이고 철학적인 지혜 모두를 요구한다고 주장한다.

브라우닝은 바로 이러한 실천적 지혜를 강조하는 철학적 전통 위에서 실천을 위한 새로운 비전을 주는 방법을 찾고자 한다. 브라우닝은 아리스토텔레스의 실천지(phronesis)와 동의어로 쓰일 수 있는 다양한 개념들을 교차하여 방법론에 차용한다. 실천이성, 실천, 프락시스(praxis), 정의, 대화, 소통 등의 개념들이 그것이다. 그는 학문의 방향을 크게 두 가지로 나누어 보는 해석학적 전통을 그대로 수용한다. 예를 들어, 독일의 철학자 빌헬름 딜타이(Wilhelm Dilthey)가 나누는 정신과학과 자연과학의 분류이다. 전자는 철학, 심리학, 역사학, 사회학, 법학 등 인간에게 주어진 의미의 해석을 추구하는 정신의 학문을 통칭하고, 후자는 물리학, 생물학, 화학과 같이 인과관계의 설명을 추구하는 학문을 통칭한다.

과학은 원래 지식과 학문을 의미하는 용어였지만, 현대에는 과학은 자연과학을 지시하는 축소된 의미로 쓰인다. 여러 가지 학문 중에서 자연과학이 가장 보편적인 힘을 가지게 되면서, 19세기 후반에 자연과학은 그 영역을 확대하여 문화와 인간까지도 연구대상으로 삼기 시작하였다. 이러한 시대상황 속에서 "생(生)철학자"라 불리던 딜타이는 '설명'의 학문인 과학으로는 개별적이며 일회적일 수 밖에 없는 '삶'을 온전하게 파악할 수 없다고 보고, 정신과학의 존립 근거와 방법에 대한 심도 있는 반성적 고찰을 시도하였다. 딜타이는 자연과학에 대한 단순한 반동에 그치지 않고, "삶은 삶 그 자체로 이해해야만 한다"는 명제 아래 인간의 삶에 다가가기 위한 새로운 방법을 제안하고 심화하기에 이른다. 이러한 분류 전통은 하이데거, 훗설, 가다머에 이어져 해석학적 틀을 구성한다. 정신과학은 문화적 과학 혹은 도덕적 과학(cultural/moral sciences) 등으로 불리면서 인간이 다양한 의미를 해석하는 구조로서 인간의 상호대화(dialogue, conversation)의 모형을 사용한다는 것이다. 예를 들어 딜타이는 인간이 과거의 역사를 어떻게 이해하는가의 문제는 결국 상호대화의 방식이라고 보았다. 역사를 연구하는 학자는 이해하려는 과거의 역사적 사건 안에 자신을 대치하여 봄으로써 역사를 해석하는 공감적 이해의 방식을 가지게 된다. 딜타이의 목표인 '삶'의 이해는 결국 역사를 이해하는 것이 된다.

딜타이가 시작하고, 하이데거가 심화시킨 '철학적 해석학'은 한스 게오르그 가다머(Hans-Georg Godame)에 의해 보다 구체화된다. 가다머는 이러한 상호대화에 개입되는 연구자의 전이해(fore-understanding)와 전개념(fore-concept)을 없앨 수 있거나 없애야 한다고 보지 않는다. 오히려 이들은 해석에 긍정적으로 이용되어야 하며, 결국 자신의 전이해를 분명히 인식할 때 전이해와 대화하는 새로운 의미의 새로운 해석을 가능하게 된다고 보았다. 이러한 전이해와 전개념은 인간의 이해작용의 근본적인 '지평'(地平)을 형성한다고 보고, 지평은 고정적이지 않고 역사적으로 변화되어 감을 강조했다. 현재의 지평과 과거의 지평은 서로 만나고 대화하면서 역동적으로 움직인다. 지평은 과거에 대해서도 현재에 대해서도 열려 있다는 것이다. 이렇게 두 가지 지평이 상호대화하고 개방화되어 가는 과정을 가다머는 '지평융합'(fusion of horizon)이라고 명명하였다.

브라우닝에게 모든 신학이 실천적이라는 명제는 신학의 방법론적인 바탕이 상호대화를 바탕으로 한 해석학적 틀이라는 점이다. 가다머의 『진리와 방법』(*Truth and Method*)의 중심주제는 이해(understanding)와 해석(interpretation)과 적용(application)은 구별될 수 없이 긴밀하게 연관되어 있다는 점이다. 모든 이해는 해석을 포함하고, 모든 해석은 적용을 포함한다. 가다머에 의하면 이는 아리스토텔레스의 실천지(phronesis)의 분석이고, 우리에게 적용이 어떻게 해석적 경험에 중요한 부분이 되는지 이해할 수 있도록 해 준다는 것이다. 이와 같이 가다머가 아리스토텔레스의 도덕론을 이해 과정의 모델로 사용한다는 점에 입각하여, 브라우닝은 가다머 연구자들이 놓치기 쉬운 도덕적 관심을 견지하고자 한다. 다시 말해 해석학적 과정은 결국 적용을 수반하는 도덕적 관심(moral concern with application)이라는 점이다.

가다머와 같은 해석학적 이론가들에게 실천적 지혜는 결코 이론과 실천이 시간 차를 가지는 원인과 결과로 이분화될 수 없다는 것을 명시적으로 보여 주었다. 실천으로의 적용은 이해 이후에 생기는 행위가 아니라는 것이다. 과거는 결코 그저 죽어가거나 죽은 시체와 같아서 현재를 구성하는 데 아무런 영향을 미치지 않는 것이 아니다. 현재는 많은 부분에서 과거의 생산물이 된다. 우리는 알아채지 못하지만, 과거는 현재에 들어와 살고 있다. 과거의 사건이 현재의 역사 인식을 구성하기 때문이다. 신학에서도 과거의 종교적 사건이 현재와 동떨어진 별개의 것이 아님은 말할 것도 없다. 성서의 텍스트를 이해하고자 하는 과정도 시작에서부터 실천을 매개로 한 '해석적' 작업이다. 가다머의 이론이 거부하는 것은 바로 이론에서 실천으로, 혹은 텍스트에서 적용으로의 과정이 인과적으로 연결되어 있다는 것(theory-to-practice /text-to-application model of humanistic learning)이다. 해석학의 해석이 모형은 이미 이해와 해석에 단초를 제공하는 원초적 실천, 이론적 성찰, 성찰된 실천의 과정(radical practice-theory-practice model)이다. 가다머가 제시한 해석에 있어서의 지평융합은 현재 우리가 가지고 있는 문화적 실천적 물음 및 전이해들이 텍스트가 가지고 있는 의미와 이미 융합되어 있는 과정을 말한다. 이에 브라우닝은 지평 융합적 · 실천적 사고(practical thinking)를 제안하는 바, 전통적인 신학자들의 실천신학관, 즉 철학적 · 역사적 신학에서 실천신학을 향해 가는 구조(from theory to practice)가 아닌, 실천에서 이론으로 그리고 다시 실천으로(from practice to theory to practice) 진행되는 해석학적 재편성을 주장하고 있다.[10]

3. 비판적 실천신학: 수정된 상관관계와 해석학적 접근의 통합

브라우닝의 수정된 혹은 비판적인 상관관계방법(revised/critical correlational method)에서 현대가 가지고 있는 대답들, 즉 현대과학(정신과학과 자연과학을 모두 포함하여)이 가지고 있는 대답들이 가지는 의미와도 대화해야 한다는 주장은 결국 해석학적 접근이 된다. 가다머의 말처럼 전이해를 긍정적으로 이용하는 이해, 해석과 적용의 지평융합적 작업인 것이다. 이때의 지평융합은 과거의 진리를 현재에 대입하는 것이 아니라, 현재에 이미 과거의 전통과 해석들이 살아 있다고 보는 관점이다.

　제시되는 브라우닝의 방법론에서 지평융합과 비판적인 상호연관적 접근이 가능해지는 기준은 무엇인가가 중요하다. 초기의 저작에서 드러난 것처럼, 그가 목회돌봄에서 방법론적으로 강조하는 것은 신학적 윤리적 과제이다. 그의 이후 저작에서는 이러한 과제가 실천철학적인 성찰을 바탕으로 하는 해석학적 과제로 귀결된다. 예를 들어 초기에 드러난 비판적 상호연관의 과정은 5가지 차원의 실천적 도덕적 사고(practical moral thinking)를 통해 진행된다. 브라우닝은 한 출판사(Fortress Press)에서 '신학과 목회돌봄 시리즈'의 기획 및 편집장으로 14권의 책을 출판하는 데 관여한다. 이 시리즈의 하나로 출판한 자신의 책이 *Religious Ethics and Pastoral Care*이다. 이 책에 소개된 그의 5가지 차원의 실천적 도덕적 사고는 ① 비전적/은유적 차원 (a visional/metaphorical level), ② 의무론적 차원(an obligational level), ③ 성향—욕구의 차원(a tendency—need level), ④ 상황적 차원(a contextual level), ⑤ 규율—역할의 차원(a rule—role level)이다.

　1단계인 비전적/은유적 차원의 예를 들면, 인간은 누구나 어떤 세상에서 살아야 하는가에 대한 비전을 가지고 있기 때문에, 무엇이 우리의 삶과 행동의 장을 구성하는 가장 궁극적인 모습인가에 대한 질문을 하게 된다. 그리고 이때의 대답은 늘 은유의 차원으로 진행된다. 주로 신화, 이야기나 담화 등에서 드러나는 심층적인 은유가 등장한다. 물론 종교의 세계에서도 이러한 은유가 등장하지만, 심리학의 세계에서도 이러한 신화적 은유가 등장하기에 비판적인 상호연관이 가능해진다. 예컨대, 프로이트의 심리학에 등장하는 삶(eros)과 죽음(thanatos)의 본능에 대한 해석을 들 수 있다. 이와 같이 브라우닝이 수정된 혹은 비판적 상관관계의 방법에서 대화의 파트너로 삼는 심리학은 결코 신학과 별개인 학문 체계로 일대일로 만나는 것이 아니라 동일한 해석학적 틀 안에서 재해석되는 것이다. 해석의 토대를 제공하는 틀은 아리스토텔레스 이후 학문의 역사에서 취급되어진 '실천적 지혜'(practical wisdom)를 추구하는 정신과학(Geisteswissenschaften) 즉, 문화적 과학 혹은 도덕적 과학의 관점이다.

　두 번째 의무론적 차원은 우리는 무엇을 해야만 하는가에 대한 성찰이다. 여기서 현대 심리학이 제시하는 이상적이고 건강한 인간상은 도덕적으로 결코 중립적일 수 없는 '덕 윤리'(aretaic ethics), 혹은 '인격 윤리'(ethics of character)의 측면으로 해석하여 상호 연관을 시도한다. 세 번째 성향-욕구의 차원은 도덕적으로 정당하게 느끼고 만족스러워 할 수 있는 다양한 인간의 성향과 욕구들은 무엇인가에 대한 성찰로서 프로이트의 본능(id)이나 융의 원형(archetype) 등과 상호대화를 시도한다. 이러한 현대 심리학의 실천도덕적, 해석학적 접근이 엄밀히 말하면 심리학적이지 않거나 과학적이지 않다고 볼 수도 있지만, 그렇지 않다. 브라우닝은 심리학이 자신은 의도하지 않았음에도 불구하고 무의식적으로 매우 좋은 윤리적 비전을 드러낼 수 있다는 사실을 보여주고 싶었는지도 모른다. 네 번째 상황적 차원으로는 우리의 행동이 일어나는 직접적인 상황은 무엇이고, 그것을 구성하는 다양한 요소들은 무엇인가에 대하여, 그리고 다섯 번째 규율-역할의 차원에서는 우리가 도덕적인 목적을 달성하기 위해서 수행해야 하는 특정한 규율이나 역할, 혹은 의사소통의 과정들은 무엇인가에 대한 상관관계를 성찰한다.

그의 대표적 저서 중의 하나인 *Religious Thought and the Modern Psychologies*은 이러한 수정된 상관관계의 방법을 가지고 해석학적으로 다양한 현대 심리학을 재해석한 좋은 모델이 된다. 그는 이 책의 제목을 '심리학'이 아닌 '현대 심리학'이라고 붙인 이유가 심리학은 20세기에 태어나지 않았다는 잊혀지기 쉬운 진실을 드러내기 위해서라고 밝힌다.[11] 이는 다양한 고전적 형태의 심리학이 존재하고, 이들은 서구 종교 전통에 큰 영향을 미쳤다는 점을 강조하기 위함이다. 예를 들어 기독교는 역사적으로 신학적으로 스토아 철학적 인간이해, 아리스토텔레스적인 인간이해를 비롯하여 헤겔과 키에르케고르, 하이데거, 화이트헤드가 보여 준 인간이해 심리학의 영향을 받아왔다는 것이다. 이는 철학적 심리학으로 현대의 과학적 혹은 임상심리학과는 다분히 대조적인 전통 아래에 있다고 볼 수 있다. 사실 철학적 전통 아래에서 발전해오던 인간 심리의 이해가 20세기에 이르러 심리학이라는 학문으로 재편성되면서 "철학적" 성격을 넘어서 보다 과학적, 임상적이거나 실험적으로 변모한 것이다. 브라우닝이 선별하여 보기 원하는 '철학적' 심리학은 단순히 사색적이고 추상적인 이성의 부산물이라는 측면보다는 인간 경험의 광범위한 영역을 탐구한다는 측면에서 철학적이고 해석학적이며, 현대의 심리학들도 이러한 틀에서 재해석될 수 있다고 믿었다.

20세기 현대 심리학의 발전을 문화의 측면에서 이해하려는 시도가 바로 그의 해석학적 관점으로 제시된다. 그의 문화의 정의 또한 그의 방법론적인 특징을 잘 드러낸다. 그에게 문화는 상징과 규범의 체계(a system of symbols and norms)이다. 즉, 한 사회나 집단을 세계관이나 인생의 목적, 혹은 삶의 기본적인 원칙들을 제공하여 주는 규범과 상징의 체계라는 것이다. 결국 "문화의 신학에서의 하나의 비판적 대화"(a critical conversation in the theology of culture)라는 부제가 말해 주듯이, 브라우닝의 해석학적인 시도는 문화(규범과 상징의 체계)의 신학을 구성하기 위한 방법론이며, 이에 현대 심리학이 비판적인 대화를 제공한다는 관점을 보여준다.

현대 심리학이 드러내는 네 가지 상징과 규범의 체계(문화)는 분리(detachment), 기쁨(joy), 통제(control), 돌봄(care)의 문화이다. 프로이트의 심리학은 분리의 문화의 관점에서 해석하고, 융과 인본주의 심리학들은 기쁨의 문화의 관점으로 해석한다. 그리고 스키너는 통제의 문화와 에릭슨과 코헛은 돌봄의 문화의 관점에서 해석하고자 한다. 브라우닝은 이러한 현대 심리학의 문화가 현대 심리학이 가지는 과학적인 가치 제공의 측면을 넘어서 보다 긍정적인 문화의 종교윤리적(religio-ethical) 차원을 넘나들 수 밖에 없다는 것을 밝히고자 한다. 다시 말해 종교적(기독교적) 사상은 이러한 네 가지 심리학의 해석학적인 '문화'의 측면에서 접촉점과 유사점을 공유한다. 심리학이 엄격하게 과학적인 심리학의 측면만을 고수한다면 종교와의 대화 가능성은 요원하겠으나, 종교윤리적 차원을 가진 문화(상징과 규범의 체계)의 근원이 된다는 측면에서는 종교적 사상과 함께 충분히 비판적인 대화에 참여할 수 있다고 보는 것이다.

그러므로 브라우닝의 방법론에 등장하는 임상 심리학은 매우 혼합형의 학문(mixed disciplines)이다. 종교적, 윤리적, 그리고 과학적 언어의 실례를 함께 사용하기 때문이다. 그러나 브라우닝의 해석학적 관점에서 사용되는 심리학들은 임상이나 실험으로 이해되는 과학적인 심리학이기보다는 '실천적 도덕철학'

(practical moral philosophies)에 훨씬 가깝다. 신학과 그가 선택한 심리학들의 공통된 중심적 과제는 '해석'(interpretation)이라고 믿기 때문이다. 브라우닝에게 분명히 심리학은 설명적(explanatory) 학문이 아닌 해석적 학문(interpretive discipline)으로 작용한다. 그가 제시하는 차이점이라면 임상 심리학은 인간의 개인적 삶(individual lives)을 해석하려고 시도하는 반면, 신학은 전체로서의 통전적 삶(life as a whole, in its entirety)을 해석하려고 시도한다는 것이다.[12]

결론적으로 브라우닝의 목회신학의 방법론은 틸리히의 상관관계방법을 확장한 비판적 상관관계로 접근하는 비판적인 실천신학(a critical practical theology)이다. 그의 방법론은 틸리히의 상관관계방법과는 달리 정신과학의 다양한 방법론에서 규범적인 지평을 밝혀내고 해석학적으로 성찰하려는 시도를 진척시켜왔다. 특히 90년대 이후 그에 의해 진행된 '가족, 종교와 문화' 프로젝트는 신학의 여러 분야와 현대 심리학, 가족 연구, 법학, 사회학, 정치학, 철학 등의 인접학문들과의 보다 상호적이고 비판적인 상관관계의 방법으로 발전한다. 이는 많은 사회과학자들에게 하여금 현대 미국 사회가 가지고 있는 가족해체의 위기라는 문제에 그의 실천신학적 접근이 가장 포괄적이고 의미 있는 해답을 주고 있다고 평가된다. 브라우닝의 신학이 기존의 교회 중심적 목회신학에 비하여 공적인 의미를 가진 것은 비판적 실천신학은 비판적 문화신학(a critical theology of culture) 위에 형성된다는 그의 연구관심의 결과로 보인다. 그의 비판적 해석학의 틀 안에서 신학의 제 분야와 다양한 사회과학은 해석되어야 하는 '문화적 현상'(cultural phenomena)인 것이다. 그리고 해석학적인 상관관계의 방법은 그가 제시한 다섯 가지 실천적·도덕적 차원에 대한 신학적인 성찰을 통해 진정으로 실천될 수 있다.

IV. 목회상담학 발전에 미친 영향과 한계

브라우닝의 은퇴를 기념하여 기획된 미국종교학회 내의 심포지움은 다섯 명의 발제자들을 중심으로 기획되고 준비되었다. 발제자로는 우선 브라우닝이 가장 존경하는 동료 중의 하나인 버클리 연합신학대학원(Graduate Theological Union)의 흑인 목회신학자 아치 스미스(Archie Smith, Jr.)와 브라우닝의 두 제자들이 선정되었다. 두 명의 제자는 밴더빌트대학교 신학부의 바니 밀러-맥리모어(Bonnie Miller-McLemore)와 퍼시픽 유니온 대학(Pacific Union College)의 그레고리 슈나이더(Gregory Schneider)가 선정되었는데, 여성과 남성, 신학대학원과 일반 대학교 심리학과에서 가르치는 이들로 그들의 다양한 상황적 관점을 반영하고자 기획하였다. 그리고 브라우닝과 '종교, 문화와 가족 시리즈'를 함께 편집한 이안 에비슨(Ian Evison)이 학계가 아닌 현장을 대표하는 학자로 선정되었고, 필자는 타문화권에서의 목회신학적 관점을 반영하기 위한 학자로 선정되었다.

우선 이 심포지움에서 거론된 브라우닝의 주요한 학문적 공헌을 요약하자면 다음과 같다. 무엇보다도 힐트너의 목회신학적인 연구의 전통을 공고히 하고, 최초의 종교심리학자로 여겨지는 윌리엄 제임스(William James)의 철학적 심리학의 연구 전통, 다시 말해 인간의 종교경험을 가장 근본적인 학문적 과업으로 하는 전통을 더욱 확대시킨 점을 들 수 있겠다. 두 번째의 공헌으로는 그는 가장 성공적으로 많은(물론 모두는 아니지만) 일반 심리학과 사회과학의 학자들에게 종교 윤리적 성찰에 대한 도전을 던져 준 것을 들 수 있다. 그는 2004년 일반 심리학자 테리 쿠퍼(Terry Cooper)와 공저로『종교사상과 현대 심리학들』의 개정판을 출판하기도 하였다. 세 번째의 공헌으로 많은 학자들이 공감하는 것은 무엇보다 브라우닝의 연구 후반기에 행한 '가족 프로젝트'였다. 특별히 그는 그동안 거의 주목을 받지 못한 가족과 종교 및 문화를 연결하여 성찰하는 연구과제를 학계에 제시하면서, 목회신학의 학제간 연구가 '성직자, 교회중심 패러다임'(clerical and ecclesial paradigms)에서 보다 '공적인 패러다임'(public paradigm)으로 어떻게 사회 전체에 공적인 의미를 던져줄 수 있는지를 모범적으로 보여 주었다. 특별히 이 공적인 패러다임의 뼈대로 제공되는 실천적·도덕적 성찰은 일부 보수주의 계통의 교회나 학문에서 심리학이 무비판적으로 종교와 신학을 대체하는 치유적 목회나 연구 방향에 새로운 도전과 과제를 제시한 점을 높이 평가할 수 있겠다.

이제 심포지움에서 심도 있게 논의된 브라우닝의 방법론적 한계에 대한 비판적 고찰에 대하여 논하면서 추후 한국적 상황에서의 적용 가능성에 대해 논의하고자한다. 필자를 비롯한 발제자들의 일부는 간혹 제기되어 온 브라우닝의 해석학적방법론의 추상성을 지적하고자 하였다. 특별히 필자는 아치 스미스(Archie SmithJr.)나 임마누엘 라티(Emmanuel Lartey)와 같은 해방신학적인 목회신학자들에게서도 드러나는 해석학적 접근과는 다르게 프락시스(praxis)에 대한 사변적이고 철학적인 접근을 하는 성찰 방식에 의문을 제기할 수밖에 없다. 영국의 여성 목회신학자 일레인 그래함(Elaine Graham)은 브라우닝의 해석학이 해방적인 프락시스(emancipatory praxis)와는 거리가 먼 구조임을 지적하고, 미국의 여성주의 목회신학자들은 그의 비판적 상관관계의 방법과 해방적 관점을 연결시키는 과제를 제시하기도 하였다.[13]

결국 브라우닝의 해석학에서 그는 너무도 자주 그가 좋아하는 유럽의 철학자들, 혹은 철학적 신학자들(예를 들면, 가다머, 하버마스, 리꾀르 등)에 학문적 천착을 하게 됨으로써, 결국 서구적 개인주의 전통에 대한 굴레에서 벗어나지 못하는한계를 가지게 된다. 그가 가족 프로젝트를 통하여 미국적인 개인주의 전통과 서구의 시장 논리에 대한 비판적 성찰을 하는 것은 물론 개인보다는 사회와 문화적시각을 지향하는 공적(public)이고, 체계적(systemic)인 사고로의 전환이라고 일부 학자들은 그를 변호한다. 하지만 필자의 판단으로는 그가 결국 한 개인의 삶의주기와 관련된 주제(출생, 결혼, 가족, 이혼, 개인주의적 인격 등)로 연구의 출발점을 삼는 것은 여전히 동양을 비롯한 타문화권이 가지고 있는 '상황적'(contextual)이고 '특정한'(particular) 주제에 대한 관심은 늘 뒷전에 있게 마련이다. 말하자면 흑인 목회신학자들의 경우, 간혹 연구주제의 출발점을 보다 상황적이고 특정한 경험들로 출발점을 삼기도 하는 것과는 대조적이다. 예를 들면 아치 스미스가제시하는 흑인들의 '집단적 영성'에 대한 주제라든지, 흑인 여성목회신학자 캐롤왓킨스 알리(Carroll A. Watkins Ali)가 제시하는 '생존과 해방'의 주제 등과는 대조적이다.[14]

브라우닝은 그의 해석학적 방법론에 나타난 추상성에 대한 비판에 대해 다음과같이 응답한다. 브라우닝은 그의 해석학을 리꾀르가 명명한 '비판적 해석학'

(critical hermeneutics)이라고 정의하면서, 비판적 해석학은 그 용어 자체로 누구에게나 끔찍하게 두려운 철학적인 무게로 다가오지만, 용어의 정의를 자세히 이해하고 나면 달라질 수 있다고 지적한다. 그는 심포지움에서 그가 지난 15년 이상의 연구와 저작을 통해서 집중하여 온 '비판적 해석학'은 그에게는 인간 이해의 이론 중 가장 의미 있는 것이었다고 고백한다. 이 이론은 그에게 학제간 연구를 하는 데에 있어서, 과학적 객관성의 문제를 뒷전에 두고 대화와 소통을 위한 상호질문과 해답의 과정을 가능하도록 도왔다고 지적한다. 해석학은 흔히 우리가 접하는 본문이나 사건 등을 우리의 문화를 구성하는 상황을 바탕으로 이해하고자한다. 비판적 해석학의 도움이 없이는 브라우닝은 과학적인 객관성을 추구하는학문들, 심리학을 비롯한 사회과학을 하나의 '종교문화적 창조성'(religiocultural creativity)의 산물로 보고 대화하는 것이 불가능했을 것이라고 항변한다. 이 다양한 학문들 가운데 나타나는 창조성은 서구 사회의 종교문화적 비전, 특별히 유대교와 기독교에 나타난 인간 이해를 반영한다는 것이다.

그러나 여전히 필자는 브라우닝이 논하는 종교문화는 결국 서구문화에 한정되고 있음을 지적하지 않을 수 없다. 그의 문화 이해가 규범의 체계이고, 의무론적윤리뿐 아니라 소통을 향한 덕 윤리(ethics of character)의 관점을 견지한다는 측면에서 다른 문화권의 규범과도 상호대화의 틀이 마련되어 있다고 볼 수 있겠으나, 문화에 너무 규범적인 측면이 강조되어 '다름'(difference)과 '독특성'(particularity)을 토대로 한 인류학적 의미의 문화가 설 곳이 없다는 점을 아쉽게생각한다. 이는 결국 그의 다원화시대를 위한 목회신학이 문화의 다원성 혹은 종교의 다원성의 문제를 너무 포괄적으로, 혹은 지나치게 서구 중심적 사고로 단순화시키는 오류를 범하게 된다.

무엇보다 브라우닝의 방법론에 대한 결정적인 한계는 아치 스미스에 의해 제기되었다. 스미스는 브라우닝의 비판적 해석학에서 힘과 권력에 대한 분석이 도외시되어 왔다고 지적한다. 예를 들어, 브라우닝의 방법론에는 권력이 없는 개인이나 집단은 힘을 가진 이들의 도덕적 종교적 기준들에 의해 쉽게 억압당하는 현실을 낳을 수밖에 없다는 말이다. 권력에 대한 분석을 통하여 볼 때에 우리는 미국과 같은 서구사회에서 권력을 소유하지 않은 이들은 소수인종이거나 비기독교도인 경우가 많다는 점을 발견하게 된다. 결국 다원화시대의 공적인 신학을 추구하던 브라우닝은 결국 종교문화적인 다원주의를 포용할 수 없는 구조적 모순을 안게 되면서 억압과 차별을 다룰 수 없는 방법론으로 전락한다.

이에 대하여 브라우닝은 스미스의 비판을 겸허히 받아들이면서 '가족 프로젝트'를 위한 공저[15]에 이르러서야 비로소 자신은 권력에 대한 분석을 하게 되었다고 고백한다. 예를 들면, 결혼과 가정에서의 평등권을 언급하면서 남편, 아내, 자식들과 주변의 경제적 기관이나 정부기관들과의 권력 관계(power relations)에 대한 분석을 통하여 '비판적 가족주의'(critical familism)를 위한 숨겨진 장애와 저항을 밝혀내는 과정이 제시되었다는 것이다.[16] 그런데 브라우닝의 저작이 1966년부터 시작되었으니, 이러한 분석은 실로 뒤늦은 감이 없지 않다. 이에 대하여 브라우닝은 자신이 결국 억압적인 권력이나 부당한 권력을 식별하는 데 있어서 무엇보다 사려 깊은 윤리적 고찰이 선행되어야 함을 강조하였기 때문이었다고 답변하면서, 그가 제시한 다섯 가지의 실천적 도덕적 성찰이 권력의 문제나 다양한 종교문화가 만들어 내는 다원주의의 문제를 윤리적으로 선별하고 분석하기 위한 틀로 제시될 수 있다고 주장한다. 예를 들어 안식일 교도인 백인교수가 유교문화권에서 자라난 동양 학생을 가르칠 때 기독교적 관점을 제시하고, 사회과학을 종교와 비판적으로 대화하는 데에 사용하는 것을 주저할 필요가 없다는 것이다. 이 때 중요한 것은 종교의 다름이나 힘의 불균형이 아니라, 교수가 동양 학생이 다양한 사회과학을 자신의 고유한 종교문화 전통과도 대화하는 방법론을 보여 주는데 있다는 점이다. 이때의 비판적 해석학은 교수와 학생, 교수와 그가 사용하는 사회과학, 그리고 학생들과 그들이 배우는 사회과학 사이의 대화를 가능케 한다는 것이다. 이러한 점에서 그는 자신의 해석학적 방법론이 '상호문화적 감수성'(intercultural sensitivity)을 다룰 수 있으리라고 본다.

V. 한국적 적용에 대한 가능성

필자는 브라우닝의 방법론이 미국사회에서 다양한 분야에서 소통자와 화해자의 역할을 하는 것을 의미 있게 평가하고, 한국적 상황에서의 적용 가능성에 대하여 연구해 왔다. 브라우닝의 방법론적 접근은 종교와 심리학 사이를 중개하고, 교회와 학문 사이나 정신의학과 목회 사이, 혹은 실천신학과 다른 신학의 제 분야 사이에서 의미 있는 가교의 역할을 하여 왔다. 이러한 중개적 역할이 어떻게 한국 사회에서도 가능할 수 있을까? 미국 사회와는 달리 한국적 문화에서는 분명히 심리학이나 심리치료가 문화적 산물이 아니다. 미국 문화에서도 이제 심리학이나 심리치료는 예전에 가지고 있던 마력(mojo)을 잃어가고 있다고 학자들은 지적한다. 우리가 소통하고 대화적으로 해석해내야 할 종교문화적 산물은 무엇인가? 심포지움에서는 밀러-맥리모어에 의하여 유사한 실용적 질문이 제시되었다. 미국 사회에서 종교와 심리학 분야가 쇠퇴하고 목회신학 분야 교수진이 대거 은퇴하는 21세기에도 계속해서 이러한 대화적 실천신학 운동이 힘을 발휘할 수 있을까에 대한 질문이다.

브라우닝은 이러한 질문들에 대하여 확고히 대답한다. '비판적 해석학'의 방법이 계속적으로 신학교나 교회에서와 종교와 심리학 연구 분야(목회돌봄, 종교심리학, 신학과 심리학의 대화, 문화연구)에 있어서 의미 있는 열매를 맺을 수 있다. 이유는 단순하다. 실천은 이론을 담지한다. 그러므로 나쁜 실천들은 그 안에 나쁜 이론들을 담고 있다는 말이다. 브라우닝은 비판적 해석학이 이러한 나쁜 이론들을 드러내는 데에 도움을 줄 수 있다고 굳게 믿는다. 이는 인간의 구체적인 행동에 밀착된 인간에 부적절한 비전을 담고 있기에 어느 문화권에서도 그 윤리적 선별의 작업이 가능하리라고 보는 것이다.

필자는 간혹 한국적 상황에서도 목회적 행위에 밀착된, 부적절한 비전을 담은 심리학을 발견한다. 때때로 이러한 심리학은 한국의 고유한 주술적 종교문화의 창조성을 반영한다. 인간에게 교회가 치유의 장이 되고, 그리스도는 마치 하늘의 심리치료사, 아니 귀신을 쫓는 엑소시스트가 되는 비전이 그것이다. 21세기 한국

교회는 치유의 시대를 맞이하고 있다. 미국의 저명한 사회학 교수인 필립 리이프 (Philip Rieff)는 이미 60년대에 기독교가 '자가 치료적 체계'(self-help therapy)로 변질되어 갈 것이라고 예견한 바 있다.[17] 구원은 그저 심적인 건강으로 축소되고, 하나님의 모습도 각종 질병을 고치시는 만능치료자의 모습만 강조된다. 교회는 복음을 전하기 위해 심리학을 하나의 필수적인 도구로 사용한다는 것이다. 그렇다면 교회는 결국 만병통치약이나 좋은 치료사나 의사(혹은 무당)를 찾아 나서는 환자나 내담자들의 취사선택의 장소가 된다. 심리학적 치유가 복음을 대신할 뿐 아니라, 목회상담마저 상담적이기만 하지 목회적이지 않다. 더 이상 목회상담이 교회 내 내적치유운동의 연장선에 있는 학문으로만 치부되어서는 안 된다는 자각이 절실히 필요한 시점이다.

한국에서도 목회상담학을 비롯한 신학의 제 분야가 모두 '신학하기'(doing of theology)를 목회적으로 또한 사회문화적으로 실천하기 위한 학문으로 바로 세워야 할 때다. 브라우닝의 실천신학적 비전처럼 한국의 신학교육기관은 이제 신학을 그저 이론으로 연구하고 가르치는 일뿐만 아니라, 실천하는 방법을 연구하는 새로운 틀을 갖추어 가야 한다. 성서학도 실천적인 선포와 비종교인과의 소통도 가능케 하기 위한 학문으로, 교회사도 역사적 실천을 선별하는 지혜를 주는 학문으로 거듭날 때이다. 심리학을 비롯한 기타 여러 인접학문들과의 학제간 연구에 집중하여 온 목회신학과 실천신학이 이러한 신학하기의 새로운 틀을 만드는 일에 학문적으로 선도적인 역할을 하리라 기대해 본다.

문화연구의 차원에서도 우리는 보다 선별과 성찰을 위한 방법이 필요한 때라고 여겨진다. 브라우닝의 해석학적이고 도덕적 성찰을 바탕으로 한 상관관계방법이 우리에게 분명한 암시점을 제공한다고 본다. 21세기에 한국교회는 치유의 시대와 더불어 윤리적 성찰의 시대를 살아내야 한다. 한국은 이미 외국인의 인구가 백만 명이 넘어선 다문화사회로 가고 있고, 서구사회에서나 흔히 볼 수 있었던 인종차별의 폐단도 그대로 재현되고 있다. 이에 대한 대책은 단순히 정치학이나 사회학, 혹은 법학이나 사회복지학의 과제만이 아니다. 이는 분명히 비판적인 실천신학의 과제이다. 신학적이고 윤리적인 성찰을 기초로 한 돌봄과 실천이 매개되어야 하는 영역이기 때문이다. 브라우닝의 지적대로 목회상담은 이제 자신의 교회 울타리 안에 있는 교인의 상처를 감싸는 일에서 보다 공적인 영역으로 확대되어야 한다. 이제 외국인 노동자들, 탈북동포, 결혼이민자 등 소수자를 위한 돌봄은 아치스미스의 지적대로 권력분석을 통하여 그들이 처한 위기와 사회문화적인 억압까지도 함께 상호문화적 감수성을 가지고 변화시킬 수 있는 목회상담 전문가를 절실히 필요로 한다.[18] 예컨대, 최근 통일부는 북한이탈주민과 탈북가정을 위한 전문상담사를 선발하고 있다. 아직까지 북한이탈주민과 관련된 사회학이나 사회복지학 논문들은 많지만 이들을 위한 상담학적 연구는 많지 않다. 또한 이들을 위한 심리적이고 영적인 돌봄을 실천하는 일은 목회적인 관심이 없으면 장기간 감당할 수 없는 어려운 사역이다. 장차 통일 조국을 위한 대비책으로도 이러한 분야에 대한 목회상담학도들의 관심이 필요하다고 본다. 아무도 관심을 가지지 않는 세상 구석구석의 아픔까지 손을 뻗쳐 돌아보는 공적인 패러다임이 확대되는 것이야말로 필자는 최근 사회적 공신력을 크게 상실한 한국교회가 다시금 초기의 생명력을 회복하는 지름길이 되리라고 확신한다. 이는 우리를 한국 땅에 목회상담학도로 부르신 분명한 소명이다. 예수가 우리에게 구세주인 이유는 한 개인의 아픔을 깨끗이 치유해 주는 마술적 치유자이기보다 고난 받는 민족의 역사 안에서 함께 고통 받으시는 십자가의 주이기 때문이다. 머지않아 목회상담학도들이 사회 각 분야에서 한 마리 양이라도 목숨을 걸고 찾아나서는 목회적인 비전과 학제간 돌봄의 전략을 가지고 힘 있게 실천할 날을 고대한다.

References

참 · 고 · 문 · 헌

브라우닝의 저서 및 참고문헌

Browning, Don S. *Atonement and Psychotherapy.* Philadelphia: Westminster Press, 1966.

_____. *Generative Man: Psychoanalytic Perspectives.* New York: Delta, 1975.

_____. *The Moral Context of Pastoral Care.* Philadelphia: Westminster, 1976.

_____. *Pluralism and Personality: William James and Some Contemporary Cultures of Psychology.* Lewisburg, PA: Bucknell University Press, 1980.

_____. *Religious Ethics and Pastoral Care.* Philadelphia: Fortress, 1983.

_____. "Pastoral Theology in a Pluralistic Age." In D. S. Browning (Ed.), *Practical Theology: The Emerging Field in Theology, Church, and World*). San Francisco: Harper & Row, 1983, 187–202.

_____. *Religious Thought and the Modern Psychologies.* Minneapolis: Fortress, 1987; 2nd Edition: co–authored with Terry Cooper, 2004.

_____. "Mapping the Terrain of Pastoral Theology: Toward a Practical Theology of Care." *Pastoral Psychology* 36 (1987), 10–28.

_____. "Pastoral Care and the Study of the Congregation." In J. C. Hough, Jr. and B. Wheeler, *Beyond Clericalism: The Congregation as a Focus for Theological Education.* Atlanta, Georgia: Scholars Press, 1988, 108–118.

_____. *A Fundamental Practical Theology.* Minneapolis: Fortress Press, 1991.

_____. "The Past and Possible Future of Religion and Psychological Studies." In William B. Parsons and Diane Jonte–Pace (Eds.), *Religion and Psychology: Mapping the Terrain.* London and New York: Routledge, 2001, 165–180.

_____. "An Ethical Analysis of Erikson's Concept of Generativity." In Ed de St. Aubin, Dan P. McAdams, and Tae–Chang Kim (Eds.), *The Generative Society: Caring for Future Generations.* Washington, DC: American Psychological Association, 2003, 241–257.

_____. *Marriage and Modernization: How Globalization and Modernity Threaten Marriage and How It Must Be Reformed to Meet the Challenge.* Grand Rapids: Eerdmans, 2003.

_____. *Christian Ethics and Moral Psychologies.* Grand Rapids, Michigan: Wm. B. Eerdmans Publishing Company, 2006.

_____. *Equality and the Family: A Fundamental Practical Theology of Children, Mothers, and the Fathers in Modern Societies.* Grand Rapids, Michigan: Wm. B. Eerdmans Publishing Company, 2007.

_____. *Reviving Christian Humanism: The New Conversation on Spirituality, Theology, and Psychology.* Minneapolis: Fortress Press, 2010.

Browning, Don S. & Bonnie Miller−McLemore. Eds. *Children and Childhood in American Religions.* Piscataway, NJ: Rutgers University Press, 2009.

Browning, Don S., B. J. Miller−McLemore, P. D. Couture, Lyon, K. B., and Franklin, R. M. *From Culture Wars to Common Ground: Religion and the American Family Debate.* Louisville: Westminster John Knox, 1997; 2000.

Browning, Don, S. & David A. Clairmont. Eds. *American Religions and the Family: How Faith Traditions Cope with Modernization and Democracy.* New York: Columbia University Press, 2006.

Browning, Don S., & Gloria Rodriguez. *Reweaving the Social Tapestry: Toward a Public Philosophy and Policy of Families.* New York: W.W. Norton, Inc, 2002.

Browning, Don, S., John Wall, William Doherty, and Stephen Post. Eds. *Marriage, Health, and the Professions.* Grand Rapids, MI: Wm. B. Eerdmans, 2002.

Browning, Don S., Katherine Anderson and Brian Boyer. Eds. *Marriage − Just a Piece of Paper.* Grand Rapids, MI: Wm. B. Eerdmans, 2002.

Browning, Don, S., M. Christian Green, & John Witte, Jr. Eds. *Sex, Marriage, and Family in World Religions.* New York: Columbia University Press, 2009.

Graham, Elaine. *Transforming Practice: Pastoral Theology in an Age of Uncertainty.* London: Mowbray, 1996.

Hunter, Rodney J. "The Future of Pastoral Theology." *Pastoral Psychology* 29 (1980): 58−69.

Miller−McLemore, Bonnie and B. Gill−Austern. Eds. *Feminist and Womanist Pastoral Theology.* Nashville: Abingdon, 1999.

Rieff, Philip. *The Triumph of the Therapeutic: Uses of Faith after Freud.* Chicago: University of Chicago Press, 1966.

Smith, Jr., Archie. *Navigating the Deep River: Spirituality in African American Families.* Cleveland, OH: United Church Press, 1997.

Watkins Ali, Carroll A. *Survival & Liberation: Pastoral Theology in African American Context.* St. Louis: Chalice Press, 1999.

권수영. "문화 사회를 위한 기독(목회)상담: 심리치료와 인류학의 해석학적 만남." 「한국기독교신학논총」 67(2010), 287−319.

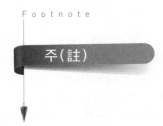

F o o t n o t e

주(註)

1) 본고는 권수영, "단 브라우닝의 목회(실천)신학 방법론," 「신학논단」 43(2006), 695-724 의 내용을 수정·보완한 것임.

2) Don S. Browning, *Atonement and Psychotherapy* (Philadelphia: Westminster Press, 1966)을 참조하라.

3) 그의 초기 목회신학적 관심의 저작들로는 *Atonement and Psychotherapy*를 비롯하여, *Generative Man: Psychoanalytic Perspectives* (New York: Delta, 1975); *The Moral Context of Pastoral Care* (Philadelphia: Westminster, 1976); *Pluralism and Personality: William James and Some Contemporary Cultures of Psychology* (Lewisburg, PA: Bucknell University Press, 1980); *Religious Ethics and Pastoral Care* (Philadelphia: Fortress, 1983); Don S. Browning (Ed.), *Practical Theology: The Emerging Field in Theology, Church, and World* (San Francisco: Harper & Row, 1983) 등이 있다.

4) 보다 적극적인 사회과학들과의 비판적 대화를 중심으로 실천신학적 방법론을 추구하는 시기의 저작들로는 *Religious Thought and the Modern Psychologies* (Minneapolis: Fortress, 1987. 이 책은 2004년에 Terry Cooper와 함께 공저로 다시 개정판을 내었다); "Mapping the Terrain of Pastoral Theology: Toward a Practical Theology of Care," *Pastoral psychology* 36(1987): 10-28; "Pastoral Care and the Study of the Congregation," in J. C. Hough, Jr. and B. Wheeler, *Beyond Clericalism: The Congregation as a Focus for Theological Education* (Atlanta, Georgia: Scholars Press, 1988), 108-118; *A Fundamental Practical Theology* (Minneapolis: Fortress Press, 1991 등이 있다.

5) 가족연구와 관련된 그의 실천신학적 저작으로는 Don S. Browning, B. J. Miller-McLemore, P. D. Couture, K. B. Lyon, and R. M. Franklin, *From Culture Wars to Common Ground: Religion and the American Family Debate* (Louisville: Westminster John Knox, 1997, 2000); Don S. Browning & Gloria Rodriguez, *Reweaving the Social Tapestry: Toward a Public Philosophy and Policy of Families* (New York: W.W. Norton, Inc., 2002); Katherine Anderson, Don Browning, and Brian Boyer, eds. *Marriage – Just a Piece of Paper* (Grand Rapids, MI: Wm. B. Eerdmans, 2002); John Wall, Don Browning, William

Doherty, and Stephen Post, eds. *Marriage, Health, and the Professions.* (Grand Rapids, MI: Wm. B. Eerdmans, 2002); *Marriage and Modernization: How Globalization and Modernity Threaten Marriage and How It Must Be Reformed to Meet the Challenge.* (Grand Rapids: Eerdmans, 2003) 등을 참조.

6) 에모리대학 「법률과 종교연구센터」에서 학제간 연구프로젝트의 일환으로 저술한 저서로는 *Christian Ethics and Moral Psychologies* (Grand Rapids, Michigan: Wm. B. Eerdmans Publishing Company, 2006)와 *Equality and the Family: A Fundamental Practical Theology of Children, Mothers, and the Fathers in Modern Societies* (Grand Rapids, Michigan: Wm. B. Eerdmans Publishing Company, 2007), 그리고 David A. Clairmont와 함께 편집한 *American Religions and the Family: How Faith Traditions Cope with Modernization and Democracy* (New York: Columbia University Press, 2006) 등이 있다.

7) Don S. Browning, "Pastoral Theology in a Pluralistic Age," *Pastoral Psychology* 29 (1980), 24–35.

8) Rodney J. Hunter, "The Future of Pastoral Theology," *Pastoral Psychology* 29 (1980), 58–69 참조.

9) Don S. Browning, *A Fundamental Practical Theology: Descriptive and Strategic Proposals* (Minneapolis: Fortress Press, 1991), 2.

10) 앞의 책, 39.

11) Don S. Browning, *Religious Thought and the Modern Psychologies,* 4.

12) 앞의 책, 7.

13) Elaine Graham, *Transforming Practice: Pastoral Theology in an Age of Uncertainty* (London: Mowbray, 1996); Bonnie Miller–McLemore, and B. Gill–Austern, (Eds.), *Feminist and Womanist Pastoral Theology* (Nashville: Abingdon Press, 1999) 참조.

14) Archie Smith, Jr., Navigating the Deep River: Spirituality in African American Families (Cleveland, OH: United Church Press, 1997); Carroll A. Watkins Ali, *Survival & Liberation: Pastoral Theology in African American Context* (St. Louis: Chalice Press, 1999).

15) Don S. Browning, B. J. Miller–McLemore, P. D. Couture, K. B. Lyon, and R. M. Franklin, *From Culture Wars to Common Ground: Religion and the American Family Debate* (Louisville: Westminster John Knox, 1997).

16) 앞의 책, 2.

17) Philip Rieff, *The Triumph of the Therapeutic: Uses of Faith after Freud* (Chicago: University of Chicago Press, 1966).

18) 권수영, "문화 사회를 위한 기독(목회)상담: 심리치료와 인류학의 해석학적 만남," 「한국기독교신학논총」 67(2010), 287-319 참조.

Chapter 8

존 패튼
(John H. Patton)

이 인 숙
[Hood Theological Seminary 교수]

I. 생애와 저서

존 패튼 (John H. Patton)은 1930년에 미국 아틀란타에서 태어나 에모리대학교에서 심리학 학사학위(B.A)를 받고 1968년에는 시카고대학교에서 "Theory of Interpersonal Ministry Based on the Systematic Theology of Paul Tillich and The Psychological Theory of Harry Stack Sullivan"이라는 논문으로 박사학위(Ph.D)를 받았다. 그의 논문 지도 교수는 Charles Stinette였는데 패튼은 시워드 힐트너(Seward Hiltner)와 더 많은 시간을 보내며 그의 영향을 받았다고 회상한다. 학문을 하는 동안 1961년부터 1967년까지 임상경험도 함께 쌓았는데 에모리 대학교 병원(Emory University Hospital), 이글튼아동병원(Henrietta Eagleton Hospital for Children), 그리고 웨슬리우즈노인요양소(Wesley Woods Homes Inc.)에서 원목실장(Director of Chaplaincy Services)을 지냈다. 졸업 후에는 아틀란타에 있는 Georgia Association for Pastoral Counseling(GAPC) 상담소에서 실행 대표로 1989년까지 일했으며, 미국결혼 및 가족치료협회(AMFTS)의 감독으로, 또한 미국목회상담협회(AAPC)의 감독 회원으로 활발한 활동을 하며 이 협

회의 회장직을 역임하기도 했다. 미국임상목회교육협회(ACPE)의 감독이기도 하며 은퇴한 후인 지금까지도 아틀란타에서 목회상담감독으로 후학 양성에 심혈을 기울이고 있다.

화려한 임상경험과 경력에서 보는 것처럼 패튼은 대부분의 삶을 임상가로 살았으며 스스로도 "나는 학문적 교수라기보다는 임상가다"라고 주장할 만큼 고통 받는 사람들의 삶 속에 깊이 들어가 그들과 함께 호흡하며 사는 것에 큰 의미를 두었다. 그러나 그의 삶은 결코 임상가만이 아닌 목회상담과 신학의 학문적이며 교육적인 이론 정립에도 큰 공헌을 하였다. 그는 임상가로 활동을 하면서 꾸준히 대학에서 가르쳤는데, 밴더빌트대학교에서는 방문교수로, 에모리대학교의 캔들러 신학대학원에서는 전임강사로, 그 후 콜롬비아신학대학원(Columbia Theological Seminary)에서는 1990년부터 11년 동안 정교수의 자격으로 가르쳤다.

그의 대표적인 저서로는 *Pastoral Care: An Essential Guide, Pastoral Care in Context: An Introduction to Pastoral Care, From Ministry to Theology, Christian Marriage and Family: Caring for Our Generations, Is Human Forgiveness Possible?: A Pastoral Care Perspective*, 그리고 *Pastoral Counseling: A Ministry of the Church*가 있다. 특히, 그의 동료인 브라이언 차일즈(Brian Childs) 와 공저한 *Christian Marriage and Family*는 1988년에 한국어와 독일어로 동시에 번역이 되었으며 *Pastoral Care: An Essential Guide*는 미국 신학교에서 목회과정 교과서로 널리 쓰이고 있다. 한편 1990년에 출판된 *The Dictionary of Pastoral Care and Counseling*을 위해서는 부편집자로 공헌했는데 주편집자이자 그의 동료인 에모리대학교의 로드니 헌터(Rodney Hunter) 와 긴밀히 협력했다.

II. 신학적, 심리학적 배경

그의 박사학위 논문은 그의 신학적, 심리학적 배경을 잘 대변해 준다. 논문 제목은 "A Theory of Interpersonal Ministry Based on the Systematic Theology of Paul Tillich and The Psychological Theory of Harry Stack Sullivan"이다. 이 논문의 주요 관심사는 실천신학으로 패튼은 이를 목회상담이론과 실천에 근거해서 정의 하고 있다. 즉 그는 기독교 신앙과 행동 사이의 긴밀한 대화를 실천신학이라고 정의한다. 교회와 신학교에서 가르치는 조직신학과 일상생활에서 직접적으로 체험되는 인간 상황 사이의 분리는 진정한 목회로의 길을 차단하고 있다는 주장아래 패튼은 이 두 가지, 신학과 행동 사이의 통합을 이론으로 정립하려 했다.

이 목적을 위해 패튼은 폴 틸리히의 조직신학과 해리 스택 설리반의 심리학 이론을 이용하여 신학과 심리학 사이의 대화를 꾀하였다. 즉, 사람이라면 누구든지 다른 사람들과의 관계를 소망하고 추구하게 마련인데, 참된 목회란 이 근본적인 인간관계의 갈망과 필요성에 진지하게 응답하는 것이란 이론을 주장했다. 그런데 목회자가 상대방이 가지고 있는 인간관계의 필요성에 응답하기 위해서는 목회자 자신의 존재(being)와 행동(action) 사이의 조화를 유지해야 하는데, 패튼은 이 주장을 이론화하기 위해 설리반의 행동개념인 "expertness in interpersonal relations"와 틸리히의 존재 개념인 "transparency to the divine" 사이의 통합을 꾀했다.

설리반이 말하는 상담가의 기본적 요소인 "인간관계에 있어서의 전문성"은 상담가의 존재나 인격 자체에서 유래하는 전문성이라기보다 그가 하는 말과 행위, 그리고 그가 지닌 지식에 근거한 전문성에 가깝다. 반면에 틸리히가 말하는 전문성은 행위보다는 존재 자체에서 우러나는 존재 개념(being concept)으로 예수 그리스도에게서 그 예를 찾을 수 있다. 패튼은 이렇게 설리반의 행동 개념과 틸리히의 존재 개념을 통합해서 존재와 행동을 분리할 수 없다는 주장 아래, 이 둘이 통합적 조화를 이루고 있는 자아상을 목회상담자의 가장 이상적인 모습으로 꼽았다.

패튼은 미국에서의 목회신학 성향을 논할 때, 20세기에 가장 큰 영향을 끼친 인물로 윌리엄 제임스(William James), 안톤 보이슨(Anton Boisen), 그리고 시워드 힐트너(Seward Hiltner)를 꼽는데, 이 세 인물의 지대한 공헌을 인정하면서도 이들이 공통적으로 가지고 있는 취약점을 비판했다. 즉 지나친 개인주의 성향과, 신학에서 분리된 극도의 심리학 위주의 목회돌봄이 그것이다. 그 비판을 기반으로 패튼은 목회돌봄의 패러다임 변화의 세 가지를 그의 대표적인 저서 가운데 하나인 *Pastoral Care in Context*에서 소개하고 있다.

첫째는 고전적 패러다임의 목회돌봄(pastoral care in the classical paradigm)으로, 현대적 의미의 목회상담이 널리 보급되기 이전에 교회 안에서 흔히 행해졌던 돌봄의 유형이다. 성서를 통한 메시지 전달에 중점을 두어, 교인이 목회자나 교회지도자들에게 도움을 요청하면 대개 상담자는 그 교인의 특정한 문제에 적절한 성서의 가르침을 찾아 전달하는 방식이다. 이 유형의 상담은 현재도 미국의 보수전통주의 교회나 흑인교회, 히스패닉교회 공동체, 일부 한국 이민교회에서도 널리 행해지고 있다.

둘째는 임상목회적 패러다임의 목회돌봄(pastoral care in the clinical pastoral paradigm)으로 메시지보다는 돌보는 자와 돌봄을 받는 자의 관계에 중점을 둔다. 이 유형에서 돌보는 자가 돌봄을 받는 자의 문제를 해결해 주느냐, 혹은 못 해 주느냐는 중요하지 않다. 왜냐하면 상담자가 제공해 줄 수 있는 가장 중요한 것은 해답이나 메시지가 아닌 상담자의 임재(presence) 자체이기 때문이다. 즉 필요할 때 함께 있어 주는 것, 상대방의 곤경과 고통에 대한 공감적 이해, 그리고 경청이다. 문제에 대한 해답보다는 인간관계를 제공해 줌으로써 그 관계 안에서 내담자의 상처가 치유되고 건강해진다고 보는 것이다. 따라서 이 유형에서는 상담자의 지식이나 행위가 아닌 함께 존재(being)가 중요시된다. 또한 인간관계에서 일어나는 갖가지 현상을 이해하고 설명하기 위해서 심리학을 비롯한 많은 사회인문과학을 이용하게 된다. 패튼은 이 유형을 기반으로 목회자나 상담자는 문제 해결사가 아닌 유효성의 사역(ministry of availability)과 소개의 사역(ministry of introduction)을 해야 한다고 주장한다. 상대가 절실히 필요할 때 함께 있어주는 사역, 그리고 내담자의 특정한 필요에 따라 적절히 다른 전문가와 전문기관에 소개 및 연결시켜 주는 목회자의 역할이 중요하다는 것이다.

패튼이 주장하는 세 번째 목회돌봄의 패러다임은 공동체적 상황적 패러다임(pastoral counseling in the communal contextual paradigm)인데, 이는 그 당시에 팽배했던 개인적인 성향과 심리학에 지나치게 치우친 목회상담 흐름에 대한 반발로 해석 할 수 있다. 이 유형의 목회 상담은 상담자가 개인의 권위가 아닌, 그가 속한 믿음 공통체가 부여하는 권위아래서 사역할 것을 주장한다. 1963년에 미국목회상담협회(AAPC)가 생기면서 교회 밖에 전문적인 상담소들이 우후죽순으로 설립되기 시작했다. 그 여파로 교회공동체와 목회상담이 분리되는 성향이 나타나기 시작했는데, 패튼은 그 괴리감을 완화시키기 위해 목회상담을 교회 공동체와 밀접히 연결시키려고 노력을 했다. 더 나아가 목회상담이 안수받은 목회자만의 책임이 아닌 신앙공동체 전체의 사역으로 발전해야 한다고 주장했다. 한 예로, 목회자는 교회 내에 목회돌봄위원회를 조직하여 그 위원회와 공동사역 할 것을 패튼은 권유한다. 그런 위원회가 설립되면 사람들은 목회상담이 한 목회자의 사적인 개인 행위가 아닌 공동체 전체의 사역이라는 것을 깨닫게 된다. 물론 내담자들의 개인적 신분과 상담내용은 철저한 비밀보장이 이루어져야 하지만, 목회자는 그 위원회에 정규적으로 자신의 목회상담 사역을 보고하여 일주일에 몇 시간이나 상담에 쓰고 있는지, 교회와 위원회로부터 어떤 도움을 받아야 하는지, 어떻게 해야 더 효과적인 목회상담사역을 발전시킬 수 있는지 등에 대해 의견을 나누어야 한다. 이렇게 함으로 목회자 혼자만의 고립된 상담사역이 아닌 공동체 전체가 참여하는 포괄적 목회사역이 이루어진다고 패튼은 주장한다. 이처럼 패튼은 지속적으로 교회공동체와 목회상담을 연결하는 동시에 그에 따르는 신학과 심리학의 대화 통합을 도모했다.

III. 목회신학 방법론

목회신학 방법론을 말하면서 패튼은 먼저 신학의 세 가지 다른 언어가 있음을 상기시킨다. 일차적 신학언어(first-order theological language)는 믿는 자들이 자신의 종교적 체험을 표현하고 나누는 과정에서 쓰는 언어로 어떠한 비판도 거치지 않고 생생히 표현되는 믿음의 언어이다. 흔히 기독교 의식과 찬송가에서 보고 들을 수 있다. 이차적 신학언어 (second-order theological language)는 일차적 신학언어를 통해 성숙해지고 열매 맺은 종교적 의미를 신학적으로 체계화하고 재해석하여 교리화한 종교 언어이다. 이는 상당한 비판과 비교를 통해 체계화 되어 특정한 믿음 공동체의 신앙을 대표하는 교리적인 신학언어이다. 마지막으로 삼차적 신학언어(third-order theological language)는 신학하는 방법론에 쓰이는 언어이다. 즉 신학의 자료(source)는 무엇인가, 각 신학의 자료는 각기 어떤 권위를 가지고 있는가, 이런 신학의 자료들이 교리나 기독의식에서 어떤 상호관련성을 가지고 표현되어야 하나 등을 논하는 방법론적 언어이다.

패튼은 삼차적 신학언어를 사용하여 신학 방법론을 논하면서 구체적으로 세 가지의 신학 자료를 제시한다. 그 세 가지에 기독교의 전통, 믿음공동체의 체험(experience), 그리고 문화(culture)가 포함되는데 이는 제임스 화이트헤드(James Whitehead)와 에벌린 화이트헤드(Evelyn Whitehead)가 쓴 *Method in Ministry*의 이론에 바탕을 두고 있다. 한마디로 말해 패튼은 이론과 실천 사이의 쌍방 통행을 주장한다. 즉 이론과 실천이 똑같은 권위를 가지고 상호 비판적 영향력을 행사해야 한다는 뜻이다. 그만큼 패튼은 이론에 주는 만큼의 비중 있는 권위를 실천에 부여하고 있다. 더 나아가 실천이 신학의 자료(source)인 동시에 기준이라고까지 말하고 있다. 다시 말해 신학이론이 목회현장의 구체적 체험을 적절히 설명하지 못할 때는 목회실천에 근거한 비판적인 시각으로 신학이론을 재해석, 변화시켜야 한다는 뜻이다. 패튼의 이런 주장은 신학이론이 어떻게 목회실천을 변화시킬 수 있는 가에만 주된 관심을 기울였던 그 당시의 신학적 방법론을 반박하는 것이다.

패튼은 이러한 쌍방통행 신학 방법론이 신학과 인문 사회과학 사이에도 적용되어야 한다고 말한다. 그러나 이런 상호 비판적 대화 관계가 성립되려면 학문들 사이에 적어도 두 가지 조건이 충족되어야 한다고 믿는다. 첫째는 신학과 사회인문과학 사이에 존재하는 공통된 주제를 찾아야 한다는 것이다. 즉 전문적인 신학용어보다는 인간에 내재하는 보편적 성향, 혹은 인간 모두가 추구하는 변화에 대한 갈망을 공통된 주제로 삼을 때 두 학문 사이의 접촉이 가능해진다. 둘째로 신학과 사회인문과학은 인간과 삶의 현상을 해석하는 각자 독특한 시각과 방법이 있는데, 이 독특한 다른 점들을 서로 존중하며 대화 할때 두 가지의 다른 학문 사이의 접촉이 가능해진다고 한다.

앞서 말한 바와 같이 패튼이 주장하는 세 가지 신학자료의 첫 번째는 기독교의 전통과 가르침인데 목회자는 이 전통과 가르침에 익숙해야 함은 물론, 더 중요한 것은 그런 전통을 무비판적으로 수용하는 것이 아니라 건설적인 비판적 시각으로 건강한 균형을 유지해야 한다고 한다. 두 번째 신학자료인 믿음공동체의 체험에 관해서 패튼은 바티칸 제2공의회 문서(The Vatican II Document)인 *Lumen Gentium*을 기반으로 이를 설명하고 있다. 즉 믿음 공동체의 체험을 다루는데 획일적이며 폐쇄적인 접근보다는 믿음공동체를 구성하는 다양한 목소리에 귀를 기울여야 한다고 말한다. 이는 젠더(gender), 계층(class), 인종(race)의 다양성에 입각한 광범위한 공동체의 삶에 대한 체험이 반영되어야 함을 의미한다. 마지막 신학자료는 문화적 요소인데 동시대의 문화, 철학, 정치, 경제 및 다른 사회인문과학에 대한 체계적 분석을 의미하며 더 나아가 다른 종교전통에 대한 분석과 대화까지도 포함한다. 그러나 이런 문화적 다양성이 패튼의 신학 방법론의 원칙이기는 하지만 그는 실제상에 있어 이 한계를 극복하지 못한다. 특히 젠더, 계층, 인종이나 각 문화의 광범위한 다양성을 이론으로 충분히 포용하지 못하고 있는데, 이는 패튼 스스로도 인정하는 한계성이다.

IV. 목회상담학 발전에 미친 영향

그의 업적을 논할 때 가장 먼저 언급해야 할 것이 목회상담의 상황(context)으로 신앙 공동체를 주장했다는 점이다. 앞에서 언급한대로 1960년대와 1970년대에 목회상담소가 교회공동체를 떠나 독립된 전문적 단체로서 생겨나기 시작하면서 그 여파로 신학보다는 심리학에 점점 더 의존하는 경향이 되어 갔다. 이렇게 교회와 목회상담이 분리되어 가는 시점에 패튼은 목회상담에서 신앙공동체의 역할을 강조했다. 결실 중의 하나가 공동체적 상황적 패러다임(communal contextual paradigm)에 근거한 목회상담 이론과 실천이다. 이와 맥락을 같이해 패튼은 신학과 심리학의 긴밀한 상호관계를 강화하는데 심혈을 기울여, 그 당시 약화되기 시작한, 목회상담에 관한 신학적 접근을 강조했다.

패튼의 또 다른 공헌은 '목회상담'에서 '목회적(pastoral)'이란 의미를 행함이나 지식이 아닌 '임재의 사역'(the ministry of presence)으로 정의한다는 점이다. 더 나아가 목회자의 임재(presence)는 인간 개인의 임재를 초월해 하나님의 임재(presence)로까지 확장된다고 했다. 이 말은 상담자가 하나님의 자리에 까지 올라간다는 뜻이 아니라 상담자의 임재를 통해 내담자가 하나님의 임재와 연결될 수 있다는 의미로 그만큼 패튼은 상담자의 임재에 중요한 신학적 의미를 부여한다.

이처럼 패튼은 함께 함이 치유를 일으키는 힘에 대해 역설한 변호자이다. 패튼은 그만큼 상담자와 내담자와의 인간관계 자체에 중요성을 두는데, 사람을 치유하는 것은 인간관계이지 상담자가 가지고 있는 지식이나 행함이 아니라는 뜻이다. 이를 기반으로 패튼은 관계적 인간됨(relational humanness)이 목회상담가의 숙련도를 측정하는 표준으로 삼을 것을 주장했다.

그의 목회상담 이론에 관한 공헌과 함께 언급해야 할 것이 그의 임상가로서의 공헌이다. 이미 언급한 바와 같이 그는 많은 저서와 학문 활동에도 불구하고 자신을 학자로서 보다는 임상가로 정의한다. 그만큼 사람들과의 직접적 접촉을 통해 추상적 이론을 구체화 하는데 심혈을 기울였다. 이를 대변해 주는 것 중의 하나가 조지아주에 최초로 임상목회교육을 정착시키는데 챨스 거킨(Charles V. Gerkin)과 함께 큰 공헌을 했다는 점이다. 은퇴한 지금까지도 임상목회교육 감독으로 꾸준히 삶의 현장에서 후진양성에 힘을 쏟고 있으며, 이런 경험을 토대로 감독들을 위한 저서와 강연에도 주력하고 있다.

그에 따르면 효과적인 감독이 되려면 가장먼저 임상체험에 내재한 거룩하면서도 복합적인 면모(the holy complexity of the clinical)를 깊이 이해해야 한다고 말한다. 즉 인간의 삶을 기계적인 단순함으로 보지 않고 매우 풍요로우면서도 쉽게 풀 수 없는 복잡한 현장으로 본다는 것이다. 따라서 그 복잡한 인간체험의 현장을 단순한 이론으로 급히 설명하기보다는 풍요로운 인간 삶의 면모를 다각도에서 깊이 파헤칠 수 있는 공간(space)을 감독받는 자(supervisee)에게 제공하는 것이 감독자(supervisor)의 주요한 임무이자 역할이라고 주장한다. 이 공간이 바로 감독과 수련자 사이에 존재하는 인간관계인데 그 안에서 수련자는 어떠한 위협도 느끼지 않고 마음껏 인간에 대한 탐구를 하게 되는 것이다. 그러나 동시에 이런 다각적인 탐구가 충분히 이루어진 후에는 그 체험과 탐구가 이론화 되는 것을 도울 수 있을 만큼 감독은 인간과 인간 삶에 대한 이론적 지식도 충분히 갖추고 있어야 한다. 그러나 기억해야 할 것은, 좋은 감독은 수퍼비전의 대부분을 복잡한 이론이나 신학적인 언어가 아닌 평범한 경험에 가까운 언어(experience near language)로 이끌어 간다는 것이다. 그 이유는 설명한 바와 같이 시기상조의 무리한 이론적, 신학적 적용은 풍요로운 인간 삶의 체험을 극히 피상적이며 진부한 차원으로 제한하기 때문이다.

V. 주요 연구 주제

위의 언급한 연구주제들 외에 패튼은 용서와 화해, 그리고 가족과 결혼 상담에도 관심을 보이고 있다. 용서와 화해의 주제에 대해 패튼은 용서야말로 기독교인의 가장 어려운 소명중의 하나라고 전제한다. 특히 목회상담가는 이 주제에 관련해 어려움에 빠질 수도 있는데 왜냐하면 간혹 내담자가 아직은 감정적 차원에서 소화할 수 없는 용서라는 문제에 대면하도록 이끄는 위치에 있을 수도 있기 때문이다. 패튼은 이 문제에 직면하여 묻고 있다. 정말 인간이 인간을 용서하는 것이 가능할까? 이 질문에 대하여 패튼은 용서에 대한 현존하는 수많은 이론을 바탕으로 자신의 이론을 정립한다. 즉 용서란 우리가 '행하는'(do) 어떤 것이 아니라 '발견하는'(discover) 하는 것이라고 한다. 다시 말해 용서란 우리가 마음먹고 결정하여 행하는 행위가 아니라 오랜 세월을 통해 치유의 과정을 거치다 보면 어느 한 순간 "아, 내가 그를 용서 했구나"라고 발견한다는 것이다. 이런 용서의 기본은 하나님 앞에서 나도 가해자와 같은 인간이며 따라서 내가 남을 용서할 수 있는 자리에 있지 않다는 것을 깨닫는 것이라 했다.

패튼의 이런 논리는 깊은 신학적이며 심리적인 의미가 내포되어 있기는 하지만, 반면에 여성신학자들의 반론을 받을 충분한 소지가 있다. 예를 들면 가정폭력의 상담 사례에 이런 용서의 논리를 초창기부터 적용하다 보면 폭력의 희생자인 여성의 목소리가 힘을 잃을 수도 있다는 우려이다. 가정폭력상담에서는 가해자와 피해자의 선을 분명히 해서 그 이유가 무엇이건 폭력의 책임이 가해자에게 전적으로 있음을 깨닫게 해 주어야 하는데 자칫 용서의 잘못된 이해(예를 들어 "나도 마찬가지인데"를 잘못 해석한 경우)는 여성의 신속한, 그리고 건강한 대처 능력을 저하시킬 수도 있기 때문이다.

VI. 한국적 적용의 가능성과 한계

이 주제에 대해 필자는 세 가지를 언급하려 한다. 첫째, 패튼의 주요 업적인 공동체적 상황적 접근과 서구 개인주의 사이의 관계, 둘째, 목회상담의 기준으로 꼽고 있는 관계적 인간됨(relational humanness), 그리고 마지막으로 임상목회교육 감독과 피감독자와의 관계의 특징인 동료의식(peership)이다.

프로이트(Sigmund Freud) 이래로 대부분의 서구 상담이 개인주의로 흐르는 성향이 짙었다. 즉 개인의 욕구와 자유를 억압하는 사회문화의 구조적 압력과 보수 전통적인 윤리 도덕에서 개인을 해방시켜, 개인 안에 잠재되어 있는 창의력과 자아실현 능력을 최대한 계발하는 것을 상담의 궁극적 목표로 삼아 왔다. 이 목표를 이루기 위한 수단으로 심리학을 도입했고 심리학은 학문 성격상 인간 개인의 내부에 초점을 맞추어 그 개인 안에서 어떤 현상이 일어나는지를 집중연구 하는

데 효과적인 도구 역할을 했다. 이의 극치를 칼 로저스(Carl Rogers)에게서 볼 수 있는데 그의 상담이론의 궁극적 목표는 사회문화적으로 억압되어있는 개인의 자아를 최대한으로 실현할 수 있도록 도와주는 것이라 했다.

그러나 개인 안에서만 현실 문제를 이해하려는 노력이 극에 달하면 그 부작용으로 인간을 더 넓은 차원의 사회적, 문화적, 구조적인 각도에서 이해하는 것이 어려워진다. 개인이 점차 사회문화적 상황에서 분리되기 때문이다. 이 두 가지 성향, 개인주의와 심리학 위주의 목회상담에 의문을 제기한 패튼의 이론, 특히 그의 공동체적 상황적 패러다임은 공동체 중심의 한국문화에 잘 적용될 수 있다. 그러나 각 이론의 발달은 그 시대의 사회문화적 배경을 바탕으로 하기 때문에 미국과 한국의 사회문화를 비교해 보지 않고서는 바른 이해가 어려워진다.

프로이트를 비롯해 그 이후의 많은 심리학자들이 개인의 독립성과 자아실현을 주장한 이유는 그 당시 무비판적이며 편협한 사회 문화 전통에 억눌려 개인성이 말살되어 가고 있었기 때문이다. 그 당시에는 전통과 관습에 대한 순종과 일치 (conformity)가 사회 규범이었다. 그리고 현대 한국 사회가 지금 많이 변했다고는 해도 여전히 가족과 공동체, 집단 위주의 유교 전통에 뿌리를 박고 있다. 이런 전통이 우리 사회에 많은 미풍양속을 남겼다고 하더라도, 그렇게 집단을 중시하는 성향이 지나치면 그 안에 존재하는 개인의 자유와 창의성을 말살하는 억압의 도구로 전락 될 수 있다. 그 예가 한국여성에 대한 목회와 돌봄인데 이 과정에서 절실히 필요한 것이 많은 한국 여성 개개인의 자유와 자아실현을 대변해 줄 수 있는 목회상담이론이다. 서구의 경향처럼 개인주의의 극단으로 치닫는 자아실현이 아닌 한국 고유의 공동체 의식의 장점을 보유하면서도 단점을 보완시켜 줄 수 있는 여성상담론이 필요한 것이다. 패튼은 그의 공동체 위주의 목회상담이 인종, 계층, 젠더의 다양성을 존중해야 한다고는 하지만 구체적으로 어떻게 여성 목회상담이 이런 취약점을 극복하고 보완해 줄 수 있는지에 대해서는 구체적 언급이 없다.

패튼이 목회상담의 규범으로 지정한 관계적 인간됨(relational humanness)의 개념도 인간관계를 그 무엇보다 중요시하는 한국문화에 잘 적용될 수 있다. 단지, 미국과 한국문화 사이에 존재하는 서로 다른 경계(boundary)의 개념을 이해한다면 말이다. 미국인들의 인간관계에는 개개인의 독특성과 자유를 인정하는 기본 틀이 있어서, 일반적으로, 이것을 범하는 그 어떤 행위도 용납되지 않는다. 그만큼 개인의 권리와 자유에 대한 존중이 미국인들 인간관계의 기본 틀이기 때문이다. 따라서 집단이익이 아무리 중요하다 해도 그 집단이익이 그 안에 있는 개개인 구성원의 자유나 사적인 이익을 억압한다면 집단이익은 정당화 되지 못한다.

한국의 인간관계에도 나름대로 독특한 경계의 개념이 있기는 하지만 미국보다는 매우 유동적이며 포괄적이다. 개인의식보다는 집단의식이 강하기 때문이다. 따라서 패튼이 주장한 인간관계의 중요성만이 목회상담에서 지나치게 부각되어 한국문화의 불투명한 경계 개념과 결합되면 자칫 객관성을 상실한 모호한 상담, 목적과 방향감각을 잃어버린, 건강하지 못한 상담이 될 위협이 있다.

마지막으로 패튼이 제안한 임상목회교육 감독자와 피감독자의 관계를 한국 문화적 시각에서 언급하고자 한다. 이 관계는 성인과 성인의 관계를 모델로 하여 권위적 계층보다는 동료의식에 근거하고 있다. 패튼은 물론 감독(supervision)과 자문(consultation)의 차이를 인식하고 있다. 감독에서 궁극적 책임은 감독자에게 있으나 자문에서는 자문관이 최종적 책임을 지지 않는다. 그냥 필요한 피드백을 교환할 뿐이다. 따라서 자문은 근본적으로 보다 동등한 동료의식에 기초한다. 그럼에도 불구하고 패튼은 감독자와 피감독자의 관계를 동료의식으로 규정하고 있다. 따라서 감독자에게 요구되는 것은 어떻게 학생들과 동료의식을 유지하며 자신의 역할에 주어진 권위를 적절하게 행사하느냐이다. 이 두 역할 사이의 긴장은 늘 있게 마련인데, 패튼은 말하기를 감독자가 기억해야 할 것은 "다른 사람에게 무엇이 필요한지 우리는 아무도 모른다"라는 인간적 겸손함이라 한다. 따라서 감독자의 중요한 역할은 자신이 아는 가능한 많은 종류의 문제 해결 방식을 제시하여 학생들이 스스로 비판하고 판단해 가장 적절해 보이는 방법을 채택하는 과정을 돕는 일이다.

스승과 제자, 상사와 직원 사이에서 권위적 인간관계가 더 강조되는 한국 상황에 패튼의 이 모델이 그대로 적용될 수 있는지는 의문이다. 그러기 위해서는 먼저 감독의 리더십에 대한 이해가 계층관계에서 힘을 서로 나누어 갖는 협동관계로 변화되어야 하며 학생들도 감독에 대한 의존도를 줄여 자신이 독창적인 상담 스타일을 계발할 수 있는 보다 창의적이며 비판적인 시각을 길러야 한다.

위에서 본 바와 같이 패튼은 동시대의 신학적, 공동체적 필요에 부응하여 그에 적절하고도 효과적인 해답을 나름대로 제시해 주려 했다. 그러나 다른 이론가와 실천가의 경우와 마찬가지로 자신의 세대 이후 급격히 변화하는 필요에 까지는 미치지 못하고 있다. 그 다음의 과제는 그 다음 세대의 몫일 수밖에 없다. 즉 포스트모던, 다문화세대에서 요구하는 인종, 성, 종교 등의 급진적인 다양성 (diversity)의 문제와 차이(difference)를 패튼의 이론은 수용하지 못하고 있다. 미국의 중산층 백인 남성의 신분인 패튼의 이론은 다문화적인 필요와 요구에 필연적인 제약성을 가지고 있다는 말이다. 특히 자신과 현저히 다른 사회문화적 위치에 있는, 예를 들자면, 여성들이나 다른 문화권 사람들의 필요를 대변해 줄 수 있는 사회적, 정치적, 경제적, 심리적 심층분석 이론이 뒷받침 되어야 하겠다.

참·고·문·헌

Hunter, Rodney. (Ed.). *Dictionary of Pastoral Care and Counseling*. Nashville, TN: Abingdon Press, 1990.

Patton, John. *A Theory of Interpersonal Ministry Based on the Systematic Theology of Paul Tillich and the Psychological Theory of Harry Stack Sullivan*. Dissertation. The University of Chicago. 1968.

Patton, John. *Pastoral Counseling: A Ministry of the Church*. Nashville: Abingdon Press, 1983.

_____. *Is Human Forgiveness Possible?* Nashville: Abingdon Press, 1985.

_____. *Pastoral Care in Context: An Introduction to Pastoral Care*. Louisville, Kentucky: Westminster John Knox Press, 1993.

_____. *From Ministry to Theology: Pastoral Action & Reflection*. Nashville: Abingdon Press, 1995.

_____. *Pastoral Care: An Essential Guide*. Nashville: Abingdon Press, 2005.

Patton, John and Childs, Brian. *Christian Marriage & Family: Caring for Our Generations*. Nashville: Abingdon Press, 1998.

Sullivan, Harry Stack. *The Interpersonal Theory of Psychiatry*. New York: W.W. Norton, 1956.

Tillich, Paul (1973). *Systematic Theology* (Vols. 1 and 3). Chicago: The University of Chicago Press, 1973.

Whitehead, Evelyn and Whitehead, James. *Method in Ministry: Theological Reflection and Christian Ministry*. Maryland: Sheed & Ward, 1995.

도널드 캡스
(Donald E. Capps)[1]

이 상 억

[장로회신학대학교 교수]

I. 들어가는 글

　　무엇을 목회상담학이라고 말하는가? 목회상담과 일반상담의 차이점은 무엇인가? 목회상담학의 정체성은 무엇인가? 목회상담학에 대한 근본적인 질문은 목회상담학자들로 하여금 목회상담학이라는 학문적 정체성에 대한 목회 신학적 연구에 집중하게 하였다. 그 결과 학제성(interdisciplinarity)이라는 연구 과제에 대한 다양한 담론을 이야기하였는데, 학제성에 대한 담론은 결국 기독교 세계관과 사회과학적 상담심리 세계관이 어떻게 만나야 하는가에 대한 만남에 대한 다양한 하위 담론들(sub-discourses)을 고민하게 하였다. 하위 담론들을 구체적으로 정의하거나 명시한 학자는 아직 없으나 대략적으로 정리해 본다면, 폴 틸리히(Paul Tillich), 단 브라우닝(Don Browning), 데이빗 트레이시(David Tracy)등의 신학적 담론에서 제기된 상호관계적 학제성(correlational interdisciplinarity),[2] 제임스 로더(James Loder), 데보라 헌싱어(Deborah Hunsinger), 한스 프라이(Hans Frei)등이 주장한 변형적 학제성(ad hoc /transformational interdisciplinarity),[3] 칼빈 슈라그(Calvin O. Schrag)와 벤첼 밴 후이스틴(J. Wentzel van Huyssteen)

의 횡단적 학제성(transversal interdisciplinarity),[4] 그리고 도널드 캡스(Donald Capps)의 예술적 학제성(artistic interdisciplinarity)[5]과 필자가 주장하는 미학적 학제성(aesthetic interdisciplinarity)[6]등으로 구분할 수 있다.

이들 학제간 담론들은 서로 다른 두 학문 체계가 어떻게 만날 수 있는가에 대한 다양한 의견들을 제기하지만 이들의 공통된 생각은 각 분야에 대한 상호개방성 혹은 상호존중성을 인정 하는 대화가 필수적이라는 것이다. 더 나아가 포스트모던에 대한 막연한 다원주의적 인식이 아닌, 학제성에 대한 여러 담론들을 통해 목회상담학이 일반 상담심리학과 어떻게 다른지 그 정체성을 분명히 하며, 일반 상담심리학이 생각하지 못하며 말하지 못하는 것을 보다 논리적으로 전개할 수 있는 학문성을 획득하는 것을 염두에 둔다는 것이다.

필자는 학제간 담론으로 형성된 학제성이 곧 목회상담학의 정체성이라고 생각한다. 이를 뒷받침하는 학자들은 쉽게 찾아 볼 수 있는데, 대표적인 사람들로는 스테판 에반스(C. Stephen Evans), 스텐튼 존스(Stanton Jones)와 리처드 벗맨(Richard E. Butman)등이 있다. 이들의 주 관심사는 기독교 세계관 혹은 신학적 세계관과 상담심리적 세계관이 어떻게 만나는가에 대한 학제성에 대한 고민이다.[7] 따라서 기독교적 심리학 즉, 기독교 세계관에 입각한 상담심리학은 어떤 모습을 하고 있는가에 대한 담론을 형성, 목회상담학의 정체성을 세워나가고자 하였다.[8] 이러한 그들의 노력은 독특한 목회상담 방법론을 형성하였는데 그들의 목회상담 방법론이 독특한 이유는 그들이 형성한 기독교와 상담심리학의 학제성에서 비롯된 것이다. 그러므로 학제성은 정체성을, 정체성은 방향성을, 방향성은 방법론을 형성하는 것이라고 볼 수 있다.

캡스 목회상담학의 학제성을 분석해 그의 목회상담학에 대한 정체성과 방법론을 살펴보자. 캡스를 학제간 담론 가운데 예술적 학제성으로 배치하였는데, 이러한 그의 독특한 관점을 이해하기 위해 그가 어떠한 학문적 세계를 만들어 왔는지에 대한 전반적인 이해가 필요하다고 생각하는데, 먼저 그의 생애를 살펴보고자 한다.

II. 생애

프린스턴신학대학원(Princeton Theological Seminary)에서 윌리엄 펠메스(William Harte Felmeth) 석좌 교수로 목회상담을 가르친 캡스에 대해 "그의 목회상담 정체성과 방법론은 이러하다"라고 단정적으로 규정한다는 것은 어쩌면 어불성설일 것이다. 비록 2009년 5월 자신의 나이 70세에 은퇴하였으나, 여전히 왕성한 저작 활동을 통해 그의 학문적 이야기들을 이어가고 있기 때문이다. 그럼에도 불구하고, 이제 그의 학문적 세계관을 보다 깊게 연구하기 위해 그의 생애와 그가 겪은 몇 가지 삶의 경험들을 살펴보고자 한다. 어떤 사람에게 독특한 세계관이 형성되어 있고, 그래서 그러한 세계관에 의해 그가 세상을 바라보고 자신의 삶을 살아가고 이야기를 이어가고 글도 지어간다면, 그의 세계관이 형성되기까지의 삶의 경험과 과정들을 살펴보는 것이 그의 세계관을 보다 정확하게 이해하는 척도라고 생각하기 때문이다.

캡스는 스웨덴 혈통의 어머니(이민 2세)와 영국 웨일즈와 불란서계의 배경을 가진 아버지 사이에서 1939년 1월 30일에 태어났다. 네브라스카(Nebraska)주 오마하(Omaha)에서 네 형제 가운데 셋째로 태어난 그는 미국 루터 교단 소속의 스웨덴 분파교회 전통 안에서 자라났으나, 엄밀히 말하자면 예정론에 대한 이견으로 깔뱅주의 전통과 분리하여 보편 구원설(universal salvation)을 주장한 미국 유니버설 교회(American Universalist Church)의 가르침 안에서 자라나게 되었다. 한 가지 예로, 캡스는 필자에게 어린 시절 그의 친할아버지께 "지옥에 가면 어떻게 하느냐"고 걱정스럽게 물어 보았을 때, "모든 사람은 하늘에 있는 Happy-Hunting Ground[9])에 갈 것"이라고 즐겁게 대답해 준 것을 예순이 넘어서도 똑똑히 기억하고 있다고 말하곤 하였다. 이러한 보편 구원설에 대한 신앙과 성장 환경 때문에 그는 어린 시절부터 모든 사람에게 희망의 복음을 전하는 목회 사역에 대해 깊은 관심을 가졌으며, 특별히 청소년 시절 그에게 많은 감동을 주었던 한 루터교회 목사의 견진 교육(confirmation class)과 루터교 전통에 대한 가르침을 통해 더욱 뚜렷이 목회자가 되겠다는 생각을 갖게 되었다.

하지만 문학에 매력을 느낀 그는 부모와 함께 이주한 오레곤(Oregon)주 포틀랜드(Portland)에 있는 장로교 계통의 학교인 루이스 앤 클락(Lewis and Clark)대학에서 영문학을 전공하게 되는데, 학사학위 취득 후 영문학 박사 과정을 들어갈 것인가 신학을 할 것인가를 고민하다 예일대학교(Yale University) 신학부에서 신학을 공부하기로 결정하고 그곳에서 학사 학위(B.D)를 받았다. 학업 과정 중 조직신학에 관심을 갖기도 했으나 자신에게 보다 큰 영향을 끼친 리차드 니버(H. Richard Niebuhr)를 따라 기독교 윤리를 공부하기로 결정하였다. 그러나 니버의 갑작스런 죽음으로 기독교 윤리 공부에 흥미를 잃고 비교 종교학에 매료되기도 하였다.

캡스는 예일대를 졸업한 후에 신학보다 다시 문학을 공부하는 것이 좋겠다고 생각하여 버클리의 캘리포니아대학교(University of California, Berkeley) 영문학 박사과정에 입학하였으나, 공부를 시작한 후 채 한 달이 되지 않아 철학과로 전공을 옮기게 되고 옮긴 후에도 공부에 대한 흥미를 잃고 방황하던 중, 고향 루터교회 목사의 충고로 신학을 계속하기로 작정하였다. 버클리 박사과정을 포기한 후 신학의 보다 실천적인 과목들을 공부하기 위해 예일대학교 석사(S.T.M) 과정에 재입학하였는데, 그곳에서 그는 주로 기독교교육과 목회돌봄(pastoral care)을 공부하였다.

기독교교육과 목회상담 가운데 어떤 분야로 자신의 실천적 분야를 정할까 고민하던 가운데 그는 에릭 에릭슨(Erik Erikson)의 글에 매료되었고, 그의 책, *Young Man Luther*에 큰 관심을 갖게 되었다. 당시 예일대학교에 있던 역사 신학자들은 이 책을 역사적으로 볼 때 큰 가치가 없다고 폄하 하였으나, 그를 가르쳤던 제임스 디츠(James E. Dittes)교수는 오히려 이 책을 교재로 삼고, 신학자 개인의 뼈아픈 경험이야말로 신학자 스스로의 신학적 깨달음과 신학적 체계에 깊은 영향을 준다고 역설하였고, 이러한 에릭슨의 책에 대한 디츠의 새로운 이해에 대해 캡스는 깊은 영향을 받게 되었다. 디츠의 영향을 받은 캡스의 석사학위 논문은 "존 헨리 뉴만과 소렌 키에르케고르의 소명 갈등"(The Vocational Struggles of John Henry Newman and Soren Kierkegaard)이었다. 그에게 이 연구는 학자들의 개인적 갈등과 아픔이 곧 그들의 학문적 배경이 될 수 있다는, 다시 말해, 인간 개인의 경험과 그의 학문적 체계 사이에는 깊은 연관성이 있다는 디츠의 주장을 발전시키게 되었다.[10]

예일대학교 석사(S.T.M) 과정의 종반에 목회현장으로 뛰어들 결심을 하기도 했으나 자신의 석사학위 논문을 조금 더 연구하고픈 마음에 시카고대학교(University of Chicago) 박사과정에 지원하게 되었고, 입학이 허락된 뒤 1965년부터 1969년까지 시카고에서 뉴만에 대해 집중적으로 연구하였다.[11] 특별히 그는 뉴만의 소명의 정체성(vocational identity) 갈등과 아픔에 대해 연구하며, 뉴만의 소명 갈등이[12] 청년 뉴만을 옥스퍼드 운동(Oxford movement)[13]을 이끄는 인물로 역할 하게 한 의미 있는 동인이라고 바라보았다. 때문에 자신의 박사학위 논문에서[14] 뉴만의 소명 정체성을 에릭슨 생애주기이론 가운데 여섯 번째 단계인 친밀감 대 고립감(intimacy vs. isolation)의 특징과 연결시켜 뉴만의 개인적인 그리고 신학적인 갈등들을 분석하였다.

시카고대학교에서 박사과정 공부를 시작하기 전, 케런 버지니아 다켄(Karen Virginia Docken)과 1964년에 결혼하였으며, 박사과정 논문을 마무리할 즈음 자신과 아내의 본가에서 가까운 오레곤주립대학교(Oregon State University)로부터 교수직을 제의를 받고 그곳에서 교수사역을 시작하기도 하였다. 하지만 두 학기가 지났을 때 시카고대학교의 종교와 심리(Religion and Personality) 분야의 교수직 제의를 받고 69년에서 74년까지 5년간 시카고대학교에서 가르쳤다. 이후 2년간은 셜롯의 노스캐롤라이나대학교 (University of North Carolina, Charlotte)에서, 그리고 그 후 5년간은 오클라호마(Oklahoma)주에 있는 필립스대학교(Philips University)에서 가르침을 이어갔다.

특히 필립스대학교에서 그가 맡은 분야는 목회상담과 종교심리학이었는데, 두 가지 서로 다른 관점을 가진 분야들에 대한 상호간 연결을 이때부터 심각하게 논의하기 시작하였다. 종교심리학적 인식과 목회상담에 대한 연결은 에릭 에릭슨의 이론을 바탕으로 한 *Pastoral Care: A Thematic Approach*(1979)에서 시도되기도 하였고, 이러한 시도를 교회의 현장으로 이끌기 위해, *Pastoral Counseling and Preaching: Toward an Integrated Ministry*(1980)를 쓰기도 하였다. 특히 필립스대학교의 성서신학 분야 교수들과의 토론을 바탕으로 *Biblical Approaches to Pastoral Counseling*(1981)을 집필하기도 하였는데, 이 책에서 캡스는 필립스 대학교에서 다분히 초대 교회적 전통과 보수 신앙을 역설했던 성서 신학자들의 성경이해를 목회상담의 영역에서 재해석하려고 노력하였다. 때문에 "성경중심 목회상담(biblically-based pastoral counseling)"이라는 용어를 "성경에 근거한 목회상담 (biblically-informed pastoral counseling)"이라고 수정하여, 보수적인 신앙인은 물론, 보다 현대적이며 시대적 요구에 민감한 신앙인 모두에게 다가설 수 있는 목회상담학의 길을 모색하였다. 특히 주제별로 성경을 바라보기보다 포괄적인 장르별로 성경을 이해하는 것이 더욱 타당하다고 역설하였다.[15]

1981년에 41세의 나이에 시워드 힐트너(Seward Hiltner)가 가지고 있었던 석좌를 이어받음으로 프린스턴신학대학원의 정교수가 된 캡스는 이곳에서 2009년 5월까지 목회신학(Pastoral Theology) 분야의 교수로 재직하였다. 지금은 명예 교수로서 학생들을 가르치기도 하고, 여러 가지 다양한 저술활동을 펼치기도 하며, 자신의 제자들과 함께 다양한 공동 연구를 통해 여러 학술지에 연구 성과들을 발표하고 있다.

1981년 당시 프린스턴신학대학원에는 시카고대학교에서부터 힐트너와 친밀한 관계가 있었던 짐 랩슬리(James Lapsley) 교수가 재직하고 있었으나, 힐트너의 석좌를 캡스가 이어받은 것은 조금 충격적인 일이기도 하였다.[16] 만 28년간 프린스턴신학대학원에 재직하며 이곳에서의 재직기간 중 스물 한 권의 책과 네 권의 공저, 두 권의 편저, 다섯 권의 공동편저와 수십 편의 논문들을 발표하였고, 1980년에서 1988년까지 Journal for the Scientific Study of Religion의 편집장직을, 1990년에서 1992년까지 Society for the Scientific Study of Religion의 회장직을 역임했으며, 2001년부터 현재까지 *Pastoral Psychology*의 편집위원을 맡고 있다. 그는 루터교회에서 1972년에 목사 안수를 받았다.

III. 캡스의 용어 이해

캡스가 즐겨 사용하는 몇몇 용어를 정리하고 그에 대한 정의를 통해 그의 목회 신학과 그 학제성을 보다 면밀히 살펴보자.

1. 목회심리학 vs. 목회신학

캡스는 프린스턴신학대학원의 목회신학 분야의 교수로 재직하였으나, 그의 재직 기간 중 자신의 분야를 목회신학이 아닌 목회심리학이라고 규정하였다. 그가 이렇게 자신의 분야를 새롭게 규정한데는 몇 가지 의도가 있다. 첫째, 용어를 재구성함(reframing)으로써, 프린스턴신학대학원이라는 미국장로교(PCUSA) 교단 신학교에 위치한 자신이지만, '목회상담하기'에 대한 보다 자유로운 학문성을 추구하고자 하는 의도이다. 미국 장로교단내 가장 큰 신학대학원의 목회상담학 교수이기에 목회상담의 신학적 주제들과 신학적 자원들에 보다 많은 시간을 할애해야 한다는 요구에 대해, 자신만의 또 다른 답변 근거를 갖고자 한 것으로 이해할 수 있다. 이를 책임회피 측면에서 이해하기보다 학자로서 그의 학문영역을 제한받고 싶지 않은 학자적 염원으로 인식하는 것이 더 정확하다. 신학대학원이라는 특수한 환경에 있음에도 자신의 목회상담 연구 주제 전부를 신학적 주제 안으로만 국한 시킬 필요가 없다고 생각하게 된 캡스는 목회신학에서 목회심리학이라는 용어로 전환시킨 후, 보다 과감하고 떳떳하게 심리학적 자원들을 자신의 목회상담 연구에 끌어들여 목회상담 세계관의 방향성을 형성한 것이다.

특히 목회심리학이라는 용어에 대한 재구성은 그에게 석좌를 넘겨준 힐트너의 관점이론에 기반을 둔 것이라고 생각할 수 있다.[17] 힐트너는 그의 『목회신학원론』에서 목회신학은 두 가지 축으로 구성되어 있는데 하나는 목자의 태도이며, 다른 하나는 목자의 목양(shepherding) 영역이라고 주장하였다. 특히 목자의 태도는 초월성을 내재한 기독 신앙의 핵심이라는 측면에서 본질적인 것으로 이해하였고, 목자의 영역을 실천 영역의 장으로 이해하여 상황과 실제의 측면에서 인식하였다.[18] 따라서 목회신학을 두 가지 측면, 즉 본질과 실천이 어우러진 관점(perspective)으로 이해하였던 것이다. 이를 다르게 표현한다면, 열역학 제2법칙인 엔트로피[19] 이론에 따라, 목회신학의 두 가지 축인 본질에서 실천으로, 즉 목자의 태도에서 목자의 목양영역으로의 방향성이 첫 번째 중요한 요소이며, 그 다음으로 열역학 제1법칙인 에너지 불변의 법칙에 기초하여 본질(목자의 태도)의 영향은 실제(목양영역)에 있어 무한대로 뻗어나갈 수 있다는 것을 주장하는 것이다. 때문에 힐트너는 관점의 측면에서 목회상담의 장은 무한하다고 보았다. 이러한 힐트너의 관점 이론을 자신의 이론에 대입시키길 즐겨한 캡스는 그의 목회심리학이라는 용어에 대한 선호를 통해, 목회신학이 빠질 수 있는 일종의 교조적 경향성과 범주화에 대한 반대를 분명히 하고자 한 것이다. 이를 발판으로 목회상담을 단순히 목회의 보조적 도구로서가 아닌 목회의 전 영역에서 인식하겠다는 것이다.

　두 번째, "목회심리학"이라는 용어 재구성을 통해 캡스는 신학이 신학적 규명에 치우친 조직신학적 인식에서 이해되는 것이라기보다, 오히려 포괄적이고 다양한 해석학의 차원에서 이해되어야 할 것으로 인식한다. 예를 들어, 폴 리꾀르(Paul Ricoeur)가 주장한 해석학적 비평을 살펴본다면, 리꾀르의 해석학은 일종의 시적 상상(poetic imagination)이다. 먼저 널리 알려진 가다머(Hans-Georg Gadamer)와 하버마스(Jürgen Habermas)의 논쟁부터 생각해 보자. 해석은 이성과 실천의 두 축으로 짜여진 전통, 즉 역사와 그에 대한 이야기(narrative)를 인식하는 과정이다. 따라서 해석은 전통이 주목하는 상황에 민감할 수밖에 없게 되는데, 전통 안에서 이루어지는 상황에 대한 비평이 가능한가, 가능하지 않은가에 대한 논쟁이 가다머와 하버마스의 논쟁의 핵심이다. 간단히 말하면 가다머는 전통 안에서 비평이 가능하다고 보았고 하버마스는 근본적으로 그것은 불가능하다고 보았다. 이에 대해 리꾀르는 또 다른 상상의 해석학을 사람들에게 제안한다. 그의 해석학의 관점은 간단히 말해, 전통 안에서 밖으로 나올 때 해석적 비평이 가능하다고 주장한 것이다.[20] 리꾀르에게 해석은 과정 안에 있으며, 이렇다 저렇다 규정할 수 없는 시적 상징으로 그득한 것이다. 큰 그림에서, 즉 파노라마와 같은 해석적 비평과 함께, 보다 작은 시적 상상력에 이르기까지 리꾀르의 해석학은 역동적이며 창조적이다. 캡스의 용어 재구성은 리꾀르의 해석학처럼 또 다른 길에 대한 상상이며, 이는 해석학의 본질을 지키는 것이다.

　마지막으로 생각해 볼 수 있는 것은, 용어 재구성이 캡스 자신이 이해하고 있는 정신역동학에 대한 실천적 행동의 일환일 수 있다는 점이다. 현재 목회상담학이 가장 활발하게 연구, 논의되고 있는 곳은 아무래도 북미권이라 하지 않을 수 없다. 또한 북미권 내 목회상담학 분야에서 최근 흐름을 주도하고 있는 것은 목회신학이다. 그러나 목회상담학자들이 목회신학을 세워 나가는데 전력을 기울이게 되면서 의식적으로 혹은 무의식적으로 무시한 용어가 생겨나게 되었는데 다분히 심리학으로 치우친 것으로 여겨져 온 목회심리학이라는 용어였다. 정신분석적 전통과 영향 안에 서 있는 캡스에게 목회심리학이라는 용어를 다시 사용한다는 것은 큰 의미가 있는 것이다. 첫째는 프로이트 정신분석의 핵심인 억압 이론과 느닷없는 '억압된 것의 귀환(the return of the repressed)' 이 아닌, 정제된 억압된 것의 귀환을 이루어내 자신을 분석적으로 해방시키고자 하는 일종의 정화라는 점이며, 둘째, 신학대학원 내에서 신학이라는 단어 사용을 자제함으로 느낄 수 있는 일종의 자아의 승리이다. 특히 자아의 승리 개념은 그가 *The Depleted Self: Sin in a Narcissistic Age*에서 언급한 일종의 '요나 콤플렉스(Jonah's complex)를 깨뜨리는 의미' 와 연결되어 있다. 캡스는 이 책에서 역설적으로 분석해, 마치 실에 매달려 조종하는 대로 움직이는 꼭두각시처럼 행동하려는 요나에게, 하나님께서 '박 넝쿨 가르침' 을 통해 인식의 정형화된 틀이 해체되어야 함을 가르치시며 '독자적인 권위' 의 모습을 보여주셨던 것처럼, 신학의 부정적 교조화와 화석화로 굳어버린 생각의 체계를 깨뜨려 보다 살아있는 인간 주체로서 독자적 권위를 획득하는 것이 중요하다고 역설하였다.[21] 더불어, 캡스는 벨라(Robert N. Bellah)의 개인주의에 대한 비판은 개인주의가 무엇인지 잘 몰라서 이루어진 일이라고 일축하였다. 그는 개인주의는 이기주의와 자기도취(narcissism)를 낳는 주범이라는 벨라의 비판에 반대한다. 캡스는 이기주의와 자기도취는 개인주의가 제대로 이루어지지 않을 때 생기는 일종의 일탈과 같은 것이라고 보고 그것은 미숙한 개인주의라고 주장한다. 캡스가 생각하는 개인주의는 자기의 개체적 특성을 온전히 깨닫는 것으로 출발한다. 자신이 가진 향기와 색깔, 그리고 재능에 대해 분명히 깨닫는 원숙한 개인주의는 오히려 다른 개인의 필요를 인정하고 그들로부터 받는 도움에 대해 어떤 부끄러움도 죄책감도, 자신감의 추락도 경험하지 않는다. 왜냐하면 개인인 그 역시 지금 자신을 돕고 있는 타자를 자신이 가진 재능으로 언젠가 도울 수 있음을 알기 때문이다. 결국 그의 개인주의는 건강한 자아의 완성, 그리고 그 완성으로 형성되는 건강한 대인관계, 즉 살아있는 공동체를 형성하는 중요한 개념인 것이다.[22] 그러므로 목회신학에서 목회심리학으로 고쳐 부르는 용어 재구성을 통해 캡스는 자신의 자아의 승리, 그리고 그가 생각한 개인주의의 실천이라고 여기는 것이다. 그에게 신학은 하나님께서 직접 하신 학문이 아닌 인간학이며, 그 인간학을 이끌고 있는 주체 역시 사람이라는 인식에 서 있기에, 오히려 목회심리학이라는 용어를 통해 신학의 정체성과 나아갈 방향을 분명히 하고자 하는 것이다.

2. 성경적 vs. 신학적

캡스는 자신의 글에서 신학적(theological)이라는 말보다 성경적(biblical)이란 말을 즐겨 쓰곤 한다. 그에게 성경적이란 용어는 신학적이란 용어 보다 훨씬 큰 의미를 가지고 있는 것이다. 즉 해석학적 측면에서 '성경적'은 본문(text)의 개념을, '신학적'은 해석된 것(the interpreted)의 개념을 가리키고 있다고 보기에 성경적이 훨씬 더 큰 해석의 지평을 품고 있다고 본 것이다. 때문에 그는 성경 말씀을 바라보는 것은 신학적으로 다루는 차원을 넘어서는 포괄적이며 유동적인 행위라고 생각한다.

이것은 리꾀르가 바라보는 예수 그리스도의 비유에 대한 인식과 비슷한 것인데 리꾀르는 자신의 글, "The Kingdom in the Parables of Jesus"에서 예수 그리스도의 천국 비유는 천국에 대한 신학적 작업이 아닌 천국을 광범위한 파노라마적으로 표현한 것이라고 주장하였다.[23] 이러한 주장을 바탕으로 그는 "Listening to the Parables of Jesus"에서 예수 그리스도의 말씀과 비유들을 교리화된 신학적 작업을 통해 이해하기보다 말씀을 보다 크게 혹은 전체적으로 인식하는 포괄적이고 유동적인 눈, 즉 시적인(poetic) 눈으로 바라보아야 한다고 주장하기도 하였다.[24] 리꾀르의 해석학적 말씀이해, 즉 시적인 이해는 시카고의 드폴대학교의 성서학자인 존 도미닉 크로산(John Dominic Crossan), 다시 말해 성서학자인 풍크(Robert W. Funk)와 함께 예수 세미나 (Jesus Seminar)를 이끌었던 신학자에 의해 재조명되기도 하였는데, 그는 "Parables as Religious and Poetic Experience"에서 비유의 시적 상징을 크게 네 가지 단계[25]로 이해하며 비유가 갖는 당혹스런 혼란에도 불구하고, 결국 비유에 대한 시적 이해를 통해 예수께서 말씀하신 원래의 뜻에 참여(participation)할 수 있다고 주장하였다. 그에게 예수 그리스도의 비유는 수많은 의미와 다양한 해석적 지평이 열려진 상징적 공간이었던 것이다.[26]

캡스에게 리꾀르와 크로산의 말씀에 대한 해석학적 이해는 그의 저작활동의 폭을 넓혀주는 학문적 자원으로 작동한다. 특히 그리스도 예수의 삶에 대한 신학적 이해가 아닌 성경적 이해의 측면에서 캡스는 신학의 범주 안에서 예수님을 이해한다는 것은 좁은 의미의 예수 이해라고 여기며, 신학적 범주를 뛰어 넘어 사회과학, 즉 정신역동이론의 시각으로도 예수님을 이해하고 바라볼 수 있다고 주장한다. 이러한 이해의 결과로 그는 2000년 *Jesus: A Psychological Biography*를 저술, 출판하였는데, 이 책에서 그는 예수를 양부 요셉과 복잡한 심리 관계를 형성한 양자로 그리며 어린 시절 그가 겪었을 숨겨진 나날들의 갈등들을 다양한 역사적 예수 학자들의 의견을 제시하며 심리적으로 분석하기도 하였다. 하지만 이러한 급진적 분석은 이 책에서 보다 앞서 행해지기도 하였는데, 1995년 그는 *The Child's Song: The Religious Abuse of Children*을 출판, 때때로 성경을 사용하여 아이들을 학대할 수도 있다는 학자들의 주장에 한 걸음 더 나아가, 성경 속에는 선천적으로 학대적인 요소들이 담겨있다고 주장하였다. 이 때문에 그는 수많은 질타와 비판을 받아야 했지만 그에게 이러한 학문적 작업들은 그로 하여금 궁극적으로 학문적 자유, 즉 역동적 해석의 지평 안에서 만끽할 수 있는 자유를 얻게 하였다. 이를 일컬어 그는 종종 필자에게 "내가 이렇게 하는 것은 '진리를 알지니 진리가 너희를 자유케 하리라(요 8:32)' 란 예수님의 말씀을 실천하는 것"이라고 익살스럽게 말하곤 하였다.

또 목회신학을 목회심리학으로, 신학적을 성경적으로 고쳐 부른 데는 그의 저서, *Reframing: A New Method in Pastoral Care*(1990)에서 주장한 목회상담의 재구성에 대한 실천이라는 측면에서 이해될 수 있다. 캡스 스스로도 이 책을 자신의 90년대 저작물 전반을 이끄는 기본적인 책이라고 일컫기도 하는데, 이 책에서 그는 욥의 세 친구가 욥에게 행한 상담 기법으로서 대화 방식이 목회상담 분야 대부분의 학자들이 따르고 있는 상담 방법과 흡사하다고 역설함과 동시에 목회상담에 대한 재구성의 방법을 통해 상담에 대한 해석적 지평을 넓힘으로 상담자와 내담자 사이의 관계를 보다 폭 넓은 관점에서 이해하는 것이 옳다고 주장하였다. 그에 대한 근거로 캡스는 하나님께서는 욥의 세 친구와 달리 재구성의 방법으로 욥을 상담하고 계신다고 보았는데 이 때문에 그는 하나님을 위대한 재구성자(the Great Reframer)라고 불렀다.

그러므로 캡스에게 있어 재구성이라는 개념은 많은 시사점을 준다. 재구성이라는 용어는 그의 목회신학, 즉 목회상담의 신학적 이해에 있어 어떠한 제한성도 인정치 않는 방향으로 흐르고 있다는 것이다. 따라서 캡스에게 목회상담은 어느 한 가지 신학적 분석으로 세워지는 것이 아닌 폭넓은 신학적 차원들로 형성되어 있으며, 더불어 그 차원들은 교조주의적 신학의 영역 안에서 축소되거나 제한되어서는 안 되며, 다양한 분야가 역동적으로 참여할 수 있는 것들로 이루어져 있어야 한다는 것이다. 그렇게 함으로 때로는 보수적이거나 전통적인 목회상담에 대한 글도, 그리고 때로는 신학적인 것과 전혀 관계없는 파격적인 분석심리학의 시각에서 연구된 목회상담에 대한 글도, 그에겐 모두 포용 가능한 것이다. 그에게 있어 정말 중요한 것은 목회상담을 행하는 사람들의 글과 행동에 있어 해석적 역동, 즉 예술적 지평이 상실된 화석화가 아닌 역동성과 창조성이 활발히 살아있는 상태인 것이다. 이를 그는 예술적 역동(artistic dynamics)이라고 불렀는데 그에게 있어 예술적 역동이 사라졌다는 것은 상황에 대한 실천적 시각이 화석화 되었거나 상실되었다는 것을 의미한다. 그에게 이는 곧 목회상담이 기계적, 관념적 화석이 되었다는 의미이며 이때 '목회상담하기'는 궁극적으로 불가능하다고 생각한다.

3. 세계관 vs. 방법론

　재구성과 연계된 목회상담에 대한 캡스의 예술적 인식은 근본적으로 그의 목회
상담 세계관(학제성)을 보여주는 것이다. 그에게 있어 목회상담은 자신의 세계관
에 대한 하나의 실천적 통로로 역할 하는데 그 통로가 예술적 해석과 깊은 연관이
있다고 본다. 또한 그의 예술적 세계관은 그의 목회상담 방법론이 무엇인지에 대
한 단서를 제공하는데, 이 단서는 '그의 목회상담 방법론이 이러이러하다' 는 식의
규정을 하지 않는 형태로 역할을 한다.

　캡스는 자신의 목회상담 방법론을 정의하는데 주저하곤 한다. 왜냐하면 그에게
구체적이며 확실한 방법론은 중요한 개념이 아니기 때문이다. 오히려, 방법론을
말하거나 정의한다는 것은 자신의 목회상담 세계관, 즉 예술적 세계관을 퇴색시
켜 버리는 일이라고 생각한다. 이렇게 생각한 것은 그가 생각하는 방법론에 대한
편견이 있기 때문이다. 캡스는 방법론이라는 개념 자체에 이미 선천적인 약점이
있다고 생각한다. 방법론, 즉 어떻게 할 것인가에 대한 질문들에 대한 구체적 대
안으로서 방법론은 반드시 결정적 성향을 갖게 되며, 이러한 결정적 성향으로 인
해 자신의 예술적 역동성이 한계를 가질 수밖에 없다고 보기 때문이다. 이를 조금
더 설명해 본다면, 방법론은 문제에 대한 답변을 제시하는 식으로 형성되는데, 이
를 위해 순서와 단계를 설정하게 되고, 이때 순서와 단계에 참여하는 모든 사람은
그 순서를 따라가기만 하면 어떠한 희망적 결과에 이를 것이라는 방법론이 가져
다주는 환상에 빠지게 된다는 것이다. 더 나아가, 이 환상은 하나의 조직화된 신
념 체계를 형성, 그 방법론을 이끄는 사람이나 방법론에 참여한 사람들 모두 역동
적이며 예술적인 해석의 세계로 들어갈 수 없게 되어버리는데, 이러한 해석의 세
계로 들어가지 못한다는 것은 캡스에게 있어 자신의 목회상담 세계관이 이루어지
지 않게 되는 것이나 마찬가지가 되는 것이다. 앞서 언급했듯 이 세계관은 상담자
와 내담자와의 관계에서 형성된 목회상담의 본문의 세계(textual world)를 지향
하는 것이며, 포괄적이며 다양한 유동적인 세계를 희망하는 것이다. 이러한 세계
가 가진 유동을 방법론을 통해 제한하는 것은 목회상담이 가진 역동성과 예술성

을 포기하는 행동이라고 캡스는 생각한다.

이러한 인식하에서, 종종 그의 목회상담 방법론을 알기위해 찾아온 사람들이 "당신의 목회상담 방법론이 무엇입니까?" 혹은 "당신은 어떤 상담 방법론의 부류에 속해 있습니까?"라고 물어볼 때면, 그는 "미안하지만 내겐 방법론이 없습니다. 아마 나는 그런 부류에 속한 것 같습니다"라고 대답하곤 하였다. 역설적이지만 이것이 곧 그가 가진 일종의 목회상담 방법론이라고 생각한다.

캡스가 방법론에 대한 질문들을 받을 때면 "이것을 읽어 보시면 됩니다"라며 소개하곤 하는 그의 두 논문, "A Sympathetic World: William James' Significance for Practical Theology"와 "The Lessons of Art Theory for Pastoral Counseling", 그리고 *Agents of Hope: A Pastoral Psychology*에 대한 이해를 통해 그의 목회상담 세계관을 보다 자세하게 살펴하자.

IV. 목회심리학적 세계관

1. 경험적이며 실용적인 세계관

캡스에게 목회상담은 지극히 실용적이며 경험중심의 사역이다. 이는 그의 목회상담이 해석적 차원의 인식에 바탕을 두고 있다는 점에서 더욱 뚜렷해진다. 그에 의하면 목회상담은 어떤 체계나 단계라는 보다 구체적이고 뚜렷한 방식이나 방법론으로 형성되기보다, 일견 혼란스럽고 때로는 무엇이 어떻게 되어 가는지 모를 당황스러운 방식으로 발전되어 가는 것이라고 본다. 이것은 그의 목회상담 세계관이 제임스(William James)의 세계관과 깊은 연관이 있기 때문인데, 제임스는 그의 글 "A World of Pure Experience"에서 극단적 경험주의자(radical empiricist)로서 자신은, 경험에 대해 분명하고 확실하게 분석해야 한다는 바람을 반대하며, 오히려 혼란스럽고 모호함에도 불구하고 경험 자체에 대한 가치나 관심을 저버리지 않는 것이 역동적이며 순수한 인간 경험에 대한 바른 이해라고 보았다.[27] 인간의 착시나 지각인식이라는 예에서 생각할 수 있듯 눈으로 보이는 세계는 모호하고 선명하지 않다. 그러나 이러한 지각을 개념적으로 이해하면 분명하고 뚜렷하게 이해는 될지라도 이미 지각의 단계를 넘어섰기에 인간 경험의 순수성 측면에선 순수성을 잃은 것이 된다. 때문에 제임스는 개념보다 지각을 추구한 것이다.[28] 그것이 인간 경험의 순수성을 유지해 주기 때문이라고 보았다. 인간 경험의 순수성을 추구한 제임스의 의도는 극단적 경험주의(radical empiricism) 혹은 극단적 다원주의(radical pluralism)를 이끌어 절대와 상대 사이, 즉 하나님과 인간 사이의 담을 허물고 둘 사이의 궁극적 친밀성을 형성해, 이 세상 어느 곳에 존재할지라도 언제나 '집에 있음(at-homeness)'과 같은 평정(tranquility)의 상태를 만들어 가겠다는 학문적 다짐이라고 이해할 수 있다.[29]

이러한 제임스의 극단적 경험주의 세계관은 캡스의 세계관과 매우 흡사하다. 캡스는 그의 논문 "A Sympathetic World: William James' Significance for Practical Theology"에서 궁극적으로 그의 관심은 집을 만들어 가는 것(homemaking)이라고 보았다. 세상의 모든 만물들이 집을 형성하는 하나의 개체로 혹은 중요한 부분으로 역할 되고 인식되기에 어떠한 분할이나 계층적 나누임을 거부한다는 것이다. 더 나아가 그는 개체 하나하나에 깊은 해석학적 의미가 담겨있어 개념이나 분류에 의해 의미가 축소나 왜곡되는 것을 거부하는 '집 만들기'를 주장하며 역동적 조화를 역설하였다. 사실 조화는 완벽한 것들의 조합이 아니다. 조화는 무엇인가 불완전한 것들의, 혹은 무엇인가 부족한 것들의 '어울림'을 말하는 것이다. 그렇다면 집을 구성하는 각 개체가 완벽하지 않더라도 하나하나의 개체는 매우 유의미한 구성원이 되는 것이다.

이러한 역동적 조화에 대해 지대한 관심이 있었기에 캡스는 재구성이라는 개념을 이끌었고, 목회상담을 죽어있는 화석의 개념에서 생생한 삶의 지각으로, 더 나아가 목회상담에서 이야기 되어지는 내담자의 아픔조차 병리적 차원의 증상으로 보기보다 분석적인 차원에서 증상으로 이해하고자 애썼다. 이를 풀어 설명하자면, 프로이트가 증상을 심리적 리비도의 팽창에서 육체로의 느닷없는 방출의 심리 역학으로 설명하며, 이를 일종의 심리적 환풍 역할을 하는 해방자 역할을 하는 것으로 분석한 것처럼, 증상을 단순히 제거하거나 없애려 노력하지 않는 대신 증상을 통해 내담자 자신의 무의식을 분석해야 한다고 주장하는 것이다. 예를 들어 캡스는 우울증 대해 병증으로 보고 제거하려 들기보다 우울기질로 인식, 우울기질이 열어주는 새로운 세계, 마치 윌리엄 제임스가 *The Varieties of Religious Experience*에서 말한 아픈 영혼(the sick soul)에 대한 역설적 이해와 비슷하게 우울기질 역시 회색의 푸근하고 감미로운 그래서 사람의 마음을 차분히 적시는 미적 세계로 인식해야 하며 더 적극적인 차원에서 오히려 이에 참여하는 것이 중요하다고 주장한다. 다시 말해 우울기질에 아름다운 색을 덧입혀 우울기질을 제거하는 것이 아닌, 우울기질 자체에 대해 소중하고 의미 있는 인간의 고유 본성의 한 부분이라는 주장을 펼치며 우울질(melancholia) 역시 집 만들기의 한 부분이라고 보고자 한 것이다.[30]

이러한 창의적인 예술적 이해는 "A Sympathetic World"에서 주장하듯 집짓기의 인식이 극대화 될 때 가능하다고 본다. 캡스에 의하면 집짓기는 궁극적으로 공감(sympathy)에 의해 이루어진다. 윌리엄 제임스 역시 공감의 중요성에 대해 역설하였는데 공감이야말로 순수한 경험, 즉 극단적 경험주의를 세우는 중요한 단초라는 이해에서였다. 그의 경험에 나의 경험이, 그리고 나의 경험에 그의 경험이 잇대어지는 순간이 공감이며, 그 속에서 인간의 순수한 경험이 드러난다고 보았기 때문이다. 제임스의 공감을 캡스가 언급하며 주장하고 싶었던 것은 그 자신이 가진 예술적이며 해석학적인 의도, 즉 '집짓기'와 깊은 연관이 있는데, 즉 공감이 없이는 나도 그도 목회상담에 참여하는 모두 집에 있는 듯한 의미(significance)와 안전함(safety), 그리고 안정성(stability)을 누릴 수 없기 때문이다. 결국 캡스의 제임스적 경험주의에 대한 이해는 그의 목회상담의 영역을 집짓기라는 의도로 설명하여, 공감에 의해 모든 요소가 아름답게 채색되고 이해되어 목회상담이라는 인간 경험의 탐구에 역동적이고 예술적으로 참여할 수 있는 근거를 마련하기 위함이라고 볼 수 있다. 또한, 예술적 인식을 통해 목회상담에 참여하는 상담자와 내담자 모두의 조화를 이루어 상담 효과를 극대화 시켜내겠다는 실용주의 노선을 가진다고 볼 수 있다.[31] 그에게 쓸모없거나 필요 없는 경험은 없기 때문이다. 그러므로 캡스에게 실용주의는 방법론으로 도출되는 기계적인 것이 아니라 그의 세계관에서 형성된 '목회상담하기'의 삶의 실천적 모습이다.

2. 예술적 세계관과 예술적 학제성

캡스의 경험적이며 실용적인 세계관은 인간 경험과 인간 자체에 대한 그의 예술적 이해와 연결되어 예술적 세계관을 형성한다. 때문에 그의 세계관을 예술적 세계관(artistic Weltanschauung)이라고 보아도 무방할 것이다. 앞서 잠시 언급했듯 예술적이라는 말은 그에게 있어 창조적이며, 포괄적이며, 해석적이며, 동시에 순수 경험을 지향하는 것이다. 또한 집짓기를 이루어 가기 위한 중요한 발판이기도 하다. 하지만 이 용어는 존 크로산(John D. Crossan)의 예수님의 비유에 대한 해석적 연구가 갖는 한계와 비슷하게, 해석적 지평에의 참여로 인한 혼란과 모호함이라는 그림자도 있을 수밖에 없다. 하지만 캡스에게 이러한 모호함과 혼란은 파괴와 무질서의 전 단계가 아닌, 오히려 조화와 화합 그리고 모든 사람들이 집에 있는 듯한 의미와 안정성, 그리고 안전함을 가질 수 있는 '평정을 위한 당혹(obfuscations for equilibrium)'의 개념으로 인식된다. 따라서 캡스는 '예술적'이라는 용어 자체에 이미 역설적 역동성, 그리고 해석의 다양성이 내재 되어있다고 본다. 특히 이러한 그의 생각은 "The Lessons of Art Theory for Pastoral Counseling"에 잘 드러나는데 이 논문에서 그는 루돌프 안하임(Rudolf Arnheim)이 분석한 회화 작품이 갖는 구도에 대한 의견을 목회상담과 연결하여 목회상담의 몇 가지 학제적 모델을 제안하였다.

그는 먼저 데릭 부츠(Dieric Bouts)의 The Last Supper를 통해, 한 점으로 집중하는 모델(the model of convergence)

을 예로 들며 목회상담에 있어 신학과 심리학의 학제성을 설명하였다. 그림을 바라보는 사람의 시선이 자연스럽게 그림 중앙의 예수님께로 향하듯 신학(centric)과 심리학(eccentric)의 관점은 '목회상담하기' 라는 장(place)으로 자연스럽게 집중되는 방향의 목회상담을 그려갈 수 있다는 것이다.

또한, 피카소의 Family of Saltimbanques를 통해 병치모델(the model of juxtaposition)을 말하기도 하였는데, 아래 피카소의 그림에서 관람자의 시선이 어느 한 점으로 모여드는 것이 아니라 이 곳 저 곳 다양하게 바라볼 수 있도록 구도를 잡았다는 점을 통해 '목회상담하기' 에서 신학과 심리학의 학제적 관계가 가능하다고 본 것이다. 목회상담에 있어, 때로는 신학의 사용에 집중하고 때로는 심리학적 분석에 집중하더라도 어느 쪽에서도 거부감이 없는, 다시 말해, 서로 간의 자리매김에서 형성된 배타성이 존재하지 않는 오히려 이타적인 '목회상담하기' 의 모델이 있을 수 있다고 본 것이다. 이 논문에서 캡스가 마지막으로 제시한 모델은 구조적 균등성의 모델(the model of structural uniformity)인데, 렘브란트의 Return of the Prodigal Son을 예로 들

며, 바라보는 자의 시선이 먼저는 조도가 밝은 아버지와 탕자의 재회에 갔다가(집중모델) 자연스럽게 상대적으로 어두운 곳에 있는 사람들의 모습에 주의를 기울이게 되어있는 것처럼(병치모델), 목회상담에 있어 신학적 해석과 심리학적 분석 상호간의 학제적 교환성에 있어 열려진 목회상담하기가 있을 수 있다고 보았다. 다시 말해, 목회상담하기를 통해 먼저 신학적이거나 심리학적 차원에 상담을 집

중시키다 서서히 심리학적이거나 신학적 차원으로 전환하게 되는 모델을 제시하며, 목회상담의 신학적 차원과 심리학적 차원의 열려진 "상호 교환성"이 있을 수 있음을 나타내려 하였다는 것이다.

특히 캡스가 이 모델에서 주장하는 상호 교환성은 벤첼 밴 후이스틴(J. Wentzel van Huyssteen)이 주장한 후토대주의(postfoundationalism)[32]와 칼빈 슈라그(Calvin O. Schrag)의 횡단성(transversality)의 개념[33]과 깊은 연관이 있다고 보인다. 이들 공히 절대주의와 상대주의, 혹은 전통과 또 다른 전통 사이에서 필요한 상호간의 응답가능성을 주장하고 있기 때문이다. 다시 말해, 윤리적, 도덕적 의무감에서 기인한 책임감이 아닌 서로간의 응답이 이루어져야 한다는 의미에서의 응답에 대한 책임감(response + ability)을 요구하고 있다는 것인데, 캡스 역시 자신의 몇 가지 학제성 모델 제시에서 신학과 심리학의 상호 응답에 대한 책임감을 역설하고 있는 것이다.

비록 이와 같이 캡스가 자신의 소논문에서 세 가지 모델을 제시하며 목회상담하기에 대한 예술적 인식의 방편들을 소개하고 있지만 이러한 예들은 모델들에 불과하지 어떤 구체적 단계들을 가진 방법론은 아니라고 생각한다. 때문에 그는 예술가들에 의해 그려지는 회화나 조각, 각종 문학 작품의 구도가 수도 없이 다양하게 그려질 수 있다는 측면에서, 목회상담의 학제성 역시 다양한 방법들이 있을 수 있음을 역설하였다. 그러므로 그의 예술적 세계관(학제성)은 한 가지 방법론을 지향하지 아니한다. 오히려 그에게는 자신의 예술적 세계관을 드러내는 실천적 상황과 창조적 이성이라는 해석적 도구들이 조화를 이루어 내는 것이 중요한 것이다. 그러나 캡스의 예술적 모델들은 동시에 하나의 방법론처럼 될 수도 있다. 다만 그럼에도 예술적 인식, 즉 역동적이며 창조적인 해석적 원리는 보존되어야 한다는 것이다.

3. 희망적 세계관

마지막으로 필자가 언급하고 싶은 것은 캡스의 목회상담 세계관 즉, 예술적 학제성은 궁극적으로 희망적이라는 점이다. 그는 종종 목회상담가는 희망의 에이전트라고 말하곤 한다. 실제로 그는 자신의 일상생활에서 희망을 말하고 희망을 실천하며 살고자 노력한다. 한 가지 재미있는 예로, 그에게 배운 학생들은 그를 평가할 때, "캡스 교수에게 인정받는 것은 어려우나 그에게 좋은 학점 받는 것은 쉽다"는 이야기를 하곤 한다. 그는 학생들의 성적을 평가하는 데도 희망의 에이전트 역할을 하는 것이 중요하다고 생각한다. 학생들에게 성적을 통해서라도 긍정적 희망을 주지 않으면 목회상담학에 대한 열정도, 앞으로의 학문적 깨우침도 줄어들 것이라고 생각하기 때문이다. 이러한 희망에 대한 그의 생각은 고스란히 *Agents of Hope: A Pastoral Psychology*에 담겨있다. 이 책에서 그는 목회상담가는 기본적으로 희망의 대리인(agent)이어야 한다고 역설한다. 더 나아가 그는 희망의 위협 세 가지인 절망(despair), 무감각(apathy), 수치심(shame)과 희망의 세 가지 협력자인 신뢰감(trust), 인내(patience), 중용(modesty)을 비교 연구함을 통해 그의 목회심리학의 희망 세계관을 말하였는데, 역시 이 책에서도 그는 방법론에 대한 이야기를 의도적으로 회피하고 있다. 그에게 목회상담은 궁극적으로 희망의 통로이기에 목회상담을 희망적으로 만드는 방법을 찾기보다 목회상담 자체를 희망적으로 만드는 것이 중요하다고 보았기 때문이다. 그러므로 그는 목회상담이 가진 희망적 차원에 대한 모든 위협을 간파하고 대처하기 위해 희망의 협력자들을 목회상담으로 끌어들여야 하며, 바로 이때 목회상담을 궁극적으로 희망으로 만들 수 있다고 보았다. 바로 이 점에서 그가 말하는 희망은 신뢰와 인내, 그리고 겸허함이 이루는 목회상담하기에 내재된 것이라고 볼 수 있다.

캡스의 삶과 경력을 언급할 때, 어린 시절 그의 친조부가 모든 사람이 '천국(Happy-Hunting Ground)'에 갈 수 있기에 지옥에 갈 염려를 말라고 이야기했음을 간혹 말하곤 했다고 기술했는데 어린 시절부터 이러한 희망적 메시지는 그에게 대단히 중요한 부분으로 작동하였던 것이 틀림없다. 그는 자신이 가진 희망의 메시지를 다른 사람은 물론 자신에게도 적용시키며 살아갔다. 어린 시절의 희망의 메시지 때문에 그는 신학교에서 '신학적이지 않은' 학문적 지평을 열어 갔으며, 심리학 분야에 '심리학적이 않은' 목회 신학적 주장을 세웠으며, 자신이 경험하는 우울기질과 대인공포에 생명을 불어넣어 학문적으로 승화시켜 우울기질과 대인공포가 열어주는 또 다른 희망적 세상에 대해 역설했으며,[34] 또한 신학교내에서 어떤 정치적 압력을 받아도 유머로 익살스럽게 표현하며 희망적 세계를 만들어 가고자 하였다. 특히 그의 희망적 세계관은 유머라는 주제에도 깊은 관심을 갖게 하였는데, 캡스 그는 대단한 설교가도, 강의를 잘하는 달변가도 아니다. 물론 이러한 일종의 콤플렉스가 있기에 그토록 많은 저작들을 저술하였는지 모르겠으나, 그는 자신에게 있을법한 콤플렉스의 일탈적 무게를 유머라는 독특한 기제로 해소하며 유머의 심리학 혹은 유머의 신학을 말하고자 하였다. *Men and Their Religion: Honor, Hope, and Humor*(2002)와 *A Time to Laugh: The Religion of Humor*(2005), *You've Got to Be Kidding!: How Jokes Can Help You Think*(2009) 등에서 그는 유머의 심리적 역동과 자아를 살리는 에너지에 대해 역설하며 유머는 궁극적으로 자아의 승리, 즉 자아에게 용기와 희망을 전달해 주는 하나의 강력한 심리적 기재로 인식하였다. 그러므로 필자는 그에게 있어 유머는 어린 시절 그가 친조부로부터 받은 희망의 메시지를, 비록 그것이 교리적으로 부정확하고 올바르지 않다고 할지라도, 자신의 삶을 한없이 희망적으로 만드는, 그래서 다른 사람들에게도 희망의 메시지를 이야기 할 수 있는 에너지 공급의 통로로 인식되어진다고 본다. 더불어, 유머는 그에게 희망을 품고 살아가는 자신과 자신의 학문적 경향성을 각종 위협으로부터 보호하는 방어기제로 역할하며, 유머를 통해 자신 안에 있는 자신의 보호자(mentor)인 자신의 어린 시절의 모습(Don Quixote, Capps' alter ego)을 온전하게 보호하는 힘의 근원으로 작용하고 있다.[35]

V. 한국 목회상담학계를 향한 제안

이제까지 도널드 캡스에 대해 그의 삶과 경력 그리고 그의 학문적 세계관 즉 그의 예술적 학제성에 대해 간략히 살펴보았다. 마지막으로 그의 목회상담 세계관이 전해주는 한국적 목회상담학을 위한 제안들을 간략하게 생각해 보자.

먼저, 캡스의 목회상담 세계관은 우리의 목회상담 현실에 학제성이라는 인식이 필요함을 제안해 준다고 볼 수 있다. 학제성은 필자가 앞서 언급한대로 목회상담 세계관을 형성하는 기초이다. 목회상담의 학문적 탐구에서, 인식론적으로 그리고 존재론적으로, 기독교적 세계관과 심리학적 세계관 사이의 학제간 담론을 회피하거나 거부할 수는 없기 때문이다. 그러므로 '어떠한 학제성을 갖는가?' 하는 문제는 곧 '어떻게 기독교적 세계관과 심리학적 세계관을 인식하겠는가?'에 대한 답변을 요구하며, 이 답변은 곧 목회상담 세계관을 형성한다고 볼 수 있다. 또한 세계관은 세상을 바라보는 눈이며 곧 세상을 이해하고 인식하는 기본적인 도구가 된다. 즉 목회상담을 한다면 구체적인 목회상담 세계관이 있어야 한다. 목회상담 세계관을 통해 '목회상담하기'가 구체화되며 그 존재의 의미를 갖게 되기 때문이다. 그러므로 캡스의 예술적 학제성은 우리가 신학과 심리학, 혹은 목회와 상담을 어떻게 인식하며 이해할 것인가에 대한 단서를 제시하고, 또 보다 깊은 학제성에 대하여 탐구할 수 있도록 유도해 준다.

둘째로 캡스의 예술적 학제성은 한국 목회상담학계에 어쩌면 있을 미래의 난관에 대한 하나의 대안을 제시한다. 앞으로 우리나라 목회상담학계는 목회신학에 대한 담론과 논의를 통해 우리의 정체성을 세우는데 주력하리라고 본다. 우리도 미국 목회상담학계가 부정적으로 경험한 목회상담학의 교조적 인식에 대하여 주의해야 한다. 캡스의 용어 재구성을 통한 예술적 학제성은 새로운 가능성이 될 수 있다. 예술성에 대한 인식은 희망의 메시지로 작용하여 우리의 목회상담 현실에서 다양하고 풍부한 '목회상담하기'를 가능하게 하는 초석이 될 것으로 기대된다.

셋째로 캡스가 목회상담의 핵심이 궁극적으로 '집짓기'에 있다고 주장하듯, 우리도 '목회상담에서 상담자나 내담자 모두 집에 있는 듯한 안전함과 안정성을 경험하고 의미를 얻고 있는가?'라는 질문을 할 수 있다. 어떻게 하면 우리의 목회상담 현장에서 상담에 참여하는 상담자와 내담자 모두 '집짓기'라는 이미지를 형상화 하거나 실현해 낼 수 있는가? 이는 그의 주장대로 예술적 세계관에서 모든 부분이 공감으로 인정받듯, 우리의 목회상담 현장에서 서구의 목회신학이나 서구의 방법론만을 말하는 것이 아닌, 우리의 세계관, 우리의 학제성을 끊임없이 추구하고 발전시켜 한국적 요소들이 우리 목회상담 현장에서 공감될 때 가능할 것이다. 그 때 비로소 우리는 우리가 가진 특별한 '집짓기'가 우리의 목회상담 현장 속에서 가능하지 않을까 가늠해 본다.

마지막으로 캡스는 한국적 요소가 목회상담에서 드러나게 하려면 한국적 상황에로의 재구성이 있어야 한다고 제안한다. 한국적 상황에로의 재구성은 먼저 한국적 요소들에 대한 의미 있는 재평가를 시사하고, 더불어 서구의 목회상담 체계에 대한 전반적인 한국적 재구성을 의미한다. 이와 더불어 이러한 재구성은 한국 목회상담학계의 자신감을 고무시키는 것이며, 궁극적으로는 한국적 목회상담학으로 말미암은 희망적 메시지를 세계에 전해 주는 것이다. 그러므로 이를 위한 한국적 재구성에 대한 담론들이 요구된다 하겠다.

이제까지 네 가지 점에서 캡스의 목회상담 세계관과 학제성이 전해주는 한국적 목회신학을 위한 제안들을 생각해 보았다. 비록 이 제안들은 일견 모호해 보이며 구체적인 방법론을 제시하지는 않는 것처럼 보여질 것이다. 그러나 그가 주장한 대로 한국적 목회상담을 위한 재구성은 모호한 창조성과 해석적 창조성을 우리의 목회상담 현장에 일깨워 한국 목회상담이 나아가야할 세계관, 다시 말해 그 세계관이 지향하는 세상을 우리의 삶에 구체적으로 실현시킬 창조적 시너지 효과를 갖게 할 것이다.

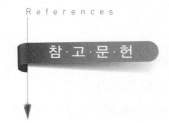

References

참·고·문·헌

캡스의 저서와 참고문헌

캡스의 주요 논문들

"On Psychohistorical Method." *Criterion* 10(1971), 23–27.

"Pastoral Care and Psychology of Religion: Toward a New Alliance." *Pastoral Psychology* 36(1978), 187–200.

"Biblical Models in Pastoral Counseling." *Pastoral Psychology* 28(1980), 252–264.

"Pastoral Care and the Eight Deadly Vices." *Pastoral Psychology* 32(1984), 8–23.

"The Bible's Role in Pastoral Care and Counseling: Four Basic Principles." *Journal of Psychology and Christianity* 3(1984), 5–15.

"A Dynamic Approach to Theology: An Assessment of Hiltner's Theological Dynamics." *Journal of Psychology and Christianity* 4(1986), 5–17.

"The Pastor as Bearer of Hope." *Consensus: A Canadian Lutheran Journal of Theology* 20(1994), 75–89.

"Erikson's 'Inner Space' Where Art and Religion Converge." *Journal of Religion and Health* 35(1996), 93–115.

"The Letting Loose of Hope: Where Psychology of Religion and Pastoral Care Converge." *The Journal of Pastoral Care* 51(1997), 139–149.

"Shame, Melancholy, and the Introspective Method in Psychology of Religion." In Hacob A. Belzen and Owe Wikstromg, eds. *Taking a Step Back: Assessments of the Psychology of Religion.* Acta Universitatis Upsaliensis, 1997, 37–54.

"The Lessons of Art Theory for Pastoral Theology." *Pastoral Psychology* 47(1999), 321–346.

"A Sympathetic World: William James' Significance for Practical Theology." *International Journal of Practical Theology* 4(2000), 62–89.

"Curing Anxious Adolescents through Father–like Performance." *Interpretation* 55(2001), 135–147.

"Response to Alter, Childs, and Hutch." *Pastoral Psychology* 50(2002), 475–480.

"James E. Dittes: A Professional Portrait." *Pastoral Psychology* 52(2003), 17–49.

"A Christmas Poem." *Journal of Pastoral Care & Counseling* 57(2003), 383–384.

"Leonardo da Vinch's Mona Lisa: Iconic center of Male Melancholic Religion."

Pastoral Psychology 53(2004), 107−137.

"The Bad−enough Mother." *Journal of Pastoral Care & Counseling* 59(2005), 289− 292.

"The Psychological Benefits of Humor." *Pastoral Psychology* 54(2006), 393−411.

"Desire Faileth Not." *Journal of Pastoral Care & Counseling* 60(2005), 161−164.

"Mother, Melancholia, and Art in Erik Erikson's Toys and Reasons." *Journal of Religion and Health* 46(2007), 369−383.

"Alzheimer's Disease and The Loss of Self." *Journal of Pastoral Care & Counseling* 62(2008), 19−28.

"God Diagnosed with Narcissistic Personality Disorder." *Pastoral Psychology* 58(2009), 193−206.

캡스의 주요 저서들

Pastoral Care: A Thematic Approach. Eugene: Westminster Press, 1979.

Biblical Approaches to Pastoral Counseling. Eugene: Westminster Press, 1981.

Life Cycle Theory and Pastoral Care. Minneapolis: Fortress Press, 1983.

Pastoral Care and Hermeneutics. Minneapolis: Fortress Press, 1984.

Deadly Sins and Saving Virtues. Minneapolis: Fortress Press, 1987.

Reframing: A New Method in Pastoral Care. Minneapolis: Fortress Press, 1990.

The Depleted Self: Sin in a Narcissistic Age. Minneapolis: Fortress Press, 1992.

The Child's Song: The Religious Abuse of Children. Louisville: John Knox Press, 1995.

Agents of Hope. Minneapolis: Fortress Press, 1995.

Men, Religion, and Melancholia. New Haven: Yale University Press, 1997.

Living Stories: Pastoral Counseling in Congregational Context. Minneapolis: Fortress, 1998.

Social Phobia: Alleviating Anxiety in an Age of Self−Promotion. St. Louis: Chalice Press, 1999.

Jesus: A Psychological Biography. St. Louis: Chalice Press, 2000.

Freud and Freudians on Religion: A Reader. New Haven: Yale University Press, 2001.

Giving Counsel: A Minister's Guidebook. St. Louis: Chalice Press, 2001.

The Pastoral Care Case: Learning About Care in Congregations. St. Louis: Chalice Press, 2001.

Men and Their Religion: Honor, Hope, and Humor. Harrisburg: Trinity Press International, 2002.

A Time to Laugh: The Religion of Humor. New York: Continuum Press, 2005.

Fragile Connections: The Impact of Mental Illness on the Afflicted and Their Loved Ones. St. Louis: Chalice Press, 2005.

Young Clergy: A Biographical-Developmental Study. Binghamton: Haworth Press, 2005.

Jesus the Village Psychiatrist. Louisville: John Knox Press, 2008.

Laughter Ever After: Ministry of Good Humor. St. Louis: Chalice Press, 2008.

The Decades of Life: A Guide to Human Development. Louisville, KY: John Knox Press, 2008.

You've Got to Be Kidding!: How Jokes Can Help You Think. Hoboken, NJ.: Wiley-Blackwell, 2009.

Social Phobia: Alleviating Anxiety in an Age of Self-Promotion. St. Louis: Chalice Press, 2010.

Understanding Psychosis: Issues, Treatments, and Challenges for Sufferers and Their Families. Lanham, MD: Rowman & Littlefield Publishers, Inc., 2010.

1) 이 글은 필자의 논문, "도널드 캡스(Donald Capps)의 목회상담 세계관을 통해 바라본 예술적 학제성에 대한 연구." 『장신논단』 24 (2006), 359-397을 수정 보완한 것이다.

2) 상호 관계적 학제성은 말이 지니는 의미와 같이 기독교 세계관/신학과 상담심리학의 만남은 서로가 평등한 가운데 서로가 가진 전문성을 통해 담론을 형성할 수 있다고 믿는 것이다. 대표적으로는 틸리히가 주장하는 "심리학은 인간 실존의 측면에서 인간성이 가진 역설을 바탕으로 질문하는데 전문가이며 신학은 보다 초월적 의미로 궁극적 답변하는 것에 전문성을 가지고 있다"는 등의 인식이 있다. 자세한 것은 틸리히(Paul Tillich)의 책, *Theology of Culture* (New York: Oxford University Press, 1959), 8장과 단 브라우닝(Don Browning)의 책, *Religious Ethics and Pastoral Care* (Philadelphia: Fortress Press, 1983), 5장, 그리고 데이빗 트레이시(David Tracy)의 책, *Blessed Rage for Order* (San Francisco: Harper & Row, 1988), 3장을 참고할 것.

3) 변형적 혹은 변모적 학제성에 대해 간단히 기술하자면 칼케돈에서 예수 그리스도의 인성과 신성을 규정하였듯, 신학과 심리학의 관계에 대해 1)혼돈 되어지지 않는 차이가 있으며(indissoluble differentiation) 2)나뉘어 질 수 없는 연합체이며(inseparable unity) 3)깨어질 수 없는 비대칭적 질서가 있다(indestructible/asymmetrical order)고 보았다. 다시 말해 신학과 심리학은 나누어 생각할 수 없으나 혼돈되지 않고 동시에 이 둘은 인식론적, 존재론적 다른 차원에서 만나고 있다고 보았다. 자세한 내용은 제임스 로더(James Loder)의 책, *The Transforming Moment* (Colorado Springs: Helmers & Howard, 1989), 그리고 데보라 헌싱어(Deborah Hunsinger)의 책, *Theology and Pastoral Counseling* (Grand rapids: Eerdmans, 1995)와 한스 프라이(Hans Frei)의 책, *Types of Christian Theology* (New Haven: Yale University Press, 1992)를 참고할 것.

4) 횡단적 학제성은 후이스틴이 주장하는 후토대주의(postfoundationalism)에서 형성되는 횡단적 합리성 (transversal Rationality)에서 나타나는 학제성이다. 그에 의하면 횡단적 합리성은 다양한 전문가 그룹의 다양한 담론을 통해 이루어지는데 이러한 담론은 횡단적으로 형성되어 결국 다양한 학문적 담론들(cross-disciplinary discourses), 다문화적 이해(cross-cultural understanding), 다양한 상황에 대한 인식(Cross-contextual recognition)을 궁극적으로 이끌어 낼 수 있다는 것이다. 이를 우리의 논의로 적용해 본다면 신학과 심리학의 관계 역시 다양한 학문적 담론을 통해 횡단적 합리성을 만들면 심

학과 심리학 사이에서 보다 현실적이며 보다 깊은 만남의 장을 이끌 수 있다는 식으로
생각할 수 있다. 자세한 것은 그의 책, *Essays in Postfoundationalist Theology* (Grand
rapids: Eerdmans, 1997)와 *The Shaping of Rationality: Toward Interdisciplinarity
in Theology and Science* (Grand rapids: Eerdmans, 1999)를 읽어 볼 것.

5) 이러한 캡스의 생각을 이해하기 위해 캡스의 글, "The Lessons of Art Theory for
Pastoral Theology" *Pastoral Psychology* Vol. 47, No. 5 (1999)와 "Where Art and
Religion Converge" *Journal of Religion and Health*, Vol. 36. No. 2 (Summer
1997)을 참고할 것.

6) 필자의 견해에 대한 이해를 높이기 위해 필자의 글, "Constructing an Aesthetic
Weltanschauung" *Journal of Religion and Health*. Vol. 43. No. 4 (Winter, 2004)과
『꽃보다 아름다운 사람이야기』 (서울: 생명의 말씀사, 2009)를 읽어 볼 것.

7) C. Stephen Evans, *Wisdom and Humanness in Psychology* (Grand Rapids: Baker
Book House, 1989), Chapters 1, 그리고 Stanton L. Jones and Richard E. Butman,
Modern Psychotherapies (Downers Grove: Intervarsity Press, 1991), Chapters 1
and 2을 참고 할 것.

8) C. Stephen Evans, *Wisdom and Humanness in Psychology*, Chapter 7; Stanton L.
Jones and Richard E. Butman, *Modern Psychotherapies*, Chapter 15 참고.

9) "Happy-Hunting Ground"는 아메리칸 인디언들이 마음 놓고 또 풍성하게 사냥할 수
있는 낙원(Paradise)을 가리킬 때 쓰는 용어이다.

10) 이러한 그의 생각 때문에 그는 프린스턴 신학대학원에서 "목회상담과 자전적 에세이 쓰
기 (Pastoral Counseling and Writing an Autobiographical Essay)" 과목을 개설하여
자전적 글쓰기가 갖는 목회상담적 의미를 이야기함과 동시에 개인의 경험과 그의 학문
적 체계와 세계관 사이의 연결을 밝히기도 하였다.

11) 이 시기에 1967년 폴 틸리히(Paul Tillich)의 John Nuveen professor of philosophical
theology 석좌를 이어받은 폴 리꾀르(Paul Ricoeur)를 만나 그의 철학적 신학
(Philosophical theology)과 해석학에 대해 깊은 공감을 갖기도 하였다. 때문에
Pastoral Care and Hermeneutics(1984)를 저술하면서 리꾀르의 해석학을 상담과 연
결시켜 이해하기도 하였다.

12) 캡스의 논문에 의하면 뉴만의 소명 갈등의 원인은 뉴만의 아버지와 친할머니 사이의 갈
등에서 기인한다. 뉴만의 아버지는 뉴만이 변호사가 되길 원했으나 그의 친할머니는 아
주 어릴 때부터 뉴만은 성직자가 되어야 한다고 가르쳤기 때문이다.

13) 옥스포드 운동(Oxford movement)은 1833년에서 1845년 까지 옥스퍼드 성직자를 중
심으로 일어난 영국 교회의 신앙 부흥 및 교회 개혁 운동.

14) 박사학위 논문 제목: "John Henry Newman: A Study of Religious Leadership"

15) 예를 들자면, 시편과 슬픔상담, 잠언과 결혼 전 상담, 비유와 결혼상담 등의 연결을 들수 있다.

16) 캡스는 더구나 장로교인도 아니었다. 루터교인인 자신이 힐트너의 석좌를 이어받은데 대해 캡스 스스로는 당시 총장이었던 제임스 맥코드(James I. McCord)가 루터교의 전통이 장로교의 전통을 세우는데 도움이 된다고 믿었기 때문이라고 말하기도 하였으나, 캡스의 책, *Reframing: A New Method in Pastoral Counseling*에서 주장하듯 하나님 (the Great Reframer)의 재구성(reframing) 사역 덕분이라고 감히 분석해 본다.

17) Donald Capps, "The Lessons of Art Theory for Pastoral Counseling," *Pastoral Psychology* 47(1999), 322-326 참고.

18) 힐트너는 그의 이러한 생각을 일반 과학의 장이론(field theory)과 연결시켰는데, 장이론은 쉽게 자석과 장의 관계를 통해 설명될 수 있다. 자석을 초점으로, 그리고 주변에 그 자석의 자장에 영향을 받아 일종의 패턴을 이루며 형성된 쇳가루들은 자장의 영역으로 이해하여 본다면 목회신학을 초월성과 현실적 상황의 조화로 설명 할 수 있는데, 힐트너는 이를 가리켜 주관자와 객관자의 관계에서 드러나는 관점(perspective)이라고 일컬었다. Seward Hiltner, *Preface to Pastoral Theology*, 민경배 역. 『목회신학원론』(서울: 대한기독교서회, 1968), 1장과 4장 참고.

19) 엔트로피를 간단히 설명하자면, 에너지의 무질서도를 일컫는 열역학의 개념으로, 모든 에너지는 에너지를 소비하는 방향으로 흘러간다는 것을 말한다. 즉 에너지가 큰 쪽에서 작은 쪽으로, 높은 곳에서 낮은 쪽으로 흘러가게 된다는 이론이다.

20) Paul Ricoeur, *From Text to Action*. trans. Kathleen Blamey and John B. Thompson (Evanston: Northwestern University Press, 1991)과 John B. Thompson, *Critical Hermeneutics* (New York: Cambridge University Press, 1981) 참고.

21) Donald Capps, *The Depleted Self* (Minneapolis: Fortress Press, 1993), 147-169.

22) 앞의 책, 103-115.

23) Paul Ricoeur, "The Kingdom in the Parables of Jesus," *Anglican Theological Review* 63(1981), 199.

24) Paul Ricoeur, "Listening to the Parables of Jesus," *The Philosophy of Paul Ricoeur: An Anthology of His Work*. ed. Charles E. Reagan and David Stewart (Boston: Beacon Press, 1978), 241-242.

25) 1. 흐릿한 상태(Obfuscation) 2. 장식 단계(Ornamentation) 3. 지식정보 단계 (Information) 4. 참여 단계(Participation). 자세한 내용은 John Dominic Crossan의

글, "Parables as Religious and Poetic Experience," *The Journal of Religion* 53(1973), 336–343을 참고 할 것.

26) 앞의 논문, 350.

27) William James, "A World of Pure Experience" *Essays in Radical Empiricism* (New York: Longmans, Green & Co., 1996), 22.

28) William James, "Percepts and Concepts," *Some Problems of Philosophy* (Cambridge, MA: Harvard University Press, 1979), 31–60.

29) William James, *The Meaning of Truth* (New York: Longmans, Green & Co.,1996), 12–17 그리고 D. C. Lamberth, "James Varieties Reconsidered: Radical Empiricism, the Extra-marginal, and Conversion," *American Journal of Theology and Philosophy* 15(1994), 260 참고.

30) Donald Capps, *Men, Religion, and Melancholia* (New haven: Yale University Press, 1997) 참고.

31) Donald Capps, "A Sympathetic World: William James' Significance for Practical Theology" *International Journal of Practical Theology* 4(2000), 74–89.

32) J. Wentzel van Huyssteen, "Is the Postmodernist Always a Psotfoundationalist?" *Theology Today* 50(1993), 373–386; "Pluralism and Interdisciplinarity: In Search of Theology's Public Voice," *American Journal of Theology and Philosophy* 22(2001), 65–87 참고.

33) Calvin O. Schrag, *The Resources of Rationality: A Response to the Postmodern Challenge* (Bloomington: Indiana University Press, 1992) 참고.

34) 앞서 언급한 *Men, Religion, and Melancholia* 와 함께, Donald Capps, "Shame, Melancholy, and the Introspective Method in Psychology of Religion," eds. Jacob A. Belzen and Owe Wikstrong. *Taking a Step Back: Assessments of the Psychology of Religion* (Uppsala, Sweden: Acta Universitatis Upsaliensis, 1997), 37–54 그리고 그의 책, *Social Phobia* (St. Louis: Chalice Press, 1999) 참고.

35) 그는 특히 이 점에서 그의 책, *A Time to Laugh: The Religion of Humor* (New York: Continuum, 2005), 173쪽에서 자신의 어린아이 이미지가 건강하게 보존되고 보호되면 어떤 일이 일어나도 불안에 빠져 들지 않는다고 주장하였다. 예수님 역시 그의 사역을 통해 광풍의 한 가운데 있었으나 그의 내면 아이(The small child who continues to live inside Jesus)가 안전하고 평온했기에 십자가 구원의 길을 당당히 걸어 갈 수 있었다고 보았다.

PART 3

현대목회상담학의 다양한 발전 – 관점의 확대

Chapter 10

래리 그래함
(Larry K. Graham)

김 병 훈
(호서대학교 교수)

I. 들어가는 글

　래리 그래함은 미국의 전통적인 백인 엘리트 집안 출신의 신학자다. 그러나 그는 삶 속에서 여러 가지 우여 곡절을 겪으면서 사회적으로 소외된 계층과 동성연애자 등과 같은 억압당하는 계층에 대한 목회상담학적인 관심을 발전시켰다. 그는 화이트헤드(Alfred North Whitehead)의 과정철학과 프로이트의 정신분석학 그리고 가족치료학 등으로부터 자신의 이론적인 틀을 확립했다. 그래함의 목회상담 이론은 일반적으로 심리-체계적 접근(psycho-systemic approach)으로 불린다. 이것은 그가 폭 넓은 인간이해 방법을 사용하고 있음을 암시해 준다. 그에 따르면 인간은 개인적인 존재지만 동시에 가족이나 사회, 문화 그리고 자연, 우주 전체와의 관계 안에서 살아야 하는 공동체적인 존재이다. 인간은 개인적인 존재지만 동시에 체계적인 존재다. 개인은 개별적인 창의성을 발휘해야 하지만, 동시에 자신이 속한 가족이나 사회 그리고 문화와 자연과의 관계에서 영향을 주고 받으며 산다. 이것이 바로 심리-체계적 관점에서 보는 인간과 사회의 모습이다. 이와 같은 통합적인 관점은 현대를 살아가는 개인들이나 교회 그리고 지도자들에게 아주 유익한 관점을 제공한다. 목회상담자는 내담자들의 수많은 이야기를 듣고 이해하고 해석해야 하는 위치에 있다. 이것이 바로 목회상담자가 인간을 이해하는 폭넓은 관점을 가져야 하는 이유다.

그래함의 심리-체계이론은 그의 개인적인 삶과 관련이 있다고 볼 수 있다. 그는 깊은 상처와 아픔을 가지고 있다. 사랑했던 아내와의 이혼, 그리고 신앙적인 모태로서의 루터교와의 결별 사건이 그의 중년기 인생 가운데 들이닥쳤다. 신앙과 가정의 붕괴는 분명히 그의 전 존재를 뒤흔들어 놓고도 남을 만한 파괴력을 지녔다. 그는 자신의 상처와 아픔을 이해하고 치료하기 위해 다양한 이론들과 실제들을 탐구했다. 그는 정신분석과 가족치료, 과정철학과 신학을 연구했으며 임상 활동과 목회활동을 했다. 그리고 생애 후반기에 모든 고뇌와 실천의 결론으로 심리-체계적 방법을 세상에 내놓았다. 그의 인간의 상처와 아픔을 이해하고 치료하는 방법론은 사변적이 아니라 경험적이다. 그의 방법론은 생생한 개인적인 삶의 여정에서 태어났으며 그의 고백이자 증언이다.

II. 생애

그래함은 미국 콜로라도 주 덴버 시내에 위치한 아일리프신학대학원(Iliff School of Theoogy)의 목회상담학 교수다. 그는 30대에 프린스톤신학대학원에서 목회상담학 박사 학위를 받고 아일리프로 왔다. 그래함은 시워드 힐트너(Seward Hiltner)의 제자로서 늘 심리학과 신학의 통합적 방법에 대한 관심을 가졌다. 그리고 무엇보다도 임상적인 경험을 중시하는 상담자요 신학자로서 인생을 살았다. 그는 학교에 재직하면서도 임상 활동을 쉬지 않았다. 신학대학원 내에 상담실을 운영하고, 자신도 개인적인 임상활동을 하였다. 그는 미국목회신학학회(The Society for Pastoral Theology)의 창립 멤버였다.

그래함은 미국 루터교회의 교인이었다. 그는 그곳에서 보수적인 신앙교육을 받았다. 그러나 그는 목사 안수를 받는 과정에서 어려움을 겪었다. 그의 신앙관과 보수적인 루터교의 교리가 상충되었기 때문이다. 그는 프린스톤신학대학원에서 그리고 힐트너의 영향 하에서 진보적인 신학과 심리학을 배웠다. 목사 안수 과정에서 교단의 보수주의 목회자들은 그래함의 자유주의적인 신학적 사고를 문제 삼았고, 그래함은 그러한 경직된 교리와 교단의 관료적 체제 앞에서 처절한 고통을 경험할 수밖에 없었다. 게다가 그가 교단과의 갈등으로 심적인 방황을 하고 있을 때 아내와의 불편한 관계가 되어가고 있었다. 교단과의 갈등과 아내와 불편한 관계는 그가 박사 과정을 공부하는 중에 일어났다. 이것은 그에게 매우 큰 고통이었고 위기였다. 그래함은 목회상담을 공부하면서 다른 한편으로 위기를 극복하는 과정을 통해 큰 용기를 내었다. 그것은 교단을 바꾸고 이혼을 통해 새로운 배우자를 만나는 것이었다. 그는 루터교 교단에서 연합그리스도교회(The United Church of Christ)로 교적을 바꾸었다. 그리고 재혼했다.

그의 주요저서인 *Care of Persons and Care of the World*는 단순한 사변적인 작품이 아니다.[1] 그것은 그의 개인적인 삶의 고백이며, 동시에 그의 임상과 이론의 통합적인 결론이다. 그래함은 자신의 삶, 임상 경험, 그리고 교육 활동을 통해 사회적으로 소외된 자들에 대한 특별한 관심을 발전시켜 나갔다.

III. 목회상담 방법론

그래함의 목회상담 연구방법론을 심리-체계적 접근이라고 부른다. '심리-체계적' 이라는 개념은 그가 처음에는 정신분석에 심취했다가 이후 가족치료의 영역으로 발전되어 갔음을 보여 준다. 그는 개인을 이해하기 위해서 두 가지 영역에 대한 관찰이 있어야 한다고 본다. 하나는 개인의 심층 무의식이고, 다른 하나는 그가 처해 있는 체계다. 개인의 무의식은 그가 처한 사회 문화적 체계의 영향을 받는다. 가정은 그러한 체계의 핵이며 집약적인 표현물이다. 따라서 가정은 개인의 사회 문화적 체계를 가장 잘 대변하고 구체적으로 재현하는 체계이다. 개인의 무의식을 연구하는 정신역동 분야와 가정의 체계를 연구하는 가족치료학은 한 개인과 조직 공동체의 문제를 해결하는 중요한 자원이 된다. 문제의 진단과 해결 과정에 이 두 가지 방법론이 다 사용되는 것이다. 이와 같은 방법론은 *Care of Persons and Care of the Worlds*에서 잘 드러난다. 이책은 개인도 돌봄의 대상이고 세상도 돌봄의 대상이란 점을 강조한다.

1. 심리-체계 지도

이 세상은 어떻게 조직되어 있는가? 개인들의 삶에 영향을 미치는 주된 실체들 (realities)은 어떤 것들인가? 그래함은 이 질문에 대하여 심리-체계 지도 (psychosystemic map)를 제시한다. 이것은 인간과 세상에 대한 그의 이론적 그림이다. 그는 이 그림을 통해서 인간과 다양한 그룹의 역동성을 분석하고 진단하며 해결책을 찾아간다. 심리-체계 지도는 목회상담가가 유용하게 쓸 수 있는 안내서와 같다. 그는 화이트헤드의 과정철학, 존 캅(John B. Cobb)과 데이빗 그리핀(David Griffin)의 과정신학, 다양한 정신분석학파의 개인 심층심리 연구결과, 가족치료의 시스템 이론을 사용하여 자신의 이론을 전개한다.

1) 여섯 가지 주요 체계 구조 혹은 구성 요소들

그래함은 인간을 포함한 우주·세상을 이해하는 데 필요한 여섯 가지 시스템 구조 혹은 구성 요소들을 소개한다. 그것은 경험, 개인, 가족, 사회, 문화, 그리고 자연이다. 이것들은 인간이 태어나면서부터 늘 경험하고 관계하며 영향력을 주고받는 구성요소들이다. 그것들은 각각 독립적인 위치를 지니면서 동시에 서로 연결되어 있는 그물망과 같다.

(1) 실제적 경험 혹은 실제적 존재

그래함은 실제로 일어나고 경험되는 것을 실제적 존재(actual entity)라고 부른다. 현실 세계의 실체는 인간의 실제적인 경험으로 이루어져 있다. 세상의 가장 근본적인 실체는 바로 실제 경험들의 집합이다. 그것은 존재의 내용이며, 존재를 만들고 구성하며 창조하는 요소들이다. 예를 들어 집을 지으려면 벽돌이 필요하다. 벽돌 한 장, 한 장이 모여서 크고 아름다운 집이 만들어진다. 개인이 경험하는 세상은 무수히 많은 경험이란 벽돌들이 모여서 개인만의 독특한 세상이라는 집을 만든다. 주관적인 집은 개인의 실제 경험이라는 벽돌들을 통해서 만들어진다. 따라서 경험은 중요하며, 모든 존재의 기본을 이룬다. 경험적 실체 (actual entity)가 존재의 근간이 되며, 이 세상의 종합적 조직의 토대가 된다.

경험에 가치를 두는 그래함의 이러한 견해는 화이트헤드의 과정철학과 캅과 그리핀의 과정신학의 영향을 받았음을 보여 준다. 이 사상에 따르면 실체는 고정되어 있는 객관적 존재(objective entity)가 아니다. 스스로 존재하며 변하지 않는 고정물이 아니다. 책상이란 존재는 나무에서 만들어지고 나무는 하나의 씨앗이 땅에 떨어져 많은 세월이 흐르면서 땅과 비 그리고 양육이라는 과정을 거치면서 만들어진 결과물이다. 따라서 존재는 마치 객관적으로 존재하는 그 무엇이 아니라 끊임없이 변하며 새롭게 다른 모습을 갖추어간다. 중요한 것은 존재가 가지는 실체 경험적 요소들이다. 그것들이 개인이나 사회의 존재적 가치를 지니며, 이 세상의 모든 존재의 중심을 이룬다. 작은 존재들이 모여서 큰 존재를 이루고, 작은 실체들은 철저히 실제경험의 의미를 지닌다.

경험적 실체들은 개인이나 하늘(God)의 의도(intentionality)에 영향을 받는다. 경험적 실체들이 주로 관계 안에서 일어나고 관계는 존재의 의도와 깊은 관련을 맺기 때문이다. 물론 경험적 실체가 의도한 바대로 나타나지 않을 수도 있다. 그럼에도 실체는 끊임없이 그 의도의 영향을 받는다. 즉 의도가 경험을 만들어 내지만, 경험이 반드시 의도대로 이루어지는 것은 아니다. 아름다움(beauty)과 악함(evil)의 구별도 이와 관련해서 생각해 볼 수 있다. 선과 악의 경험이 어떤 절대적인 기준에 의해서 평가되지 않는다. 오히려 선악의 구별은 존재자들이 느끼는 경험적 실체에 관한 개별적 평가에 의해 이루어진다. 다시 말해서, 선하고 아름다운 것은 경험적 실체들이 함께 모여서 아주 풍요롭고 조화로운 경험적 종합을 이룰 때이다. 악하고 추한 것도 경험적 실체들의 종합이지만 그것들은 풍요와 조화가 아니라 시시함(triviality)과 불편함(discord)의 모습을 보인다.[2] 무엇이 아름답고 무엇이 추한지를 구별할 때 이와 같은 풍요(intensity)와 조화(harmony) 그리고 시시함(triviality)과 불편함(discord)이라는 경험적 기준들이 중요한 위치를 가지는 것이다.

과거에 경험이 있었다. 지금도 개인과 공동체는 실제로 어떤 경험을 한다. 그리고 미래에도 다른 경험들이 나에게 그리고 우리에게 다가온다. 이런 경험들은 나와 우주의 내용물이 되고, 그래서 경험적 우주는 계속해서 팽창되며 확장되어 나아간다. 이와 같은 실체의 이해는 과거 전통적인 데카르트의 기계론적이고 물질론적이며 객관적인 존재론의 한계를 뛰어 넘는다. 오히려 이것은 포스트모던의 양자역학과 과정철학의 중심에 서 있다. 그래함은 자신의 이론을 이와 같은 포스트모던의 입장에서 구성하고 있다. 그래서 출발점이 실제적 경험이 된다. 개인도 아니다. 단체도 아니다. 우주도 아니다. 실체는 바로 경험이라고 하는 실제 일어난 사건이다.

(2) 개인

그래함은 개인을 설명할 때 힘의 중심으로서의 개인(the person as the center of power)[3]과 상충하는 가치들의 종합으로서의 자기(the self as a synthesis of values)[4]로 설명한다. 개인은 정신적으로 수용하는 차원(receiving dimension), 종합하는 차원(synthesizing dimension), 그리고 창조와 변혁의 차원(creative and transformative dimension)을 가지고 있다.[5] 그에 따르면 개인은 경험을 종합하고 창조하는 중심(a synthesizing and creating center of experience)이다. 그리고 개인은 다른 존재 체계들에게 영향을 미치면서 동시에 자신도 다른 체계들에 의해 상호적으로 영향을 받는다. 개인은 받고(receiving), 종합하며(synthesizing), 재구성(reconfiguring)하는 주체로서 경험적 실체들을 끊임없이 축적하고 소화하며 처리해 나간다. 인간은 물론 육체적인 존재이면서 동시에 정신적이고 영적인 존재이다. 그리고 개인을 구성하는 그 밖의 다른 체계들도 존재한다. 즉, 개인은 자신 안에서 뿐 아니라 심리체계의 지도 안에 있는 다른 체계구조들과도 관련을 맺는다. 개인은 자신의 가족, 사회, 문화, 그리고 자연의 영향을 받는다. 개인은 자신의 육체와 정신 그리고 세상이라는 환경과 상호적으로 관계를 맺으며 살아가는 존재이다. 개인을 구성하는 체계가 그만큼 많고 다양하며 복잡하다.

(3) 가족

개인은 가족에 의해 영향을 받고, 가족과의 관계에서 무수히 다양한 경험적 실체들을 만들어내기도 하고 받아들이기도 한다. 그래함은 우선 혈연, 선택, 혹은 법률의 경계 구조 안에서 함께 사는 사람들을 가리켜서 가족이라고 부른다. 그의 정의는 아주 넓고 포괄적이다. 이것은 그가 가족이라고 말할 때 편부모, 양부모, 혹은 다수 부모 가정을 염두에 두고 있음을 뜻한다. 가족은 어느 특정 형태로만 나타나지 않는다. 엄마나 아빠 한 사람과 같이 사는 자녀들이 있는 가하면, 서로 다른 부모를 가진 자녀들이 함께 모여서 더 넓은 의미의 가족을 구성하기도 한다.[6]

그래함에 따르면 가족은 심리-체계적으로 아주 중요한 기능들을 수행한다. 우선 그것은 개인들에게 소속의 장(a context of belonging)이다. 사람은 서로 사랑하며 사랑받는 관계적의 장을 가져야 한다. 가족은 그러한 관계 경험의 장으로서 가장 핵심적이며 강렬한 체계구조다. 개인은 가족이 없을 때 소속감을 강화시킬 수 없다. 가족은 소속의 장뿐만 아니라 문화교육의 장으로서도 큰 몫을 한다.[7] 개인들이 하는 일과 직업은 가족 안에서 자녀들에게 사회 문화의 중요한 가치들을 전수한다. 즉, 사회 문화적인 가치체계들이 부모를 통해서 가족 안에서 자녀들에게 전달된다. 예를 들어 강가 근처에 사는 인디안의 자녀들은 물가 근처에 지저분한 것들을 버리지 못하도록 훈련을 받고, 들판에서 사는 인디안 자녀들은 늘 야생동물과 싸울 수 있는 능력을 키우도록 요청받는다. 전자는 청결을 후자는 용감성을 중시하는 교육이다.

(4) 사회

개인은 사회적인 동물이다. 이것은 사회의 활동들이 개인의 삶에 중요한 영향을 미치고, 또한 개인도 그러한 사회의 형성 과정에 큰 역할을 한다는 것을 의미한다. 사회는 개인과 가족에 엄청난 영향력을 가진다. 예를 들어 남자가 한국 사회에서 태어나면 군대라는 사회적 의무를 갖지만, 미국에서 태어나면 그 의무는 존재하지 않는다. 사회는 개인과 가족에게 제도적이고, 정치적이고, 인종적이고, 종족적이고, 경제적인 틀을 제공한다. 미국사회에서 황인종은 대통령이 되기 어렵고, 한국에서 필리핀 사람이 국무총리가 되기는 더욱 어렵다. 조조선 시대의 한국 여성은 21세기의 한국여성에 비해 사회적으로 제약을 많이 받고 살아야만 했다. 1960년대 한국은 화교들의 재산권에 상당한 제한을 가했고, 오늘날 사립대학은 종교적인 활동을 무제한적으로 실천하기 어려운 정치적인 환경을 경험한다. 이렇게 개인들은 사회적인 실체들에 의해 영향을 받으면서 자신들의 느낌, 생각, 행동하는 많은 것들이 사회적 구조들과 깊은 관계를 가질 수밖에 없다.

그래함은 개인, 가족, 문화, 자연, 그리고 경험에 미치는 사회적 영향을 논하면서 힘의 문제에 특별한 관심을 보인다.[8] 사회는 개인이나 가족에게 힘을 보여 준다. 남자와 여자는 사회적으로 다른 힘의 위치를 가진다. 소수민족은 미국 주류의 백인들에 비해서 사회적으로 낮은 힘의 체계구조에서 시작한다. 그래함은 양극적인 힘(bipolar power)이라고 하는 개념으로 이것을 보다 더 상세하게 설명한다. 한마디로 사회는 힘이 중심이 되어 움직인다. 개인은 사회와의 관계에서 힘을 경험하는데, 한편으로는 힘을 받아들이는 자가 되기도 하고 혹은 힘을 행사하는 자가 되기도 한다. 사회는 힘이 균등하게 분배되고 잘 조화를 이루게 될 때 생산적이고 창조적이다. 하지만 힘이 한 쪽으로 치우치거나 분리된다면 고립이나 무질서, 비창조적인 사회로 전락할 수 있다.

(5) 문화

그래함은 문화를 이야기할 때 세 가지 힘을 말한다. 그것은 역사주의(historicism), 물질주의(materialism), 그리고 개인주의(privatism)다. 역사주의는 개인이나 사회가 인간의 모든 경험들을 이해하고 연구하여 낸 길고 넓은 지성적 운동을 뜻한다. 물질주의는 자본주의나 막스주의 등과 같은 경제철학과 과학 기술 등의 가치가 중시되는 현대문화적 분위기를 지칭한다. 그리고 개인주의는 개인의 외부상황

보다 개인들의 심리내면적인 활동들에 더 큰 가치를 두고 있음을 지적한 말이다.[9] 그래함의 말을 인용해 보면, 이 점이 더 분명해진다. "영혼이 개인에게 차지하는 것과 같은 수준으로 문화는 세상에 중요한 위치를 가진다(Culture is to the world as the soul is to the individual)."[10] 그에 따르면 문화는 정신적인 작업이다. 음악, 미술, 문학 등과 같은 예술이 주로 여기에 해당한다. 한 나라의 문화는 그 나라의 예술적인 작품들을 통해서 평가될 수 있다. 또한 개인의 문화적 수준도 그 개인의 예술적 활동의 깊이와 색깔에 의해서 측정될 수가 있다.

그래함은 피카소의 '세 명의 음악가들'(Three Musicians)을 소개하면서, 그 작품을 뒤러(Albrecht Durer)의 '기사, 죽음과 악마'(The Knight, Death and the Devil)와 비교한다.[11] 전통주의 혹은 근대주의 사회는 뒤러의 인간관을 가지고 있었다. 즉, 인간은 기사와 같은 용감성과 전진성으로 죽음과 악마를 극복하는 용기를 보여주어야 한다. 이는 철저하게 개인주의적이고 진취적인 인간이해이다. 하지만 이러한 인간이해는 현대 문화에서 사는 사람들에게는 적합하지 않다. 왜냐하면 현대사회는 찢어지고 흩어졌기에 정신적으로 한데 뭉쳐서 서로의 부족함을 채우려는 자세를 가져야 하기 때문이다. 피카소의 작품은 그러한 현대인의 소외되고 망가진 정신세계 혹은 문화적 체험을 잘 표현해 주고 있다. 개인과 공동체가 지금 어떤 정신적인 활동들을 경험하는가? 그것이 바로 문화의 핵심 내용이다.

(6) 자연

그래함에게 자연은 우주 전체의 모두를 의미한다. 이것은 아주 작은 경험의 조각들로부터 우주의 태양계, 은하계, 그리고 혹성들 모두를 포함한다. 인간의 삶, 사화와 문화는 우주라고 하는 자연 세계를 무시하고는 존재할 수가 없다. 인간의 존재는 자연과 더불어 시작되고 자연과 더불어 마감한다. 아마도 환경문제가 자주 거론되고 있는 현대사회의 관심을 그가 자신의 이론적 체계에서 통합한 것이 아닌가 생각된다. 인간은 자연과 관계하며, 자연에 영향을 받는다. 자연은 인간과의 관계에서 수용적이기도 하고 또한 힘을 행사하기도 한다. 자연은 그저 생명이 없고 움직임이 없는 존재가 아니라, 그 자체로서 활력이 넘치며, 새로운 세상의 창조과정에 지속적으로 참여한다. 그래함의 안목에서 볼 때 하나님은 자연과 함께 있지만, 자연에 국한되거나 한계 지어지지 않는다.

하나님은 자연보다 넓고 존재적으로 여섯 가지 시스템 구조들 모두와 관계하며 경험한다. 그리고 상호적인 창조를 끊임없이 진행하고 있다. 하나님은 개인과도 함께 관계하고, 가족, 사회와 문화 그리고 자연에 당신의 영향력을 행사하며, 인격적인 관계를 맺는다. 특히 자연은 하나님의 창조의 결과이며, 그래서 자연에 대한 애정을 갖고 있다. 자연도 이런 점에서 하나의 생명체이며, 정신체계 지도 안에서 아주 중요한 구성 요소가 된다. 하나님은 정신체계 지도 안에 갇혀 있지 않다. 그 분은 정신체계 안의 여섯 가지 시스템 구조들과 인격적으로 관계하고 함께 창조적인 활동을 이끌어 나간다.

2) 다섯 가지 심리-체계 연결 조직들

여섯 가지 시스템 구조들은 각각 다섯 가지의 활동들을 할 수가 있다. 그것들은 통합될 수도 그렇지 않을 수도 있다. 또한 창의성으로 나아가기도 하고 전통에 묶여 버린 진부함에 갇혀 버릴 수도 있다. 또한 개인이나 가족, 사회, 문화 그리고 자연은 부조화된 힘의 희생제물이 될 수도 있고, 아니면 서로의 다름을 인정하면서 상호 협조와 인정이라는 사랑을 경험하여 평화와 기쁨의 주인공이 될 수도 있다. 하지만 개인과 시스템은 가치가 상충될 때 서로 불편해지고, 심해지면 긴장 대치의 악순환에 빠지기도 한다. 우리는 다섯 가지 심리-체계 연결조직들(connectors)들을 살펴봄으로써 여섯 가지의 심리-체계 시스템 구조들의 건강상태를 일목요연하게 진단해 볼 수가 있다. 심리-체계 시스템은 역동적으로 발전되어 나아간다. 그 체계는 같이 엉켜서 답답하게 막혀버릴 수도 있고, 잘 풀려서 역동적으로 창조적 변화의 과정으로 나아갈 수도 있다. 다섯 가지 연결조직들은 이러한 변화의 과정과 역동적 활동의 움직임을 상세하게 살펴보도록 도와준다. 목회자와 상담자는 그러한 관찰 능력과 해법 제시의 지혜를 갖게 된다.

(1) 정황적 통합성

개인이나 가족, 사회, 문화 그리고 자연은 각각이 하나의 통합적인 체계라기보다는 내부에 많은 작은 체계들을 가지고 있다. 예들 들어 개인이라는 체계는 그 안에 초자아, 자아, 그리고 원본능 등의 더 작은 심리구조들을 가지고 있다. 마찬가지로 가족도 부모, 자녀들, 그리고 함께 사는 식구들이 있다. 사회 안에서도 다양한 사람들이 다양한 법률조직과 정치활동들을 만들어간다. 문화는 종교, 예술, 그리고 언어라는 힘의 구조들을 가지고 있다. 그런데 이러한 작은 구조들과 전체 큰 체계들은 서로 상호적으로 영향을 미치고 받는다. 그래함이 말하는 정황적 통합성(contextual organization)이라는 개념은 바로 이러한 주고받는 체계들의 힘의 역동이 전체적인 조직의 통합성을 향한다는 것을 의미한다.

예를 들어 아버지가 정신적 힘을 가진 가정은 어머니가 정신적인 힘을 가진 가정과는 구별된다. 도덕과 윤리에 의해 움직이는 개인은 욕망과 환상에 의해 끌려다니는 개인과는 분명히 다르다. 개인이나 가정, 사회나 문화는 어떤 특별한 사건들을 통해서 자신의 경험을 만들어가고 또한 통합해 나간다. 개인적으로나 사회적으로 자신의 경험을 조직하고 통합해 나가는 노력을 한다. 그런데 보다 나은 경험적 실체의 창출을 위해서 개인이나 가정, 그리고 사회와 문화가 애를 쓰지만, 정황적인 통합성이 각 개체 체계나 구조들의 역량에 따라 다르게 나타나게 되어 있다. 그것은 개인, 가정, 사회, 문화, 그리고 자연이 어떤 질서와 안정을 추구하는 경험을 가지도록 만든다. 불화와 혼란은 통합이 아니라 비통합으로 체계들을 이끌지만 통합적인 노력은 안정된 구조와 조직을 추구하기 때문이다. 간단히 말해서 가톨릭 교회는 시스템 안의 크고 작은 구조들을 전체적인 통합 시스템 안에 두고 질서를 유지한다. 반면에 개신교는 비교적 통합의 시스템을 개 교회에 둔다. 이처럼 정황적 통합성은 시스템을 너무 경직되게 만들 수도 있는 위험이 있다. 하지만 그것은 동시에 안정과 유지의 차원에서 가치를 지닌다.

(2) 정황적 창의성

인간의 경험은 예측 불가능하다. 특히 인간의 창의성은 때로 상상의 한계를 넘어선다. 정황적 창의성(contextual creativity)이란 개인, 가정, 사회 그리고 문화가 자체적으로 이미 고귀함(novelty)과 창의적 진보(creative advance)를 향해 나아감을 말한다.[12] 창의성은 고착되고 정체된 시스템을 새로운 변화를 향해 밀고 나가는 힘을 발휘하게 한다. 그런데 개인의 창의성은 사회나 문화의 상태에 따라 다르게 반응한다. 예를 들어 피카소가 프랑스 파리에 가지 않았다면 과연 그의 예술적 창의성이 충분히 발휘되고 꽃을 피웠을까? 축구선수 박지성이 거스 히딩크 감독을 만나고 네덜란드 아인트호벤의 축구팀으로 가지 않았다면 신체적 창의성이 그토록 좋은 열매를 맺을 수 있었을까? 개인의 창의성은 다른 시스템의 수용과 보호 그리고 지지에 의해 더욱 발전된다. 독일이 히틀러라고 하는 억압의 지도자 밑에 있을 때에는 예술적 창의성이 많이 파괴되었고, 사회의 정신적 분위기는 경직과 긴장이었다고 지적한다. 또한 한국에 소개된 예수교는 조선 말기 대원군의 정치 제도에 일대 회오리바람을 일으켰고, 한국의 오래된 차별 제도인 반상제도의 철폐로 이어졌다. 예수가 시작한 그리스도교가 로마를 이겨내고 로마 가톨릭교로 발전한 것은 초대 교회 신자들의 창의적인 신앙 활동에서 그 원인을 찾을 수가 있다. 이처럼 창의성은 개인이나 가정, 사회 문화 그리고 자연을 혼란과 변화로 몰고 간다. 그래서 안정과 보수를 중시하는 체계들은 창의성을 좋아하지 않는다. 하지만 세상은 이러한 창의성에 의해 변화하게 된다. 컴퓨터의 발명은 많은 신문 제조업 종사자들의 일자리를 앗아가 버리는 결과를 가져왔다. 그 결과로 많은 직업인들의 개인적·가정적인 삶은 커다란 불편과 강요된 변화를 겪을 수밖에 없었다. 창의성이 혼란과 불편의 씨앗으로 이해되는 이유가 이러한 데에 있다.

시스템은 창의성이 있을 때 활기를 띠고 높은 생산성을 가진다. 그러나 창의성은 동시에 혼란과 무질서를 낳기도 한다. 그래서 시스템은 통합 및 조직적 체계화 작업을 하게 된다. 그러나 시스템은 통합과 조직의 작업이 강화될 때 경직되고 고착화될 위험을 가진다. 즉, 시스템은 정황적으로 통합으로 나아가려는 경향과 창의성으로 새로워지려는 경향으로 인해 늘 긴장하고 갈등할 수가 있다. 개인, 사회, 문화, 그리고 자연은 이러한 두 개의 서로 다른 경향성으로 인해 어려움을 겪기도 하지만, 모두는 그러한 긴장과 갈등의 구조 안에서 더욱더 발전되고 새로워진 균형적인 창조를 이루게 된다.

(3) 양극적 힘

힘은 일방적이라기보다는 상호적이다. 다시 말해서 힘을 행사하는 주체가 있을 때에는 그 힘의 행사를 허락하고 수용하는 주체도 존재한다. 가정 폭력의 경우 가해자가 있으면 피해자가 있는 것이다. 이처럼 힘은 양극적이다. 힘을 주는 자와 힘을 받는 자가 관계 안에서 서로에게 영향을 주고받는다. 이것이 그래함이 말하는 양극적 힘(bipolar power)의 개념이다. 사람은 힘을 행사할 수도 있어야 한다. 하지만 사람은 힘을 받을 수도 있어야 한다.

그래함은 힘이 균형을 잃을 때 악마가 틈타게 된다고 보았다. 즉, 힘은 악마적으로 흐를 수가 있는데, 이때는 힘이 학대와 혼란을 야기한다.[13] 힘은 창조와 생명을 낳을 수도 있고, 파괴와 죽음의 주인 노릇을 할 수도 있다. 세상의 많은 혼란과 비극은 바로 후자의 상태로 전락한 힘에 의해 생겨났다. 이때 개인은 투사적인 친밀감(projective bonding), 독을 뿜어내는 삼각관계화(virulent triangling), 내면화된 비난(internalizing blame), 타인에 대한 무시(discounting) 등과 같은 악령에 사로잡힌 자가 되어버리고 만다.[14]

힘이 균형을 잃을 때 힘의 행사자, 힘의 수용자 모두에게 불행을 가져온다. 힘은 주고받은 관계에서 건강해진다. 힘이 어느 한 쪽으로 치우치거나 상호적으로 흐르지 않을 때 고착되고 서서히 무질서와 혼란의 주범이 된다. 세상은 혼탁하고 부패와 파괴가 만연하게 되는데, 양극적인 힘의 본질을 위반했기 때문에 생기는 결과이다. 제3세계 국가들이 선진국에 비하여 많은 혼란과 파괴적인 사건들을 경험하는데, 이들 국가들은 모두가 다 치우쳐 있거나 독점하는 형태의 정치적인 구조를 가지고 있다. 행사자인 권력자와 수용자인 국민들이라는 관료주의적·권위주의적인 힘의 체계가 경직된 상태로 사회를 끌고 가기 때문에 창조와 생명으로 가는 활동들은 점점 제한되고 묶여버리는 비극을 낳는다.

(4) 경쟁하는 가치들

사람은 자신이 중요하다고 생각하는 것들을 추구한다. 그래함은 사랑과 정의 그리고 환경적인 책임을 중요한 가치라고 보고 있다.[15] 하지만 뉴욕 슬럼가의 노숙자들에게는 한 그릇의 식사가 더 중요한 가치를 지닌다. 이처럼 무엇이 중요한가에 대한 판단은 각 개인, 가정, 사회, 문화 그리고 자연 체계마다 다 다르며, 세상은 바로 이러한 서로 다른 가치들의 경쟁이 치열하게 나타나고 부딪치며 새로운 배열을 이루어 나간다. 개인의 가치와 사회적인 가치가 상충하기도 한다. 그리고 문화적인 가치와 가정적인 가치가 충돌할 수도 있다.

그래함은 상충하는 가치들 사이에서 평화를 찾는 것이 중요하다고 본다.[16] 사랑의 힘이 여기서 빛을 발한다. "사랑은 상충하는 가치들을 조화롭게 한다(Love harmonizes discordant values)."[17] 가치가 상충할 때 개인, 사회, 문화, 그리고 자연은 몸살을 앓게 된다. 왜냐하면 시스템이나 개인이 평화와 사랑을 가지기보다는 불편과 긴장 그리고 알력을 경험하기 때문이다. 일반적으로 가치가 상충될 때 힘을 가진 자에 의해 어떤 가치가 최고의 가치로 선택되고 다른 사람들은 강제적으로 순응해야 하는 상황이 만들어진다. 이것은 시스템이 파괴와 죽음으로 가는 첫발을 내딛는 셈이 된다. 힘을 행사하는 자가 사랑이 없고 힘을 받는 자가 평화가 없을 때 시스템의 개인들은 혼란과 무질서의 희생제물이 되어 버리는 것이다.

사실 다름을 인정하는 것은 결코 쉬운 일이 아니다. 백인들은 흑인들을 볼 때 뭔가 다르다고 느낀다. 색깔의 다름은 서로에게 편견을 낳게 되는데, 백인들은 흑인들이 지성적으로 열등하다고 주장하는가 하면, 흑인들은 백인들이 피도 눈물도 없는 철면피라고 비난한다. 다름이 가치충돌의 원인이 되고, 힘이 균형과 조화를 이루기보다는 강요와 치우침으로 흘러가게 된다. 사랑은 다름을 인정하고 수용하는 것이다. 평화는 인정과 수용의 경험에서 가능해진다.

(5) 순환적 실천들

순환적 실천들(reciprocal transactions)개념은 그래함의 가족치료적 접근을 보여 준다. 예를 들어 가족 안에서 아버지와 어머니의 사랑의 유대가 깨질 때, 어머니는 자식에게 자신의 리비도를 투자하고 아버지는 일이나 다른 여성에게 자신의 리비도 활동을 매진한다. 이러한 실천들은 자식이 어머니에 의해 정서적 숨막힘을 당하고, 아버지는 집안에서 영원한 아웃사이더가 되는 순환적인 결과를 가져온다. 계속되면 자식은 지속적인 정서적 고갈로 인한 신체적 증상화나 사회적 사고치기 등의 악순환을 거듭하고, 아웃사이더로 살던 아버지는 직장에서 발휘할 수 있는 정신적 기능이 약화되면서 사업에 실패하거나 성인병에 걸리는 위험에 처하기도 한다. 즉, 가족 안에서 한 가지 작은 실천이 다른 불행한 실천들을 순환적으로 만들어 내는 원인이 된다.

물론 순환적인 실천들이 반드시 부정적으로만 흘러가지는 않는다. 그것들은 때로는 선하고 아름답게 나아가기도 한다. 예를 들어 성인병에 시달리던 아버지가 어느 날 종교 집회에서 깊은 감명을 받았다. 그는 그 날 이후에 깊은 기도생활을 하기 시작했고, 상담자를 찾아서 진지하게 망가진 자신의 삶과 가정의 문제를 의논했다. 이러한 작은 실천은 이제 아내에게 영향을 미쳤고, 그녀의 남편에 대한 정서적 거부를 되돌아보는 기회가 되었다. 아내도 함께 교회에 나가고 또한 남편과 함께 부부 상담에 참여하기로 결정을 한다. 이러한 아름다운 결정들은 개인적인 실천들이지만, 자신과 다른 체계들에게 순환적으로 영향을 미치는 실천들이다.

우리의 실천들은 순환의 힘을 가진다. 그것이 선순환으로 나갈 수도 있고, 악순환적으로 방향지어질 수도 있다. 목회상담은 개인, 가정, 사회, 문화 그리고 자연이 보다 선순환적인 실천들을 하도록 돕는 전문적인 활동이라고 볼 수 있다. 시스템이 악순환으로 갈 때 작은 행동이나 결단들은 다 막혀 버리고 옴짝달싹 못하는 상황이 되어 버린다. 긴장과 대치의 국면에서 종종 목격되는 이러한 사면초가는 바로 작은 결단이나 실천들이 아무런 효과를 내지 못하고 오히려 더욱더 수렁으로 몰고 가는 답답한 상태로의 전락을 보여 주고 있다. 건강한 사람이나 시스템은 이러한 답답한 상태에서 보다 시원하고 효과적인 상태로의 변화를 가지게 되는데, 주로 이러한 변화는 아주 작은 성공적이고 효과적인 관계적 결단이나 행동에서 비롯된다.

2. 소외계층을 위한 목회상담

그래함은 힘(power)과 시스템(system)에 아주 민감하다. 그에게 있어서 목회 상담은 힘이 없는 사람들에게 힘을 강화시켜주는 작업이다. 개인으로 하여금 자신의 받아들이는 힘과 행사하는 힘을 잘 활용하도록 이끈다. 사회의 힘이 균등하게, 억압이나 독점의 형태로 나아가지 않도록 유도한다. 소외계층은 자신들의 힘을 발견하고 강화시켜 나가야 한다. 상담자는 그러한 자기 힘의 강화 과정에 있어서 도움을 주는 존재다. 따라서 개인적이면서도 시스템적인 도움과 지지가 바로 목회상담의 핵심적인 활동 내용이 되어야 한다. 약한 자가 강한 지지를 받는 것이 중요하며, 그들은 억압의 구조에서 해방되어야 한다. 이런 점에서 그는 해방 신학의 입장을 진지하게 받아들이고 자신의 이론적 체계에 적극적으로 활용하고 있다.

소외 계층을 볼보는 목회상담에 대한 그의 열정과 헌신은 여러 방면에서 나타났지만, 그중에서도 그의 동성연애자들에 대한 신학적이고 상담학적인 입장에서 가장 잘 드러난다. 그래함은 1996년 한 해 동안의 안식년을 전 세계에 있는 동성연애자들을 만나 면담하는 시간으로 보냈다. 그의 1997년 저서 *Discovering Images of God: Narratives of Care among Lesbians and Gays*는 이러한 노력의 결과이다. 여기서 그래함은 동성연애자도 분명히 하나님의 형상을 가지고 있다고 주장한다.[18] 이들이 교회의 돌봄을 받지 말아야 할 이유가 신학적으로 하나도 없다는 것이다. 그들도 목양과 돌봄의 대상들이다. 교회는 이들의 예배드림을 거부해서는 안 된다. 또한 그들의 목회자 안수 받음도 거절되어서는 안 된다. 목회상담자는 그들에게 진정한 돌봄을 제공해야한다. 그래함은 그들도 교회의 평범한 교인들과 전혀 다를 바 없이 교회의 돌봄의 대상이 되어야 한다고 주장한다.[19]

이와 같은 그래함의 태도는 아주 파격적이고 자칫하면 논쟁의 대상이 될 여지가 있다. 그러나 그는 전통적이고 보수적인 입장에 대해 정면으로 도전하고 있다. 사실 보수주의 신학자들의 동성연애에 대한 입장은 아주 강경하다. 그들은 성서의 문자적인 해석에 기초해서 동성연애를 악한 영에 의한 죄악으로 규정한다. 실제로 구약성서 레위기 18장 22절은 "너는 여자와 교합함 같이 남자와 교합하지 말라. 이는 가증한 일이니라"라고 말한다. 게다가 레위기 20장 13절은 "누구든지 여인과 교합하듯 남자와 교합하면 둘 다 가증한 일을 행함인즉 반드시 죽일 찌니 그 피가 자기에게로 돌아가리라"라고 증언하고 있다. 이러한 말씀을 기초로 해서 극단적 보수주의자들은 동성연애자들이 교회의 목양의 대상이 아니라, 천벌을 받을 이교도에 속한다고 본다. 하나님의 징벌이 그들에게 놓여질 것이며, 교회는 그러한 위험하고 가증한 사람들에게 함께 신앙적인 교제를 나눌 수 있는 공간과 마음을 주어서는 안 된다는 것이다.

그래함은 이러한 보수주의 목회자와 신학자들에게 무엇을 말하고 있는가? 그는 신학적으로 어떠한 목회상담학적 답변을 내 놓고 있는가? 그는 자신의 저서에서 동성연애자들에 대한 예수의 입장을 피력한다. 보수주의 목회자들이 구약성서 레위기의 말씀에 의존한 반면에 그래함은 과연 예수께서는 오늘날의 동성연애자들과 교회들에게 무엇을 말씀하실 것인가에 초점을 맞춘다. 그에 따르면 예수는 사람들에게 비난을 하지 않으신다. 개인이 사회 문화적인 측면에서 아무리 잘못된 문제를 갖고 있다고 하더라도 예수는 그 사람을 있는 그대로 용납하신다. 동성연애자라는 조건이 예수의 사랑의 돌봄에서부터 제외되어야 할 이유가 되지 않는다. 왜냐하면 예수의 돌봄은 모든 이에게 공평하기 때문이다.[20] 따라서 죄인이냐 아니냐가 중요하지 않다. 중요한 것은 어떠한 돌봄이 제공되어야 할 것인가이다.

그래함의 심리-체계적 접근의 관점에서 동성연애의 문제를 다시 고찰해 보자. 그들은 개인적인 심층 심리의 관점에서 볼 때 고통과 핍박을 받고 있는 주인공들이다. 오늘날의 사회는 그들의 존재를 긍정적인 시선으로 바라보지 않는다. 심지어 교회조차도 그들을 큰 죄인으로 규정한다. 그와 같은 체계적인 입장은 그들로 하여금 교회 안에서조차 마음 놓고 신앙생활을 할 수 없게 만든다. 하지만 목회상담학자로서 그래함은 그들이 교회 안에서 자유롭게 신앙생활을 하며, 목회자로부터 공평한 목회적인 돌봄을 받을 권리가 있다고 선언하고 있다. 시스템으로서의 교회가 변화할 때 개인도 더 크게 변화할 수 있다.

사실 이와 같은 그의 입장은 그래함이 근무하는 일터에서도 명확하게 나타나고 있다. 그는 주변의 많은 반대와 저항에도 불구하고 아일리프신학대학원의 교수로서 동성연애자를 채용하는데 누구보다도 앞장섰으며 결국 성공했다. 그의 노력으로 죠레타 마샬(Joretta Marshall)이라고 하는 레즈비언 목회상담학자가 교수가 되었다. 이것은 그가 그동안 그의 저서에서 밝힌 바대로 시스템의 변화를 추구하는 진보적 자유주의의 개혁자임을 보여 준다. 그는 신학대학이라고 하는 시스템이 동성연애자를 교수로 받아들임으로 동성연애자들이 추방의 대상이 아니라 돌봄의 대상이요 하나님의 형상을 입은 은총의 자녀들임을 천명하는 계기를 만들었다.

3. 상담에서 변화를 위한 전략

사람과 시스템은 변화를 필요로 한다. 목회상담의 성공 여부는 개인이나 가족, 사회 그리고 문화가 구체적으로 어떻게 변화된 실체적 경험을 새롭게 만들어내느냐에 달려있다. 그러면 목회상담가는 어떻게 성공적인 변화의 과정을 수행할 것인가? 그래함은 변화를 위한 구체적인 전략을 제시한다. 그에 따르면 우리는 "정황적 손상으로부터 정황적 통합으로 나아가야(move from contextual impairment to contextual integrity)"한다.[21] 그리고 우리는 "힘의 불균형으로부터 함께 잘 배열되어 있어서 폭발적으로 기능하는 힘을 가져야(move from power imbalance to synergistic power arrangement)" 한다.[22] 이러한 목표는 "파괴적인 가치충돌로부터 벗어나 동시에 함께 조화를 이루는 가치들의 총화적인 모습을 이루는데서(move from destructive value conflicts to synchronized value orientations)" 가능해진다.[23] 그리고 "부패한 창조성이 아니라 활성화된 창조성(from vitiated creativity to vital creativity)"으로 나아갈 때 현실화된다. 또한 심리−체계적 목회상담가는 "옴짝달싹 못하게 창의적인 활동이 다 묶여버린 긴장대치 상태에서 보다 효과적으로 서로가 활동하고 결단할 수 있는 정황(from transactional impasse to transactional effectiveness)"을 만들어낼 줄 알아야한다.[24]

IV. 한국 목회상담학에의 기여 방향

　　한국 사회는 전통적으로 개인에 대한 사회적인 영향을 강조하는 집단주의 문화
에 속한다. 일반적으로 동양은 공동체를 강조하고 서양은 개인을 중시하는 풍토
라고 한다. 그래서 동양의 한 국가로서의 한국은 공동체의 존속과 발전을 위해서
개인의 성공과 행복은 잠시 뒤에 물리칠 수 있도록 하는 것을 좋은 가치로 여겼
다. 특히 유교는 이와 같은 공동체 중심의 인생 구조를 가장 깊게 사회화하는 역
할을 하였다. 하지만 근대 이후 서구 문명이 기독교라는 종교를 타고서 한국에 상
륙했다. 서구의 기독교 문화적 가치는 개인의 생명과 권리에 대한 존중을 한국에
가르쳤다. 젊은 사람들과 소외 계층들은 이와 같은 새로운 가치에 대해 환영했고,
수구적인 기득권자들은 그와 같은 새로운 가치에 대해 방어하고 파괴적인 힘을
행사하였다. 한국사회의 문화 전반에는 서로 다른 가치가 충돌하면서 통합과 창
의성의 긴장에 의해 흔들리며, 평등을 향하는 힘과 관료적이고 권위적인 권력에
의해 긴장과 대치의 국면이 나타나고 있다. 이와 같은 혼란과 경직성은 교회에서
도 그대로 드러나고 있다. 목회자와 상담자는 그와 같은 혼란과 경직성의 피해자
개인들과 시스템 교회들을 많이 접하고 있다.

　　이러한 문제점들을 어떻게 해결할 것인가? 그래함의 심리-체계적 접근은 서로
다른 문화의 충돌과 급격하게 변하는 사회의 갈등적 요소를 지혜롭게 해결하는데
아주 좋은 방법론을 제시한다. 그의 방법론은 거시적이고 미시적인 안목 모두를
가지고 있다. 한국 사회 문화가 우리로 하여금 주로 거시적이고 숲만 보도록 훈련
을 시켜 왔음을 우리는 안다. 이에 반해 서구는 주로 미시적이고 단편적인 경향을
보여 왔다. 따라서 지금 우리에게 필요한 것은 거시와 미시 모두를 바라볼 수 있
는 이론 체계이다. 우리는 숲도 나무도 볼 줄 아는 안목이 있을 때 비로소 상황을
효과적으로 진단하고 해결하는 지혜를 강구할 수 있다. 그래함의 이론은 이런 점
에서 매우 가치 있다. 그의 이론은 한국 교회의 목회자와 상담자에게 개인과 사
회, 거시와 미시, 숲과 나무 모두를 책임질 수 있는 지혜를 창출해 낼 수 있다.

　　한국교회가 급변하고 있다. 사회 정치적으로 큰 변화가 이미 있었고, 문화와 가

정의 원에서도 예전과는 다른 현상들이 곳곳에서 나타난다. 친구 목회자의 고백이 떠오른다. "예전에는 기도만 하면 목회하는데 어려움이 없었다. 그런데 요즈음에는 기도 이외에도 인간의 심리적 활동에 대한 지혜가 그 어느 때보다 더욱 요구되는 것 같다." 그 만큼 사회 문화적인 변화의 영향력이 교회 안에까지 들어왔음을 의미한다. 이러한 급변하는 교회의 현실을 감안할 때 그래함의 심리-체계적 접근은 많은 목회자와 상담자들에게 보다 지혜롭고 현실적이며 구체적인 지혜를 제공해 주리라고 믿는다.

저서

Graham, Larry K. *Care of Persons and Care of the Worlds: A Psychosystems Approach to Pastoral Care and Counseling.* Nashville: Abingdon, 1992.

_____. *Discovering Images of God: Narratives of Care among Lesbians and Gays.* Louisville: John Knox Press, 1997.

_____. "The Dynamics of Power in Pastoral Care." *Journal of Religion and Abuse* 4(2002), 75-88.

_____. "Pastoral Theology as Public Theology in Relation to the Clinic." *Journal of Pastoral Theology* 9(2000).

_____. "Power." *Dictionary of Pastoral Studies.* London, SPCK, 2000.

_____. "Editorial." with Nancy Ramsay. *Journal of Pastoral Theology* 7(1998), iii-viii.

_____. "Pastoral Care of Diverse Families." *Interpretation* 52(1998), 161-177.

_____. "From Impasse to Innovation in Pastoral Theology and Counseling." *Journal of Pastoral Theology* 6(1996), 17-36.

_____. "Caregiving and Spiritual Direction with Lesbian and Gay Persons: Common Themes and Sharp Divergencies." *Journal of Pastoral Care* 50(1996), 97-104.

_____. "Healing the Congregation: The Story of a Congregation's Recovery from its Minister's Sexual Boundary Crossing with Parishioners." *Pastoral Psychology* 44(1996), 165-184.

_____. "Current Challenges in Pastoral Theology." Editorial, with Christie Cozad Neuger, *Journal of Pastoral Theology* 5(1995), 1-12.

_____. "Introduction" to *Sexual Abuse by Clergy: A Crisis for the Church.* Edited by Marie M. Fortune and James N. Poling. Decatur, GA: Journal of Pastoral Care Publications, Inc., *Monograph* 6(1994), i-iv.

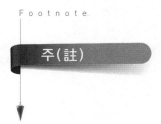

F o o t n o t e

주(註)

1) Larry Kent Graham, *Care of Persons Care of Worlds: A Psychosystems Approach to Pastoral Care and Counseling* (Nashville: Abingdon Press, 1992),

2) 앞의 책, 53.

3) 앞의 책, 82.

4) 앞의 책, 84.

5) 앞의 책, 89.

6) 다수 부모 가정이란 말은 미국에서 제일 먼저 주목을 받은 개념이지만, 오늘날 우리나라에서도 자주 나타나고 있다. 즉, 부모가 이혼을 하고 재혼을 했을 때에 어느 가족은 엄마의 본래 자식들, 아빠의 본래 자식들, 그리고 두 사람의 관계에서 출생된 새 자식들로 구성되기 한다. 이것은 부모가 몇 번 결혼하고 이혼했으며 다시 재혼했는가에 따라서 가족의 구성원들의 모습이 아주 달라짐을 보여 준다.

7) 앞의 책, 57.

8) 앞의 책, 58.

9) 앞의 책, 59-60.

10) 앞의 책, 58.

11) 앞의 책, 14.

12) 앞의 책, 63.

13) 앞의 책, 142.

14) 앞의 책, 141-144.

15) 앞의 책, 65.

16) 앞의 책, 160.

17) 앞의 책, 162.

18) Larry Graham, *Discovering images of God: Narratives of Care among Lesbians and Gays*, (Louisville: John Knox Press, 1997), 13.

19) 앞의 책, 15.

20) 앞의 책, 33-35.

21) 앞의 책, 99.

22) 앞의 책, 100.

23) 앞의 책, 101.

24) 앞의 책, 102.

제임스 폴링
(James Newton Poling)[1]

김 경
[서울여자대학교 교수]

제임스 폴링(James Newton Poling)은 힘의 남용과 폭력에 의해 상처 입은 자들을 치유하는 교회의 전문사역을 발전시키기 위해 평생을 바쳐온 선지자적 목회상담학자이다. 그는 상처 입은 자들의 침묵된 목소리를 듣고, 그들을 대변하여 침묵된 목소리에 내포된 가해자와 세상이 들어야 할 메시지를 과감하게 선포해 왔다. 그가 정립한 자신의 목회신학(pastoral theology)의 임무에서 그의 진리에 대한 두려움 없는, 굴하지 않는 선지자적인 열정과 관심을 발견할 수 있다.

> 목회신학의 임무는 침묵된 진리의 목소리를 듣는 것이다. 진리의 목소리는 파괴적 세력의 이데올로기와 종교에 대항하여 들려야만 한다. 이것이 바로 목회신학에 있어서 정의(justice)를 이루는 과업이다. 이것이 바로 우리가 추구하는 지식이다.[2]

폴링은 특별히 여성과 아동 성폭력 피해자들에 대한 관심을 갖고 있다. 그는 이러한 관심을 갖고 가해자들의 회복을 위한 치유프로그램, 사회적 억압과 힘의 남용 문제에 대한 대안, 피해자들의 고통을 영속화시키는 신학적 문제 등에 대한 분석과 연구를 통해 신선하고 살아있는 이론과 실제를 제시하는 목회신학자이다. 그는 힘의 남용의 주된 원인을 가부장제도(patriarchy)로 본다. 이것은 문화적 차이에도 불구하고 유교 중심의 가부장제도로 특징지어 지는 한국 사회에서 큰 문제가 되고 있는 성폭력과 가정폭력의 희생자들을 도와야 하는 한국 교회의 역할을 모색하는데 매우 유용한 통찰력을 제공해 준다.

I. 삶과 경력, 그리고 학문적 배경

폴링은 1942년 12월 14일, 미국의 버지니아(Virginia) 주 그린카운티(Greene County)에서 네 자녀 중 맏이로 태어났다. 부친은 버지니아와 메릴랜드(Maryland)에 있는 시골 교회 목회자였고, 어머니는 가정을 돌보며 비서로 일했다. 어린 시절, 그에게 교회와 학교는 삶의 중심이었다. 고등학교 시절 그의 부친은 세 교회 연합을 주도하여 든든히 사역을 해 올 수 있는 교회의 기반을 다졌다. 청소년 시절 그는 지역 청소년 활동에 적극 참여하였고, 이를 통해 리더십을 배웠다. 그는 그의 부친이 졸업한 브리지워터대학에서 종교와 철학 전공으로 학사 학위를 받았다. 1963년 낸시 폴링(Nancy Poling)과 결혼하였고, 두 명의 자녀와 여섯 명의 손자 손녀를 두고 있다.

폴링은 그의 부친이 졸업한 시카고에 있는 베다니신학대학원(Bethany Theological Seminary)에서 공부하고 1968년에 졸업하였다. 이후 시카고에서 부목사로 한 교회를 섬겼고, 그 즈음에 마르틴 루터 킹이 시카고로 가서 민권 캠페인(Civil Rights Campaign)을 벌이는 동안 그의 남부 기독인 지도자 컨퍼런스(Southern Christian Leadership Conference)의 간사들과 함께 2년 동안 활약했다. 이러한 그의 경험은 왜 그가 목회돌봄과 상담에서 사회 정의와 비폭력적 저항에 대한 지대한 관심을 갖게 되었는지를 이해하는 데 도움이 된다. 이후 그는 펜실바니아에 있는 욕크(York) 시에서 담임 목사로 일했으며, 그 때 가정문제를 가지고 도움을 요청하는 많은 사람들의 필요 때문에 목회돌봄 분야에 대한 관심을 갖게 되었다. 그는 계속해서 목회상담과 가족치료 훈련을 받고, 그 당시 가족치료의 선구자였던 미누친(Salvador Minuchin), 몬탈보(Braulio Montalvo), 헤일리(Jay Haley), 그리고 아폰트(Harry Aponte)와 교류하며 임상 전문가로 훈련을 받았다.

폴링은 클레어먼트신학대학원(Claremont School of Theology)에서 박사학위를 받았다. 그는 박사과정 중에 세 가지 관심 즉 기독교 신학, 사회 정의, 그리고 목회돌봄을 통합하였고, 그의 논문 "목회돌봄과 상담에서 사회적인 것과 개인적인 것의 신학적 통합: 과정적 관점(A Theological Integration of the Social and Personal in Pastoral Care and Counseling: A Process View)"이 그의 세 가지 관심의 통합을 잘 보여 주고 있다.

폴링은 박사 학위를 취득한 후 31년 동안 베다니신학대학원(Bethany Theological Seminary), 콜게이트로체스터신학대학원(Colgate Rochester Divinity School), 그리고 마지막으로 게렛신학대학원(Garrett-Evangelical Theological Seminary)에서 은퇴하기까지 목회돌봄 입문, 치유의 공동체로서 회중, 악과 공격, 힘과 남용, 목회돌봄과 경제학, 실천신학세미나 등을 가르침으로 치유와 사회정의를 위한 많은 사역에 종사하는 제자들을 배출하였다.

그는 2008년에 안식년을 연세대학교에서 보내면서 한국에 대한 큰 관심을 표명했다. 그는 한국이 미국의 목회상담 분야에 공헌한 점들을 지적하고, 한국의 신학적 공헌을 북미를 비롯한 목회상담 학계에 알리는 교량역할을 하고 있는 인물이다.

미국목회신학학회(Society for Pastoral Theology)에서 필자가 만난 그는 온유한 성품의 소유자며, 당시 투병 중인 한 동료를 위해 눈물을 흘리던, 긍휼과 자애로 가득 찬 따뜻한 심장을 가진 사람이었다. 이러한 그의 부드러운 모습과는 달리 상처입은 자들을 위해서는 강직하고도 예리한 선지자적 자세를 견지하고, 목회상담학자로서 그는 불의를 묵과하지 않으며, 오로지 진리를 탐색하며, 사회 정의를 위해 단호한 결단력과 실천력을 보여 주고 있다. 목회상담이 교회 안의 사적인 사역이 아니라, 사회 체계적 영역에서의 변화를 위한 목소리를 내는 공적인 사역으로 그 범위를 확장하는 데 폴링은 큰 기여를 하였다. 그는 여성주의자들과 함께 여성들의 정의를 위하여 성폭력과 가정폭력 분야의 목회에 관심을 갖고 실천해왔다. 그는 많은 여성들이 폭력의 두려움을 극복하고 치유를 찾도록 도왔고, 그들이 여성들을 위해 사역할 수 있도록 도왔다. 또한 친여성주의적 남성들의 운동에 참여하여 교회와 사회에서 남성들이 성 평등 실천에 참여하도록 도왔다.

그의 주된 저서들을 연대순으로 살펴보면 그의 관심과 업적을 이해하는 데 도움이 된다. 1985년 그가 밀러(Miller)와 함께 실천신학의 초석을 다룬 *Foundations for a Practical Theology of Ministry*, 1991년 힘과 성폭력의 문제를 다룬 *The Abuse of Power*, 1996년 미국에서 인종 간의 정의를 위한 사역을 다룬 *Deliver Us from Evil*, 1997년 *Care of Men*, 1998년 *Balm for Gilead*, 2002년 경제학과 사회 계층의 이론을 다룬 *Render unto God*, 2003년 *Understanding Male Violence*, 2011년 한국을 초점으로 맞춰 국제간 신학을 다룬 소논문 "Is there a Korean Contribution to U.S. Pastoral Theology?," 2011년 8월에 출시될 예정인 삼위일체 하나님에 관한 목회적 실천신학적 접근이 교회와 학문 분야에 어떤 공헌을 하였는지를 다루고 있는 *Rethinking Faith: A Constructive Practical Theology* 등이 있다.

II. 폴링의 목회신학

폴링의 목회신학 방법론은 실천신학 방법론의 기초 위에서 발전되었다. 그는 초기에 실천신학을 다음과 같이 정의했다.

> 실천신학이란 살아 있는 공동체 안에서 인간의 경험과 상호작용에 대한 비평적이고 건설적인 성찰(reflection)이다. 이것은 기독교인들의 이야기와 다른 관점들 사이의 상관성(correlation)을 포함하며, 의미와 가치의 해석으로 안내하고, 사람과 공동체의 형성을 위한 매일의 지침과 기술을 제시한다.[3]

그는 실천신학의 기초가 된 경험적이며 현상학적 신학에 대해 언급한다.[4] 미국의 경험적 과정신학(American empirical process theology)과 유럽의 현상학적 신학(phenomenological theology)의 두 전통은 실천신학 방법론의 뿌리가 되었다. 미국의 경험신학의 기본적 전제는 경험(experience)이 신학을 포함한 모든 성찰을 위한 자원과 권위를 제공한다는 것이다. 현상학적 전통은 후설(Edmund Husserl)과 같은 철학자로부터 발전되었는데, 경험을 의식 또는 사유에 의해서 구성하는 논리적 구성주의에 빠지지 않고, 경험의 본질을 포착하려는 시도이다.

위와 같은 실천신학의 정의와 경험적 원리에 기초하여, 폴링은 실천신학의 방법론의 여섯 가지 필수 요소를 제시한다: 1) 산 경험의 묘사, 2) 관점과 관심의 비평적 인식, 3) 문화와 기독교 전통으로부터 관점들의 상관관계, 4) 의미와 가치의 해석, 5) 해석의 비평, 그리고 마지막으로 6) 특정 공동체를 위한 지침과 구체적 계획이다.[5] 이러한 요소들이 잘 반영되어 있는 저서가 *The Abuse of Power*인데, 이 책은 사역의 실제에서 야기되는 하나님과 인간의 관계에 대한 신학적 성찰을 포함하는 실천신학의 방법론의 구조와 단계를 충실히 따르고 있다. 그는 특히 성폭력의 피해자들에 대한 특별한 관심을 가지고 연구하면서 그의 실천신학은 더욱 구체화되었다. 폴링이 이 책에서 정의한 실천신학은 "개인과 공동체 삶의 침묵된 목소리를 신학적으로 해석함으로 사랑과 능력의 진실한 하나님에 대한 믿음을 지속적으로 새롭게 하고, 이를 통해 사역의 실제를 쇄신하는 것이다."[6]

폴링은 실천신학에서 성찰의 중요성을 강조한다.[7] 첫째, 성찰은 우선 인간경험에 대한 성찰이다. 실천신학은 인간 경험을 가장 중요한 성찰의 자료로 본다. 폴링은 인간 경험의 실상을 밝히기 위해서는 '고통'과 '소망'의 경험 사이의 대조(contrast)를 잘 성찰해야 한다고 주장한다. 예를 들어 성폭력 피해자들이 자신들의 고통과 불굴의 소망 사이의 대조를 성찰함으로 그들의 깊은 경험의 진상을 밝혀낼 수 있다. 둘째, 성찰은 자기 안의 긴장(tensions)을 인식하도록 도와줌으로 한 사람의 정체성을 재구성하도록 돕고, 나아가 한 사람의 신학적 인간관을 재구성하도록 돕는다. 셋째, 성찰은 제도와 기관과 공동체의 이데올로기 안의 억압과 해방 사이의 긴장을 인식하게 함으로 새로운 대안적 공동체의 구성을 추구하게 한다. 넷째, 성찰은 한 사람의 진리 혹은 하나님에 대한 이해의 궁극적 시야를 넓혀줌과 동시에 또한 본인의 경험을 이해하는 메타포와 이미지가 남용적인지 구속적(redemptive)인지에 대한 질문을 스스로 하게 한다. 성찰은 신앙과 하나님에 대한 교리의 재구조화를 요구한다. 실천신학에서 해석학의 마지막 단계는 사역 실제(practice)의 신실성과 비신실성 사이의 긴장에 대한 성찰이다. 성찰은 목회자의 전문가적 정체성과 나아가 본인의 목회에 대한 정의를 재구조화할 것을 요구한다. 구체적으로 말하면, 목회자는 성찰하는 과정을 통해 성폭력의 생존자들과 함께 정의를 구현하고, 힘의 남용자들을 직면하고, 자신의 공동체들이 억압적이기보다는 해방적이 되도록 도전하는 가운데, 가해자와 피해자 모두 사랑과 능력의 관계적인 하나님을 열정적으로 섬기고 예배하게 한다.

*The Abuse of Power*에는 힘의 남용에도 불구하고 생존한 희생자들의 이야기들 속에 비추어진 구체적이고 깊이 있는 인간 고통의 경험들을 고찰하는 과정에서, 비평적인 이론들을 바탕으로 수행한 분석을 통하여, 그 속의 조직적 왜곡을 선별하고 극단적 고통 가운데서도 굴하지 않는 진리를 향한 갈망을 식별해 낸다. 미래 교회의 사역의 실제를 변화시키는 데에 사용될 신학적인 전제는 이러한 분석으로부터 나온다. 이러한 실제와 성찰 사이의 리듬은 폴링의 실천신학의 중심이다.

폴링이 사례 분석을 위해 사용하는 중요한 이론은 과정신학, 정신분석이론, 그리고 여성주의와 아프리카계 미국인 사회학과 신학이다. 그는 성폭력에 대한 중요한 통찰력을 얻기 위해 이 세 가지 이론들을 사용하여 구체적으로 분석하고, 새로운 신학적 진리를 도출해 낸다.[8] 물론 여기서 아프리카계 미국인의 사회학과 신학은 지배층인 백인들에 의해 억압받는 피지배와의 관계적인 면에서 볼 때, 인종은 같다고 할지라도 지배와 피지배로 양분되어 있는 사회의 계급주의의 실상을 반영하므로 한국 문화의 핵심적 문제인 지나친 계급주의를 반영해 보는 데 유용한 관점을 제시한다.[9]

폴링은 실천신학에 충실하면서 자신의 목회신학을 구체적으로 발전시켰다. 그는 다음과 같이 목회신학을 정의한다.

목회신학은 신학과 사회과학이라는 도구를 사용하여 도움과 치유를 목적으로 인간의 내면 심리적 그리고 인간사이의 관계라는 미세한 세계에 대하여 연구한다. 전형적 수업이나 수퍼비전 시간에 두 사람 사이에 은밀하게 소통된 말, 목소리, 속도, 몸짓 등을 분석함으로 우리는 인성과 친밀한 관계의 심층적 구조에 대한 단서들을 찾는다. 이러한 연구를 통해 그 행위에 나타난 하나님의 사랑과 능력을 발견하고, 전통적인 신학을 인준하거나 도전함으로써 우리가 실체를 더 명확하게 볼 수 있는 시각을 얻을 것으로 기대한다.[10]

그의 목회신학은 경험적이면서 개인적 인식론에 기초하고 있다. 우리는 경험의 깊이를 살펴보고, 관계의 망 안에서 우리 자신의 진리와의 관계를 정직하게 성찰함으로 진리를 알게 된다고 믿는다. 폴링은 성폭력의 희생자들과 가해자들을 상담하면서 자신의 신학에 급진적 변화가 일어났음을 인정한다. 그는 극단적인 고통과 악의 경험 속에서도 굴하지 않는 인간 정신에서 비롯되는 소망을 발견하고, 자기 자신의 사회적 순응(conformity)과 부정의에 대한 무감각(anesthesia)의 성향이 부분적으로나마 극복될 수 있었다고 고백한다.

폴링은 실천신학적 입장에서 힘의 남용에 대하여 탐구하면서 목회상담과 목회신학의 발전에 또한 큰 공헌을 했다. 특히 성폭력 피해자들의 경험을 깊이 성찰하면서 그는 살아 있는 목회신학 방법론과 신학적 진리를 구체화시키고 발전시켰다. 그 자신도 이 구체적인 성폭력의 문제를 연구하면서 자신의 목회신학을 발전시켰다. 이것은 그의 대표적 저서인 *The Abuse of Power*에 잘 나타나 있다.

폴링은 2009년 아틀란타에서 열렸던 미국목회신학학회의 만찬 모임의 주 강사로 초대되어 "Creativity, Generativity, and the Next Generation"[11]라는 제목으로 발표한 연설에 그의 목회신학에 대한 입장과 차세대를 향한 그의 바람이 잘 반영되어 있다. 그가 말하는 목회신학의 특징은 다음과 같이 요약될 수 있다. 우리들이 돌봄의 사역에서 만나는 사람들에게 경청하는 것, 영향력 있는 사회과학, 특히 심리학을 연구하는 것, 성(gender), 인종, 문화, 사회 계층, 인간의 능력, 성적인 성향, 종교적 세계관, 그리고 성차별주의, 인종차별주의, 계층 차별주의 등의 악의 체계 등과 관련된 사회적 정황을 심각하게 고려한다는 것, 힘의 남용 문제를 우리는 심각하게 다룬다는 것, 그리고 마지막으로 목회신학자는 건설적 신학을 위해 준비된 자라는 것이다. 2011년 8월에 출판 예정인 *Rethinking Faith: A Constructive Practical Theology*에서 폴링의 목회신학의 새롭게 정리된 관점을 접하게 될 것으로 기대된다.

폴링이 그의 목회신학에 반영하고 있는 중요한 신학은 캅(John Cobbs)의 과정신학과 루머(Bernard Loomer)의 경험신학이다. 특히 루머는 신학의 경험적 측면을 중요시하였고, 추상적, 이론적 연구에 반하여 구체적이고 역사적 사실성에 관심을 더 가졌다. 그는 하나님은 매 순간의 경험에 현존하신다고 믿는다. 하나님이 고통 받고 학대받는 사람들의 경험 속에 현존하시며 그들의 경험에 함께하심을 말하는 것이다.

III. 폴링의 목회상담방법론: 성폭력 피해자들을 중심으로

그의 주요 저서 소개와 업적 소개에서 나타난 것처럼, 폴링의 주요 연구 주제는 성폭력과 가정 폭력, 힘의 속성과 힘의 남용의 문제, 사회 정의와 목회상담, 목회신학 방법론, 최근에는 큰 사회적 문제로 제기되고 있는 자본주의 세계 시장 경제체제와 목회상담 등이다.

1. 힘의 남용으로서의 성폭력

폴링은 성폭력을 단순히 성적인 것으로만 보지 않고, 근본적으로 힘의 남용으로 본다. 곧, 성적 착취는 섹스에 관한 것이라기보다는 힘과 지배에 관한 것이라는 것이다.[12] 특히 계급적 관계를 중요시하는 한국 문화와 같은 사회에서 개인의 고통을 이해하기 위해서는 힘의 역동성을 이해하는 것이 필수적이다. 폴링에 따르면 힘이란 개인적, 사회적, 그리고 종교적 함축성을 갖는 하나의 복합적 용어이다. 개인적 차원에서 볼 때, 모든 사람들은 생존한다는 그 자체로 일정한 힘을 갖고 있다. 인간의 내적인 본능은 사람들로 하여금 이 힘을 모든 사람에게 행사하게 한다. 그러나 어떤 사람들은 억압으로 인해 그들의 힘을 행사할 수 있는 기회를 거부당한다. 또 어떤 사람들은 파괴적인 목적을 위해 그들의 힘을 행사하게 된다.

힘을 어떻게 배분하는가 하는 것은 사회가 결정한다. 제도, 기관, 그리고 이데 올로기는 누가 지배를 위해 특권을 가지고 누가 종속되어야 하는지를 결정한다. 어떤 사람들은 자신들은 물론 다른 사람들을 위해 선택할 수 있는 거대한 힘을 부여받고, 그들의 선택의 결과로부터도 보호받는다. 그러나 많은 사람들은 심지어 자기 자신의 몸과 마음조차도 조종하지 못하도록 힘을 박탈당한다. 이러한 불평등이 폭력적 행위와 불의한 힘의 조직화를 위한 기회가 된다. 사회적 기관의 하나로서 종교는 힘을 정의하고 그 힘의 합법적 사용을 정의하는 역할을 한다. 종교 지도자들은 지배적 문화와 결탁하여 힘을 남용하는 기관을 옹호할 것인지, 아니면 선지자적인 안목으로 힘이 배분되고 정의되는 방법에 대해 비평적 역할을 할 것인지를 선택해야 한다.

폴링은 힘의 근본적인 속성을 '관계성'으로 본다. 과정-관계적(process-relational) 신학의 견지에서, 힘은 삶 그 자체와 동일하다고 볼 수 있다. 산다는 것은 다른 사람들과 관계를 맺기 위해 힘을 갈망하는 것이다. 힘이 삶을 살아가는 능력으로 간주되어진다고 볼 때 힘은 삶 그 자체와 동일 시 될 수 있다. 살아있다는 것은 크고 작은 일들을 처리해 나가는 것이고, 따라서 살아있다는 것은 어떠한 정도로든지 힘을 행사하는 것이다.

관계의 망 자체가 에너지로 간주될 때, 힘이란 내적인 관계들을 유지하고, 전체로서의 관계의 망의 힘을 증가하는 능력으로 이해될 수 있다. 관계의 망이 자유로울 때 개인의 힘은 증가되고, 개인의 창조성을 극대화하도록 격려 받는다. 따라서 건강한 내적 관계란 상호적 관계로서 자기와 타자가 서로 지속적으로 변화될 수 있는 상태의 관계이다. 바꾸어 말하면, 개인의 관계적 힘은 정의롭고 창의적인 사회적 환경에 많이 의존되어 있는 것이다.

죄와 악에 의해 변형되지 않은 인간 삶에 있어서 이상적인 힘의 방향은 공존과 확장된 자유를 향하게 된다. 관계하는 과정가운데 인간의 결속은 더욱 튼튼해져

가고 개인과 단체는 그들의 자유를 증진시키게 된다.

폴링은 인간이 힘을 남용하는 이유를 인간의 두려움과 교만에서 찾는다. 니버의 인간론이 반영된 것을 볼 수 있다. 이러한 두려움과 교만은 지배와 착취의 구조를 만들어 낸다. 폴링은 가부장제를 이러한 지배구조를 유지하는 우선적 도구로 제시하고 있다. 가부장제는 인종주의, 계층주의, 그리고 제국주의에 나타나고 있다고 본다.

2. 성폭력 피해자에 대한 이해

폴링은 성폭력피해자들의 자기 경험은 그들의 실제 목소리를 통해 가장 잘 배울 수 있다고 주장하면서 *The Abuse of Power* 3장에서 카렌(Karen)의 사례를 소개한다. 이 여성 피해자는 4세 이후에 자기의 친 아버지로부터 상습적으로 성폭력을 당했고, 35세에는 유명한 목사로부터 성폭력을 당했다. 그녀는 박사 과정을 마칠 무렵에 시작된 치료를 통해 성폭력 피해의 고통, 증상, 거짓 자기의 형성, 하나님의 이미지에 대한 문제 등의 문제들을 드러냈다. 이 피해자가 스스로 표현한 자기 경험 외에도 폴링은 피해자의 자기 경험을 다음과 같이 요약하고 있다.

첫째, 성폭력 피해자들은 공통적으로 거부와 버림받음에 대한 불안 때문에 성폭력에 대해 저항하지 못하고, 그 고통을 그 누구에게도 말하지 못한 채, 사실을 스스로 부정하고 침묵하여 가해자와 공모를 하게 된다. 이러한 과정에서 피해자들은 자발성과 자기 평정 능력을 상실하게 된다. 피해자들은 본인 스스로를 비밀스러운 감옥 안에 가두어 버리는 결과를 가져온다.

둘째, 성폭력 피해자들은 자신들의 잘못이 아님에도 불구하고 왜곡된 자기 개념을 형성한다. 즉 '결함 있는 자기'를 형성한다. 그들의 자기(self)에 뭔가 결함이 있거나, 결핍이 있거나, 일치되지 않는 그러한 경험을 한다.

셋째, 피해자들의 성폭력의 내면화(internalization)이다. 많은 피해자들은 그들의 가해자들로부터의 위협과 폭력을 직접 대면하거나 저항하지 못하고 '내면화'라는 자아방어기제를 사용하여 자신들의 고통을 처리한다. 즉 가해자들의 시각으로 자신들을 바라봄으로 다른 사람들보다 자신이 자기를 더 미워하게 된다.

이처럼, 피해자들의 과거의 상처들은 단순히 현실과는 거리가 먼 기억으로 존재하는 데 그치지 않고 그 사람의 현실로서 다른 사람들과 관계하고 살아가는 그들 자신의 삶의 패턴에서 구조화 된다. 그래서 어린 아이로서 학대당하면서 경험했던 두려움, 죄책감, 수치심은 그 사람이 성인이 되어도, 특히 갈등이나 스트레스가 있을 때, 여전히 나타나게 된다.

3. 폭력의 조직화

가해자들은 왜 폭력을 행사하게 될까? 한국사회에서 보통 남자가 우선적으로 성폭력의 가해자가 된다. 남자가 지배를 위해 사회화 되었고, 여자가 종속을 위해 사회화 되었다는 설명이 한국 가부장적 사회구조에서 설득이 가는 단순한 답이다. 폴링은 이러한 단순한 해답에서 더 나아가 심리 내적, 사회적, 그리고 종교적인 요인으로 남용적 힘의 조직화를 설명한다. 이러한 조직화의 개념은 가해자를 이해하는 데 또한 도움이 된다.

첫째, 폴링은 개인-심리적 관점에서 프로이트의 죽음과 삶에 대한 본능으로 폭력의 조직화를 설명한다. 인간은 누구나 사랑과 증오, 선과 악에 대한 능력을 가지고 있다고 본다. 폴링은 성폭력의 가해자들에게서 악이 체계적으로 조직화되어 선을 제압하고 폭력을 행사하게 되는 네 가지 요인을 다음과 같이 들고 있다:[13]

1) 섹스화된 의존성(sexualized dependency)이다. 자신에게 필요한 사랑을 다른 성인들과의 관계를 통해 채우는 능력에 문제가 있기 때문에 자신의 정서적 필요를 섹스화하고 그것들을 어린이들에게 투사한다.
2) 파괴적 공격성(destructive aggression)이다. 다른 사람에게 상처를 가하지 않고 자신을 보호하거나 목표를 추구하는 능력에 문제가 있다. 자신의 공격적 행동이 낳게 될 결과에 대해 이해하지 못한다.
3) 과대 자기감(grandiose selfhood)이다. 일종의 자기애적 장애자로서 자기와 다른 사람들을 정확하게 평가할 수 있는 능력에 문제가 있다.

chapter 11 · 제임스 폴링(James Poling)

303

4) 한계를 존중할 줄 모르는 무능력이다. 자신의 파괴적 행동의 한계를 설정
할 줄 모르고, 다른 사람들의 경계(boundary) 또한 존중할 줄 모른다.

특히 신체적 접촉과 쾌감을 갈망하는 것은 흔히 살아 있음의 감각에 대한 절대
적 배고픔과 함께 나타난다. 그래서 가해자들은 어린이들의 자연적 삶의 에너지
에 이끌리게 되는 것이라는 폴링의 설명은 매우 설득력이 있다. 즉, 많은 성폭력
가해자들은 텅 빈 자기의 결핍을 보상하기 위해 그들과 가장 가까운 사람들을 이
용하는 경향이 있다는 것을 나타낸다.

둘째, 선과 악은 인간의 마음의 범주를 초월하여 사람들 간에 상호작용과 접촉
의 패턴으로 조직화된다.[14] 폴링은 힘의 남용과 폭력이 가족이라는 조직망 안으
로 조직화되어 있음을 지적하고 있다. 만약 가족의 행동적 패턴이 악하다면, 그
결과는 평생 악이 된다. 가족 안에서 힘이 남용될 수 있는 방법은 수없이 많다: 예
를 들면 체계적, 신체적 혹은 성적 폭력, 박탈(deprivation), 알코올이나 약물의
남용으로부터 비롯되는 파괴적 행동들, 자기애적 과잉 간섭 등으로 나타난다. 우
리는 가족을 이상화시킴으로 가족의 강점과 약점들을 정직하게 평가하지 못함으
로 고통으로부터 벗어나지 못한다. 많은 성인들이 어렸을 때 부모로부터 폭력을
경험하고도 그들에게 절대적으로 의존되어 있기 때문에 그들의 고통을 다루지 못
한다. 이처럼 가족이란 선과 악을 위한 가능성을 다 가지고 있다.

이러한 관점은 한국의 가족 안에서 힘의 조직화를 지적하고 있다. 최근 학교 체
벌금지법이 시행되면서 부모들조차 이러한 법의 제정에 양가적 태도를 보이고 있
는 현실은 바로 가족 안에서의 폭력의 조직화현상을 설명하고 있다. 많은 부모들
이 자녀들을 때리지 않으면 올바로 양육할 수가 없다고 믿는다. 이는 폭력이 가정
에서 정당화되고 있음을 나타낸다.

폴링은 가족구조 뿐 만 아니라 사회기관이 힘의 남용을 가능케 만든다고 본다.
성폭력의 피해자들의 진술을 들어 보면 학교, 법정, 병원, 직장 등은 그들의 고통
의 실상을 부인한다. 그런 기관들은 그렇게 함으로 결국 가해자들의 편이 되는 것
이다. 한 기관이 힘을 더 가질 때마다 선의 가능성과 함께 악의 가능성도 증가된

다. 개인과 공동체를 향한 제도적 악의 결과에 대해 우리는 좀처럼 비판적으로 진단하지 않는다. 우리는 성폭력의 실체를 이해하기 위해 제도적 기관을 비판적으로 볼 수 있는 시각을 가져야만 한다.

폴링은 여성주의적 측면에서 사회의 이데올로기와 힘의 남용을 또한 지적하고 있다. 여성주의 학자들은 가부장제도의 이데올로기가 얼마나 폭력적이며 인간에 어떤 영향을 주는 지를 알려주었다. 성폭력의 생존자들은 여성과 어린이들을 평가절하 하는 사회적 이데올로기의 희생자들이다. 그들의 고통은 바로 가족, 성, 그리고 기득권자들의 이데올로기에 의해서 비롯된다.

셋째로 폴링은 종교적–신학적 차원에서 폭력의 문제를 이해하려고 한다. 피해자들에게는 자신의 폭력적 아버지와 하나님 아버지 사이에 심리적 연결성이 있다. 프로이트의 입장에서 보면 이러한 피해자의 심리 안에 있는 연결성은 잘 못된 것으로 간주한다. 왜냐하면 종교는 환상으로서 단지 개인의 무의식적 투사이기 때문이다. 그렇지만 브레그만(Bregman)과 같은 학자는 피해자의 인간 아버지와 하나님 아버지의 사이에는 깊은 연속성이 있다고 주장한다. 교회가 하나님의 속성을 어떻게 가르치는가가 사람들이 서로 관계를 어떻게 맺을까에 영향을 준다. 이처럼 우리는 성폭력 실상의 진실을 알기 위해서 직접 피해자들로부터 그들의 가족, 사회적 기구와 기관 그리고 이데올로기, 그리고 그들의 신학에 의해 억압된 목소리에 귀를 기울여야 하고, 그들의 저항이 가진 잠재적 소망을 발굴해야 한다고 폴링은 주장한다.

4. 성폭력 피해자의 자기(self)의 회복

성폭력 피해자들은 그들의 자기(self)에 뭔가가 결함이나 결핍이 있거나, 제대로 맞지 않는 것 같은 느낌을 가진다. 그들은 깊은 자기 내면으로부터 비롯되는 무언가에 대한 불안이 있다. 성폭력으로 부터의 치유는 바로 자기에 대한 느낌을 찾는 것을 포함한다. 보통 성폭력 피해자들은 자기를 손상시키고 가해자를 보호하는 역할을 한다. 악을 비판 없이 받아들이는 태도를 취하기도 한다.

폴링은 성폭력의 결과로 생기는 자기 파괴를 설명하기 위해 정신분석 및 대상 관계이론의 내면화 개념을 사용한다. 피해자들의 과거의 상처들은 단순히 현실과는 거리가 먼 기억으로 존재하는 데 그치지 않고 그 사람의 현실로서 다른 사람들과 관계하고 살아가는 그들 자신의 삶의 패턴에서 구조화 된다. 그래서 어린 아이로서 학대당하면서 경험했던 두려움, 죄책감, 수치심은 여전히 그 사람이 성인이된 삶에서, 특히 갈등이나 스트레스가 있을 때, 여전히 나타난다. 폭력이 중단되었다고 그 피해가 끝난 것이 아니다. 특히 어린이들은 그들이 신뢰할 수밖에 없는 가해자와의 관계 경험을 내면화한다. 즉 그러한 경험이 바로 그들의 자기구조의한 부분이 된다. 치료적 상황에서 이러한 경험들이 다루어지지 않으면 그것들의결과는 지속된다. 두려움, 증오, 그리고 불신은 내면화되어 수십 년 동안 평생 동안 영향을 준다. 특히 가해자가 부모처럼 피해자의 삶에 권위를 가진 사람인 경우, 그로부터 받은 피해는 피해자의 결함있는 자기(defective self)를 형성케 한다. 하지만 폴링은 많은 피해자들은 큰 상처에도 불구하고 소망을 포기하지 않는다는사실을 강조한다. 이러한 극심한 고통 속에서도 굴하지 않는 소망이 우리가 풀려고 하는 수수께끼의 단서가 된다.

이러한 현상에 대한 설명을 기초로 폴링은 다음의 질문을 한다. 과연 인간의 자기의 속성은 무엇이며 이것이 어떻게 우리로 하여금 오랜 기간 동안 지속되는 폭력의 결과를 이해하는 데 어떻게 도움이 되며, 새로운 자기를 발전시키는 고통스러운 과정을 이해하는 데 도움이 될까?[15] 폴링은 이 질문에 대한 해답하기 위해과정신학에서 가져 온 두 가지 이미지를 사용한다. 그것은 관계성과 모호성(ambiguity)이다. 그는 이 두 가지 이미지가 그 어떤 이미지보다 자기를 설명하는데 적절한 이미지라고 본다.

관계적 자기란 관계를 자기형성의 주된 요소로 보는 것이다. 건강한 관계를 내면화 한 사람은 건강한 자기를, 건강하지 못한 폭력적이고 남용적인 관계를 내면화 한 사람은 결핍된 자기를 형성하게 된다는 것이다. 후자의 경우 성인이 되어서도 정상적인 스트레스마저 감당할 수 없게 된다.

폴링의 모호한 자기 개념은 독특하다. 그것은 자기 내부에 인정하고 싶지 않만 선과 악, 사랑과 증오가 공존한다는 개념이다. 폴링은 성폭력 피해자들이 손상된 자기를 회복하기 위해서는 자기 안에서 경험되는 모호함을 잘 감당할 수 있는 힘이 있어야 한다고 본다. 모호함 가운데서도 살아 갈 수 있는 능력을 키우는 것이 피해자에게 필요한 핵심적인 치료적 과제라는 것이다.

폴링은 예수를 관계성과 모호성의 자기를 가진 모델로 제시한다. 예수는 자신의 통합성(integrity)을 상실하지 않으면서 자신의 친구들과 원수들과의 관계성을 유지했다. 예수는 또한 더 나은 위대한 가치를 위해서 모호성 가운데서 자기 자신을 유지할 수 있는 능력으로 인간의 자기를 보여 주는 모델이다. 자신의 가해자들보다 훨씬 더 강하고 훌륭한 가치를 위해 그들로부터 받은 악의 영향을 악으로 갚지 않고 사랑으로 되돌려 준다. 마찬가지로 성폭력의 피해자들도 자기 회복을 위해 자기 안에 폭력의 결과로 내재하게 된 깊은 모호성을 직면해야 한다. 즉 피해자가 본인의 마음속에 자리하고 있는 사랑과 증오, 선과 악, 그리고 삶과 죽음의 현존을 직시해야 한다. 폴링은 바로 자기 안의 모호성을 끌어안을 수 있는 능력이 치유의 과정에서 매우 중요하다고 주장한다.

5. 폭력의 신학적 문제

성폭력 피해자들은 그들의 가족, 공동체에 대한 믿음뿐만 아니라 하나님에 대한 믿음을 지탱하기조차 어렵게 된다는 점을 폴링은 지적한다. 피해자들이 자신들이 갈망하고 있는 하나님과의 공감적 관계를 경험하는데 어려움을 주는 이유를 크게 세 가지로 제시하고 있다. 첫째, 가해자들이 명시적 그리고 암묵적으로 그들의 남용적 행위를 합리화시키기 위해 하나님을 언급하기 때문이고, 둘째, 교회와 사회가 어린이에 대한 부모의 권위, 여성들에 대한 남자의 권위를 지지하고, 아버지-하나님과 관련된 이미지를 사용함으로 이러한 권위를 인준하기 때문이며, 셋째, 힘의 남용에 의해 입은 경험 때문에 피해자들이 하나님의 자애로운 이미지를 찾기가 힘들기 때문이다.[16]

피해자들의 극심한 고통에 대한 신학적 성찰을 통해 폴링이 도출한 논지는 '힘의 남용은 곧 신학적 문제이다'라는 것이다. 성폭력은 단순히 병리적 자기 혹은 억압적 기관과 사회 이데올로기의 산물이 아니다. 성폭력을 정당화시키는 이미지는 전통적으로 주입되어온 하나님의 이미지에 숨어 있고, 윤리 규범에도 숨어 있다. 성경에 나타난 하나님의 폭력적 이미지에 관련된 주제는 어떤 조건들 하에서 특정한 형태의 인간 폭력을 암묵적으로 인준해 준다. 창세기의 노아의 홍수 이야기와 아브라함과 하갈의 이야기 등에 나타난 하나님의 폭력적 이미지는 쉽게 해결할 수 없는 문제로 제시하고 있다. 신약에 나타난 대속이론(theory of substitutionary atonement) 역시 인간의 폭력을 합리화시키는 데 공헌한다고 보고, 성육신 이론(theory of incarnational atonement)마저도 주의 깊게 사용하지 않으면 하나님의 일방성의 이미지로 피해자들의 고통을 침묵시키는 위험성이 있음을 폴링은 용기 있게 주장하고 있다.

이러한 신학적 문제에 대한 대안으로 폴링은 과정신학적 관점에서 하나님의 관계성과 모호성을 부각시킨다. 하나님은 우리 인간과의 관계성 안에서 우리 인간의 모든 고통을 하나님 자신의 경험의 일부로 온전히 경험하신다. 그리고 하나님은 자신의 통합성(integrity)을 상실하지 않으면서도 선과 악을 모두 포용하시는 모호한 이미지를 가지고 계신다. 이러한 관점에서 폴링은 성폭력 피해자들의 경험이 하나님의 경험의 일부가 됨을 주장한다. 그리고 하나님의 사랑은 극심한 악 가운데서도 포기하지 않고 그 악의 파괴적 가능성을 극복한다고 주장한다. 바로 이러한 하나님의 관계성과 모호성에 관련된 이미지에서 성폭력 피해자들의 하나님과의 관계성 회복의 가능성을 제시하고 있다.

폴링의 수정된 하나님 이미지는 화이트헤드의 과정신학에서 직접 영향을 받았다. '관계성'과 '모호성'으로 특징지어 지는 하나님 이미지를 통해서, 오랫동안 교회가 가르쳐 왔던 '부동의 절대자,' 인간의 고통에 영향을 받지 않는 '전능자'로서의 하나님 이미지가 지닌 문제점과 한계를 극복한다. 폴링의 이러한 시각은 성폭력 피해자들로 하여금 그들이 받는 고통 가운데서도 함께 하시고 아파하시는 하나님의 모습을 발견하게 하는 데 도움이 된다. 이런 하나님 이미지는 성폭력 피해자들을 치유하는 데 있어서의 유용한 신학적 자원으로 사용될 수 있다.

IV. 한국적 적용의 가능성과 한계

폴링의 이론은 한(恨)으로 특징지을 수 있는 한국 문화에서 폭력의 문제를 다루는 데 좋은 통찰력을 제공한다. 한이 밖으로 표출되지 못하고 내면으로 억압되어 축적된 정서적 고통이라 볼 때, 성폭력의 극단적 고통 속에서 침묵된 절규를 표현할 수 있게 하고, 억울한 심정들에게 진리를 주장할 수 있게 하며, 왜곡된 자기를 회복하게 돕는 상담가들에게 폴링의 연구는 다양한 관점에서 통전적 접근을 하도록 안내한다.

특히 폭력의 영향으로 형성되는 피해자들의 자기 개념을 설명하기 위해 폴링이 사용하는 내면화의 개념은 한국사회에서 많은 피해자들이 사용하는 대표적 자아방어기제로서 한, 화병, 수동적 공격성, 권위적 대상이나 조직에서 경험하는 심리적 불능, 하나님과의 양가적 관계(ambivalent relationship)경험 등의 현상을 설명하는 데 아주 적절하다.

폴링은 내면화로 인해 손상되고 결함된 자기를 치유하기 위해 선과 악의 모호함을 극복하여 통합을 이루는 것을 강조한다. 하지만 한국 사회에서 내면화로 인해 손상된 자기의 병리 정도는 폴링이 지적하는 것 보다 훨씬 심각함을 인식할 필요가 있다. 내면적 모호성의 통합을 이루도록 돕기 위해서는 더 구체적인 한국인들의 사회심리와 힘의 역동을 상담관계와 과정에 반영해야 한다. 폴링은 내담자가 직면해야 할 외부의 체제적 억압의 변화의 필요성에 대해서는 명료하게 설명하고 있으나, 그러한 체제적 현실을 내담자가 상담과정에서 어떻게 다루어 나가야 할지에 대해서는 더 구체적으로 발전시키는 것이 필요하다.

폭력에 대한 가족적, 체계적, 사회적, 이데올로기적 관점에서 폴링의 조명은 한국 사회에서 난무하고 있는 폭력에 대한 묵인 또는 합리화의 문제를 잘 조명한다. 최근 한국의 공립학교에서는 체벌금지가 거론이 되고 법제화되고 있다. 하지만 자녀들의 체벌금지에 대해 양가적 태도를 취하는 학부모들의 반응을 보면 폭력이 가족체계 안에 깊숙이 내면화되어 있음을 보여준다. 즉 폭력을 정당화시키는 이데올로기의 내면화는 가족체계 안에 일어나고 것이다. 이것은 우리 사회에서 계속 일어나고 있는 아동과 여성에 대한 성폭력을 근원적으로 해결하지 못하게 하는 요소로 작용하고 있다.

폴링의 폭력에 대한 신학적 이해는 도전적이다. 대표적인 것이 아버지 하나님과 관련된 가부장적·지배적 하나님 이미지의 문제와 한계를 극복하는 것이다. 많은 여성 피해자들의 하나님 이미지는 한국교회에서 거의 지배적으로 사용하고 있는 아버지와 관련된 하나님 이미지다. 이러한 아버지 이미지, 그리고 이와 관련된 일방적 희생, 순종, 기존 질서에 대한 순응 등은 치유를 위해 도움이 되지 않으므로 보다 관계적인 이미지의 탐색이 필요하다. 그리고 이러한 이미지를 바꿀 때 생기는 저항을 최대한 줄이고 피해자들의 치유를 촉진시키기 위해서는 한국 문화 안에 내재하는 가장 효율적인 이미지와 메타포를 탐색해야 한다.

폴링의 목소리는 피해자들을 위한 한국 교회의 역할에 관한 강력한 선지자적인 메시지로 메아리치고 있다. 교회들이 교권 유지를 위한 조종의 수단으로 하나님의 이미지를 사용하고, 지배적 문화와 정치와 결탁하여 가부장주의를 옹호하고, 성폭력 및 가정 폭력에 대해 침묵하는 현상에 대해 도전하고 있다. 그의 신학적 방법론을 통해 도출해 낸 새로운 신학적 관점들은 한국 교회에 매우 큰 도전이 되면서도 교회가 피해자들을 위해 해야 할 사역을 발전시키는 데 큰 공헌을 했다고 볼 수 있다.

그러나 폴링의 여성과 아동에 대한 성폭력의 현상에 대한 성찰에서 접근한 힘의 속성과 힘의 남용에 대한 분석은 그 유용성에도 불구하고 보완해야 할 측면이 있다. 우선 여성과 아동에 초점을 맞추다 보니 폴링은 친여성주의적 접근에서 가부장제를 힘의 남용을 위한 주된 수단으로 보고 있다. 사실 많은 성폭력의 희생자들이 여성과 아동이라는 점에서 충분한 설득력을 지니고 있고, 이들의 치유를 위해 반드시 고려해야 할 관점임에는 틀림없다. 하지만 이러한 친여성주의적인 관점에서만 폭력의 문제를 접근할 때 몇 가지 질문이 제기된다. 한국 사회에서 여자만 폭력의 피해자인가? 남자는 폭력의 가해자 입장에서만 이해되어야 하는가? 물론 성폭력에 있어서는 일반적으로 남자가 가해자이다. 하지만 성폭력을 포함한 일반적 폭력을 힘의 남용 문제로 볼 때, 여성주의적 접근에는 한계가 있다. 사회의 체제적 힘의 남용에 의해 상처받는 남성들의 고통을 무시하게 되는 결과를 가져오게 된다. 이러한 일반화는 남성 피해자들의 돌봄의 사역을 무시하거나 방관하게 하는 결과를 가져올 수 있다. 남성을 돌본다는 것을 마치 남성들의 가해자적 측면의 폭력성을 치료하는 것으로 간주하게 되는 경향이 있을 수 있다.

남성들 역시 그들의 성품 형성과정에 있어서 폭력의 영향이 중요한 한 자리를 차지한다. 중고등학교나 심지어 대학에서도 또래집단과 선배들로부터의 폭력, 직장에서 상사들로부터 가해지는 여러 유형의 폭력, 군대 생활에서 경험하는 폭력은 남자들의 자기발달과정에 깊은 상처를 남기고 후에 고통의 원인으로 작용한다. 이러한 측면에서 볼 때, 한국 사회에서 폭력의 문제를 다룰 때 더 근원적인 문제는 가부장제의 극복이라기보다 지배체제적 힘의 남용을 극복하는 것이다. 지배체제라 함은 "정의롭지 못한 경제적 관계들, 억압적 정치 관계들, 치우친 인종 관계들, 가부장적 성 관계들, 계층적 힘의 관계들, 그리고 이 모든 것들을 유지하기 위한 폭력의 사용"17) 등의 "조직적 힘의 집합체"18)이다. 지배체제의 개념에서 접근할 때 가부장적 힘의 남용의 문제 역시 이해할 수 있다.

한국사회의 지배체제 특징을 이해하는 데 폴링이 언급하지 않은 또 하나는 측면은 사회 안의 요인보다 사회 밖으로부터의 폭력이라는 점이다. 생존의 위협을 가해 온 역사적 실제로서의 강대국들에 의한 위협과 침범, 산업화 이후 자본주의 시장경제체제의 특정 사람들에 대한 억압적 힘, 그리고 이러한 외부의 힘이 강화시킨 유교주의적 지배체제 등의 측면들을 반드시 고려할 필요가 있다.

목회상담에서 한국의 지배체제가 내담자들의 심리, 관계, 종교적 신념, 그리고 하나님 관계 등에 어떻게 영향을 미치고 있는지를 평가해야 한다. 억압적 힘과 권위에 가장 예민한 피해자들에게 상담자가 어떻게 힘과 관계를 치료적으로 사용해야 하는지에 대한 구체적 지침을 개발하는 것이 한국적 목회상담의 중요한 과제다. 그리고 내담자가 체제적 힘의 남용의 내면화로부터 풀려 나와 변화와 성장을 이루고, 억압적 힘의 체제를 성공적으로 다루고, 공존의 자애로운 공동체를 만들어 갈 수 있도록 도와주는 상담 모델을 개발하는 것이 한국목회상담 전문가들의 중요한 과제이다.

Poling, N. James. *Deliver Us from Evil: Resisting Racial and Gender Oppression.* Minneapolis, MN: Fortress Press, 1998.

_____. *The Abuse of Power: A Theological Problem.* Nashville, TN: Abingdon Press, 1991.

_____. *Render unto God: Economic Vulnerability, Family Violence, and Pastoral Theology.* St. Louis, MO: Chalice Press, 2002.

_____. *Understanding Male Violence: Pastoral Care Issues.* St. Louis, MO: Chalice Press, 2003.

Poling, J. N. & Miller, Donald E. *Foundations for a Practical Theology of Ministry,* Nashville, TN: Abingdon Press, 1985.

Wink, Walter. *When the Powers Fall: Reconciliation in the Healing of Nations.* Minneapolis, MN: Augsburg Fortress, 1998.

1) 본고는 "성폭력피해자 치유를 위한 '관계적' 신학의 고찰: 제임스 폴링의 목회신학을 중심으로," 「목회와 상담」 16(2011), 160-188의 내용을 수정·보완한 것임.

2) James Poling, *Understanding Male Violence: Pastoral Care Issues*, (St. Louis, Missouri: Chalice Press, 2003), 169.

3) James Poling & Donald E. Miller, *Foundations for a Practical Theology of Ministry* (Nashville, TN: Abingdon Press, 1985), 62.

4) 앞의 책, 67-68.

5) 앞의 책, 69.

6) James Poling, *The Abuse of Power: A Theological Problem* (Nashville: Abingdon Press, 1991), 187.

7) 앞의 책, 187-188.

8) 앞의 책, 19.

9) 앞의 책, 19.

10) James Poling, "Pastoral Care in a Time of Global Market Capitalism," *The Journal of Pastoral Care & Counseling* 58(2004), 179-185.

11) James Poling, "Creativity, Generativity, and the Next Generation," *Journal of Pastoral Theology* 19/2(2009), 94-103.

12) Poling, *The Abuse of Power: A Theological Problem*, 41.

13) 앞의 책, 63-73.

14) 앞의 책, 87.

15) 앞의 책, 95.

16) 앞의 책, 154.

17) Walter Wink, *When the Powers Fall: Reconciliation in the Healing of Nations* (Minneapolis, MN: Augsburg Fortress, 1998), 39.

18) Rodney Hunter, "The Power of God for Salvation: Notes for a Pastoral Theological Understanding of Divine and Human Power," *The Journal of Pastoral Theology* 18(2008), 58.

Chapter 12

멀 조단
(Merle R. Jordan)[1]

양 유 성
[평택대학교 교수]

멀 조단(Merle R. Jordan)은 보스턴대학교(Boston University)에서 목회상담과 부부 및 가족상담, 종교심리학, 특히 신비주의 현상 연구 등과 관련된 과목들을 가르쳤다. 그는 하워드 클라인벨(Howard Clinebell)의 제자였고, 클레어몬트 신학대학원에서 목회상담학으로 박사(Th.D.) 학위를 취득하였다. 그동안 학계에서 목회상담학을 이해하고 적용해 나가는 다양한 학문적 모델과 방법론이 제시되고 발표되어 왔는데, 목회상담을 우상숭배라는 틀과 관점에서 이해하고 치료적 접근을 모색하는 그의 접근방식은 독특하면서도 적절한 치료 효과를 가져올 수 있다고 기대된다. 구약성경에서 하나님의 백성이 우상숭배의 반복적인 악순환에 빠지는 모습을 자주 보게 되는데, 상담 현장에서도 이와 같은 방식으로 자신의 문제에 대해 원시적이고 본능적인 대처를 하는 내담자들을 경험하게 된다.

I. 생애

조단의 가족은 메인 주의 조그만 도시에 살았고, 그의 아버지는 농사를 지으면서 그의 형제 중의 하나가 운영하는 자동차 정비소에서 일했다. 그가 태어난 직후 그의 어머니는 성홍열에 감염되어 5주 후 사망하고 말았다. 그에게는 두 살 위의 누나가 하나 있었다. 어머니의 사망 후 얼마 뒤 그의 아버지는 옆집에 살았던 간호사와 재혼했다.

조단은 세 가지 중요한 정신적 외상이 자신의 세계관과 하나님에 대한 이해에 영향을 미쳤다고 고백한다. 첫째는 어머니의 죽음이었다. 그로 인해 깊은 분리불안과 버림받거나 거부나 비난에 대한 두려움이 그의 마음 속 깊이 자리 잡게 되었다. 둘째는 그가 중년기가 되었을 때 자신의 아버지가 은연 중에 어머니의 죽음에 대해서 자신을 비난했다는 것을 알게 된 것이다. 어떤 의미에서 과도하게 책임감을 가지고 착해야 했던 그래서 속죄하여야 할 어머니를 죽인 살인자로서의 자아상을 내면화했다. 셋째는 그를 끔찍이 사랑했지만 지나치게 정서적으로 과도하게 예민했던 의붓어머니로부터 받은 영향이었다. 어린 아들을 훌륭하게 키운다고 인정받고 싶은 의붓어머니는 그를 심리적으로 조정하거나 통제하기도 했다. 의붓어머니에 대한 전적인 충성과 연합은 관계 속에서 독립하고자 하는 그의 자유를 포기하게끔 했다. 따라서 그는 어린 시절부터 부모화된 어린아이였다.[2]

II. 목회상담의 주요과제로서 우상숭배의 개념

1. 개인의 정체성에 나타나는 우상숭배

목회상담에서 상담자가 내담자로부터 중요하게 들어야 할 것은 내담자에게 궁극적인 권위로 인식되는 것이 무엇인지 또는 누구인지 하는 것과 내담자가 그 궁극적 권위를 어떻게 정의하는지 또 그것을 가치 있게 경험하고 있는지에 관한 이야기이다. 자아 개념은 항상 자신의 궁극적 권위의 개념과 같이 가게 된다. 한 개인이 명백하게 종교적이든지 아니든지 간에, 기독교의 인간론은 항상 신론과 연결되어 있다. 따라서 우리 시대에 보통 내가 누구인지를 묻는 정체성의 질문은 내가 누구의 것인지를 묻는 관계적인 질문을 벗어나게 되면 별 도움이 되지 않는다. 자아는 항상 타자나 잘못된 타자의 관점에서 정의된다. 칼 야스퍼스(Karl Jaspers)는 "인간이 갖고 있는 하나님 이미지의 종류가 그 사람이 어떤 인격을 가졌는지를 결정한다."고 말했다.[3]

인간이 궁극적인 존재의 근원이 아닌 다른 데서 자신의 정체성을 취할 때, 자신의 정체감이 왜곡되게 된다. 목회상담의 근본적인 작업은 자아의 중심에서 하나님의 자리를 가로채며 사람들의 정체성을 억압하면서 정의해주는 잘못된 정신적인 신들을 예배하는 우상숭배를 도전하는 것이다.[4] 우상은 상대적인 어떤 것이 절대적인 것으로 올라가고, 유한한 어떤 것이 무한한 수준으로 격상되거나, 또는 임시적인 것에게 영원한 자격을 부여한 것을 말한다. 대부분의 정신병리의 중심에 놓여있는 우상숭배를 이해하는 것이 목회상담가에게 필수적이다. 정서적이고 영적인 성장은 예수 그리스도 안에 계시된 진정한 하나님과 연결된 한 개인의 인격의 중심으로 이동해 가는 것이다.[5]

인간 정신 속에 잘못된 궁극적 권위로서 기능하는 내면화된 부모 이미지에 대한 고착(fixation)이 우상숭배로 이끈다. 안나 프로이트(Anna Freud)와 다른 학자들은 어린 아이들이 어떻게 부모와 다른 중요한 권위를 가진 인물들에게 신적인 힘을 부여하는 지를 지적했다.[6]

이중적 우상숭배의 개념은 궁극적 권위에 대한 왜곡되고 잘못된 인식으로 인해 자기 자신과 정체성과 자신의 가치에 대한 잘못된 정의와 믿음이 형성된 정신적 우상숭배의 두 연결된 영역을 가리킨다. 첫 번째 우상숭배의 영역은 리주토(Rizzuto)에 의해 탐구된 하나님에 관한 정신적 표상을 다루는 것이다. 보통 부모 이미지로 경험된 잘못된 권위 이미지는 하나님에게 투사된다. 프로이트 시대에는 대개 아버지의 이미지가 하나님에게 투사됐으나, 조사에 의하면 오늘날의 미국 사회에서는 어머니의 이미지가 더욱 자주 하나님에게 투사된다.[7]

궁극적 존재에 대한 우상숭배적 인식은 직접적으로 개인의 자아개념이나 자아상에 연결된다. 예를 들어 사랑하는 하나님 경험은 힘을 주며 존중해주지 않는 무기력한 하나님의 경험보다 더 긍정적인 자아개념을 형성시켜 줄 것이다. 또한 자녀들을 사랑하고 존중해준 부모는 비판적이고 비난하는 부모보다 더 긍정적인 하나님의 표상을 자녀들에게 주게 된다.

잘못된 궁극적 권위가 지배하는 상징적 세계에서 생존하기 위해서 인간은 자아 주변의 두 번째 우상숭배를 세워야 한다. 이 두 번째 우상숭배는 하나님의 본질에 대한 첫 번째 잘못된 인식에 대한 반응이다. 이것은 구원의 방어기제, 또는 부정적으로 보이는 현실 앞에서 자신을 구하려는 시도로서 생각될 수 있다. 감정적인 상처를 다루는 한 상담사례에서, 내담자가 어렸을 때 궁극적인 존재로 인식됐던 그녀의 비판적인 어머니의 반응으로 인해 내담자가 억압, 우울증, 나중에는 신체형 장애에 이르기 까지 어떻게 내담자가 구원의 방어기제를 발전시켰는지를 볼 수 있다. 어떤 종류의 선행이 인식된 신을 달래고 관계를 유지하기 위해 제공되는데, 자신의 구원자를 갖기 위한 전략의 일부가 된다. 어떤 사람은 과도한 비행이나 반항적 행동으로 우상숭배적이고 억압적인 힘을 뒤집어 엎으려고 한다. 반대로 어떤 사람은 모든 사람을 기분 좋게 하고 불안정한 세상에서 안전하게 느끼기 위해서 순응적이고 복종적인 태도를 갖게 될 수도 있다.[8)

이러한 우상숭배에서 집요한 언약관계가 나타나는데, 이것은 잘못된 신과 결과적인 잘못된 자아와의 사이의 구속적인 언약을 말한다. 언약은 매우 강한 구속력을 지니고 있어서, 사람들은 거기서 벗어나는 과정에서 대개 엄청난 고통을 경험한다. 죄책감은 이러한 일을 더욱 힘들게 만든다. 사람들은 보통 우상의 규칙과 가르침을 따르지 않으면 죄책감을 느끼게 된다.[9)] 목회상담은 내담자로 하여금 과거의 우상숭배적인 언약을 버리고 새로운 언약관계 속으로 들어가도록 도와야 하는데, 이 새로운 환경은 대상관계 이론에서 말하는 공감적으로 반영하며, 존중하며, 진정한 자아가 되도록 돕는 안아주는 환경(holding environment)을 제공하는 것을 말한다.[10)]

왜곡된 세계관, 부정적인 정체성, 정신적 우상에 대한 잘못된 신앙체계는 아동기로부터 내면화된 대본(scripts)이고 전 생애에 걸쳐 그런 테이프를 재생시키려는 강력한 경향이 있다.[11)] 우상에 의해 전달된 삶의 교훈, 가치, 신앙 등은 세속적 성서라고 불려진다. 세속적 성서는 교류분석에서 말하는 금지령(injunction)과 역금지령(counter-injunction)과 비슷하다. 이것들은 의무, 당위, 명령으로 가득 차 있다.[12] 세속적 성서의 내용을 이해하고 고쳐나가는 것이 내담자를 우상숭배로부터 자유롭게 하는 과정에 도움이 된다.

자아와 우상 사이에 은밀하게 주고받는 대화를 세속적 기도라고 부른다. 우상과 자아 사이의 의사소통의 과정은 당사자는 그것을 의식하고 있지 않다고 하더라도, 계속적인 것이다. 그것은 우상숭배적인 언약을 강화하며, 상당한 에너지를 동반하고 있다.[13]

2. 상담관계 속의 저항에서 나타나는 우상숭배

잘못된 신앙체계와 고착된 심리적 우상숭배는 종종 그것이 이미 가고 있는 방향 외에는 다른 어떤 방향으로 가기를 거부하는 고집 센 낙타와 같은 기능을 한다. 이미 어떤 방향으로 가고 있는 낙타에 올라타는 것을 배우는 것이 목회상담의 중요한 기술이다.[14]

우상숭배적 세계관과 신앙체계는 흔히 끈질기고 고집스러운 것이다. 사람들은 그들의 문제와 증상을 악착같이 붙들려고 한다. 그들의 한 손은 도움을 받으려고 외부로 내뻗고 있지만, 다른 손은 흔히 그들의 등 뒤에서 문제를 불러일으키는 상황을 꽉 붙들고 있다. 목회상담자가 내담자들은 현재 그들의 모습대로 남아있기로 깊은 헌신을 한 채로 상담에 온다는 사실을 인식하는 것이 필수적이다. 그들은 상담을 받고자 하더라도 종종 현재의 어려운 상황에 대한 애착심을 갖고 있다. 사람들은 우상숭배에 대한 속박을 쉽게 깨뜨리려고 하지 않는다. 어떤 변화를 거부하는 반복적인 강박 충동, 삶의 대본과 이야기 등은 내담자의 고착된 기능적 신학에 대해 상당한 지지적 발언을 해준다.[15]

사람들은 흔히 그들의 관점과 신앙체계에 대해 친숙함(at-homeness)을 발전시키고 그것들을 포기하기 어렵게 만든다.[16] 출애굽 이야기는 변화에 대한 저항의 은유를 제공해준다. 버지니아 사티어(Virginia Satir)는 저항은 주로 가 보지 않은 곳을 가야 하는 것에 대한 두려움이라고 주장한다.[17] 저항은 유일하게 구원을 필요하게 만드시는 놀랍고 주도적인 사랑을 신뢰하기 보다는 자신의 구원을 이루기 위해서 보기 흉하고 부재중인 신에 대해 우상숭배적인 태도를 붙드는 것이다. 이것은 자기애적인 도전과 좌절의 요소를 갖고 있고, 은혜의 가능성에 대해 열려져 있는 것이 아니라, "나는 차라리 나 혼자서 하겠다."는 의사소통 방식이다.[18]

내담자를 인정하고 이해하려고 하지 않고 변화시키려고 고집스럽게 압박하는 상담자들은 왜 변화에 대한 그런 압력을 가하는지 자신의 역전이 문제를 탐색해 볼 필요가 있을 것이다. 때때로 상담자는 실패에 대한 두려움 때문에 그런 강요적인 태도로 상담하는 것이 아닌지 생각해 볼 필요가 있다.[19]

내담자에게 변화를 요구하는 상담방식은 대개의 경우 더 큰 저항과 방어심리만 낳게 할 뿐이다. 그런 경우 상담자는 저항을 꺾으려 하기보다는 편을 들어 주어야 할지도 모른다. 이런 문제에 대한 좋은 예화가 있다. 농촌에서 어느 날 나이 든 아버지가 고집 센 송아지를 외양간에 집어넣으려고 하고 있었는데, 그 아버지가 송아지를 더 힘껏 외양간에 밀어 넣으려고 할수록 송아지는 더 고집스럽게 말을 안 듣고 있었다. 어린 아들이 아버지는 애쓰지만 송아지가 저항하는 것을 지켜보다가 크게 웃고 말았다. 그러자 난처해진 아버지는 네가 잘할 수 있는 더 좋은 방법이 있으면 이리 와서 송아지를 외양간에 집어넣어 보라고 했다. 그러자 쏜살같이 어린 아들은 송아지 뒤로 가서 외양간과 반대방향으로 꼬리를 잡아당겼다. 그러자 송아지는 즉시 외양간 안으로 움직이기 시작했다.[20]

만약 고집 센 소나 내담자가 합리적인 방향으로 나갈 수 있다면 분명히 그런 방향으로 나가야 할 것이다. 그러나 합리적인 방향으로 나가기를 거부하는 저항이 있다면 역설적인 사고방식의 사용을 포함하는 다른 방식을 써 봐야 할 것이다. 합리적인 방식이 효과가 없을 때는 사람들을 비합리적인 쪽으로 연결시키는 것이 보다 중요하다. 때로 우리는 우리 자신 속에 있는 비합리성을 다른 어떤 사람에 의해서 거울처럼 보여 지기 전까지는 깨닫지 못할지도 모른다.[21]

내담자가 변화되는 것을 보기를 원하는 상담자는 내담자가 변화되지 않기로 선택할 수 있는 내담자의 권리를 진정으로 존중해 주는 것이 매우 어려울 때가 있다. 때때로 목회상담자는 우리에게 가장 좋을 것이라고 여겨지는 것 또는 하나님의 뜻에 순종하지 않는다고 하더라도 하나님은 계속해서 우리들을 사랑하신다는 것을 이해하고 상담할 필요가 있다.[22]

3. 가족관계에서 나타나는 우상숭배

결혼을 앞두고 사람들은 장래 배우자의 성격에서 나타나는 어떤 특징들이 어린 시절의 해결되지 않은 갈등과 패턴을 재현시킬 수 있다는 것에 관한 희미한 단서들을 무시할지도 모른다. 사람들은 자신의 장래 배우자를 어린 시절 우상숭배적인 권위를 가졌던 대상들과 비슷한 특성을 지니고 있다는 사실을 부인하면서, 어린 시절 중요했던 사람들과 반대되는 형으로 이상화시킬 수도 있다. 사실상 장래 배우자상은 자신을 과거의 모든 박탈과 상처로부터 구원해 줄 낭만적인 구원자상으로 보일 수 있다. 따라서 자녀와 부모사이에서 생긴 해결되지 않은 우상숭배의 기본 문제는 결혼관계에서 재현되기도 한다. 사실상 우상숭배적인 관계를 결혼에 재현하는 것은 해결되지 않은 정신적 외상을 반복적인 꿈을 통하여 극복하려는 것과 마찬가지로 우상숭배를 해결하려는 시도라고 가정해볼 수 있을 것이다.[23] 사람들은 과거 가정의 우상들로부터 해방되어 자유롭게 그들 자신의 하나님을 선택하고 자신의 삶과 결혼에 대한 책임을 질 필요가 있다.

가족의 역동성에 관해 신학적 관점에서 살펴본다면 지목된 환자 또는 희생양의 역할 속에서 나타나는 구속의 주제를 먼저 다룰 수 있을 것이다. 희생양은 가정의 문제에 대해 책임을 지는 사람이다. 가족의 짐을 지고 갈등의 초점이 되므로 희생양은 자신이 가족을 위한 속죄제물이 되려고 한다. 어떤 가족치료자는 희생양이 된 가족구성원에게 역설적으로 "당신은 가족들을 위해서 고귀한 속죄제물이 되었군요. 당신의 부모님을 보호하기 위해 문제를 불러일으켜 관심을 빼앗고 그들 자신의 문제는 잊어버리도록 했군요. 당신의 그런 비이기적인 태도와 다른 가족들을 위한 희생에 대해 당신은 칭찬받아야 할 거예요."라고 말해 주기도 한다. 다른 가족들은 처음에는 상담자가 문제 인물을 고귀한 희생자로 바꿔 부르는 것에 어려움을 겪고, 본인도 그런 역할을 부인할 것이다. 이러한 구속의 개념 밑에 깔려 있는 것은 나머지 가족들의 죄책감, 갈등 등을 덜어주기 위해 누군가 대신 짐을 져 줄 사람들의 필요일 것이다. 가족의 일원을 십자가에 못 박으므로 개인이나 부부는 이제 문제인물에 눈길을 돌리므로 그들의 문제에 관해 책임을 질 필요가 없어진다.[24]

가족에 있어서 그러한 구속은 일종의 우상숭배적 권위를 극복하는 방식이다. 어린 아이는 매우 비판적이고 억압적인 부모로 인해서 자연적이고 자발적인 자아를 왜곡시키는 심리적인 방어를 포함해서 다양한 방식으로 자신이 십자가를 지게 될지도 모른다. 따라서 가족의 계속적인 삶을 위해서 한 사람이 자신의 인격의 결정적인 부분들을 희생하게도 된다. 그러한 방어 전략들은 보통 심리학적인 관점에서 보지만, 신학적인 관점에서도 충분히 이해될 수가 있다. 대부분의 가정들은 심지어 자신들이 불가지론자나 무신론자라고 여기고 그들 가족에 기능하고 있는 신학적인 역동성의 현실을 부인하면서, 그러한 역동성에 대해서 종교적인 용어로 개념 정리가 되어 있지가 않다.[25]

가족의 종교적 드라마에 있어서 두 번째 문제는 그 가정의 가족 우상의 위상과 권위다. 실제로 가족 안의 누군가가 우상으로 기능하는가? 또는 그 사람이 다른 사람들에 의해서 신성한 권위를 가진 것으로 인식되는가? 부모들이 신성한 권위를 부당하게 사용할 필요가 없는 것이 사실이지만, 훈육과 가정을 세우고 통제하고자 하는 면에서 자녀들은 부모를 신적인 존재로 기능한다고 인식하게 될지도 모른다. 가족 조각에서 사람들에게 그 방에서 하나님은 어디에 위치해 있느냐고 묻는 것은 재미있는 일일 수가 있다. 그들은 어디서 가정 안의 궁극적인 권위와 힘을 경험하는가? 궁극적 권위는 가족 구성원에게 자유를 인정하고 선사해 주는 가? 또는 그 권위는 다른 사람들을 구속하고 통제하고 압박하는가? 조부모와 같이 핵가족 외부의 어떤 권위가 힘의 중심지일 수도 있는가? 이런 질문들을 통해 가족 우상이 누구며 그가 어떤 영향을 주는 지를 알 수 있다.[26]

가족의 종교적 드라마를 살펴보는 세 번째 방식은 가족이 붙들고 있는 세속적 성서를 탐색하는 것이다. 그 가족에 스며들어 있는 규칙과 명령들, 특히 자녀양육

방식을 지배하고 있는 것들을 검사해봄으로 가족의 암묵적인 종교에 관해서 많은 것들을 알 수 있다.[27)]

가족에 관한 다음과 같은 주제들을 살펴보는 것도 도움이 될 수 있다. 가족 규칙, 가족 신화, 가족의 핵심가치, 중요한 가족의 전통(그것들이 무엇을 의미하고, 누가 지지했는가?), 언어적이거나 비언어적인 가족의 기대, 가족의 장점들, 가족의 권력구조, 가족의 의사결정 방식, 갈등처리 방식, 중요한 질병이나 중독, 문화적 배경, 부정적 감정의 표현방식, 가족구성원의 역할, 자녀들의 독립성이 격려받는 지 또는 저지 받는 지의 여부, 출생 순서, 신앙의 위치 등이다.[28)]

깊은 영적 변화는 자신의 원가정으로부터 분화될 때 일어날 수 있다. 예수님은 누가복음 14:26에 "무릇 내게 오는 자가 자기 부모와 처자와 형제와 자매와 및 자기 목숨까지 미워하지 아니하면 능히 나의 제자가 되지 못하고"라고 말씀하셨다. 예수님의 이러한 발언은 가까운 권위적 인물들과 관계들로부터 진정한 분화가 제자도에 필수적이라는 것이다. 하나님 외에는 다른 신이 없기 때문이다.[29)]

4. 기도에서 나타나는 우상숭배

목회상담에서 기도와 묵상의 위치와 사용에 대한 태도에 있어서 양극단이 있다. 한쪽에서는 기도와 묵상이 기독교신앙에서 가장 기본적인 것으로 목회상담에서도 그런 기본에 충실해야 한다고 주장한다. 다른 쪽에서는 인간의 심층적인 영역을 다루기 때문에 심리치료의 어렵고 복잡한 기술을 잘 터득하고 제대로 사용할 줄 아는 것이 훨씬 더 중요하다고 본다.

목회상담을 오래 배우고 실천할수록 심리학과 심리치료의 모델과 방법을 추종하고 상담에서 목회적/신학적/영적 측면의 통합을 무시하거나 소홀히 하는 경향이 있다. 이로 인한 위험성은 일찍이 루이스(C. S. Lewis)가 지적한 대로 마귀가 가장 즐기는 술책인 이 세상에 마귀는 존재하지 않는다고 믿게 하는 것과 같다고 볼 수 있다.

기도나 묵상은 한 인간의 삶에 있어서 궁극적 권위로 인식한 대상과의 의사소통 방식이라고 정의내릴 수가 있다. 이러한 대화는 진정한 권위와 더불어 이루어질 수도 있고, 신에 관한 잘못된 정신적 표상과 이루어질 수도 있다. 그것이 진정한 하나님과의 관계이든 아니면 우상과의 관계이든지 간에 인간의 마음속에서 중심적인 권위와 더불어 깊고 가까운 의사소통이 이루어지고 있다면 목회상담에서 다룰 수 있는 기도와 묵상의 영역이 될 수 있다.[30]

기도와 묵상은 상담자와 내담자가 그것을 의식하든지 않든지 간에 상담관계의 한 부분이다. 내담자와 상담자 모두 공식적으로 기도에 관해 말하든지 않든지 궁극적인 존재로 인식된 대상과의 의사소통의 은밀한 방식을 치료관계 속에 가지고 오는 것이다. 중요한 문제는 목회상담자가 자신의 상담에서 기도와 묵상을 사용하느냐 그렇지 않으냐가 아니고, 오히려 목회상담자가 치료의 쌍방관계에서 이미 일어나고 있는 은밀한 묵상과 기도를 의식하고 있느냐 그렇지 못하냐 하는 것이다.[31]

목회상담자의 주된 작업은 과거의 심리 내적인 대상에 대한 내담자의 고착의 성격을 진단하고 고착의 대상이 내담자의 마음 속에서 어떻게 우상이나 잘못된 신과 같이 기능하는지를 주목하는 것이다. 개인과 고착 대상 사이의 의사소통은 기도의 성격을 띤다는 것을 이해하는 것이 도움이 된다. 이런 의사소통을 세속적 의사소통이라고도 불려진다. 또한 우상에 대한 세속적 기도는 우상 자체의 힘과 지위를 강화시키는 경향이 있다. 고착으로 신경증적인 문제를 가진 경우에 복종의 신경증을 겪는 내담자의 기도 반응은 잘못된 신의 독재에 아멘으로 반응하는 것이다. 반항의 신경증을 겪는 내담자는 잘못된 신의 지시와 가치에 대해 거칠고 무조건적인 거부 반응을 나타내는 경향이 있다.[32]

세속적 기도패턴의 역동성은 기본적으로 아동기의 핵심 권위인물들로부터 개별화와 개성화를 시도하는 아동의 경험으로부터 나온다. 예를 들어 개별화를 시도하는 어린이가 거부, 비난, 분노, 사랑의 철회와 직면한다고 상상해 보자. 그런 아이는 분리의 이런 위협에 대해서 부모와의 중요한 관계를 유지하기 위해서 자신의 자유를 포기하는 반응을 할 수가 있다. 그런 아이의 하나님 이미지는 심판적이고 지배적이고 억제적인 부모의 투사가 될 수 있다. 아이는 그런 권위에 도전하면 거부되고 고아처럼 될 무서운 가능성에 직면하는 대신 핵심 권위와의 생명줄을 붙들기 위해 자신의 인격의 어떤 부분을 희생시키는 대가를 치루는 것이 보다 안전하고 낫다고 믿는다. 이것은 본질적으로 "나는 내가 하기로 되어 있는 것을 할 것이고, 내가 되기로 되어 있는 것이 될 것이다. 하지만 나는 내면적으로 지독하게 화가 날 것이다. 그러나 나는 그것을 숨기므로 당신과 계속적인 관계를 가질 수 있을 것이다."라는 기도생활로 번역된다.[33]

반대로 부모를 대적하고 반항하는 아이의 경우에는 나는 내가 하고 싶은 대로 하겠다는 태도로 사랑과 관심에 대한 자신의 필요를 포기해 버릴 수가 있다. 이런 아이는 조건적으로 사랑하는 부모에 대한 상실과 슬픔을 부인하면서 그런 권위적인 인물의 규칙과 요구에 정반대로 나가기도 한다. 이 아이는 반항을 통해서 정말로 자유로워질 수 있다고 믿지만, 내면적 대화나 기도의 의사소통은 잘못된 궁극적 권위와 여전히 이루어지고 있다. 아이는 복종적인 대신 반항적으로 여전히 반응하고 있는 것이다. 표면적으로 아이는 권위적 인물은 아무런 힘을 가지고 있지 않다는 생각을 지니고 있을지도 모르고, 심지어 그런 권위와의 공개적인 대화가 완전히 단절되어 있을 수도 있다. 그러나 내면적으로는 숨겨진 대화가 진행되고 있고, 이 때 기도의 핵심은 "나는 당신이 내게 원하는 것과 정반대로 하면서 여전히 당신에게 매여 있다. 나는 진정으로 자유롭다고 믿으면서 당신과 나 자신을 속이려고 하지만, 나는 여전히 당신의 지시를 받으면서 당신을 향해 나의 삶을 방향잡으면서 당신이 내게서 원한다고 생각하는 것과 정반대로 행동하고 있다."는 것이다. 그러나 깊은 정적 속에서는 부모의 사랑과 인정을 잃어버린 것에 대한 슬픔과 외로움이 존재한다: "나는 당신과 당신의 무조건적인 사랑을 그리워합니다. 나는 당신이 나를 위해 나를 사랑하므로 내가 나의 자유와 당신의 귀한 사랑을 가질 수 있기를 바랍니다."[34]

상담자는 하나님의 다양한 이미지에 대한 자신의 기도방식에 대해서 그리고 그런 의사소통의 패턴을 변형시켜볼 필요가 있는지에 대해 깊이 인식해야 한다. 왜냐하면 많은 정신병리의 배후에 우상숭배가 숨겨져 있고, 반복적이고 강박적인 행위 속에서 잘못된 우상과의 관계나 자기 파괴적인 의사소통이 계속 나타날 수 있기 때문에, 상담자는 가능한 충분하게 자신의 우상숭배적인 기도관계를 조사해보고 예수 그리스도 안에 계시된 진정한 하나님과의 건강하고 창조적인 대화방식을 개발해야 한다. 또한 상담자는 내담자로 하여금 하나님에 관해 자신의 잘못된 정신적 표상과 그런 잘못된 우상들과의 다양한 방식의 파괴적인 의사소통을 바라보도록 도와줄 필요가 있다.[35]

우리는 어린 시절 부모나 선생님과 가까워지는 것은 먼저 나 자신의 정체성이나 정서적 욕구를 포기하는 것이라고 믿고 그들의 권위에 수동적으로 복종하는 것이 옳다고 받아들이게 되는데, 이것이 하나님과의 관계에서 나타나는 기도에도 영향을 미쳐, 나 자신의 정체성이나 개성을 포기하고 수동적으로 복종하는 것이 올바른 기도라고 믿는 경향이 있다. 우리는 수동적으로 복종할 때에만 하나님이 은혜를 베풀어 주신다고 믿기 때문에 격렬하게 나 자신을 주장하면서 진정한 나자신을 찾으려고 몸부림치는 기도는 안 받아 주신다고 생각한다. 또한 하나님은 오직 착한 나의 자아만 받아주시지 나쁜 나의 자아나 내가 아닌 나의 모습 또는 나로부터 숨겨진 나의 자아는 받아주시지 않는다고 생각한다. 그러나 하나님은 우리의 정체성이나 독자적인 개성을 찾고 발휘할 수 있기를 원하시고 그렇게 되도록 도와주신다.[36] 하나님은 우리를 온전히 사랑하신다. 하나님은 우리의 자유를 즐거워하신다. 하나님은 우리의 개성을 존중하시면서 우리의 자율성이 나타나는 것을 축하하신다. 하나님은 우리가 우리 속에 존재하는 나의 나쁜 자아와 내가 아닌 나의 자아까지 포함해서 나의 모든 것이 하나님에 의해 받아들여질 때에야 비로소 진정으로 받아들여졌다고 느낀다는 것을 알고 계신다.[37]

부모는 어린 아기가 첫 발을 떼며, 말을 하게 되는 것을 놀라워하며 기뻐한다. 부모는 아이의 인격과 개성이 발달하고 성장해 가는 국면에 다양한 긍정적인 반응을 해 주게 된다. 하나님도 우리가 하나님의 사랑스런 자녀로서 자유와 독립의 단계로 나아가는 것을 우리의 부모 이상 기뻐하며 축하해 주실 것이다. 물론 하나님이 우리가 하나님과 관계없이 우리 자신을 세상의 중심에 놓고 나 자신을 실현해 가는 것을 바라고 축복하겠다는 것은 아니다. 또 개인적인 성장과 발달이 우리가 우리 자신을 위한 구원자가 되는 것이라고 잘못 해석해서는 안 된다.[38]

우리의 기도는 처음부터 "주님의 뜻이 이루어지이다"가 아니다. 예수님도 먼저 겟세마네 동산에서 고난의 잔을 피할 수 있게 해 달라고 기도했고, 그런 다음에 "그럼에도 불구하고 나의 뜻이 아니고 당신의 뜻이 이루어지게 해 주옵소서"라고 기도했다. 성경에서도 하나님은 우리의 약함이 아니라 강함을 원하시고 수동적 복종이 아니라 적극적인 자기주장을 원하시는 장면도 많이 발견되는 것을 볼 수 있다. 예수님은 찾고 두드리고 구하라고 격려하셨다. 끈질긴 과부의 청원을 들어 주고만 불의한 재판관의 비유가 있고, 적극적으로 자기주장을 내세운 수로보니게 여인에게 그런 접근방식으로 인해서 예수님도 원래 자신의 의사를 바꾼 경우도 있었다. 야곱이 하나님의 사자와 씨름했다는 성경의 이야기는 하나님께서 우리가 단지 수동적으로 무기력하게 끌려오기보다는 적극적이고 격렬한 만남에 참여하기를 더욱 기대하시는 마음을 보여 준다. 씨름을 주도하신 하나님의 의도는 야곱과 맞서서 그를 굴복시키려는 것이 아니라 야곱이 자신의 진정한 정체성과 삶의 소명을 발견케 하는 것이었다.[39]

격렬하고 투쟁적인 방식 속의 기도에 있어서 하나님과 씨름하는 것은 경쟁적이거나 적대적인 자세가 되는 것을 말하는 것이 아니다. 오히려 이 씨름은 두 연인이 서로 사랑을 나누는 데 열정적으로 포옹하는 행위에 비유될 수 있을 것이다. 하나님은 우리 개성의 자유를 위해 우리를 위한 갈등을 주도하시는 적극적이고 긍정적인 사랑을 지닌 분이다.[40] 강하고 독립적인 자아의 기도는 다음과 같은 기도문에서 잘 나타날 수 있다.

거룩하신 사랑의 하나님, 당신이 너무나 크고 위대하신 것과 같이 우리 속의 모든 가능성을 이끌어 내셔서 우리를 초대해 주시길 원합니다. 당신의 사랑의 힘이 우리가 우리의 필요와 감정을 주장해도 되는지 의심할 때에, 우리 속에서 우리가 우리 자신일 수 있는 자유를 주도하시고 이끌어 주시옵소서. 우리는 당신이 우리의 강함을 받아주실 수 없거나 그런 우리와 교제할 수 없는 연약하거나 너무 까다롭고 예민한 하나님이 아닌 것을 감사드립니다. 당신이 우리가 충분히 인간일 수 있도록 하시며, 우리가 온갖 감정을 경험할 수 있게 하시는 것을 감사드립니다. 우리가 당신에게 우리 자신의 모든 것을 가져갈 수 있게 하시며, 그래서 우리가 당신의 사랑을 온전히 받아들일 수 있게 하시며, 당신의 사랑의 섬김 안에서 당신의 권위와 힘의 깊이를 연습할 수 있게 하여 주옵소서.[41]

5. 우상숭배로부터의 회복을 돕는 상담방식

로버트 화이어스톤(Robert Firestone)은 비합리적이고 억압적인 신앙체계, 비난하고 적대적이고 저주하는 생각 또는 목소리들로부터, 부모의 부정적인 주입으로부터의 속박에서 풀어 주는 상담방식을 발전시켰다. 그가 신학적으로 설명하고 있지는 않지만, 특별히 이중 우상숭배에 대해서 그리고 우상 또는 고착의 대상과 더불어 형성된 끈질긴 언약에 대해서는 공통된 면이 많다. 화이어스톤이나 이야기 치료에서는 내면의 목소리가 인격의 자연적이고 타고난 부분이 아니고, 개인의 지배적인 이야기와 같은 소리는 외부로부터 배우거나 강요된 것이라고 믿는다. 그는 자신을 비난하는 내면의 목소리 뒤에는 파괴적인 부모의 주입이 있다고 본다.[42]

음성 치료(voice therapy)는 자아를 공격하는 그런 목소리는 함축적이든지 명백하든지 그 속에 죽음에 대한 위협을 담고 있다고 가르친다. "너는 나빠. 너는 악해. 너는 존재해서는 안 돼. 네가 느끼는 것을 느껴서는 안 돼. 네가 태어나지 않았더라면. 나보다 더 성공적이거나 성취적인 삶을 살아서는 안 돼. 이런 자기 파괴적인 목소리는 화이어스톤이 일상생활의 미세한 자살이라고 부르는 자기패배적 행동과 삶의 방식을 부추기게 된다.[43]

화이어스톤은 내담자가 삶의 이야기를 다시 쓰도록 도울 수 있는 세 가지 단계를 제안했다.[44]

- 내면의 목소리를 찾아내고 그것을 진정한 자아와 분리시키기 위해서 특별히 2인칭으로 그 목소리를 외부화시켜라.
- 언어화된 목소리에 대한 반응을 분석해서 목소리가 공격하는 것과 자기 파괴

적인 행동 방식관계를 이해하도록 하라.

– 그 목소리에 대한 합리적이고, 현실적이고, 객관적인 반응을 발전시키라.

목회상담적인 관점에서 이런 작업은 우상을 고백하고, 회개하고, 추방하는 것이고, 복음의 정신 속에서 과거의 영역과 자아를 거부하는 것이다. 사실 이런 작업은 심리적이고 영적 정신을 지배하는 마귀적 주입을 추방하는 것이다.

윌프레드 다임(Wilfred Daim)은 정신분석의 관점에서 심리적 우상의 개념을 발전시켰다. 그는 신경증적 문제의 근원으로서 고착 대상에 대한 관한 프로이트의 이론이 맞고, 고착은 어린 시절의 어떤 대상과 관계가 있다고 믿었다. 그는 프로이트가 고착에 관해 논리적인 결론에 도달하지 못했고, 고착의 개념과 잘못된 절대화 사이의 중요한 연관성을 지적해준 어떤 기독교 분석가를 알지 못했다고 주장했다. 그는 고착의 진정한 근원이 어린 시절의 대상이라는 프로이트의 주장이 맞다고 보았고, 고착의 문제를 좀 더 자세히 살펴본 결과, 고착의 대상은 절대적인 성격을 소유하고 있다는 것을 알게 되었다. 프로이트 체계에서 고착의 대상은 소위 우상이라고 부르는 것이었다. 그는 우상과 심층심리학에 관한 학설을 *Depth Psychology and Salvation*'에서 발전시켰다.[45]

다임은 인간은 절대적인 존재와 관계를 추구하는 근본적인 충동을 지녔다고 단정했다. 그는 하나님과의 관계를 위해 만들어진 인간의 일부가 어린 시절의 어떤 대상에게 고착되었고, 그 대상에게 전능성, 전지성, 무소부재 등과 같은 신성의 요소가 주어지게 된다고 믿었다. 이것은 안나 프로이트가 갓 난 아기에게 부모는 이 세상에서 가장 중요한 인물들이며 유아적 상상 속에서 그들은 전지전능한 존재로서 그려지게 된다고 한 주장과 흡사하다. 그는 절대적 존재를 위해 준비되었고, 절대적 존재와의 교제와 대화를 위해 마련된 인격의 중심에 심리적 우상이 고착되었다고 강조했다. 내면화된 부정적 이미지와 대상은 실제의 부모와 다르고, 더 나쁠 수도 있다고 인정했다. 우상은 고착된 인간에게 강등, 분열, 속박, 고통 등의 경험을 부과한다.[46]

심층심리 단기치료(Depth Oriented Brief Therapy–DOBT)를 개발한 브루스

엑커(Bruce Ecker)와 로럴 헐리(Laurel Hulley)는 문제와 증상은 내담자의 의식을 넘어서는 일치된 의미를 갖고 있다고 주장했다. 증상은 내담자의 무의식적 의미체계의 중요한 부분이다. 상담자는 그들이 주장한 '증상의 감정적 진리'를 경험하도록 도와야 하며, 이런 의미의 발견은 내담자를 자유롭게 하는 결과를 가져오게 된다.[47]

*Rewriting Family Scripts*에서 존 빙홀(John Byng-Hall)은 인간들은 세 가지 각본 중에서 하나를 사용하면서 기능한다고 주장한다. 먼저, 세대를 걸쳐 내려오는 지배적인 신화, 이야기, 신앙으로 이루어진 복제적 각본(replicative script)이 있고, 어린 시절 그들에게 부과된 고통, 실망, 불편함 등이 실린 이야기로 인해 반대방식으로 기능하기로 선택된 교정적 각본(corrective script)이 있고, 마지막으로 즉석에서 만들어지거나 다른 사람들로부터 배워서 영향을 받게 되어 삶의 이야기를 다시 쓴 즉흥적 각본(improvised script)이 있다.[48]

자신의 영적 삶을 재저술하는 핵심작업은 첫 번째 과제는 현재 자신의 삶에 최고의 힘으로 기능하는 내면화된 권위를 충분히 의식해야 하는 것이다. 두 번째 단계는 잘못된 궁극적 권위가 지배하는 세상에서 생존하기 위해 어린 시절 개발된 자신의 구원의 방어 전략과 억압, 부인, 낮은 자존감, 우울, 자기 파괴적인 행위, 과잉성취나 자기증오와 같이 자기 속죄적인 심리기제 등과 같이 심리적인 과정을 통해 자신의 인격의 일부를 십자가에 처형하는 것에 대해 충분히 의식하는 것이다. 여기서 우리는 자신의 거짓 그리스도나 거짓 구세주가 되려고 했던 것을 고백해야 한다. 두 가지 우상숭배, 즉 원가정으로부터 주입되어 지배해 왔던 궁극적 실재에 대한 인식과, 잘못된 권위에 의해 잔인하게 지배되는 세상에서 생존하기 위해 사용해 왔던 자신을 십자가에 못 박는 방식에 대한 고백이 진정한 하나님과 진정한 구세주의 임재에 대해 속마음을 여는 데 필수적이다.[49]

III. 공헌과 적용

1. 목회상담학적 공헌과 한계

조단의 이론을 요약하면 다음과 같다. 목회상담의 기본 과업은 우상숭배에 도전하는 것으로 본다. 즉 심리 내면적인 거짓 신들에 대한 예배로부터 벗어나는 것이다. 자기 자신에 대한 잘못된 시각은 하나님에 대한 자신의 잘못된 시각과 서로 얽혀 있어 우상숭배는 잘못된 자아형성을 이끌지만, 하나님의 사랑은 참된 자아를 풍성한 생명 속으로 초청한다. 이와 같은 우상숭배의 잘못된 믿음 체계는 우상에 대한 절대적 헌신과 충성을 요구하고 심리적 고착으로 이어지게 되므로 목회상담자는 내담자의 자기 파괴적인 신념을 다루어 주어야 한다. 또한 우상숭배에 대한 집착은 삶의 궁극적 의미에 대한 잘못된 인식을 고집스럽게 붙들면서 치료적 변화에 대한 심리적 저항으로 나타나게 된다. 한편 우리는 인정받기를 간절히 원하면서 자신을 의롭다고 여기는 방식을 선택하므로 상담자는 내담자를 사랑과 은혜에 의해 의롭다함을 받는 방식을 받아들이도록 도와주어야 한다. 즉 목회상담자는 행위에 의해 의롭다함을 받으려는 방식에 의존하는 내담자의 우상숭배를 직면시켜 줌으로써 행위 대신 믿음에 의해 살아가도록 도울 수가 있을 것이다. 또한 우리가 갖고 있는 하나님의 이미지에 대한 왜곡이 바로 잡힐 때 기도도 올바르게 할 수가 있다. 부정적인 세계관, 현실에 대한 왜곡된 지도, 자기 자신과 다른 사람들에 대한 잘못된 믿음 등을 발전시키는 데 참여해온 잘못된 절대적 존재로부터 자유롭게 되는 과정은 거대한 작업이다. 우리의 과제는 요한일서 5장 21절에 "자녀들아 너희 자신을 지켜 우상에서 멀리하라"고 권고한 말씀을 실행하는 것이다. 우상과 대결하는 작업은 때로 힘들고 어려운 일이지만, 우리를 사랑하시고 자유롭게 하시는 하나님과 연결된 우리의 진정한 자아를 발견케 하는 즐거운 일이 될 수가 있다. 목회상담사역은 삶의 나쁜 소식에 의해 살아가는 사람들의 삶에 좋은 소식을 가져다주는 복음적인 접근방식이다. 목회상담자는 나쁜 소식을 가르쳐 주는 잘못된 우상들에게 묶여있는 사람들을 좋은 소식의 메시지를 갖고 있는 참된 궁극적 권위이신 예수 그리스도 안에 있는 하나님의 구원하는 지식으로 이끌어 나가기를 추구한다. 우리는 살아계신 하나님의 사랑에 초점을 맞춘 마음을 갖도록 삶에 있어서 잘못된 고착에 빠져 있는 사람들을 자유롭게 하도록 도와야 한다.

조단의 가장 큰 공헌은 목회상담에서 신학과 심리학의 통합의 문제는 매우 어려운 과제인데 아주 적절한 방식으로 해결해 주었다는 것이다. 목회상담에서 신적 대상과 이미지를 이해하고 다루는 문제, 성경과 기도와 같은 신앙 자원을 상담에 적용시키는 문제 등은 필수적 주제인데 이런 큰 주제들을 신학과 심리학의 두 세계를 포함하는 학문적 용어 속에서 재해석해주고 있다. 목회상담의 영역에서 양극단의 경향이 과거부터 지금까지 계속 나타나곤 했는데, 역사적 전통에 의존하여 목회 돌봄에만 머무르기도 했고, 또는 지나치게 심리학과 심리치료에 의존하여 목회상담의 자원과 특성을 제대로 살리지 못하는 경우도 많았다. 그러나 조단의 목회상담 방법론은 기독교신학의 핵심인 신론과 구원론을 동반하고 있고, 이를 심층심리학의 입장에서 통합시켜 주고 있다. 이러한 시도는 과거의 어떤 접근방식보다 새롭고 창의적이며, 발전된 방식이라고 평가할 수 있을 것이다. 특히 신학적으로 신론이나 구원론에서 시작하는 것이 적절하고 바람직하다고 보며, 기도에 대한 심층분석, 목회상담에서 가족관계로 까지 확대 적용 등 상담과제를 일관성 있고 체계적인 방법론으로 전개시켜 나가고 있다. 그러나 이와 같은 시도도 간간이 자신의 사례를 들려주고 있지만, 이론적 체계와 임상적 실천에 있어서 아직 충분하지 않은 부분도 남아 있다. 기독교신학의 기독론이나 성령론을 포함한 상담자 자신에 대한 이해와 임상적 대처방식이 논의되지 않고, 또 시간성에 있어서도 과거와 현재에만 머무르고 있고 종말론적 미래를 다루지 않은 것을 한계로 지적할 수 있다.

2. 적용 가능성과 과제

목회상담을 우상숭배라는 틀과 방식에서 이해하고 접근하는 조단의 모델은 새롭고 창의적이다. 그것은 신학적으로 보다 발전된 형태며 여러 학파의 치료 기법들을 통합할 수 있는 장점을 가지고 있다. 예를 들면 조단이 제기하는 저항과 고착의 문제는 정신분석과 심층심리학에서, 세속적 성서와 기도는 합리정서요법과 인지치료에서, 가족 희생양과 구원의 문제는 가족치료에 연결시켜 더욱 발전시킬 수 있을 것이다.

앞에서 다룬 우상숭배의 개념은 심리 내면적인 정신 현상에 치중하고 있지만, 과거나 지금이나 다양한 형태의 우상들의 공격에 대응해야 하는 것은 여전하고, 오히려 날로 어렵고 복잡한 도전에 직면하고 있다. 알코올과 약물중독을 비롯하여 인터넷과 게임중독, 그리고 도박에 이르기까지 중독도 우리 시대의 정신건강에 심각한 위협이 되고 있는데, 이런 사회적 현상도 우상숭배의 틀과 방식에서 이해하고 접근할 때 강력하고 효과적인 대처를 해 나갈 수 있을 것이다. 리처드 포스터(Richard Foster)와 같은 영성신학자는 돈, 섹스, 권력의 세 가지가 무엇보다 기독교인의 경건생활을 방해할 수 있는 주된 유혹의 대상이 된다고 보았는데, 우리 시대와 문화에서도 세속적 우상으로 우리의 영적·정신적 건강을 심각하게 위협할 수 있는 대상들이다. 또한 저출산으로 인한 한 자녀 가정과 독신 가정의 증가로 자기애적 성향의 확산과 포스트모더니즘의 결과로 절대적 이데올로기를 배격하고 무신론과 불가지론을 쉽게 받아들이고 자기 주장을 더 심하게 하는 경우가 많아 자기 자신이 하나의 우상이 되 가고 있는 시대적 경향도 나타난다. 또한 핵가족과 저출산, 그리고 유교적 전통으로 부모와 자녀 사이의 심리정서적인 밀착이 심해져 부모나 가족이 강력한 우상숭배적 대상이 되어 개인의 건강한 분화를 더 어렵게 만들고 있다.

목회상담에서 상담자는 "내담자가 무엇을 하고 있는가?"보다는 "하나님께서 지금 내담자가 무엇을 하기를 원하시는가?"를 생각해 볼 필요가 있고, 문제를 하나님의 관점에서 생각해보면서 접근해 갈 필요가 있다. 내담자가 어떤 신개념을 갖고 있고, 그로 인해 무엇을(혹은 누구를) 신뢰하고 섬기는지, 무엇을 최고의 권위로 여기며 누구의 뜻에 복종하는지, 어디서 삶의 위로와 안전을 찾고 있는지, 누구의 의견이 중요하고 어떤 음성이 내담자를 통제하고 있는지, 무엇에 사로 잡혀 있고 무엇을 찾고 추구하는지를 탐색해 보는 것은 매우 유익한 작업이 될 것이다. 또한 하나님의 사랑과 은혜를 새롭게 경험하고, 하나님의 섭리와 인도를 모색해 나가는 작업도 목회상담의 치료적 효과를 높여줄 것이라고 생각한다.

참·고·문·헌

조단의 저서와 참고문헌

Merle R. Jordan. 권수영 옮김. 「신들과 씨름하다」. 서울: 학지사, 2010.

_____. *Taking on the Gods.* Nashville: Abingdon Press, 1986.

_____. "Prayer and Meditation in Pastoral Care and Counseling." In *Handbook for Basic Types of Pastoral Card and Counseling.* eds. Howard W. Stone and William M. Clements. Nashville: Abingdon Press, 1991. 129–149.

_____. *Reclaiming Your Story.* Louisville: Westminster John Knox Press, 1999.

Morgan, Oliver J. and Merle Jordan(eds.). *Addiction and Spirituality: A Multidisciplinary Approach* St Louis: Chalice, 1999.

Schmidt, William S. and Merle R. Jordan(eds.). *The Spiritual Horizon of Psychotherapy.* New York: Routledge, 2009.

VandeCreek, Larry Hilary, E. Bender and Merle R. Jordan. *Research in Pastoral Care and Counseling: Quantitative and Qualitative Approaches.* Eugene, OR: Wipf & Stock Publishers 2008.

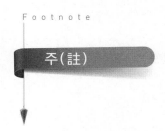

주(註)

1) 본고는 양유성, "Merle R. Jordan의 목회상담연구," 「복음과 신학」, (2009, 12)를 수정·보완한 것임.

2) Merle R. Jordan, *Reclaiming Your Story* (Louisville: Westminster John Knox Press, 1999), 5-7.

3) Merle R. Jordan, *Taking on the Gods* (Nashville: Abingdon Press, 1986), 22에서 재인용.

4) 앞의 책, 23.

5) 앞의 책, 24.

6) 앞의 책, 27.

7) 앞의 책, 30.

8) 앞의 책, 30-31.

9) 앞의 책, 34.

10) 앞의 책, 32.

11) 앞의 책, 28.

12) 앞의 책, 34.

13) 앞의 책, 36.

14) 앞의 책, 41.

15) 앞의 책, 42.

16) 앞의 책, 43.

17) 앞의 책, 46에서 재인용.

18) 앞의 책, 57.

19) 앞의 책, 47.

20) 앞의 책, 47-48.

21) 앞의 책, 48-49.

22) 앞의 책, 53.

23) 앞의 책, 63-64.

24) 앞의 책, 79.

25) 앞의 책, 80.

26) 앞의 책, 80-81.

27) 앞의 책, 84.

28) Merle R. Jordan, *Reclaiming Your Story*, 40.

29) 앞의 책, 1-2.

30) Merle R. Jordan, "Prayer and Meditation in Pastoral Care and Counseling," 130.

31) 앞의 논문, 131.

32) 앞의 논문, 132.

33) 앞의 논문, 132-133.

34) 앞의 논문, 133-134.

35) 앞의 논문, 137-138.

36) 앞의 논문, 143

37) Merle R. Jordan, *Reclaiming Your Story*, 11.

38) Merle R. Jordan, "Prayer and Meditation in Pastoral Care and Counseling," 14.

39) 앞의 논문, 14

40) Merle R. Jordan, *Reclaiming Your Story*, 14.

41) Merle R. Jordan, "Prayer and Meditation in Pastoral Care and Counseling," 14

42) Merle R. Jordan, *Reclaiming Your Story*, 52.

43) 앞의 책, 53.

44) 앞의 책, 54에서 재인용.

45) 앞의 책, 55.

46) 앞의 책

47) 앞의 책, 64-65.

48) 앞의 책, 73.

49) 앞의 책, 90.

Chapter 13

아치 스미스
(Archie Smith Jr.)

유 영 권
[연세대학교 교수]

I. 삶과 경력

아치 스미스(Archie Smith, Jr.)는 1939년에 태어났다. 1961년에 린필드대학
(Linfield College)에서 학사(B.A), 1964년에 콜게이트로체스터신학대학원에서
석사(M.Div), 1966년에 뉴욕 유니온신학대학원에서 석사(S.T.M), 브랜다이즈
(Brandeis)대학교에서 1971년에 사회복지학석사(M.S.W), 그리고 1973년에 박사
(Ph.D)학위를 취득하였다. 1975년도부터 Graduate Theological Union의
Pacific School of Religion에서 목회심리학과 상담학 교수로 재직 중이다.

그는 미국침례교회에서 목사 안수를 받았으며, 결혼 가족 그리고 아동 치료사
자격증을 취득하였고, 개인과 신앙공동체의 갈등에 대한 이해, 이야기의 중요성,
공동체 안에서 체계적 사고를 목회활동에 연결시키는 것에 관심을 두고 있다. 주
요 저서로는 *The Relational Self: Ethics and Therapy From a Black Church
Perspective*(1982), *Navigating the Deep River: Spirituality in African
American Families*(1997), *Tending the Flock: Congregations and Family
Ministry*(1998) 등이 있으며, 폭력, 인간의 끝없는 고통, 예술 그리고 아프리카계

미국인 가족 등에 관해 저술한 다수의 논문이 있다.

그의 최근 연구주제는 아동과 애착이론, 미국사회에서 흑인가족의 삶, 성서의 가족과 현대가족에 대한 비교 등이다. 그는 사회심리학, 경제이론과 사회계층이론 활용하여 사회과학 지식을 목회돌봄에 적용하고, 그것을 바탕으로 신학을 재구성하여 관계성 속의 자기에 관한 이론을 구축하는 작업을 하고 있다. 그는 목회상담에서 다문화 상담 능력과 체계적 사고를 증진시키는 훈련을 시키고 있고 치료과정에서 이야기를 사용하는 작업에도 관심을 기울이고 있다.

II. 방법론과 연구주제

1. 행동과 성찰

스미스는 자신이 아프리카계 미국인으로서 억압받은 경험과 아프리카계 미국인을 억압하는 주류사회에 대한 성찰로부터 목회상담을 시작한다. 목회경험을 통해 아프리카계 미국인 공동체의 좌절감을 경험한 그는, 목회상담에서 아프리카계 미국인 공동체가 받은 억압을 일괄하여(bracketing) 성찰하고, 그것에 기초하여 새로운 미래 건설을 위해 행동하도록 돕는 것이 필요하다고 보았다. 이렇게 함으로써 아프리카계 미국인들에게는 결정하는 능력을 키워주고, 자신들의 욕구가 무엇인지 분별하게 하며, 목적을 분명히 하여 추구하는 바를 달성하도록 도울 수 있다고 보았다.

그는 목회하는 동안 교회 근처의 Prospect House와 연결하여 아프리카계 미국인들을 구체적으로 돕는 역할을 했을 뿐 아니라 사회에서 규정하는 가난한 자에 대한 시각과 사회적 문제를 대함에 있어서 아프리카계 미국인을 희생양으로 내모는 태도를 고치고자 노력하였다. 그에게 있어 성찰성(reflexivity)은 우리가 있었던 곳을 되돌아보는 것을 말한다. "비교와 대조를 통해 과거의 오래된 가정들을 점검하고 미래를 보면서 책임 있게 행동하도록 돕는 신선한 질문들을 제기한다. 이런 방식으로 우리는 의미를 창출한다. 뒤를 돌아보고 앞으로 나아가면서 현재의 딜레마와 과거의 상흔에 직면하는 용기를 발견한다."[1] 성찰은 과거를 일괄하는(bracketing) 작업이다. 그렇게 함으로써 과거를 건설적으로 검토하고 어떤 목적이나 이상의 견지에서 재해석하는 방법이다.[2] 이것은 상담에서 내담자가 자신의 기억과 인간성을 회복하도록 돕는 작업이다. 이러한 성찰의 과정에서 취해진 행동에 대한 비판적 의견을 가지게 되고 이어서 새로운 행동양식을 모색하게 된다. 그는 그의 성찰 모델을 다음과 같은 그림으로 표시한다.

<그림1> 아프리카계 미국인 기독교 해방윤리의 관계적 접근

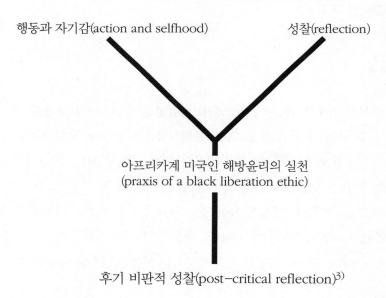

행동과 자기감(action and selfhood)　　　　성찰(reflection)

아프리카계 미국인 해방윤리의 실천
(praxis of a black liberation ethic)

후기 비판적 성찰(post-critical reflection)[3]

　　스미스는 후기 비판적 성찰의 개념을 설명하기 위해 체계이론의 항상성 개념을 사용하여 예를 든다. 한 사람이 섭씨 25도에 온도계를 설정한다. 이것은 취해진 행동이다. 온도계는 섭씨 25도 이하로 떨어지면 더운 바람이 나오고 25도 위로 올라가면 차가운 바람이 나와 방 온도를 일정하게 유지해 준다. 즉 방안의 상태를 점검하는 성찰의 과정을 통해서 방안의 온도를 일정하게 유지케 하는 운영체계와 섭씨 25도라는 기준에 대하여 의문을 제기하지 않은 것을 지적한다. 후기 비판적 성찰은 누가 섭씨 25도를 설정했는지, 왜 섭씨 25도인가를 질문할 수 있어야 한다고 본다.[4] 이 개념을 상담에 적용하면 내담자의 억압적 상황자체에 대한 성찰뿐만 아니라 그 상황을 만들게 한 주체와 체계를 파악하는 것이 중요하다는 것이다.

스미스는 내담자의 사건이나 어떤 문제에 대해서 다음과 같은 질문을 통하여 그 상황에 대한 성찰을 시도한다.

- 문제를 드러내고 해독하는 데 핵심이 되는 통일된 주제는 무엇인가?
- 상황 속에서 새로운 의미는 언제 발견되는가? 혹은 문제 상황 속에서 의미의 변화가 있는가?
- 문제 상황의 핵심과 흐름을 파악할 수 있는 은유(metaphor)와 언어상(word-image)이 있는가?
- 욕구는 무엇인가?
- 은유를 사용하여 문제 상황 속의 딜레마를 잘 설명해 주는 성서의 텍스트는 무엇인가?
- 문제 상황에서의 욕구나 바람에 대하여 설명할 수 있는 성서의 텍스트에 대한 신학적 진술은 무엇인가?

이러한 성찰방법론은 목회상담에서 의미를 발견하고 은유와 성서의 본문을 적극적으로 찾아내는 방법을 제공해 준다. 그가 제시하는 목회상담적 사건에 관해서 성찰하는 자세한 과정은 다음과 같다.

- 이 사건의 중요한 인물들은 누구인가?
- 상담과 돌봄의 상황은 어떠한가?
- 목회적 이슈는 무엇인가?
- 표현된 행동은 무엇인가?
- 내담자의 심리적, 정서적 상태, 내담자가 처한 환경의 심리적 분위기는 어떠

한가?

- 내담자의 상황에 대한 느낌, 감정, 생각들은 어떠한가?
- 내담자가 자신에 대하여 설명할 때 어떤 언어와 비유를 사용하는가? 내담자의 현실을 설명하는데 무슨 은유를 사용하는가?
- 어떤 치료적인 행동을 취하였는가?
- 내담자와의 만남을 통해 드러나거나 내재된 신학적 주제와 이슈는 무엇인가?
- 내담자와 상황, 관계에 대한 목회적 진단은 무엇인가?
- 내담자와의 만남을 통해 새로운 의미가 창출되었는가?
- 내담자의 상황에 가장 적합한 성경구절은 무엇인가?

2. 체계적 목회상담

스미스는 개인적인 변화는 사회적 변화와 함께 일어나야 한다고 본다. 따라서 목회상담의 사건은 개인적인 일이 아니라 내담자가 속한 사회의 이념과 역사, 문화와 사회 분위기를 고려하여 진단되고 평가된다. 스미스는 서구사회의 백인들에게 팽배해 있는 개인주의적 사고가 인간에 대한 이해의 한 도구지만 억압받는 공동체 특히 아프리카계 미국인공동체에게는 적용되지 않는다고 비판한다.

> 목회상담의 목적이 행복의 극대화라면 상담에는 쾌락적 실리주의가 기본적으로 깔려있다. 미국사회는 개인의 성취와 만족을 강조한다. 인간잠재력 운동은 자기도취와 자기실현의 목적을 가지고 서양 문화의 토양에 쉽게 수용되었다. 이러한 인본주의적 성장 모델의 심리학 영역에서 훈련받은 목회상담자들은 자기실현과 자기의존이라는 문화적 가치관을 가지고 목회적 상황에 들어가게 된다. 진단과 해석에 대한 언어와 패러다임은 이러한 가정을 반영하는 가치적 윤리로부터 가져오게 되었다.[5]

스미스는 하워드 클라인벨(Howard Clinebell)의 상담방법론이 인간 잠재력 운동을 기반으로 개인에게만 초점을 둠으로써 더 큰 차원인 사회와 경제적인 측면을 간과한다고 지적한다. 그는 목회상담에서 개인적 차원뿐만 아니라 사회적, 정치적 그리고 생태학적인 체계 속에서 보는 체계적 사고의 필요성을 강조했다. 그는 체계적 사고란 "행동이 발생한 상황을 관찰하는 방법이고 한 개인의 심리내적 변화뿐 만 아니라 개인과 개인들 간의 상호 연결성을 추적하는 방식이다"[6]라고 정의한다. 그것은 개인뿐만 아니라 개인의 문제가 발생한 사회적, 정치적 그리고 생태학적인 체계를 인식하는 것이다. 체계적인 관점을 가진 상담자는 내담자를 억압하는 주체와 체계에 대하여 분석하고 내담자가 그런 체제에 대하여 책임성 있게 반응하여 억압하는 체계로부터 자유롭게 해방할 수 있도록 도와주는 자이다.

스미스는 또한 목회상담의 신학적 성찰을 강조한다. 그는 현대 목회돌봄과 상담이 서구 심리학의 영향력에 놓여있어서 전통적인 목회돌봄과 상담에서 사용하였던 윤리적 전통, 성경 그리고 신학적 성찰을 잃어버렸다고 비판한다. 그는 목회돌봄과 상담의 문제에 대한 신학적 성찰을 촉구한다. 내담자들이 겪는 문제들에 대한 신학적 성찰과 윤리적 성찰을 통해 의미를 창출하는 과정이 필요하다는 것이다. 또한 그는 개인의 사건에 대한 이해를 돕기 위하여 신앙공동체에서의 역사적 인식, 즉 과거의 경험이 어떻게 지금 현재에 영향을 미치고 있는가에 대한 이해를 시도해야 한다고 본다.

스미스에게 심리분석은 비판과 변화를 위한 중요한 자료가 된다. 정신분석의 과제는 인간이 자신과 세계에 대하여 더 현실적인 평가를 하도록 억압된 공포, 신경증적인 속박, 그리고 다른 형태의 내재화된 억압으로부터 자유하게 해 주는 것이다.[7] 스미스에게 목회상담은 억압된 사람을 내면적으로 그리고 사회적으로 해방시켜 주고 자유하게 해 주는 과정이다. 이 작업을 위해 기독교사회윤리학은 목회상담 사역에서 중요한 역할을 한다. 그는 지금까지 목회상담의 여러 가지 기능들 중에서 화해의 기능을 특히 강조하면서 그가 속한 아프리카계 미국인 공동체와 아프리카계 미국인교회를 분석한다. 예를 들어, 그는 상담자가 강간을 당한 여성을 상담한 후 그 여성이 지지 그룹에 참여하도록 돕고, 법정에도 참관하여 사회정의가 어떻게 실현되는지 관찰하는 역할을 해야 한다고 주장한다.

스미스는 그의 글, "Death and Maiden"에서 사례 네 가지를 제시하는 데 그

중 네 번째의 사례의 내담자는 20대 아프리카계 미국인이다. 그 아프리카계 미국인 내담자는 화난 표정으로 들어와 앉아서, "참으로 힘든 주말이었습니다"라고 말한다. 그는 재즈 음악가로서 연주를 마치고 집에 돌아오는 도중에 지하철역에서 내려서 거리를 걷고 있는데 경찰이 다가와 그를 체포하고 땅바닥에 엎드리게 하고 머리 뒤에 총을 겨누었다고 말한다. 식품점에서 강도가 들었는데 식품점 주인이 경찰에게 그가 용의자라고 고발한 것이다. 경찰이 "네놈이 그랬지?"라고 말하자 그 내담자는 "내가 무슨 짓을 했는데요? 무슨 말을 하는지 모르겠네요." 라고 반문하고 그의 알리바이를 설명하였다. 그러나 경찰은 그의 말을 믿지 않고 그를 경찰차에 연행하여 구금하였다. 그는 친구에게 연락하여 자신의 구좌에서 돈을 인출하여 보석금으로 사용하여 자신을 구치소에서 빼달라고 하였다. 그는 친구의 도움으로 보석금을 지불하고 풀려났다. 그리고 경찰은 식품점의 CCTV를 점검한 결과 이 내담자가 강도 피의자가 아니라고 결론을 내렸다. 내담자는 보석금 반환을 요구하였으나 불가능하다는 통보를 받았다. 화가 난 내담자는 변호사에게 갔으나 변호사는 경찰이 이런 실수를 늘 한다고 말하였고, 항상 일어나는 일이라 생각하고 그냥 잊어버리라고 했다.

스미스는 이 사례가 아프리카계 미국인과 미국의 정의 체계와의 충돌을 잘 보여준다고 말한다. 이 내담자의 고통은 인종차별과 관련된 정치적 사회적인 문제와 관련되어 있다. 이런 억울한 경험에서 그 누구도 이 내담자에게 사과를 하지 않았다. 스미스는 어떻게 힘 없는 사람(예: 매를 맞고 쉼터에 있는 여성)이 힘 있는 사람을 용서할 수 있는가라는 질문을 던진다.[8] 그에 의하면 성숙한 용서는 상처를 인정하고 적절한 분노를 표출하고 정보를 알아가며 해결방법을 모색해 가는 과정이다. 이러한 자기극복, 일관성, 자기용납, 자기인식 등과 관련된 용서의 작업은 개인에게만 국한되지 않고 사회에서 일어나는 폭행과 권력남용에 대한 체계적 인식과 관련되어야 한다.[9]

이 사례와 같이 어느 누구도 부당한 행동에 대해 용서를 빌거나 잘못했다는 사과가 없을 경우 상담자는 내담자에게 적절한 돌봄을 제공해야 한다. 여기서 스미스는 '증언자'의 개념을 제시한다. 이렇게 부당한 환경에서 억압받는 내담자들의 고통과 억울한 이야기에 경청하고 그것을 인정해 주는 자체가 '증언자'로서의 역할을 한다고 말한다. 이러한 증언자로서의 역할은 내담자를 회복시키고 힘을 북돋아 준다.[10]

3. 은유적 목회상담

은유와 상징은 스미스의 목회상담에서 중요한 의미를 지닌다. 그는 은유를 다음과 같이 정의한다. "은유는 익숙하지 못한 경험에 대해 익숙한 것을 통하여 이해하거나 경험하게 하는 한 방법이다. 은유는 내담자의 문제 상황 가운데서 하나님의 실재(divine reality), 하나님과 사람, 그룹의 정서, 환경, 감정, 성격, 상호교류를 보여 주는 이미지를 만들고 희망을 심어 준다."[11] 그러므로 은유는 내담자에게 현재 상황을 이겨나갈 수 있는 힘을 제공해 준다. 또 내담자의 경험을 설명하도록 돕고, 다른 선택을 제시하며, 이 세상에서 존재하는 방식을 새롭게 해 준다.

스미스는 은유적 목회상담을 설명하면서, 자신이 직접 모델이 되어 목회상담에 대한 사진을 촬영한 적이 있다. 사진의 왼쪽에서 사람의 오른손은 망치를 잡고 왼손은 끌을 잡고 있다. 오른손의 망치가 왼손의 끌을 때리는 모습이다. 사진의 오른쪽에는 직사각형의 얼음덩어리가 있고, 그 안에 빨간 장미가 담겨져 있다. 이 사진에서 두 손은 목회상담자 자신의 두 손을 의미하고, 각각의 손이 잡고 있는 망치와 끌은 목회상담의 도구로써 사용될 수 있는 여러 가지 방법론을 의미한다. 얼음 속에 있는 빨간 장미는 여러 가지 상흔이나 어려움으로 심리적 장애물에 갇혀 있는 생명을 의미한다. 그는 이 사진을 통해 목회상담은 내담자의 생명력을 감소시키는 얼음 같은 장애물들을 깨뜨리고 제거하여 그 안에 있는 원래의 생명력을 복원시키는 과정이라고 설명한다.

III. 한국적 목회상담학을 위한 함축적 의미

1. 체계적 접근

1960년대 목회상담운동은 모든 문화가 인간의 불완전성을 극복할 수 있다는 잘못된 가정을 하였다. 급속한 산업발달과 함께 한국문화 역시 기술문명과 과학이 인간의 불완전성을 극복할 수 있다는 그릇된 가정을 채택하게 되었다. 이러한 신념은 자기감에 대한 과도한 낙관주의를 심어 놓았다.[12] 사람들은 진정한 자기를 발견하면 새로운 미래를 건설할 능력을 가질 수 있다고 믿었다. 목회상담에서도 개인의 자율성이 강조되었다. 그러나 이런 경향은 사회적, 체계적 부조리와 억압에 대해서 면밀하게 분석하고 한 사람의 문제를 해결하는 데 진정한 도움을 주지 못하였다.

전문화(professionalism) 또한 목회상담에 영향을 끼쳤다. 전문화는 거시적인 시각을 가지고 문제를 조명하는 것이 아니라 문제를 개인에게만 국한시키도록 하였다. 단 브라우닝(Don S. Browning)은 목회상담의 이러한 경향을 다음과 같이 지적한다.

> 개인적 자율성과 자기주장을 강조하는 경향에서 볼 수 있는 축소된 도덕적
> 힘은 공동의 책임성에 관한 집단의 과정, 상호 책임성, 도덕적 자기 점검 그
> 리고 사회적 헌신 등을 새롭게 강조하는 것이 필요하다.[13]

전문화 된 목회상담은 처방 혹은 진단이 없는 '비지시적' 방법을 채택하였으며 문화적 금기에 대한 선입견을 버리고 타자로부터의 독립을 강조하며 변화에 대한 책임을 상담자로부터 내담자로 돌렸으며, 의지를 정서의 무의식적인 부분과 연결하였다. 이는 인간 잠재력에 대한 순진한 낭만주의며 단면적인 세계관이다.[14] 실제로 내담자는 관계 속에 존재하는 상호주체적 존재이다.

마가렛 미드(Margaret Mead)는 인간의 유기체는 자신의 행동이 사회적 행동에

참여하는 타자로 하여금 같은 반응을 야기할 때에만 자기를 획득한다고 본다. 미드는 이러한 반응을 '태도의 의미'라고 부른다.[15] 이 의미는 다른 인간과 상호작용하여 관계를 맺을 때 실현된다. 자신이 될 수 있는 자유(freedom to be myself)라는 인간 잠재력 운동의 표어는 모두에게 자유를 보장하는 상호적인 헌신이 있는 공동체적 유대감(communal solidarity)으로부터 그 의미를 획득할 수 있다.

상담에서 한국인은 자율적 자기를 강조하는 서양의 규칙과 규범에 따라 평가되고 진단되어 왔다. 그러나 한국인에게는 관계적 자기를 회복하는 것이 목회상담의 치료적 목표가 되어야 한다. 자기의 다양한 개념에 귀를 기울이고, 한 개인의 위기 상황을 돌아보면서 의식적으로 한국인의 자기와 문화를 살펴볼 필요가 있다. 한국인이 위기의 상황에 처해질 때는 자신의 존재를 인정받을 수 있는 특정한 공동체와 연결될 수 있는 치료적 구조가 요구된다. 공동체와의 관계성 속에서 한 개인의 문제가 정의되고 치료의 과정에서 한 개인이 속한 공동체와의 관계가 회복되는 것이 필수적이다. 현재 한국의 목회상담학은 전반적으로 개인 상담이 많은 비중을 차지하고 있다. 한국의 목회상담 분야에서도 체계적인 사고를 가지고 문제에 접근하는 가족치료와 집단상담의 보급과 이에 대한 체계적인 연구가 이루어져야 할 것이다.

2. 사회적 책임을 가진 자로서 목회상담자

스미스는 목회상담자의 예언자적 기능을 강조한다. 그는 내담자의 심리내적 문제에만 집중하는 것이 아니라 사회체계에 대한 분석과 문제를 일으키는 환경에 대한 분석도 함께 이루어질 필요가 있다고 강조한다. 스미스는 목회상담은 개인의 고통에 담겨져 있는 사회적 뿌리와 정의적 측면을 보아야 한다고 말한다. 이러한 측면에서 목회상담에서 심리학적인 방법론을 사용하는 것 외에도 사회학적 접근을 활용하여 한 문제에 대한 환경적 사회적 분석을 시도할 필요가 있다.

스미스는 상담자가 내담자에게 그의 상황을 이해시키고 사회적 연계망을 활용하며 법원청문회나 재판과정에 참석하는 변호자(advocate)의 역할을 해야 한다고 말한다. 개인과 가족의 문제는 상담실 안에서만 해결되고 끝나는 것이 아니다. 개인의 억압과 사회적 모순이 발견되면 그 억압과 모순을 수정하여 재발되지 않도록 예방하는 차원에서 지역사회와의 연결이 필요하다. 개인적인 문제의 해결뿐만 아니라 한 개인에게 상흔을 주고 황폐화 시킨 사회적 환경을 변화하기 위해 목회상담자는 변호자가 될 필요가 있다. 따라서 상담실 안에서의 소극적 역할뿐만 아니라 적극적으로 교회와 상담센터가 속한 사회를 변화시키는 운동이 필요하다.

3. 성찰의 도구로써 한국적 자료의 개발

목회상담은 교회 내에서 생기고 그 환경에서 자라왔지만 인간고통에 대한 신학적 차원에 관해서는 별로 주의를 기울이지 않았다. 인간의 불완전성을 극복하려는 목적이 세속주의에 의해 권장되었는데 이것 역시 목회상담의 목적으로 인식되었다. 목회상담은 하나님 말씀과 과학적 방법을 통하여 문제 상황에 있는 한 인간이 회복된 상태로 돌아갈 수 있도록 돕는 학문이다. 하지만 한국목회상담에서 사례에 대한 신학적 성찰 및 사회과학적 성찰은 그다지 보이지 않는다.

스미스의 성찰성(reflexivity)의 개념은 개인의 문제에 대한 심리학적 분석과 성찰도 이루어져야 하지만 2000여 년 기독교적 전통의 시각에서도 개인의 문제를 이해해야 한다는 인식을 갖게 해준다. 이런 작업을 위해 한국 내에서의 신학적 전통, 예를 들어 초창기 한국 개신교 목회자들의 목회돌봄의 방법에 대한 연구와 한국 기독교 전통과 목회상담을 연결하는 작업이 이루어져야 할 것이다.

에드워드 샘슨(Edward Sampson)은 그의 책 *Celebrating the Other*에서 인간을 관계적 인간으로 본다.[16] 인간에게 두 가지 담화(discourse)가 있는데, 첫째는 독백적(monologic) 혹은 자기 칭송적 (self celebratory)의 담화가 있는데 이것은 일방적인 권력에 의해 통제되고 한 개인의 목적을 위해 환경과 사람을 이용하는 담화다. 두 번째 담화는 대화적(dialogic) 혹은 자기-타자 칭송적(self other celebratory) 담화다. 이것은 관계적 권력이 작용하여 서로 영향을 주고 받는다. 관계적 권력은 다른 사람의 감정을 존중하고 타자의 경험에 함께 동참하려는 힘으로 여기에 상호 관계가 존재한다.

한국의 목회상담은 서구의 영향력에서 벗어나지 못하고 있다. 서구의 목회상담 전통에 의존하는 독백형식으로 한국목회상담학이 발전하는 것이 아니라 한국문화에 대한 연구를 바탕으로 대화형식의 목회상담 양식이 개발될 필요가 있다. 스미스가 지적하였듯이 어느 정도 민족주의(ethnocentrism)는 필요하다. 한국사상에 대한 연구와 더불어 한국인의 심리와 영성을 다루는 심층적 연구가 선행되어야 한다. 또한 그 내용들이 어떻게 한국 목회상담에 적용될 것인지를 고찰하는 노력도 필요하다. 다산 정약용은 '조선시'에서 "나는 조선 사람인거, 즐거이 조선시를 짓겠노라"(俄是朝人, 甘作朝鮮詩)라고 하면서 그는 중국의 정서가 아닌 조선의 정서와 사상을 담는 시를 지어야 한다고 주장했다. 마찬가지로 한국 목회상담학계에서도 한국전통사상에 대한 바른 연구를 통하여 한국정신과 한국신학을 담고 그 기반에서 내담자의 사건과 문제를 해석하고 성찰할 수 있는 안목을 지녀야 한다.

4. 은유와 의식의 사용

스미스에게 은유는 중요한 치료적 도구이다. 즉 내담자가 문제 상황을 고통 없이 볼 수 있게 하고 자신의 문제를 그 은유를 통해서 설명함으로 다른 가능성을 생각하도록 돕는 희망의 도구이다. 한국인은 좌뇌보다는 우뇌가 발달되어 있다고 한다. 이는 논리적이고, 합리적 사고보다는 정서적이며 전체적인 사고를 많이 한다는 뜻이다. 이러한 경향을 가진 민족에게 우뇌를 자극할 수 있는 상징이나 성경적 은유는 내담자들에게 파편처럼 쪼개어진 자신들의 경험들을 하나로 묶어서 의미를 창출할 수 있는 중요한 수단이 될 것이다.[17] 내담자의 문제를 명명하고 재구조화 하는 것은 상담자가 선택한 언어에 의해 결정된다. 그러므로 목회상담에서 언어선택은 윤리적 결정이다.[18] 상담과정에서 적절한 언어를 선택하여 내담자에게 제시하는 것은 치료적으로 중요한 의미를 가지고 있다. "은유는 경험을 설명하고 재설명하며 선택의 여지를 제공하고 세계에서의 존재양식을 재정의하여 변형시키는 작업을 돕는다. 은유는 우리에게 친숙한 것에 의존하여 친숙하지 못한 것들을 경험하고 이해하는 방법 중의 하나이다."[19] 상담은 은유를 통하여 내담자가 자신의 존재 양식을 점검하고 수용하고, 어렵고 익숙하지 않은 경험들을 재조명하고, 자신의 경험을 재해석 할 수 있도록 돕는 과정이다.

한 상담자가 자신의 몸에 대한 수치심과 죄책감으로 가득찬 여성 내담자에게 아담과 하와가 에덴동산에서 쫓겨나는 그림을 보여 주고 자신의 삶과 비교하여 이야기를 꾸며 보라고 말했다. 내담자는 자신의 모습을 성화 속에 비쳐진 하와의 모습에 중첩하여 보았고 죄를 지은 것에도 불구하고 에덴동산에서 나올 때 하나님이 만들어 준 옷을 지적하며 그래도 하나님이 나를 버리지 않았을 것이라는 희망과 신뢰를 다시 회복하는 계기가 되었다. 좌뇌를 자극하는 몇 마디 말보다는 내담자의 경험을 재조명해 줄 수 있는 비유의 힘을 체험할 수 있었다.

스미스는 내담자의 배신감, 신체적 폭력, 수치심, 경멸감, 우울, 자기 비난 등에 직면할 수 있는 치료적 의식의 필요성을 언급한다. 은유와 마찬가지로 의식은 상담과정에서 시간과 공간을 안전하게 하는 역할을 하고 있다. 그는 역할극을 하고 집단원들이 "당신의 소리가 잘 들립니다"를 반복적으로 소리 내어 화자가 수용당하는 느낌을 제공하는 의식을 사용하거나 물그릇을 놓고 씻김의 의식을 하도록 제안한다. 이러한 의식은 특히 다문화적 상담에 유용하게 쓰일 것이라고 본다. 현재 한국에서 진행되는 목회상담의 과정은 언어를 주 매개체로 논리적이며 합리적인 부분들에 중요성을 두는 경향이 많다. 그러나 내담자가 지녀 온 적개심을 표출하도록 돕고 분노의 대상자에 대하여 용서 의식을 행하거나 기도를 통한 의식 행위를 실시할 필요가 있다. 또한 이혼하는 부부에게 이혼 의식은 이혼 과정에서 생기는 감정을 정리하고 서로를 존중하는 이혼을 할 수 있는 도구로 사용될 수 있을 것이다.

이렇게 은유와 의식을 상담과정에서 활용한다면 다양한 문화적 배경을 이해하고 그들의 아픔과 고통의 깊이에 참여할 수 있는 통로가 될 것이다. 특히 한국에 있는 외국인 노동자들과 다문화 가정들에게 스미스의 체계적인 목회상담 방법론은 그들의 개인적인 문제 뿐만 아니라 체계적인 억압구조를 파악하고 그것으로부터 벗어나는 길을 제시해 줄 것이다.

아치 스미스의 저서

Smith, Archie, Jr. *The Relational Self: Ethics and Therapy From a Black Church Perspective*. Nashville: Abingdon Press, 1982.

Smith, Archie, Jr. & Pfafflin, Ursula. "Death and the Maiden: The Complexity of Trauma and Ways of Healing; A Challenge for Pastoral Care and Counseling." In *Human Images and Life-Stories in a Multi Cultural World*, ed. by Ulrike Atkins and Karl Federshcmidt. Dusseldorf, Germany: The Society for Intercultural Pastoral Care and Counseling, 1996.

Smith, Archie, Jr. *Navigating the Deep River: Spirituality in African-American Families*. Cleveland: United Church Press, 1997.

Smith, Archie Jr. *Tending the Flock*. Co-authored and edited with K. Bernie Lyons, Westminster/John Knox Press, 1998.

Smith, Archie, Jr. *Siblings by Choice: Race, Gender, and Violence*. Chalice Press, 2004.

Smith, Archie Jr & Lebacqz, Karen. "The Liberation of Language: Professional Ethics in Pastoral Counseling." *Quarterly Review* 5(1985), 11-20.

Smith, Archie, Jr. "What Has Athens to Do with Jerusalem?: Enduring Question, Religious Themes & Theological Implications in the Thought of Edward E. Sampson [*Or, Digging at out Ancestors Wells*].. Paper presented at a forum of the American Psychological Association, 1997.

_____. "We Need to Press Forward: Jonestown, Twenty Years Later." University of North Dakota Website. Religion & Philosophy Dept. 1999.

_____. "Reaching Back & Pushing Forward: A Perspective on AfricanAmerican Christian Spirituality." *Theology Today* 56(1999). 44-58.

_____. "Look and See If There Is Any Sorrow like My Sorrow?": Systemic Metaphors for Pastoral Theology and Care." *Word and World* 21(2001).

_____. "A Black Response to Sontag's 'Coconut Theology'." *The Journal of Religious Thought* (2001).

_____. "Alien Gods in Black Experience."(www.psr.edu)

_____. "Winged Figure: Negotiating Perspective in Pastoral Care." (www.psr.edu)

_____. "Reaching back and pushing forward: A perspective on African spirituality." (www.psr.edu)

Smith, Archie, Jr & Riedel-Pfaefflin, Ursula. "Complexity and Simplicity in Pastoral Care: The Case of Forgiveness." *American Journal of Pastoral Counseling* 5(2002), 295-316.

참고문헌

유영권. "칼 로저스(Carl Rogers)의 자기개념에 대한 비판적 연구: 목회상담적 관점에서." 「한국기독교상담학회지」 7(2004), 179-198.

Browning, Don. "Fulfillment and Obligation in the Modern Psychologies." *Anglican Theological Journal* 118(1986). 287-301.

Geller, Leonald. "Another Look at Self-actualization." *Journal of Humanistic Psychology* 24(1984). 93-106.

Sampson, Edward E. *Celebrating the Other: A Dialogic Account of Human Nature*. New York: Harvest/Wheatshear, 1993.

Smith, Archie, Jr. *The Relational Self*. Nashville: Abingdon Press, 1982.

Smith, Archie, Jr & Lebacqz, Karen. "The Liberation of Language: Professional Ethics in Pastoral Counseling." *Quarterly Review* 5(1985), 11-20.

Smith, Archie & Pfafflin, Ursula. "Death and the Maiden: The Complexity of Trauma and Ways of Healing; A Challenge for Pastoral Care and Counseling." In *Human Images and Life-Stories in a Multi Cultural World*. Edited by Ulrike Atkins and Karl Federshcmidt, Dusseldorf, Germany: The Society for Intercultural Pastoral Care and Counseling, 1996.

Smith, Archie, Jr. *Navigating the Deep River: Spirituality in African American Families*, Cleveland: United Church Press, 1997.

_____. "Look and See If There Is Any Sorrow like My Sorrow: Systemic Metaphor for Pastoral Theology & Pastoral Care." *Word and World* 21(2001), 5-15.

Smith, Archie, Jr & Riedel-Pfaefflin, Ursula. "Complexity and Simplicity in Pastoral Care: The Case of Forgiveness." *American Journal of Pastoral Counseling* 5(2002), 304-306.

1) Archie Smith, "Winged Figure: Negotiation Perspectives in Pastoral Care," (WWW.psr.edu)

2) Archie Smith, *The Relational Self* (Nashville: Abingdon Press, 1982), 130.

3) 앞의 책, 128.

4) 앞의 책, 131.

5) Archie Smith & Karen Lebacqz, "The Liberation of Language: Professional Ethics in Pastoral Counseling," *Quarterly Review* 5(1985), 15.

6) Archie Smith Jr. & Ursula Pfafflin, "Death and the Maiden: The Complexity of Trauma and Ways of Healing; A Challenge for Pastoral Care and Counseling," in *Human Images and Life-Stories in a Multi Cultural World*, ed. by Ulrike Atkins and Karl Federshcmidt (Dusseldorf, Germany: The Society for Intercultural Pastoral Care and Counseling, 1996), 13.

7) Archie Smith & Karen Lebacqz, "The Liberation of Language," 26.

8) Archie Smith Jr. & Ursula Riedel-Pfaefflin, "Complexity and Simplicity in Pastoral Care: The Case of Forgiveness," *American Journal of Pastoral Counseling* 5(2002), 304-306.

9) 앞의 책, 314.

10) 앞의 책, 315.

11) Archie Smith, "Look and See If There Is Any Sorrow like My Sorrow: Systemic Metaphor for Pastoral Theology & Pastoral Care," *Word and World* 21(2001).

12) 이에 대한 자세한 내용은 유영권, "칼 로저스(Carl Rogers)의 자기개념에 대한 비판적 연구: 목회상담적 관점에서," 『한국기독교상담학회지』 7(2004), 179-198 참조.

13) Don Browning, "Fulfillment and Obligation in the Modern Psychologies," *American Theological Journal* 118 (1986), 289.

14) Edward Sampson, *Celebrating the Others: A Dialogical Account of Human Nature* (Boulder: Westview Press, 1993), 57.

15) Leonald Geller, "Another Look at Self-actualization," *Journal of Humanistic Psychology* 24(1984), 97.

16) Edward E. Sampson, *Celebrating the Others*, 57.

17) 스미스는 아프리카계 미국인들의 삶과 영성을 강이라는 은유를 통해 설명한다. Archie Smith, Jr., *Navigating the Deep River: Spirituality in African American Families* (Cleveland, OH: United Church Press, 1997).

18) Archie Smith, Jr. & Karen Lebacqz, "The Liberation of Language," 12.

19) Archie Smith, Jr., "Look and See If There Is Any Sorrow like My Sorrow?" 5–15.

Chapter 14

에드워드 윔벌리
(Edward P. Wimberly)¹⁾

김 진 영
[호남신학대학교 교수]

I. 들어가는 글

에드워드 윔벌리는 현재 미국 조지아 주 아틀랜타에 소재하고 있는 Interdeno
minational Theological Center(ITC)의 교학 및 학생 부총장과 학장직을 수행하
고 있다. 이 신학대학원은 다섯 군데의 군소 아프리카계 미국인 신학대학원들을
연합하여 세운 일종의 연합신학대학원이다. 여기에서 윔벌리는 제리나 리 석좌
(Jerena Lee Chair)로 목회돌봄과 상담학교수로 재직하고 있다. 다른 신학대학원
에서 가르치던 그는 1991년에 그의 아내와 함께 아틀란타에 돌아온 후로 출석하
는 교회인 벤힐 연합감리교회에 적을 두고 있다. 오클라호마주 털사의 오랄 로버
츠 대학교에서 1975년부터 신학을 가르쳤으며, 그 후로 게렛신학대학원과 ITC에
서 가르쳤다. 12권의 책을 저술하였으며 그 외에 공저 및 수많은 논문들을 발표하
였다. 1969년에 미 연합감리교회의 정회원으로 뉴잉글랜드 연회에서 8년간 목회
하였고, 현재 ITC에서 기독교교육학 교수로 있는 앤 스트리티 윔벌리교수가 그의
부인이다.

미식축구 장학생으로 아리조나대학교를 졸업하였고, 보스턴대학교 신학대학원

에서 신학수업을 하고 그곳에서 학사(B.S.T.)와 석사(S.T.M.)을 수여하였다. 이후 보스턴대학교 대학원에서 목회심리학과 상담으로 박사학위(Ph.D.)를 수여받았다.

1980년대 중반에는 귀신들림과 축마에 관심을 가지고 '목회돌봄에서 내적치유'(Inner Healing in Pastoral Care)라는 과목을 가르쳤다. 과학적인 세계관을 진지하게 수용하여 신체적인 문제가 영적 영역에 아주 미세한 형식으로 작용하는 것에도 관심을 가지고 관찰하였다. 달리 표현하면, 웜벌리 교수는 과학과 신앙 사이에 어떠한 갈등도 갖지 않고 받아들이고 있다고 볼 수 있다. 귀신들림 현상과 축귀의 주제를 논하면서 초대 교회와 성서적 관점이 오늘날 많은 사람들이 실제 생활에서 경험하는 특이한 체험들을 설명할 수 있다고 보고 있다.

본고에서는 아프리카계 미국인 신학대학원에서 목회신학을 가르치고 있는 목회신학자 웜벌리의 사상과 신학적 방법론을 살펴봄으로 그가 제시하고 있는 목회신학의 전략들을 찾아서 한국에서의 목회상담학과 목회신학적 관점을 구성하는데 도움을 얻고자 한다.

II. 목회신학 방법론

1. 상관관계적 방법

웜벌리는 상담을 통하여 상담가가 내담자에게 도움을 제공할 때에 내담자는 상담의 과정을 통해서 지혜와 이해를 구하게 된다고 강조한다. 상담과정에서 발생한 많은 사건, 생각, 대화 등을 내담자가 성찰하게 되면서 통찰력, 이해와 지혜를 얻게 된다. 이를 위하여 하나님께서 어떻게 내담자의 삶과 상담과정에 개입하고 역사하는가를 조명하기 위하여 목회상담가는 신학적 관점을 채택하게 된다. 여기에 또한 사회과학적인 통찰과 방법을 동원할 수 있을 때에 내담자의 인격과 사고를 통하여 일어나게 되는 다양한 삶의 형태와 방식들을 이해하게 된다는 것이다. 또한 상담가가 갖고 있는 다양한 지혜의 창고(storehouse of wisdom)에서 내담자는 상담과정에서 유익 즉, 행동과 개인적 신념체계 확신, 대인관계 등을 수정하게 된다.

워벌리는 상담과정을 '지혜형성의 과정(wisdom formation process)'으로 보고 있다. 이 과정을 위하여 그는 시워드 힐트너(Seward Hiltner)의 상관관계적 방법론을 채택한다. 힐트너는 폴 틸리히의 상관관계적 신학방법론을 목회신학에 수용하여 목양적 관점에 의하여 내담자들이 짊어지고 가는 각종 삶의 난관에 대한 신학적인 질문을 하게 되는 목회신학을 수립하였다. 이에 단 브라우닝(Don S. Browning) 역시 목회신학의 '수정된 비평적 방법론(revised critical method)'을 사용하여 틸리히의 상관관계적 방법을 새롭게 수립하였다. 브라우닝은 이 방법론을 통하여 인생의 의미에 대한 중요한 질문이 제기 될 때에 철학, 심리학, 기타 문화적 표현을 사용하여 지혜형성의 과정이 일어난다고 보았다. 신학적 철학적인 질문에 기독교의 계시가 진정한 해답을 준다는 틸리히의 입장과는 다소 다르게 브라우닝은 사회과학과 문화적인 연구 역시 제기된 인생의 의미 문제에 관한 답변을 제공할 수 있다고 본다. 브라우닝은 "문화적 표현들은 실존에 대하여 질문을 할 뿐만 아니라, 답변도 주고 있다"[2]고 주장한다. 현대인들이 생의 의미에 대한 질문을 할 때에 문화적인 표현들이 주고 있는 답변은 우리들의 상상력을 유발할 뿐만 아니라, 기독교의 계시 사건이 제공하고 있는 해답들을 규명할 수 있도록 돕는다고 본다. 브라우닝은 이러한 과정을 '관계 동일시(relationship identification)'라고 부른다. 기독교의 계시와 문화적 표현들이 제공한 질문과 답변 그리고 사회과학적 연구들이 동일선상에 놓일 수 있다는 것이다. 브라우닝은 이러한 목회신학 방법론을 '수정된 비평적 상관관계'라고 칭하였으며, 워벌리는 이것을 자신의 목회신학 방법론으로 관점을 달리하여 자신의 신학방법론으로 채택하고 있다. '수정된 비평적 상관관계'의 방법론은 목회상담가가 내담자의 삶에 개입하려는 목적을 가지고 기독교의 계시와 사회과학 사이의 대화를 활용하여 지혜를 형성할 수 있다.

문화적 표현 가운데에는 문학작품도 포함이 된다. 워벌리는 토니 모리슨(Toni Morrison)의 『빌러브드』(*Beloved*) 같은 소설이 오늘날의 목회신학을 위한 좋은 자원이 된다고 본다. 이는 그가 아프리카계 미국인들의 삶의 문화적 상황에 종교적인 상징을 사용한 문인들의 작품이야말로, 아프리카계 미국인들의 종교적 영적 세계관을 형성하고 있는 언어를 무궁무진하게 담고 있다고 믿기 때문이다. 그는 이와 같은 문인, 소설가들을 가리켜서 암시적인 신학자(the implied theologians)라고 칭한다. 그 이유는 암시된 신학자들이 문학을 통하여 역사적 시간과 공간을 초월하는 교훈을 전하고 있으며 실제 삶의 체험가운데 겪은 원저자의 목회신학적인 통찰과 신학적인 주제들을 엿볼 수 있기 때문이라고 생각하기 때문이다.

암시적 신학자들의 작품에서 목회신학적 지혜 형성의 길을 모색할 수 있다. 암시적 신학자가 주고 있는 것들은 작품을 감상하고자 하는 자의 태도에 달려있으며, 답변을 찾고자 하는 독자가 작품을 접하게 되면서 삶의 질문들이 부상하게 된다. 이야기와 플롯 자체가 독자에게 질문을 하게끔 분위기를 조성하며, 이때에 소설은 그와 함께 답변을 제공하게 된다는 것이다. 현대 아프리카계 미국인 작가들이 제시하는 작품의 정신들은 의미의 상실, 희망의 상실, 사랑의 상실 등을 표방하는 허무주의이지만, 여기에 웜벌리는 삶에 현존하는 허무주의적 조건들을 초월하는 생명의 핵심이 제공하는 긍정적인 역동을 아프리카계 미국인 소설에서 보여주고 있다고 믿고 있다. 소설이 제공하는 삶은 허무주의를 넘어서 의미 있는 결말을 향할 수 있는 상상력을 제공한다는 것이다.

2. 이야기-언어학적인 접근

웜벌리는 이러한 '수정된 비평적 상관관계' 의 방법론을 활용하여 이야기 언어학적인 접근을 시도한다. 웜벌리가 저술한 *Pastoral Counseling in Spiritual Values: A Black Point of View*(1982)은 아프리카계 미국인 사회에서 그들이 공동체를 상실해 버린 후에 겪게 되는 허무주의에 초점을 맞추어 목회상담을 발전시키고 있다. 그는 참다운 공동체를 세우는 것이 이 허무주의에 맞설 수 있는 최선의 방법이라고 보고 있다. 지지적인 공동체의 체계를 회복시키고 세대와 세대를 연결시킬 수 있는 관계의 형성을 강화하는 방안을 제공한다. 그렇게 할 때에 지역 교회와 가정에서 돌봄의 가치를 다음 세대에게 전수할 수 있다는 것이다. 교회와 가정 안에서 건강한 인격과 자기 가치를 신장시키고 발달시킬 때에 병리적인 관계를 해소할 수 있게 된다는 것이다.

이러한 공동체를 세우기 위하여 윔벌리는 개인들의 내면적인 생명을 양육하고 회복할 수 있는 방안을 융(C. G. Jung)의 꿈이론에서 찾고 있다. 즉 융이 발견한 초월성의 중대성을 강조할 때에 생명 회복이 가능하다고 본다. 윔벌리는 이와 같은 초월적이며, 학술적인 난점들을 사례 제시를 통하여 독자들이 어렵지 않게 이해할 수 있도록 돕고 있다. 그는 현대 기술 사회가 종교적 신학적인 상징들을 무력화시키고 영성을 불필요한 것으로 만드는 것에 대항할 수 있는 세대 간의 건강한 관계형성을 전략으로 삼을 수 있다는 희망을 제공하고 있다.

윔벌리는 1999년에 저술한 *Moving from Shame to Self-Worth: Preaching and Pastoral Care*에서 성서적인 이야기들과 지금의 이야기들을 "이야기하고 다시 이야기하기(tell and retell)"를 배움으로 허무주의에 맞설 수 있는 희망을 이야기하고 있다. 이와 같은 이야기들은 문화적인 차원에서 인간의 가치 발견과 회복을 강조함으로 사회에 고정관념화 되어 지배하는 명예와 수치에 대한 가치관에 맞설 수 있게 하는 전략을 강구한다. 성서의 이야기를 이야기하고 다시 이야기 하게 함으로써 인간시장, 인간의 상업화를 전략적으로 극복할 수 있게 하였다. 여기에 중요한 초점은 예수님의 말씀이 자신의 정서적 정신적 건강의 상태를 보여 주는 증거이며, 자신이 가진 사명과 생의 목표를 이루기 위한 분명한 확신을 가지고 있었기 때문에 더욱 더 자신에 대한 긍정적인 자세를 갖고 살 수 있었다는 것을 윔벌리는 말하고 있다.[6] 그런 예수의 자세를 배움으로 현대 그리스도인들이 자신에 대한 수치심과 정서적인 상처들을 극복할 수 있다고 보았다. 여기에 사용된 방법론은 역시 이야기적 접근(narrative approach)이었다. 비유의 기법을 통하여 청중들이 가지고 있는 현실에 대한 관점과 기대의 구조를 바꿀 수 있으며, 비유 이야기들을 통하여 청중이 갖고 있는 세계관을 새롭게 바꾸어 사물을 다르게 볼 수 있도록 만드는 것이다. 특히 고대인들이 듣고 이야기하던 이야기들을 현대인들에게 다시 들려줌으로 비유가 가지고 있는 은유적인 변화의 과정을 현대의 청중들에게 재현하는 방법으로 제시한다.

워벌리는 이 책에서 인생의 문제들을 가지고 살면서 예배에 참석하여 설교를 듣는 교인들이나 자신의 삶의 문제를 해결하고 치료받기 위하여 찾아 온 사람들에게는 상담이나 설교가 모두 분명하게 개인적, 정서적, 영적, 대인관계적인 상황 가운데 의미를 찾을 수 있도록 돕는다는 점을 강조하고 있다.[4] 설교에서는 총체적 방법으로 사람들 특유의 필요를 충족시켜 주기 위하여 이야기 방식으로 설교해야 함을 강조하고 있는 미첼(Henry Mitchell)[5]의 입장을 따르고 있다. 아프리카계 미국인들과 타 문화권에서 이민 온 사람들의 문화와 민족적 전통을 충실하게 활용함으로서 성서의 이야기들을 채택하고 설교할 것을 제안한다. 일반적으로 자기에 대한 확신과 긍정적인 태도를 가진 사람들은 성장하게 되는 반면, 생에 대하여 부정적인 관점을 가지고 살아가는 사람은 정서적으로 황폐화되어 수치심을 가지게 된다.

워벌리는 이와 같은 정서적 황폐화를 경험하게 된 내담자는 결국 수치심을 부인하는 습성을 갖게 되고 이것이 성격으로 발달된다고 한다. 이는 패튼(John Patton)도 주장하고 있다. 그는 수치심의 지속적인 부인이나 억압이 성격형성의 장애요인으로 작용되고 있다고 본다.[6] 수치로부터 자기 가치로 옮겨 갈 수 있도록 상담가는 내담자와의 상담과정에서 예수님의 이야기들을 활용하여 그들의 삶에 궁극적인 가치를 제공할 수 있는 소위 '종말론적인 이야기'의 역할을 하게 하며, 수치와 정서적 상처를 입고 있는 사람이 "조직적으로 자신들을 세워나가는 기억(organizing and governing memories)"[7]들을 되살려 다시 말하게 함으로써 치료하게 된다. 워벌리는 성서의 이야기들을 현대적인 상황과 내담자들의 상황에 맞추어 다시 이야기하는 것으로 상담과 설교에 적용한다. 이와 같은 다시 이야기하기의 기법을 활용하여 문제를 안고 있는 내담자들과 설교를 듣는 청중들이 수치심을 극복하고 자기 가치(from shame to self-worth)를 획득하는 목적을 이룰 수 있다고 워벌리는 확신하고 있다.

워벌리는 *Relational Refugee: Alienation and Reincorporation in African American Churches and Communities*(2000)이란 책에서 후기 현대 사회에 발

달한 사이버 테크놀로지와 다양한 기술 사회는 오히려 관계의 단절과 파편화를 가져 왔음을 지적하고 있다. 사회적인 문제들, 폭력, 중독, 남용의 문제는 관계적 단절의 결과로 나타난다고 보았다. 이를 극복하기 위하여 '촌락(village)'의 회복을 대안으로 제시한다. 윔벌리는 아프리카계 미국인교회들이 인간관계의 단절로 싹튼 각종 상처와 아픔들을 치료하기 위한 돌봄과 양육 공동체로서의 촌락의 구실을 할 수 있다고 보았다. 인간의 참여를 강조함으로써 허무주의 물결에 대항할 수 있도록 세대와 세대를 연결하는 후원자 내지 조언자의 역할을 어떻게 세워줄 수 있는가를 강조하고 있다. 아프리카계 미국인들의 삶에 결여된 것이 좋은 상호관계와 지지적인 관계맺음이라고 보고, 사회 문화적인 상황에서 '관계적 난민(relational refugee)'들에게 '양육적이며 자유하게 하는 관계'를 가질 수 있도록 해 주는 것이 공동체의 할 일이라고 규정한다. 이를 통하여 건강한 관계를 회복하여 자신에 참다운 성장과 발전을 기할 수 있다는 것이다.

관계의 취약점을 지양하기 위한 방법론으로 '관계의 실제적 합리성(relational practical rationality)' 또는 신학과 실천의 상호관계성을 제시하고 있다. 구체적인 방법으로서, 인간관계와 사회적 소외된 인격을 회복하기 위하여 윔벌리는 멘토 관계(mentoring relationship)를 강조한다. 책임적으로 가르침을 줄 수 있는 지도자들을 공동체 가운데에서 발굴하여 문화적인 전달기능을 할 수 있게 함으로써 상처입고 현대사회로부터 소외되고 단절되어 있는 사람들에게 건강하고 전인적인 회복을 성취할 수 있다는 것이다. '촌락'이 해체된 상황을 현대인들이 이해하고 인간관계의 회복을 위하며, 공동체적 삶을 나눌 수 있는 참다운 교회를 이루어 갈 수 있는 대안을 아프리카계 미국인들의 삶뿐만 아니라 미국사회 전체에 성장의 경험과 지혜를 제공할 수 있다고 주장한다.

윔벌리는 최근에 저술한 *Claiming God, Reclaiming Dignity: African American Pastoral Care*(2003)에서 하나님과 대화할 수 있는 특권을 획득함으로써 삶에 참여할 수 있는 용기를 어떻게 회복하는가를 다루고 있다. 인간으로서 하나님과 대화를 나누는 것이 삶의 근본적인 진실이라는 것을 특별히 강조하면서 아프리카계 미국인 소설가들의 작품을 동원하여 허무주의적인 시각을 극복하고 영적인 실재와 그 의미를 현대 소설가들(암시적 신학자)이 제공하고 있는 문학적 세계를 통하여 삶에 대한 희망적인 답변을 주고자 하고 있다.

III. 관계성 회복을 위한 후기 허무주의 전략

그렇다면, 웜벌리가 말하는 허무주의에 대항할 수 있는 전략은 무엇인가? 그는 후기 허무주의(post-nihilism)을 언급하면서 새로워진 낙관론(renewed optimism)을 말한다. 곧 인간의 삶의 존재하는 고통, 고난과 악에도 불구하고 긍정적인 방향으로 나아가려는 삶의 행진을 가리킨다. 그와 같은 긍정적인 삶의 행진을 통하여 삶이 가지고 있는 희망적 요소와 그 구성을 찾아낼 수 있도록 소설가(암시적 신학자)는 독자들에게 확신을 제공한다는 시각을 웜벌리는 갖고 있다. 내담자의 삶에 전략적인 개입방법으로서 문학, 기독교의 계시, 사회과학 모두가 이와 같은 지혜형성과정에 반드시 요구되는 것이다.

1. 묘사, 반복, 재현

웜벌리에 따르면, 문학작품을 읽을 때에 지혜를 얻게 되는 것은 반복과 묘사(mimesis)를 통해서 가능하다고 한다. 반복과 묘사란 독자가 지니고 있는 잠재적인 능력을 활용하여 작품의 등장인물의 행위와 성품, 사고방식을 흉내 내고 재연하는 것을 말한다.[8] 현 시대를 살아가는 아프리카계 미국인들이 느끼고 고통 받고 있는 것 가운데 사회경제적, 정서적인 소외감을 손꼽을 수 있다고 웜벌리는 지적하고 있다. 그들의 고통을 집약하여 표현한 용어가 '관계적 난민(relational refugee)'이다. 웜벌리는 이 개념을 스미스(Archie Smith)가 *Navigating the Deep River: Spirituality in African American Families*에서 동성애자들을 지칭했던 '영적 난민(spiritual refugee)'[9]이란 표현에서 착상을 얻어서 자신의 목회신학을 수립하기 위해 적략적으로 사용하고 있다. 이러한 소외감을 견디고 살아가는 아프리카계 미국인들에게 가장 필요한 것은 삶의 본을 가르쳐 줄 멘토라고 본다. 스미스와 모슬리(Romney Moseley)는 "사랑의 행위를 지속적으로 반복함"[10]으로 이러한 가르침을 얻을 수 있게 된다고 한다. 모든 것을 상실한 사람이 숙련된 멘토의 지도를 통하여 양육적인 타자들에게 둘러싸여 건강한 자기됨의 감각을 발달시킬 수 있게 된다.

멘토링의 과정에서는 적절한 이야기를 통하여 이러한 지혜와 삶의 본을 얻게 되며, 스스로 경험할 수 있게 된다. 그들이 말하는 이야기는 구도(plot), 장면(scene), 역할(role), 태도(attitude)의 네 가지 요소로 이루어지는데, 멘토는 자신의 멘티에게 제공해 주고, 묘사과 반복을 통하여 경험하게 함으로 말하여 진 이야기가 제공하는 장면, 역할, 그리고 태도를 습득하여 건강한 자기됨을 발달시킬 수 있도록 한다.

묘사, 재현, 반복 등의 과정을 통하여 인간이 자신들의 우리의 삶을 경험하게 되는 관점들을 갖게 되며, 각기 개인들 특유의 지혜를 습득하게 된다. 묘사, 재현, 반복의 과정을 통해서 세대와 세대를 연결하며 전달되었던 이야기 안에 담겨 있는 지혜 즉, 현 시대에 산적한 삶의 문제들을 극복할 수 있는 지혜와 개인이 연결될 수 있게 된다는 것이다. 현재의 상황으로 고통받고 있는 내담자들이 이와 같은 지혜를 통하여 과거의 선조들이 지녔던 잠재력을 경험할 수 있도록 해 준다는 것이다. 재현(reenactment)할 수 있는 가능성들 가운데 하나가 하나님과 인간의 만남이다. 아프리카계 미국인 소설가들은 현대 아프리카계 미국인들의 허무주의적 현실에 대응하는 방법으로 하나님을 만남으로 갖게 되는 묘사 가능성을 제시한다.

2. 문학에서 나타난 관계성 회복의 사례

앨리스 워커(Alice Walker)의 *The Color Purple*에서 사용된, 하나님께 보내는 편지 구도는 이야기를 통하여 얻게 되는 관계성 회복의 과정을 묘사해 주는 대표적인 구도이다. 이와 함께 어네스트 게인즈(Earnest Gaines)가 발표한 *A Lesson Before Dying*은 좋은 관계성 회복의 사례로 꼽을 수 있는 작품이다. 이 작품에서는 주인공 제퍼슨이 등장한다. 그는 루이지애나 주의 작은 타운에서 자랐으나, 뜻하지 않은 살인강도사건에 연루되어 재판을 받고 사형선고를 받는다. 잔인하게 사람을 죽이고 돈을 강탈하였다는 이유로 사형선고를 받은 제퍼슨의 친척들은 위긴이라는 그 마을의 초등학교 교사에게 제퍼슨을 변화시켜 달라고 요청한다.

어렵사리 승낙한 위긴은 제퍼슨과 지속적으로 만나게 된다. 위긴은 제퍼슨에게 멘토가 되어 많은 아프리카계 미국인 동료들이 제퍼슨이 변화되기를 바란다는 뜻을 전하게 된다. 위긴은 허무주의적 분위기에 대항할 수 있는 한낱 희망이 되어주기를 원한다는 것을 이 가엾은 사형수에게 알려 준다. 동료 아프리카계 미국인들이 가지고 있는 염원은 단지 제퍼슨 자신이 '사람답게 죽는 것'임을 알게 된 사형수 제퍼슨은 그러한 상황에 대하여 "아무 것도 가져보지 못한 불쌍한 검둥이(a poor nigger who never had nothing)"[11]에게 사람들이 너무도 많은 것을 요구한다고 느낀다. 신앙고백조차 없는 그가 자신이 가진 신앙을 말로 표현하게 되고 결국 하나님이 사람들을 성장하게 하고, 서로 사랑하게 한다는 고백을 하게 된다. 위긴과 나눈 그러한 대화를 통하여 제퍼슨은 예수의 죽음을 생각하고 자신이 예수처럼 되고 싶다는 고백을 하게 된다. 자신도 예수처럼 죽어 가면서도 다른 사람들을 원망하지 않고 죽고 싶다는 마음을 먹는다. 위긴의 처절한 노력 끝에, 제퍼슨이 사형당하기 전 예수의 수난과 죽음을 자신의 삶의 본보기로 삼고 자신을 예수와 동일시함으로써 죽음을 맞이하게 된다.

제퍼슨과 가깝게 지냈던 교도관이 위의 사실들을 증언한다. 제퍼슨이 품위와 용기를 잃지 않고 죽음을 맞이했다는 사실을 알려준다. 실제로 사형집행관들이 긴장하고 불안해하였으나 제퍼슨은 이 분위기를 주도하면서 평온하게 공동체의 영웅으로서 죽음을 맞이하였다는 것이다. 한 인간이 변화하도록 하나님이 함께 하셨고, 죽음에 직면하였을 때에 오히려 참된 삶을 영위할 수 있게 되었던 제퍼슨의 삶의 이야기를 통하여 작가는 아프리카계 미국인 공동체에 희망으로 전달하고자 하였다.

윔벌리는 게인즈가 문학적 묘사의 방식을 통하여 오랫동안 사람들이 하나님을 향하여 지니고 있는 열망과 하나님을 만남으로써 얻게 되는 변화를 이야기하고 있다고 주장하였다. 문학 작품 속에 등장하는 인물들이 경험한 것과 같은 하나님의 현존경험을 통하여 변화된 개인의 이야기를 통하여 독자들 자신들도 인격적으로 변화될 수 있는 중대한 계기가 된다고 한다. 이를 입증할 수 있는 성경적인 근거를 윔벌리는 제시한다. 마태복음 17:2에서 변화산상에서의 예수의 변화된 모습을 목격한 제자들의 경우, 모세가 하나님과 만난 후에 얼굴에 광채가 발했던 사건을 기록하고 있는 출애굽기 34:29 등이 그것이다. 또한 사도행전 6:15의 스데반 집사의 변화와 그의 얼굴에 변화를 목도한 사울의 변화의 계기가 되었던 것들을 열거하고 있다.

3. 상징화

소설가 게인즈는 위에 열거한 성서의 인물들의 변화를 발견하고 이 변화의 주제를 자기 소설의 중심에 두고 작품을 써나가고 있다. 묘사의 방식을 통하여 독자들이 변화할 수 있는 계기를 마련하고 있다. 여기서 윔벌리는 폴 리꾀르(Paul Ricoeur)의 상징화의 개념을 도입한다. 제퍼슨과 같은 경험을 하고 있는 사람이 어떤 이미지를 가질 수 있는 가에 답변할 수 있는 기회를 상징들이 제공한다. 사회적인 상황 가운데 상징이 만들어져 전달되기도 한다. 대부분 삶의 실존의 깊은 곳에서 상징이 우러나오게 되는데 인간관계를 통하여, 소설가가 그려낸 인물들과의 만남을 통하여도 만들어진다. 제퍼슨이 공동체의 염원을 안고 예수님처럼 되어야 한다는 내적인 음성을 듣게 되는 과정도 상징화의 좋은 예가 된다.

제퍼슨이 위건의 도움을 받아서 부활절과 성금요일 사건의 의미를 알게 되고 상징적인 언어를 습득한 제퍼슨의 삶에 다시금 상징화가 이루어진다. 이것을 윔벌리는 이차적 상징화라고 부른다. 이차적 상징화는 상징적 사건을 경험한 사람이 다른 사람들과 대화를 하게 될 때에 다시금 상징의 의미를 발견하게 된다. 상징과 이미지들은 이야기의 구도를 통하여 드러나기도 한다. 예수님의 이미지 뒤에 숨어있는 이야기의 줄거리가 변화와 부활의 주제를 담고 있듯이, 제퍼슨은 자신을 예수님과 동일시하면서 이 이야기의 줄거리와 동일시하게 된다. 그런 과정에서 제퍼슨도 예수님처럼 부활하여 천국에서 하나님과 삶을 나눌 수 있을 것을 기대하게 된다. 더 이상 자신의 죽음에 대하여 불안해하거나 두려워하지 않게 되고, 앞으로 오게 될 미래에 대한 희망을 안고 있게 되는 것이다.

게인즈의 소설에서 나타난 이야기와 상징화를 수정된 비평적인 상관관계의 방법론을 통하여 해석하는 윔벌리는 *Claiming God, Reclaiming Dignity*에서 많은 대화의 양식가운데 가장 중요한 것은 하나님과의 대화라고 말한다. 제퍼슨의 삶에도 두 개의 대화가 중심에 자리 잡고 있는데, 첫 번째는 자신을 향하여 '무가치한 돼지' 라고 평가한 판사와의 대화를 내면화하고 있으면서 이것 때문에 정죄되었다. 그러나 자신을 다르게 보게 하려는 노력을 기울이는 위긴과 그러한 입장을 견지하고 있는 다른 사람들과의 대화를 통하여 자신에 대한 긍정적인 요소를 발견하며 그것들을 내면화하기 시작한다. 감옥으로 면회 온 이웃들의 방문이 자신에게 새로운 이해를 갖게 한 것을 발견한 제퍼슨은 일기를 통해, 새로운 자신의 이미지를 갖게 한 열쇠가 된 만남과 대화가 자기를 변화시키는 내면화하는 과정이 되었던 것을 보여주고 있다. 마지막에 자신을 돌보고 사랑하는 사람들과의 대화와 함께 하나님과의 대화를 할 수 있는 특권을 지니고 있었음을 알게 되어 변화를 입게 되었음을 알게 된다.

'수정된 비평적 상관관계' 의 방법론은 소설을 통하여 어떻게 지혜를 얻게 되는가를 알게 해준다. 즉 내담자의 삶에 우리들이 개입함으로써 그들에게 상징적인 삶의 패턴이 발생하는 시기를 눈여겨보면서 상징적이며 모방의 패턴이 나타날 때에 '수정된 비평적 상관관계' 의 결과가 발생된 것을 즉시 인식할 수 있어야 한다. 이 통찰의 방법은 아주 중요한 영적이며 신학적인 대화가 발생하는 과정을 목도할 수 있도록 도와준다. 상담가는 내담자를 변화시킬 수 있는 대화를 시작할 수 있는 시기를 인식할 수 있어야 한다.

위에서 언급한 수정된 비평적 상관관계의 활용을 통해서 내담자들이 자신의 삶에 중요한 변화를 일으키는 목회상담가의 치료적인 개입을 이해할 수 있도록 하여야 한다. 자신들을 자유롭게 하는 새로운 해석과 재해석을 알게 한다. 위긴과의 대화를 통하여 제퍼슨이 영적 신학적인 질문들을 하게 되고 이를 통하여 해답을 얻게 되는 것처럼, 내담자들도 이와 비슷한 대화 과정을 통하여 그들의 삶에 중요한 의미와 지혜를 얻을 수 있게 된다.

윔벌리는 수정된 비평적 상관관계의 방법을 통하여 아프리카계 미국인들의 허무하고 소망이 없이 살아가고 있는 데에 새로운 삶에 대한 희망과 자기 자신들에게 부여된 긍정적인 이미지를 구축할 수 있는 상담의 방법론을 제시하고 있으며, 묘사와 반복의 방식을 통하여 변화의 계기를 제공하고 이 변화를 통해서 지혜를 얻을 수 있도록 돕고자 하였다. 허무주의 시대를 극복하고 중요한 진리와 변화의 과정을 재현할 수 있는 지혜의 양식과 구조를 새롭게 구축할 수 있는 삶의 역동이 이 방법론을 통해서 주어질 수 있다고 주장한다. 자신들의 삶에 의미, 가치, 목적 방향들을 설정할 수 있도록 돕게 된다는 것이다. 내담자나 목회상담가 모두 이 수정된 비평적인 상관관계의 방법론을 통해서 유익을 얻을 수 있으며, 이 방법론은 내담자의 삶에 목회 상담가의 개입의 전략을 신장시키고 내담자의 삶을 풍요롭게 할 수 있는 지혜를 창출해 낸다고 보고 있다.

IV. 친밀성과 자기 정체성을 바탕으로 본 윔벌리의 영성과 성에 대한 견해

윔벌리가 지니고 있는 영성과 성에 대한 견해는 그가 *Journal of Pastoral Theology*에 기고한 논문[12)]에서 발견할 수 있다. 밥과 메리가 이 논문의 서두에 등장한다. 밥은 45세이며 부인인 메리는 34세로 14년 동안 결혼생활을 한 전문직에 종사하는 중산층 부부인데, 재정적인 어려움을 호소하면서 상담을 하게 되었다. 그들은 결혼 생활 14년 간 각자가 배우자에게 기대했던 것을 성취하지 못한 데 대한 불만으로 어려움을 겪고 있다. 복음주의적 전통의 교회를 출석하였던 그들은 전형적인 부부 이미지에 자신들을 순응시키면서 살아왔다. 그러나 이들이 가지고 있는 부부관이 오히려 결혼 생활을 어렵게 만들었던 것을 발견하게 되었다. 미국 사회의 일반적 가치관인 백인 중심적 가치에 동화되어 버린 그들은 이제

껏 아프리카계 미국인들이 가졌던 경험과의 단절을 겪게 되었다. 미국사회에서 노예로 시작했던 이들의 선조 흑인 문화와의 단절의 결과로, 이들 부부가 현재 살고 있는 시장 경제 주도적 사회 체제에서 어려움을 겪고 있는 것을 발견하였다고 윔벌리는 분석하고 있다. 즉, 아프리카계 미국인들의 전통 문화적 가치관으로부터 소외되어 자신들을 미국의 중산층과 동일시하게 되면서 일반 다른 대부분의 미국의 중산층의 사람들이 경험하는 가정과 경제사회적인 문제를 갖고 있다. 윔벌리는 이러한 현대 아프리카계 미국인 중산층의 문제를 해결하기 위한 방법으로 '영혼의 뿌리(Roots of Soul)'[13]찾기를 제시하고 있다. 윔벌리는 파스퇴르와 톨드슨(Pasteur & Toldson)이 저술한 책의 제목을 인용하여 표현하고 있다. 그들은 미국의 비 중산층 아프리카계 미국인 문화와 정서의 특징을 자연주의라고 말한다. 그들의 진정한 관심사는 아프리카 문화적 전통에서 아프리카 중심적 자기정체성의 근거를 규명하는 것이었다.[14] 요약하면, 현대 아프리카계 미국인의 문제는 아프리카의 문화전통으로부터 격리되어 미국 사회에 모든 가치관을 과도하게 동일시하고 있는바 가족, 사회, 경제 사회적 분야에서 고통을 겪고 있음을 지적하고 있다.

1. 목회신학의 과제

이와 같은 현대 사회의 문제 해결을 위한 목회신학의 과제로 세 가지를 꼽고 있다. 첫째, 문화적 의미체계에 대하여 분명히 기술(記述)해야 한다. 둘째, 기술된 문화적 의미 체계를 통하여 아프리카계 미국인들이 어떻게 문화적 유산으로부터 소외되어 있나 발견해야 한다. 셋째, 이를 위한 목회신학을 구성하여 개입전략을 수립해야 한다. 첫째 과제를 위한 것을 윔벌리는 기술하는 신학(descriptive theology)이라고 한다. 두 번째는 문화적 의미체계는 신앙체계에 암시적 혹은 명시적으로 표현되었다고 본다. 이것은 이야기 또는 은유체계 등의 감각적인 기술을 통하여 가능하다고 본다. 어떤 체계 신학이나 조직신학과는 다르게 문화적 의미 체계를 배태하고 있는 사람들의 삶에서 묻어 나오는 이야기를 구성하는 것이

급선무이다. 단순히 은유 신학을 말하는 것도 추상적인 이론 신학의 형태도 아니라, 비유적 차원에서의 이야기 신학이다. 이러한 사상이 웜벌리 신학 전반에 걸쳐서 표현되고 있다.

밥과 메리의 사례에서 찾을 수 있는 문제들을 나열해 보면, 여성들의 삶을 지배하고자 애쓰는 남성들의 증가, 남녀간의 친밀감의 상실, 남녀의 성 기능장애의 증가, 남성과 여성에 대한 사회 전반의 전통적인 이미지 수용의 문제, 남녀 특히 부부지간에 가져야 할 상호성에 대한 감각 상실을 들 수 있다. 특히 성경 사용에 있어서는 성경을 읽고 강해하여 성령의 존재에 대한 개방적이고 포괄적인 이해를 통하여 각기 민족의 문화적 유산과의 연결성을 갖게 하기 보다는 도리어 성경 사용을 통하여 남녀에 대한 전통적인 고정관념을 강화시키게 되는 난점들이 있다. 이와 같은 문제들을 해결하기 위하여 올바른 신학을 정립하고 그들의 삶에 변화를 주도하는 개입을 위한 전략적인 기술이 필요하다고 웜벌리는 역설한다.

2. 아프리카계 미국인의 세계관

성과 영성의 문제를 다룬다는 것은 이 두 분야를 뒷받침하고 있는 세계관 또는 거룩한 우주관을 살펴보는 것을 의미한다. 아프리카계 미국인의 영성과 성을 지지하고 있는 것은 관계적 공동체적인 세계관이라 할 수 있다. 영성과 성은 개인적이고 사적인 사안이 아니며, 오히려 아프리카에서부터 전승되어 온 공동의 뿌리를 가지고 있다고 본다.[15] 그런 점에서 사람들이 세계를 이해하기 위하여 사용하는 세계관, 언어, 은유, 이미지, 이야기, 그리고 개념들은 관계적, 공동체적, 초세대적, 그리고 간세대적인 것이다. 이 주장을 견고하게 지지하기 위하여 웜벌리는 리차드(Dona Richards)의 "Implications of African-American Spirituality"라는 논문을 인용하고 있다.

> 삶의 사건들, 현상은 관계를 맺음으로 유기적 전체(organic whole)로서의 의미와 가치를 지니게 된다. 가정이나 집단 공동체는 유기적 전체로서 이해할 수 있게 된다. 그러므로 단순히 물리적인 것으로 의미를 갖는 것은 세상

에 없기 때문에 공동체 그 자체가 형이상학적인 실재가 된다. 이른바 아프리카계 미국인들에게 가족이란 살아있는 사람은 물론이고, 죽은 자들 심지어 아직 태어나지 않은 자들을 포함한다. 그 의미는 다차원적이다. 조상제사와 그 전체성이 가족 구성원들에게 의미와 그 정체성을 제공해 준다.[16]

이러한 공동체와 유기체에 대한 이해는 플라톤적인 관점에 그 뿌리를 두고 있는 것과는 대조적이다. 리차드는 서구적 관점이 생에 대한 합리적 객관성을 강조하고 있으며, 그 결과 정서적 반응이나 관련성은 가치를 두지 않게 된다는 것을 지적하고 있다. 플라톤의 관점을 지닌 서구 철학의 영향은 몸과 영혼의 관계에 있어서 기독교에도 영향을 미쳐서 자연적 자기를 부인하고 죄악된 것으로 평가하였다.[17] 이에 반하여 아프리카계 미국인들의 생에 대한 관점은 생의 모든 부분과의 조화를 강조하고 있다. 영적·정서적인 체험을 강조할 뿐만 아니라 생의 전반적인 체험, 즉 신체적·관계적·영적인 면을 포함하고 있다. 결과적으로 성과 영성은 인간의 생에 있어서 관계적 부분으로 포용되어야 한다.

3. 자연주의적 관점

유기적 전체라는 관점을 가지고 세상을 볼 때에 영성은 정확히 이해될 수 있다. 영성이란 인간의 생의 한 가운데 하나님의 임재를 의미하며, 삶의 중대한 시점에 개개인을 만나주시는 하나님에 대한 신앙을 말하고 있다. 아프리카계 미국인들이 즐겨 부르는 "Deep down in my soul"이란 노래에 나오듯이, 하나님의 성령은 인간의 내면적 자아가운데 자신들이 갖고 있는 추억, 상상력, 지성, 감정과 신체 등을 통하여 역사하신다. 이와 같이 성(性)도 역시 특별한 의미를 갖는다. 파스퇴르와 톨드슨은 성을 정의하면서 자연 세계와 피조물로서의 자기의 존재 안에서 편안함을 누리는 것이라고 한다. 이것이 자연주의적 태도이다. 성은 자연과 함께 편안함을 누리는 것이며 자기 안에서 누리는 자연스러운 과정으로 이해한다. 음악, 춤, 민요, 시, 미술, 생기 넘치는 예배 가운데 아프리카계 미국인들의 표현의 뿌리이기도 하다.[18] 그러므로 자연주의적 태도의 주요 요소는 자기의 몸의 요구를 부인하거나 반대로 종속되기 보다는 몸과 관계를 가지고 그 리듬을 받아들이는 것이다. 아프리카계 미국인들의 세계관의 공동체적인 성격 때문에 자연주의적 태도는 개인적인 욕망들을 자유롭게 표현하는 것을 의미하는 것이 아니고, 공동체 안에서 전인성을 성취하고 참여하기 위한 자기 구현의 필수적인 요소가 된다. 다시 말해 성은 공동체 안에서 타자들과의 자연스러운 자기로서 세계에 참여하는 방법이다.

자연주의적 태도의 표현은 아프리카계 미국인 공동체의 생존과 하나님과 관계를 맺고 있는 사람들로서 궁극적인 실재의 성취를 위한 필수적인 요소이다. 자연주의적 태도는 공동체의 보다 나은 삶의 질을 위한 종교적 사회적인 삶에 온전한 참여를 촉진할 수 있다. 영성과 성은 그런 의미에 분리할 수도 없고 해체되어서도 안 되는 중대한 인간의 삶의 요소이다. 개인이 경험해 온 공동체의 한 부분이며 삶의 전부이기 때문이다.

4. 아프리카계 미국인의 성과 관련된 역할 경험

성을 말할 때에 남성과 여성들이 자연적 자기로서 공동체에서 살아갈 때에 취하게 되는 역할들을 포함한다. 성 역할에 관한 아프리카계 미국인들 사이에 존재하는 다양성에 대한 연구들이 있다. 여기에는 가부장적, 여가장적, 평등주의적 · 양성주의적 성 역할 등 다양한 형태가 존재하고 있다고 본다. 어떤 형태가 지배적인가 아닌가의 문제보다는 억압과 경제적 변화에 대한 생존 전략으로 확대가정 혹은 핵가정이 필요로 하는 형태에 맞추어서 평가하는 것이 중요하다. 각 가정이 처해 있는 상황에 맞는 역사적 사회적인 환경에 기초하여 성역할이 선택될 수 있다.

이에 대한 목회상담가의 역할이 부여된다고 본다. 첫째, 각 개인 혹은 가정이 당면해 있는 상황에 유연하게 대처할 수 있는 성역할을 채택할 수 있도록 도와주어야 한다고 윔벌리는 강조한다. 두 번째, 목회상담은 자신들의 성장, 발달, 권위와 자격의 획득을 촉진할 수 있는 역할을 가질 수 있는 것이 되어야 한다. 이는 하

chapter 14 · 에드워드 윔벌리(Edward Wimberly)

나님의 형상을 지닌 존재라는 의식을 가질 때 가능하다. 셋째, 목회 상담은 내담자들이 문화적 의미 체계 안에서 성에 대한 이해와 인식을 가질 수 있도록 도와야 한다. 성 기능장애는 시장 가치(market value)를 지니고 살아가는 데에서 파생했다고 보는 것이다. 아프리카계 미국인들이 현대를 잘 살아가기 위하여 자신들의 문화 유산가운데 있었던 상호성의 전통을 회복하는 것이 필요하다.

5. 영적 관계의 회복을 위한 방안

제이미 펠프스(Jamie Phelps)는 성경과 아프리카계 미국인의 영성을 연결시키고 있다.[19] 윔벌리의 『목회상담과 성경의 사용』(The Using Scripture in Pastoral Counseling)[20]에서 사용한 것처럼 성경의 인물들의 역할을 채택하여 상담하는 방식이 좋은 방안이 될 수 있다. 아프리카계 미국인들이 자신을 하나님의 드라마의 장면가운데에서 발견하도록 도와 하나님과 관계를 맺을 수 있도록 한다. 그 결과로 내담자가 성경 드라마의 주인공과 비슷한 결과를 얻게 될 것을 확신할 수 있게 해 주어야 한다. 아프리카계 미국인들의 고난과 고통스러운 체험, 광야 경험이 하나님의 임재를 느끼게 되는 계기가 된다는 것이다.

그러나 여기에 문제가 있을 수 있다. 성서 안에 묘사되고 있는 남녀의 관계들은 두 가지 주류 즉, 가부장적 모델과 평등/상호적 모델(egalitarian/mutual models)[21]로 묘사되고 있기 때문이다. 내담자들에게 이 두 모델이 있음을 알려주면서 평등/상호적 모델의 전통이 현대의 아프리카계 미국인들의 남녀 관계와 가정생활을 위하여 적절한 것임을 강조해야 한다고 윔벌리는 주장한다. 이는 성서 안에 강한 가부장적인 전통이 전제 되어 있기 때문에 성경에 등장하는 남녀 관계에 대한 전통들로 인하여 여성주의는 물론 기타 견해를 가진 사람들로부터 강한 비판의 대상이 되고 있음을 목회상담가들이 알아야 한다는 것이다. 이 가운데 가장 중요한 전통은 예수님이 여성들을 만날 때에 가졌던 태도이며 전통이다.

V. 나가는 말: 한국 목회상담학을 위한 도움말

윔벌리가 연구의 대상으로 한 현대 아프리카계 미국인들의 사회적 경제적 상황은 우리 한국의 형편과 상이하다. 그러나 이들의 문화를 이해하려는 태도를 통하여 우리 사회의 소외당하고 있는 부류와 계층, 그들의 심리적 영적인 고통을 이해할 수 있는 적절한 관점을 제공받을 수 있다고 본다. 윔벌리가 목회상담 운동가들과 신학자들에게서 배운 '수정된 비평적 상관관계'의 방법론을 통한 목회 신학은 심리학과 신학과의 건전한 통합적 시각을 제공하고 있다. 그가 제시한 사회 과학적 연구는 인간에 대한 전반적인 이해는 물론 목회 상황에서 만나게 되는 신앙인들의 형편을 살필 수 있게 한다. 그뿐만 아니라, 심리적 인격적 고통의 상황 하에서 얻게 된 낮은 자존감, 소외되어 얻게 된 비관적 부정적인 세계관 등을 변화시켜 긍정적인 자아상을 바탕으로 하나님과 이웃과의 건강한 대화적 관계를 회복할 수 있는 목회 상담의 도구를 제공하고 있다. 성경의 이야기를 말하고 다시 말하게 함으로써 내담자 자신이 이제까지 지니고 살았던 부정적인 이야기를 긍정적으로 변화시킬 수 있도록 묘사, 반복, 재현의 방식과 멘토링을 통한 구체적인 치료의 방안을 윔벌리는 제공하고 있다.

여기에 덧붙여 윔벌리는 아프리카계 미국인들의 전통적인 문화와 현대 미국 사회의 개인주의적이며 후기 산업사회의 가치관이 일치되지 않는 것을 비판하고 있다. 한 문학작품의 분석에서 보여준 바와 같이 공동체의 상징적 행위와 상징 인물의 가치를 중요하게 생각하며, 전통적 자연주의적인 시각인 '촌락' 공동체의 개념을 사용하여 공동체 가치관의 회복을 증진하기 위한 방안들은 우리 한국 사회와 교회에서 점차로 사라져 가는 '촌락' 공동체와 이웃에 대한 진정한 관심들을 촉구할 수 있는 목회 전략으로 활용할 수 있을 것이다. 윔벌리가 제안하고 있는 영성과 성에 대한 견해들을 통하여 관계성의 회복을 이루어 참다운 그리스도 공동체를 이룩하기 위한 통찰을 얻을 수 있는 계기가 되기를 바란다.

Asante, Molefi Kete and Karimu Welsh Asante, eds. *African Culture: The Rhythm of Unity.* Trenton: African World Press, 1985.

Browning, D. S. *A Fundamental Practical Theology: Descriptive and Strategic Proposals.* Minneapolis, MN: Augsburg Fortress Press, 1991.

_____. *Religious Thought and the Modern Psychologies: A Critical Conversation in the Theology of Culture.* Philadelphia, PA: Fortress Press, 1987.

Doehing, C. *Taking Care: Monitoring Power Dynamics and Relational Boundaries in Pastoral Care and Counseling.* Nashville, TN: Abingdon Press, 1995.

Gaines, E. J. *A Lesson Before Dying.* New York, NY: Vintage Books, 1993.

Hiltner, S. *Preface to Pastoral Theology: The Ministry and Theory of Shepherding.* Nashville, TN: Abingdon Press, 1958.

Ricoeur, P. *The Symbolism of Evil.* Boston, MA: Beacon Press, 1967.

Wimberly, Edward P. *Pastoral Counseling and Spiritual Values: A Black Point of View.* Nashville, TN: Abingdon Press, 1982.

_____. *The Using Scripture in Pastoral Counseling.* Nashville: Abingdon, 1994.

_____. *Moving from Shame to Self-Worth: Preaching and Pastoral Care.* Nashville, TN: Abingdon Press, 1999.

_____. *Relational Refugee: Alienation and Reincorporation in African American Churches and Communities.* Nashville, TN: Abingdon Press, 2000.

_____. *Claiming God Reclaiming Dignity: African American Pastoral Care.* Nashville, TN: Abingdon Press, 2003.

[부록]22)

윔벌리의 약력

학력

1976   Ph.D. 보스턴대학교 대학원, 목회심리학과 상담

1971   S.T.M. (Master's of Sacred Theology), 보스턴대학교 신학대학원, 종교사회학

1968   B.S.T. (Bachelor of Sacred Theology), 보스턴대학교 신학대학원

1965   B.A. 아리조나대학교, 역사.

임상경력

1992–   현재, Georgia Association of Pastoral Care, Adjunct Counseling Staff
1989–90.   파크사이트 목회상담센터, 스탭
1976–1983.   GAPC, 상담스탭.
1974–1975.   보스턴 대학교 신학대학원 데니엘슨 상담센터 상담원
1967–1969.   우스터(Worcester)지역 목회상담센터 상담목사
1967.   보스턴 스테이트 병원 CPE.

경력

2001. 1. 1– 현재 Interdenominational Theological Seminary 부총장(교학 및 학생처)
             및 제리나 리 석좌 목회상담학 교수
1885–1991.   게렛신학대학원 목회신학 부교수
1983–1985.   오랄 로버츠 대학교 박사원 부학장 및 목회상담 부교수
1975–1983.   ITC 종교심리학과 목회돌봄 부교수.
1968–1974.   매세추세츠 주 우스터시 성앤드류 연합감리교회 목사
1967–1973.   우스터 지역교회 연합 도시목회 담당 목사
1973–1975.   매세추세츠주 보스턴 풀러 커뮤니티 정신병원 센터, 컨설트 및 교육프로그램
             의 목회적 자문역
1966–1968.   매세추세츠 윈첼돈의 임마누엘 교회 목사

[윔벌리의 저작물]

저서

Claiming God Reclaiming Dignity: African American Pastoral Care. Nashville:
    Abingdon Press, 2003.

*Relational Refugee: Alienation and Reincorporation of African Americans in the
    Community and Church.* Nashville: Abingdon Press, 2000.

Moving From Shame to Self-Worth: Preaching and Pastoral Counseling. Nashville:
    Abingdon Press, 1999.

Counseling African American Marriages and Families. Louisville: Westminster\John
    Knox, 1997.

Recalling Our Own Stories: Spiritual Renewal of Religious Caregivers. San Francisco:
    Jossey-Bass, 1997.

The Using Scripture in Pastoral Counseling. Nashville: Abingdon, 1994.

The Language of Hospitality: Intercultural Relations in the Household of God with Anne E. Wimberly. Nashville: United Methodist Publishing House, Fall 1991.

African American Pastoral Care. Nashville: Abingdon, 1991.

Adult Bible Studies: Good News For All. Nashville: Cokesbury, Winter 1992–1993.

Prayer in Pastoral Counseling: Suffering, Healing and Discernment. Louisville: Westminster/John Knox, Fall,1990.

One Household, One Hope: Building Ethnic Minority Clergy Family Support Networks with Anne E. Wimberly. Nashville: Division of Ordained Ministry, U.M.C., 1988.

Liberation and Wholeness: The Conversion Experiences of Black People in Slavery and Freedom with Anne E. Wimberly. Nashville: Abingdon, 1986.

Pastoral Counseling and Spiritual Values: A Black Point of View. Nashville: Abingdon Press, 1982.

Pastoral Care in the Black Church. Nashville: Abingdon Press, 1979.

논문

"The Family Context of Development: African American Families." In *Human Development and Faith: Life–Cylce Stages of Body, Mind, and Soul* (St. Louis: Chalice Press, 2004), 111–125.

"Race and Sex in the Debate over Homosexuality in The United Methodist Church." In *Staying the Course: Supporting the Church's Position on Homosexuality,* M. Dunnam and H. N. Malony (Nashville: Abingdon Press, 2003), 153–158.

"Pastoral Preaching." *The African American Pulpit,* (Summer 2002), 26–28.

"A Pastoral Care of Sexual Diversity in the Black Church." *American Journal of Pastoral Counseling* 3 (2001), 45–58.

"The Civil Rights Movement as a Potential Mentoring Model for Ending Domestic Abuse." *Journal of Religion and Abuse* 2 (2000), 33–48.

"A Liturgy and Narrative Psychology in the Formation of Self." In *Psychological Perspectives and The Religious Quest: Essays in Honor of Orlo Strunk, Jr. (New York: University Press of America, 1999).*

"A Reestablishing the Village: The Task of Pastoral Counseling." *Journeys* (Summer 1999).

"The Cross–Culturally Sensitive Person." *The Journal of The Interdenominational Theological Center* (Spring 1998).

"Methods of Cross–Cultural Pastoral Care: Hospitality and Incarnation." *The Journal of The Interdenominational Theological Center* (Spring 1998).

"Compulsory Masculinity and Violence." *The Caregiver Journal* 13 (1997),18−19.

"Spiritually and Health: Caring in a Postmodern Age." *The Caregiver Journal* 12 (1996), 1−7.

"The Men's Movement and Pastoral Care of African American Men." In C. Neuger and J. Poling, eds. *The Care of Men* (Nashville: Abingdon Press, 1997).

Three Chapters In Anne Streaty Wimberly, ed. *Honoring African American Elders: A Ministry in the Soul Community* (San Francisco: Jossey−Bass, 1997). These chapters are:

    1. "Showing Honor Throughout the Life Cycle."
    2. "Supporting Cross−Generational Relationships."
    3. "Pastoral Care and Nurture in the Soul Community."

"Pastoral Care of African Americans." In M. A. Kimble, S. H. McFadden, J. W. Ellor, and J. J. Seeber, eds. *Aging, Spirituality, and Religion: A Handbook* (Minneapolis: Augsburg Fortress, 1995).

"African American Spirituality and Sexuality: Perspectives on Identity, Intimacy and Power." *Journal of Pastoral Theology* 4 (1994), 19−31.

"Pastoral Counseling with African American Men." *Urban League Review* 16 (1993), 77−84.

"A Narrative Approach to Pastoral Care in an Intercultural Setting." In Young−Il Kim, ed. *Knowledge, Attitude and Experience: Ministry in the Cross−Cultural Context* (Nashville: Abingdon Press, 1992).

"Indigenous Theological Reflection On Pastoral Supervision: An African American Perspective." *Journal of Supervision and Training in Ministry* 13 (1991), 180−189.

"Families, Society, Church and Sexuality: Issues and Solutions, with Anne Wimberly. In Cecile Beam, ed. *Teaching Human Sexuality: A Collection of Resources for Teachers and Leaders* (Nashville: General Board of Discipleship, 1990).

The following articles appear in the *Dictionary of Pastoral Care and Counseling*, Nashville: Abingdon, June, 1990)

"Black American Pastoral Care."

"Black Identity and Consciousness."

"Growth Counseling."

"Men, Pastoral Care of."

"Black Issues in Psychology."

"Black Populations." *Advances in Clergy Assessment* (Nashville: Abingdon, 1990).

"Spiritual Formation in Theological Education." *Advances in Clergy Assessment*

(Nashville: Abingdon, 1990).

"Pastoral Counseling and The Black Perspective." *African American Religious Studies.* Gayrand Wilmore, ed. (Durham: Duke University Press, 1989).

"The Black Christian Experience and the Holy Spirit." *Quarterly Review* (Summer 1988).

"Response to Henry James Young." *Uncover The Myths* (Nashville: Division of Ordained Ministry, 1988).

"The Dynamics of Black Worship: A Psychosocial Exploration of the Impulses that Lie at the Roots of Black Worship." *Journal of I.T.C.* (1986).

"Minorities" *Clinical Handbook of Pastoral Counseling* (Mahwah, NJ: Paulist Press, 1985).

"The Healing Tradition of the Black Church." *Journal of the I.T.C.* (Fall, 1983).

"Contributions of Black Christians to the Discipline of Pastoral Care." *Reflection*, a publication of Yale University Divinity School, 1983.

"A Source of Conflict Between Black Males and Females." *Occasional Paper.* Institute for Religion and Wholeness, School of Theology at Claremont, Claremont, California.

"Using Our Wounds in Service of Others." *Ministry and Mission.* Candler School of Theology, Fall, 1980.

"Wholism in the Family: Implications for the Church from a Jungian Perspective." *Pastoral Psychology* 28 (Spring, 1980).

"The Pastors Theological Identity Formation." *The Journal of the Interdenominational Theological Center* (Spring, 1980).

"A Response to Morton T. Kelsey." *Journal of the I.T.C.* 4 (Spring, 1979).

"Pastoral Care and Support Systems." *The Journal of the Interdenominational Theological Center* V (Spring, 1978).

"The Suffering God." In Henry Young, ed. *Preaching of Suffering and a God of Love* (Philadelphia: Fortress Press, 1978).

"Pastoral Counseling and the Black Perspective." *The Journal of the Interdenominational Theological Center* 3 (Spring, 1976) 28–35.

"Pastoral Counseling and the Black Perspective." *The Journal of Pastoral Care* 30 (December, 1976).

서 평

"Review of Don Browning's *A Fundamental Practical Theology*." *Pastoral Psychology* (November 1992).

1) 본고는 김진영, "'관계성 회복'을 위한 목회신학의 과제: 미 흑인 신학자 E. P. 윔벌리를 중심으로,"「신학이해」 31(2006), 175-198의 내용을 수정·보완한 것임.

2) Don S. Browning, *Religious Thought and the Modern Psychologies: A Critical Conversation in the Theology of Culture* (Philadelphia, PA: Fortress Press, 1987), 15.

3) Edward P. Wimberly, *Moving from Shame to Self-Worth: Preaching and Pastoral Care* (Nashville, TN: Abingdon Press, 1999), 13.

4) 위의 책, 16.

5) Henry Mitchell, *The Recovery of Preaching* (New York: Harper and Row, 1977).

6) Wimberly(1999), 53-54. John Patton, *Is Human Forgiveness Possible?* (Nashville: Abingdon, 1985).

7) Gershen Kaufman, *The Psychology of Shame: Theory and Treatment of Shame-Based Syndoromes* (New York: Springer, 1989), 84 참조. 이탤릭체는 본 연구자가 삽입한 것임.

8) Wimberly, *Relational Refugee*(2000), 33-34.

9) Archie Smith, *Navigating the Deep River: Spirituality in African American Families* (Cleveland: United Church Press, 1997), 36. 스미스는 이들의 특성을 "뿌리가 뽑힌 채, 집도 땅도 없이 이곳저곳 머물 곳을 찾아 헤매며, 자기의 권리를 보호할 대책도 없이 옥에 갇히고, 배척받는" 존재라고 묘사하고 있다.

10) Romney Moseley, *Becoming a Self Before God: Critical Transformations* (Nashville: Abingdon Press, 1991)와 Smith의 *Navigating the Deep River*참조.

11) Ernest Gaines, *A Lesson before Dying* (New York, NY: Vintage Books, 1993), 222.

12) 윔벌리의 "African American Spirituality and Sexuality: Perspectives on Identity, Intimacy and Power," *Journal of Pastoral Theology* 4 (1994), 19-31에 등장하는 주제들을 중심으로 한국 목회신학의 상황에 적합한 내용들을 발췌하였다.

13) Alfred B. Pasteur and Ivory L. Toldson, *Roots of Soul: The Psychology of Black Expressiveness* (Garden City, NY: Anchor Press/Doubleday, 1982).

14) Alfred Pasteur, "Black Expressiveness," AAPC meeting, April 27, 1985.

15) C. Erik Lincoln and Lawrence H. Mamiya, *The Church in the African American Experience* (Durham: Duke University Press, 1990), 5; Pasteur & Toldson, *Roots of Soul*, 173-177.

16) Dona Richards, "The Implications of African-American Spirituality," *African Culture: The Rhythm of Unity,* Molefi Ket Asante and Karimu Welsh Asante, eds. (Trenton: African World Press, 1985), 209.

17) Ibid., 225.

18) Pasteur and Toldson, *Roots of Soul,* 147.

19) Jamie Phelps, "Black Spirituality," in *Spiritual Traditions for the Contemporary Church* Robin Maas and Gabriel O'Donnel, eds., (Nashville: Abingdon, 1990), 342.

20) E. P. Wimberly, *The Using Scripture in Pastoral Counseling* (Nashville: Abingdon, 1994). 김진영 역, 『목회상담과 성경의 사용』 서울: 한국장로교출판사, 2005.

21) Phyllis Trible, *God and the Rhetoric of Sexuality* (Philadelphia: Fortress, 1978), 12-23.

22) 이 부록은 Edward P. Wimberly가 직접 이 연구를 위하여 필자에게 제공해 준 것이다.

Chapter 15

임마누엘 라티
(Emmanuel Y. Lartey)

정 보 라
[복음신학대학원대학교 교수]

I. 삶과 경력, 학문적 배경

임마누엘 라티(Emmanuel Yartekwei Amugi Lartey)의 목회신학은 상호문화적 관점에 기반을 둔다. 상호문화적 목회신학(intercultural pastoral theology)은 북미와 서유럽의 목회신학자들이 목회 사역과 신학이 문화에 의해 파생된 결과라는 사실을 고려하지 않고 자신들의 관점을 보편화 시켜 온 한계에 도전한다. 라티의 가장 중요한 공헌은 우리가 다양한 문화적 상황에 대한 성찰과 함께 목회신학과 목회돌봄의 이해를 발전시켜야 하며 목회신학의 토착화는 세계각 지역의 특성을 반영한 치유에 대한 탐구로서 나타난다는 것을 명료하게 제시한 것이다.

라티는 1954년 아프리카 가나에서 태어나 1980년대 영국의 버밍험대학 (University of Birmingham)에서 수학하였으며, 목회신학과 상담을 공부하는 동안 교류분석, 게슈탈트 심리학, 가족치료 중심의 상담 임상훈련을 받았다. 라티는 1984년에서 1989년 동안 가나 대학의 종교학부와 트리니티신학교에서 실천신학을 가르쳤고 1989년에서 2001년까지 영국 버밍햄대학에서 목회신학과 목회상담을 가르치면서 원목으로도 활동했다. 1998년 라티는 영국 사회의 다양한 인종적이고 종교적인 경험이 실천신학 연구에 어떻게 반영될 수 있는가를 모색하기 위해 흑인 신학을 연구하기 위한 학술지 *Black Theology in Britain*를 창간하였고 유럽과 미국 중심의 목회신학과 상담 연구의 한계를 극복하기 위한 노력을 계속하는 가운데 목회돌봄과 상담국제협의회(International Council on Pastoral Care and Counseling)의 회장으로 선출되어 2000년대 중반까지 활동하였다. 라티는 2001년 미국으로 이주하였고 미국 조지아 주 아틀란타의 컬럼비아신학대학원을 거쳐 2005년부터는 에모리대학교의 목회신학과 목회상담학 교수로 재직 중이다. 2009년부터는 미국종교학회 (American Academy of Religion)의 신학 교과 과정과 교육 개발 프로그램의 장으로 선출되어 관련 업무를 수행하고 있다.

II. 목회신학 방법론

1. 신학적 배경

라티는 자신의 중요 연구 주제인 상호문화적 목회상담과 삼위일체 신학의 연관성을 설명하면서 목회상담의 이해는 신학적 성찰을 기반으로 발전할 수 있음을 보여준다. 삼위의 하나님, 그리스도, 성령 하나님이 같음과 다름을 동시에 보여주는 것처럼, 개인은 그 문화와의 관계에서 자신의 독자성을 유지하면서도 관계성 안에서 자신의 보편적인 인간 존엄성과 가치를 경험한다.[1] 라티는 삼위일체 신학을 신학, 인간 상황, 다학제적 학문이라는 목회신학의 다양한 구성 요소를 유비적 관점에서 이해할 수 있는 이론적 틀로 사용한다. 라티는 삼위일체 신학에 의한 신학적 배경을 발전시키기 보다는 감리교 목사로서의 자기 정체성에서 유래하는 존 웨슬리의 신학과 변화하는 세계 안에서의 실천을 강조하는 남미 해방신학을 자신의 신학적 배경으로 삼는다.

목회신학자들은 신학자로서의 정체성을 확고히 유지함으로써 신학적 성찰을 보여 줄 수 있어야 한다.[2] 웨슬리는 신학의 본질을 실천적 신성(practical divinity)으로 정의하였다.[3] 목회신학은 이론과 실제 사이의 변증법적 긴장을 유지하려는 실천적 신성을 구체적으로 드러내는 학문이다. 목회신학자들은 다양한 자원을 활용하여 신앙과 삶의 진실을 이해하고자 하는 변증법적 긴장을 유지하는 가운데 인간의 경험을 탐구한다. 변증법적 성찰은 창조적 긴장감을 유지하며 웨슬리가 제시하는 실천적 신성이 나타날 수 있는 원동력이 된다. 웨슬리에 의하면, 신학은 성서, 이성, 전통, 경험이 평범한 신앙인의 삶에 의미 있게 연결되어 있도록 하는 방법을 탐구하는 학문이며 본질적으로는 목회를 위한 실천적 학문이다. 신앙인의 삶에서 믿음의 이론과 실제는 서로 분리될 수 없으며 서로 영향을 준다. 웨슬리 신학의 관점에서 신학 작업은 다수의 사람들이 이해하여 실행할 수 있는 언어와 신앙을 표현할 수 있는 구체적 방식을 사용해야 한다. 이러한 신학적 기반 위에서 목회 신학은 기독교인의 실존을 인도하기 위한 목적을 성취하려 하고, 기독교인의 존재는 신학의 지평을 확장하고 그 내용을 형성한다.

라티는 해방신학의 중요한 구성 요소인 사회 분석, 해석학적 분석, 프락시스 중심 이해의 관점을 사용하면서 자신의 목회신학 방법론의 핵심인 상호문화적 방법론은 해방신학적 배경에서 유래했음을 설명한다.[4] 신학의 목적은 해방을 이끌어내는 사랑의 실천이다. 남미의 해방신학 방법론은 가난, 소외, 억압을 경험하는 이들을 위한 돌봄과 치유라는 목회신학의 실천적 주제를 발전시키기 위해 유용하다. 해방신학자들은 가난으로 고통받는 사람들의 관점에서 현실을 해석한다. 해방 신학적 관점에서 구원 선포를 위한 신학적 논증은 인간의 사회적 현실에 대한 분석을 그 기반으로 한다. 해방신학자들이 억압받는 사람들과 더불어 추구하는 현실 인식은 목회신학이 상황을 반영하는 신학이 되기 위해 필요한 분석틀이다.

해방신학의 영향 아래 발전시킬 수 있는 목회신학의 연구 주제에는 구체적 경험 이해, 사회적 분석, 해석학적 분석, 해방의 목회신학적 프락시스가 포함된다.[5] 첫째, 목회상담자들과 해방신학자들은 모두 인간 고난의 구체적 현실로부터 신학적 사유를 발전시킨다. 신학 작업은 인간 고통의 구체적 경험에 대해 탐구함으로써 지나친 추상화와 일반화를 피해야 한다. 둘째, 해방신학자들은 개인의 고통에 영향을 주는 전체 사회의 억압에 대해 해석하고자 노력한다. 이처럼 목회상담자들은 개인의 낮은 자존감, 절망, 분노가 대인관계 뿐 아니라 전체 사회가 규정하는 역할과 문화에 의해서도 나타나고 있다고 본다. 그러므로 목회신학 방법론은 개인과 사회 모두의 역할을 규명하는 가운데 발전할 수 있다. 셋째, 해방신학자들이 성서를 창조적 비판 작업을 통해 이해하려는 것처럼, 목회상담자들은 상처받은 사람들의 치유와 생존을 위해 성서를 해석학적 방법으로 이해하고자 한다. 라티는 스리랑카, 홍콩, 한국의 신학자들이 성서를 각 문화의 관점에서 해석해 낸 업적을 긍정적으로 평가하면서 해석학적 안내자로서의 목회상담자들의 역할을 강조한다. 넷째, 목회상담자들은 해방신학적 관점을 활용하여 인간이 어떻게 트라우마를 극복하고 해방을 경험할 수 있는가하는 질문을 사회문화적 배경을 고려하는 문제의식과 함께 논의해야 한다.

라티는 해방시키는 목회적 프락시스(liberative pastoral praxis)를 제안하면서 해방신학자들의 교수법을 참고한다.[6] 목회상담자들의 상담 목적은 상담을 받는 내담자가 회복을 경험하면서 스스로 자신의 경험에 대해 성찰할 수 있는 역량을 키우는 것이다. 라티는 목회돌봄과 상담, 해방신학이 서로 영향을 주고받으며 발전하는 신학 모델을 제시하면서 기독교인들은 다양한 문화를 경험하는 다른 종교인들과 함께 자신의 신앙에 대해 비판적으로 성찰해야 한다고 주장한다. 해방시키는 목회적 프락시스는 배움과 행함을 통해 신앙과 돌봄을 통합하며 개인 차원의 성찰과 그룹 차원의 평가를 아우르는 신학적 모델이다. 동시에 라티는 목회신학이 고통을 경험하고 있는 개인을 어떻게 회복시킬 수 있는가라는 질문에 의한 돌봄의 주제만을 탐구하는 학문이 아니라고 주장한다. 우리가 살아가고 있는 세계에는 사회적, 경제적, 문화적, 정치적으로 다양한 환경에서 살아가는 사람들이 공존한다. 격변하는 이 세계에서 목회신학이 계속적으로 영향력과 설득력을 발휘하기 위해서는, 그 방법론이 유럽, 북미, 영국 중심으로 발전해온 지역적 특색을 극복하여야 한다. 목회신학의 신학적 배경은 지구 곳곳에서 벌어지고 있는 사회경제적, 정치적, 문화적, 종교적 환경과 다양성을 반영하여 사람들과 공동체들을 돌보는 이론과 실제를 성찰 할 수 있어야 한다.[7]

2. 상담학 이론의 비판적 수용

20세기에 발전한 목회신학 연구의 자료는 성서, 인간의 경험, 상황, 인문 과학 특히 심리학, 심리치료, 의학과 건강관리, 정신의학 이론 등이다. 목회신학자들은 다학제적 연구방법론(multidisciplinary methodology)을 사용하여 사회학, 문화 인류학, 문화 연구, 공동체 연구, 사회 윤리, 경제학 관련 학문 분야의 자료 역시 연구에서 활용하고 있다. 이 중 상담심리학은 현대 목회상담의 역사를 평가할 때, 목회신학의 이론과 실제에 가장 많이 영향을 준 이론이다. 특히 상담 이론이 목회 상담에 준 영향을 평가할 때 많은 상담심리 이론은 서구 산업사회의 문화적 관점에서 인간 이해를 추구하는 틀임이 분명하다. 그러므로 상담심리학의 비판적 수용은 다원적 세계의 목회상담 연구와 그 미래를 위해 중요한 작업이다. 라티는 상담학 이론의 공헌을 높이 평가하면서도 상담학 이론의 부정적 영향을 다음과 같이 평가한다.[8]

심리학 학파의 차이에 의한 심리치료 연구는 세밀한 차이도 강조하는 분열적 경향성을 가진다. 특히 일부 상담자들이 고수하는 반 철학적이면서도 실용주의 중심의 입장은 상담에서 우리가 알고자 노력하는 진실이 무엇인지 탐구하는 인식론적 성찰을 불가능하게 만든다. 영향력 있는 지도자 중심으로 모인 충성스러운 훈련생들로 이루어진 상담 실습의 구조와 전통은 창의성보다도 각 학파가 주장하는 이론의 순수성을 지키고자 하는 특징을 가지므로 각 학파의 이론만 사용해서는 다양한 인간이해를 발전시키는데 어려움이 있다. 상담 실습에 있어서 소외받아 온 여성, 사회적 약자, 소수민족들의 경험을 끌어들이지 못하는 상담 이론은 병적일 정도로 중산층과 특정 인종 중심의 이해를 진단과 평가의 기준으로 결정한다. 또한 여러 상담 이론 중 어느 이론을 더 신뢰할 수 있으며 그 효과성을 평가할 수 있는가 하는 질문에 있어서 기존의 상담학 중심의 모델은 적절한 대안을 제공하지 못한다.

목회상담자들과 목회신학자들이 이러한 상담학 이론의 부정적 영향을 비판적으로 헤아리지 못하면 심리학적 환원주의, 사회문화적 무관심, 신학적 성찰의 결여, 개인주의의 강조라는 약점을 극복하지 못할 수 있다. 첫째, 심리학적 환원주의는 현대 내담자들의 경험을 적절히 반영하지 못하는 수십 년 전 심리학 이론을 교조적으로 적용하려 할 때 나타난다. 사회-문화적 평가를 통해 우리는 이미 경제 사회적 불균형, 소외, 사회적 통제감의 유무 등이 개인적이고 감정적인 삶의 질을 결정한다. 둘째, 기존 상담학 이론이 내포한 사회정치적 무관심은 상담에 참여하는 내담자와 가족이 왜 현재의 모습이 되었는지에 대한 상황적 이해와 해석을 어렵게 한다. 셋째, 상황에 대한 신학적 성찰이 부족한 목회상담의 이론과 실제는 신학적 인간학을 문화인류학으로 바꾼다거나 기독교 신앙의 상징을 상담 치료적 상징처럼 무비판적으로 대체한다는 비판을 불러왔다. 라티는 제임스 폴링 (James N. Poling)의 *The Abuse of Power: A Theological Problem*를 이러한 비판을 반영하여 기존의 한계를 극복하는 좋은 예로 평가한다. 넷째, 상담학 이론에서는 개인주의적 강조가 공동체와 나누는 경험의 가치보다 중요하게 다루어진다고 평가하는 가운데, 라티는 예외적 경우를 고려한다. 상담학 이론에 영향 받은 목회상담 관련 연구가 상처 입은 사람들의 심리내적 삶을 목회심리치료의 초점으로 강조할 때 개인주의적 강조는 개인의 주체성을 회복하기 위한 적절한 이론적 틀이라고 볼 수 있다.

3. 해석학적 성찰을 위한 목회신학방법과 방법론

목회신학은 "하나님과 인간 공동체의 돌봄에 관한 성찰"이고 목회신학자들은 신앙에 근거하여 다양한 형태로 이루어지는 돌봄의 사역에 참여하는 사람들이다.[9] 목회신학 연구에는 사회경제적, 정치적, 심리적 역동이 돌봄 사역의 본질과 과정에 미치는 영향에 대해 성찰하는 연구자 자신의 전제와 실천을 추구할 때 나타나는 성과 중심주의에 대해 비판적으로 성찰하도록 촉구하는 연구방법론이 포함되어 있다. 신학적 성찰과 일상의 경험은 사람들이 목회신학적 관점에서 판단하고 신앙에 의해 삶을 회복하거나 개선하기 위해 노력하는 과정에서 나타난다. 목회신학자들은 목회신학의 신학 분야로서의 정체성을 유지하고 발전시키기 위해서 목회신학의 신학으로서의 본질을 유지할 수 있는 연구방법과 방법론을 사용한다. 라티는 테드 제닝스(Ted Jennings)가 정의한 목회신학방법론의 세 가지 구성 요소인 신학적 판단, 신학적 제안, 주장에 덧붙여 실천이라는 네 번째 구성 요소를 강조한다.[10] 그는 현대 목회신학 연구 안에서 신학적 성찰 방법(methods of theological reflection)으로 가장 많이 사용된 방법을 폴 틸리히의 상관 관계적 방법(correlational method)를 활용한 데이빗 트레이시(David Tracy)의 수정된 상관 관계적 방법(revised correlational method)이라고 평가한다.

목회신학자들은 신앙에 의해 인도받는 돌봄의 실천과 그 실천을 통해서 나타나는 신앙의 형태와 본질을 연구한다. 목회신학자들이 추구하는 지식은 상황에 따라 규정된 의미를 통해 복음과 세계 사이에서 발전한다. 목회신학의 연구 방식은 본질적으로 다학제적이다. 목회신학방법(methods)과 방법론(methodologies)은 하나님과 인간 공동체의 돌봄의 활동을 그 연구 주제로 삼아 비판적이거나, 해석적이거나, 구성적이거나, 표현중심적인 양식을 사용한다. 목회신학방법과 방법론의 사용 목적은 첫째로 서로 다른 신학적 주장과 실천 방식을 고려하여 선택하고, 둘째로 일관성 있는 신학적 판단을 지속적으로 행하고, 셋째로 목회 사역의 구체적 목적을 성취하는 것이다.

목회연구방법(pastoral theological methods)에 관한 논의는 연구 자료의 발표 방식, 목회돌봄과 상담에서 이루어지는 구체적 절차와 과정에 대한 세부적 방법과 평가, 돌봄과 상담에 포함되어 있는 신학적 성찰을 어떻게 하는가 하는 테크닉 즉 기법에 대한 논의이다. 목회신학 연구방법의 목적은 신성과 인성의 본질과 상호 관계성에 대한 이해를 탐구하고, 신성을 반영하는 실천의 결과로서의 돌봄을 발전시키는 것이다. 연구 방법은 상황 안에서 살아가는 인간을 돌볼 수 있는 방법을 모색한다.[11]

목회신학자는 연구 목적을 효과적으로 성취하기 위해서 연구 방법, 발표 방법, 신학적 성찰 방법이라는 기술을 다양하게 활용한다. 연구 방법은 연구자가 관심을 가지고 있는 연구 주제인 연구 대상자들의 경험을 자료로 선택한다. 상담 연구 방법으로는 설문지, 인터뷰, 상담 사례 분석 등의 테크닉이 사용되며 연구자는 자료 분석을 위해 양적, 질적, 혼합 연구 방법과 문헌연구를 사용할 수 있다. 발표 방법(methods of presentation)은 목회신학적 연구의 결과를 정리하고 구성하는 방법이므로 연구 방법과 밀접한 관련성을 가진다. 예를 들어 특정 상담사례의 심리학적, 신학적 측면을 어떤 순서와 방법, 과정을 활용하여 발표할 것인가 하는 질문은 목회신학자의 가치체계와 윤리의식을 반영한다.

라티는 연구에 사용되는 테크닉으로서의 목회신학방법 안에는 철학적이며 이론적인 기초를 제공하는 방법론이 존재한다고 설명한다. 특정한 방법론은 목회연구방법의 근본적 이유와 원리를 설명한다. 목회신학은 기독교 신앙인의 행동과 실천의 삶, 기독교적 이론과 성찰을 반영하는 신앙을 다룬다. 목회신학의 특성은 이러한 삶과 신앙이 상호 대등하게 비평적이면서도 건설적으로 풍부하게 표현될 수 있도록 한다. 목회신학은 삶과 신앙의 여러 범위를 아우르는 인간 활동 사이에서 어느 한쪽으로 치우치지 않도록 긴장과 균형을 유지할 수 있도록 일깨워주는 역할을 한다. 라티는 목회신학과 목회실습, 상담의 실천적 기능을 이해하기 위해 그 원리를 이론적으로 연구하는 작업을 강조하는 연역적 방법과 돌봄의 실행을 통해서 신학적 성찰이 이루어진다는 귀납적 방법 모두 목회신학 발전을 위해 사용할 수 있다고 평가한다.

예를 들어 목회신학자가 연역적 추리를 기초로 하는 적용주의(applicationism)를 자신의 신학 방법론으로 사용할 때, 적용주의를 중심의 목회신학방법론은 신학적, 철학적, 과학적 연역을 따르며 이론에서 출발하여 목회현장에 적용할 수 있는 실제를 탐구한다. 연역의 논리에 기초한 목회신학은 다양한 이론을 창조적으로 비교 통합하여 인간 일상의 경험을 이해하고자 하는 이론 중심의 접근 방법을 강조한다. 반면에, 귀납법을 강조하는 목회신학방법론은 인간의 구체적인 경험, 행위 또는 실천으로부터 출발한다. 체험은 신학방법론의 출발점이 된다. 목회신학자는 구체적인 실천 과정과 여러 종류의 진행 상황을 분석함으로써 목회신학의 이해를 발전시킬 수 있는 이론을 모색한다.[12]

목회신학방법론은 목회신학자가 성취하고자 하는 목표에 도달하기 위한 선택과 결정에 영향을 주면서, 목회신학연구에 필요한 전문적 테크닉인 방법을 선택하는데 필요한 논리 역시 제공한다. 라티는 서로 다른 방법론이 기반하고 있는 다양한 철학적 기반을 크게 미학적, 연역적, 귀납적 논리로 나누어 설명한다. 각 방법론의 선택에 의해 우리는 방법론에 조화를 이루는 방법 즉 목회돌봄과 상담 현장에서의 실제에서 사용되는 실천 방안들을 개발한다. 방법론은 이러한 실천 방안들을 구체적으로 발전시키고 정의하는데 필요한 연구자의 윤리와 가치체계들을 표현하기 위해 결정적으로 중요하다.

라티는 방법론과 방법에 대한 구별과 깊이 있는 이해는 신학자들과 상담자들이 자신들의 결론에 도달하는 과정을 이해하기 위해 필요하다고 주장한다. 과정에 대한 이해 없이 목회사역의 성과나 결론에만 초점을 맞추어서는 목회신학의 이론과 실제를 발전시키기 어렵다. 상담 현장의 내담자들은 자신들의 기존 고정관념에 사로잡혀 있는 상태에서 고통스러워하고 자신의 상황을 새롭게 이해하려는 시도를 거부하는 문제를 가지고 있다. 목회신학자들이 문제에 봉착한 사람들을 이해하기 위해 필요한 역량을 키우기 위해서는 목회신학에서 사용하는 방법론과 방법을 구성하는 논리와 맥락 및 연구방법론과 방법 사이의 상호관계성을 명확히 구별하여 이해해야 한다. 라티는 사람들의 문제와 상황에만 초점을 맞추지 말고 이들의 경험을 여러 관점에서 검토함으로써 이들이 이러한 문제에 고립되기까지 구체적으로 어떤 과정을 거쳤는지 그 이유와 과정을 성찰할 수 있어야 한다고 주장한다.[13]

에드워드 팔리(Edward Farley)와 레오나르도 보프(Leornardo Boff)가 촉구한 대로 복음의 관점에서 상황을 성찰하는 해석학적 성찰은 목회신학 방법론의 기조이다. 팔리는 신학적 성찰의 가장 근원적이고 본질적인 형태를 신앙의 틀에 맞추어 인간 상황을 이해하려 노력하는 해석적 노력으로 설명한다. 보프는 불의의 현실에서 복음의 말씀에서 근본을 찾으면서 구원의 길을 찾아가는 해석의 과정을 강조하면서 교회는 성서의 해석에 인도함을 받아 해방을 위해 헌신하고 노력하도록 영감을 받는다고 주장한다.[14]

해석은 목회신학이 전통과 현재 인간 경험을 통합하는 작업이다. 찰스 거킨 (Charles V. Gerkin)은 목회신학의 기초를 해석학의 원리에서 찾는다. 상담은 근본적으로 해석의 과정이므로 상담의 목적은 상담에 참여한 목회자, 상담자, 내담자 및 교인 모두가 상담 과정을 통해 삶의 의미와 이야기를 창조해 낼 감수성을 발휘할 수 있는 능력을 회복하는 것이다. 해석학적 목회상담은 기독교 전통 안에서 이루어져 왔던 해석, 현대 심리학의 형식 안에서 이루어지고 있는 해석, 인간 경험에 대해 다학제적으로 이루어지고 있는 해석 모두를 통합한다. 또한 개인과 공동체의 삶과 사역은 언어를 넘어서는 경험을 포함한다. 그러므로 목회신학방법론은 언어만으로 표현되는 차원 이외에도 다양한 인간 경험의 복합적 현실을 탐구하기 위해 예술, 음악, 예전, 설교, 상담, 목회돌봄, 다양한 형태의 봉사가 이루어지는 과정과 상황을 관찰하고 그 의미를 해석한다. 경험은 상황에 따라 다양하고도 풍부한 의미를 가지고 있으므로 목회신학방법론은 인간 경험의 의미를 이해하기 위해 상황에 대해 관심을 가져야 한다.

4. 목회적 순환 방법론

라티의 목회적 순환(pastoral cycle) 방법론은 귀납의 논리를 따르며, 인간의 구체적인 경험과 실천으로부터 출발한다. 그는 해방을 목회적 프락시스로 제시하면서 해방신학에서 강조하는 비판적–반성적 교수법을 활용한다. *The Blackwell Reader in Pastoral and Practical Theology*에 포함된 그의 논문에서 라티는 실천신학이 일반 종합대학에 소속된 신학부 교육에 어떻게 기여할 수 있는가 하는 구체적 질문에 응답하기 위해 신학 교과과정 개발을 위해서는 목회현장의 경험에서 출발하는 신학방법론이 필요하다고 주장한 뒤 구체적 예로서 목회적 순환 방법론을 제시한다. 라티의 신학방법론은 목회신학자들이 사용해온 방법론의 신학적 본질과 다학제적 특성을 강조하면서 경험, 상황적 분석, 신학적 분석, 신학에 대한 상황적 분석, 응답이라는 다섯 종류의 단계로 이루어진다.[15]

목회적 순환의 신학 방법론의 첫 번째 활동은 구체적인 삶의 현장에서 사람들과 대면하는 경험이다. 라티는 신학 방법론을 사용하는 첫 단계를 인간 경험에 대한 탐구로 제안한다. 목회적 순환은 병원, 노숙인들을 위한 쉼터, 호스피스, 감옥,

상담 센터 등에서 일어나는 사람들과의 대면에서 시작된다. 목회적 순환의 첫 번째 단계는 "우리 경험의 이야기들"을 모아 연구의 자료로 삼는 것이다.[16]

두 번째 단계는 인간 경험에 대한 사회적, 심리적 분석을 포함한 상황적 분석이다. 하나님 이해는 다양한 학문적 성취가 제공하는 다중적 관점을 활용하여 깊어질 수 있다. 라티가 제시하는 상황적 분석은 현대 목회신학 연구가 사용해 온 신학과 심리학 위주의 간학제적(interdisciplinary) 접근을 확장하여, 인간의 경험 안에서 어떠한 일이 진행되고 있는지 이해하기 위해서는 창조 세계와 하나님에 대한 이해를 넓힐 수 있는 다학제적(multidisciplinary) 접근을 활용해야 한다는 입장을 강조한다.

세 번째 단계는 인간 경험을 통해 하나님을 대면하는 경험으로 인도받는 신학적 분석이다. 인간 경험에 관한 연구자의 믿음과 믿음의 내용과 형식에 대한 분석은 인간과 세계, 하나님에 대한 새로운 질문과 확장된 이해를 만들어낸다. 인간의 경험과 고통에 영향을 주는 예언자적 비전을 찾고자 노력하는 단계는 신앙적 해석의 단계이다. 신학적 분석에는 개인적 차원뿐 아니라 기독교 전통의 차원을 통합하는 노력이 포함된다.

네 번째 단계는 신학에 대한 상황적 분석이다. 목회적 순환의 신학방법은 인간 경험을 대면하고 상황적 분석을 하고 사회와 교회가 던지는 질문에 대답하기 위해 노력한다. 목회적 순환의 연구는 연구자의 신앙에서 비롯된다. 연구자의 생활 세계에서 하나님은 천지만물의 창조주이시고 연구자가 믿어 온 기독교 전통과 교리를 새로이 창조적으로 상황에 맞게 형성할 수 있도록 인도하신다.

목회적 순환의 신학방법의 다섯 번째 단계는 응답이다. 연구자는 전체 과정을 검토하면서 구체적으로 어떻게 새로운 가치와 비전을 실행해야 하고 응답해야 할지를 결정한다. 이러한 결정의 과정은 기존의 이해와 새로운 이해를 비교하는 가운데 개인과 공동체의 관계성을 인식하고 책임감 있게 행동하는 가운데 이루어져야 한다. 라티는 목회적 순환은 본질적으로 신학적 성찰이라고 주장한다. 종교적 영역 이상의 다양한 공적 영역에서 해방의 프락시스로서의 목회신학은 사회적이고 개인적인 영역 모두에서 변화를 일으키는 역동성을 보여 주어야 한다.

III. 주요 연구 주제들

1. 상황의 중요성

　1980년대와 90년대에 라티가 발전시킨 연구의 초점은 목회신학에 있어서 상황의 중요성을 강조하는 것이었다. 그의 박사 학위 주제는 인간 존재와 상담의 의미를 아프리카인들과 미국 백인들의 상호문화적 관점(intercultural perspective)에서 비교 분석한 연구이다. 1980년대 서구의 목회상담은 심리학 중심의 해석에 무게를 두었고 이러한 현실은 목회상담의 철학적 토대와 적용에 영향을 끼쳤다. 라티는 서구 심리학의 관점 보다도 문화적 관점에서 출발하여 목회신학과 목회신학 방법론을 다양한 문화에서 적용하는 가능성을 모색한다. 가나의 남부 지역에 거주하는 가(Ga)와 아칸(Akan) 공동체의 삶과 가치관을 기술적으로 분석하며 시작된 라티의 논문은 가나 기독교인의 눈을 통해서 이해한 개인적 주관성과 하나님, 환경, 공동체의 관계성은 근원적으로 통합적이며 상호협력적임을 논한다.

　게슈탈트 심리학과 가족 체계 심리치료는 1980년대의 영국과 미국 목회상담 연구를 발전시킨 중요한 이론이었다. 라티는 가나 기독교인의 관점을 사용하면서 게슈탈트 심리학은 인간 경험의 전부를 아우르려는 특성을 가지므로 가나 기독교인의 세계관과 조화를 이룰 수 있으나 사회적 책임감을 강조하지 않고 개인을 초월하는 인간 경험을 모색하는데 능동적이지 않으므로 다른 문화에서 보편적으로 적용할 수 없다고 분석한다. 가족 체계 심리치료는 개인과 사회의 책임 사이의 역동성에 주목하여 초월적이고 영적인 인간 경험의 통합성을 인정한다. 가족 체계 심리치료는 가나 문화의 영매(靈媒)와 같이 가족의 문제를 짊어지고 매개하는 개인을 전제하고 이야기와 의식의 중요성을 강조하므로 비서구 문화에서도 효과적일 수 있다.

　라티는 영국에 거주하는 가나인 교회 신자들과 다문화적 상담 센터에서 일하는 상담자들을 논문을 위한 연구 참여자로 정하여 인터뷰 연구 방법, 참여 연구 방법을 사용하여 이들의 경험을 분석한 뒤 다음의 결론을 도출했다. 문화는 상담자의 세계관과 상담자가 행하는 상담 전체에 깊은 영향을 준다. 가나 기독교인들의 교회에서 이루어지는 목회상담에서 삶의 경험 자체는 영적인 경험으로 해석되었고, 가나 기독교인들은 개인의 책임을 사회적 책임과 더불어 이해했다. 반면, 상담센터에서 활동하는 목회상담자들은 삶의 정상성과 건강에 대한 관심보다도 내담자들이 경험하는 정서적 병리에 초점을 맞추었고 상징, 의식, 이야기, 신앙적 관심의 탐구 보다는 개인의 정서적 문제를 해결하기 위한 상담 실습 자체를 중시했다. 라티에 의하면, 비서구 문화의 상담자들은 서구의 심리학과 목회상담 이론의 문화적 배경에 대해 내담자들의 문화와 관련지어 비판적으로 성찰해야 하며 서구 문화의 상담자들은 비서구적 문화와 비서구인들의 독자적 세계관과 관점을 고려해야 한다.[17]

　　1986년의 연구는 기독교인들이 오직 주 예수 그리스도만이 치유하신다는 믿음을 가져야 한다고 가르치는 교회의 가르침을 받아들이려고 노력하면서도 아프리카의 전통적 치유 의식을 통해서 삶에 대한 통전적 이해를 얻고 위로를 경험하는 신앙인의 사례 연구이다. 라티는 아프리카 전통과 오순절 영성에 의한 치유를 분석하면서, 토착 신앙과 전통적 치유 의식 중심의 민간요법으로 치유를 경험하는 아프리카 기독교인들과 서구 선교사들에 의해 세워진 교회지도자들 사이의 신학적 차이와 갈등을 분석했다.[18] 전통적 아프리카 문화에서 사제적 치유자(priest-healers)들은 의사로서 활동해왔다. 서구 문화와 신학을 강조한 선교사 중심의 교회들은 치유 경험의 중요성을 신앙의 삶에서 축소하려 했으며 특히 전통적 의식과 치유자들을 거부하였다.

　　교회 지도자들이 종교 경험의 치유적 측면을 최소화하고 아프리카의 고유문화를 반영한 다양한 표현 양식과 내용을 제거하고자 했을 때, 많은 아프리카인들은 다양하게 표현할 수 있는 영성을 경험할 수 있는 새로운 교회 공동체를 발전시켰고 그 결과 토착화된 오순절파 교회들이 급속히 발전했다. 라티는 오순절파 교회에서 시행하는 신적 치유(divine healing)의 실제는 현상학적으로 볼 때 아프리카 전통에 있는 사제적 치유자들의 활동과 유사하다고 평가한다. 선교사들에 의해 세워진 교회에서의 기독교 신학에 의하면, 토착적 민간요법의 사용은 마법적 미신에 불과하므로 치유를 위해 사용할 수 없다. 그러나 라티는 치유의 역사 자체를 인간 사이에 성육신으로 오신 하나님 나라의 증거로 해석하면서 아프리카 현지에서 토착화한 오순절파 교회에서 이루어지는 치유의 경험은 선교사들에 의해 세워진 교회의 사역과 그 서구적 신학에 도전하는 상황을 논한다. 상황의 중요성에 대한 성찰은 토착화한 기독교 신앙이 현지에서 성장하는 과정에서 어떠한 전략과 신학을 발전시켜야 하는가에 대한 질문을 던짐으로 라티는 상황의 중요성에 관한 논의를 목회상담과 선교학의 과제로서 제시한다.

1991년의 연구는 가나에서 이루어지는 목회상담의 상황적 적용을 다룬다. 라티는 아프리카 목회상담을 첫째 서구 목회 신학과 이론에 기반을 둔 목회 상담, 둘째 건강과 치유의 해석을 위해 아프리카 사상과 전통적 치료 기법 중심으로 시행하는 목회상담, 셋째 아프리카 문화, 성서 신학, 심리역동 중심의 서구적 심리 치료 기법을 활용하여 앞의 두 입장을 통합하려는 목회상담으로 나눈다.[19] 그는 하워드 클라인벨이 사회와 공동체의 중요성을 목회상담의 실천에서 부각시키기 위해 인간 가능성 발전을 강조하는 심리학 운동을 일으켰다는 역사적 배경에 주목한다. 서구 상담자들과 이론가들은 상담의 이론과 실제가 서구의 역사적 사회적 문화적 환경의 산물임을 인식하고 상담 현장이 그 상황을 충실히 반영하고 있는지 관찰한다. 서구인들은 자신들이 경험하는 실재를 특정한 관점으로부터 해석하여 이를 보편적 인간 경험으로 확장하여 인간의 고통과 도전을 효과적으로 설명할 수 있다고 믿는다. 이와 마찬가지로 아프리카의 상황도 인류의 보편적 경험에 관련되어 있다. 그러므로 아프리카 상담자들과 이론가들 역시 아프리카 특유의 상황과 경험을 상담 이론과 실제에 반드시 반영해야 한다.[20]

라티는 아프리카에서 현대 의료의 혜택을 받지 못하는 지역에 거주하는 사람들이 고통을 극복하기 위해 찾아가는 치유 공동체를 아프리카 전통에 뿌리를 둔 전통적인 치유 공동체와 독립적으로 발전한 토착 영성과 오순절 교파의 영향 아래 형성된 기독교 교회 공동체로 설명한다. 20세기 후반, 아프리카의 신앙 공동체들은 가나 전통의 역사를 반영한다는 면에서 전통과의 연속성을 간직하면서도 사회 경제적 상황, 기술적 진보, 서구 문화의 영향이라는 면에서 급격한 변화를 경험하고 있었다. 라티는 아프리카 상황에서 다양한 형태로 존재하는 이러한 치유 공동체의 특성을 종교적이며 기독교 신학적 특성을 가졌고, 통합적이며, 사람들이 삶을 나누며 서로 돌보고, 고통을 함께 겪으며, 사회−정치적 불의에 대항하고자 하는 예언자적 공동체라고 분석하여 전통적 치유 공동체와 교회 공동체 모두에 이러한 특성이 반영되어 있다고 설명한다.[21] 치유 공동체는 사회의 질병을 진단하고 서구 열강에 의해 이루어진 아프리카 문화의 파괴와 착취를 비판하면서 창조적 미래를 준비하는 책임을 가진다.

2. 상호문화성(Interculturality)

라티의 상호문화성 이해는 서구 중심적 목회상담 연구의 현실에 대한 통렬한 비판으로부터 출발한다. 서구적 세계관에서 나온 목회신학, 목회돌봄과 목회상담 연구는 전 세계에서 이루어지는 돌봄의 사역에 직접적 영향을 주고 이론적 틀을 제공해 왔다. 서구 중심적 목회신학 연구는 비서구세계의 경험에 대한 열린 태도와 유연하게 모색하는 관점의 가치를 받아들였으나 서구 목회신학자들은 여전히 서구 중심의 연구 주제와 방법의 선택 및 연구 가치를 평가하는 우선순위를 바꾸려 하지 않는다. 라티는 비서구세계의 경험과 통찰은 21세기에도 여전히 목회 신학 연구의 주변부에 머물러 있다고 평가한다. 상호문화성 중심의 목회신학은 이러한 한계를 극복하는데 의미 있을 수 있으므로 라티는 목회돌봄과 목회상담의 연구 범위를 세 가지 질문으로써 확장한다.[22]

첫째, 인간이 공유하는 핵심 경험은 무엇인가? 둘째, 사고와 감정, 행동 방식을 이해함에 있어 문화적으로 결정되었다고 평가할 수 있는 내용은 무엇인가? 셋째, 상담에 참여하는 이 사람의 고유한 특성은 이 경험에 어떻게 반영되어 있는가? 라티는 현대 목회신학은 다양한 문화의 경험을 반추하기 위해 상호문화성을 중심으로 한 목회신학을 추구하며 문화, 인간이 공유하는 특성, 개인의 독특성이 교차하는 점에서 상황성, 다중적 관점, 진정한 참여라는 상호문화성 적용의 세 원칙을 주장한다. 인간 상황 그 자체가 문제라고 속단할 수 없지만, 상황성의 원칙에 의

한 목회신학은 개인과 가족, 공동체가 경험하는 사회적, 문화적, 경제적 ,정치적, 환경적 상황에 주목한다. 상담에서의 경청과 대화는 특정한 관점에 의한 설명에 의해 정당한 이론적 기반을 주장할 수 없다. 그러므로 다중적 관점의 원칙에 의한 목회신학은 힘의 역학이 인간 경험의 해석과 설명 안에서 작용하는 여파를 추적하고 강자 보다는 약자의 관점에서 분명해 지는 이해를 추구한다. 진정한 참여의 원칙은 서로가 서로에게 있어 독자성을 지니는 '타인' 임을 분명히 인식하고 존중한다. 상호문화성의 적용의 결과, 목회신학은 사회 안 힘의 역학 구조에 의해 '타자' 로 분류되는 사람들 역시 자신의 권리와 목소리를 찾을 수 있는 공간을 확보할 수 있게 기여하게 되며 그기 위해서 이론과 실습의 다양성을 강조한다.

상호문화성의 정의는 "각각의 인간은 다른 모든 사람과 같은 사람인 동시에 어느 누구와도 똑같지 않다"는 원칙을 따른다.[23] 인간이 공유하는 특징을 고려할 때, 우리가 다른 모든 사람과 같다는 원칙은 인간 모두가 인간으로서의 고유한 신체적, 인지적, 심리적 능력을 공통적으로 가진다는 사실을 고려한다.[24] 문화적 영역에서 인간은 세계를 알아가고 해석하고 가치평가를 하는 도중 사회화 과정을 경험한다. 개인은 자신이 다른 사람들과 함께 속해 있는 사회적 공동체의 가치와 평가에 의해서 자기 자신을 이해한다. 그러므로 인간은 자신과 공동체의 삶과 운명을 함께 공유하고 사회화의 영향 아래 특정하게 성장한 다른 사람들과 같은 존재이다. 개인적 영역에서 개인은 다른 어느 누구와 똑같지 않다는 원칙이 적용된다. 인간은 신체적, 인지적, 심리적 능력을 공유하는 가운데에도 개인 고유의 특성을 표현한다. 즉, 인간은 어느 누구와도 같지 않다.

상호문화성은 세계와 공유하면서도 개인적으로는 독특한 인간 경험을 이해하기 위해 우리가 고려해야 할 주제이다.[25] 첫째, 상호문화적 상담에서는 모든 인간이 특수한 상황을 경험해도 그 안에는 하나님의 형상으로서의 인간의 존엄성과 가치가 보존되어 있다는 믿음이 표현되어야 한다. 둘째, 인간 경험은 사회적이고 문화적인 영향에 의해 형성된다. 상호문화성 중심의 목회상담자는 내담자가 속해 있는 사회 그룹이 경험하는 현실을 종합적으로 고려하여 상담에 임해야 한다. 셋째, 상호문화성을 고려하는 목회상담자는 내담자의 독특하고도 개인적인 특성에 맞는 경험은 무엇이었는지 탐구해야 하며 그에 상응하는 치유의 역사를 인도할 수 있어야 한다. 라티는 상호문화성을 이 시대의 목회상담 연구와 실제를 발전시키기 위한 중요한 주제로 부각시킨다.

북미 노예제도의 역사적 영향 아래 형성된 북미 거주 흑인들의 경험과 세계 각국의 다양한 문화와 서구식민주의의 역사적 영향 아래 형성된 유럽 거주 흑인들의 경험을 구별하고자 노력하는 라티의 노력은 상호문화성 연구의 구체적 예가 될 수 있다. 흑인들을 겉모습이 아닌 역사적 유산을 공유하는 경험에 의해 구별하는 연구는 각 문화의 독특성을 존중하는 태도에서 상호문화적 이해가 발전한다는 라티의 대전제를 반영한다. 예를 들어, 다양한 인종이 모여 영국인으로서의 정체성을 공유하며 살아가는 상황에서 상호문화적 이해는 건강한 시민 공동체를 발전시키기 위해 필요하다. 그러므로 목회신학자들은 수백년 동안 유럽에서 살아온 아프리카 출신 흑인들의 삶, 저술, 사상과 역사적 투쟁에서 발견할 수 있는 문화적, 사회적, 역사적 유산을 연구해야 한다. 라티는 영국 현실에 맞는 상호문화적 실천신학을 발전시키려면, 영국 사회의 구성원이며 다양한 문화 배경을 가진 흑인들의 종교 경험과 종교 공동체적 활동을 이해해야 하며, 이 과정에서는 인간 경험에 대한 상담적 분석 외에도 역사적, 사회적, 문화적, 경제적 분석이 필요하다고 주장한다.[26]

3. 변화하는 시대를 위한 새로운 패러다임: 세계화, 국제화, 토착화

지난 20년간 나타난 목회돌봄과 상담 분야에서의 변화는 세계화(globalization), 국제화(internationalization), 토착화(indignization)라는 역사적 과정이다.[27] 세계화라는 용어는 수입과 수출의 방식에 의해 이윤을 창출하는 경제 논리에 기초한다. 세계화 과정은 수송과 통신의 유통에 들어가는 필요 경비를 최소화하고 제품, 서비스, 자본, 지식, 인력의 유통을 최대화하는 과정을 통해 전 세계의 다양한 나라와 사람들의 차이를 극복할 수 있는 형태의 내밀한 통합을 추구한다. 라티는 제품, 생활방식, 가치의 유통을 재분배하는 세계화 과정에서 경제적으로 부유하고 정치적으로 우월한 위치를 점유한 국가와 국제 조직은 특정 국가와 집단의 이익을 극대화하기에 유리한 규칙과 법규를 일방적으로 결정한다고 평가한다.

목회돌봄과 상담 분야에서 세계화 과정은 북미와 서유럽 모델을 우월하고도 유일한 평가 기준으로 정할 때 나타난다. 예를 들어, 비서구권 국가에서 상담 훈련 센터가 세워졌을 때 사람들이 미국적 심사 기준에 의해 훈련의 방식과 질을 평가하며 운영한다면, 현지인들은 서구 중심적 기준이 현지의 상담 현장에서 발견할 수 있는 지혜보다도 우월하다고 믿으며 서구 중심적 세계화 과정을 경험한다. 세계화 과정은 비서구인들에게 정체성의 혼동과 관련한 회의와 함께 서구 중심적 문화우월주의에 대한 비판을 동반하는 과정이다. 라티는 서구 사회의 경험에서 나온 목회상담은 서구의 사회적, 문화적, 신학적, 사회적 경험만을 반영하므로 비서구적 문화에 그대로 적용될 수 없는 한계를 가진다고 주장한다.

국제화 과정은 상황에 적합한 모델을 찾기 위해서 미국 중심적 사고 방식이 비서구적 방식과 대화적 이해를 추구하는 상황에서 나타난다. 국제화는 서로 다른 국가, 문화와 상황 사이의 차이를 보다 존중하고 중요하게 평가하기 위해 노력하는 과정이다. 국제적 협력을 통하여 사람들은 서구 이론 뿐 아니라 비서구적인 상황에 근거한 관점을 통합하는 이해를 추구한다. 국제화는 이러한 통합적 이해가 근본적으로 다른 문화 사이의 상호작용에 의해서 발전한다고 전제한다. 그러나 우리는 목회신학과 상담 분야에서 국제화를 추구하는 사람들은 주로 미국적 관점에서 배우고 훈련받은 사람들임을 기억해야 한다. 국제화 과정은 서구에서 발전한 이론과 실제가 세계 곳곳에서 가장 효과적으로 사용할 수 있는 규범이라고 암묵적으로 전제한다. 국제화 과정에서 이루어지는 문화 간의 대화와 협력은 실제로는 북미와 서유럽 중심의 모델에 현지 문화의 상황을 덧붙여서 목회신학과 상담을 발전시키기 위해 필요하다.

토착화 과정은 세계화 과정에서 주변부로 인식되어 온 호주, 아프리카, 아시아, 남미에서 주로 발전해 왔다. 우리는 비서구적 상황에 근거한 토착적 모델과 실제가 가진 가치와 기여 가능성을 현장에서의 상담과 돌봄을 위해 새롭게 평가해야 한다. 토착화 과정에서 일어나는 현상은 비서구 국가의 사람들이 과거 서구 열강의 지배를 받았던 경험을 탈식민주의적 관점에서 비판하면서 문화적, 사회적, 언어적, 정치적 분석을 시도하는 것이다. 토착화 과정은 21세기의 목회돌봄과 상담에 광범위하게 영향을 주었고 서구 세계와 비서구 세계 사이에 존재하는 명백하고도 광범위한 차이를 주목하도록 했다. 토착화 과정에서 비서구 문화의 목회상담자들과 학자들은 서구에서 훈련받은 이론과 실습의 반복이 아닌 창조적 비판을 해야 한다고 느낀다.

예를 들어 북미의 상담 모델은 대부분 개인주의적이고 이성 중심적이며 자기(또는 자아)의 성장 추구를 중심으로 하여 개발되었다. 이 모델은 본질적으로 물질 중심적이며 소비중심적인 가치관을 반영하므로 내담자는 상담을 통해 새로운 이해를 습득해야 회복을 경험할 수 있다. 이 때 서구적 가치에 의거한 깨달음은 깨달은 자가 깨달음의 대상인 외부 세계로부터 자신을 명백히 분리하여 자유를 추구하는 것이다. 라티는 서구적 가치와 달리 아시아적이고 아프리카적 가치관에 근거한 목회돌봄과 상담의 이해를 토착화 과정의 구체적 예로 제시한다.[28] 아시아적 가치는 우주적 조화를 강조하며 한 개인이 속한 깨달음의 목적과 치유 경험은 그룹의 단결성을 중시한다. 사람들은 동일성을 추구하는 하나됨이 실제로는 각 개인 경험의 다양한 측면을 반영한다고 믿으며 삶을 통해 동일성의 가치를 표현할 수 있도록 노력한다. 아프리카적 가치는 영적 존재론과 실용적 철학에 기반하며, 관계성을 가장 중요하게 여긴다. 치유와 상담의 초점은 사람들과 그룹들 사이에 존재하는 관계이다. 사람들과 그룹 사이의 관계와 종교 의례 안에 영적, 가족적, 세대적 결속이 주는 소중한 가치가 존재한다. 아프리카적 믿음은 살아 있는 인간의 세계와 조상들, 신들, 영들의 세계 사이의 조화로운 관계를 촉진한다. 의식과 의례, 제례는 참여, 상징적 표상, 축하의 중요성을 강조한다. 라티는 세계화, 국제화, 토착화의 역사적 과정을 21세기 목회상담 연구에 필요한 패러다임이 변화하는 상황으로 분석한다.[29]

4. 다원주의 사회 관점에서 분석한 목회신학과 목회상담

　목회신학자는 복잡하고도 다양한 가치가 서로 공존하며 경쟁하는 이 시대에 고유의 목회적 관점을 지키면서 사람들의 다원적 경험의 자리에 연결되어 있어야 하고 치유의 의미와 과정을 설명할 수 있어야 한다. 라티는 현시대의 가장 보편적인 경험을 익숙히 알아 왔던 현재 안에 알려지지 않은 미래가 도착해 있는 상태인 다원적 경험으로 보았다. 이러한 경험은 불확실성과 유동성을 그 특징으로 한다. 특정 국가의 개인 뿐 아니라 전 세계 사람들은 사회적, 경제적, 문화적, 종교적, 정치적, 개인적 영역에서 급격한 변화 한 가운데에서 현재 하고 있는 일의 결과나 방향을 미리 알기 어려운 불확실성을 느낀다. 변화 자체는 삶의 기본 양식이 되었다. 이러한 탈현상(Post-phenomena)의 시대에서 목회신학의 본질과 역할은 다양한 현상에 대해 비판적으로 접근하거나 의문을 가지고 접근하는 과정을 통해서 나타난다. 라티는 우리 시대가 이전의 시대정신이었던 근대주의, 식민주의, 기독교 중심주의, 인간중심주의, 목회중심주의라는 기존 가치를 뛰어넘고 있거나 이미 기존 가치가 규정하는 의미의 범위를 벗어나 있다고 진단한다.[30]

　탈근대주의(postmodernism)의 시대정신을 고려할 때, 목회상담의 실습 형태는 개인 이야기와 지역적 특수 정황을 반영해야 한다. 치유적 상담의 특성이 마오리인들의 Just Therapy와 콩고인들의 Palaver Process Therapy에서 제시한 상담 실습에 반영되는 것처럼, 탈근대주의의 목회상담은 상담이 필요한 사람들이 그들의 경험에 뿌리를 두어 상담자와 내담자가 함께 만들어가는 경험이다.[31] 또한 탈근대주의의 경험은 사람들 사이의 연결을 더욱 중요하게 강조한다. 만남과 연결을 통해 우리는 서구적 가치를 반영한 거대 담론의 틀에서 벗어나서 구체적이고 개인적인 담론의 가치를 기억할 수 있다. 우리는 서로 다르나 우리와 함께 동시대를 살아가고 있는 다른 이들의 눈을 통하여 서로 다르거나 심지어 모순된 실재와 관점을 아우르는 목회신학을 창조할 수 있다. 이 시대가 주는 과제는 전세계적 실재의 전체를 형성하는 상이한 관점, 시각, 경험과 목소리를 각각의 진정성과 차이를 보존하면서 아우르는 목회신학 작업을 해 내는 것이다.

탈식민주의(postcolonialism)의 시대정신은 과거 서구 열강의 식민지였던 지역의 사람들이 자신들의 경험을 반영하는 가운데 목회상담의 치유적 목적과 상담자들의 초점을 확장시켜 왔다. 목회상담에서의 치유는 이제 개인적 안녕이 사회적, 공동체적, 전세계적 정의와 밀접하게 연관되어 있다. 탈식민지적 시대 상황의 특징을 반영하여 목회상담의 실제에는 이전에 미신적 믿음으로 평가 절하되어 왔던 세계 곳곳의 토속적 치유 기법과 종교 의식이 반영되어 있다. 전통 문화의 맥락에서 세계 각국의 사람들을 지탱해온 능력(powers)은 목회신학의 현상으로서 새롭게 해석되기 시작하였으므로, 현시대의 목회신학을 발전시키기 위해서는 보다 면밀하고도 신학적인 토론이 필요하다. 목회상담에서 사용되어 온 서구적 접근 방식만이 언제나 옳으며 중요한 판단 기준이 된다는 이전의 주장은 이제 비판받고 있으며 탈식민주의의 시대정신을 반영하여 앞으로도 이러한 비판은 계속될 것이다. 치유적 개입은 사람들의 삶에 영향을 주는 정치경제적 요소를 반드시 고려해야 한다.[32]

라티는 21세기 유럽에서 기독교중심주의로 발전해 온 서구 문화가 그 영향력을 잃은지 오래 되었다고 진단한다. 이천년 넘도록 유지되어 온 기독교적 영향력이 쇠퇴한 현장은 특히 서유럽국가이다. 기독교중심주의가 오랫동안 사회에 제공해 온 가치, 규범, 믿음, 영감에 대한 기준이 더 이상 유효하지 않으며 정치사회적 정책을 결정하는 과정에서도 영향을 주지 못하는 상황이다. 탈기독교중심주의 시대의 목회신학은 영성에 대해서 새롭게 해석해야 하며 신앙 전통의 중요성과 의미를 새롭게 제시하면서 현 상황 안에서 의미 있게 활용할 수 있는 방법을 제공함으로써 의미를 찾고자 애쓰는 내담자들이 치유를 경험할 수 있도록 도울 수 있어야 한다.

인간 중심적으로 구성된 세계관에 의하면, 인간과 인간의 욕구는 가장 중요하다. 그러나 현시대의 환경중심적 사고는 이러한 세계관을 비판한다. 현시대의 목회상담은 하나님께서 창조하신 세계의 권리에 대해 보호하고 대언해 주는 대리자로서의 상담자와 내담자를 강조한다. 특별히, 상담과 관련하여 두드러지게 나타나고 있는 탈인간적(post-human) 현상은 분명 우리 시대에서 인간 내면의 삶을 탐구하는 과정이 흥미 위주의 오락적 가치로서 다루어지고 있는 현 시대 상황을 보여준다. 현시대의 치유는 상담실의 일대일 대면 형식을 벗어나 텔레비전이라는 대중매체를 통해 방송되고 있는 각종 토크쇼에서 일어나고 있다. 개인적인 영역에서 경험하는 대인관계에서의 고통은 연예 프로그램의 자료와 같은 가치를 가지는 것 같다. 가상공간에서 이루어지는 컴퓨터라는 매개를 통한 상담이나 인터넷 채팅룸에서의 익명성은 많은 사람들에게 자신이 선택한 분량과 방법을 통한 사람과의 접촉을 유지하도록 도와주고 있다. 라티는 이러한 탈인간적 상황이 목회상담자들이 인간을 이해하는 관점에 어떻게 영향을 주고 있는지 창조적으로 고려해야 주장한다. 우리는 현시대 상황에서 과학기술을 거부하기 보다는 인간이 창조한 사이버 영역에서도 인간 존엄성과 안녕을 지키며 회복할 수 있는 방안이 무엇인지 연구해야 한다.

라티는 2000년 영국에서 목회돌봄과 상담협회(Association for Pastoral Care and Counseling)가 영성의 중요성을 강조하여 그 명칭을 Association for Pastoral and Spiritual Care and Counseling으로 바꾼 상황을 설명하면서, 유대-기독교 전통에 뿌리를 둔 목회상담의 정체성이 다양한 영적 체험과 문화유산을 강조하는 시대정신을 반영하게 된 배경을 설명한다. 종교다원주의의 현실은 상담으로 사람들을 돌보는 원목과 교목들의 사역 현장을 지배하고 정신건강을 돌보는 의학기관들의 정책 결정과정을 형성하고 있다. 기독교 전통에 익숙한 사람들 안에서 상담과 돌봄이 이루어지는 목회상담 보다는 영성중심의 돌봄과 상담의 필요성이 절실해진 시대가 된 것이다. 목회신학자들과 상담자들은 다양한 종교 배경을 가진 사람들을 돌볼 때 어떠한 언어로서 소통할 수 있는가 하는 문제와 기독교 신학의 성찰과 실습을 반영하는 치유 사역을 어떻게 보존해 갈 수 있는가 하는 문제 등을 진지하게 고민해야 한다. 전통적 의미의 기독교적 목회신학과 목회상담이 사람들의 경험을 아울러 고찰할 수 있었던 시대는 지나갔다. 다양성이 삶의 원칙이 된 오늘의 세계에서 우리는 종교다원주의 시대를 살아가는 다양한 경험의 자리에 있는 사람들을 돌보는 상담의 고유 가치를 창조적으로 되살려야 할 책임이 있다.

IV. 목회상담학 발전에 미친 영향에 대한 평가

1. 목회상담은 다문화적 상황을 고려해야 한다

문화는 특정 공동체에 속한 사람들이 자신의 사회적이고 물질적인 삶의 경험에 구체적 표현 양식을 부여하는 방식으로서 삶의 독특한 패턴을 반영한다.[33] 라티는 문화인류학적 관점에서 문화의 개념을 설명한다. 개인이 모인 전체 그룹의 문화는 그 특정 집단의 특별하고도 구별된 삶의 방식이다. 문화는 사회 조직과 정책 시행 안에서 구현된 사상, 가치, 의미를 포함하며 사회관계, 신앙체계, 관습은 문화를 표현한다. 특정 그룹이 구성원들과 함께 영위하는 문화는 언제나 가변적이고, 역동적이며 변화에 적응한다. 문화는 사상, 가치, 의미를 재해석하고 재형성한다. 문화의 연속성은 변화하는 환경의 도전에 반응하며 유지된다. 그러나 개인은 자신이 속한 특정한 사회 문화 체계에 단순히 매몰되어 주체성을 잃어버리지 않으며 자신만의 고유한 세계를 발전시킬 수 있다.

다양한 문화체계는 치유의 본질과 과정을 설명하기 위해 서로 다른 접근 방식과 개념을 사용한다. 이러한 현실을 고려할 때 효과적인 목회상담이 이루어지기 위해서는 상담자와 내담자가 치유 과정에 대해 어떠한 문화를 반영하는 세계관과 전제를 가지고 있는지 고찰해야 한다.[34] 목회상담자들은 문화가 자기 이해와 치유 과정에 미치는 영향을 이해해야 한다. 현시대의 목회상담은 다문화 상황에서 이루어지고 있으므로, 우리는 다문화적 유산과 전통을 반영하는 목회상담을 발전시켜야 한다.[35] 각 문화에는 전통적으로 치유의 능력을 가졌다고 사람들이 인정해 온 치유자들이 있다. 이러한 전통적 치유자들(traditional healers)은 전통 문화에서 제사장, 치료사와 의사의 역할을 수행해 왔다. 서구에서 발전해 온 상담은 개인주의적이고 이성적이고 자기(또는 자아)의 힘을 강조한다.[36] 그러므로 전통적 치료 방법과 치료의 본질을 설명하는 전통 사상과 서구적 상담의 이론과 실제는 서로 용납될 수 없는 이질성과 의심에 의해 분리되어 왔다. 그러나 라티는 상담이 필요한 사람들의 문제와 요구는 역사와 시공간의 차이에도 불구하고 상당히 많은 유사성을 공유할 수 있다고 판단한다. 그러므로 다원적 세계에서의 다양한 문화 환경과 문화가 형성하는 치유 과정에 대한 연구는 현시대의 목회상담을 발전시키기 위해 필요하다.

2. 목회상담은 상호문화적이다

다양한 문화 안에서 공존하는 삶의 방식을 강조하는 현대 사회에서 목회상담자들은 문화, 개인의 독특함, 인간 고유의 특성을 함께 고려하는 상호문화적 목회상담을 행해야 한다. 다문화주의(multiculturalism)는 상담자들이 자신들에게 낯선 문화와 그 문화를 경험해온 내담자들을 이해하기 위해 다양한 문화를 상담자 중심의 관점에서 해석할 때, 상담의 목적을 단기간에 달성하고자 하는 편리주의를 반영한다. 문화와 개인, 집단의 상호관계는 개인중심적이고 환원주의적인 경향성을 가진다. 상담자가 내담자의 문화를 단기간에 이해하기 위해 이론 중심의 접근 방법을 사용하면서 판에 박힌 해석을 불사할 때, 상담자의 의도와는 별도로 내담자의 경험을 지나치게 일반화 할 수 있다.[37]

상호문화적 목회상담은 상담자 자신이 낯선 문화를 이해하기 위해 노력하는 중 경험하는 연약함과 한계를 인정한다. 상담에서 다루는 인간 경험은 내담자 뿐 아니라 상담자도 포함되는 사회문화적 힘에 의해 형성된 경험이다. 내담자가 경험하고 표현하는 힘, 억압, 고통의 경험은 상담이 다루는 삶의 경험에 끊임없이 영향을 준다. 상담자는 내담자의 경험과 특정한 사회문화적, 역사적, 정치적, 경제적 힘의 상관관계에 대해 적절한 지식과 정보를 갖추고 있어야 한다. 라티는 자신의 고유문화 안에서 개인의 존엄성과 가치를 인정받는 경험이 내담자의 자존감에 주는 긍정적 힘을 강조한다. 상호문화적 목회상담은 내담자가 자신의 문화적 가치를 받아들이거나, 바꾸거나, 거부할 있는 자율성을 경험할 수 있도록 성장하는 데 그 목표를 둔다.

3. 목회상담은 개인과 공동체를 함께 돌본다

　라티는 영국의 목회신학자 마이클 윌슨의 업적을 평가하면서, 목회돌봄의 가장 기본적 과업은 나눔과 도덕적 삶을 실천하는 공동체를 양육하는 사역이라는 그의 주장에 동의한다.[38] 즉, 공동체의 중심성은 목회사역의 목적과 범위를 결정한다. 서구의 목회돌봄과 상담의 이론과 실제는 병리적 현상의 소멸에 초점이 맞추어져 있으므로 목회상담의 응급 조치적 특성이 목회상담의 전부인 것처럼 보인다. 목회돌봄과 상담은 위급하고 절박한 사건이 일어난 후에야 필요한 조치로 제한된 것 같다. 라티는 위기와 시련의 상황에 반응하기 위한 목회상담은 심각한 스트레스를 경감시키므로 목회상담의 중요한 역할이지만, 목회상담을 더 나아가 고통과 재난을 예방하는 활동으로 본다. 즉, 목회상담의 교육적인 특성과 가치를 강조하여 개인과 공동체가 도전을 극복할 수 있는 역량을 키울 수 있도록 하는 양육 역시 목회상담의 중요한 역할이다.

　개인의 특정한 병리 현상에만 집중하지 않는 사회문화적 분석은 목회상담의 연구와 실천에 매우 필요한 요소이다. 목회상담자들과 학자들은 개인과 공동체 돌봄을 함께 추구해야 한다. 목회돌봄과 상담은 근본적으로 개인과 공동체를 위한 돌봄의 실천이며 인간 삶에 초월하는 초월적 측면 역시 일깨워주는 역할을 해야 한다. 목회상담은 언어적이고도 비언어적인 공감의 경험을 확장하여 사람들이 불안을 극복할 수 있도록 돕는 활동이다. 또한 목회상담은 인간의 성장을 촉진시키며 모든 사람들이 인간으로서의 존엄성을 경험하며 살아갈 수 있도록 환경적으로나 사회정치적으로 건강한 공동체를 추구할 수 있도록 하는 활동이 되어야 한다.[39]

V. 한국적 적용의 가능성과 한계 및 추후 연구를 위한 제언

　20세기의 목회상담운동은 현대 심리학과 상담 이론의 발전과 함께 서구 중심적 인간 이해를 강조하는 심리치료 중심으로 발전해 왔다. 라티는 이 과정에서 심리학 중심으로 발전해온 목회상담 연구와 실제는 서구 기독교 역사와 교회 전통의 유산을 주로 반영한다고 평가한다. 또한 개인 내면의 경험에 초점을 둔 목회상담 모델은 개인적 경험 안에 존재하는 사회 문화 구조의 영향을 적절히 평가하지 못하는 한계를 보이기도 했다. 개인의 심리 내적 문제가 사람들이 경험하는 문제의 근본적 뿌리이므로 심리 내적 문제를 해결함으로써 삶이 개선될 것이라고 주장하는 데에서 목회신학과 상담 연구가 동의하고만 있다면, 이러한 사고의 틀 근저에는 문화의 다양성과 복합성을 고려하지 못하는 편협성이 나타날 뿐이다. 그러므로 개인 경험 중심의 목회상담운동은 인간의 삶에 부정적이고 파괴적인 영향을 미치는 사회의 역기능에 대해 비판하는 기능을 발휘할 수 없다. 라티는 현대 목회상담은 문화 경제적 차별을 극복할 수 있도록 도전하는 과업을 가지고 있다고 주장한다. 목회상담이 시대의 문화와 학문과 교류하여 영향을 주고받으며 동시대를 살아가는 사람들의 고통과 보람을 함께 나누고자 할 때, 우리는 이 시대의 요구가 어디에 있는지 파악해야 한다. 인간 경험의 문화적이고 공동체적 차원을 강조하는 라티의 사상을 21세기의 한국 목회상담 운동과 연관지워 성찰해야 할 주제는 다음과 같다.

첫째, 라티는 한국 목회상담은 지금 국제화 과정을 경험하고 있다고 평가하며, 한국 문화를 이해하기 위해 미국에 거주하는 한국 교포들의 실존과 문화를 한, 정, 멋으로 해석한 앤드루 성 박(Andrew Sung Park)의 신학을 사용한다.[40] 한국인의 문화와 감성은 지역적 특수성과 독자성을 강조하는 상황화 신학으로서의 목회신학을 발전시킬 수 있다. 이러한 평가는 타인의 존엄성과 주체성을 존중해야 한다는 레비나스의 철학을 반영한다. 동시에 한국 상황에 대한 라티의 이해는 21세기 한국 사회 안에 존재하는 극도의 개인주의, 소비지향적 문화, 경제사회적 불평등, 외국인 차별, 물질만능주의에 의한 소외와 불안의 현실을 다루고 있지 않다. 즉, 그의 한국 문화와 목회신학에 대한 이해는 한국 문화에 대해 서구인이 이해해 온 고정 관념에 머물러 있으므로, 목회적이고 치유적 진단과 개입이 사회의 사회경제적 현실에 대한 분석에서 출발해야 한다는 자신의 주장을 반영하지 못한다. 더 나아가 그는 자신이 경험하지 못한 한국 문화에 대한 사회문화적 비평 이론을 활용함에 있어서 환원주의적 경향성을 보이기도 한다. 그러므로 21세기의 한국 목회신학과 상담 연구는 한국 문화와 사회에 대한 단편적 이해를 확장하여 세계 목회 신학 연구에 기여할 수 있는 방향을 지향해야 하며, 오늘의 희망과 위험을 개인 뿐 아니라 공동체 안에서 공동체에 의한 사회적 행동의 재조정에서 찾아야 할 것이다.

둘째, 라티는 예언적 공동체로서의 교회가 사회적 악과 병폐를 진단하는 비판적 기능을 할 수 있다고 강조한다.[41] 가나의 기독교 신앙 공동체가 치유를 위해 전통적으로 전해 내려온 노래, 이야기, 시, 속담을 활용하는 과정은 가나인의 문화적 주체성을 세워주는 과정이다. 이를 통해 교회는 삶을 위협하는 후기 식민주의의 영향력을 고발하면서도 사람들이 치유를 경험할 수 있게 지지하고 인도해 주는 역할을 수행할 수 있다. 지역 특유의 지식(local knowledge)은 21세기 목회 신학과 상담 연구에 필수적이다. 오늘 이 시대의 한국인들이 새로운 번영을 약속해 주는 정보화 사회와 무한 경쟁의 국제적 경제 현실이 제시한 모든 약속에도 불구하고 가정과 사회에서 위기를 경험하고 있다고 한다면, 우리는 이 위기의 원인이 무엇인가를 분명히 인식해야 한다. 즉 오늘의 위기는 목회신학자들이 다루어 온 상황의 문제이다. 이러한 위기를 극복하고 모두가 함께 공존하며 존중받는 사회를 건설하기 위한 전기를 마련하기 위해 필요한 것은 신앙과 실천의 재도약이다. 그러므로 21세기의 한국 목회신학과 상담 연구는 한국 사회의 현실에 대한 예언자적 목소리를 낼 수 있어야 하며 사회적 행동의 재조정을 위한 교육과 예방의 기능을 수행하여야 한다.

셋째, 라티의 연구는 인간 경험의 직접적 이해를 위해 목회신학자들은 현상학적 연구 방법을 활용해야 한다고 제안한다. 인간은 공동체 안에서도 개인과 개인 사이의 교류를 경험하면서 살아간다. 라티는 목회상담의 공동체성과 상호문화성을 보여주는 구체적인 예로 아프리카와 유럽에 거주하는 흑인 기독교인들의 실제 경험을 활용한다. 이들의 경험은 상담 치료의 초점을 개인의 내밀한 경험 뿐 아니라 공동체의 함께 하는 경험으로 확장시키는데 기여했다. 라티는 아프리카 전통을 간직한 흑인들이 아프리카 혹은 유럽 현실에서 일상을 살아가면서 경험한 실존적, 영적, 육체적, 사회 경제적, 정치적 고통과 필요에 초점을 두어 그의 중요 연구 주제인 상황의 중요성을 발전시켰다. 예를 들어, 가나 기독교인들은 서구적 개념을 무비판적으로 받아들이는 가운데 병과 치유의 본질을 이해하고자 했고, 이들의 서구화 과정은 전통 문화의 기반을 상실한 채 계속되었다. 교회는 가나 기독교인들의 아픔과 고난을 함께 나누지 못하면서도 가나의 문화와 전통에 뿌리를 둔 치유 방법을 서구 선교사들이 판단한대로 미신과 이단으로 정죄하면서 치유 방법을 발전시키지 못했다. 오늘날 한국 신앙인들의 경험에는 한국문화와 서구문화의 영향이 공존한다. 오늘날 한국인이 경험하고 있는 창조성을 목회 신학 연구에 반영하기 위해서, 우리는 서구 목회 신학의 기준을 내면화 하고 우리 자신의 문화와 역사를 외면으로 바라보는데 익숙한가 하는 질문을 성찰해야 하고 이를 위해서는 인간 경험의 본질로부터 출발하는 현상학적 연구가 깊은 성찰을 위해 활용할 수 있는 구체적 방법이 될 수 있다.

21세기 한국 목회상담학자들은 다양성이 인간 경험의 중요한 기준이 된 시대 현실을 받아들이는 가운데 신앙 안에서의 정체성 형성과 자기 이해를 발전시켜야 하고, 북미 중심의 상담 모델이 강조해 온 치유 중심 또는 개인 경험 중심의 모델을 비판적으로 검토해야 한다. 목회상담의 이론과 실제는 사회문화적 분석에 기반을 두어 형성되어야 하며 특히 사회 안에서 소외받는 사람들의 고통을 반영해야 한다. 라티는 북미 상담 모델은 개인이 경험하는 결핍과 소외 중심으로 발전해왔으나 이제는 상황 안에서의 개인과 공동체 전체를 상담 과정에 참여하는 파트너로 인식해야 한다고 주장한다. 목회신학과 상담 연구자들은 사회 안에 존재하는 다양성을 중재하고 촉진하는 역할을 해야 하므로, 이제는 사회 공동체 전체를 목회돌봄과 상담이 일어나는 생태적 환경으로서 이해하여야 한다.

Carson, R. J. "Pastoral Counseling in Inter-cultural Perspective: A Study of Some African(Ghanaian) and Anglo-American Views on Human Existence and Counseling." *Journal of Pastoral Care* 42(1988), 93–94.

Lartey, E. Y. "Healing: Tradition and Pentecostalism in Africa Today." *International Review of Mission* 75(1986), 75–81.

_____. *Pastoral Counseling in Inter-cultural Perspective: A Study of Some African(Ghanaian) and Anglo-American Views on Human Existence and Counseling.* New York: Verlag Peter Lang, 1987.

_____. "Some Contextual Implications for Pastoral Counselling in Ghana." In Jean Masamba ma Mpolo and Daisy Nwachuku(Eds.). *Pastoral Care and Counselling in Africa Today.* Frankfurt am Main: Lang, 1991.

_____. "African Perspective on Pastoral Theology: A Contribution to the Quest for More Compassing Models of Pastoral Care." *Contact: The Interdisciplinary Journal of Pastoral Care* 112(1993), 3–12.

_____. "Two Healing Communities in Africa." In Emmanuel Y. Lartey(Ed.). *The Church and Healing: Echoes from Africa.* Frankfurt am Main: Lang. 1994.

_____. "Practical Theology as a Theological Form." *Contact: The Interdisciplinary Journal of Pastoral Care* 119(1996), 21–25.

_____. "The Fernley Hartley Lecture: Pastoral Care in Multi-cultural Britain: White, Black or Beige?" *Epworth Review* 25(1998), 42–52.

_____. "Editorial." *Black Theology in Britain* 2(1998), 7–8.

_____. "Pastoral counselling in Multi-cultural Contexts." In G. Lynch (ed.). *Clinical Counselling in Pastoral Setting.* London & New York: Routledge, 1999.

_____. "Editorial." *Black Theology in Britain: A Journal of Contextual Praxis* 3(1999), 7–8

_____. "Growing Community: the Essence of Pastoral Studies." *Contact: The Interdisciplinary Journal of Pastoral Care* 131(2000), 12–15.

_____. "Practical Theology as a Theological Form." In J. Woodward and S. Pattison(Eds.) *The Blackwell Reader in Pastoral and Practical Theology.* Oxford, UK/ Malden, Mass: Blackwell, 2000.

_____. "Editorial." *Black Theology in Britain: A Journal of Contextual Praxis* 6(2001), 7–8.

_____. "Embracing the Collage: Pastoral Theology in an Era of Post-phenomena." *Journal of Pastoral Theology* 12(2002), 1-10.

_____. "Pastoral Counselling in Multi-cultural Contexts." *American Journal of Pastoral Counseling* 5(2002), 317-329.

_____. *In Living Color: An Intercultural Approach to Pastoral Care and Counseling.* London & Philadelphia: Jessica Kingsley, 2003.

_____. "Globalization, Internalization and Indigenization in Pastoral Care and Counseling." In N. Ramsey (Ed.) *Pastoral Care and Counseling: Re-defining the Paradigms.* Nashville: Abingdon Press, 2004.

_____. "Pastoral Counseling as Faithful Practice amid Liminality, Uncertainty and Multiplicity." *Quarterly Review* 25(2005), 366-376.

_____. *Pastoral Theology in an Intercultural World.* Cleveland, Ohio: The Pilgrim Press, 2006.

1) Emmanuel Lartey, "The Fernley Hartley Lecture: Pastoral Care in Multi-cultural Britain: White, Black or Beige?" *Epworth Review* 25, 3, 42-52.

2) Emmanuel Lartey, *Pastoral Theology in an Intercultural World* (Cleveland, Ohio: The Pilgrim Press, 2006), 40.

3) Emmanuel Lartey, "Pastoral Counseling as Faithful Practice amid Liminality, Uncertainty and Multiplicity," *Quarterly Review* 25(2005), 366-370; Lartey, *Pastoral Theology in an Intercultural World*, 25-26.

4) Emmanuel Lartey, *In Living Color: An Intercultural Approach to Pastoral Care and Counseling* (London & Philadelphia: Jessica Kingsley, 2003), 113-131.

5) 앞의 책, 123-139.

6) 앞의 책, 131.

7) Lartey, *Pastoral Theology in an Intercultural World*, 28-29.

8) Lartey, *In Living Color*, 108-110.

9) Lartey, *Pastoral Theology in an Intercultural World*, 40-41.

10) 앞의 책, 74.

11) 앞의 책, 91.

12) 앞의 책, 75.

13) 앞의 책, 78.

14) 앞의 책, 15.

15) Emmanuel Lartey, "Practical Theology as a Theological Form," in J. Woodward and S. Pattison(Eds.), *The Blackwell Reader in Pastoral and Practical Theology* (Oxford, UK/ Malden, Mass: Blackwell, 2000), 128-134.

16) Lartey, *Pastoral Theology in an Intercultural World*, 89.

17) R. J. Carson, "Pastoral Counseling in Inter-cultural Perspective: A Study of Some African (Ghanaian) and Anglo-American Views on Human Existence and Counseling." *Journal of Pastoral Care* 42(1988), 93-94.

18) Emmanuel Lartey, "Healing: Tradition and Pentecostalism in Africa Today," *International Review of Mission* 75(1986), 75-81.

19) Emmanuel Lartey, "Some Contextual Implications for Pastoral Counselling in

Ghana," in Jean Masamba ma Mpolo and Daisy Nwachuku(Eds.). *Pastoral Care and Counselling in Africa Today* (Frankfurt am Main: Lang, 1991).

20) 앞의 논문, 36.

21) Emmanuel Lartey, "Two Healing Communities in Africa," in Emmanuel Y. Lartey (Ed.). *The Church and Healing: Echoes from Africa* (Frankfurt am Main: Lang. 1994), 39-46.

22) Lartey, *In Living Color*, 33-37.

23) Emmanuel Lartey, "The Fernley Hartley Lecture: Pastoral Care in Multi-cultural Britain: White, Black or Beige?" *Epworth Review* 25(1998), 49-50; Emmanuel Lartey, "Pastoral Counselling in Multi-cultural Contexts," in G. Lynch. (ed.) *Clinical Counselling in Pastoral Setting* (London & New York: Routledge, 1999); Lartey, *In Living Color*, 171-177.

24) Lartey, *In Living Color*, 34-35.

25) Emmanuel Lartey, "Pastoral Counselling in Multi-cultural Contexts," *American Journal of Pastoral Counseling* 5(2002), 327-328.

26) Emmanuel Lartey, "Editorial," *Black Theology in Britain: A Journal of Contextual Praxis* 3(1999), 7-8.

27) Lartey, "Globalization, Internalization and Indigenization in Pastoral Care and Counseling," in N. Ramsey (Ed.) *Pastoral Care and Counseling: Re-defining the Paradigms* (Nashville: Abingdon Press, 2004) 87-89.

28) 앞의 논문, 90-91.

29) 앞의 논문, 107-108.

30) Emmanuel Lartey, "Embracing the Collage: Pastoral Theology in an Era of 'Post-phenomena," *Journal of Pastoral Theology* 12(2002), 1-10.

31) 앞의 논문, 3.

32) Emmanuel Lartey, "Some Contextual Implications for Pastoral Counselling in Ghana,"' in Jean Masamba ma Mpolo and Daisy Nwachuku(Eds.). *Pastoral Care and Counselling in Africa Today*. Frankfurt am Main: Lang, 1991), 41-42.

33) Lartey, *In Living Color*, 30-33.

34) Emmanuel Lartey, "Pastoral Counselling in Multi-cultural Contexts," *American Journal of Pastoral Counseling* 5(2002), 321.

35) Emmanuel Lartey, "Pastoral counselling in Multi-cultural Contexts," in G. Lynch(ed.), *Clinical Counselling in Pastoral Setting* (London & New York:

Routledge, 1999).

36) Lartey, "Pastoral counselling in Multi-cultural Contexts,"24.

37) Lartey, *In Living Color*, 171–175.

38) Emmanuel Lartey, "Growing Community: The Essence of Pastoral Studies,"*Contact: The Interdisciplinary Journal of Pastoral Care* 131(2000), 15.

39) Emmanuel Lartey, "African Perspective on Pastoral Theology: A Contribution to the Quest for More Compassing Models of Pastoral Care,"*Contact: The Interdisciplinary Journal of Pastoral Care* 112(1993), 3–12.

40) Lartey, "Globalization, Internalization and Indigenization in Pastoral Care and Counseling"; Lartey, *Pastoral Theology in an Intercultural World.*

41) Lartey, "Two Healing Communities in Africa,"44–45.

PART 4

여성주의 목회상담학의 대두

Chapter 16

크리스티 누거
(Christie Nueger)[1]

정 희 성
[이화여자대학교 교수]

I. 들어가는 글

여성 목회상담가의 등장은 목회상담에 관한 논의와 실제가 비교적 활발히 전개되어온 미국에서조차 불과 40여 년 전에 시작되었다.[2] 1963년 페기 앤 웨이(Peggy Ann Way)는 "What's wrong with the church—the clergy?"란 글을 『리뉴얼』이란 잡지에 실었다. 이 글에서 웨이는 자신을 목회신학자라 소개하였는데, 이것이 바로 여성 목회상담가에 의해 쓰인 최초의 글로 평가되고 있다. 앤의 글이후에도 7년간이나 여성 목회상담가나 목회신학자에 의해 쓴 책이 한 권도 없다가 1970년대에 이르러서야 비로소 5권의 책이 출판되었다. 1980년대는 25권의 책, 1990년에서 97년까지는 69권의 책이 출판되었고, 최근 들어 여성 목회상담가 및 신학자들의 다양한 연구 및 출판이 점차 활성화되고 있다.

크리스티 누거(Christie Neuger)는 저술활동과 상담 및 연구를 꾸준히 해오고 있는 현대 미국의 대표적 여성주의 목회상담가 중 한 명이다. 캐롤린 보러(Carolyn Bohler), 마샤 보이드(Marsha Boyd), 캐리 도어링(Carrie Doehring), 수잔 던랩(Susan Dunlap), 브리타 질-오스턴(Brita Gill-Austern), 바니 밀러-맥리모어(Bonnie Miller-McLemore), 지니 스티븐슨-모에스너(Jeanne Stevenson-Moessner), 캐롤 와킨스 알리(Carroll Watkins Ali) 등이 현재 활발하게 활동하고 있는 미국 여성주의 목회상담가들이다. 이들은 여성주의 관점에서 목회돌봄의 의미, 목회상담의 이론적 기초, 목회상담의 다양한 영역 등에 대한 논의와 통찰을 적극적으로 전개하고 있다. 누거 역시 이들과 함께 여성주의 관점에서 목회상담학의 이론 연구와 임상에 깊은 관심을 기울이고 있으며, 미국 목회상담학회에서 중견 여성 목회신학자로 활동하고 있다.

그런데 최근 미국 여성주의 목회상담학자들은 여성주의 목회상담학의 새로운 방법론적 전환을 시도하고 있다. 여성주의와 상담학을 접목시킬 때 주로 논의된 것은 정신분석학적 여성주의였다. 상담이론의 기초를 제공했던 지그문트 프로이트(Sigmund Freud)의 이론에 대한 캐렌 호나이(Karen Horney), 캐롤 길리간(Carol Gilligan), 줄리엣 미첼(Juliet Mitchell), 도로시 디너쉬타인(Dorothy Dinnerstein) 등의 비판과 재구성을 여성을 위한 상담 이론과 실제 구성에 활용하는 것이었다. 여성주의 목회상담학자 역시 이와 같은 여성주의 정신분석학적 논의에 관심을 갖기도 했으나, 무엇보다도 목회상담학의 여성주의 관점 발생과 확산을 위해 가장 중요하게 사용한 이론은 해방신학적 관점이었다. 마르크스 논의를 신학적으로 차용한 '억압자와 함께 하시는 하나님,' '억압자들의 인식론적 특권' 등에 관한 논의 등을 목회상담학에서 여성 이해의 주요 출발점으로 삼았던 것이다.

그러나 최근 여성주의 목회상담학자들은 포스트모던 여성주의 관점의 도입을 통해 여성의 경험과 관점에 대한 새로운 이해를 시도하고 있다. 누거가 바로 그 대표 주자이다. 누거는 페미니스트-우머니스트(feminist-womanist)[3]로서 자신의 정체성을 분명히 하면서도, 여성뿐 아니라 남성을 위한 돌봄, 또 젠더 차이에 관심을 기울이는 목회상담의 이론과 실제 모색에 중점을 둔다.[4] 따라서 이 글에서는 이와 같은 미국 여성주의 목회상담학의 새로운 흐름을 누거의 목회신학방법론 연구를 통해 살펴보고자 한다. 누거가 여성주의 목회상담방법론으로 제시하는 상관관계적 나선 이해를 위해 누거가 이해하는 여성주의 목회상담, 여성경험을 고찰할 뿐 아니라 상관 관계적 나선의 실제에 대해서도 부수적으로 논의할 것이다.

한편, 이 글은 미국의 여성주의 목회신학자를 한국의 목회상담학계에 처음으로 소개하며 방법론적 관점에서 검토한다는 데 그 의의가 있다. 한국 목회상담 영역에서 여성과 관련된 다양한 논문이 발표된 것은 2000년 이후부터이다. 신명숙, 권희순, 최재락, 고영순, 정소영, 박성자 등의 글뿐 아니라 필자를 통해 사모상담, 중년여성상담, 이혼상담, 부부관계상담 등 다양한 문제가 다루어졌다. 여성의 문제에 대해 전혀 무관심했던 이전의 상황에 비하면 한국 목회상담의 진일보를 뜻하지만, 여성 목회상담의 방법론적 심화나 체계화를 위해서는 미국이나 기타 각국의 여성주의 목회신학자들과의 방법론적 소통이 또한 필요한 시점이다. 여성주의 목회신학자 누거 이론의 방법론적 검토는 바로 한국 여성목회상담방법론의 구조적 발전을 위한 첫 걸음이라 할 것이다.[5)]

II. 여성주의 목회상담의 이해

누거에 있어 여성주의 목회상담이란 단순히 여성상담가에 의해 여성을 대상으로 행해지는 상담을 말하는 것이 아니다. 그보다 여성주의 목회상담이란 전통 목회상담과 젠더 관점을 적극 활용하여 전통 목회상담의 가부장적 사용과 통찰에 대해 여성의 권리를 옹호하는 관점에서 새롭게 구성하고자 하는 접근이라고 할 수 있다.

누거는 풍부한 임상 경험과 신학연구, 또 폭넓은 목회 경험을 바탕으로 한 목회상담가이다. 미네소타 지역을 중심으로 자라나 미네소타대학과 트윈시티의 연합신학대학원에서 신학을 공부하였으며, 클레어몬트신학대학원에서 목회상담학으로 박사학위를 받았다. 신학 수업을 하는 동안 누거는 또한 미네소타 대학병원과 북 미네소타 메디컬 센터, 또 클레어몬트 목회상담연구소에서 꾸준하게 임상목회교육(Clinical Pastoral Education)과 임상훈련을 받았다. 졸업 후 프린스턴신학

대학원과 트윈 시티의 연합신학대학원에서 목회상담학 교수 생활을 하였고, 2005
년부터 텍사스크리스천대학교로 옮겨 교수생활을 하다 최근 조기 은퇴하였다. 미
국 감리교회의 목사이며, AAPC(American Association of Pastoral Counselors)
의 감독회원, ACPE(Association for Clinical Pastoral Education)의 임상회원
이다.

누거가 목회상담에 있어 여성을 위한 독특한 접근이 필요하다고 자각하게 된
것은 목회상담의 장에서 여성 내담자와 상담하게 되면서부터였다. 여성주의 상담
이론을 전개한 미리암 그린스팬(Miriam Greenspan)은 내담자로서의 경험과 임
상훈련 경험을 통해 전통적인 상담 접근이 성차별적이며 여성문제의 이해와 치유
에 효과적이지 못함을 깨달았고, 이 경험에 바탕 하여 여성에 대한 새로운 상담을
모색하고자 했다.[6] 이와 유사하게 누거도 자신이 "여성 상담 문제에 관심을 갖게
된 것은 신학대학원을 졸업 후 2년간 목회 돌봄과 상담 훈련을 할 때였다."[7]라고
하였다.

신학대학원을 졸업한 후 누거는 상담센터에서 레지던트 과정을 하면서 많은 여
성 내담자들을 상담하게 되었다. 대부분의 여성 환자들이 우울증이나 피곤, 혹은
불안함 등 다양한 문제를 호소했다. 누거가 보기에 이들 여성들의 문제는 무언가
공통점이 있는 것 같아보였다. 그러나 당시 누거가 받은 임상훈련의 이론과 접근
을 통해서는 이들의 문제를 적절하게 해석할 수 없었다. 여성주의의 영향으로 누
거는 당시의 임상이론이 여성이 사회에서 경험하는 권력이나 차별의 문제에는 관
심을 기울이지 않고 발달이나 심리내적 혹은 체계적 관점에서 접근한 때문인 것
을 알게 되었다. 또 당시 신학과 심리학이 여성의 문제를 병리화 한다는 것까지는
알 수 있었다. 그러나 이들 여성경험, 신학, 심리학을 관통하여 해석할 수 있는 이
론과 방법론적 접근을 찾아낼 수 없었던 바로 이 문제가 이후 누거의 집중적인 연
구 주제가 되었다.

여성주의 목회상담을 모색하기 위해 누거는 두 가지 자원에 관심을 두었다. 첫
째 자원은 바로 전통적인 목회상담이다.[8] 누거에 의하면 목회상담은 목회돌봄과
달리 보다 전문화된 영역의 상담이다. 일반적으로 목회돌봄이 보다 큰 영역의 문

제를 돌봄의 관점에서 관여하는 것이라면, 목회상담이란 상담자와 내담자간 제한된 시간을 전제로 특정한 삶의 문제에 관심을 가진다. 또한 보다 전문적으로 훈련되고 교회에서 인증 받은 사람들이 수행하는 것이다. 이런 목회상담의 일반적인 전제는 누거에게 있어 여성주의 목회상담에도 유효한 것으로 보인다. 여성주의 목회상담 역시 어려움에 처한 여성의 개인적인 문제, 부부 문제, 가족 문제들을 돕고자하는 것이다. 다만 누거의 관점에서 볼 때, 일반 목회상담은 일반 목회와 동떨어져 심리학에서 주요통찰을 얻으며, 심리학의 중요정보를 무비판적으로 수용하기도 한다. 그리하여 신학적 단절 뿐 아니라 강한 개인주의와 사생활중심주의의 문제를 가진다.

누거가 전통 목회상담의 맥락에서 여성주의 목회상담의 이해를 시도한 것은 누거가 이해하는 여성주의 목회상담이 목회상담의 신학적 전통과 긴밀한 관계를 가지고 있음을 암시한다. 누거가 관찰한 바에 의하면, 일반 상담과 비교할 때 목회상담가는 비교적 개인의 문제를 보다 통전적인 맥락에서 이해하는 경향이 있다. 실제 상담에서 신학적/영적 자료의 통합이 덜 강조되기도 하지만, 목회상담은 신학적 성찰을 그 기본적 출발점으로 놓기 때문에 인간의 상황을 보다 구체적이면서 동시에 폭넓게 파악할 수 있게 하는 것이다. 따라서 누거는 목회상담의 신학적 전통이 상당 부분 해체되어야 하지만, 여성주의 목회상담에 유용한 자원 역시 존재한다고 본다. 상담관계의 기초, 신학적 메타포의 사용, 또 하나님의 사랑과 힘에 대한 신뢰는 전통 목회상담뿐 아니라 여성주의 목회상담에서도 매 순간 상담과정 주요한 동력이라고 누거는 이해하는 것이다.[9]

그러나 누거는 다른 한편으로 전통적인 목회상담만으로는 여성에 대한 효과적인 도움을 줄 수 없다는 것을 다음과 같이 지적한다. "목회상담은 여성주의 관점에 매우 적절하면서도 동시에 매우 적대적이다."[10] 누거는 어떤 종류의 상담이든 나름대로의 철학적 가정에 기초하여 이론을 형성하고 있다고 한다. 즉 인간 본질에 관한 문제, 삶의 의미에 관한 문제, 공동체와 개인 간의 관계 등 인간 실존의 여러 문제에 답하고자 하는 철학적/신학적 질문에 바탕을 두고 있다는 것이다.

그렇기 때문에 상담이론의 기초가 되는 이론 역시 가치중립적일 수 없다. 목회상담 역시 그 철학적 기초를 전통적인 기독교 신학에 근거하여 왔는데, 전통의 기독교 신학이야말로 여성에 대한 억압과 차별을 합리화하는데 적극 공헌해 왔다. 신앙공동체와 성서의 역사 속에서 여성의 이야기는 누락되어 왔고, 여성은 죄나 육욕의 상징으로 해석하기도 했다. 또한 여성들에게 지나친 자기희생과 복종, 완전한 사랑과 같은 불가능한 이상을 강요하였고, 마치 이것이 여성의 성격이 되어야 하는 듯 합리화하기도 하였다. 이 같은 논의에 바탕을 둔 전통 목회상담의 논의는 어쩔 수 없이 여성주의에 적대적일 수밖에 없다는 것이다.[11]

이뿐만 아니라 누거는 목회상담의 또 하나의 주요 자원인 심리학, 사회학, 정신치료이론 역시 여성에게 적대적인 배경 지식을 제공하였다고 본다.[12] 심리학, 사회학, 정신치료학과 같은 학문 역시 가부장제의 콘텍스트에서 형성되었고, 전형적인 남성중심적 가정과 경험과 연구에 기초하였다. 이와 같은 연구는 여성 경험의 해석, 여성 치유를 구성하는데 많은 영향을 미쳐 남성보다 열등한 여성, 남성과 다른 여성을 구성하고 개념화하는 데 목회상담에 많은 영향을 미친 것이다. 그때문에 전통적인 목회상담의 자원을 무비판적으로 사용할 때 여성의 진정한 내면의 욕구와, 바람, 또 여성의 온전한 치유에 도움이 되는 자원이 되지 못한다는 것이다.

이와 같은 이유로 누거의 여성주의 목회상담의 매우 주요한 두 번째 자원은 젠더에 대한관점이다.[13] 학문적인 영역에서 여성주의의 논의가 부각된 이래 여성주의는 다양한 방식으로 가부장제에 대한 비판을 시도하여왔다.[14] 누거는 특별히 성과 계층, 민족, 나이에 관한 권력 역동을 포함하는 다문화적이고 다층적인 젠더 분석에 관심을 기울이며, 거다 러너(Gerda Lerner)나 레베카 챱(Rebecca Chopp)의 가부장주의에 대한 정의를 선호한다. 러너는 가부장주의는 "가족 내에서 여성과 어린이에 대한 남성 지배의 제도화와 현현이며, 사회에서 여성에 대한 남성 지배의 확장이다"[15]라고 하였다.

챱도 가부장주의는 남성의 여성에 대한 개별적이고 잔혹한 행위라기보다 개인의 정체성을 통해 사회적 관습과 제도, 문화적 이미지와 재현에까지 영향을 미치는 영적 질서라고 하였다.[16] 이들의 영향 속에서 누거 역시 젠더관점에서의 여성주의의 핵심은 문화적으로 불이익을 당하는 모든 사람들을 위한 문화변혁이며 정치적 노력이라고 한다.[17] 즉 여성뿐 아니라 지배 문화에서 소외당해온 모든 이들, 유색인 남성과 여성, 동성애자, 장애인, 어린이, 노인, 가난한 사람들의 귀와 힘이 되어주는 것이라고 한다.

그렇기 때문에 누거에게 있어 여성주의 방향에서의 목회상담이란 상담을 통해 여성의 자기실현이나 여성의 경험에 귀 기울이는 것 이상이다. 즉, 여성주의 목회상담이란 여성의 외침과 경험에 함께 하는 것 혹은 성차별주의자 노릇을 하지 않는 것만이 아니다. 여성들에게 해를 끼치는 문화에 대한 단순한 관심도 아니다. 그 보다 여성주의 목회상담이란 "…그 목적을 개인 변화가 아니라 상담과정의 한 부분으로서 (교회를 포함하여) 문화변혁에 둘 때만이 여성주의이다"[18]라고 할 수 있다는 것이다.

여성주의에 기초한 목회상담은 개인의 이익에 관심을 두는 동시에 하나님 나라를 위해 문화 변혁에 헌신하며 사람들을 돌보는 것이다. 누거는 다음의 로라 브라운(Laura Brown)의 이해를 통해 자신의 여성주의 방향에서의 목회상담에 대한 입장을 정리한다.

> [상담] 실제를 여성주의적으로 만드는 것은 내담자가 누구냐가 아니라 자신이 무엇을 하는가에 관해 치료자가 어떻게 생각하느냐, 특정 기술이나 문제의 종류, 내담자의 인종 보다 치료자의 인식론과 배후의 이론적 모델이다. …… 여성주의 치료는 치료자와 그와 함께 작업하는 사람이 크고 반복적으로 어떻게 각 개인의 삶과 고통이 보다 큰 사회적 맥락에서 작용하는 과정의 표현인가를 질문하는 것을 통해 삶을 탈개인화하는 것을 목표로 한다. 동시에 여성주의 치료에서 각 삶의 경험은 귀중하고, 독특하고, 권위를 가지며, 개인과 문화에 관한 전문가적 인식의 자원으로 취급되어야 한다.[19]

이와 같이 누거는 여성주의 목회상담이란 배후 인식론의 중요성을 인식하는 것, 그래서 여성문제에 대한 개인화를 벗어나는 것뿐 아니라, 내담자의 자원과 권위를 인정하는 것이라 보았다.

III. 여성 경험의 이해

누거가 여성주의 목회상담이 전통 목회상담과 연계선 상에 있으면서도 전통 목회상담을 넘어서야 한다고 강력하게 주장할 수밖에 없었던 이유는 무엇보다도 전통 목회상담의 이론과 실제가 여성의 구체적이고 살아있는 경험과 철저히 유리되었기 때문이라고 할 수 있다. 그렇다면 도대체 누거가 보는 여성경험이란 무엇인가? 누거는 전통 목회상담에서 간과해 온 가부장제의 억압의 문제를 심각하게 고려하면서도, 여성의 고통과 억압 경험을 이해하는 데 있어 본질주의적 관점과 구성적 관점 사이의 경계에 서 있고자 한다.

여성주의와 목회상담이 함께 합류할 수 있는 주요한 지점은 인간 경험의 강조라고 할 수 있다. 고전적인 여성주의는 지식사회학의 영향을 받아서 현재 우리사회에 존재하는 '인식'은 순수하고 객관적인 것일 수 없으며 인간경험이 그 인식 속에 반영될 수밖에 없다고 이해한다. 특별히 현재 미국사회에 존재하는 인식에는 백인 지배계층 남성의 경험과 관점이 주로 반영되었다고 지적하며 실제 이해에 있어서 인간 경험의 중요성을 지적하였다. 마찬가지로 목회상담에 있어서도 인간경험의 중요성이 강조되어왔다. 안톤 보이슨은 신학교육에 있어서 가장 중요한 것은 과거나 역사적 전통이 아니라 현재의 생생하고 살아있는 인간 경험이라고 주장하였다.[20] 시워드 힐트너, 찰스 거킨 등 현대 목회신학자들에게도 이와 같은 입장은 지대한 영향을 미치며 인간 경험이 목회상담에 있어서 매우 주요하고 기초적임을 지속적으로 강조하여왔다.[21]

전통 목회상담의 이런 통찰에도 불구하고 전통 목회상담은 철저히 여성의 경험을 배제하였다고 여성주의 목회신학자들은 주장한다.[22] 앞서 간략히 논의한 대로 목회상담학은 전통신학과 전통심리학 연구를 학문 연구의 주요한 바탕으로 하고 있다. 그런데 전통 신학뿐 아니라 전통 심리학에서도 남성 중심적 사고가 그 중심에 위치하고 있다. 즉 전통신학에서는 인간의 하나님 경험, 인간인식, 정상성의 이해의 기준이 남성의 경험이었으며 남성의 관점이었다. 심리학에서도 마찬가지로 프로이트의 예에서와 같이 '생물학이 운명이다'라는 강조에서 드러나는 것뿐 아니라 여성과 남성 발달의 차이, 이로 인한 우월과 열등의 문제가 심리학 연구의 주요 바탕이 되어 여성억압과 여성경험을 배제하는 방식으로 전개되어 왔던 것이다.

이 때문에 여성주의 목회상담에서는 목회상담에서 여성의 구체적 경험에 대해 집중적인 관심을 표명한다. 여성주의 목회상담가들은 각기 다양한 관점에서 여성의 경험을 이해하면서도, 상담가로서 자신의 개별적이고 구체적인 경험의 이해, 또 인종, 성, 교육, 성적 경향, 신체적 능력 및 계급에 대한 자신의 경험이 목회상담 이론과 실제의 표준이 되었음을 지적한다.[23] 또한 내담자 여성을 이해하는 데 있어서도 가부장제 아래서 여성의 가치 절하, 경제적 차별, 여성 몸의 대상화(혹은 도구화)와 같은 다양한 경험에 관하여 여성의 관점에서 여성을 위한 목회상담이 되고자 노력하는 것이다. 여성이 전 일생을 통해 경험하는 생리, 출산, 자궁적출, 유방적출, 어머니 됨의 문제, 어머니 상실의 경험, 직장과 가정의 병존 등 다양한 문제에 관심을 갖는다.[24] 누거 역시 여성주의 목회상담의 이론과 다양한 관심사로서 여성의 우울증, 성폭력, 노령의 문제 등에 관심을 가졌다.

그런데 문제는 보편적으로 정의할 수 있는 여성, 혹은 여성 경험이 존재하는가 하는 것이다. 남성 중심적이고 가부장적 사회경제 구조 속에서 여성의 억압과 해방을 논하는 여성주의 초기 이론은 여성의 억압과 경험에 대해 다양한 방식으로 이해되었다. 즉 해방주의적 여성주의는 소위 여성의 억압은 사회제도, 교육 등과 같은 공적 영역에의 접근 불가능성에 대한 문제 때문이라 지적하거나, 혹은 진보적 여성주의는 여성 억압 경험의 핵심에는 남성과 다른 여성의 독특한 생물학적 능력 때문이라고도 보기도 했다. 그 외에도 마르크스주의 여성주의는 경제적인 문제를 지적하여 남녀 간 경제적 불평등이 여성 억압경험의 핵심이라고 이해하기도 했다. 사회주의 여성주의는 진보주의 여성주의와 마르크스주의 여성주의의 통찰을 연결하여 성과 경제 양 측면을 여성억압의 주요 원인으로 보았던 것이다. 여성억압 경험에 대한 이들의 논의는 일견 다양해 보이지만, 사실 모두 인간 혹은 여성에 대한 본질주의적 입장을 바탕으로 두고 있다. 즉 교육이나 제도가 평등해지거나 경제적 조건이 평등해지면 여성이 본질적인 인간적 경험을 할 수 있다고 하거나, 남성과 여성은 생물학적으로 본질적으로 다르다는 것이다.

누거 역시 이 같은 여성주의의 본질적 입장에 대해 나름대로의 비판적 시각을 제시한다.[25] 누거는 본질주의란 특정한 특성, 능력, 행동, 직업이 보편적으로 특정한 집단에 내포되어 있다고 본다. 생물학에 관심을 가진 여성학자들은 여성의 몸을 운명으로 보는 생물학적 결정론의 위험을 자각하지만, 여성의 몸은 여성의 경험을 귀중하게 보게 하는 근거라고 동시에 생각한다. 그래서 여성의 생리, 출산, 폐경, 성적경험의 탐구가 여성의 심리학적, 관계적, 영적 경험의 고귀함을 주장하는 근거라고 한다. 또한 여성의 경험을 보편적으로 보는 여성학자들은 특정 여성의 경험, 주로 교육받은 서구 중산층 이성애 여성들의 경험을 보편적으로 보며 이들이 여성 경험을 가장 적절하게 대변한다고 본다. 그러나 누거는 생물학적 입장은 여성의 가부장적 억압의 현실을 적절하게 파악하지 못하였고, 또 보편주의자들은 유색여성, 레즈비언의 관점 등 다양한 여성의 경험을 대변하지 못하고 있다는 점에서 문제가 있다고 지적한다.

한편 최근에 제기되는 포스트모던 여성주의도 여성경험에 대한 본질주의적 접근에 반대하며 여성에 대한 보편적이고 일반화되고 정형화된 틀을 거부한다.[26] 고전적 여성학의 흐름이외에도 인간 무의식, 인간의 실존, 또 자연과 연관하여 여성의 억압에 대한 논의를 전개하는 다양한 논의가 전개되고 있다. 이 이론은 포스트모던 관점에서 가부장제의 문제의 핵심을 억압의 문제보다는 일원적이고 획일적 사고에서 찾는다. 그래서 한 인간이 보편적인 방식으로 한 집단에 속하는 것이 아니라 문화의 규칙에 따라 구성되고 사회화된다고 본다. 진리구성에 있어서도 일원적이 아니라 복수성, 다양성, 차이를 강조한다.

누거 역시 본질주의의 한계를 인식하며 자연히 본질주의와 대립되는 구성주의, 혹은 포스트모던적 이해에 기초하여 여성의 경험을 이해하고자 한다.[27] 구성주의는 한 인간의 특성, 능력, 행동, 직업은 어떤 보편적인 방식으로 한 집단에 속하지 않으며, 성과 같은 문화적 규준은 문화의 규칙에 따라 사람들 안에서 구축되고 사회화된다고 한다. 관계적인 특성을 예로 들자면, 이는 여성의 본질적인 특성이라기보다 사회와 문화 속에서 여성에게 정교하게 정의되고 길러진 것으로 보는 것이다.

특히 다른 종족, 다른 계층, 다른 나이, 다른 성적 경향, 다른 육체적 능력, 다른 종족의 여성의 경험에 비춰볼 때 여성경험을 보편적으로 적용하는 것의 한계는 더욱 분명해 진다. 따라서 누거는 여성을 단선적이고 추상적인 개념으로서 이해하고자 하기보다 개별적 인간으로서의 구체적이고 독특한 존재로 이해하고자 한다. 즉 일반화된 개념으로서 한 개별여성 경험을 파악하기보다 각 개인의 독특한 콘텍스트에서 독특한 경험을 하는 개별화된 인간으로 접근하고자 하는 것이다.

그러나 그렇다고 해서 누거가 본질주의나 구성주의 중 한 쪽에 서서 여성의 경험을 이해하고자 하는 것은 아니다.[28] 누거는 본질주의적 입장이 여성을 일반화할 뿐 아니라 특정 담론이나 지배계층을 억압할 수 있다는 점을 비판한다. 그러나 구성주의적 입장 역시 필연적으로 여성 간의 연대와 나눔을 강조하는 측면이 약화되는 문제를 가진다고 본다. 구성주의적 입장은 여성 경험을 완전히 상대화시키고 파편화시켜, 여성 간의 정치적이고 사회적 연대감을 제거하기 때문이다. 심지어 가부장제에서 해 왔던 것처럼 여성에 대한 전형적이고 단일한 이미지를 창출하기도 한다. 이런 갈등 앞에서 결국 누거는 본질적 입장과 구성적 입장의 경계에서 아슬아슬하고 멋진 균형 잡기를 제안한다. 즉 현 사회제도와 문화 속에서 성차별, 인종차별, 이성애 차별, 계급차별의 건재를 인정하며 이의 극복에 대한 진지한 노력을 시도해야 하는 동시에 여성 사이에도 주요한 차이가 있을 수 있음을 인정하며 여성경험의 차이와 다양성에 주목해야 한다는 것이다.

IV. 여성주의 목회상담 방법론의 이해

여성경험에 대한 진지한 논의를 바탕으로 누거가 그녀의 목회상담을 통해 달성하고자 하는 것은 가부장제 사회에서의 이론과 신학의 해체와 재구성과 젠더관점에서 해방적이고 효과적인 목회실제의 창조이다. 이를 위해 누거는 상관관계적 나선(correlational spiral)이라는 목회신학의 근본적 방법론을 강조한다. 이는 여성경험, 신학, 심리학, 사회과학 등과의 지속적이며, 역동적인 대화가 이루어지게 하는 방법이며, 신학과 심리학, 또 상담의 자원을 유용하게 사용하여 여성의 삶을 긍정하는 접근이라 할 수 있다.

1990년대 초 누거는 여성주의 목회상담의 고안을 진지하게 모색하며 여성주의 목회상담의 일반적인 원칙을 몇 가지 제안했다.[29] 먼저, 여성주의 목회상담은 가부장제에 대한 인식을 해야 한다는 것이다. 여성의 낮은 자존감이나 심리학적 문제의 뿌리는 여성이 성 때문에 경험하는 차별의 문화에 살고 있다는 것의 인식이 그 출발점이 되어야 한다는 것이다. 또한 상담가가 내담자에게 돌봄과 지도를 제공해야 하지만, 상담에서 상담가는 내담자와 평등하며, 치료나 수리가 아닌 힘 북돋아 주기(empowerment)를 목표로 해야 한다. 집단이 상담에서 매우 중요하며 여성은 자신의 이야기를 들어주고 지지해 주는 집단을 갖는 것이 필요하다. 그리고 여성주의 상담은 여성-중심적 접근이 되어야 하며, 가부장제의 상황에서 신학과 심리학이 여성에게 파괴적인 지위 강화에 공헌했다는 것을 인식해야 한다는 것이다.

이후 누거는 젠더관점에서 목회신학의 근본적 방법으로 상관관계적 나선을 제시했다.

> 상관관계적 나선은 살아있는 인간 경험에서 시작하며, 구체적인 상황 속에서 분석되고 이해된다. 이 과정은 행동, 경험, 상황 분석이 사회과학과 신학의 자원과 대화하고, 또 이 학문 영역들이 도움을 요청하는 개인과 공동체의 경험을 더 잘 이해하고, 이 경험이 목회신학의 자원과 학문에 비판적이고 책임 있는 경험으로 사용되도록 하는 것에 의해 계속된다.[30]

누거에 의하면, 상관관계적 나선이란 단선적인 것이 아니라 대화이며 과정이다. 상관관계적 나선은 개인의 살아있는 경험을 보다 효과적이고 적절하게 돕는 방법이다. 이는 일대일 상담일 수도 있고, 상담을 통해 양육과 지원의 공동체뿐 아니라 새로운 교육과정과 목표, 책임감의 구조를 창조할 수 있다. 더불어 억압이나 악에 저항하는 방법을 발견하게 할 뿐 아니라 정의와 해방의 삶을 개인과 공동체에 북돋아줄 수 있다. 이 모든 종류의 돌봄은 사람들과의 관련 속에서 시험되며, 다시 나선으로 돌게 된다. 이 같은 과정이 멈추면 목회상담은 부패하고 부적절해지게 된다. 따라서 누거는 창조적이고 변혁적인 목회신학의 실제가 되려면 지속적인 비판과 재구성의 작업에 열려야한다고 주장한다.[31]

이와 같은 상관 관계적 나선은 목회상담 전통의 방법론과 비교할 수 있다. 특별히 폴 틸리히의 상관관계방법(correlational method)과 돈 브라우닝의 수정된 상관관계방법 (revised correlational method)과 비교할 때 누거의 상관 관계적 나선은 이들과 마찬가지로 인간 경험, 즉 실존의 중요성을 강조한 것으로 보인다.[32] 그러나 누거는 이들에 비교하여 더욱 인간경험이 구체적인 상황에서 이해되고 분석되는 측면을 강조하였다. 또한 상관 관계적 나선은 지속적 대화이며 과정이라는 측면을 강조하여 인간의 행동, 경험, 상황분석이 사회과학, 신학과의 자원과 지속적으로 대화하도록 촉구한다. 더불어 목회신학과 이들과 대화하는 학문 영역의 비판적 기능, 책임적 기능을 강화함으로써, 목회상담의 정치적 함의에 대한 진지한 자성과 끊임없는 비판과 재구성을 강조하였다고 할 수 있다.

한편, 누거가 제시하는 상관 관계적 나선의 건설적 구축을 위한 세 가지 기초로 심리학적, 임상적, 그리고 신학적 기초의 탐구를 시도한다. 먼저 심리학의 성격이론을 살펴보자. 성격이론은 사람들이 자아, 공동체 속의 자아, 그리고 세계와 어떻게 관여하고 반응하는지에 관한 감각을 형성하는 방식에 관한 것이다. 그런데 다양한 성격이론이 여성주의 목회상담 속에서 대화하고 순환하며 여성 및 소수자를 위한 상담이 되기 위해서는 다음의 비판점을 인식하는 것이 중요하다고 한다.[33]

- [대부분의 성격이론에서] 여성을 배제시켰고, 남성경험과 해석, 또 지배 문화를 이론 창조의 규준으로 사용하여 왔다.
- 여성의 정신 건강에 대한 적절한 정의가 없다.
- 문제를 내담자 안에서 혹은 내담자의 관계에서 찾고 적절한 사회 문화적 분석 을 하지 않는다.

- 주로 병리 지향적이다.
- 진단 체계가 성차별적이다.
- 내담자와 상담가 사이의 지나친 시간과 관여를 요구하는 상담 실제를 구성한다.
- 적응 지향적이다.
- 심리학 이론의 전제, 사회적 위치, 철학에 대해 자의식적 비판을 하지 않는다.

성격이론의 비판적 인식에의 강조와 함께 누거는 또한 자신의 여성주의 목회상담에 유용한 이론으로 알프레드 아들러(Alfred Adler)의 이론과 이야기 이론을 지적한다.[34] 아들러는 인간의 관계성에 관심을 가졌을 뿐 아니라 '사회적 관심'이라는 개념을 통해 인간은 자신뿐 아니라 인류에 최대한 이익을 주기를 원한다는 입장을 피력했다. 여성의 문제에 있어서도 남녀 불평등은 실제 남녀 간 경제적 사회적 불평등에서 야기되었다고 지적하였다.[35] 누거는 아들러가 프로이트와 동시대의 사람임에도 불구하고 인간에 대해 긍정적이며 여성문제에 대해 매우 뛰어난 통찰을 보여 주었다고 한다.

그런데 무엇보다도 누거가 자신의 상담방법론을 전개하는 데 가장 적절한 이론이라고 생각한 것은 바로 이야기 이론이다. 이야기 이론은 포스트모던 철학에 근거하여 내담자가 새 언어와 새 해석학적 렌즈를 양산하여 실재에 대한 새로운 인식을 창출하도록 돕는 것이다.[36] 누거는 이야기 이론을 통해 내담자는 자신의 이야기, 플롯, 문화의 주인공이 되며, 이를 통해 자신의 이야기를 변형해나가는 잠재력을 가지게 된다고 본다. 그래서 누거는 자신의 여성주의 관점에 가장 적합한 개인적인 것이 정치적이고, 정치적인 것이 개인적인 상담이 바로 이야기 이론이라고 보는 것이다.

한편, 누거는 상관관계적 나선의 또 하나의 기초로 신학적 콘텍스트와 연관된 공동체에 주목한다.[37] 누거는 신학이 여성주의 목회상담에서 주요한 역할을 한다고 보았는데 이는 바로 신학이 위탁의 핵심이며, 평가의 렌즈로서 역할하기 때문이다. 위탁의 핵심이란 목회자가 상담자에게 경청하고 도움을 제공하려는 위탁과 헌신을 가져오게 하는 것이다. 누거의 목회상담방법론의 틀을 구성하는데 있어

도움이 되는 신학적 주제로는 선행하는 은혜, 그리스도의 몸 안에서 공동체의 힘에 관한 것, 신적 현존의 복합성과 풍요함, 성서적 주제 등을 지적한다. 누거에 의하면, 이들 신학적 주제들은 누거가 자신의 목회상담 과정을 평가하고 해석학적 규범을 만드는데 도움을 주었다고 한다. 또 이들 주제는 위탁과 고립되어 작용하는 것이 아니라 상담의 지원과 책임감의 공동체에서 작용한다.

신학의 또 다른 기능은 평가의 렌즈로서의 기능이다.[38] 폴 프루이저(Paul Pruyser)는 신학적 평가가 심리학적 진단의 부수적인 것으로 취급된 것을 비판하였었다.[39] 이와 유사하게 누거 역시 신학적 평가가 목회상담에 이차적인 것이 아니라 중심적 주제가 되어야 한다고 한다. 누거는 특히 신학적 평가에 도움이 되는 몇 가지 질문을 제시하는데 다음과 같다. 먼저 무엇이 위기에 처해 있는가 하는 질문이다. 이는 인간의 영적, 궁극적 의미에 관한 질문으로 심리학적, 영적, 신학적, 관계적 차원을 함께 묶어 주는 중심적 이미지에 닿을 수 있도록 한다. 둘째는 하나님이 내담자를 어떻게 인식하고 있다고 상상하는가 하는 것이다. 이는 인간이 하나님에 대한 이미지가 무엇인지 물으면서 내담자와 하나님과의 깊은 만남의 본질에 접할 수 있게 한다. 세 번째는 하나님의 은혜를 어떻게 경험했는가? 네 번째는 하나님의 심판을 어떻게 경험했는가 하는 것이다. 이를 통해 내담자의 전제와 해석적 렌즈에 대한 이해를 할 수 있게 한다. 마지막으로 공동체와의 관계를 평가해 볼 필요가 있다는 것이다.

V. 실제에의 적용

성격이론 그리고 신학과 더불어 누거가 젠더관점에서 목회상담의 건설적 구성을 위해 제안하는 세 번째 요소는 상담이론이다. 누거는 상관 관계적 나선의 상담이론을 통해 내담자 여성의 구체적인 변화와 치유를 모색하는 상담의 기초적 방안을 제시하는데, 이와 연관하여, 이와 같은 접근이 실제 여성의 문제에 어떻게 적용되는지를 살펴보고자 한다.

1. 상담적 적용

누거에 의하면, 상담이론의 목적은 서로 돕는 관계 속에서 변화를 추구하는 사람이나 집단 안에서 일어나는 과정을 묘사하는 것이다. 먼저 상담에서 긍정적인 변화를 위한 조건이 있다.[40] 가장 중요한 조건은 안전감의 제공이다. 내담자는 자신이 위협받는다고 느끼면 익숙해진 위기전략을 포기하지 않으려고 하며, 새로운 불안에 방어할 방어 전략을 만들기도 한다. 개인적이고 안전한 상황, 내담자에게 최대한 통제를 할 수 있게 하는 상담가의 따스함, 수용, 언어적 표현, 상담가의 적절한 자기 노출, 경청이 필수적이다. 이와 더불어 누거는 여성주의 목회상담에서 내담자가 스스로가 자신의 상황을 변화시킬 필요가 있다는 것을 경험해야 한다고 한다. 행동, 감정, 관계, 신념 등을 통해 내담자가 상담 과정을 통해 현재보다 나은 상황을 이루어야겠다고 인식하는 것이다. 이를 위해 상담가는 유능하고 믿을 수 있어 보여야 하며, 성공적인 삶의 변화를 바라볼 수 있게 해야 하며, 변화에 대한 약간의 성취 경험을 초기에 이끌어야 한다.

그 외에도 누거는 상담을 통해 내담자가 그들 삶에서의 갈등, 혹은 부정의를 직면하도록 할 수 있다고 한다. 이는 대부분의 여성 안에 있는 잠재된 이야기를 꺼내는 것과 유사하다. 상담초기에는 불가능하지만, 상담을 통해 대안적 이야기가 목소리를 내도록 하는 것이 중요하다. 또한 내담자의 가치체계와 일치를 유지하며, 내담자가 중요하게 여기는 우정, 가족, 일, 명성들을 손상하거나 파괴하지 않을 것임을 확신하도록 도와야 한다. 더불어 내담자가 새로운 행동, 새로운 자기 이미지 및 감정을 표현할 수 있는 안전한 공간을 창출하고 내담자의 복합성을 이해하는 의사소통을 하는 것이 필요하다. 내담자의 삶과 관계, 문화 속에서 내담자를 양육하고 힘을 부여하며 내담자가 적절한 안전감, 희망, 에너지, 비전을 갖도록 하는 것도 도움이 된다.[41]

한편, 누거는 변화의 과정에 대해서도 의견을 제시하고 있다.[42] 누거는 상담가는 자신이 나름대로의 철학과 전제를 가지고 있지만, 내담자가 자신의 이야기에 대한 모든 지식과 틀을 가지고 있다는 것을 인식해야 한다. 상담가는 동정적이며,

사려 깊게 내담자 편에서 작업하며, 내담자가 어떻게 자신의 삶을 문제적으로 생각하는 것에 저항하며, 어떻게 보다 풍요롭고 덜 문제적인 삶으로 자신의 삶의 의미를 만들어 나가는지 파악한다. 해체의 과정과 해체적 경청이 유효할 수 있다. 뿐만 아니라 이는 근본적으로 신학적 문제와 연관되어 있다. 즉 상담의 과정이 일련의 특정 기술이 아니라 내담자가 자신의 삶을 온전히 회복할 수 있는 능력과 자원이 있다는 확신에 기초한다. 따라서 이는 보다 궁극적으로는 가능성, 상호창조, 하나님 나라(God's kin-dom)[43]가 근접함을 끊임없이 깨닫게 하시는 하나님의 부르심의 요청에 대한 믿음과 같은 신학적 기초가 바탕이 된다는 것이다.

2. 사례에의 적용

누거는 젠더관점에서 목회상담의 이론구성에 주목할 뿐 아니라 그 이론적 논의가 실제 적용에 관해 관심을 갖는다. 그래서 여성의 우울증, 여성의 노화, 성폭력과 같은 실제적인 상황에 적용하는 방법에 대해서도 구체적으로 예시하고 있다. 여기서는 상담의 현장에서 자신의 이야기를 자신의 말로 표현하지 못하는, 소위 '자신의 목소리'를 상실한 여성 내담자에 대한 구체적 적용을 통해 누거의 접근방법을 살펴보도록 하자.

누거는 목소리를 상실한 내담자 혹은 자신의 삶을 이름 짓는 능력을 결여한 내담자를 상담할 때 먼저 수행해야 하는 가장 기초적인 작업으로 여성주의에 기초한 신학적 분석과 콘텍스트 분석을 든다. 가부장제 사회와 문화적 배경에서 많은 여성들이 자신의 이야기를 자신의 방식으로 설명할 수 없는데 이의 문제에 대한 이해를 위해 필요한 것이 바로 이들의 삶에 가공할 만한 영향을 미쳤던 신학과 상황에 대한 분석이라고 보기 때문이다.

여성 신학적 관점에서 보았을 때, 자아와 환경을 이름 짓는 힘과 목소리의 회복은 매우 중요하다.[44] 창세기 1장에서 하나님은 만물을 창조하시고, 피조물을 이름 지으셨는데, 이 이름 짓는 작업이야말로 하나님 창조의 아주 주요한 부분이었다. 하나님은 또한 아담을 만드셨고 아담이 정원의 여러 피조물들에게 이름을 짓도록 하셨다. 에덴동산에서 외로이 있던 아담은 피조물들에게 이름 붙임으로써 다른 피조물들과 관계를 맺게 되었고, 피조물들은 그 이름 붙임의 관계 속에서 의미를 얻게 된다. 성서 속에서 이름 붙임은 의미 부여와 연관되어있으며, 하나님이 인간에게 부여한 주요한 특권이었다.

그러므로 여성신학적 관점에서 여성이 이 이름 지음에 온전하게 동참하는 것이 중요함을 인식한다. 오래 전부터 유대 기독교 전통에서는 이름 짓는 것은 남성만의 특권으로 여성은 이 작업에 참여할 수 없었다. 그러나 여성신학자들은 여성 역시 목소리를 내고 언어로 주장하는 것을 배우는 것이 자신의 소명임을 자각해야 한다고 한다. 여성도 하나님의 사업에 온전히 참여해야 하며, 이 과정에 참여할 때 혁명적인 변화가 일어난다는 것이다. 즉 여성이 자신의 삶과 자신의 주변을 이름 짓게 될 때 진실하다고 배워진 것에 의문할 수 있게 되며, 새로운 관점, 새로운 실재, 새로운 변혁의 진정한 목소리와 힘을 갖게 된다는 것이다.

목소리를 상실한 여성의 이해를 위해 반드시 필요한 다른 하나는 상황적 분석이다.[45] 현대 사회와 문화의 다양한 콘텍스트에서 여성의 목소리는 다양한 방식으로 상실되었고 잊히도록 해왔다. 먼저 언어의 콘텍스트에서이다. 언어는 문화적이며 개인적 실체의 반영일 뿐 아니라 실체 형성의 구성과 결정에도 영향을 미친다. 그런데 일반 문화담론에서 여성들은 이류로 인식되어 왔고, 자전적(self-authoring)이거나 자기 이름을 지을 자격도 없다고 배워 왔다. 또한 청소년기의 여성들에게 있어 여성들은 안티고네와 같이 자신을 상실하는 콘텍스트를 경험한다. 안티고네는 오이디푸스와 그의 어머니인 요카스타 사이에서 태어난 딸이다. 그녀는 자신의 출생과 기원을 부정하고, 자신의 기쁨에 내포된 위험을 항상 인식하며, 자신의 육체성을 부인해 왔다. 청소년기이후 여성들은 이와 유사하게 자신을 상실하도록 하는 상황에 놓인다는 것이다. 마지막으로 성역할에 대한 발달이 본격적으로 전개되는 청소년기 이후 여성들은 자신의 목소리를 내게 되면 배제되거나 버림받을 것이라는 위험을 경험함으로써 진정한 자신을 신뢰하지 못하도록 되는 상황에 놓이게 되는 것이다. 가정, 교회, 교육기관이 바로 이 여성이 자신의 목소리를 내지 못하게 하는 콘텍스트에 참여해 왔다.

누거는 이와 같은 여성주의 방향에서의 신학적, 상황적 분석을 토대로 세워진 내담자 목소리 회복의 당위성과 문제적 요소를 파악하고 이의 치유를 위한 상담적 접근을 모색한다. 즉, 상담목표는 여성 자신의 목소리를 내게 하지 못하는 상황에서 여성의 진정한 자기 목소리를 내고, 자기 이야기를 스스로 만들 수 있는 것이 될 수 있다. 이는 하나님의 사업에 온전히 참여하고자 하는 것이며, 동시에 가부장제에서의 왜곡을 넘어서 자기회복의 노력일 수 있다고 보는 것이다. 이를 위해 구체적으로는 억압된 이야기에 저항하여 자신의 이야기를 찾도록 하는 이야기 치료와 그 접근이 매우 효과적일 수 있다고 본다. 이야기 치료는 상담가나 외부의 권위를 최소화하고 내담자의 권위를 극대화시키는 한편, 내담자의 이야기에서 누락된 이야기의 창조적 자원과 대안적 이야기를 발견하는 것을 돕기 때문이다. 또한 구체적인 상담 기술로는 공감적 경청과 해체적 경험의 복합인 여성주의적 경청을 사용할 수 있다. 이를 통해 상담자는 내담자를 신뢰하고, 문화적인 예민함, 또 내담자가 자신의 삶에 자신이 이름 짓고 주체가 될 수 있도록 도울 수 있다는 것이다.

이상의 신학적 분석, 상황적 분석, 상담적 분석은 누거 상담방법론의 적용에 기초자원이 되기는 하지만 실제 독립적이고 개별적이고 순차적인 작업이 아니라고 할 수 있다. 누거에게 있어 상담은 순환적이고 끊임없는 비판과 반성적 작업이기 때문에 이들 자원이 여성의 개별적 경험과 함께 부분적으로 혹은 끊임없이 순환하며 여성의 자기 각성과 의미 만들기 작업에 사용되는 것이라 할 수 있다.

VI. 한국 목회상담 연구에의 함의

이상으로 미국의 주요 대표적 여성주의 목회상담가의 한 명인 누거의 여성주의 목회상담의 논의를 간략히 살펴보았다. 누거는 여성주의 목회상담은 전통 목회상담뿐 아니라 여성주의라는 두 가지 자원을 가지고 있으며, 젠더관점에서 상관관계적 나선이라는 방법을 여성주의 목회상담의 주요 방법으로 제시했다. 누거는 여성, 사회, 종교, 신학의 다양한 문제에 대한 총체적 인식과 관망 속에서 고통 받은 여성과 소수자에 대한 책임적이고 비판적인 또 지속적인 과정으로서의 상담을 제시하였다.

이 같은 누거의 논의가 한국 목회상담의 현장에 주는 의의는 무엇일까? 무엇보다도 한국 목회상담에 있어 여성 및 소수자에 대한 차별적이고 진지한 논의가 적극적으로 전개되어야 함을 시사한다. 한국에서 목회상담의 전개는 그 역사가 매우 짧기 때문에 여성주의적 논의의 활발함을 기대할 수는 없었다. 그러나 한국사회와 교회의 차별적 관행의 심각함을 고려할 때, 또 그와 같은 구조가 한국 교회 여성과 소수자의 정신적이고 영적인 삶을 심각하게 위협하고 있다는 점을 고려할 때, 한국 목회상담에 있어 젠더적 관점의 도입이 절실하다.

둘째, 누거의 논의는 한국 목회상담에서 여성 및 소수자를 위한 상담에 보다 치밀한 방법론적 논의가 기초되어야 함을 시사한다. 한국에서 여성을 위한 목회상담은 방법론적 논의에 앞서 실제 구성에 우선을 두어왔다. 이는 여성치유에 구체적 방안을 제시하고자 했기 때문이기도 하며, 방법론 모색에 있어 수반되는 신학이론의 해체에 대한 거부 반응 때문이기도 하다. 신학과 상담 사이에 자기분열을 초래하는 한국 목회상담의 현장에서 다층화, 다원화 경험을 포괄할 수 있는 이론적 논의가 활발히 시작되어야 할 것이다.

마지막으로 누거의 이론은 서구와 소통하면서도 한국 여성의 구체적이고 역사적인 콘텍스트를 반영할 수 있는 목회상담방법론과 실제의 모색이 시급함을 시사한다. 목회상담이란 누거가 지적하지 않았다 하더라도 분명 인간 경험과 콘텍스트에 대한 심오한 이해가 필수적이다. 목회상담 인구의 절대 다수가 한국 여성이고, 상담가의 절대 다수가 한국 여성인 실정에서 한국 여성 상담가와 내담자의 다층적 경험에 특별히 관심을 갖고 구체적 논의가 진행되어야 할 것이다.

고영순. "폭력과 목회상담: 관계 사이에 흐르는 힘."「목회와 상담」4(2003), 123-155.

거킨, 찰스/안석모 옮김.『살아있는 인간문서: 해석학적 목회상담학』. 서울: 한국심리치료연구소, 1998.

권희순. "중년여성의 위기에 대한 이해와 목회상담 및 목회돌봄--폐경기를 중심으로."「신학과 세계」51(2004), 273-297.

도노반, 조세핀/김익두, 이월영 옮김.『페미니즘 이론』. 서울: 문예출판사, 1993.

러셀, 레티, 클락슨, 샤논 엮음/황애경 옮김.『여성신학사전』. 서울: 이화여자대학교 출판부, 2003.

박성자. "용서와 목회상담: 부부관계와 용서-여성주의 목회상담의 관점에서."「목회와 상담」7(2005), 95-120.

신명숙. "여성성의 새로운 이해와 여성을 위한 목회상담."「한국기독교신학논총」21(2001), 342-372.

양유성.『이야기 치료: 이야기를 통한 인간이해와 심리치료』. 서울: 학지사, 2004.

정소영. "기독교/목회상담의 정체성: 기독교 상담에 대한 한 여성주의 상담의 성찰: 진리가자유케 하리라."「기독교상담학회지」7(2004), 286-312.

정희성. "여성주의 목회상담의 제 유형 탐구."「한국기독교신학논총」19(2000), 413-438.

_____. "교회성장과 여성주의 목회상담."「목회와 상담」6(2005), 193-224.

_____. "한국 기독교 여성의 가족 경험에 관한 이론적 고찰."「목회와 상담」7(2005), 185-216.

최재락. "이혼과 여성상담."「기독교상담학회지」4(2002), 370-398.

푸루이저, 폴/이은규 옮김.『생의 진단자로서 목회자』. 서울: 동서남북, 2000.

힐트너, 시워드/민경배 옮김.『목회신학원론』. 서울: 대한기독교서회, 1968.

Boisen, Anton. *Vision from a Little Known Countries: A Boisen Reader*, ed. Glenn Asquith Jr. Journal of Pastoral Care Publication, 1992.

Brown, Laura. *Subversive Dialogues: Theory in Feminist Therapy*. N.Y.: Basic Books, 1994.

Browning, Donald. *Religious Thought and Modern Psychologies*. Philadelphia: Fortress Press, 1987.

Cannon, Kathie, et al. *God's Fierce Whimsy: Christian Feminism and Theological*

Education. Cleveland, OH: Pilgrim, 1985.

Chopp, Rebecca. *Saving Work: Feminist Practices of Theological Education.* Louisville, KY: Westminster John Knox Press, 1995.

Gerkin, Charles. *An Introduction to Pastoral Care.* Nashville: Abingdon Press, 1997.

Gilligan, Carol, Rogers, Annie, and Toman, Deborah, eds. *Women, Girls, andPsychotherapy: Reframing Resistance.* N.Y.: Harrington Park, 1991.

Glaz, Maxine, and Moessner, Joanne, eds. *Women in Travail and Transition: a New Pastoral Care.* Minneapolis: Fortress Press, 1991.

Jaggar, Alison. *Feminist Politics and Human Nature.* Totowa: Rowman & Allanheld, 1983.

Greenspan, Miriam. *A New Approach to Women and Therapy.* New York: McGraw−Hill, 1983.

Isasi-Diaz, Ada Maria. *Mujerista Theology: A Theology for the Twenty−First Century.* Maryknoll, New Yew: Orbis Books, 1996.

Lerner, Gerda. *The Creation of Patriarchy.* Oxford: Oxford Univ. Press, 1986.

Miller−McLemore, Bonnie and Gill-Austern, Brita, eds. *Feminist and Womanist Pastoral Theology.* Nashville: Abingdon Press, 1999.

Neuger, Christie, and Poling, James, eds. *The Care of Men.* Nashville : Abingdon Press, 1997.

Christie Neuger. *Counseling Women: a Pastoral, Narrative Approach.* Minneapolis: Augsburg Fortress, 2001.

―――. ed. *The Arts of Ministry: Feminist−Womanist Approaches.* Louisville, KY: Westminster John Knox Press, 1996.

―――. "Theology and Pastoral Counseling." *Journal of Pastoral Theology* 6(1996), pages unknown.

―――. "The Challenge of Abortion." In *Pastoral Care and Social Conflict: Essays in Honor of Charles V. Gerkin,* eds. Pamela D. Couture and Rodney J. Hunter. Nashville: Abingdon Press, 1995, 125−140.

―――. "A Feminist Perspective on Pastoral Counseling with Women." In *Clinical Handbook of Pastoral Counseling* 2, eds. Robert Wicks and Richard Parsons. New York: Paulist Press, 1993, 185−207.

―――. "No Longer Servants, But Friends." *Princeton Seminary Bulletin* 11(1990), 279−285.

Tillich, Paul. *Systematic Theology* 1. Chicago: The University of Chicago Press, 1951.

Tong, Rosemarie. *Feminist Thought: a Comprehensive Introduction.* Boulder, Colo.: Westview Press, 1989.

1) 이 논문은 한국목회상담학회에서 공동연구해 온 〈목회상담자 연구〉를 위해 준비되었었다. 이후 「한국기독교신학논총」 58(2008), 229-252에 발표했으며 본 논문은 이것을 일부 수정한 것이다.

2) Kathleen Greider, Gloria Johnson, and Kristen Leslie, "Three decades of Women Writing for Our Lives," in *Feminist and Womanist Pastoral Theology,* eds. Bonnie Miller-McLemore and Brita Gill-Austern (Nashville: Abingdon Press, 1999), 21-24.

3) 일반적으로 페미니즘이 백인 여성주의를 지칭한다면, 우머니스트 관점은 미국 흑인 페미니즘 혹은 유색인종 페미니즘을 말한다. 우머니스트 관점은 흑인신학과 백인 페미니즘에서 간과된 성차별과 계급 차별의 문제에 주목하여, 흑인과 유색인종 여성의 독특한 관점과 구체적 경험에의 반성을 강조한다. 누거가 페미니스트-우머니스트라는 입장을 취하는 것은 자신이 백인 중산층 여성의 여성주의자임을 인정하면서, 동시에 흑인 혹은 유색인종 여성주의의 입장을 옹호하고 지지함을 나타낸다고 할 수 있다. 다음을 참고하라. 레티 러셀, 샤논 클락슨 엮음/황애경 옮김, 『여성신학사전』 (서울: 이화여자대학교 출판부, 2003), 273-275.

4) 제임스 폴링과 함께 엮은 다음을 참고하라. Christie Neuger and James Poling, eds. *The Care of Men* (Nashville : Abingdon Press, 1997).

5) 다음을 참고하라. 신명숙, "여성성의 새로운 이해와 여성을 위한 목회상담," 「한국기독교신학논총」 21(2001), 342-372; 최재락, "이혼과 여성상담," 「기독교상담학회지」 4(2002), 370-398; 고영순, "폭력과 목회상담: 관계 사이에 흐르는 힘," 「목회와 상담」 4(2003), 123-155; 권희순, "중년여성의 위기에 대한 이해와 목회상담 및 목회돌봄-폐경기를 중심으로," 「신학과 세계」 51(2004), 273-297; 정소영, "기독교/목회상담의 정체성: 기독교 상담에 대한 한 여성주의 상담의 성찰: 진리가 자유케 하리라," 「기독교상담학회지」 7(2004), 286-312; 정희성, "여성주의 목회상담의 제 유형 탐구," 「한국기독교신학논총」 19(2000), 413-438; "교회성장과 여성주의 목회상담," 「목회와 상담」 6(2005), 193-224; "한국 기독교 여성의 가족 경험에 관한 이론적 고찰," 「목회와 상담」 7(2005), 185-216; 박성자, "용서와 목회상담: 부부관계와 용서--여성주의 목회상담의 관점에서," 「목회와 상담」 7(2005), 95-120.

6) Miriam Greenspan, *A New Approach to Women and Therapy* (N.Y.: McGraw-Hill, 1983), xx.

7) Christie Neuger, *Counseling Women: a Pastoral, Narrative Approach* (Minneapolis: Augsburg Fortress, 2001), ix.

8) Christie Neuger, "Pastoral Counseling as an Art of Personal Political Activism," in *The Arts of Ministry: Feminist−Womanist Approaches*, ed. Christie Neuger (Louisville, KY: Westminster John Knox Press, 1996), 89−90.

9) 앞의 책, 91.

10) Christie Neuger, "A Feminist Perspective on Pastoral Counseling with Women," in *Clinical Handbook of Pastoral Counseling*. vol. 2, eds. Robert Wicks and Richard Parsons (N.Y.: Paulist Press, 1993), 186.

11) 바로 이점이 누거가 드보라 훈징거(Deborah Hunsinger)의 새 저서를 비판하는 이유이다. 누거는 훈징거가 현대 목회신학에 많은 시사점을 줌에도 불구하고, 누거가 전거로 삼은 전통 심리학과 신학적 연구에 아무런 여성주의적 비판을 하지 않은 점, 또 거대 맥락인 문화와 목회상담의 연관성을 간과한 것을 비판한다. Christie. Neuger, "Theology and Pastoral Counseling," *Journal of Pastoral Theology* 6 (1996), pages unknown.

12) Neuger, *Clinical Handbook of Pastoral Counseling* (1993), 187.

13) Neuger, *The Arts of Ministry* (1996), 91−92.

14) 여성주의의 다양한 분류와 변천에 대해서는 다음의 글을 참고하라. Alison Jaggar, *Feminist Politics and Human Nature* (Totowa: Rowman & Allanheld, 1983); Rosemarie Tong, *Feminist Thought: a Comprehensive Introduction* (Boulder, Colo.: Westview Press, 1989); 조세핀 도노반/김익두, 이월영 옮김, 『페미니즘 이론』 (서울: 문예출판사, 1993).

15) Gerda Lerner, *The Creation of Patriarchy* (Oxford: Oxford Univ. Press, 1986), 239.

16) Rebecca Chopp, *Saving Work: Feminist Practices of Theological Education* (Louisville, KY: Westminster John Knox Press, 1995), 56.

17) Neuger, *The Arts of Ministry* (1996), 92.

18) 앞의 책, 93.

19) Laura Brown, *Subversive Dialogues: Theory in Feminist Therapy* (N.Y.: Basic Books, 1994), 23.

20) Anton Boisen, "The Challenge to Our Seminaries," in *Vision from a Little Known Countries: A Boisen Reader*, ed. Glenn Asquith, Jr. (Journal of Pastoral Care Publication, 1992), 23.

21) 다음을 참고하라. 찰스 거킨/안석모 옮김, 『살아있는 인간문서: 해석학적 목회상담학』 (서울: 한국 심리치료연구소, 1998); 시워드 힐트너/민경배 옮김, 『목회신학원론』 (서울: 대한기독교서회, 1968).

22) 다음을 참고하라. Joanne Moessner and Maxine Glaz, "The Psychology of Women and Pastoral Care" in *Women in Travail and Transition: a New Pastoral Care*, eds. Maxine Glaz and Joanne Moessner (Minneapolis, Fortress Press, 1991), 33–62.

23) 다음을 참고하라. Carol. W. Ali, "A Womanist Search for Sources," in *Feminist–Womanist Pastoral Theology*, eds. Bonnie Miller–McLemore and Brita Gill–Austern (Nashville: Abingdon Press, 1999), 57–61; Kathleen Billman, "Pastoral Care as an Art of Community," in *The Arts of Ministry: Feminist–Womanist Approaches*, ed. Christie Neuger (Louisville, KY: Westminster John Knox Press, 1996), 13.

24) Kathleen Greider, Gloria Johnson, and Kristen Leslie, *Feminist and Womanist Pastoral Theology* (1999), 34. 또한 *Through the Eyes of Women*에서 논의하는 다양한 여성관련 주제를 참고하라.

25) Christie Neuger, "Women and Relationality," in *Feminist and Womanist Pastoral Theology*, eds. Bonnie Miller–McLemore and Brita Gill–Austern (Nashville: Abingdon Press, 1999), 120.

26) Tong, *Feminist Thought* (1989), 217.

27) Neuger, *Feminist and Womanist Pastoral Theology* (1999), 120–121.

28) Neuger, *Counseling Women* (2001), 65–67.

29) Neuger, *Clinical Handbook of Pastoral Counseling* (1993), 188–200.

30) Neuger, *Counseling Women* (2001), 33.

31) 앞의 책.

32) 다음을 참고하라. Donald Browning, *Religious Thought and Modern Psychologies* (Philadelphia: Fortress Press, 1987), 15–16; Paul Tillich, *Systematic Theology,* Vol. 1 (Chicago: The University of Chicago Press, 1951), 60–61.

33) Neuger, *Counseling Women* (2001), 34–40.

34) 앞의 책, 41.

35) 여성주의 관점에서 알프레드 아들러 이론의 공헌에 대한 논의는 다음을 참고하라. Tong, Feminist *Thought* (1989), 147.

36) 이야기 치료와 구성주의에 관한 논의는 다음을 참고하라. 양유성, 『이야기치료: 이야기

를 통한 인간이해와 심리치료』 (서울: 학지사, 2004), 115-118.

37) Neuger, *Counseling Women* (2001), 56-63.

38) 앞의 책, 61-63.

39) 폴 푸루이저/ 이은규 옮김, 『생의 진단자로서 목회자』 (서울: 동서남북, 2000), 28-31.

40) Neuger, *Counseling Women* (2001), 48-52.

41) 앞의 책, 50-52.

42) 앞의 책, 52-56.

43) 같은 책의 한국말 번역본이 'God's kin-dom'을 하나님의 나라라고 번역했기 때문에 여기서도 그대로 따랐지만, 정확한 번역은 아니다. 왜냐하면 여기서 하나님의 나라의 영어원어가 'king-dom'이 아니고, 'kin-dom'인 것에 주의하라. 'king-dom'이 'king' 즉 '왕'과 연관된 개념으로 위계적이며 성차별적 세계관을 반영한다면, 'kin-dom'의 'kin'은 '친족'으로 하나님 가족 안에서 모두가 친족 같은 관계와 일상적 삶에 대해 강조한다. 즉 'kin-dom'은 하나님 나라에 대한 여성주의적 수정이다. 누거는 이와 같은 여성주의적 인식을 기초로 'God's kin-dom'을 사용한 것이 분명하다. 'God's kin-dom'에 관해서는 다음을 참고하라. Ada Maria Isasi-Diaz, *Mujerista Theology: A Theology for the Twenty-First Century* (Maryknoll, N.Y.: Orbis Books, 1996), 89.

44) Kathie Cannon, et al., *God's Fierce Whimsy: Christian Feminism and Theological Education* (Cleveland, OH: Pilgrim, 1985), 134; Susan B. Thistlethwaite, "Theological Language," in *Language about God in Liturgy and Scripture: A Study Guide*, ed. Barbara Withers (N.Y.: Geneva, 1980), 17, quoted in Neuger, *Counseling Women* (2001), 71-72.

45) Carol Gilligan, Annie Rogers, and Deborah Toman, eds. *Women, Girls, and Psychotherapy: Reframing Resistance.* (N.Y.: Harrington Park, 1991), 14; Ellyn. Kaschak, *Engendered Lives: A New Psychology of Women's Experience* (N.Y.: Basic, 1992), 89, quoted in Neuger, *Counseling Women* (2001), 75-76.

Chapter 17

바니 밀러-맥리모어
(Bonnie J. Miller-McLemore)

하 재 성

[고려신학대학원 교수]

I. 경력 및 학문적 배경

바니 밀러-맥리모어(Bonnie Miller-McLemore)교수는 현재 미국 테네시 주에 위치한 밴더빌트대학교(Vanderbilt University)의 목회신학과 상담 E. Rhodes and Leona B. Carpenter 석좌교수다. 목회신학과 실천신학자로서 밀러-맥리모어 교수의 주된 관심사는 목회 신학적 관점으로부터의 가족, 어린이와 자녀 양육, 여성주의적 관점에서의 여성의 돌봄, 그리고 인간의 질병과 삶과 죽음 등 일상생활의 경험과 일상의 영성에 관한 것들이다. 여성주의 목회신학자로서 밀러-맥리모어 교수는 특히 여성들이나 소수민족 등과 같이 권리나 권력에서 소외된 이들의 목소리를 대변하는 학문의 실천적 해방자로서의 역할을 강조한다.

1986년 시카고대학교(University of Chicago)에서 단 브라우닝(Don S. Browning)교수의 지도로 종교와 심리 분야 박사 학위를 받고 시카고신학대학원(Chicago Theological Seminary)에서 강의하기 시작하였다. 1995년에는 목회상담학의 권위자였던 리스튼 밀스(Liston O. Mills)교수의 뒤를 이어 밴더빌트대학교에서 가르치기 시작했고, 지금까지 많은 연구들을 통해 학문적으로 목회신학과 실천신학 분야에서 눈부신 공헌을 하였고 후학 양성에도 심혈을 기울이고 있다.

밀러–맥리모어는 일찍이 대학원 학생 시절에 병원 사역과 교회 사역의 훈련을 받았다. 그녀는 목회상담자로서 일했을 뿐만 아니라, 미국의 그리스도 교회 (Christian Church[그리스도의 제자 Disciples of Christ])의 목사로 안수 받았다. 그녀의 실천적이고 신학적인 관점은 이와 같이 병들고 갈등하는 영혼들과의 임상적 조우에서 비롯된 것이라고 할 수 있을 것이다. 목회신학과 실천신학을 위한 다양한 활동과 방대하고 탁월한 저술활동으로 2003년에 그녀는 밴더빌트대학교의 석좌교수가 되었으며, 2004년부터 2006년에 이르기까지 실천신학협회 (Association of Practical Theology)의 회장을 역임하기도 하였다. 국제적인 활동을 통해 여러 나라를 다니며 강의를 했으며, 2009–2011년 국제실천신학회 (International Academy of Practical Theology)의 회장직을 맡았다.

II. 살아있는 인간 망: 목회신학 패러다임의 전환

신학자로서 밀러–맥리모어의 대표적인 공헌은 목회신학의 패러다임 전환이다. 1990년대까지 목회상담 및 목회신학의 운동을 지속하게 했던 근간이 되는 메타포는 임상 목회 운동의 창시자였던 안톤 보이슨(Anton Boisen)이 주창했던 '살아있는 인간 문서'(living human document)였다. 밀러–맥리모어는 20세기 목회신학의 중추로서 역할을 해 왔던 이 메타포를 보다 확장 보완한 '살아있는 인간 망'(living human web)으로 전환하였다.

일찍이 보이슨 목사는 영혼을 치료하고 돌보아야 할 신학생들과 목회자들은 책으로만이 아닌 인간 자신을 살아있는 문서로서 연구가 되어야 한다는 것을 역설하였다. 그의 '살아있는 인간 문서'는 목회 신학의 방향과 연구의 방법론을 새롭게 제시한 중요한 패러다임의 전환을 가져왔다. 이는 20세기의 목회신학이 추구해야 할 방향이 책이 아닌 한 개인의 기억과 내면에 남아 있는 기록을 주목하고 연구해야 한다는 중요한 발상의 전환이었다.

'살아있는 인간 문서'는 보이슨 목사 자신이 정신 병동에 수용되었던 환자로서, 정신적 질병의 영적인 의미를 알지 못하는 의사들과, 그것의 의학적 측면에 무지한 목회자들 사이에서 겪었던 자신의 갈등에서 비롯되었다. 이와 같은 괴리를 극복하기 위하여 그는 1925년에 우스터(Worcester) 주립병원에서, 자신에게 임상 사례의 중요성을 가르쳐 준 리차드 캐봇(Richard Cabot)과 더불어 처음으로 임상 모임을 가지기 시작하였다. 이는 목회자들로 하여금 고통당하는 영혼들이 겪고 있는 갈등의 종교적, 신학적 측면을 함께 연구해야 한다는 뜻이었다.

임상목회 교육을 통해 보이슨 목사가 의도했던 것은 학생들이 정신병을 앓는 환자들을 '살아있는 인간 문서'로 여기고 그들이 경험하는 종교적 본성에 대하여 배우는 것이었다. 보이슨은 그들이 경험하는 질병과 회복이 종교적 경험의 본성을 밝히는 중요한 수단으로 여겼다. 이는 보이슨 목사가 자신의 질병을 통해 하나님과의 혼란스런 조우(encounter)를 경험하면서, 인과론에 붙들린 프로이트의 노력을 신뢰하기보다 좀 더 깊은 신학적 이해를 얻기 원했던 것이다. 따라서 보이슨의 메타포는 목회상담과 목회신학을 연구하는 이들을 위한 중요한 지침을 제시하는 대표적인 메타포가 되었다. 이는 임상목회와 목회신학의 주요한 안내판이었고, 목회신학자 찰스 거킨(Charles Gerkin)은 해석학적 관점에서 '살아있는 인간 문서'를 다시 고찰하였다.[1]

밀러-맥리모어의 '살아있는 인간 망'은 보이슨의 핵심적인 메타포를 이어받으면서도 내용과 범위에 있어서 매우 큰 변화를 가져왔다. 이제 더 이상 단수인 한 인간이 아니라 그를 둘러싼 상황(context) 속에서 전체적인 인간의 관계 및 인간을 둘러싼 생태적, 사회문화적 환경의 망을 연구의 대상으로 삼아야 한다는 것이었다. 따라서 그녀의 메타포는 한 인간을 연구하고 치유할 뿐만 아니라 인간관계의 환경을 전체적으로 연구하고 치유해야 함을 주장하고 있는 것이다.

개인주의적 미국 문화의 근간을 차지하는 교육학과 심리학에 있어서 전통적인 인간 양성의 목표가 자율적이고 독립적인 인간을 기르는 것이라 할 수 있다. 그러나 밀러-맥리모어의 '살아있는 인간 망'은 돌봄과 치유, 바람직한 양육에 있어서 상호 연결성 및 공동체성의 중요성을 본질적으로 인식하고 있다.

그렇다면 '살아있는 인간 망'에 대한 밀러-맥리모어의 원래 의도는 어떤 것이었을까? 그녀는 목회상담 훈련을 받고 학위를 받은 후 시카고신학대학원(Chicago Theological Seminary)에서 가르치기 시작할 때 자신이 받은 종교학적이고 심리학적인 교육으로 신학생들을 어떻게 가르치고 훈련시켜야 할지 많은 고민을 하였다. 흥미롭게도 보이슨 목사가 15년간이나 가르쳤던 곳이 시카고신학대학원이었다. 밀러-맥리모어는 자신의 신학을 통합적으로 설명할 수 있는 개념을 찾으려 하였고, 자신이 믿는 것에 대한 이해를 더 깊게 하고 자신의 참신한 신학적 체계를 세우려 했던 노력에서 망이라는 개념을 찾았다.

여기에서 망(web)이라는 개념은 일반적 기대와는 달리 사실은 거미줄을 말하는 것이 아니다. 만일 촘촘하고 정교하게 연결된 거미줄을 연상을 했다면 다소 실망할 수도 있겠지만, 밀러-맥리모어가 상상했던 것은 오히려 깨끗한 흑판에 그려진 3차원의 그물망이었다. 그녀는 과정신학(process theology)을 강의하는 교수가 입체적인 3차원의 망을 스케치한 것을 상상한 것이었다. 그것은 현실의 본질이 어떠한 것인가를 설명하고 전달하기 위해 서로 맞닿아 있는 현실들을 수없이 많은 상상력과 두터운 선으로 서로를 연결시키고 있는 것이었다.

'살아있는 인간 망'은 개개인에 대한 치료적 관점을 제한하는 것이 아니라, 사회과학적 자료를 사용함으로써 보다 광범위한 콘텍스트에로의 관심의 전환을 요청하는 것이다. 물론 목회상담과 심리치료에서는 그동안 개인에 대한 돌봄과 치유에 집중해 온 것이 사실이지만, 목회신학의 범주는 개인의 치료에만 관점을 제한시킬 수 없었다. 개인의 심리적 증상의 등장과 치료에 있어서 개인이 속한 전체적인 관계의 환경 자체가 매우 큰 영향을 미치는 것이 자명하기 때문이다.

'살아있는 인간 망'의 메타포가 등장한 후 목회 신학은 스스로의 시야와 연구의 터전을 넓힐 수 있는 계기를 마련하게 되었고, 특히 일군의 여성주의 목회 신학자들의 후속적인 연구들이 뒤를 이었다. 이와 같이 밀러-맥리모어와 뜻을 같이하는 여성주의 목회신학자들 가운데는 대표적으로 크리스티 누거(Christie Neuger), 캐리 도어링(Carrie Doehring), 파멜라 쿠쳐(Pamela Couture), 지니 스티븐슨-무스너(Jeanne Stevenson-Moessener), 맥신 글래즈(Maxine Glaz),

낸시 램지(Nancy Ramsay), 팸 쿠퍼-화이트(Pam Couper-White)등을 들 수 있다. 이들은 '살아있는 인간 망'의 패러다임에 기초하여 자녀, 가정, 가난, 폭력, 자존감, 여성의 우울증, 흑인 및 소수민족 여성 등에 대한 여성주의적 목회신학의 연구들을 진행해 오고 있다.

이들의 신학적 방법론의 공통점은 상황(context), 공동연구(collaboration), 다양성(diversity)에 대해 초점을 맞추는 것이다. 연구의 주제가 다양해 진 것은 사실이지만 다섯 가지 요소에 있어서 통일성을 가진 목회신학적 연구의 본보기가 되는데, 수정된 상호관계적 방법론(revised correlational method), 심리학적이고 문화적인 자료(psychological and cultural sources), 권력 분석(power analysis), 여성주의적 위치 설정(feminist positioning), 목회적 의도(pastoral intent) 등 바로 그것이다.[2]

III. 밀러-맥리모어의 목회신학방법론

1. 새로운 목회신학방법론의 추구

밀러-맥리모어의 "살아있는 인간 망"은 목회신학자와 상담자가 연구해야 할 대상에 대하여 말하고 있을 뿐만 아니라 동시에 신학 연구의 새로운 방법론을 제시하고 있다. 그것은 단순히 한 사람을 둘러싼 관계 망을 살피는 것뿐만 아니라, 관계 망의 저변을 형성하고 있는 문화와 차별적인 이데올로기를 분석할 것을 요청하기 때문이다. 그리고 목회 신학적 연구는 연구와 이해의 차원에만 머무르는 것이 아니라 한 영혼의 보호와 해방을 위한 급격한 사회 구조적 변화를 추구하기 때문이다.

여성주의 작가이자 운동가인 벨 훅스(bell hooks)와 더불어 밀러-맥리모어는 목회신학의 이론이 갈등과 고통의 현장에서 만들어져야 함을 견지한다. 이것은 한 개인의 관계적 환경으로서의 '망'(web)이 주관적인 존재로서의 인간이 가지는 정돈되지 않은 경험들을 포괄하여 신학적이고 치유적인 이론의 기초로 삼아야 함을 뜻한다. 심리학적으로 개인은 차별화(differentiation)나 개별화(individuation) 자체가 그 목적이 되지만, '살아있는 인간 망'을 새로운 신학적 주제로 삼은 밀러-맥리모어의 목회신학은 상호 연결성(connectivity)의 관점에서 인간의 경험을 포괄적으로 신학과 치유 속으로 포함하고 있다.

1950년대 이후 신학문의 총아로 등장한 목회상담 운동은 이제 더 이상 새로운 운동(movement)의 중심에 있지 않다. 미국목회상담협회(American Association of Pastoral Counselor)를 중심한 개인주의적 상담, 심리치료 모델로서의 목회 상담은 이제 미국에서 종교, 사회적으로 안정된 위치를 차지하고 있다. 그러나 신학자들 사이의 화두는 이제 개인 중심적이고 심리내적(intrapsychic) 범주를 넘어 보다 포괄적으로 개인 갈등의 현장과 개인의 관계망을 다루는 목회돌봄이 그 중심을 차지하게 된 것이다.

'살아있는 인간 망'은 그런 의미에서 여성주의의 철학을 따라 다분히 정치적인 성격을 가진다. 개인 치료의 한계에 대한 목회신학자들의 공감적 이해는 사회정치적, 정책적 변화를 지향한다. 이러한 관계 망은 개인주의 심리학이나 임상 상담으로는 이해할 수 없는 것이다.

우선 여성주의 목회 신학의 관점에서 '살아있는 인간 망'은 가부장적 사회 구조에 의해 고통당하는 여성들에 대한 학대나 사회적 성 역할에 대해 비판적인 관점을 가질 것을 요청한다. 그것은 한 사람의 성, 피부색, 나이, 신체적 능력이나 소유, 그 어떤 것이든 그것을 기준으로 사람의 계층을 나누는 이데올로기에 대한 비판적 분석을 요구한다. 이 메타포는 신학의 방법론과 더불어 신학의 실천적 방법을 제시하고 있는 것이다. 심리학의 범주는 개인의 연구에 머무르지만 목회신학의 치유적 범주는 사회적, 정치적, 종교적 상황을 포괄하는 것이다.

가난에 빠져들 수밖에 없는 이혼 여성의 경제적 문제는 심리 상담의 문제일 뿐만 아니라 정책 입안의 문제이다. 배우자의 폭력이나 위압에 의해 고통 받는 여성들에게는 이들 개개인의 상처 입은 영혼을 치유하는 것뿐만 아니라 이런 가족 구조를 암묵적으로 허용하는 가부장적 이데올로기의 폐해에 대해 침묵을 깨뜨리는 학문적, 행동적 실천이 필요하다.

따라서 '살아있는 인간 망'은 신학 서적을 읽듯 사람의 마음을 읽고 치료하는 것으로 완성되는 것이 아니다. 학문적으로는 사회학과 윤리학 및 공동의 정책에 대해 연구하고, 현실적으로는 감추어지거나 억눌린 목소리를 적극적으로 이론으로 끌어들여야 한다. 전인적 영혼 돌봄을 위해 관계적 환경을 변화시키고, 침묵하는 이들의 목소리를 적극적으로 학문 속에 끌어들임으로써 불이익 가운데 있는 이들이 힘의 북돋움(empowerment)에 참여하게 되는 것이 밀러-맥리모어가 '살아 있는 인간 망'을 통해 추구하는 바이다.

2. 두 가지 차원의 상호성

1) 신학과 사회과학의 비평적 상호성

밀러-맥리모어의 목회신학에서 자주 등장하는 중요한 용어의 하나가 상호성(mutuality 혹은 reciprocity)이다. 이 말의 용도는 크게 두 가지인데, 첫째는 신학과 사회과학의 관계를 정의할 때 사용할 때이고, 또 하나는 남편과 아내, 개인과 개인 사이의 주관적 관계성을 말할 때이다. 특히 전자는 신학과 인간의 심층적인 이해를 위해 사용하는 심리학을 비롯한 사회 과학의 관계를 지칭한다.

심리학을 인간 이해의 필수적 도구로 삼는 목회신학에서 사회과학적 학문 분야에 대한 목회 신학적 관계를 정의하는 것은 피할 수 없는 과제이다. 물론 이러한 관계를 정의하려는 다양한 연구들이 지금까지 있어 왔다. 하지만 때로 상대방의 존재를 제대로 인식하지 못하는 경우도 많고, 혹은 과대평가함으로써 학문적으로 적절하지 못한 결과들을 초래하기도 하였다.

이에 관하여 밀러-맥리모어는 신학이 다른 학문들의 관점에 대한 비평적 상호성(critical mutuality or reciprocity to other perspectives)[3]을 가져야 한다고 주장한다. 서로 다른 학제와의 사이에 상대 학문의 존재를 상호적으로 인식하되, 그 관계는 철저히 비평적이어야 한다는 것이다. 여기서 비평적이란 말은 상대방의 목소리에 귀를 기울이되 자기 자신의 주관적 혹은 본래적 관점을 포기하지 않는 것을 뜻한다.

밀러−맥리모어에 있어서 학제간의 비평적 상호성은 철저하게 포스트모더니즘적 사고에서 나온 것이다. 현대주의 내지 모더니즘적 사고에서는 주로 학문의 자기중심적이고 '순수 객관적인' 관점을 추구했다면, 포스터모더니즘적 사고는 다양한 관점들을 존중하면서도 자신의 관점과 선이해를 중요시한다고 말할 수 있다. 신학은 심리학이 가진 인간 내면의 통찰력을 존중하되 때로 심리학이 가진 궁극적이거나 윤리적인 가치 주장에 대해서는 신학 고유의 판단 기준을 가지고 분별해야 한다. 그리고 심리학은 신학이 가진 궁극적인 가치를 존중하되, 지나치게 이상적이고 비현실적인 종교적 기준에 대해서는 인간의 한계와 가능성을 심리학적으로 인식한 가운데 교정할 필요가 있다. 예를 들면 오직 자기를 비워 버림으로써 참된 아가페의 사랑을 할 수 있다고 믿는, 신학의 전통적이면서 비현실적인 기대에 대하여 심리학은 자기 존중이 얼마나 인간 존재에 필수적인지 지적할 수 있는 것이다.

밀러−맥리모어의 상호비평적 관계성은 시카고대학교의 신학자였던 데이빗 트레이시(David Tracy)의 수정된 상호관계적 방법(revised correlational method)에서 비롯된 것이다. 수정된 상호관계적 방법이란 폴 틸리히(Paul Tillich)가 대표적으로 사용하였던 상호 관계적 방법론(correlational method)을 수정한 것이다. 틸리히는 철학과 과학, 혹은 심리학과 같은 사회 문화적 실존에서 발생하는 의문들을 신학이 대답하는 식으로 자신의 신학을 전개하였다. 이에 비해 수정된 상호관계적 방법이란 신학이나 사회 과학 모두가 문제를 제기하고, 신학과 사회과학이 각각 자신의 답변을 제시하는 것이다.

밀러−맥리모어의 스승이었던 브라우닝 역시 트레이시의 방법론을 사용하여 신학자들이 심리학과 사회학을 사용함에 있어서 상호비평적 관계를 강조하였다. 목회신학에 있어서 심리학이나 사회학은 성서신학의 역사비평적 방법의 등장에 비견할 수 있을 것이다. 이러한 변화는 밀러−맥리모어를 비롯한 목회신학자들이 이제 더 이상 신학이나 어떤 특정한 학문이 인간과 사회 문제에 대한 모든 대답을 독점하고 있지 않음을 인정하는 것이다.

지난 반세기 이상 미국의 각 신학대학원에서는 임상심리학의 도움으로 목회상담학의 교육이 가능하였다. 심리학은 이미 현대 사회의 문화적 언어로 자리를 잡았고, 그 존재의 중요성을 부인할 수 없을 만큼 현대 다원주의적 사회의 인간 이해에 널리 사용되고 있다. 브라우닝은 이러한 사회 문화적 환경에서 신학은 심리학이 자리한 현대 사회와 대화를 해야 하고, 불가피하게 심리학을 비롯한 사회과학을 사용할 때는 대등하고 비평적인 관계로서의 수정된 상호 관계적 방법을 사용하게 됨을 인정했던 것이다.

특히 밀러-맥리모어는 목회 사역자들이 상담 기술에 능숙해져서 설교에서나 목회 현장에서 상담의 전문용어들을 남용하는 것을 경계한다. 목회 신학이 사회과학을 긍정적으로 수용해야 하겠지만 신학을 잃어버린 사회 과학의 수용은 비판을 받아 마땅하다. 목회자가 상담 테크닉을 더욱 의지하면서 신학 언어를 잃어버린다면 그것은 건강하지 못한 목회 사역이라고 그녀는 단언한다.

목회돌봄이나 치유는 신학적 중심 위에 세워져야 한다. 현대인들을 위해 명료하게 소개된 치유서적이나 상담 학습서들은 자칫 목회자의 신학적 진공상태를 초래할 수도 있기 때문이다. 치유는 개인 상담의 지평을 초월하여 교회 공동체 안에서의 다양한 활동 속에서도 지속적으로 나타나는 것이다.

물론 개인 상담을 통해 많은 사람들이 치료받아야 하는 것이 사실이지만,. 브라우닝의 지적과 같이 광범위한 돌봄의 상황에서 치유는 동시적으로 발생하기도 한다. 교회 안에서 자발적으로 이루어지는 다양한 모임들, 예를 들어 찬양대의 연습, 그룹별 성경공부, 혹은 선교회 모임에서 나타나는 대화나 교제는 이미 치료를 경험하는 과정이기도 하다. 이런 모임들이 비록 비공식적인 치유의 과정이라 하더라도 매우 포괄적인 돌봄이나 치유가 바로 여기에서 일어나는 것이다. 그렇다고 개인적인 심리 치료를 무의미하거나 쓸모없다고 말하는 것은 아니다. 하지만 그것이 모든 치유를 총괄하는 치료의 유일한 수단일 수는 없는 것이다.

밀러-맥리모어는 '살아있는 인간 망'의 목회 신학 방법론을 통해 목회 사역자들이 사회 과학을 긍정적으로 수용해야 함과 동시에 신학을 잃어버리고 심리학에 몰입하지 말 것을 권고한다. 신학적 진공은 결국 목회돌봄을 개인주의적이고 주관주의적인 방향으로 이끌어가기 마련이다. 따라서 비평적 상호관계는 목회 신학에서 신학을 상실하지 않으면서도 건강하고 균형 잡힌 관계를 설정하고 있는 것이다.

2) 인간관계의 상호성

밀러-맥리모어가 중시하는 상호성의 두 번째 의미는 인간관계의 상호성이다. 가부장적 문화가 지정한 불평등한 남녀관계는 이와 같은 상호성의 결핍의 결과이다. 상호성이 결핍된 관계 속에 있는 개인들은 자신의 목소리를 잃게 되고, 침묵 가운데 일방적인 희생을 강요당하기 쉽다.

밀러-맥리모어의 초기 저서인 *Also a Mother*에서 그녀는 아가페 사랑의 상호성에 대하여 논의한다. 부모가 자식에게 무조건적으로 베푸는 아가페적인 사랑 속에서도 이런 상호성을 발견할 수 있다. 인격적인 중요성에 있어서 부모와 자녀는 서로 동등할 뿐만 아니라, 무조건적으로 보이는 사랑의 관계 속에서도 사랑을 베푸는 부모가 자라나는 자녀로부터 받는 것이 있다는 것이다.

아가페 사랑의 상호성에 대하여 밀러-맥리모어는 크리스틴 구돌프(Christine Gudorf)의 경우를 들어 설명한다. 의학적으로 장애 진단을 받은 두 아이를 입양한 구돌프는 스스로 자신의 노력과 수고에 대해 자부심을 갖고 있었다. 더구나 그것은 자신이 가진 신앙적 가치로서의 아가페적인 사랑을 실현하는 것이었다.

하지만 구돌프는 곧 그 사랑이 일방적인 사랑이 아니라 상호적이고 쌍방간의 주고 받는 사랑인 것을 깨닫게 된다. 좀처럼 성장이 더딘 그 아이들이 어느 순간 엄마를 향해 웃어줄 때, 엄마가 주는 사랑에 대하여 반응을 보일 때, 엄마의 아가페적 사랑은 더욱 더 탄력을 받아 줄 수 있는 역량이 더 커진다는 것이었다. 이에 관하여 밀러-맥리모어는 다음과 같이 진술한다.

> 구돌프의 관찰이 말해 주듯, 사랑의 윤리적 역동은 지금까지 남성들 혹은 엄마가 아닌 [다른] 사람들의 이론이…이해하는 것 보다 훨씬 복잡하다. 그녀는 진정한 양육이 영웅적인 희생을 포함한다는 일반적인 전제에 대하여 의

문을 가진다... 이어서 기독교의 윤리 가운데 아가페 사랑의 이상에 대하여 질문한다... 돌프가 발견한 것처럼, "모든 사랑은 희생과 관련이 있음과 동시에 상호성을 지향한다."[4]

　상호성을 결핍한 사랑은 자칫 자기희생적인 모습을 가지면서도 정작 자신의 존재를 비워버리는 사랑이다. 현대 심리학이 통찰력 있게 제시하는 바와 같이 자신에 대한 공급이 없이는 무조건적으로 주는 사랑도 제한될 수밖에 없다. 비록 장애아를 기르는 고달픈 수고를 하더라도 그 아이로부터 되돌아오는 사랑이 부모에게 기쁨과 보상을 주는 것이다.

　사랑의 관계는 상호적인 관계이어야 한다. 만일 이런 상호성을 무시한다면 그 사랑은 자칫 일방적인 약탈의 관계로 귀결될 수도 있다. 자기를 비우기만 하는 희생을 종교적, 신앙적 명목으로 강요하면서, 자기 자신의 돌봄에 대하여 무관심하게 만들 수도 있기 때문이다. 특히 사회 문화적으로 여성이나 아이들, 혹은 일정한 인종이나 계층의 사람들에게 자신의 권리를 생각하지 않는 희생의 의무를 종교적 명분으로 부과하는 것은 정의롭지 못한 일이다. 그런 의미에서 밀러-맥리모어의 아가페의 개념은, 외면상 베푸는 자에 대한 관심을 요청하며 다소 계산적인 것처럼 보일 수는 있어도, 상호적 관계의 측면에서 볼 때 매우 현실적이며 윤리적이다.

　밀러-맥리모어는 그리스도의 아가페적 사랑 역시 상호적인 관계 속의 사랑으로 유지된다고 주장한다. 우리를 위하여 십자가에서 희생당하신 그리스도께서는 우리에게 아가페의 삶을 살도록 요청하신다. 그러나 우리의 아가페적 실천은 남에게 줌으로써 끝나버리는 것이 아니라 장차 천국에서 받게 될 영원한 상급에 대한 그리스도의 약속으로 이어지는 것이다. 사랑을 베푸는 자에게 하나님은 다시 상급으로 되돌려 주시기 때문이다.

　'살아있는 인간 망'의 메타포가 요청하는 것은 인간관계 속에서의 사랑의 상호성이다. 이것은 소외당하는 개인들의 반응과 목소리가 전달되어야 한다는 의미에서의 평등이다. 그것은 희생하는 이들의 수고에 대한 인식을 새롭게 하고, 일방적인 희생의 구조에 방치하지 않는 것을 뜻한다. 모든 종류의 사랑에는 희생적인 성격이 있지만 거기에는 반드시 상호성이 있어야 한다.

그런 의미에서 가정에서 일하는 여성들의 자기-희생(self-sacrifice)에는 일정한 보상이 있어야 함을 밀러-맥리모어는 지적한다. 그녀는 엄마나 아내의 수고에 대하여 모성과 돌봄의 본성으로 당연히 해야 하는 희생이라고 치부해 버리는 것에 대해 의구심을 가진다. 자기희생의 가치를 부적절하게 고양시키면서 여성 스스로도 그런 구조적 틀 속에 갇히게 되고, 여성의 존재가 타인을 위해 일방적으로 이용되는 도구가 될 수 있기 때문이다.

밀러-맥리모어는 건강한 상호성의 원리를 추구하면서, 심지어 그것이 교회의 전통이라 할지라도 그릇된 해석에 의문을 갖는다. 그것을 '의심의 해석학'(hermeneutics of suspicion)이라 부른다. 물론 이는 여성주의 목회 신학자들이 함께 공유하는 비평적 방법에서 비롯된 것이다.

더 나아가, 여성들에게 '좋은 여성' 혹은 '좋은 엄마'라는 자기희생적 사랑의 특성을 부여하면서도 이처럼 그릇되게 여성을 이용하는 것으로 해석하는 교회 전통은 하나님의 창조 질서를 어기고 있는 것이다. 이는 많은 사람들을 넘어뜨리고 복음의 질서를 왜곡하고 있다. 여성들의 수고를 부인하고 사랑의 상호성을 박탈해버리는 잘못된 신학은 자기 이해에 대한 심리학적 통찰력으로부터 일정한 교정을 받을 필요가 있다.

어떤 종류의 사랑이든 거기에는 희생과 상호성이 요구된다고 밀러-맥리모어는 주장한다. 자녀를 키우는 일에 있어서도 부모와 자녀는 상호적인 관계를 유지해야 한다. 물론 부모가 사랑으로 자녀들을 위해 희생하는 것도 사실이지만, 아직 성숙하지 못한 아이들로 하여금 부모의 욕구를 성취하도록 강요해서는 안 된다는 것이 그녀의 지론이다. 아이의 존재를 인식하되 강제적으로 요구받는다는 느낌을 받지 않도록 상호성에 근거하여 부모가 변해야 하는 것이 사실이다.

물론 아이를 강요하지 않는다는 것이 위계질서나 훈계를 버리라는 뜻이 아니다. 밀러-맥리모어가 자신의 세 아들들을 양육할 때도 엄마 아빠와 아이들 사이에는 서로간의 구별된 권위와 역할이 있음을 분명하게 하였다. 한 번은 가정의 둥

근 식탁에 아이들과 함께 온 가족이 둘러앉았는데, 엄마와 아빠의 의자에만 팔걸이가 있었다. 아들들 가운데 하나가 이의를 제기하였다. 이에 대하여 엄마로서 밀러-맥리모어는 아이들에게 하나님이 주신 부모의 특권과 역할에 대하여 분명히 설명함으로써 자녀와 구별된 위치를 구별하였다.

그녀는 이것을 '일시적 불평등'이라는 말로 설명한다. 이는 말 그대로 부모와 자녀 사이의 불평등하게 보이는 질서가 임시적이고 혹은 전환기적인 위계질서로서 자녀 양육에 있어서 필수적이라는 것이다. 부모가 가진 권력이나 권위, 혹은 지식과 책임이 진정한 상호성을 지향해 가는 가운데 아이들을 위해 임시적인 불평등을 허용해야 한다는 것이다. 이러한 불평등이 필요한 이유는 부모가 아이들을 이해하고 공감하며 받아 주는 것이 양육의 본질이면서도 동시에 아이들의 인생을 '형성'(shape)해야 하는 책임을 지고 있기 때문이다. 아이들이 부모를 의지하고 있는 동안 부모는 권위를 가져야 하고, 아이의 성장에 따라 그 권위의 행사는 보다 유연하게 변화되어야 한다.

가족 혹은 인간관계에 있어서 이러한 상호성의 가치는 그녀의 스승인 브라우닝의 입장과 일치한다. 전통적인 해석과는 달리 브라우닝은 "이웃을 네 자신과 같이 사랑하라"는 말씀이야말로 매우 차원 높은 윤리적 상호성을 요구한다고 주장한다. 왜냐하면 이웃에 대한 아가페적 사랑은 쉼 없는 자기희생이 아니라 자신과 이웃, 서로를 존중하는 평등한 관계이기 때문이다.

브라우닝 역시 부모의 지도력이나 판단력을 자녀 양육과 상호적 사랑에서 매우 중요한 것으로 여긴다. 상호성의 윤리를 지킨다고 해서 부모가 아이들을 무조건 이해해 줄 수만은 없기 때문이다. 하지만 그 윤리가 가족의 중심적 위치를 차지하고 있을 때 부모들은 비로소 자녀들을 성숙한 상호성으로 자라게 할 수 있기 때문이다.

이러한 상호성이 유지되기 위해서는 침묵을 깨뜨림으로써 불평등한 구조를 드러내는 지속적인 노력이 필요하다. 왜냐하면 침묵은 정의롭지 못한 관계와 구조를 지속시키는 경향이 있기 때문이다. 사회적으로는 여성들이 자신들의 목소리를 내지 못한 채 침묵을 하는 경향이 있고, 가정에서는 권위주의적인 부모 아래에서 아이들의 침묵이 지속될 수도 있다. 이렇게 구조화된 침묵을 깨뜨리는 것이 곧 정의롭지 못한 학대의 권력을 견제하는 길이 될 것이다.

클렙쉬(William A. Clebsch)와 재클(Charles R. Jaekle)이 제시했던 목회 신학에서 전통적 덕목이 곧 치유(healing), 지지(sustaining), 안내(guiding), 화해(reconciling)였다.[5] 이에 대하여 밀러-맥리모어는 압제당하는 영혼들에게 자유를 주고 인간과 인간의 관계를 보다 상호적으로 실현하게 하는 네 가지의 덕목으로 대치하였다. 그것이 바로 저항(resisting), 해방(liberating), 양육(nurturing), 그리고 힘 북돋아 주기(empowering)이다.[6] 그녀는 이 같은 덕목을 통해 '살아있는 인간 망'이 제시하는 평등과 상호성의 원리를 실현하기를 기대하고 있다. 하나님의 창조와 구속을 통해 사랑받는 백성들이 구조적 불평등의 망이나 환경에서 벗어나 새롭고 전인적인 생명으로 회복되는 것이 곧 그녀가 바라는 상호성의 궁극적인 의미라고 할 수 있을 것이다.

3. 신학의 실천성과 성직 패러다임

브라우닝은 목회신학자이자 실천신학자로서 모든 신학의 이론들은 처음부터 끝까지 시종 실천성을 가지고 있다고 역설한다. 그의 저서 *A Fundamental Practical Theology*에서[7] 브라우닝은 포스트모더니즘 시대의 대표적인 실천철학자인 가다머(Hans G. Gadamer)의 사상을 따라 모든 이론의 시작은 실천임을 주장한다. 가다머의 실천적 방법론은 객관적 지식의 문제가 아닌 인간의 경험과 주관적 편견조차 인간 오성과 해석학의 영역 포함시킨다.

이에 따라 브라우닝은 이론이 실천과 구별된다는 통념을 거부하고, 또한 모든 실천에는 이론이 자리하고 있음을 명시하고 있다. 이는 곧 실천에서 이론이 등장하며, 이론은 다시 실천을 지향한다는 뜻이고, 실천은 이론을, 이론은 실천을 담지하고 있음을 주장하는 것이다. 미국의 실천신학회를 세우고 이끌어 왔던 그는 모든 신학에 실천이 포함되어 있고, 실천은 신학을 뒤에 혹은 안에 포함하고 있다고 말한다.

밀러-맥리모어가 브라우닝과 더불어 마지막으로 편집한 책 *Children and Childhood in American Religions*에서는 가다머의 해석학적 철학을 통한 문화적 자기 해석과 자기 이해를 시도하고 있음을 밝히고 있다. 브라우닝과 밀러-맥리모어는 이론에서 실천이 나온다는 전통적 관점에 의문을 제기한다. 전통적 관점에서 실천신학이란 목회자들에게 배운 신학을 적용하고, 목회적 노하우를 전수하는 정도로 생각해 왔다. 이것을 밴더빌트대학교의 에드워드 팔리(Edward Farley)는 성직 패러다임(clerical paradigm)이라 명명하였다. 이는 곧 이론에서 실천으로, 신학에서 목회적 노하우를 창출하는 것이라 생각한 것이다.

그러나 밀러-맥리모어에 있어서 실천신학이란 이론의 단순한 적용 그 이상이다. 그녀에게 실천신학이란 단순히 "목회자의 노하우에 대한 것이 아니라 회중과 사회 전체 가운데서 현시대의 문제와 기독교 복음에 대하여 신학적으로 참여(engagement)하는 것을 말한다."[8] 성직 패러다임에 제한된 사람들은 실천신학을 응용의 신학이라 여기고, 경험과 실천을 배제한다. 그러나 실천신학이란 인식 안에서 논리적으로 정돈되어야 하는 것이 아니라 오히려 밀러-맥리모어의 시도와 같이 신학이 실천 안으로 들어오고, 현실 해석에 있어서 신학이 참여함으로써 실천과 이론의 이원화를 극복한 통합을 추구하는 것이다.

밀러-맥리모어는 신학이 매일의 일상적인 경험들을 다루어야 한다고 주장한다. 여기서 일상적인 경험이란 개개인이 매일 부딪치는 갈등과 고난으로 얽힌 복잡한 현실을 의미한다. 모든 신학이 실천적이어야 하는 이유는 개인의 특수한 경험들과 정돈되지 않은 개별적인 사정들을 함께 다루어야 하기 때문이다. 더 나아가 사회 문화적이거나 정치적인 문제들을 신학적인 입장에서 적극적으로 다룰 수 있어야 한다. 만일 성직 패러다임에만 매여 있다면 이는 목회자들을 사회 정의의 이슈로부터 소외된 존재로 만들 것이기 때문이다.

밀러-맥리모어에 따르면 성직 패러다임이 미국에 있는 여러 대학으로부터의 신학 연구의 추방을 가져왔다고 주장한다. 사실 그녀가 속한 그리스도 교회는 대학에 속한 신학교에서 진보적으로 발전한 신학을 교단의 중요한 교리로 삼고 있다. 그런데 대학교는 주로 명료한 이론들과 정확한 지식 체계를 강조하기 때문에 실천적 지식의 패러다임을 배척하게 된 것이다. 하지만 '살아있는 인간 망'이 담지한 목회 신학의 실천성은 비평적이고 학문적인 사고와 창의적인 신학적 가치의 실현을 추구한다.

밀러-맥리모어는 삶의 구체적인 실천을 신학의 일부로 포용적으로 받아들인다. 예를 들어 그녀가 *Let the Children Come*를 집필하면서 그 책이 실천신학적 노력의 산물인 것을 공공연히 선언한다. 어린 아이들에 대한 실천신학적 지식이란 경험과 실천에서 생긴 지식들에서 시작하는 것이다.

2007년에 출판한 *In the Midst of Chaos*에서는 자신의 목회 신학의 실천적 방법론에 대하여 훨씬 구체적으로 천명한다. 그것은 다른 이들로 하여금 삶의 구체적인 현장에서 자신의 믿음에 관하여 신학적으로 말할 수 있게 하기 위해서이다. 다시 말하면 일반 신학자들이 전혀 신학이라고 말하지 않는 구체적인 삶의 현장에서의 이야기들을 그녀는 신학이 논의되는 현장으로 생각하였던 것이다. 이런 구체적인 상태에서 상호적 사랑을 통해 하나님의 사랑을 이야기하는 것은 말 그대로 경험 친화적인 신학적 논의가 되는 것이다.

따라서 그녀가 쓴 책에는 학문성을 유지하면서도 자신의 일상적인 자녀 양육 에피소드들을 필요에 따라 삽입하고, 그것을 또한 신학적으로 논의한다. 그것은 곧 '살아있는 인간 문서'를 경험-친화적으로 읽음으로써 '살아있는 인간 망'을 이해하는 길이기도 하다. 구체적인 삶의 경험이 그녀에게는 매우 중요한 신학의 자료와 내용이 되는 것이다.

밀러-맥리모어는 삶의 구체성을 기술함에 있어서 인류학자 클리포드 기어츠(Clifford Geertz)가 사용하였던 심층묘사(thick description)의 방법을 도입하여 사용한다. 이것은 삶의 현장에서 발생하는 갈등의 면밀한 부분들을 다각도로 분석하는 것을 뜻한다. 그녀의 실천신학적 방법론에는 현장과 실천이 필수적이다. 특별히 '살아있는 인간 망'의 관점에서 볼 때, 여성주의 목회신학자로서 그녀는 압제 당하는 여성들이나 사회 소수인종 혹은 계층의 사람들의 목소리를 주의 깊게 경청하고, 그들의 실제 경험과 상황을 이론화 하는 것이 곧 그녀의 실천 중심적 신학 방법론의 중요한 목적 가운데 하나이다.

4. 목회신학에서의 여성주의

    밀러-맥리모어가 자주 인용하는 저명한 여성학자가 바로 흑인 저술가이자 운동가인 벨 훅스(bell hooks)이다. 벨 훅스는 고통과 갈등의 현장에서 이론이 만들어 져야 함을 주장하는 실천적 작가이자 행동가이다. 벨 훅스는 여성주의를 이론적 논의가 아닌 변화를 위한 정치적 운동으로 해석함으로써, 여성주의가 변화를 가져오고 압제를 종식하는 투쟁이어야 함을 주장한다.

    밀러-맥리모어의 '살아있는 인간 망'은 이와 같은 여성주의적 가치관에 긴밀하게 헌신되어 있다. 관념적인 이론으로부터 만들어진 새로운 이론이 아니라, 고통과 갈등의 현장에서 만들어진 실천적 이론을 추구한다. 이는 논리적 일관성을 위해 고난의 현실과 신앙의 주관성을 멀리하려는 전통적인 신학의 방법론과 매우 구별되는 신학 방법론이다.

    여성주의에서 비롯된 밀러-맥리모어의 목회 신학은 순수한 객관성을 추구하거나 논리적인 완성도를 지향하지 않는다. 외려 자신의 주관성과 편견에서 비롯된 기호의 측정을 매우 중요한 도구로 여긴다. 보다 광범위한 삶의 콘텍스트에서 정의를 추구하며, 고난당하는 이들에 대한 긍휼의 반응을 보여주는 일을 목회 신학의 직접적인 방법론이라고 여긴다.

    실제로 밀러-맥리모어 교수를 만난 많은 사람들은 입을 모아 한 목소리로 그녀의 친근함과 포용력에 대하여 이야기한다. 학자로서의 탁월성과 전문적인 지식의 소유자임에도 불구하고 자기 곁에 있는 자칫 소외되기 쉬운 소수 민족 한 사람까지 직접 챙기고 대화하려는 장면을 어렵지 않게 보게 된다. 말 그대로 그녀는 자신의 생각과 신념을 그대로 실현하는 학자라고 해도 과언이 아닐 것이다. 특히 고난당하는 사람들에 대한 그녀의 긍휼의 태도는 6년간 그녀를 직접 대면하며 지도를 받았던 필자의 입장에서 볼 때 매우 진실한 것이었다. 그녀는 자신의 여성주의 목회신학이 지향하는 고난당하는 자들에 대한 긍휼에 대하여 가르칠 뿐만 아니라 그것을 친히 실행하는 사람이다.

    보다 넓은 문화적 콘텍스트에 대한 밀러-맥리모어의 여성주의적 관심은 그녀가 인정하는 대로 해방주의적 관점에서 비롯되었다. 여기서 말하는 해방주의적 관점이란 곧 "침묵을 깨고, 선지자적 행동을 주장하며, 압제당하는 자들을 해방시키려는" 관점을 지속적으로 유지하는 것을 말한다.[9] 그런 면에서 여성주의 목회 신학은 새로운 임무를 부여받았다고 할 수 있을 것이다. 즉 '살아있는 인간 망'의 이해를 기초로, 불평등과 압제를 구조화, 지속화 시키려는 사회 문화적 권력 주체에 대하여 정의를 외치는 것이다. 여성주의 목회신학은 가부장적 이데올로기나 사회 문화적 구조, 개인주의와 자존감, 물질주의와 이성주의 등에 대한 정의를 요청한다.

밀러–맥리모어는 벨 훅스와 같이 여성주의가 정치적 성격을 가지고 있다는 것에 동의한다. 자신이 처한 시대를 포스트모더니즘의 해체시기로 인식하고, 상호적 대화를 통해 재건을 추구하는 것이 이 두 사람의 공통점이라 할 수 있을 것이다. 앞서 설명한 밀러–맥리모어의 상호성은 서구 중심적 모더니즘이 가진 사상적 헤게모니에 대한 도전을 의미한다. 하나의 관점이 모든 지식과 이해를 독점하는 일방적인 독점이 아니라 중앙의 주된 권력으로부터 소외된 가장자리에 있는 사람들의 목소리와 그들의 다양한 관점을 학문적 활동 속에 초청하여 들이는 것이 곧 여성주의적 목회 신학이 지향하는 근본적인 철학이다. 밀러–맥리모어의 여성주의에서의 상호성은 특권이 어느 특정한 사람들의 것–어떤 계층이나 혹은 어떤 성별의 사람들이라는 것까지 철저히 배제한다.

20세기의 전통적 목회 상담은 심리치료적 전통에서 비롯된 심리내적(intrapsychic) 치료였지만, 여성주의 목회 신학에서는 개인의 심리 분석을 넘어 인간의 관계적인 망을 다룬다. 한 사람의 고통은 사회 문화적, 심리 종교적 차원에 걸쳐 있다. 특히 소수에 속한 사람의 고통에 귀를 기울이고, 그들의 존재를 막는 방해물에 대하여 저항한다. 2003년도에 출판한 자신의 책의 제목을 *Let the Little Children Come!*이라고 하는 예수님의 목소리로 대신함으로써, 수용을 방해하는 이들에 대한 그녀의 저항적 태도는 명확히 드러난다. 그녀는 권리를 박탈당한 소수의 사람들을 오히려 신학의 주체로 여기고 그들의 권리와 목소리를 적극적으로 방어한다.

더 나아가 남을 돌보는 주체라 하더라도 돌봄을 받는 이들을 수동적인 대상으로만 생각하는 것에 대해 경계한다. 예를 들어 옥스버거(David Augsburger)의 *Pastoral Counseling across Cultures*에 등장하는 초문화적 공감(interpathy)의 개념에 대한 그녀의 태도에서 우리는 그녀가 얼마나 철저하게 관계의 상호성을 적용하는지 볼 수 있다. 그녀에 따르면 초문화적 공감의 개념은 자칫 돌봄의 대상이 되는 제2의 당사자를 주체가 아닌 객체로 여길 위험성을 내포하고 있다. 돌봄을 베푸는 사람의 문화가 돌봄을 받는 사람의 문화를 수동적이거나 구조적으로 케어를 받기만 하는 존재인 것처럼 생각하는 것은 힘 있는 문화의 일방적인 태도를 보여 주는 것이다.

여성주의는 다른 이론가들이나 신학자들이 보지 못하는 것들, 즉 압제하는 자들이 압제 당하는 자들에 대해 가지는 "왜곡된 사고와 염증의 감정, 폭력, 두려움, 혐오"등을 분별하고 있는 것이다.[10] 예를 들어 성적학대의 희생자가 된 여성에 대하여 목회자나 상담자가 공감을 제대로 하지 못해서 문제가 생기는 경우도 많지만, 거꾸로 지나치게 공감함으로써 내담자가 예상하지 못한 불편한 마음을 일으킬 수도 있다. 여성주의 목회 신학자들이 추구하는 상대방에 대한 깊은 이해와 존중이 없는 일방적인 공감은 외려 개인과 공동체에 더 큰 해를 끼칠 수도 있다.

살아있는 인간 망이 말하는 당사자간의 매우 철저하고 근본적이며 평등한 상호성을 존중하고 유지하기 위해 밀러-맥리모어는 다른 전통이나 이야기들에 대하여 열린 자세를 가지고 있다. 이런 이야기들이 목회 신학의 발달에 어떤 공헌을 할 수 있을지에 대해서도 열린 기대를 가지고 있다. 지금까지 간과되어 온 이들의 목소리가 지금껏 감추어왔던 비밀스러운 부분에 이르기까지 드러나도록 하는 것이 여성주의 목회 신학의 중요한 목표이기 때문이다.

침묵을 제거하는 것은 밀러-맥리모어의 목회 신학 형성에 중요한 방법을 이룬다면, 그것은 고통당하는 이들의 침묵뿐만 아니라 학자들 사이에서조차 이루어지는 형태의 침묵들까지도 깨뜨려야 한다. 현대 기독교가 부유한 사람들의 삶의 방식에 그저 침묵하고 순응하기만 하는 것은 비판을 받아 마땅하다.

여성주의적 통찰력이 말하듯 밀러-맥리모어는 목회신학 혹은 실천신학이 잘

정돈되거나 깔끔한 이론의 세계가 아님을 직시한다. 아울러 상처 치료의 현장과 이론 형성의 학문적 세계는 함께 관계의 망을 자아가야 한다고 주장한다. 이를 위해 밀러-맥리모어는 성경을 다시 읽고(re-reading), 전통적인 신학을 다시 점검하려고 시도한다. 물론 그녀의 성경 다시 읽기가 성경을 읽는 다른 사람들과의 동일한 신학적 입장을 말한다고 할 수는 없다. 왜냐하면 Church of Christ (Disciples)의 목사답게 그녀는 문제의 출발점을 현대의 문화적, 학문적 인간 이해로 잡고 있기 때문이다.

Ⅳ. 치료와 회복의 자원

밀러-맥리모어 교수는 문제를 제기하고 비판하는 것을 학문 활동의 본질의 일부로 생각하지만, 동시에 대안과 자원을 마련하지 못하는 비판은 유익하지 않다고 생각한다. 한 번은 필자가 그녀의 강의 조교(Teaching Fellow)로 일하면서, 해당 과목 학생들에게 목회자의 성적 탈선에 대해 강의할 기회가 있었다. 강의 준비 과정에서 밀러-맥리모어 교수가 지속적으로 강조했던 것이 목회자 탈선의 문제를 예방 내지 치료할 수 있는 자원(resources)이 무엇인가 하는 점이었다. 문제 제기와 실태 비판이 전부가 아니라는 것이다.

포스트모더니즘이 모더니즘적 지식에 대한 해체에서 비롯된 것이지만, 문제에 대한 건설적인 대안을 제시하지 못한다면 그것은 무의미한 지식활동이 될 것이다. 제기된 문제에 대한 대안과 그 대안을 실현할 수 있는 자원을 제시하는 것이야말로 그녀가 재구성(reconstruction)하고자 하는 학문적 활동의 중요한 목적이다. 정당하게 회의하고 합리적으로 비판하되 결국에는 아무것도 남지 않는 허무주의적 비판을 허용하지 않는다는 말이다.

예를 들어 그녀는 전통적인 기독교와 신학에 포함되어 있는 가부장적인 요소들을 비판적으로 인식하고 있다. 그렇지만 그녀의 신학은 급진적인 여성주의 신학자들과 뚜렷하게 구별되며, 말 그대로 회의를 위한 회의로 끝나지 않는다. 가정의 변화와 사회문화적 정신의 교정에 대해 말할 때 그녀는 성경과 신학에서 궁극적인 자원들을 재발견하려고 한다.

예를 들어 여성학자 로즈메리 루터(Rosemary Ruether)는 가부장적인 가족 제도는 다시는 이 땅에서 존재하지 않아야 한다고 주장했다. 밀러-맥리모어는 그런 루터의 비판은 이해할 수 있지만 그리스도인들의 건강한 가정에 대하여 대안을 제시하지 못한 것을 비판한다. 밀러-맥리모어의 저서 *Also a Mother*를 통해 보듯, 그녀는 가부장적 문화가 지정해 주는 성 역할에 그리스도인들, 특히 여성들이 순응만 할 것이 아니라, 자신의 목소리를 찾고, 가족 서로간의 상호성과 평등을 회복할 것을 요청한다.

밀러-맥리모어의 '살아있는 인간 망' 은 매우 철저한 비평의 틀 위에서 행동과 실천을 요청한다. 교회 안에서조차 의문을 제기하지 않았던 가부장적 사회 문화의 구조들을 비판하되 역시 유대-기독교 전통에서 비롯된 성경에서 그 회복의 자원을 찾는다. 성경과 신학에는 연약한 자들을 격려 하는 영적 자원들이 있고, 남자와 여자 모두가 동일한 하나님의 형상으로 지음 받았음을 재확인하는 것이 성차별에 대한 궁극적인 대답이 되는 것이다. 다만 가부장적으로 덧입혀진 전통적인 교리들에 대해서는 소외된 개인과 계층들에 대하여 더 민감한 체계로 재정의할 것을 밀러-맥리모어는 주장한다.

이러한 신학적 자원을 재발견하기 위해 성경과 신학 전통에 대한 새로운 독서와 사랑이 필요하다. 그녀가 기독교 신학 안에서 활용 가능한 공리적 모델을 추구하는 이유는 분명하다. 비록 성경적 관점이 가부장적 문화의 영향을 받았고, 남성 중심의 이야기들과 상징들이 존재한다 하더라도, 영혼을 돌보고 치유하려 했던 기독교적 전통 자체가 영혼들을 위한 중요한 격려의 자원이 되었기 때문이다.

밀러-맥리모어의 어린이 연구에 따르면 어린 아이들의 권리에 대한 것도 여타의 여성주의자들이 아닌 여성주의 신학자들이 훨씬 큰 역할을 해왔음을 인정한다. 일반 여성주의자들이 모성에 대하여 관심을 갖기 훨씬 전부터 여성주의 신학자들은 관심을 가져왔기 때문이다. 아이들의 욕구를 무시하는 부모들에 대해 고발한 것으로 유명한 *The Drama of the Gifted Child* (1979)의 저자 앨리스 밀러

(Alice Miller)는 설교와 기독교적 영성에 대하여 상처를 덧입히는 행동이라고 외려 비판한다. 그러나 밀러-맥리모어는 그녀의 이러한 태도에 대하여 "기독교 신학이 도덕적 완성이나 정죄의 측면에서 잘못을 저질러 왔다면, 심리학은 도덕적 순진성의 측면에서 오류를 범하고 있다"고 날카롭게 지적한다. 밀러-맥리모어에게 있어서 궁극적인 문제 판단의 기준은 신학이다. 그녀에게 있어서 신학이야말로 심리학적 지식과 인간 이해력의 한계를 분별하고, 심리학적 인과론을 초월하는 영적이고 인격적인 궁극적 변화의 자원이기 때문이다.

V. 밀러 – 맥리모어와 한국의 목회신학

밀러-맥리모어의 주요 논문들을 읽으면 우선 그 논리성과 포괄성에 압도된다. 독서에 대한 그녀의 열정을 반영하듯 그녀의 글들은 여러 다른 학제들을 오가며 방대하면서도 깊이 있는 내용을 포함하고 있다. 다양한 학자들의 흩어진 이론과 자료들을 모아 독자들이 쉽게 이해할 수 있도록 분류하고, 그에 기초하여 새로운 이론을 정립하는데 탁월한 재능을 가지고 있음을 부인할 수 없다.

밀러-맥리모어가 심리학을 비롯한 여타 사회 과학에 깊은 이해가 있음에도 불구하고 목회 신학의 신학적 정체성에 가장 큰 주안점을 두고 지속적으로 그 정체성을 찾아가려는 선구적인 노력을 계속적으로 해 나가고 있다. 특히 심리학자들이 심리학 이론에 대한 과도한 신뢰를 보내거나 인간에 대한 낙관적이고 결정론적인 모습들에 대하여 그녀는 자신이 의도한 상호적 방법을 통해 현실적이고 신학적인 비평을 가한다.

신학적인 자기 정체성을 가지고 사회 과학에 대한 비평적 태도를 지속적으로 유지하는 그녀의 태도는 자칫 심리학에 스스로의 정체성을 잃어버리기 쉬운 한국 목회신학계에 매우 중요한 도전을 던진다. 그것은 곧 목회신학에 있어서 심리학적 자원을 아무런 비판 없이 받아들여서는 안 되며, 그 판단의 기준은 철저히 신학적인 기초에 두어야 한다는 것이다. 그녀는 신학적 중심에서 조금도 흔들리지 않는 일관된 방법론을 견지한다. 이것은 프로이트적 논리적 완결성으로 지적인 호기심을 불러일으키는 심리학적 해석에 대해서는 감탄해 마지않으면서도 그 과정에 신학의 개입을 부자연스럽게 여기는 한국의 여러 기독교 상담자들에게 중요한 도전을 준다.

비록 신학적인 성향에 있어서 한국교회의 주류 신학과 다소의 차이점이 있다 하더라도 밀러-맥리모어의 해방적 메시지는 한국의 목회 신학자들과 목회자들이 고통당하는 영혼들의 해방과 치유를 생각한다면 반드시 주목해야 할 부분들이다. 때로는 철저하게, 때로는 예민하게 권리를 박탈당한 이들의 권리를 위해 목청을 높이는 밀러-맥리모어의 열정은 목회 신학이 책상의 신학이 아닌 삶의 신학인 것을 여실히 보여준다.

이민자 가정이 늘어나고 사회의 소수 민족들이 다양한 모양으로 한국 사회에 뿌리를 내리고 있는 21세기 초에 주류가 아닌 사람들의 목소리에 귀를 기울이자는 그녀의 목회 신학적 의도는 목회적 돌봄에 있어서 매우 요긴한 이론이 될 것이다. 더구나 가부장적 유교의 전통이 지난 7세기 이상 한국 사회에 깊이 뿌리를 내려왔고, 한국 교회 역시 가부장적 이데올로기를 성경 진리의 연장이라 믿는 이들도 있다. 밀러-맥리모어의 상호적이고 비평적인 학자적 태도는 신앙과 이데올로기, 신학과 문화의 구별을 비평적 관점에서 볼 수 있도록 도울 것이다.

밀러-맥리모어의 신학은 말 그대로 삶의 신학(lived theology)이다. 그녀는 현재 일어나고 있는 삶의 현장을 자신의 신학 논의의 직접적인 자료로 삼고 있다. 여성주의 목회신학에 있어서 신학과 현장 사이를 고민하는 그녀의 학문적 공헌과 영향력은 실로 지대하다. 많은 여성주의 목회 신학자들이 그녀의 새로운 패러다임인 '살아있는 인간 망'이 가진 철학과 지향점을 공유하고 있다. 밀러-맥리모어는 지금까지 10권이 넘는 책들의 편집자로 활동하면서 다양한 학자들과 치열하게 대화하며, 그들의 목소리를 포함시켜 연구의 업적을 쌓아 온 것은 혼자만의 상상이 아닌 더불어 함께 연구하는 목회 신학의 풍토에 큰 영향을 미치고 있다. 이는 장차 한국 목회 상담과 신학에서도 영혼의 치유와 해방에 건전한 대의를 함께 연구하는데 있어서 바람직한 모델이 되고 있다.

학제간의 상호 비평적 관계 역시 한국의 목회 신학자, 상담자, 혹은 목회자들이 함께 정립해야 할 중요한 학문적 방법론이다. 심리학 사용에 대한 외부의 비판에 직면해 있으면서도 정작 신학적으로 일관된 자신의 입장을 분명하게 표명하지 못하고 어정쩡한 태도를 보이고 있는 한국의 상담학계는 마치 학문적인 자기 정체성을 찾지 못한 듯한 인상을 준다. 신학이 동시대의 학문에 의해 재조명을 받고, 인간의 궁극성에 끊임없이 이끌리는 심리학의 그릇된 경향성은 신학에 의해 지속적으로 견제되어야 한다. 그녀의 균형 잡힌 신학 방법론은 정체성의 혼란 가운데 자신의 자리매김을 해 가야 하는 한국 목회 신학의 방향에 좋은 방향석이 되고 있다.

그렇지만 다른 한편 그녀의 경험에 친근(experience-near)한 신학은 다른 문화권에 사는 사람들에게 다소의 어색함을 주는 것이 사실이다. 밀러-맥리모어의 저서에 나타난 신학은 특히 자신이 처한 미국 사회와 역사의 범주에 제한된 경우들이 많아서 타문화권에서 적용함에 있어서는 언어의 번역 그 이상을 소통해야 하는 어려움이 있는 것이 사실이다. 사회 문화에 대한 비평을 위해 선택한 그녀의 메타포 '살아있는 인간 망'의 1차적 자료들은 미국에 사는 백인 여성 혹은 엄마로서 얻은 경험과 통찰력의 범주 안에 들어 있다. 아울러 미국의 종교다원주의적인 배경에서 이루어진 성숙한 신학적 논의를 한국에서 바로 도입하는 데는 어려움이 있다. 또한 그녀의 해방주의적 신학 배경 역시 한국 신학의 토양에 그대로 접합하기에는 어려움이 있을 것이다.

물론 그녀의 경험에 친근한 신학은 현대 여성주의 목회 신학이 선택한 방법론 즉 문화적 개별성과 특수성에 대한 존중에서 비롯된 자연스럽고 본질적인 결과이다. 그리고 어떤 면으로 그녀의 신학은 타 문화에 대한 존중과 열린 자세를 견지하는 그 자체로 충분히 목회 신학적이다. 그녀의 장점은 자신이 위치한 미국의 백인 여성으로서의 입장이 가진 가능성과 한계에 대하여 분명하게 인식하고 있다는 사실일 것이다. 하지만 일반 독자들의 경우 밀러-맥리모어의 번역된 책들을 찾아 읽기 어려운 이유가 바로 그녀의 저서들이 가진 문화 혹은 경험에 친근한 여성주의 목회신학의 방법론 때문일 것이다.

그럼에도 불구하고 그녀의 저서와 여러 논문들은 문화를 초월하여 학자들에게 매우 설득력 있는 통찰력을 제공한다. 여성신학이 가진 인간의 관계 중심성은 인간을 독립된 개인으로만 인식하고 치료하려는 기존의 남성위주의 심리학적 틀에 '의심의 해석학'을 적용하고 있다. 또한 밀러-맥리모어는 갈등이 좀처럼 사라지지 않는 삶의 현장을 이론의 태반으로 삼고 동시대의 사람들의 침묵하는 소리를 학문의 세계에 이끌어 들이면서 지금도 여전히 이론, 경험, 그리고 실천이 조화된 신학의 통일성(integrity)을 추구하고 있다.

참·고·문·헌

Browning, Don S. *Religious Thought and the Modern Psychologies: A Critical Conversation in the Theology of Culture.* Philadelphia: Fortress Press, 1987.

_____. "Children, Mothers and Fathers in the Postmodern Family" In *Pastoral Care and Social Conflict.* eds. Pamela D. Couture & Rodney J. Hunter. Nashville: Abingdon Press, 1995.

_____. *A Fundamental Practical Theology: Descriptive and Strategic Proposals .* Minneapolis: Fortress Press, 1995.

Browning, Don S. & Bonnie Miller-McLemore, *Children and Childhood in American Religions.* New Brunswick, NJ: Rutgers University Press, 2009.

Clebsch, William & Charles Jaekle. *Pastoral Care in Historical Perspective.* Jason Aronson, 1994.

Gerkin, Charles V. *The Living Human Document; Revising Pastoral Counseling in a Hermeneutical Mode.* Nashville: Abingdon Press, 1984.

Hunter, Rodney, ed. *Dictionary of Pastoral Care and Counseling.* Nashville: Abingdon Press, 1991.

Miller-McLemore, Bonnie. *Also a Mother: Work and Family as Theological Dilemma.* Nashville: Abingdon, 1994.

_____. "The Living Human Web." In *Through the Eyes of Women: The Handbook of Womencare.* ed. Jeanne Stevenson-Moessner. Minneapolis: Fortress Press, 1996.

_____. "Feminist Theory in Pastoral Theology." In *Feminist and Womanist Pastoarl Theology.* eds. Bonnie J. Miller-McLemore & Brita L. Gill-Austern. Nashville: Abingdon Press, 1999.

_____. "Feminist Studies in Psychology: An Overview." *International Journal of Practical Theology* (2000).

_____. *Let the Children Come: Reimagining Childhood from a Christian Perspective.* San Francisco: Jossey-Bass, 2003.

_____. *In the Midst of Chaos: Caring for Children as Spiritual Practice.* San Fracnisco: Jossey-Bass, 2007.

_____. "The "Clerical Paradigm": A Fallacy of Misplaced Concreteness?" *International Journal of Practical Theology* (2007).

1) Charles V. Gerkin, *Living Human Document: Re-visioning Pastoral Counseling in a Hermeneutical Mode* (Nashville: Abingdon, 1984).

2) Bonnie Miller-McLemore, "Feminist Theory in Pastoral Theology," Bonnie-Miller McLemore & Brita Gill-Austern, *Feminist and Womanist Pastoral Theology* (Nashville: Abingdon, 1999), 89.

3) Miller-McLemore, "Feminist Theory in Pastoral Theology," 81.

4) Bonnie Miller-McLemore, *Also a Mother: Work and Family as Theological Dilemma* (Nashville: Abingdon, 1994), 163.

5) William Clebsch & Charles Jaekle, *Pastoral Care in Historical Perspective* (Jason Aronson, 1994).

6) Miller-McLemore, "Feminist Theory in Pastoral Theology," 80.

7) Don S. Browning, *A Fundamental Practical Theology: Descriptive and Strategic Proposals* (Minneapolis: Fortress Press, 1995).

8) Bonnie J. Miller-McLemore, "The "Clerical Paradigm": A Fallacy of Misplaced Concreteness?," *International Journal of Practical Theology* (2007), 22.

9) Miller-McLemore, "Feminist Theory in Pastoral Theology," 91.

10) Miller-McLemore, "The Living Human Web," 19.

PART 5

유럽의 목회상담학자들

Chapter 18

로버트 램본
(Robert Alfred Lambourne)[1]

홍 영 택
[감리교신학대학교 교수]

I. 활동과 저술[2]

영국에서는 대학이나 신학교에서 가르치는 목회돌봄과 상담(pastoral care and counseling) 분야를 'pastoral studies'라고 부르는데, 이는 영국이 목회상담 분야에 대해 갖고 있는 독특한 입장을 보여 준다. 발라드(P. H. Ballard)는 영국에서의 'pastoral studies'의 등장의 요인들로서 성직자의 전문화에 대한 요구, 신학의 세속화에 대한 요구, 교회의 공동체적 성격에 대한 새로운 발견, 미국의 목회상담운동의 영향, 심리학 및 상담의 발전 등을 말한다.[3] 그런데 이러한 요인들에 대한 영국 목회상담학계의 반응은 미국의 목회상담운동과는 사뭇 다른 방향 및 양상을 갖는다. 미국의 목회상담운동이 세속화 및 전문화의 요구에 매우 적극적으로 부응하여 세속적인 심리학 및 정신의학의 전문성을 강조하는 방향으로 나아간 반면, 영국의 목회상담은 이러한 방향에 대하여 매우 신중하게 경계하며 오히려 교회의 전통적인 신학 및 공동체적 자원을 보전하려는 의지를 강하게 보여 왔다. 미국에서 흔히 사용되는 'pastoral counseling'이라는 용어가 개인적 및 세속적 전문성을 함축하고 있는 반면, 'pastoral studies'라는 용어는 역사적인 교회의 목회적 전통을 이어가려는 의지를 담고 있는 것으로 보인다.[4] 영국에서 처음 설치된 목회상담 교육과정의 주임 교수로서 'pastoral studies'라는 말을 처음 사용하였고 영국의 목회상담의 이러한 흐름의 기초를 놓았던 사람이 바로 램본(1917-1972)이다.

램본의 저술활동은 40세경에 시작된다. 이때는 그가 의과대학을 졸업하고 일반 의로서 영국의 버밍햄(Birmingham)에서 10여 년의 진료활동을 하고 난 후이다. 그의 초기 저술들은 1958-9년에 씌어지는데, 그 글들에서 그는 노동자 거주지역에서의 그의 매일의 진료활동과 자신의 기독교 신앙을 접목시키려고 노력하였다. 그가 평생 씨름했던 주제들인 건강과 질병의 집단적 성격, 치유와 돌봄에서의 고난의 위치, 평신도와 회중의 사역, 종교와 의료의 관계 등이 이때의 글들에서 이미 등장하기 시작한다.

1960년에 램본이 버밍햄대학교 신학부에서 신학을 공부하기 시작하면서, 그의 글은 넓이와 깊이를 더해가게 된다. 그의 신학 학위과정의 산물로서 1963년에 그의 유일한 단행본 저술이 출판된다.[5] 예수의 치유 사역에 대한 그의 새로운 통찰들이 신학 공부를 통해 더욱 다듬어지긴 하였지만, 그의 실천적 성향은 언제나 그의 신학을 구체적 현장에 머무르게 하였다. 그는 평생 평신도로 머물렀으며, 그는 평신도를 포함한 보다 포괄적인 목회에 늘 관심이 있었다.

1961년 10월 그가 일반의로서의 진료를 그만두기로 결정한 직후, 그는 관상동맥 혈전증으로 입원하게 된다. 이는 44세의 나이로 이제 막 미지의 새로운 영역으로의 탐구를 시작하려는 그에게 커다란 충격이었다. 그는 자기 자신에게 많은 것을 요구하는 사람이었고 자신의 생각을 여러 영역들로 확대하려고 모색하고 있던 중이었기에, 건강상의 제한은 그에게 매우 큰 좌절이었다. 그 이후로 그는 이로 인하여 활동에 제한을 계속 받게 된다.

신학학사 학위과정을 마친 그는 이어서 정신과 전문의 수련을 시작하였다. 이러한 결정은 환자들의 정서적 문제들에 관해 연구하던 의사들의 모임에 지난 6년간 참여해 온 결과였다. 그들은 런던의 볼린트(M. Balint)와 정기적인 만남을 가져오고 있었다. 환자가 자신의 질병 속에서 집단 전체 - 가족과 같은 - 의 문제를 드러내고 있다는 램본의 통찰은 특히 볼린트에게서 온 것이었다. 그의 이러한 통찰은 예수의 치유 사역에 대한 그의 이해에 있어서 열쇠가 된다. 이 시기에 버밍햄을 중심으로 해서 종교와 의료 사이의 관계에 관심을 갖고 있던 사람들이 정기적인 모임을 갖고 생각을 나누게 되었고, 램본은 이 모임에서 중요한 역할을 하게 된다.

1963년에 램본은 그의 삶의 방향을 새롭게 결정짓는 중요한 전기를 맞게 된다. 버밍햄 대학교 신학부가 새로운 목회 연구 과정(Pastoral Studies Course)을 설치하면서 램본을 주임 교수로 초빙한 것이었다. 이 과정의 목적은 주로 성직자들을 대상으로 목회돌봄(pastoral care)을 훈련함으로써 지역 공동체와 교인들의 건강을 증진하고자 하는 것이었다. 이 과정을 통해서 신학, 의료, 정신의학, 사회사업 등의 학제 간 대화를 주도하면서 램본의 독창적인 사고는 무르익어가게 된다.

1967년에 튀빙겐(Tubingen)에서 2차로 열린 '치유하는 교회'(The Healing Church)에 관한 세계교회협의회의 자문회의에 참석한 램본은 이곳에서 주목받는 글들을 발표한다. 그 글들에서 그는 현대 병원이 공장처럼 변해가고 있다고 비판하면서 신학의 과제를 제안한다. 이때 그에게 협심증이 나타나게 되며 이로 인해 그 이후 그는 자신의 활동에 끊임없는 제한을 받게 된다. 아마도 이때쯤 그는 그의 삶의 남은 부분을 아끼는 대신에 최대한 소진해버리기로 의식적 결정을 내린 듯하다. 이제 그는 치유에 대한 교회의 접근과 기독교 의료 사이를 화해시키기 위한 사상적이고 실제적인 과제와 관련하여 종교와 의료 분야에서 독창적인 사상가로 자리매김하였다.

1966년에 램본은 "Memorandum on a Teaching Chaplaincy Unit"을 발표하였는데, 이는 버밍햄 지역에서는 주목받지 못했지만, 한 재단(Joseph Rowntree Trust)이 연구비를 지원하여 병원 원목에 관한 연구가 시작된다. 결국 램본의 사후 6년째인 1978년에 퀸엘리자베스병원(Queen Elizabeth Hospital)이 영국 최초로 원목-교수(Chaplain-Lecturer)를 채용하게 된다. 그것은, 주로 목회자들을 가르치는 미국의 원목들과는 달리, 주로 의과대학 학생들과 간호사들을 가르치거나 신학생들을 가르치는 자리이다.

1968년과 1969년에 걸쳐 램본은 미국을 두 번 방문하게 된다. 두 번째 방문 시 유나이티드신학대학원(United Theological Seminary)에 머물던 그는 미국에서 당시 발전하고 있던 목회상담에 대해 신랄한 비판의 글을 발표한다.[6] 미국 방문의 영향은 그가 귀국한 후에도 지속하게 되는데, 그 중 하나가 미국 방식의 목회상담 협회의 발족을 반대하는 글이다.[7] 이 글의 발표는 많은 논란을 불러일으켰으나, 결과적으로는 영국에서의 목회 상담 분야의 발전에 있어서 보다 견고한 기초를 세우는 계기가 되었다.

1970년 초 램본은 세계교회협의회의 신학연구기금(Theological Education Fund)의 지원을 받아 6주간의 극동지역 방문을 하게 된다. 그 방문을 통해 그는 도시화, 개인주의, 의료, 신학, 목회상담 전문화 등에 있어서 서구식의 문화적 침략이 얼마나 심대한가를 보고 충격을 받는다. 이 여행을 계기로 그는 의료 선교에 관심을 갖게 되고 이는 그로 하여금 세계교회협의회의 기독교의료위원회(Christian Medical Commission)와 관계를 맺게 하였다. 그가 1971년에 기독교의료위원회의 연차대회에 참석하여, 정신건강 이론이 보건과 의료선교에 미치는 영향에 관해 글을 발표하였다. 이는 그의 생애의 마지막 글 가운데 하나이다.

그의 삶과 저술을 소개하고 있는 윌슨(Michael Wilson)은 종교와 의료에 관한 신학적 저술가로서 20세기에 램본을 필적할 만한 사람이 없다고 말하면서, 그를 다음과 같이 평가하고 있다:

> 만일 그가 그림을 그렸다면, 그는 커다란 캔버스에 큰 붓과 밝은 색깔들로 힘차게 그림을 그렸을 것이다. 그 자신이 목회상담에 관한 그의 비판들 중 일부를 '만화'로 묘사하였다. 가장 훌륭한 만화들 (그리고 기독교 교리들)이 그렇듯이, 그것들이 어떤 것을 가리키고 있는 것은 사실이지만, 당신이 그것을 포착하려고 너무 애쓰다보면 그 요점을 상실하게 될 것이다.[8]

윌슨은 램본의 저술들을 다음 세 가지로 특징짓는다. 첫째, 그의 저술은 현재적 경험에 관한 성찰의 산물이다. 둘째, 그의 사상들은 매우 실천적 결과들을 갖는다. 셋째, 그의 저술은 집중적인 사고의 산물이라는 의미에서 학문적이라고 말할 수 있을지 모르지만, 그는 목회상담이나 의료 활동을 위한 청사진을 그리는 것을 강하게 거부하였다. 오히려 그는 사람들로 하여금 특정한 상황에서 하나님께의 순종이 어떤 행동을 필요로 하는지를 스스로 찾아내도록 도우려 하였다.

II. 목회상담 방법론: 기독교적 인식론

1. 기독교적 인식론

램본의 글들 속에서 나타나는 그의 인식론은 어떤 철학적 체계를 가지고 조직적으로 표현되어 있지 않다. 단지 그의 인식론적인 주장들은 특정한 어떤 주제들과 관련하여 논쟁적이면서 단편적으로 등장한다. 여기에서는 여기저기에 씌어 있는 인식론적 내용들을 모아서 정리해 보고자 한다. 1969년에 쓰인 한 논문의 제목에서 그는 'Christian Epistemology'라는 말을 사용한다.[9] 그럼에도 불구하고 그는 인식론적으로 그리 체계적인 설명을 하지는 않는다. 단지 그가 갖고 있는 명제들을 논쟁적으로 우리에게 던진다. 그는 우선 그리스도가 치유에 대해서 갖고 있었던 이해와 힘은 사람들의 험담을 얻었고 비전문적이었다는(scandalous and unprofessional) 말로 시작한다. 모든 사람들을 위한 정의와 사랑에 기초한 건강-구원-해방(health-salvation-deliverance)의 혁명적인 생각들과 아울러, 치유에 대한 그의 강력한 관심은 당시 유대의 제사장-의사들(priest-doctors)의 거룩한 규칙들을 깨뜨릴 수밖에 없었다. 그리스도는 악과의 대면에서 하나님께 순종함으로서 성령 안에서 이러한 새로운 이해를 얻었고, 이에 기초한 그의 치유 사역은 사람들에게 공격적으로 받아들여질 수밖에 없었다.

램본은 성경에서 말하는 바 하나님의 자기 계시를 통해 그리스도는 건강과 구원의 수단과 본질에 대한 참되고 새로운 지식을 얻었으며, 그 지식은 치유와 구원을 위해 가장 효과적이고 완전한 것이었다고 말한다. 하나님의 새로운 자기 계시는 사람들이 "이미 알려져 있는 건강-구원의 계시에 순종하여 단호하게 악에 맞서고 선을 위할 때, 언약 안에서 그의 백성들에게 주어진다."[10] 하나님의 자기 계시는 그의 목적을 성취하기 위한 그의 능력의 행위인데, 이는 사람이 신앙의 행위 속에서 자유롭게 참여함을 통해서 성취된다. 램본에 의하면, 예수가 그의 새로운 신학(New Theology), 즉 메시아적 구원자로서의 자신의 정체성 및 하나님의 뜻과 사람에 관한 그의 지식을 안 것은 그의 섬김의 사역을 통해서였다.

> 이제, 나는 참된 지식의 본질에 관한 하나의 매우 포괄적인 신학적 명제를 말하고자 하는데, 이는 계시에 대한 성서적 이론에 기초하고 있고, 나는 이 것이 의료 및 사회사업을 포함하여 모든 형태의 지식에 적용할 수 있다고 생각한다. 구약 성경에서의 일반적 패턴은 하나님이 그의 백성들에게 진리... 를 계시한다는 것이다. 그러나 하나님은 언제나 특정한 장소, 특정한 시간에 사람들에게 계시하신다. 그러므로 건강이 무엇이고, 사람이란 무엇이고, 경건이란 무엇인지에 대한 참된 지식을 갖는다는 것은 그 특정한 시간에 사는 사람들이 순종하는 것과 관계된다. 내일을 위한 참된 지식, 하나님의 그때그때의 자기-계시는 그들이 오늘 알고 있는 것에 대한 순종에 달려 있다. 만일 그들이 이미 알 수 있는 것에 대해 순종하지 않는다면, 그들은 내일을 위한 진리에 눈이 멀게 될 것이다. 예를 들면, 그들이 그들 국가의 보건 체계에 관한 통계들...을 알고 있음에도 불구하고 적절한 보건 서비스를 만드는 데 주의를 기울이지 않는다면, 좋은 의료가 무엇인가에 대한 미래의 이해는 왜곡될 것이다. 반면, 그들이 순종한다면, 다시 말하여, 그들이 귀 기울이고 배운다면, 그들은 내일의 좋은 의료가 무엇인가를 알 것이다. 사람들이 이를 하지 않는다면, 하나님은 그들의 눈과 귀를 닫으실 것이며, 그들은 하나님의 진노가 그들 위에 내릴 때까지 진리를 보지 못할 것이고, 그들의 국가, 의료 체계, 사회사업 체계, 그리고 그들의 교회는 망가질 것이다. 순종, 마음의 순결, 의로움, 참된 지식은 모두 불가분의 관계 속에 있다.[11]

램본에 의하면, 하나님의 지식의 인식론과 좋은 보건 서비스에 관한 지식의 인식론은 동일하다. 하나님에 관한 지식에 있어서나 보건 서비스에 관한 지식에 있어서나 우리는 "순결한 마음과 가난 속에서 그리스도를 따라 필요가 있는 곳으로 나아갈 때" 얻어진다. 그는 모든 의료적 진단과 치료는 '기독론적인 결정'을 동반한다고 말한다. 그에게 있어서 '기독론적'이라는 것은 기독교 종교 영역 내에 있어야 한다는 것을 의미하는 것이 아니라 하나의 보편적인 태도를 의미한다. "그리스도에 대한 신앙을 갖는다는 것은, 공동체 속의 전인적 인간(whole man in community)이 전체 세계에 대한 참된 인식의 가능성을 그리스도의 은사 안에서 실현하는 것"을 의미한다.[12] 기독론적 인식은 심지어 다음의 요소들까지도 내포한다.

> 보건 서비스의 필요와 방법에 관한 참된 인식을 위해서는, 기술(technology), 개인적 동기의 순수성, 구원받아야 할 사람들에 대한 경제적 및 정치적 현실들의 확인 등 여러 요소들에 대한 동시적인 고려가 불가피하다. 여기에는 경제적 계급이 우리의 인식에 영향을 미친다는 마르크스(Karl Marx)의 ('거짓 의식') 이해와 개인적 동기가 우리의 인식에 영향을 미친다는 프로이트(Sigmund Freud)의 ('합리화') 이해가 필요할 수도 있다.[13]

램본은 현대 의료가 두 가지 극단적인 철학에 의해 위기에 직면해 있다고 진단한다. 하나는 극단적 객관주의(objectionism)이고 다른 하나는 부적절한 실존주의이다.[14] 전자는 인간을 하나의 객관적 대상으로 전락시키며, 후자는 인간으로 하여금 감각적 주관주의에 빠지게 한다. 램본은 신학이 의료로 하여금 전인적 인간관을 회복하고 유지하도록 하는 데 도움을 주어야 한다고 말한다. 기독교 신학은 객관주의에 대항하여 자율적 주체자로서의 인간관을 견지하여 왔으며, 한 편 주관주의에 관하여는 영지주의와의 오랜 논쟁을 하여 온 바 있다.

램본은 구원(salvation)을 건강(health)으로부터 구분한다. "구원은 질병이 없는 사람 또는 우리가 정신 건강의 척도라고 믿고 있는 어떤 심리학적 표준들을 성취한 사람에게 있는 것이 아니다. 건강이 하나님을 섬기는 데 있어서 수반되는 것이긴 하지만 건강과 구원은 동일하지 않다."[15] 성서가 말하는 구원의 개념은 질병과 건강에 있어서의 인간의 전인성을 표상한다. 구약의 창조설화는 인간이 개별적 주체로서 자연을 이해하고 질서지우는 합리적 존재임을 명시한다. 복음서에 나오는 예수의 치유 기적들은 실존과 본질(existence and essence), 사람과 사물, 영혼의 구원과 육체의 회복이 하나임을 명시한다.

2. 임상목회교육에 대한 인식론적 비판

인식론과 관련하여 램본은 임상목회교육(clinical pastoral education)에 대하여 흥미로운 비판을 한다.[16] 우선 지식의 본질에 관하여, 그는 현대의 해석학적 경향을 따라 지식이 외적 원인의 직접적인 결과라기보다는 환경의 의미에 관한 우리의 해석의 결과라고 전제한다. 이어서 그는 임상목회교육이 나름대로 하나의 해석적 원리(hermeneutical principle)를 갖고 있다고 말한다. 그러므로 임상목회교육이 일반적으로 신학적 사색(speculation)이 임상적 사실(facts)들과 만나는 장으로 여겨지는 것은 옳지 않다는 것이다. 임상목회교육이 '살아있는 인간 문서'과의 만남을 통해 신학적인 배움을 제공한다고 여겨져 왔는데, 이는 '살아있는 인간 문서'에게 반응하고 접근하는 방식에 있어서 임상목회교육은 고유의 해석적 원리들을 사용하고 있음을 간과하고 있다는 것이다. 그러므로 임상목회교육은 신학과 사실과의 만남이 아니라 두 가지의 신앙 사이의, 즉 두 가지의 해석적 원리들 사이의 만남이다. 다시 말하면, 임상목회교육 속에서 참가자들은 환자를 이해하고 돕는 데 있어서 신학적 원리와 정신의학적 원리 사이의 조우(遭遇)를 경험한다는 것이다.

이러한 관점에서 임상목회교육의 감독자들은 참가자들로 하여금 교육 현장에서 맞닥뜨리는 해석적 원리들을 먼저 분명하게 인식시킬 필요가 있다고 램본은 주장한다. 다시 말하면 임상목회교육 참가자들은 교육 현장에서 환자를 만날 뿐만 아니라 그 환자를 해석하는 세속적 원리를 동시에 만나는 것이다. 그러므로 참가자들에게 임상목회교육이 제공하는 '사실'들은 실제로 사실 그대로가 아니라, 그들에게는 생소한 정신의학적 해석 원리들에 의해 '해석된 사실'을 만나고 있다는 것이 그들에게 먼저 명료화되어야 할 필요가 있다는 것이다.

이와 아울러서 감독자들은 교육 과정에서 일어나는 두 신앙 사이의 대화 과정에 대하여 조직적인 관찰과 평가를 해 주어야 한다. 램본은 목회상담운동(pastoral counseling movement)을 통해서 심리역동적(psychodynamic) 개념들이 종교적 상징과 신화로 변모하여 전통적인 상징들과 신화들을 대치하고 있다고 간주하는데, 임상목회교육은 목회상담운동의 세속화 과정의 일조를 담당하고 있다는 것이다. 램본에 의하면, 이 새로운 상징들과 신화들은 주로 우리의 심리학적 자기의 내적 부분들과 역동들을 가리키고 있는데 반해, 대부분의 전통적 기독교 상징들은 우리 자신 바깥의 다른 사람들과 다른 사물들을 가리키고 있다. 임상목회교육의 감독자들은 참가자들에게 일어나는 상징과 신화의 세속화 과정을 조심스럽게 관찰하면서 그들로 하여금 그 과정을 자각하도록 도울 뿐 아니라 그 과정이 그들의 앞으로의 목회 및 기독교 사역에 어떤 결과를 가져올지에 대하여 그들이 체계적인 반성을 할 수 있도록 도와야 하는 것이다.

III. 치유: 공동체적 치유와 돌봄(Corporate Healing and Care)

1. 성직주의 vs. 의료주의

램본은 치유에 대한 접근방법으로서 근대 이전의 성직주의(clericalisation)와 이에 대비되는 근대 이후의 의료주의(medicalisation)을 말한다.[17] 성직주의란 치유를 영적, 종교적 방법에 의해서만 정의하는 것으로서, 과학적 방법과 대비된다는 점에서 주술과 같은 맥락에 있다고 할 수 있다. 의료주의는 근대 이전의 세계가 인간의 문제와 이에 대한 치유를 주술의 범주 안에 두었다고 비판하면서 등장한 과학적 접근방법에 기초를 두고 있다. 의료주의는 치유에 있어서 과학적 방법만이 타당하다고 보면서, 과학적 방법으로 고통과 증상을 제거하는 데 초점을 둔다. 과학주의(scientism)의 극단적 객관주의(objectivism)는 사람에게 고통을 주는 모든 문제가 객관화될 수 있고 과학과 기술의 원리에 의해 제거될 수 있다고 믿는다.[18] 이에 수반되는 결과는 사람이 과학과 기술의 대상으로 전락하여 비인격화되는 것이다. 램본은 병원의 발전과정에서 호스피스(hospice)적 성격으로부터 공장(factory)과 같은 모습으로 변화되어 왔다고 보면서 그 요인들을 다음과 같이 지적한다.[19]

첫째, 대형병원들로부터 "치료불가능한, 죽어가는, 미친 환자"들이 제외되었다. 분명한 증상을 가진 치료 가능한 환자들이 대형병원에 입원되며 그들을 다루는 의사들 - 예를 들면, 외과의사 - 이 가장 인정을 받고, 치료 불가능한 환자들을 돌보는 공공진료 의사들은 가장 낮은 위치에 있다. 의료는 질병을 가진 사람에 대한 돌봄보다는 질병의 제거의 문제가 되어가고 있다. 둘째, 의사들이 건강에 대한 관념을 질병이 없는 것으로 보며, 고통을 측정 가능한 기능 장애의 형태로 고립시켜 정의하고 이를 제거해버리려는 데 병적인 관심을 갖고 있다는 것이다. 램본은 이러한 경향을 종교개혁과 관련시킨다. 고립된 개인의 신앙에 의한 의인(justification by faith), 개인의 주관적 경험에 의한 내적 장애의 제거와 같은 종교개혁의 개인주의가 현재의 의료의 극단적인 개인주의적 경향의 바탕을 이루고 있다는 것이다. 셋째, 그 결과로, 의료는 악의 즉각적이고 완전한 제거 외에는 구원의 관념을 갖고 있지 못하다는 것이다. 죽어가는 사람에 대한 돌봄에 있어서 증상의 제거와 수명의 연장만을 성공적인 치료의 유일한 기준으로 삼는 진료는 아무런 구원도 제공해줄 수 없는 것이다. 램본은 비인격적 기술에 의한 제거가 아니라 인격적으로 고통을 감수함으로써 고통을 극복하고자 하는 성서적, 기독교적 전통과 의료적 관념을 비교한다. 넷째, 의료에 있어서 일반적으로 윤리적 원리들에 대한 경멸이 팽배해 있다. 램본은 이에 대하여 교회가 일부 책임이 있다고 말한다. 교회가 과학 이전의 우주관을 가지고 신체의 질병이나 고통에 대하여 부적절한 태도를 취하였기 때문에 이러한 결과가 왔다고 보는 것이다. 앞에서도 언급된 바처럼, 그는 신학이 의료에 대해 적절한 윤리적 기준들을 제시할 중요한 책임이 있다고 주장한다.

2. 개념 지도(concepts map)

*Explorations in Health and Salvation*의 편집자는 램본이 네 가지의 덫(trap)에 빠지지 않았다고 평가한다.[20] 그가 말하는 네 가지 덫은 다음과 같다. 첫째, 램본은 신학자로서 일차원적 이론의 덫에 빠지지 않았다. 램본은 심리학이든 신학이든 한 이론으로 모든 것을 판단하는 환원주의에 빠지지 않았다. 둘째, 램본은 평신도로서 성직주의의 덫에 빠지지 않았다. 이는 성직자에 의해 성직자를 교육하고 성직자를 감독하는 성직 순환의 덫을 가리킨다. 셋째, 램본은 한 가지 기술의 덫에 빠지지 않았다. 기독교 회중의 일원으로서 그리고 그 자신이 환자로서 돌봄을 받는 경험을 함으로써 그는 다중적 기술이 내포되어 있는 목회돌봄을 지향하였다. 넷째, 램본은 한 인간으로서 자신을 한 가지 분야에 동일시하지 않았다. 그는 의사인 동시에 신학자였으며, 전문상담가인 동시에 목회돌봄자(pastoral carer)였다. "그의 비판의 대상들은 하나의 좁은 구멍으로만 세계를 바라보고 다른 사람들도 역시 그렇게 하도록 전도하는 우상주의자 및 환원주의자들이었다."

그의 이러한 다차원적 접근방식은 그의 개념지도(concepts map)에 잘 나타난다. 그는 현대의 구원 또는 치유 모형(deliverance model)이 개인에게 지나치게 초점을 맞추고 있다는 점을 날카롭게 지적한다. 그에 의하면, 구원 모형에는 세 가지 핵심 개념이 있다.[21] 첫째는 질병(disease), 나쁨(badness), 죄(sin) 등의 개념으로서, 이것으로부터 벗어나는 것이 곧 구원(deliverance)이다. 이 구원이라는 개념이 곧 두 번째 핵심 개념이 된다. 구원을 통해서 변화된 상태가 곧 건강(health), 좋음(goodness), 구원(salvation) 등의 세 번째 개념을 이룬다. 램본에 의하면, 현대의 개인주의적 구원 모형에는 크게 세 가지 형태가 존재한다. 이는 다음과 같다:

	badness	deliverance	goodness
1.	개인 안에 있는 특정한 결함	← 없앰 →	개인 안에 있는 특정한 결함의 부재(不在)
2.	가난	← 자본의 획득 →	재화(財貨)의 소유
3.	본능적 욕동의 억압	← 수용적 관계 환경 속에서의 언어적 표현 →	본능적 욕동의 적절한 표현

램본에 의하면, 의료적 분야이든 또는 신학적 분야이든 치유에 대한 현대적 접근에 있어서 위의 개인주의적 모형이 그 바탕을 이루고 있다고 말한다. 치유에 종사하는 사람들은 자신들의 작업의 바탕을 이루고 있는 구원 모형을 거의 또는 부분적으로밖에 인식하지 못한 채, 지식을 축적하고, 방법을 모색하고, 치료 행위를 행하고 있는 것이다. 램본은 위의 세 가지 모형에 공통되어 있는 개인주의적 요소를 다음과 같이 요약한다.

badness	deliverance	goodness
개인에 속해 있다. 가장 두드러진 현실이며 최대한의 관심이 요청된다. 명백하게 나쁜 것이며 제거되어야 한다.	약함 가운데 있는 개인이, 자신의 개인적 및 자연적 환경을 그대로 놓아둔 채, 전문가가 있는 따로 분리된 장소를 찾아가 그의 나쁜 부분을 제거하도록 한다.	명백하게 나쁜 것이 개인 안에 부재(不在)한 것이다

램본은 오늘날 목회심리학운동(pastoral psychology movement)과 정신의학 사이의 대화의 근저에는 위와 같은 개인주의적 모형이 깔려 있다고 간주한다.[22] 그에 의하면, 양자 사이의 대화를 어렵게 만든 것은 단지 언어적 차이였다. 정신의학은 세속적 또는 심리적 언어를 사용하는 반면, 목회상담은 초월적 또는 신학적 언어를 갖고 있다. 목회심리학자들은 양 언어 사이의 유비를 발전시켰고, 그 결과로 양자의 전문적 기술과 언어에 있어서 점차 상호 접근이 이루어졌다. 램본에 의하면, 이와 같은 상호 접근과 대화가 가능했던 근본적 이유는 구원과 치유에

대한 양자의 기본적 가정이 같았기 때문이다. 그것은 바로 위와 같은 개인주의적 구원 모형이다. "목회심리학 운동은 대부분의 심리치료자들과 경건주의적 전통의 개신교 목사들에 의해 공유되고 있는 구원 모형에 역사적으로 기초해 있었다." 램본에 의하면, 위의 개인주의적 구원 모형은 프로테스탄티즘, 자본주의, 경험주의 영향을 받은 것이다. 당시의 목회심리학은 여전히 이 구원 모형의 신학적 및 세속적 형태들의 혼합에 기초해 있다고 램본은 간주하였다.

램본은 개인주의적 치유 모형에 대한 대안으로서 의료 및 치유의 다원성을 강조하기 위해 표 1과 같은 개념지도(concepts map)를 제안하였다.[23] 이 지도에서 수직선의 차원은 우리가 건강에 대해 생각할 때의 상황의 범위(extensiveness of the context)를 가리킨다. 위로 갈수록 범위는 점점 더 넓어진다. 가장 밑은 미시적(micro) 차원으로서, 분자생물학 또는 세포 병리학 등의 영역들이 포함된다. 그 바로 위는 신체 유기체(body organism)의 차원이다. 이 차원은 심장, 뼈 등 신체 기관에 관심을 갖는 일반적인 의사들의 개념적 상황의 범위이다. 그 다음은 개인(individual)의 차원이다. 이는 개인 전체를 치유의 대상으로 삼는 내과 의사나 정신과 의사 또는 개인상담가의 관심 영역이라고 할 수 있다. 조금 더 올라가 중간쯤에 가족의 영역이 있다. 이는 가정의학과의사나 아동심리학자가 관심을 갖는 차원일 것이다. 이들은 질병이나 건강에 있어서의 상황의 범위를 한 개인 이상의 차원으로 생각한다. 즉 한 아동이 천식이나 언어 장애의 문제를 갖고 있을 경우, 이들은 부모 사이의 관계 또는 아동과 가족 사이의 관계 등에 관심을 가질 것이다.

그 위는 이웃(neighbourhood)의 영역이다. 역학(疫學 epidemiology), 공공의료, 정신보건 등이 이 영역에 속하며, 이 영역의 전문가들은 건강이나 질병을 지역 공동체 전체의 기능으로 생각한다. 다음은 생태적(生態的 ecological) 차원이다. 램본은 특히 개발도상국의 경우 개체 질병 치료 중심의 의료가 인구 증가를 유발시켜 전체적으로 식량 부족 사태를 가져올 수 있음을 지적한다. 그러므로 생태적 치유 개념에서는 교육적, 정치적, 경제적 건강 개념들을 고려하지 않으면 안된다. "이 차원에서는 정치가가 되지 않고는 좋은 의료를 할 수 없다. 이는 사회사업가나 신학자에게도 해당된다." 수직선의 가장 꼭대기에 우주적(宇宙的 cosmological) 차원이 있다. 여기에는 현재의 모든 지리적 세계가 포함될 뿐만 아니라 모든 미래의 세계까지도 포함된다. 마지막으로 수직선의 꼭대기 너머에 절대적인, 총체적인 상황이 존재하는데, "기독교인으로서 우리는 이 영역에서 하나님만이 건강과 질병, 선과 악, 고통과 기쁨의 진정한 의미를 이해하신다고 믿는다."

표1) 의료의 실전을 위한 개념 지도(A CONCEPTS MAP FOR THE PRACTICE OF MEDICINE)

질병제거 (예:외과의사)	질병관리 (예:내과의사)	돌봄 (예:간호사; 자연보호)	질병을 통해 배움 (예:면역학자; 치유 공동체)	기존의 힘을 키워줌 (예:학교교사; 우생학자; 건강증진)	건강한 새 삶의 창조 (예:새로운 사회의 비전; 인도적 생물친화론자; 종교가)	
++	++	++	++	++	+	우주적 (예:세계보건기구; 과정신학자; 정치적 이상주의자)
+ + + +	+++ +	+++	++	++	+	국가적-정치적-생태적 (예:개발도상국을 위한 자문)
++ ++ ++ ++	+++ +++ +++ +++	+++ +++ +++ +++	+++	+++	+	지역공동체 (예:보건소 의료진) 가족 (예:일반의)
+++ +++ +++ +++	++++ ++++ ++++ ++++ ++++	++ ++ ++ ++	+++	+++	+	전인적 개인 (예:병원의 정신과의사)
+++ +++ +++ +++ +++	++++ ++++ ++++	++ ++ ++	++ ++	+++	++	유기체 체계 (예:내과의) 신체기관 (예:외과의)
+++ +++	+++ ++	++++	+++	++	++	미시적 (예:미생물학자)

수평선의 차원에는 치유 과정에 대한 여러 개념들이 위치해 있다. 왼쪽 끝에는 질병 제거(disease eradication)로서의 치유 개념이 있다. 여기에서는 어디에서든지 질병이나 죄의 형태로 어떤 악이 눈에 띄면 그것을 제거해 버린다. 외과 의사가 그 대표적인 예이다. 역사적으로 의학에서 이러한 치유 개념이 우세해 왔는데, 램본은 이것이 오늘날의 의료의 주요한 문제라고 역설한다. 그 다음의 차원은 질병 관리(disease management)의 개념이다. 이는 관리의 대상인 환자 자신에 대해 보다 관심을 갖기는 하지만 역시 그 최종적 목표는 질병의 제거이다. 세 번째는 돌봄(care)의 개념이다. 전통적으로 돌봄은 의료보다는 간호에 가까운 개념이었다. 현대에 올수록 돌봄은 치유 종사자들 중에서 보다 낮은 계층의 사람들의 몫이 되어 왔다. 의료계에 있어서 질병 제거를 통해 사람들을 치료하는 의사들의 위치는 높아지는 반면, 나을 수 없는 사람들을 돌보는 사람들에게는 가장 낮은 지위, 가장 낮은 수입, 가장 낮은 만족이 주어지고 있다. 질병 제거를 우상화함으로써, 우리는 치유가 없는 돌봄의 행위를 그 자체로서 선하고 의미 있게 보지 못하는 경향이 있다. 그러므로 치료될 수 없는 사람들이 제대로 된 돌봄을 받는 것은 점점 더 어려워지고 있다.

그 다음의 치유 개념은 질병으로부터의 배움(learning from illness)이다. 이것은 매우 오래된 개념으로서, 악의 변혁을 통해 선이 탄생될 가능성을 말한다. 종교에서뿐만 아니라 의료에서도 이와 같은 개념이 존재한다: "신체는 나쁜 경험을 통해 강해진다." 백신(vaccination) 주사가 그 예이다. 램본은 신경증에 질병 제거 개념을 무분별하게 사용하는 것은 재난을 부른다고 말한다. 왜냐하면, 적절한 고통의 경험을 통해 건강의 능력을 창조해내는 것이 치유의 중요한 요소이기 때문이다. 그 다음의 개념은 힘의 강화(strengthening of strengths)이다. 이는 이미 있는 힘을 강화시켜 그 개인 또는 집단의 대처 능력을 늘리는 것이다. 램본에 의하면, 이러한 개념은 최근까지 의료에서 없었던 것이며, 교육 영역에서는 언제나 존재해 왔던 것이다. 교육에 있어서는 대체로 학생의 결점보다는 잠재력의 강화와 발달에 관심을 기울여 왔다. 수평선의 오른쪽 끝에는 새로운 힘의 창조(invention of new strengths)의 치유 개념이 있다. 램본은 이를 다음과 같이 설

명한다: "이것은 한 국가, 한 민족, 한 교회 및 한 개인에게 살아가는 새로운 방식, 행복의 새로운 방식, 음식을 먹는 새로운 방식, 춤추는 새로운 방식, 사랑하는 새로운 방식, 정치의 새로운 방식, 축구하는 새로운 방식을 제공하는 것이다."[24] 램본은 의사가 질병에 대해 해 왔던 것처럼 교회도 죄에 대해서 동일하게 해왔음을 지적한다. 즉, 개인들이 자신의 죄들을 극복하도록 돕는 것에 목적을 둠으로써, 개인의 변혁을 통해 하나님과 이웃을 사랑할 수 있도록 한다는 전체적 목적을 잃어버렸다는 것이다.

> 만일 예수가 개인적- 건강- 자체를 그의 메시아됨의 징표로 삼았다면 그는 절대로 십자가에 달릴 수 없었을 것이다. 자기 자신의 건강에 대한 예수의 이해는 그의 메시아적 목적에 대한 그의 이해와 관계되어 있었다. 나 자신의 건강 자체를 무조건 선하다고 즉 아무런 의문 없이 추구해야 하는 어떤 것으로, 이해하는 것은, 의문의 여지없이 악마적이다. 마찬가지로 구원을 나 자신을 위한 어떤 것으로 이해하는 것도 악마적이다.

치유 및 돌봄을 증진시키기 위해서는 의사됨의 새로운 방식, 환자됨의 새로운 방식이 요청되며, 역시 목사됨의 새로운 방식, 교회됨의 새로운 방식이 요청된다.

이 지도에서 각 사각형은 각기 다른 구원-치유 모형을 나타낸다. 이 지도에 의하면, 각 모형은 치유의 전체 과정을 위해서 필요하지만, 어떤 상황에서 어떤 모형이 우선적으로 사용될 것인가 하는 것은 주어진 특정 상황이 무엇을 요청하는가에 의해 결정된다.[25] 그러므로 "의료적 탁월성은 상황적 탁월성이다." 램본에 의하면, 1920년부터 그 당시(1960년대)까지 의료적 정체성 및 의료적 단위의 탁월성은 개념지도의 왼쪽 아래 귀퉁이의 치유 모형에 의해 판단되었다. 이 모형에 의하면, 의사는 대형 병원에서 수술하면서 대부분의 시간을 보낸다. 램본은 이 모형이 지배하고 있는 대형 병원에서 미래의 의사들이 훈련받고 있는 현실에 대해 개탄한다. 왜냐하면, 그 의사들이 일할 현장이 대형 병원의 상황과 동일하지 않기 때문이다. 램본에 의하면, 서구는 19세기에 부적절한 종교 관습을 다른 나라들에 이식시켰던 것처럼, 20세기에는 부적절한 의료 관습을 다시 그들 나라들에 이식시키고 있다. 서구의 상황과 개발도상국의 상황은 판이하게 다르기 때문에 치유를 위한 모형도 달라야 하기 때문이다.

램본은 이 지도를 통해서 의료 행위를 하고 있는 사람들의 상황도 표현하고자 한다. 그에 의하면, 왼쪽 아래 방향으로 갈수록 전문가는 진위(眞僞)의 기준이 명백하기 때문에 진료 행위에 불안이 없이 임할 수 있다. 램본은 이를 사각형이 점점 작아지고 선이 점점 굵어지는 것으로 표현하고 있다. 즉 전문가는 명백한 실증적 논리에 따라 움직이는 대신 자신의 작은 벽 속에 갇혀버리는 것이다. 네모 안의 +표시는 의료 교육에 있어서 강조되는 정도를 가리킨다. 즉 의료 교육에 있어서 미시적인 질병 제거에 초점을 맞추는 경향이 있음을 나타낸다. 반대로 오른쪽 위의 방향으로 갈수록 교육 정책, 정치적 구조, 도덕적 선택 등 다양한 요소들이 개입되기 때문에 결코 언제나 분명하지 않다. 그 대신 그는 넓고 자유로운 공간에 있다. 램본은 의사를 교육하는 데 있어서 양자의 상황에 다 익숙하도록 해야 한다고 말한다.

램본은 그의 개념 지도의 배후에 하나의 신학이 있다고 말한다.[26] 그에 의하면, 그의 개념지도는 죄의 개념에도 동일하게 적용된다. 어떤 특정한 신학에 의하면, 죄는 개인 안에 정주해 있는 현실이다. 그것은 상황적이거나 관계적인 요소들과 상관이 없다. 이러한 신학은 왼쪽 아래 귀퉁이에 해당되는 개념을 갖고 있다. 질병을 개인 안의 특정한 현실로 보는 의학의 발전은, 개인의 구원을 최고의 가치로 여기며 개인 안의 죄의 제거를 통해 구원을 이루려는 한 특정한 프로테스탄트 윤리와 상관관계를 가지고 있다고 램본은 말한다. 세계를 거룩한 것과 세속적인 것으로 구분하고, 영혼의 돌봄은 성직자에게 신체의 돌봄은 의사에게 맡겨짐으로써, 두 전문가는 서로의 반사 이미지(mirror image)가 되어 왔다. 각자의 약점과 강점은 서로를 강화(强化)하고, 양자 사이의 대화는 서로의 강점뿐만 아니라 편견까지도 긍정해 준다. 램본은 일례로 임상목회교육을 들고 있다. 신학생들이 의료 현장에서 교육을 받음으로써 현대 의학의 치유 모형이 목회 현장으로 비판 없이 이전될 우려가 있다는 것이다. 그 극단적 형태로서, 신학생이 그러한 교육을 받은 후, 다양한 공동체적 요소가 현존해 있는 목회 현장으로 가는 대신에, 의사처럼 상담실을 차려 놓고 환자를 기다리는 목회상담전문가가 되는 모습을 발견하게 되는 것이다.

이러한 관점에서 램본은 신학 교육에 있어서의 임상 훈련만이 아닌 공동체적 요소의 중요성을 강조한다. 교육 과정에 있어서 다양한 공동체들에 대한 방문 경험이 필요하며, 정치학, 경제학, 사회학적인 요소들이 개입되는 복잡한 결정 과정을 경험할 필요가 있다. 램본은 임상 훈련의 결과로서 건강을 마치 질병의 부재(不在)로 본다거나 개인의 건강이 궁극적 목표가 된다거나 하는 위험성이 있음을 지적한다. 개인적 돌봄과 공동체적 돌봄 사이에, 질병에 대한 관심과 건강에 대한 관심 사이에 균형을 가질 필요가 있다.

3. 구원의 위기로서의 고난

램본은 질병/치유의 상황을 하나님의 주권 하에 있는 위기 상황으로 해석하였다.[27] 질병은 하나님의 섭리 가운데 있으며, 이 위기 속에서 하나님은 사람에게서 바른 응답을 구하신다고 본다. 사람의 바른 응답이 요청되는 가운데 질병의 상황은 구원을 향해 열려 있다. 그러므로 질병의 위기는 구원의 위기이다. 램본은 의사와 간호사가 환자를 만나러 갈 때, 그들은, 그리스도의 몸인 교회로서, 병상에서 그리스도를 만나 그의 신비를 보고 받기 위해 간다고 말한다.

삶의 위기 속에서 구원 사건이 이루어지는 과정을 램본은 이렇게 말한다:[28] (1) 위기 또는 질병의 발생; (2) 양심, 성직자, 현인 등을 통해 이 위기는 사람과 사람 사이, 또는 하나님과 사람 사이의 잘못된 관계의 증상임을 하나님이 선포하심; (3) 하나님이 사람의 응답, 즉 회개, 통찰, 잘못된 것을 바로잡음 등을 요구하시며, 바른 응답은 하나님과의 성숙된 관계에 이르게 하고 잘못된 응답은 소외와 파괴에 이르게 할 것임을 분명히 하심; (4) 바른 응답에 의해서 현재의 위기 또는 질병이 즉시 사라지지 않을지는 모르나, 바른 응답은 언제나 우주적 혼란을 줄이고 역사를 하나님의 뜻과 인간의 구원을 향해 움직여 가도록 함.

결국 질병을 비롯한 삶의 위기들은 하나님이 구원을 향해 부르시는 부르심이다. 우리가 이 부르심에 대해 바르게 응답할 때 질병은 우리에게 구원의 계기가 된다. 램본은 치유를 이렇게 정의한다. "치유는 위기에 대해 한 집단의 사람들이 개인적으로 또는 공동적으로 적절한 응답을 하는 것이다."[29] 이렇게 볼 때 치유는 질병 자체가 낫는 것보다 훨씬 광범위한 의미를 가지며, 우리가 어떠한 응답을 하는가와 매우 밀접한 관련을 갖는다. 즉, 위기는 보다 높은 품격의 삶을 위한 기회이며, 보다 높은 품격의 삶은 신체, 정신, 영의 전인적 내용을 포함한다.

위의 정의에서 볼 수 있듯이, 질병/치유의 상황은 환자 및 그의 의료인들에게 한정 되는 것이 아니라, 가족, 교우, 친지 등 그 위기에 관련 되어 있는 모든 사람들을 포함한다. 이 모든 사람들이 관계되어 구원의 상황을 형성한다. 그리스도의 치유 사역은 병자를 위해서뿐만 아니라 증인들을 위해서도 구원의 위기이다. 그러므로 우리가 환자에게 자비의 행위로써 응답하지 않는 것은 그리스도의 구원의 배척으로서 이미 심판받은 것이다.

4. 공동체적 치유(Corporate Healing)

앞에서 언급된 개념지도나 치유의 정의에서 나타난 바처럼, 램본은 일관되게 질병, 건강, 치유에 대한 공동체적 접근을 강조한다. 램본의 이러한 사상은 그의 생전에 출판된 유일한 단행본인 *Community, Church and Healing*에서 광범위하게 논의되고 있다. 목회신학자로서의 그의 초기 사상이 잘 담겨 있는 이 책의 내용은 이후 그의 사상적 여정에서 일관되게 이어지고 있다. 그의 사상의 핵심을 말하라고 한다면 바로 치유에 대한 공동체적 접근이라고 말할 수 있을 것이다.

램본은 책의 서두에서 질병과 치유의 집단적 성격을 의료계가 새롭게 발견하고 있다는 사실들을 지적한다. 사회적 신경증(social neurosis)의 개념,[30] 치유 공동체로서의 병원의 개념 등은 이러한 자각을 대변한다.[31] 램본은 성서에서 치유의 공동체적 접근을 추적한다. 구약에서 그는 하나님과 그의 선택된 공동체인 이스라엘과의 언약적 관계 속에서 이를 발견한다.[32] 이 관계 속에서 이스라엘은 집단적 책임을 진다. 즉, 한 사람은 개인인 동시에 집단의 한 구성원으로서의 책임을 진다. 히브리인들은 그리스인들과 달리 개인과 집단, 신체와 정신 사이를 분리하지 않고 통합적으로 생각하는 전인적 사고를 갖고 있었다.

램본은 복음서에서 나타나는 예수 치유 행위가 공동체적 징표임을 확인한다.[33] 예수의 치유 사건은 개인적 사건이 아니라 이스라엘 공동체, 아니 인류 공동체를 위한 메시아적 징표였다. 즉 하나님 나라가 이 땅위에 임하는 예언적 상징이었던 것이다. 그러므로 그것은 공적인, 집단적인 징표였다. 치유 사건 속에서 예수는 곧 하나님 나라라는 새로운 공동체를 대변하는 존재였다. 즉, 예수는 자신을 하나의 분리된 개인으로서 이해한 것이 아니라, 고난 가운데 있는 모든 인간의 대변적 존재(representative man)로서 보았다.[34] 그는 약하고 병들고 쫓겨난 사람들과 자신을 동일시한 동시에, 그들을 섬기는 제자들과도 동일시하였다.

병자 역시 한 개인에 그치는 것이 아니라, 하나의 공동체를 대변하는 존재이다.[35] 병자의 아픔은 개인 안에 내재하는 것으로 그치는 것이 아니라 공동체 전체의 아픔을 상징한다. 병자가 우리의 이웃인 것은 단순히 우리 옆에 존재하기 때문만이 아니라 그의 아픔 속에 곧 나의 아픔이 있기 때문이다. 그의 아픔은 우리 모두의 아픔인 것이다. "가정과 병원의 병상(病床)마다 그리스도 자신과 모든 인류가 현존한다."[36] 공동체의 죄를 지고 있는 병자의 고통에 어떻게 반응하느냐에 따라 그 공동체는 구원에 이를 수 있는지 없는지의 심판을 받는다.

램본에 의하면, 공동체가 병자의 고통에 어떻게 반응하느냐 하는 것뿐만 아니라 치유 사건에 어떻게 반응하느냐 하는 것 역시 심판을 촉구한다.[37] 그리스도의 치유 행위는 하나의 개별적 사건이 아니라 하나의 집단적 징표였다. 다시 말하면, 인간 공동체에 하나님나라가 임하는 징표였다. 그러므로 그의 치유 행위를 목도한 사람들은 그 사건에 반응할 책임을 갖게 된다. 믿음으로 반응하여 그리스도를 신실하게 증거하는 자들은 구원 공동체의 일원이 되며, 그렇지 못한 자는 심판에 이른다.

램본에 의하면, 기독교 성례전은 기본적으로 치유적 성격을 갖는다.[38] 성례전에 현존하는 그리스도는 첫째는 창조자(creator)로서, 둘째는 재창조자(re-creator)로서, 셋째는 화해자(reconciler)로서 현존하신다. 공동체의 신앙고백적 행위인 성례전을 통해서, 창조하고 재창조하며 화해하시는 그리스도를 공동체는 자신 안에 받아들인다. 자신이 이 땅에 현존하는 동안 끊임없이 치유하셨던 그리스도는 성례전을 통해 공동체 안에 현존하심으로써 역시 끊임없이 치유하신다. 이러한 관점에서, "세례는 교회의 첫 번째 치유 성례전이다. 왜냐하면 그것은 남자들과 여자들을 치유 공동체로 통합하여 사람과 자연의 깨어진 것을 치유하기 때문이다." 성찬식에서 질병 상황이 하나의 봉헌으로 드려져서 은혜와 치유의 수단으로서 돌려받을 수 있도록 해야 한다고 램본은 말한다:[39]

> 성찬식(Holy Communion)은 치유하는 그리스도의 위대한 삶, 죽음, 부활에 대한 계속적인 기념이다. 거기에 참여함으로써 성도들은 생명을 주는 영을 받기 때문에, 성찬식은 치유 예식이다. 성찬식은 모든 사람들이 한 빵에 참여하여 한 영을 받는 집단적 행위이기 때문에, 일상의 질병과 건강의 공동적 측면들을 나타내기에 특별히 적합한 치유 예식이다.

그리스도의 삶과 죽음과 부활이 모든 피조 세계의 화해와 구원을 향해 있다면, 그의 사역 전체가 치유의 기적이라고 말할 수 있을 것이며, 이러한 관점에서 "그리스도의 모든 성례전이 치유의 성례전"이라고 말할 수 있을 것이다.[40]

램본은 일반적으로 이루어지고 있는 영적치유(spiritual healing)에 대해서 완전한 개인주의(individualism)적 접근이라고 비판한다.[41] 여기에서 병자는 자신의 운명과 영혼의 책임자로서 자신의 질병을 혼자 짊어진다. 그리고 개인적 믿음을 통해 개인적 건강을 얻을 수 있다는 메시지를 듣는다. 이는 개인주의적 접근이라는 점에서 의학이 개인의 질병에 대해 접근하는 것과 동일하다. 램본은 병자에 대한 돌봄에 있어서 영적 돌봄과 세속적 돌봄이 이원론적으로 분리되어 있는 것에 대해 비판한다. 그 예로 병자에게 음식, 옷, 약 등을 공급하는 서비스와 종교적인 돌봄이 분리되어 있는 것을 들고 있다. 램본은 더 나아가 의료적 돌봄과 종교적 돌봄의 분리 역시 비성서적인 것이라 비판하고 양자의 통합을 지향한다.

결국 "교회는 치유 공동체(healing fellowship)이며, 기독교 회중의 사명은 신앙, 희망, 자선의 바른 태도를 길러서 그리스도로 하여금 오늘날 치유하실 수 있도록 하는 것이다."[42] 지역 공동체의 복지 서비스를 위해서 교회가 할 수 있는 일을 램본은 다음과 같이 제안한다:[43] "1) 삶과 설교를 통해 모든 사람들로 하여금 다른 사람들을 섬김을 통해 하나님을 섬기도록 촉구한다; 2) 지역 여론을 조성하고 지역의 공동 행동을 주도한다; 3) 교인들이 그 서비스에 적극적으로 참여한다." 병자에 대한 돌봄에 대해서도 램본은 다음과 같이 제안한다.[44] 목사는 병자를 개인적으로 방문할 뿐만 아니라, 말씀, 성례전 및 모범을 통해 교인들을 움직여서 그들이 돌봄 공동체를 이루도록 해야 한다. 교회는 병자에 대한 돌봄에 있어서 세속적 치유 기관들과 적극적 협력을 하는 동시에, 기도, 설교, 성례전, 병자 심방 등이 서로 유기적 관련을 갖고 환자에게 도움이 되도록 해야 한다.

IV. 상담: 그리스도를 위한 상담(Counseling for Christ)

1968년부터 1969년 사이에 미국을 방문한 램본은 미국에서 당시 발전되고 있던 목회상담에 대해 신랄한 비판의 글을 발표한다.[45] 그 글의 서두에서 그는 다음과 같이 쓰고 있다:

> 이 목회상담은, 정의(definition)에 있어서나 실천(practice)에 있어서나, 집단적으로 이해되는바 교회 공동체와의 살아 있는 관계의 표지가 거의 없다. 그러므로 목회상담이 또 다른 센터를 찾고 섬김으로써 교회로부터 떠나고 있으며 교회를 약화시키고 있다는 사실은 놀라운 일이 아니다. 그 센터란 의학적 진료를 모방하고 있는 하나의 전문가 문화(professional culture)이다. 의료는 일대일의 의사–환자 관계에 기초하고 있는데, 이러한 모형 자체가 이미 구식이 되어가고 있다는 징후들이 있다. 이 새로운 전문가 의식은 아직도 교회에 대해 말로만 동의하고 있는데, 실제로는 교회가 생명을 주는 자원을 갖고 있다고 신실하게 믿는 모습을 거의 찾을 수가 없다. 교회라는 독특한 원천 안에서, 남자들과 여자들이, 개인적으로나 공동체적으로나, 하나님의 형상 안에서 스스로 진정한 인간임을 발견하고 또 그 발견을 활용할 수

있는 힘을 자각할 수 있다는 사실을 그 전문가들은 사실상 그들의 행동을 통해 부인하고 있다.[46)]

램본은 자신이 심리치료나 상담 자체를 공격하는 것이 아니라 그것의 우상화를 공격하는 것임을 말하면서, 참된 목회상담이 교회에서 현재보다도 더 중심적이고 중요한 역할을 해야 한다고 말한다. 그러나 그러기 위해서는 목회상담이 그 진정한 목적을 회복해야 한다는 것이다. 그 진정한 목적은 "온전함을 향해 자라나는 교회"(the Church growing toward perfection)이며, 이는 공동체적 친교(koinonia) 안에서 기독교 행동 윤리를 배우고 실천하는 책임적 행위들을 통해 이루어질 수 있다고 말한다. "목회상담은 두 사람 이상이 모여 그들이 세상에서 교회로서 함께 해야 할 것이 무엇인가를 결정하는 기독교 친교(Christian fellowship)의 한 부분으로서, 교회로부터 그 성격을 부여받는다."[47)]

1. 목회상담의 기초

목회상담을 목회적(pastoral)이 되게 하는 것이 무엇인가? 램본은 목회상담의 기초가 될 수 없는 세 가지를 말한다.[48)] 첫째, 목회상담은 행동 과학에서 유래된 어떤 사실적 지식을 가지고 공동적 기반을 형성할 수 없다. 행동 과학 자체가 기술적인 인간학적 가설들(technical anthropological dogmatics)이며, 여기에 모두가 동의할 수 있는 사실들이란 없다. 둘째, 상담가의 일관된 태도 역시 목회상담의 기초가 될 수 없다. 예를 들면, 기술적 지식 및 방법 속에 숨어 있는 무조건적 수용 또는 경험에의 개방성 등의 태도는 모든 상담의 공동의 기초가 된다고 볼 수도 있다. 하지만 이러한 태도가 일반적인 윤리적 책임성을 가리킬 수 있을지는 모르지만 목회상담의 포괄적 기초가 될 수는 없다. 셋째, 효과가 있다는 사실이 목회상담의 기초가 될 수는 없다. 램본은 상담의 효과를 평가하는 기준 자체가 상담의 임상적 이데올로기 안에 포함되어 있다고 지적한다. 상담 과정 자체가 내담자가 상담가의 이데올로기에 설득되는 과정이라고 한다면, 그 결과란 이미 출발점에서 정해져 있는 것이다. 다시 말하면, 상담 또는 심리치료의 이데올로기가 효과를 규정하는 것이다. 목회상담 역시 하나의 이데올로기로서 자신의 효과를 스스로 규정할 수 있는 것이다.

램본은 목회상담의 기초로서 두 가지를 말한다.[49] 첫째는 기독교 공동체이다. 그리스도의 이름으로 모인 기독교 친교(koinonia)는 목회상담의 살아있는 중심이며 그것의 독특한 지식과 힘의 원천이다. 목회상담의 첫 번째 특징은 목회상담이 벌어지는 상황의 독특성이다. 그 상황이란 곧 일단의 사람들이 자신들을 교회라고 부르면서 서로를 위한 섬김 안에서 하나님의 뜻을 실천하려고 노력하는 공동체적 상황이다. 만일 상황이 다르다면, 진리나 행동의 기준 또한 달라야 한다. 목회상담의 두 번째 기초는 그것이 진리의 기초로 삼는 원천에 있다. 세속적 상담의 지식의 원천이 행동 과학이라면, 목회상담은 성서 및 신학을 지식의 원천으로 삼는다. 그렇다면 심리학적 지식은 목회상담에 있어서 무슨 의미를 갖는가?

2. 상황적 사실 추구로서의 심리학

램본은 정신의학과 상담의 핵심적 공헌은 그것이 사람들의 삶의 상황 속에 성육화(incarnation) 되려는 노력을 기울인다는 데 있다고 말한다.[50] 프로이드의 핵심적 공헌은 행동의 윤리를 구체적인 상황 속에서 보고자 했다는 데에, 다시 말하면, 그 상황 속에서 구체적으로 행동의 방향이 우러나오도록 시도했다는 데에 있다고 램본은 말한다. 즉, 사람들의 행동에 대한 가르침은 역사적 사실들 속에서 나온 현실 인식에 근거해야 한다는 것이다. 그러나 램본이 볼 때, 정신의학의 커다란 오류는 그것이 끊임없이 추구하는 상황적 사실들이 궁극이전적(窮極以前的, penultimate)이라는 것을 잊는 것이다.[51] 정신의학이 자신이 추구하는 상황적 사실의 구체성과 특수성의 한계를 잊고 그것으로부터 인간 행동의 궁극적 규범을 만들어내려고 할 때, 그것은 궁극이전적 사실들로부터 궁극적(窮極的) 행동 규범을 사람들에게 제시하는 잘못된 결과를 야기한다.

정신의학이 현대인들에게 인간의 행동 및 행동 병리에 대하여 기본 가정들과 원칙들을 제공하고 있다는 의미에서 램본은 정신의학이 오늘날의 종교가 되고 있다고까지 말한다. 그는 인간의 행동에 대한 정신의학적 기준들은 현대인들에게 도덕적 가학주의(moral sadism)가 되고 있다고까지 말한다.[52] 즉, 정신의학과 상담은 사람들에게 정상적이고 건강한 생활을 위한 기준들을 제시하고 그 기준들에 못 미칠 때에는 사람들로 하여금 죄책감과 불안을 갖게 한다는 것이다. 상담가들이 인간의 행동과 삶에 대한 기준들을 가지고 사람들에게 도덕적 설득을 하고 있다는 것이다.

그 예로서, 램본은 자아심리학(ego-psychology)의 경우를 들어 비판을 가한다.[53] 심리적 기능성에 가치의 기준을 둘 때 그것은 절대화될 우려가 있다. 자아심리학은 프로이트의 본능 심리학(id psychology)에서 한 심리적 기능으로 분류되는 자아의 역할을 강조하는 데서 출발하였다. 그러나 그것은 자아의 기능과 현상에 절대성을 부여함으로써 자아의 신격화(ego-divinisation-a-deux)에 빠져 버렸다고 램본은 비판한다. 자아 심리학이 본능으로부터 자유한 자아를 주장함으로써 자유의지를 가진 기독교적 인간에 동조하는 것으로 볼 수 있을지 모르지만, 오히려 자아심리학은 '자아와의 관계 속에 있는 자아'(ego in relationship with ego)에만 머물러 자아 자체를 절대화하는 오류에 빠져 버리는 경향이 있다는 것이다.

3. 목회상담의 과정

램본에 의하면 목회상담은 기독교 공동체의 공동 형성(corporate formation) 또는 공동 변혁(corporate transformation)의 과정이다. 그에 의하면, 초대 교회의 신학은 공동적 윤리 형성(corporate ethical formation)의 신학이었다. 즉, 그것은 초대 교회가 그들의 역사적 현실 속에서 교회된다는 것이 무엇인가를 발견하려는 끊임없는 노력의 결과 탄생한 신학이었다. 이방인의 세례 문제, 고기 먹는 문제, 결혼과 성생활의 문제 등과 관련된 현실적인 결정 과정 속에서 탄생한 사도 바울의 신학이야말로, 임상적인 구체적 사실들과 씨름하는 임상 신학의 모범이었다고 램본은 평가한다.[54] 이처럼 기독교 공동체의 공동 형성(corporate formation) 또는 공동 변혁(corporate transformation)은 역사와 세계의 현실들 및 사실들과의 진지한 대면과 씨름을 언제나 내포한다. 하지만 개인은 현실과의 씨름 속에서 혼자서 의미를 찾아 가는 것이 아니다.

> 목회상담의 원형(prototype)은 언제나 교회이다. 즉 기도, 성서 읽기, 설교를 위해 모인 교회 속에서 사람들은 세계의 사실들과 가장 진지하게 대면하면서 하나님이 그들을 개인적으로 또는 집단적으로 어떻게 변혁시키시고자 하는가를 탐색한다. 교회 안에서 그들은 옳은 것을 할 수 있는 지식과 힘을 은혜로써 받으면서 감사하고 떡을 뗀다. 이렇게 이해할 때, 임상적 방법(이것이야말로 목회상담의 중심적 특징인데, 이를 통해 환자 분석에 의해 얻어지는 임상적 사실들이 은혜 안에서 개인적 진리의 말씀으로 나아간다)은 하나님의 말씀을 듣고 받으려고 모인 교회와 조화를 이룬다.[55]

진리는 언제나 삶 자체에 뿌리박고 있는 동시에 살아있는 타인과의 관계에서 생성된다. 타인과의 관계 속에서 각 개인의 삶의 사실들은 밝혀지고 그리스도에게 봉헌되며, 사람들은 자기 자신들과 하나님에 관한 잠정적이지만 의미있는 진리를 돌려받게 된다. 이와 같이 그리스도인은 하나님의 말씀을 말해 줄 다른 그리스도인을 필요로 한다. 교우(敎友)는 하나님의 구원의 말씀의 담지자 및 선포자로서 서로에게 존재한다.

램본은 목회상담의 다섯 단계를 간략하게 요약한다:[56]

1) 교회는 교회로서 세계 속에 참여하면서, 공동 형성(corporate formation)의 책임적 행위들이 무엇인가를 발견하기 위해 노력한다.
2) 이 포괄적 활동 속에서 '전문적인' 목회상담의 특정한 문제들이 드러난다. (램본은 사도 바울의 목회 서신을 그 원형으로 간주한다.)
3) 이로부터 기독교 윤리가 도출된다.
4) 기독교 윤리와의 대화 속에서 조직 신학이 생성된다. (램본은 바울 신학을

역시 그 예로 생각한다)

5) 교회는 현실적 상황으로서의 세계와 살아 있는 관계를 맺으면서 – 마치 자궁에 서 알이 태어나는 것처럼 – 새로운 생명, 새로운 현실로 나아간다.

이러한 관점에서 램본은 특정한 현실 속에서의 특정한 결정을 문제 삼는 기독교 윤리가 목회상담에서 중요한 위치를 회복해야 한다고 말한다. 그리고 목회상담 사역에서 신학적인 언어 및 기독교 예식과 상징의 보다 활력있는 표현이 요청되며, 평신도를 포함한 공동체적 자원이 적극적으로 활용되어야 한다고 말한다. 목회상담은 심리학적 지식 및 기술들을 교회 공동체의 삶 및 성례전에 적용함으로써 그것들을 유용한 도구로 삼을 수 있다. 그러나 단순한 적용에 그칠 때, 심리학의 이데올로기가 교회의 이데올로기를 대체할 위험성이 있다. 그러므로 목회상담은 언제나 신학적 분석을 통해 새로운 행동의 이데올로기 – 교회를 위해서뿐만 아니라 세계를 위해서 – 를 생성해나가야 한다.

V. 평가 및 비판

목회상담에 있어서의 램본의 공헌의 가장 큰 독특성은 그가 평신도로서 출발하여 평신도로서 남아있었다는 사실일 것이다. 그가 신학을 전공한 목사로서 상담학을 공부한 것이 아니라 의사 또는 정신과 의사로서 임상적 경험을 쌓은 후에 신학자로서의 경력을 쌓았다는 사실은 그로 하여금 목회상담에 접근하는 관점이나 시각을 갖는 데 있어서 독특한 위치를 갖게 한다. 의사로서의 그의 경력은 그의 글들 속에서 의료에 관련된 내용이 많은 데서도 잘 나타나지만, 그는 의료에 관련된 내용에서도 언제나 신학적인 관점에서 접근하고 있다는 자의식을 갖고 있었던 것처럼 보인다. 그는 언제나 자신이 신학자라는 사실을 확인하고 있었을 것이며, 신학자가 되기 위해 전문적 목회자가 될 필요는 없다는 사실을 의식하고 있었을 것이다.

그의 글에서 우리는 신학적 언어가 '신학적'이게 만드는 것이 아니라는 사실을 발견한다. 그가 의료나 상담의 실천에서 신학적 관점과 의미를 찾아내는 것은 그리 어렵지 않았으며, 동시에 그는 신학이나 목회적 실천에서 비기독교적 요소를 쉽게 찾아내어 비판하곤 하였다. 그는 진실로 세속화 신학자인 동시에 철저히 기독론적 신학자였다. 그에게 있어서 기독교 실천은 교회와 세계 사이에 경계를 지어서는 안 되며 오히려 우선적으로 세계를 위한 것이어야 한다. 그러나 그 실천의 이데올로기와 방법은 우선적으로 예수 그리스도에게서 발견되어야 한다.

필자가 이해할 때 램본의 사상의 가장 핵심적인 것은 치유에 대한 공동체적 돌봄의 강조에 있다고 본다. 이는 그의 초기 사상에 있어서부터 일관되게 강조되는 내용이다. 램본이 당시의 미국의 목회상담을 신랄하게 비판한 것은 바로 교회 공동체로부터의 유리였다. 그가 이해할 때, 현대의 치유 문화에 있어서 기독교가 비판하고 고쳐야 할 부분이 개인주의적 접근이었기 때문에, 당시의 목회상담 문화는 철저히 비기독교적이었던 셈이다. 그가 치유의 공동체적 의미를 재발견해낸 것은 교회의 치유 및 상담 실천에 있어서 결정적으로 중요한 의미를 갖는다. 그의 말이 옳다면, 목회상담은 개인적 상담뿐만 아니라 공동체적 치유 모형을 발전시켜야 할 과제를 갖고 있다.

앞에서 언급된 윌슨의 평가처럼, 램본의 글은 학문적 서술을 목적으로 하였다기보다는 현재적 경험에 대한 반성과 실천적 제안들을 내놓는 데 의도가 있었던 것처럼 보인다. 그리하여 그는 자신의 신학 및 실천에 있어서 학문적 방법론을 체계적으로 서술하는 데는 그리 친절하지 않았다. 그의 글은 체계적 서술이라기보다는 논쟁적 변증에 가깝다. 그가 예수의 실천 방식을 'scandalous and unprofessional'하다고 평가했던 것처럼, 자기 자신도 마치 학계에서 하나의 스캔들처럼 글을 쓰고 행동했는지도 모른다. 따라서 그는 많은 비판에 직면했을 것이다. 램본의 학문적 방법론이 정확하게 무엇인지 파악하기는 어렵다. 아마도 그 자신이 하나의 방법론으로 자신을 규정하는 것을 반대하였는지도 모른다. 분명한 것은 그가 늘 개방적이기를 원했을 뿐만 아니라 철저히 신학적이기를 원했을 것이라는 사실이다.

참·고·문·헌

Ballard, Paul H., ed. *The Foundation of Pastoral Studies and Practical Theology*, The Board of Studies for Pastoral Studies, University College, Cardiff, 1986.

Lambourne, Robert A. *Church, Community and Healing*. London: Darton, Longman, & Todd, 1963.

_____. *Explorations in Health and Salvation*. University of Birmingham, 1983.

주(註)

1) 본고는 홍영택, "램본(ROBERT ALFRED LAMBOURNE)의 공동체적 목회상담," 「신학과 세계」 61 (2008)을 수정·보완한 것임.

2) 이 부분은 그의 사후에 그의 논문들을 모아 출판된 *Explorations in Health and Salvation* (University of Birmingham, 1983)의 서문의 내용을 요약 정리한 것이다.

3) Paul H. Ballard, "The Emergence of Pastoral Studies," in *The Foundation of Pastoral Studies and Practical Theology*, P. H. Ballard, ed. (The Board of Studies for Pastoral Studies, University College, Cardiff, 1986).

4) 이러한 입장은 교회의 전통을 중시하는 영국 국교회의 역사적 특징과 관계가 있다. 리드 (J. Reed)는 영국 국교회의 신학이 목회돌봄(pastoral care)에서 몇 가지 특징들을 가져오 게 되었음을 지적한다. 첫째, 영국 국교회에서 목회돌봄은 그리스도에 대한 사람들의 신 앙을 발달시키고 심화하려고 한다는 측면에서 기본적으로 교육적 과제를 갖고 있다. 여기 에서 윤리적 삶을 강조하는 두 번 째 특징이 나오게 된다. 세 번 째 특징은 예배, 복음 선 포, 사람들의 돌봄, 사회 정의 실천 등의 실현의 장으로서 교회 공동체가 그리스도인들의 삶의 중심이 된다고 강조하는 것이다. 교회가 집례하는 성례전이 삶의 초점을 이루며, 교 회 공동체는 삶의 장이자 돌봄의 장이 된다. [James Reed, "Anglican Pastoral Care," in *Dictionary of Pastoral Care and Counseling*, R. J. Hunter, ed. (Nashville, Abingdon Press, 1990)]

5) Robert A. Lambourne, *Church, Community and Healing* (London: Darton,

Longman, & Todd, 1963). 이후 그는 많은 논문들을 발표하였고, 이 논문들은 그의 사후에 단행본으로 편집되어 *Explorations in Health and Salvation* 라는 제목으로 출판되었다. 따라서 본고는 이 두 단행본들을 중심으로 요약되고 정리된 것이다.

6) Robert A. Lambourne, "Counseling for Narcissus or Counseling for Christ"(1969–4), in *Explorations in Health and Salvation* (University of Birmingham, 1983).

7) Robert A. Lambourne, "An Objection to a National Pastoral Organisation"(1971–4), in *Explorations in Health and Salvation* (University of Birmingham, 1983).

8) 앞의 책, 8.

9) Robert A. Lambourne, "A Christian Epistemology of Health for Use in Medicine and the Church's Ministry of Healing"(1969–2c), in *Explorations in Health and Salvation* (University of Birmingham, 1983), 84–94.

10) 앞의 책, 85.

11) Robert A. Lambourne, "Models of Health and Salvation – Secular and Christian"(1971–5a), in *Explorations in Health and Salvation* (University of Birmingham, 1983), 202–203.

12) Lambourne, "A Christian Epistemology of Health for Use in Medicine and the Church's Ministry of Healing," 87.

13) 앞의 책, 89.

14) Robert A. Lambourne, "Hospital Salt, Theological Savour and True Humanism"(1965–1c), in *Explorations in Health and Salvation* (University of Birmingham, 1983), 49–66.

15) 앞의 책, 64.

16) Robert A. Lambourne, "'Experience As', and Medical Theological Dialogue"(1972–3), in *Explorations in Health and Salvation* (University of Birmingham, 1983), 228–232.

17) Robert A. Lambourne, "Health Today and Salvation Today"(1972–7b) in *Explorations in Health and Salvation* (University of Birmingham, 1983), 234,

18) Lambourne, "Hospital Salt, Theological Savour and True Humanism." 52.

19) 앞의 책, 57–60.

20) 앞의 책, 199–200.

21) Robert A. Lambourne, "Toward an Understanding of Medico–Theological Dialogue"(1969–5b), in *Explorations in Health and Salvation* (University of Birmingham, 1983), 219–220.

22) 앞의 책, 221–222.

23) 앞의 책, 208, 223.

24) Lambourne, "Models of Health and Salvation – Secular and Christian," 212.

25) Lambourne, "Toward an Understanding of Medico–Theological Dialogue," 224.

26) Lambourne, "Models of Health and Salvation – Secular and Christian." 213.

27) Robert A. Lambourne, "What is Healing?"(1963–2a), in *Explorations in Health and Salvation* (University of Birmingham, 1983), 28.

28) 앞의 책, 31–32.

29) 앞의 책, 32.

30) Lambourne, *Church, Community and Healing,* 19.

31) 앞의 책, 12.

32) 앞의 책, 24–26.

33) 앞의 책, 35–43.

34) 앞의 책, 48.

35) 앞의 책, 53.

36) 앞의 책, 56.

37) 앞의 책, 61.

38) 앞의 책, 74–89.

39) 앞의 책, 129–130. 램본은 성찬식을 통해 치유 예식을 할 수 있는 방식을 실제로 제안하고 있다.

40) 앞의 책, 126.

41) 앞의 책, 124.

42) 앞의 책, 170.

43) 앞의 책, 168.

44) 앞의 책, 169–170.

45) Lambourne, "Counseling For Narcissus or Counseling For Christ"(1969–4), 135-161.

46) 앞의 책, 135.

47) 앞의 책, 137.

48) 앞의 책, 138–144.

49) 앞의 책, 146–147.

50) 앞의 책, 144–145.

51) 앞의 책, 147.

52) 앞의 책, 143.

53) 앞의 책, 148–150.

54) 앞의 책, 158.

55) 앞의 책, 156.

56) 앞의 책, 158.

Chapter 19

헬무트 타케
(Helmut Tacke)[1]

신 명 숙
[전주대학교 교수]

I. 삶과 경력 및 학문적 배경

헬무트 타케는 1928년 6월 4일 독일 Bremen에서 상인의 아들로 태어났다. 1944년 학생시절 군대에 소집되어 영국에서 포로로 잡혔다가 1945년에 풀려났다. 1947년 Wuppertal에서 신학공부를 시작하였고 Düsseldorf에서 교회음악 교육을 받았다. Göttingen에서 Hans Joachim Iwand, Ernst Wolf, Otto Weber, Friedrich Gogarten 등의 학자의 지도를 받아 조직신학을 중심으로 신학수업을 계속하였다. 1953년에서 1955년까지 Aurich와 Osnabrück, 그리고 Wuppertal에서 전도사로 사역하였다. 1955년에서 1956년 Bremen에 있는 북독일 선교국에서 설교를 도왔고 1958년에서 1965년까지 Hamburg-Altona에 있는 교회에서 목사로 활동하였다.

신학 수업 외에도 Hamburg에서 오르겔 교육을 받았으며, 연주자로 활동하기도 했다. 1965년에서 1968년 동안 타케는 터키 Istanbul에 있는 독일교회에서 목회활동을 하면서 동방정교회의 대주교와 교류를 갖기도 했다. 1968년에서 1977년까지 Wuppertal 신학과에서 설교학 세미나를 맡아 진행하였다. 그는 이곳에서 설교학과 목회학과 상담학을 가르쳤다. 1975년에는 *Glaubenshilfe als Lebenshilfe. Probleme und Chancen heutiger Seelsorge*를 출판하였다. Wuppertal에 있는 교회에서 정기적으로 설교하면서 청소년 사역에서 음악적인 부분과 종교교육을 담당하였다. 교회에서 오르겔 연주자로 정기적으로 활동하였으며, 전화상담도 맡았다. 1977년에서 1989년까지는 런던으로 건너가 그곳에 있는 독일 교회 목사로 활동하다가 1989년 Bremen에서 임종하였다. 1989년 그의 아내와 자녀들에게 바쳐진 책이 출간되었는데, 책의 제목은 *Mit den Müden zur Rechten Zeit zu Reden. Beiträge zu Einer Bibelorientierten Seelsorge*이다.

II. 목회신학 방법론

목회상담은 지금까지 기독교 역사를 통해 볼 때 영혼돌봄의 차원에서 출발하여 시대적 상황과 문화의 변화에 따라 수많은 변화와 수정 과정을 거쳐 왔다. 이러한 발달과정 속에서 1960년대에 들어서 현대목회상담운동이 전성기를 맞이하면서 그 부작용도 나타나기 시작했다. 목회상담의 현대적 발전을 위해 심리학을 적극적으로 활용하면서 기독교 전통에서 내려오고 있던 영혼돌봄의 핵심이 흔들리는 위험에 처하기도 했으며, 한편에서는 이에 대한 반작용으로 오직 성서만이 인간 영혼을 돌보기 위한 교과서라고 주장하는 근본주의와 복음주의적인 입장의 목회상담이 대두되기도 했다.[2] 그러나 어떤 학문적 입장과 관점이 옳은지 판단하기보다는 여러 다양한 목회상담 이론 사이에 존재하는 학문적 입장의 차이를 받아들이고 발전적인 타협점을 찾는 것이 중요하다. 이와 동시에 서로 다른 학문적 입장에 대하여 다양하게 문제제기를 하고, 그 문제제기를 통해 새로운 차이점들과 구별된 점들을 찾는 것도 필요한 작업일 것이다.

이 과정에서 무엇보다도 중요한 것은 다양한 학문적 관점과 입장에도 불구하고 변하지 않는 기독교 목회상담의 정체성을 찾는 것이다. 교회 목회상담이 일반상담과 구별되지 않고 특수성 없이 일반화되어 가고 있는 현실에 할 수 없이 끌려갈 것인가? 아니면 오히려 기독교만이 가지고 있는 특수한 목회상담의 관점을 찾아내고 발전시킬 것인가? 시대적 흐름 속에서 목회상담이 단순히 일반상담과 같아지는 방향으로 끌려갈 수는 없을 것이다. 그렇다고 인간이해를 위해 필요한 다른 학문을 무조건 거부하면서 폐쇄주의로 갈 수도 없다. 그러기 위해서는 한 방향에 치우친 지금까지의 목회상담 방향이 변화되면서 기독교 목회상담의 정체성 확립을 위해 기독교 역사에 나타난 목회상담 고유의 특성을 찾아 다시 회복해야 하고 이어가야 할 것이 무엇인지 분명히 할 필요가 있다.

최근 독일 현대 목회학의 특징은 '전체적인 사고(ein ganzheitlichen Denken)' [3] 를 지향하고 있다는 점이다. 전체적인 사고는 어느 한 쪽에 치우친 이론이 아닌 통합의 차원이라고 할 수 있다. 그럼에도 불구하고 어느 방향의 틀에서의 통합인가에 따라 최근 목회상담의 흐름을 미국에서 시작된 현대목회상담운동을 이어가려는 방향과 전통적인 기독교 목회상담 역사에 나타난 영혼돌봄의 차원을 회복하고 연속성을 찾으려는 두 방향으로 생각해 볼 수 있다.

본고에서는 후자의 관점에서 자신을 새로운 목회상담운동의 비평가인 동시에 그 운동의 흐름과 기꺼이 대화하기를 원했던 독일의 목회상담학자 헬무트 타케를 소개하고자 한다. 1970–80년대 이후 한국 목회현장과 신학에 목회상담이 소개되기 시작했는데, 한국 목회상담은 주로 미국의 현대목회상담운동의 영향을 받아왔다. 그것은 목회상담에 관여하고 있는 한국의 학자들 대부분 미국에서 학문적인 도움을 받았기 때문이다. 목회상담 관점에서 독일 목회신학자인 타케의 이론을 소개하는 것은 미국의 목회상담 흐름에 대한 병행과 보완의 관점에서 의미가 있다고 본다.

타케는 목회상담의 뿌리를 찾아 회복하고 역사적 연속성을 찾으려고 노력했다. 이것은 목회상담의 정체성을 회복하고자 하는 시도로 이해할 수 있을 것이다. 그의 이러한 시도는 투르나이젠(E. Thurneysen)의 선포적인 목회상담의 방향[4]을 계승하면서 하나님과 세상, 그리고 하나님의 말씀과 인간의 상황을 서로 연결시켜 새롭게 발전시킨 것이라고 할 수 있다. 타케는 개혁주의 전통을 따르면서 바르트의 하나님 말씀 신학에서 출발하여 목회상담 운동에 대하여 비판적이면서도 협력적인 관계를 모색한다. 그는 심리학을 거부하는 것이 아니라 심리학이 주는 도전은 받아들여야 되지만 경쟁관계는 아니라고 주장한다.

타케는 전통적인 목회상담과 심리학을 분리하는 입장을 취하는 것을 원하지 않으며, 목회상담자의 특징이자 장점을 포기하지 않으면서 동시에 심리학을 배워야 한다고 강조한다. 타케는 심리학에 대해서 개방적이다. 그는 새로운 학문의 등장을 받아들이면서 동시에 역사에 나타난 기독교 영혼돌봄의 특수성을 찾아 다시 회복하고 계속해서 이어가려고 노력한다.

타케의 목회신학적 방법론을 이해하기 위해 먼저 인간 성화의 문제를 중심으로 목회상담의 신학적 기초를 살펴보고, 이어서 목회상담의 목적인 삶의 도움으로서의 신앙의 도움에 대하여 살펴보고, 목회상담의 수단으로서 대화와 복음의 증인으로서 목회상담자에 대해 살펴보고자 한다.

1. 목회상담의 신학적 기초 – 인간의 성화

타케는 "목회상담(영혼돌봄)은 치료적인 관계의 산물이 되었다."[5]고 말했다. 이 말은 치료적 관계가 그동안 선포에서 고정된 위치를 차지하던 복음의 자리를 대신하게 되었다는 말이다. "그것은 명확히 표현되고 내용적으로 확정된 복음이 아니라 풍요한 관계의 경험과 수용되는 과정, 그리고 감추어졌지만 이제 활발해진 영적인 잠재력이 개발된 것이다."[6] 하지만 전통적인 신학적인 기준과 목적은 치료적 관계가 복음의 핵심적인 위치를 대신하는 과정에서 방해가 될 수도 있다. 그렇기 때문에 현대목회상담운동에서 이러한 신학적인 기준과 목적은 부차적인 것이 되었고 공감적인 관계영역을 형성하여 내담자를 일방적인 자기폐쇄에서 나오도록 이끄는 것이 본질적인 과제가 되었다.[7]

이런 현대목회상담운동은 심리학 특히 로저스 심리학의 영향을 많이 받았다. 로저스의 내담자 중심의 상담이론은 상담자가 내담자 입장에서 내담자를 이해하고 내담자와 치료적 관계를 맺을 때 내담자가 치료된다는 것이다. 이것을 통해 내담자의 잠재력이 발현되고 자아가 실현된다고 본다. 내담자의 자아실현은 기독교적 관점에서 보면 인간의 성화이다. 상담적 입장에서 내담자의 자아실현 혹은 성화의 바탕은 상담자의 무조건적 수용과 공감이다. 이것은 하나님께서 사람이 되신 화육의 사건과 유사하다. 타케는 목회상담운동에서의 '인간의 성화'의 위험성을 지적한다. 그리스도 안에서 하나님의 포기와 상담자의 공감이 같을 수 없다는 것이다. 상담에서는 '기독론의 결여'[8]가 생긴다는 것이다. 그 이유는 다음과 같다: "하나님의 의(Rechtfertigung)의 의미에서 하나님의 수용은 구체적인 실현 속에서는 심리학적이 아니라 기독론적으로 제시될 수 있는 것이다. 하나님에 의한 수용은 실질적으로 '그리스도 안에서 일어난다.'"[9] 하나님의 의의 의미에서 수용은 그리스도를 통해 전달되는 하나님과 인간과의 사건으로 이해해야만 하며 인간과 인간과의 직접적인 관계의 성과로 이해할 수 없다. 상담에서 인간관계로 이루어지는 칭의, 즉 치료와 자아실현은 더 이상 신앙에 의지하지 않는다. 인간관계는 오직 예수그리스도에 대한 신앙 안에서 이루어져야 한다. 그렇지 않으면 그리스도와의 관계 대신에 목회상담자와의 관계에 매이게 된다. 그리스도에 대한 신앙 대신 예수 그리스도 역사 속에서 실현된 하나님의 의를 무시하는 의사소통경험이 등장하게 된다. 그러므로 기독교 목회상담의 신학적 근거는 인간의 성화가 아니라 존재에 대한 그리스도론적인 해석이어야 한다.[10]

2. 목회상담의 목적 - 삶의 도움으로서 신앙의 도움

타케는 목회상담사역의 확대를 강조한다. 이것은 영혼돌봄을 설교의 연장으로서, 단지 설교를 도와주는 기능으로 이해하기보다는 교회와는 거리가 먼 낯선 사람에게도 다가갈 수 있는 영혼돌봄의 독자적인 역할의 필요성을 의미한다. 그러므로 타케에게 있어서 신앙과 삶과의 연결은 무엇보다도 중요하다. "목회상담은 하나님의 영혼돌봄을 말하는 것으로 자유로운 대화의 형태로 복음을 실제적으로 전달하는 것이다. 목회상담의 목적은 신앙이 삶의 도움으로 입증할 수 있을 정도로 돕는 것이다."[11] 타케는 여기서 '신앙의 도움'과 '삶의 도움'을 서로 분리하여 제시하기보다는 오히려 서로 대립적인 부분을 서로 상호 연관성을 갖고 연결시키려고 시도했다. 따라서 신앙이 인간의 삶에 도움이 된다는 사실을 보여주기 위하여 적극적으로 신앙을 돕는 것이 타케가 추구하는 목회상담의 궁극적 목적이다.

타케는 목회상담이 직접적으로 삶에 도움을 줄 수 있는 것으로 보지는 않는다. 오히려 그는 목회상담의 결정적인 것은 삶에 도움이 될 수 있도록 이끄는 "신앙을 돕는다"고 주장한다. 신앙을 통해 삶이 변화되고 잘못된 적용을 막으며, 중요한 목회상담의 결론을 제시할 수 있기 때문에 신앙은 목회상담의 핵심적인 차원이 되는 것이다.

그러므로 목회상담의 목적은 신앙과 삶을 연결하고, 그리고 하나님과 인간을 연결하도록 돕는 것이다.[12] 그것은 또한 그리스도와의 연결이며 그리스도와 관계되는 것이다. 즉 "신앙으로 초대하는 것"이며, "걱정스러운 자신의 삶의 현실을 그리스도와의 관계에 위탁하도록 요구하는 것"이다.[13] 왜냐하면 예수 그리스도 안에서 하나님의 상황과 인간의 상황이 이미 상호간에 관계를 갖게 되었기 때문이다. 타케는 목회상담이 해야 할 일을 다음과 같이 말하고 있다: "복음적인 목회상담은 이 사실을 붙들고 놓지 않는 것이다. 다시 말하면 그 사실이란 우리 시대에 걱정 근심하는 사람들은 지금까지 그들을 사로잡고 있고 옥죄어왔던 그들의 삶에서 자유롭게 되어 그리스도 안에서 쉼을 얻게 하는 것이다(골3:2). 우리의 존재를 기독론적으로 해석하는 것은 기독론을 실존론적으로 해석하는 것과 연결된다. 결국 우리들은 우리의 존재가 부활하신 주님에 속해 있으며, 하나님을 신뢰할 때 그 생명의 연속성을 가질 수 있다는 사실을 신앙 속에서 알고 있는 존재들이다."[14]

타케의 "삶의 도움으로서 신앙의 도움"으로서 목회상담이란 구체적으로 무엇을 의미하는지 빈클러의 다음과 같은 언급으로 정리할 수 있다: "이 상담은 신앙관계의 목회상담이라고 말할 수 있다. 곧 신앙을 실제적인 삶에 접목시키려는 것이고 동시에 상호소통의 능력을 믿는 상담이다. 다시 말해서 이 상담은 신앙의 도움이 없이도, 사람 안에 있는 종교적인 힘 또는 −칼 바르트의 표현을 빌린다면− '하나님의 인간성'에 의지하도록 만드는 것이다. 또한 이 상담의 특징은 '나'를 상대화시키고, 다시 말해서 정체성이 문제가 되었을 때 우리로 하여금 하나님을 무조건 수용하도록 연결시켜 주는 상담이다. 또한 이 목회상담은 '신앙을 돕는 것이 실제적으로 삶을 도울 수 있는' 상담이다. 왜냐하면 이 상담은 특히 인생의 위기에서 인간적인 상황과 하나님의 상황이 직접적으로 서로 관련되어 있으며, 그 때문에 위로라는 도움을 줄 수가 있다는 것을 알기 때문이다. 또한 이 상담은 슬픔을 당했을 때 심리적인 이해와 위로가 절대로 필요한 사람들에게 하나님을 신뢰할 수 있는 이야기를 들려주고자 하는 상담이다. 마지막으로 이 상담은 신앙의 '현재'와 하나님의 모든 약속이라는 기대감 사이에서 그 모든 과정을 견디어 내게 하는 신앙과 기대 사이에 있는 목회상담이라고 말할 수 있다."[15]

3. 목회상담의 수단으로서 대화 – 성서에 의한 목회상담

타케에게 목회상담의 가장 중요한 수단은 '대화'이다. 그 대화는 성서에 의해 이끌어지는 목회상담이다. 그렇다면 성서에 의한 목회상담이란 무엇을 의미하는가? 타케에 의하면 그것은 복음을 대화로 끌어들이는 것이다. 이것은 교리적인 선포인 '위로부터'에 의해서도 아니며 인간과의 만남 과정에서 비언어적으로 소통되는 복음에 의해서도 이루어지지 않는다. 그것은 오히려 "어떻게 목회상담의 '일반적인' 특성인 복음과의 연결이 '특별한' 특성인 의사소통의 형태인 대화로 전달될 수 있는가에 달려 있다"[16] 따라서 타케는 영혼돌봄의 선포적이고 상담적인 의도가 연결되지 않는 것이 아니라 도움을 찾는 인간의 소리와 인간을 찾고 있는 하나님의 소리가 긴밀하게 의사소통할 필요가 있다고 보고 있다.

일반적인 생각으로 성서전승은 대화보다는 선포에 더 그 목표를 두고 있다. 따라서 성서의 직접적인 사용은 목회상담 현장 보다 예배에 더 적합한 것처럼 보인다. 그러나 타케는 복음을 세우는 것(Ausrichten einer Botschaft)과 성서전승을 끌어오는 것(Einbringen der biblischen Ueberlieferung)과의 차이를 분명히 하면서[17] 목회상담에 절대적으로 필요한 성서의 중요성을 강조한다. 목회상담은 복음을 세우기보다는 끌어 온다. 끌어오는 것은 세우는 것과 정반대의 개념이다.

타케에게 있어서 성서전승을 끌어들이는 것은 성서를 단순히 선포하는 것이 아니라, 충분히 상황적이고 선입견 없는 순수한 성서와의 관계를 전제로 이루어진다. 그러나 이러한 전제는 대부분 주어지지 않는다. 왜냐하면 성서는 오랫동안 너무 '성스러운 책'이 되어 버렸으며 신학자들만의 것이 되어 버렸다. 성서의 근본적인 의미가 신앙을 위해 계속해서 강조되었음에도 불구하고 회중들은 성서에 가까이 가지 못하게 되어 버렸다. 실제적인 삶에 대한 물음에 답을 주거나 삶의 문제의 극복을 위해 유감스럽게도 성서는 아무런 영향을 미칠 수 없다는 위험한 생각을 가질 수도 있다. 이러한 이유 때문에 목회상담자는 경험의 원천이 되는 성서에서 삶의 문제 해결점을 찾으려는 것을 단념하고 대신 자신의 경험으로 대치해 버리기도 한다. 자신의 경험은 성서와는 거리가 먼 경건이 되고, 이러한 경건은 목회상담의 실천에 영향을 미친다. 즉 성서부재의 목회상담으로 전락되고, 그렇지 않으면 성서의 내용을 율법적이고 일방적으로 전달하게 된다.

대화가 단지 형식적으로 독백적인 전달을 위해 존재한다면 그것은 대화가 아니다. 대화는 또한 우연의 산물일 수 없으며 주제를 필요로 한다. 근본적으로 대화가 진지하게 이루어진다면 상담적으로 옳다고 볼 수 있다. 대화는 대화 그 자체가 아니라 서로 교통하고 있는 내용을 필요로 하기 때문이다. 특히 목회상담이라고 할 때 그 상담 내용은 일반 상담과는 다른 그 무엇이 존재하며 또한 그것을 필요로 한다. 그러므로 진정한 목회상담이 이루어지기 위해 성서와의 만남이 필수적이라고 타케는 강조한다.

그렇다면 지나간 과거의 이야기이며 현재 우리들의 삶과는 동떨어진 것 같은 성서 이야기를 어떻게 오늘날 우리의 삶과 연결시킬 것인가? 이 긴밀한 연결점을 찾는 것이 이 두 이야기를 잘 해석할 수 있는 방법이다. 성서의 빛으로 우리 삶의 의미를 발견하고, 반대로 우리 삶의 경험에서 성서를 읽을 때 우리 자신에게 주시는 하나님의 이야기로 이해하게 되는 것이다.

목회상담에서 성서 이야기를 끌어들이는 것은 절대 성서에 있는 거룩한 말씀의 가치를 떨어뜨리는 것도 아니며, 성서가 마치 이차적인 맥락 속에서 선교적으로 사용되는 얄팍한 목회상담의 부록으로 전락되는 것도 아니다. 성서는 대부분 이야기로 엮어져 있다. 하나님은 우리의 이야기 속에서 말씀하시며, 또한 이야기를 통해서 인간에게 말씀하신다. 성서의 모든 이야기 속에는 가능한 모든 삶의 형태와 인간의 모습들이 적나라하게 잘 묘사되고 있다. 성서 속에는 우리보다 먼저 살아온 인간의 삶의 이야기가 가득 차 있다. 그렇기 때문에 성서 이야기는 오늘 우리의 삶의 이야기의 모델이라고 할 수 있다.

상담은 인간의 삶의 이야기이다. 혼자서 해결할 수 없는 많은 이야기들이 상담에서 쏟아진다. 상담에서 되어지는 삶의 이야기는 성서에 나타난 앞서간 삶의 이야기 속에서 찾을 수 있고, 서로 공통된 주제들을 지니고 있기 때문에 서로 만나 대화할 필요성이 있다. 오늘 우리 인간의 삶의 이야기는 성서 이야기의 연속이라고 할 수 있다. 그것은 실제로 우리의 삶 속에 함께 하신 하나님의 이야기이며, 그렇기 때문에 오늘 상담에서 이루어지는 우리의 이야기는 성서적 삶의 이야기를 계속해서 만들어 가는 것이다.

성서가 삶의 이야기로서 목회상담에 필요한 몇 가지 이유가 있다.[18] 첫째, 성서는 우리의 축적된 삶의 이야기들의 모음집이다. 실제적인 빛이 되는 모든 성서 이야기들의 장소이며 공간이 곧 우리의 다양한 삶의 현장이다. 둘째, 성서는 우리에게 모범이 된 '신앙의 영웅'들이 체험한 고난과 기쁨에 대한 이야기의 모음이다.[19] 이러한 주제들은 현재 위기에 처한 사람들과 맞닿는다. 왜냐하면 성서에 나타난 신앙인들의 삶의 이야기들은 마음에 호소하고 싶고 대화할 가치가 있는 현재 삶의 이야기를 이해하는데 분명히 영향을 줄 수 있기 때문이다. 셋째, 성서는 신앙인뿐만 아니라 비 신앙인에게도 도움을 줄 수 있는, 생산력이 있는 상담의 원천이 된다. 성서의 소리로 상담자 자신의 소리와 상대방의 소리를 도우러 가는 것을 배우게 된다. 성서만큼 비종교적이면서 동시에 인간적인 종교서적은 없다. 성서적인 주제가 우리의 대화를 풍부하게 하며, 대화에 능력을 발휘하면 대화의 상대방은 최소한 성서에 대한 선입견이 없어지게 되며 공감을 얻을 수 있으리라 확신한다.

그렇기 때문에 타케는 그 어떤 선포적인 큰 소리와 교육적인 가르침을 거부한다.[20] 성서전승을 끌어들이는 것은 열린 상황을 필요로 한다. 가장 중요한 것은 성서는 내담자와 관계되는 이야기를 제공해 주고 있다는 사실이다. 왜냐하면 아직 끝이 나지 않은 하나님을 잃어버린 자가 의롭게 되고 다시 하나님에 의해 받아들여지며, 종말론적 약속에 대한 희망, 그리고 위로와 격려의 이야기들이 지금도 우리 주위에 있기 때문이다.[21] 따라서 성서가 이야기하고 있는 모든 부분에 귀 기울여 들어야 할 것이다. 그리스도와 그의 성스러움뿐만 아니라, 아담과 그의 세속적인 것에 대하여도 말하여야 한다. 그러므로 영혼돌봄의 현장인 성서는 또한 오늘의 아담에게 도움을 줄 수 있는 것이다.

그렇다면 어떻게 성서가 성서의 자유로운 전개를 방해받지 않고, 단순히 내담자의 고통을 없애기 위한 목회자의 일방적인 권위에 의한 말씀 전달이 되지 않기 위해 상담 대화에서 성서를 함께 말하며, 말할 수 있을까? 실제적인 목회상담 현장에서 이것은 성서말씀을 직접적으로 말하거나 성서본문을 설명하면서 돌려 말하는 것이 아니다. 타케는 신약성서의 개념인 Paraklese(위로)를 끌어들인다. 그것은 타케에게 목회상담의 핵심적인 개념이 된다. '중재한다(parakalein)'의 의미는 타케에 의하면 목회상담의 의사소통적이면서 선포적인 이중적인 요소를 만족시킨다. '위로'로서 중재적인 말은 하나님의 위로를 의미한다.[22] 자신의 힘이 더 이상 존재하지 않는 위로를 필요로 하는 사람에게 하나님의 위로가 접근되어져야 한다. 이것은 타케에 의하면 "목회상담 대화에서 복음적인 역사를 '이야기' 하는 것"[23]으로 이루어진다. 내담자는 설명되어진 이야기 속에서 자신을 다시 찾게 된다. 그 당시 일어난 성서 이야기가 자신의 이야기이며 자신의 삶을 내포하고 있다는 인식이 중요하다. "성서 이야기를 목회상담에서 이야기 하는 사람은 다른 사람의 이야기를 이 이야기 속에서 받아들이며 예수 그리스도의 이야기와 함께 그의 존재를 약속한다."[24]

그러므로 복음적인 목회상담의 문제의 핵심은 복음을 적절한 대화의 형태로 전달하는 것이다. 복음은 직접적인 선포의(kerygmatisch) 형태가 아닌 우연한, 그리고 상황과 알맞은 대화의 형태로 이루어지기 바란다. 따라서 타케가 강조하고 있는 목회상담 대화는 단순히 성서의 기도문구나 성서구절을 상대방에게 전하는 것이 아니라 대화의 중요한 요소인 이야기 형태이다. 하나님의 역사를 통해 나타난 인간의 고통과 인간에 대한 하나님의 걱정과 위로, 그리고 현재 부딪치고 있는 인간의 고통이 열린 대화의 과정에서 서로 연관성을 가질 수 있다는 것이다. 타케는 성서를 거룩한 하나님의 말씀으로 읽기보다는 오히려 목회상담 대화의 내용이 담긴 기록(Protokoll)으로 읽는다. 그것은 오늘날 우리가 성서를 통해 그때와 비슷한 상황 속에 있는 우리 인간을 발견할 수 있기 때문이다. 이러한 성서 이야기를 통한 대화는 타케의 목회상담 방법의 중요한 핵심이라고 할 수 있다.

4. 복음의 증인으로서 목회상담자 – 동반자적 관계

때때로 목회상담자의 위로나 격려가 지나치게 설교조일 때가 있다. 그러나 목회상담자가 십자가에 달리신 하나님의 복음을 제대로 이해할 때만이 이러한 일반적인 종교적 상담의 위험으로부터 보호되어질 수 있다고 타케는 말한다. 그에게 있어서 설교조 상담이란 권위적이며, 목회상담자가 일방적으로 성서구절을 늘어놓는 상담을 뜻한다. 그것은 오히려 진정한 성서적, 또는 복음적인 상담과는 반대되는 것이다.

이러한 시각으로 인하여 미국으로부터 들어온 새로운 목회상담 운동에서의 중요한 면을 인식하고 인정하게 되었는데 타케는 그 중에서도 모든 목회상담에서의 기본적인 태도인 '동반자 관계(partnerzentrierten)'[25]를 가장 중요한 것 중의 하나로 강조하고 있다. 즉 목회상담의 특성은 설교나 수업과는 달리 도움을 요청하는 내담자가 원칙적으로 목회상담의 중심에 자리잡고 있으며 상담자와 내담자가 상호 교류한다는 점이다. 따라서 위로부터 아래로 내려오는 교회 선포의 과제로서 목회상담은 이러한 관점에서 볼 때 동반자 관계의 기본적 태도에 방해가 될 수 있다.

그러므로 타케는 내담자의 고통과 근심을 덜어주기보다는 오히려 내담자에게 개인적으로 설교하고 있는 것이 아닌지 투르나이젠의 목회상담이론을 비판적인 눈으로 재검토해야 한다고 강조한다. 따라서 타케는 목회상담에서 '경청'과 '감정이입'을 중요하게 생각한다. 그것은 목회상담자 자신의 신학적인 관점으로부터 형성되는 것이 아니라 계속해서 훈련되어져야 한다. 그렇기 때문에 타케는 오늘날 목회상담이 전통적이고 더 나아가 어떤 체계적인 교육과 훈련 없이 즉흥적으로 실행하는 것으로부터 벗어나려는 새로운 목회상담에 대한 움직임을 긍정적인 시각에서 바라보고 있다. 왜냐하면 이러한 목회상담 운동이 나름대로 가르칠 수 있고 배울 수 있는 목회상담에 대한 적절한 기준을 세우려고 하기 때문이다.

그러나 타케에게 있어서 문제는 심리치료 과정에서의 치료자와 내담자와의 형태가 교회 목회상담에도 적용, 시도될 수 있는지 또는 목회상담에서의 만남과 자유로운 대화가 새로운 방법에 의해 다시 제한되어지는 것은 아닌지이다. 왜냐하면 '내담자(Klient)'라는 말은 '종속된 자(Abhängige)', '듣는 자(Hörige)'라는 말에서 유래하며, '치료자(Therapeut)', 또는 '관리자(Supervisor)'는 '힘 있는 자(Mächtige)'라는 말에 그 어원을 두고 있기 때문이다. 타케는 새로운 목회상담 이론이 말씀 선포 위주인 기독교 전통의 영혼돌봄의 참회를 듣는 부모와 참회를 하는 자식의 관계로부터 벗어나려고 했지만, 이는 치료자와 내담자라는 새로운 형태로 다시 그 자리를 대신했다고 비판하고 있다.[26]

타케는 목회상담에서 무조건 적용하고 있는 벙어리 형태의 경청을 중요시하는 현대 심리치료적인 방법을 바알세불의 힘에 비유하면서 선포적이고 설교조의 목회상담의 단면에서 벗어나려는 이러한 새로운 목회상담의 움직임을 비판한다. 목회상담자의 경청이 목회상담에서 중요하지만 목회상담자는 내담자에게 최소한 들을 수 있는, 나눌 수 있는 대화를 제공해야 한다는 것이다. 방법론적으로 조절된 경청만으로는 그것을 할 수 없으며, 오히려 경청자와의 대화가 사라지게 된다는 것이다. 그것은 곧 대화를 원하지만 다시 경청이라는 새로운 방법론에 빠져 상담자가 침묵과 함께 말을 아껴 대화를 오히려 축소시켜 버리는 결과를 낳게 된다는 것이다.

그러므로 타케는 목회상담자는 치료자가 아니라 동반자 관계에서의 복음의 '증인'[27]이라는 것을 강조한다. 증인으로서 목회상담자는 그리스도 안에서 일어난 하나님의 영혼돌봄과 동시에 목회상담자 자신을 위한 목회상담의 필요성을 증언하는 것이다. 목회상담자도 자신의 내담자처럼 하나님의 은혜로 살기 때문에 진정한 형제-자매애적인 관계(bruder-schwesterliche Relation)인 동반자 관계의 형성이 가능하다. 여기서 강조하는 주장은 하나님과의 관계는 모든 인간적인 차이와 위치 그리고 역할을 상대화시킨다는 것이다.[28]

따라서 타케는 목회상담을 목사나 기독교 기관차원의 상담소에서만이 할 수 있도록 제한할 것이 아니라 교회 회중들에게도 그 역할의 기회가 주어져야 한다고 강조한다. 그것은 그들 역시 다른 사람의 고통을 함께하고, 의지할 데 없는 사람을 받아들이고 이해하도록 소명을 받았기 때문이다. 여기에서 타케는 목회자나 상담요원 중심의 목회상담 형태를 극복하고 다양한 교인들의 삶과 신앙의 경험을 이용하는 방법을 제시한다.

III. 신학적인 평가와 한국 목회상담에게 주는 의미

지금까지 위에서 서술한 현대적인 흐름(인문과학의 수용과 활용)을 무시하지 않으면서 목회상담의 정체성 회복을 위해 노력한 독일 신학자인 타케의 목회상담 이론에 대해 다음 같은 신학적·목회상담적 평가를 내릴 수 있다. 첫째는 성서 이야기를 목회상담 대화에 끌어들이는 방법을 제시한 것이고, 둘째는 신앙과 삶과의 연관성을 시도한 것이고, 그리고 셋째로 기독교 전통의 영혼돌봄을 회복하고 심리학과의 통합을 시도한 것이다. 여기서 현재 한국 목회상담에서 나타나고 있는 문제점과 함께 타케의 이론이 한국 목회상담에게 주는 의미를 살펴봄으로써 앞으로 한국 목회상담의 정체성과 방향성을 제시하는데 큰 역할을 할 수 있을 것이라 기대한다.

1. 성서 이야기를 목회상담 대화에 끌어들이는 방법 제시

타케의 사상은 투르나이젠의 목회상담을 발전시킨 것이라고 할 수 있다. 그것은 심리학이 기독교의 영혼돌봄에 미친 영향을 인정하면서 선포적인 영혼돌봄의 차원을 좀 더 목회상담 현장을 고려하면서 새로운 관점으로 시도했다고 볼 수 있다.[29]) 언어로 전달된 복음은 내담자에게 설교되지 않으면서도 목회상담의 출발점이어야 한다는 것이다. 목회상담자는 내담자에게 일방적으로 언어로 복음을 전달 혹은 중계하는 사람이 아니라 동반자적 관계에서 복음을 상담대화에 끌어들이는 사람이다.

타케는 성서 이야기와 목회상담 이야기와의 상호관계를 제시하려고 했다. 예수 그리스도 안에서 이루어진 하나님과 인간과의 관계가 그의 신학적 본질이다. 인간이 되어 십자가에 달렸다가 부활하신 하나님의 아들의 역사 속에 고통 받는 인간의 역사가 이미 함유되어 있으며, 인간은 이러한 자신의 역사를 인식할 수 있는 신앙을 필요로 한다.

타케의 이런 시도는 오늘날 한국 목회상담 현장에도 큰 의미를 주고 있다. 그는 심리학을 이용한 목회상담이 성서를 주로 선포나 권고를 위해 사용하던 전통적인 목회상담에 반대하면서 목회상담 대화에서 성서가 무용지물이 되는 위험으로부터 벗어날 수 있는 길을 제시했다고 할 수 있다. 단순히 일반상담 방법을 답습하는 것이 아니라 다른 일반상담과 구별되는 방법으로서 복음을 상담 대화에 끌어들여 적극적으로 목회상담의 특성을 살렸다고 할 수 있다. 타케는 이러한 방법으로 목회상담에서의 이론과 실천 문제를 신학적으로 재정립하며 목회상담의 정체성 확립을 위해 노력했다고 볼 수 있다.

2. 분리되었던 신앙과 삶과의 연결 시도

타케의 큰 공헌 중의 하나는 목회상담을 위해 신앙의 중요성을 새롭게 발견했다는 것이다. 신앙은 하나님과 인간과의 관계에 대한 통찰이므로 영혼돌봄으로서 목회상담은 신앙과 밀접한 관련을 가진다. 그러나 목회상담 과정에서는 인간의 삶에 관한 이야기도 동시에 전개된다. 따라서 목회상담에서 하나님과 인간, 그리고 인간과 인간의 이야기가 서로 함께 어우러지는 동반관계에 들어가는 것이다. 그러므로 하나님과 인간, 그리고 인간과 인간의 관계는 동일하지도 않으며, 서로 반목하는 것이 아니라 서로 관계를 가져야 한다는 점에서 신앙과 삶은 분리되어 생각할 수 없다. 신앙 자체가 목회상담의 질을 결정하며 위로와 격려의 원천으로서 삶의 어려움 속에서 직접적으로 위기를 더 잘 극복할 수 있도록 도와 줄 수 있다는 것이다.

신앙을 통해 인간은 자신의 존재 안이 아니라 자신 밖에 근거를 가지고 있는 그리스도와의 관계 안에서 새로운 기초를 세우게 된다. 신앙은 직접적으로 삶과 연관된다. 타케에 의하면 하나님과 인간, 그리고 신앙과 삶 사이의 틈을 중재하기 위한 목회상담자의 중재노력이 거기서 필요하지는 않다. 그것은 예수 그리스도 안에서 하나님의 현존과 인간의 현존이 이미 관련되어 있기 때문이다.

타케는 말씀 선포가 목회상담 대화의 중심이며 삶과는 동떨어진 무조건적 신앙이 강조되었던 전통적 목회상담의 문제점을 극복하기 위해, 신학적으로 서로 대립적으로 생각되어 온 '신앙의 도움'과 '삶의 도움'이라는 두 차원을 서로 연결하여, 신앙이 인간의 삶에 근본적인 도움이 된다는 사실을 분명하게 보여 주었다고 할 수 있다.

타케의 관점에서 볼 때 한국교회에서 일반적으로 행해지는 목회상담의 문제점을 다음과 같이 지적할 수 있다.[30] 그것은 지금까지 많은 목회자가 목회상담을 단순히 설교의 연장이라고 생각하여 개개인에게 하나님의 말씀을 선포하고 무조건적으로 강요하는 데 그쳤다는 것이다. 이것은 목회상담이 개인의 삶의 문제를 해결하는데 도움을 주기 보다는 오히려 한국 가부장적 유교사상과 맞물려 지나칠 정도로 권위적이고 그렇다고 성서적이지도 못한 채 삶과는 연결되지 않는 신앙만을 강조하고 있다. 또한 일방적으로 목회상담자가 마치 만능해결사처럼 모든 것을 알고 있다고 생각하며, 성서를 마치 토정비결처럼 여기는 위험에 빠지기도 한다.

이러한 상황 속에서 앞으로의 한국목회상담은 신앙의 차원과 인간의 삶의 문제를 서로 분리하여 이루어지는 것이 아니라, 위에서 언급한 타케의 통합적인 차원의 목회상담처럼 신앙을 통해 현재 삶의 고통을 극복하고 새로운 삶으로 이끌 수 있도록 도와야 할 것이다. 이러한 목회상담은 신앙차원에서뿐만 아니라 살아가는 데 직접적으로 도움을 주고자 하는 'cura animarum'의 의미를 다시 살리는 것이다.[31]

3. 기독교 전통의 영혼돌봄 회복과 심리학과의 통합적인 시도

타케는 말씀선포가 목회대화의 중심이며 신앙을 강조하는 기독교 전통의 영혼 돌봄(특히 투르나이젠의 관점에서)과 내담자 중심의 심리학을 이용한 목회상담의 양측의 문제점과 특성을 수정 보완하고 통합하여 창조적인 새로운 목회상담의 방향을 제시했다고 할 수 있다. 그는 심리학을 무조건적으로 반대하지 않는다. 그러나 기독교 전통의 영혼돌봄의 특성을 고려하지 않고 지나치게 병리학적이고 심리학적인 치료방법을 목회상담에 적용함으로써 목회상담자이기보다는 심리치료자로서 자칫 전도되는 위험성을 지적했다고 볼 수 있다. 설교학자인 보렌은 타케의 두 번째 책 서론에서 다음과 같이 말하고 있다: "타케가 이끄는 투쟁은 영혼돌봄의 관점에서 심리학에 대한 편협한 거부로 이해해서는 안 되고 오히려 기능적인 실천을 위해 신학이 경시되고 비밀스럽게 항상 이미 진리인 것에 대한 질문을 배제하기 위하여 편협하게 심리학을 수용하는 것에 대한 투쟁이다."[32]

타케는 심리학에 대해 많은 관심을 가지고 있었으며 심리학에 대한 지식을 얻는 데 게으르지 않았다. 오히려 그에게는 (무엇보다도 후속연구에 분명하게 나타나듯이) 목회상담이 신학적인 관점을 가지고 심리학과 책임 있는 관계를 가지는 것이 중요했다. 타케는 집단역동성에 대하여도 다음과 같이 표현한다: "집단역동이 문제에 대한 통찰을 통해, 그리고 집단운동의 애정이 충만한 조정을 통해 불안을 없애는데 도움을 준다면 집단역동은 분명히 영혼돌봄의 능력을 지니고 있다고볼 수 있다. 그러나 무엇보다도 우리는 양가감정의 상태에 머물러 있다. 한편으로는 정신역동 현상 그 자체가 불안을 유발하며, 다른 한편으로 정신역동이 불안에 대항하여 작용한다는 것이다."[33] 그러나 타케는 심리학을 활용한 대화차원의 영혼돌봄에 대한 관심을 포기하지 않으면서 기독교 역사에 나타난 영혼돌봄의 특성을 제시하고자 했다.

타케의 이러한 시도는 발전적인 한국 목회상담을 위해 다음 두 가지 의미를 생각해 볼 수 있다. 첫째, 아무런 그물망 없이 일반심리학 이론들을 그대로 목회상담에 적용하여 목회상담의 본질과 정체성을 잃어버리는 우를 범하거나 아니면 인문과학인 심리학에 대한 학문적, 경험적 지식 없이 설교의 연장으로 진행되고 있는 말씀선포와 신앙생활만 강조하는 한국 목회상담의 현실에 대한 성찰이다. 타케의 기독교 전통의 영혼돌봄과 심리학의 통합적인 시도는 우리 한국 목회상담의 양자택일적인 현상을 극복하고 목회상담의 정체성을 유지하면서 일반 심리학 이론을 활용할 수 있는 좋은 방향을 제시했다고 할 수 있다.

둘째, 한국 목회상담의 정체성을 찾기 위한 방법으로서 한국 교회 역사 속에 나타난 목회상담의 모형을 찾아 한국 문화에 어울리는 목회상담 이론을 제시하는 일이다.[34] 최근 우리나라도 목회상담을 전공한 학자들의 수가 급격히 늘고 있다. 그들은 서구 목회상담이론을 나름대로 소화해서 한국교회와 목회자들에게 소개하고 있다. 그러나 문제는 서구의 목회상담이론이 특수한 사회, 정치, 문화, 교회 전통과 심성을 가진 우리 한국교회와 한국인에게 그대로 적용시킬 수 있을까 하는 점이다.

복음이 우리나라에 들어온 이래 우리의 신앙선배들은 한국이라는 그러한 특수한 상황 속에서 서로 봉사하고(diakonia) 사귀고(koinonia) 위로해 왔다. 그동안 한국교회에는 '새벽기도'와 같은 한국교회 나름대로의 독특한 여러 가지 교회 활동 모형이 생겼다. 마찬가지로 한국목회자들이 의식적으로나, 또는 무의식적으로 사용한 목회상담모형이 있을 것이다. 이 상담모형은 우리의 심성과 문화에 아주 잘 적응된 형태일 수 있다.

타케가 목회상담 고유의 특성을 투르나이젠의 신학적인 전통에서 찾아 발전시켰다면 우리는 과거 한국교회 역사에 나타난 목회상담 모형을 찾아 한국사회와 문화를 고려한 한국적인 목회상담의 틀을 발전시켜야 할 것이다.

권수영. 『기독[목회]상담 어떻게 다른가요. 심리학과 신학의 만남』. 서울: 학지사, 2007.

권수영 외. 『목회상담입문』. 서울: 도서출판 목회상담, 2007.

신명숙. "현대 독일 목회상담과 한국 목회상담의 전망." 박근원 교수 정년퇴임 기념문집 편집위원회. 『한국교회와 신학실천』. 서울: 대한기독교서회, 1999.

_____. "삶의 이야기와 성서와의 대화." 「신학사상」 111(2000), 202-230.

Clinebell, Howard. 『목회상담신론』. 박근원 옮김. 서울: 대한예수교 장로회 총회출판국, 1987.

Grözinger, Albrecht, "Seelsorge als Rekonstruktion von Lebensgeschichte", in: *Wege zum Menschen* 38(1986).

Henke, Thomas. Seelsorge und Lebenswelt. Würzburg: Seelsorge Echter, 1994.

Hiltner, Seward. 『목회신학원론』. 민경배 옮김. 서울: 대한기독교서회, 1968.

_____. 『목회 카운슬링』. 마경일 옮김. 서울: 대한기독교서회, 1976.

Möller, Ch.(Hg.). *Geschichte der Seelsorge 3.* Göttingen: Vandenhoeck & Ruprecht, 1996.

Nicol, Martin. *Gespräch als Seelsorge. Theologische Fragmente zu einer Kultur des Gesprächs.* Göttingen, 1990.

Oden, Thomas. Kerygma and Counseling. Harper and Row, 1966.

_____. *Contemporary Theology and Psychotherapy.* The Westminster Press, 1967.

Rogers, Carl R., *On Becoming a Person.* Boston, Houghton Mifflin Company, 1961.

Scharfenberg, Joachim. *Seelsorge als Gespräch. Zur Theorie und Praxis der Seelsorgerlichen Gesprächsführung,* 5. Aufl. Göttingen, 1991.

_____. *Einführung in die Pastoralpsychologie.* Göttingen, 1985, 73-82, 94.

Sons, Rolf. Seelsorge zwischen Bibel und Psychotherapie, (Stuttgart: Calwer Verl., 1995.

Stollberg, Dietrich. *Therapeutische Seelsorge.* München, 1969.

Tacke, Helmut. *Glaubenshilfe als Lebenshilfe. Probleme und Chancen heutiger Seelsorge.* Neukirchen, 1975.

_____. *Mit den Müden zur rechten Zeit zu reden. Beiträge zu einer bibelorientierten*

Seelsorge. Neukirchener, 1989.

Thilo, H. J. *Beratende Seelsorge*. Göttingen, 1971.

Thurneysen, Edurard. *Seelsorge im Vollzug*. Zürich: EVZ-Verlag, 1968.

_____. *Die Lehre von der Seelsorge*. Zürich: EVZ-Verlag, 1946.

Winkler, Klaus. *Seelsorge*. Berlin; New York: de Gruyter, 2000.

Wise, Carroll. 『목회학 개론: 패스토랄 캐어의 의미』. 이기춘 옮김. 서울: 대한기독교서회, 1984.

1) 본고는 신명숙, "Helmut Tacke의 목회상담 특수성 회복을 위한 목회신학적 시도,"「한국기독교신학논총」53, 255-283를 재편집한 것임.

2) 현대목회상담의 역사적 흐름에 대하여는 권수영 외,『목회상담입문』(서울: 도서출판 목회상담, 2007), 157-192 참고.

3) Klaus Winkler, *Seelsorge* (Berlin; New York: de Gruyter, 2000), 176-178.

4) 투르나이젠은 기독교 영혼돌봄을 "각 개인에게 대화를 통해 하나님의 말씀을 세우는 것"으로서 선포적 관점에서 언급하고 있다. Eduard Thurneysen, Seelsorge im Vollzug (Zürich: EVZ-Verlag, 1968); E. Thurneysen, Die Lehre von der Seelsorge (Zürich: EVZ-Verlag, 1946).

5) Helmut Tacke, *Glaubenshilfe als Lebenshilfe. Probleme und Chancen heutiger Seelsorge* (Neukirchen 1975), 39.

6) 앞의 책, 41.

7) 앞의 책, 39.

8) 앞의 책.

9) 앞의 책, 145.

10) 앞의 책, 108.

11) 앞의 책, 32.

12) Rolf Sons, *Seelsorge zwischen Bibel und Psychotherapie* (Stuttgart: Calwer Verl, 1995), 57.

13) Helmut Tacke, *Mit den Müden zur Rechten Zeit zu Reden. Beiträge zu Einer Bibelorientierten Seelsorge* (Neukirchener, 1989), 113.

14) Tacke, *Glaubenshilfe als Lebenshilfe,* 282.

15) Winkler, *Seelsorge,* 217, 각주 81 참조.

16) Tacke, *Glaubenshilfe als Lebenshilfe*, 84.

17) Tacke, *Mit den Müden zur Rechten Zeit zu Reden.* 38.

18) 성서가 삶의 이야기로 목회상담에 필요한 이유를 타케의 논리에 의해 신명숙은 세 가지로 설명하고 있다. 신명숙, "삶의 이야기와 성서와의 대화,"『신학사상』(한국신학연구소, 2000/겨울), 205-207.

19) Tacke, *Mit den Müden zur Rechten Zeit zu Reden,* 49.

20) 앞의 책.

21) Tacke, *Mit den Müden zur rechten Zeit zu reden,* 41-51. 신명숙, "삶의 이야기와 성서와의 대화," 208-222. 신명숙은 타케 이론에 근거해서 '용납'과 '받아들여지는 것', '종말론적인 약속에 대한 희망', 그리고 '위로'의 관점에서 전통과 상황과의 만남으로서 상담의 가능성을 시도하고 있다.

22) Tacke, Glaubenshilfe als Lebenshilfe, 101.

23) 앞의 책, 106.

24) 앞의 책, 107.

25) 앞의 책, 169-181.

26) Ch. Müller*(Hg.), Geschichte der Seelsorge 3* (Göttingen: Vandenhoeck & Ruprecht, 1996), 355.

27) Tacke, *Glaubenshilfe als Lebenshilfe,* 147-161.

28) Winkler, *Seelsorge,* 앞의 책, 217, 각주 81 참조.

29) 타케는 선포도 아니고 치료도 아니며 동료애적 상호 관계 안에서의 대화로서 목회상담을 강조한다. '대화로서 목회상담(Seelsorge als Gespräch)', 또는 '목회상담으로서 대화(Gespräch als Seelsorge)'라는 관점에 대한 더 자세한 것은 다음을 참조하시오: Winkler, Seelsorge, 256-269; Joachim Scharfenberg, *Seelsorge als Gespräch. Zur Theorie und Praxis der Seelsorgerlichen Gesprächsführung,* Göttingen, 5. Aufl. 1991; Martin Nicol, *Gespräch als Seelsorge. Theologische Fragmente zu einer Kultur des Gesprächs* (Göttingen, 1990).

30) 신명숙, "현대 독일 목회상담과 한국 목회상담의 전망," 박근원 교수 정년퇴임 기념문집 편집위원회, 『한국교회와 신학실천』(서울: 대한기독교서회, 1999), 368-387.

31) 앞의 책.

32) Tacke, *Mit den Müden zur Rechten Zeit zu Reden,* 23.

33) 앞의 책, 1453

34) 신명숙, "현대 독일 목회상담과 한국 목회상담의 전망," 386.

현대목회상담학자연구

|펴 낸 날| 2014년 3월 5일 1판 1쇄 발행
　　　　　2017년 9월 1일 1판 2쇄 발행
|엮 은 데| 한국목회상담학회

|**편집한 이들**| 가요한 김 경 손운산 정연득
|펴 낸 이| 김진영
|펴 낸 곳| 도서출판 희망나눔

|출 판 신 고| 2014년 1월 22일
|신 고 번 호| 제2014-000022호

|주　　　소| 서울시 서대문구 냉천동 31-2 3층
|전　　　화| 02) 393-8291
|찍 은 곳| 새한기획출판부(02) 2274-7809

ⓒ 한국목회상담학회, 2014

ISBN 979-11-952309-0-7 (93200)

값 25,000원

Printed in Korea

|주문하는 곳| 한국목회상담학회
www.kspcc.org